全国中等职业学校
课程改革规划新教材

Qiche Dipan Weixiu

汽车底盘维修

（第二版）

主　编　钟　声　杨二杰
副主编　任佳仲　王丽玮

人民交通出版社

内 容 提 要

本书是全国中等职业学校课程改革规划新教材之一，其主要内容包括：离合器的检修，手动变速器的就车检修，手动变速驱动桥的总成检修，自动变速器的基本检查，自动变速器液力变矩器、换挡执行元件、行星齿轮机构、液压控制系统及电子控制系统的检修，自动变速器的调整及试验，四轮驱动系统的检修，万向传动装置的检修，普通悬架的检修，电控悬架系统的检修，车轮的检修，车轮定位的检测与调整，机械转向系统的检修，助力转向系统的检修，盘式制动器的检修，鼓式制动器的检修，驻车制动器的检测与调整，制动主缸、轮缸的检修，真空助力器的检修，以及 ABS 的检修，共 24 个学习任务。

本书可作为中等职业学校汽车运用与维修专业的教材，也可供汽车维修及相关技术人员参考阅读。

图书在版编目（CIP）数据

汽车底盘维修 / 钟声，杨二杰主编. —2 版. —北京：人民交通出版社，2013.8

全国中等职业学校课程改革规划新教材

ISBN 978-7-114-10790-0

Ⅰ.①汽… Ⅱ.①钟… ②杨… Ⅲ.①汽车—底盘—车辆修理—中等专业学校—教材 Ⅳ.①U472.41

中国版本图书馆 CIP 数据核字(2013)第 161380 号

全国中等职业学校课程改革规划新教材

书　　名： 汽车底盘维修(第二版)
著 作 者： 钟　声　杨二杰
责任编辑： 戴慧莉
出版发行： 人民交通出版社
地　　址： (100011)北京市朝阳区安定门外外馆斜街 3 号
网　　址： http://www.ccpress.com.cn
销售电话： (010)59757973
总 经 销： 人民交通出版社发行部
经　　销： 各地新华书店
印　　刷： 北京盈盛恒通印刷有限公司
开　　本： 787×1092　1/16
印　　张： 23
字　　数： 538 千
版　　次： 2011 年 3 月　第 1 版
2013 年 8 月　第 2 版
印　　次： 2016 年 11 月　第 2 次印刷　总第 4 次印刷
书　　号： ISBN 978-7-114-10790-0
定　　价： 49.00 元

第二版前言

“全国中等职业学校课程改革规划新教材”第一版自 2010 年出版发行以来，多次重印，被全国多所中等职业院校选为汽车运用与维修专业教学用书，受到了广大师生的好评。

本套教材第一版出版后，人民交通出版社和编者陆续收到了一些院校教师的信息反馈，他们对书中的内容提出了宝贵的意见和建议。

2012 年 8 月，人民交通出版社组织十几所院校的汽车系教师代表，在成都召开了“全国中等职业学校课程改革规划新教材”修订会议，经过认真研究讨论，确定了每本教材的修订方案；2013 年 3 月，又组织召开了“全国中等职业学校课程改革规划新教材”审稿会，对修订教材和新编教材进行了审定。

《汽车底盘维修》的修订工作，就是在本书第一版的基础上，吸收了教材使用院校教师的意见和建议，在会议确定的修订方案指导下完成的，教材的内容修订主要体现在以下几个方面：

(1)在学习任务二“手动变速器的就车检修”中，增加“三、学习拓展”内容。

(2)在学习任务十一“四轮驱动系统的检修”中，增加“三、学习拓展”内容。

(3)在学习任务十五“车轮的检修”学习拓展中，增加“轮胎压力监控预警系统”内容。

(4)在学习任务二十一“驻车制动器的检测与调整”学习拓展中，对“电子驻车制动系统”的内容阐述更为详细。

(5)在学习任务二十四“ABS 的检修”学习拓展中，对“汽车电子稳定程序”的内容阐述更为详细。

本书由四川交通运输职业学校钟声、杨二杰担任主编；由西昌交通学校任佳仲、成都市工业学校王丽玮担任副主编；由四川交通运输职业学校税发莲担任参编。

限于编者水平，书中难免有疏漏和错误之处，恳请广大读者提出宝贵建议，以便进一步修改和完善。

全国中等职业学校汽车运用与维修
专业课程改革规划新教材编委会
2013 年 6 月

第一版前言

为加快我国新型工业化进程，调整经济结构和转变增长方式服务，我国把发展职业教育摆在了突出的位置上，实施了国家技能型人才培养培训工程，特别是加强了对现代制造业、现代服务业紧缺的高素质、高技能专门人才的培养。教育部提出，职业教育要为区域经济的发展以及区域经济产业结构的调整服务。

中等职业教育作为我国高中阶段教育的重要组成部分，肩负着培养技能型人才的重任，其发展正日益得到重视。然而，目前我国许多中等职业学校实施的教学与所承担的任务不相适应，许多学校课程教学的内容陈旧，不适应生产实际的要求。在新的历史时期，中职学生应当具备解决实际问题的操作能力、学习新知识和新技能的能力以及多方面的综合素质，以适应职业生涯和终身发展的需要。因此，中等职业教育必须加快改革，加快构建以岗位能力为本的专业课程体系。

本套教材正是基于上述背景编写而成，且具有如下特点：

1. 职业教育性：渗透职业道德教育理念，体现就业导向；培养学生爱岗敬业、团队及创业精神；树立安全和环保意识。

2. 教学适用性：教学内容符合专业培养目标和课程教学基本要求；取材合理，分量合适，符合“少而精”的原则；深浅适度，符合中职学生的实际水平。

3. 知识实用性：体现以职业能力为本位，以应用为核心，以“必需、够用”为度的原则；紧密联系生活、生产实际；加强教学针对性，与相应的职业资格标准相互衔接。

4. 结构合理性：教材的体系设计合理，循序渐进，符合中职学生心理特征和认知、技能养成的规律；结构、体例新颖，并配制有多媒体教学课件，适应先进教学方法的运用。

本书由四川省交通运输学校钟声、杨二杰担任主编；由西昌交通学校任佳仲、成都市工业学校王丽玮担任副主编；由四川省交通运输学校税发莲担任参编。

限于编者的经历和水平，书中难免有不妥或错误之处，敬请广大读者批评指正，提出修改意见和建议，以便再版修订时改正。

全国中等职业学校汽车运用与维修

专业课程改革规划新教材编委会

2010 年 5 月

目 录

学习任务一　离合器的检修

任务要求

完成本学习任务后，你应：

1. 掌握离合器的作用、类型、组成与工作原理；
2. 掌握离合器操纵机构的类型、构造与工作原理；
3. 掌握摩擦式离合器的检修方法；
4. 掌握机械和液压操纵机构的检修方法；
5. 能够按各车型维修手册的要求检修离合器。

建议学时：10 学时

任务描述

一辆桑塔纳 2000GLi 型轿车，发动机怠速运转时，将离合器踏板踩到底，挂挡困难，行驶中换挡亦困难，甚至发生发动机熄火。即便勉强挂上挡，在尚未完全放松离合器踏板时，汽车就已开始行驶或发动机熄火。在检视孔处用螺丝刀沿轴向拨动离合器从动盘，拨动困难，确定故障为离合器分离不彻底，需检查相关执行元件。

一、理论知识准备

离合器的作用使发动机与传动系平顺地接合，以保证汽车平稳起步；短时切断发动机与传动系的动力传输，以利于发动机起动和减少换挡时对齿轮的冲击；当驱动轮阻力过大时，离合器通过打滑实现对传动系的过载保护。

1. 摩擦式离合器的组成与工作原理

1）组成

摩擦式离合器主要由主动部分（发动机飞轮、离合器盖和压盘等）、从动部分（从动盘、从动轴）、压紧机构（压紧弹簧）和操纵机构（分离叉、分离轴承、离合器踏板及传动部件等）四部分组成，如图 1-1 所示。

2）工作原理

摩擦式离合器工作原理如图 1-2 所示，踩下离合器踏板，从动盘分离，切断动力传递；松开离合器踏板，从动盘接合，保持动力传递。

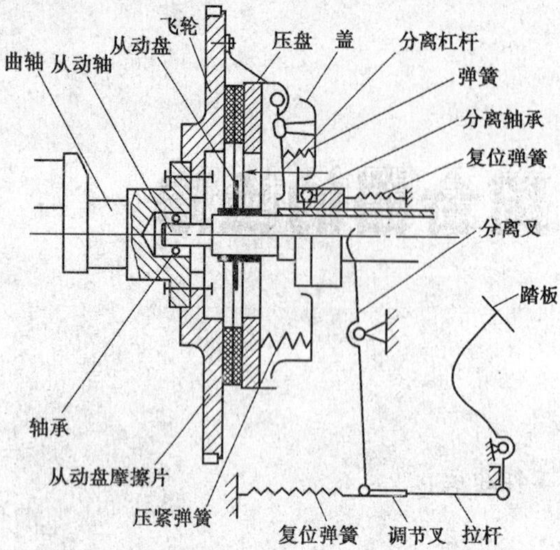

图 1-1　摩擦式离合器

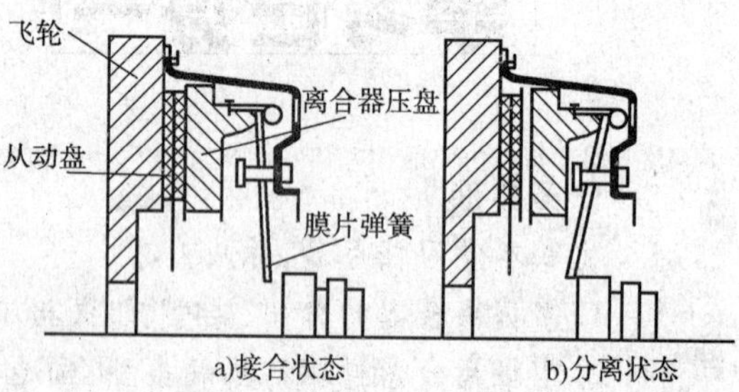

图 1-2　摩擦离合器工作原理

2. 离合器踏板的自由行程

离合器的自由间隙是指在离合器接合状态下，分离杠杆内端与分离轴承之间必须预留一定的间隙，自由间隙反映到离合器踏板上时，使踏板产生了一个空行程，称为离合器踏板的自由行程，如图 1-3 所示。

3. 离合器踏板的有效行程及踏板的总行程

由于从动盘有一定的弹性，飞轮、压盘和从动盘的接触面也会有一定的翘曲变形。要使离合器彻底分离，就必须使压盘向后移动有充分的距离（1 ~ 3mm）。这一距离通过一系列杠杆放大，反映到踏板上就是踏板的有效行程，有效行程与自由行程之和就是离合器踏板的总行程，如图 1-4 所示。

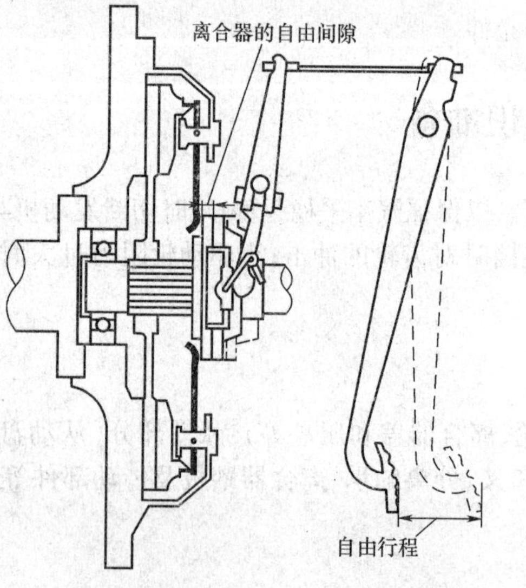

图 1-3　离合器踏板的自由行程

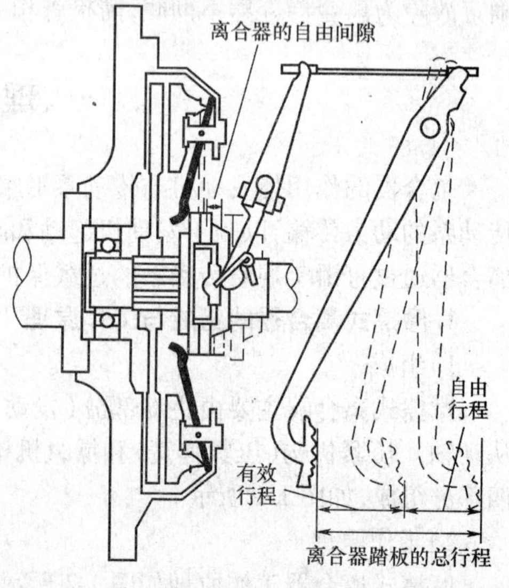

图 1-4　离合器踏板的总行程

4. 常见摩擦式离合器的种类

摩擦式离合器按从动盘数量的不同，分为单片式（图 1-5）和双片式（图 1-6），EQ1090、BJ2020、桑塔纳 2000 型轿车等采用单片式，CA1091 型汽车采用双片式。

图 1-5　单片式离合器

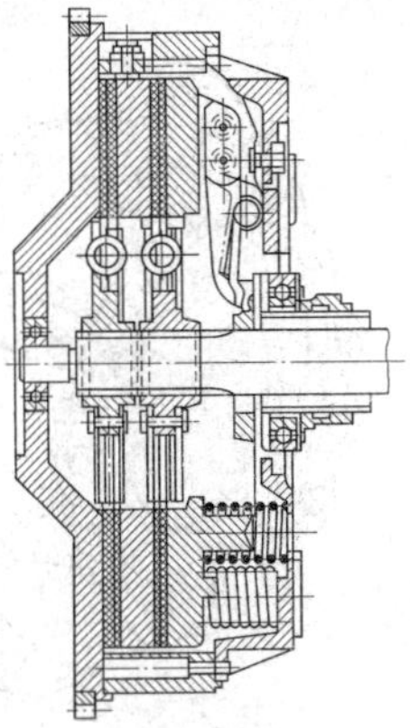

图 1-6　双片式离合器

按压紧弹簧形式不同可分为膜片弹簧式离合器（图 1-7）和周布弹簧式离合器（图 1-8）。

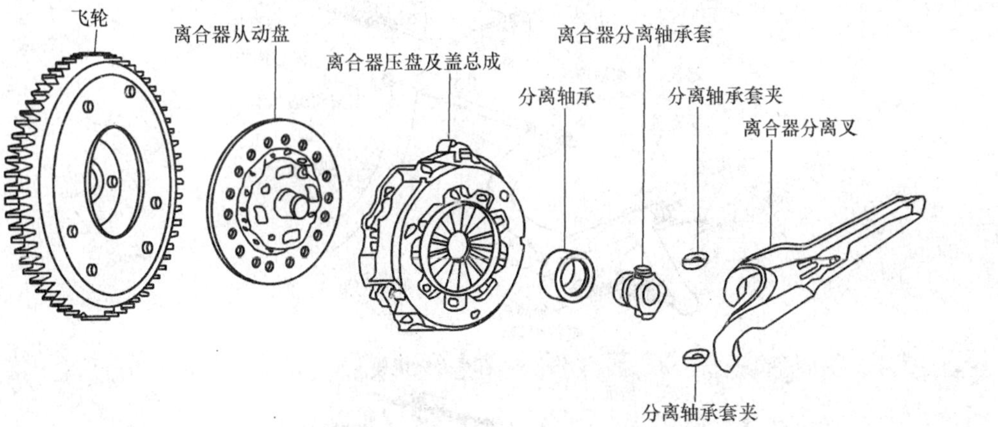

图 1-7　膜片弹簧式离合器

按离合器操纵机构不同可分为机械式操纵机构和液压式操纵机构。

机械式操纵机构有杆系操纵机构（图 1-9）和绳索传动操纵机构（图 1-10）两种形式。

液压式操纵机构主要由主缸、工作缸和管路等部分组成，如图 1-11 所示，桑塔纳 2000GSi、CA7220、AUDI100、BJ2020 型汽车采用这种形式，它具有阻力小、质量小、接合柔和等优点。

桑塔纳 2000GSi 型轿车离合器液压操纵系统由离合器踏板、储液罐、进油软管、离合器主缸、离合器工作缸、油管总成、分离叉、分离轴承等组成，如图 1-12 所示。

离合器的控制主缸结构如图 1-13 所示。

离合器的工作缸由壳体、活塞、皮碗、锥形弹簧等组成，如图 1-14 所示。

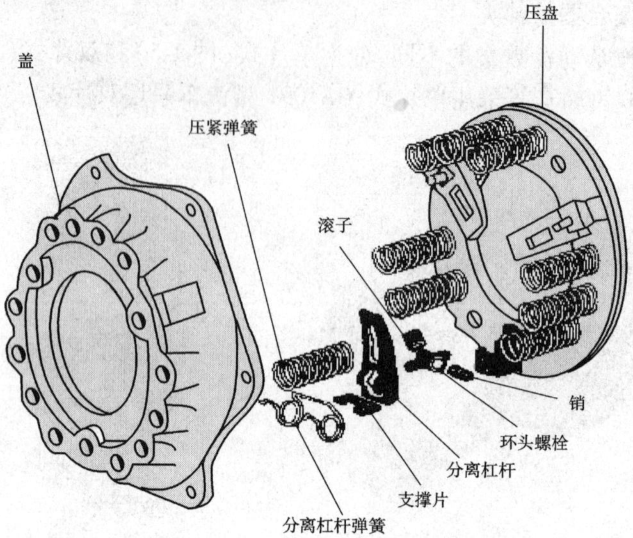

图 1-8　周布弹簧式离合器

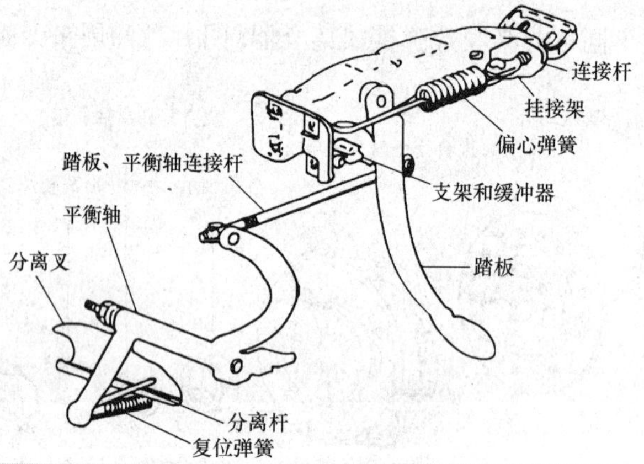

图 1-9　杆系操纵机构

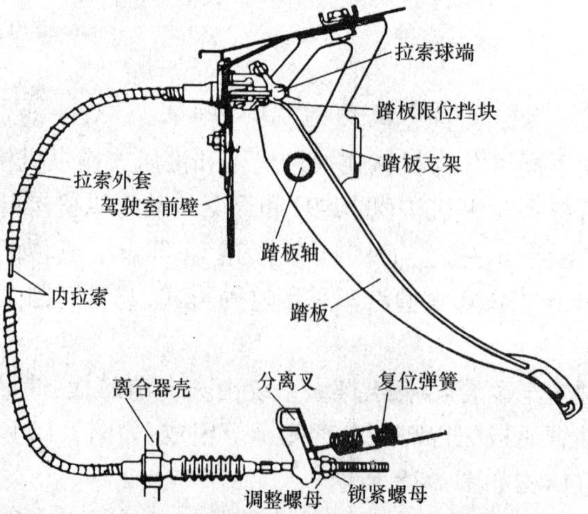

图 1-10　绳索传动操纵机构

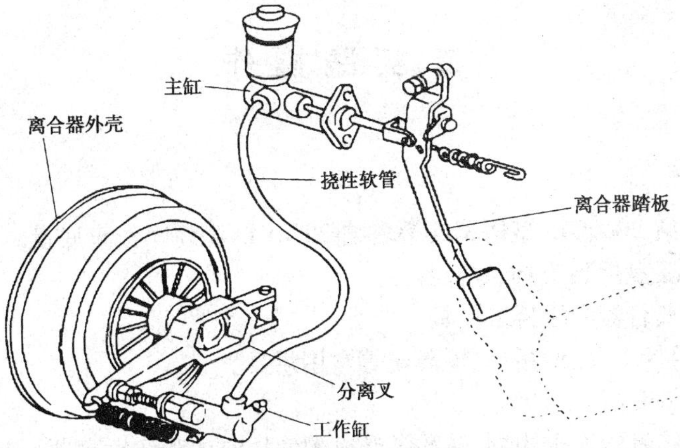

图 1-11　液压式操纵机构

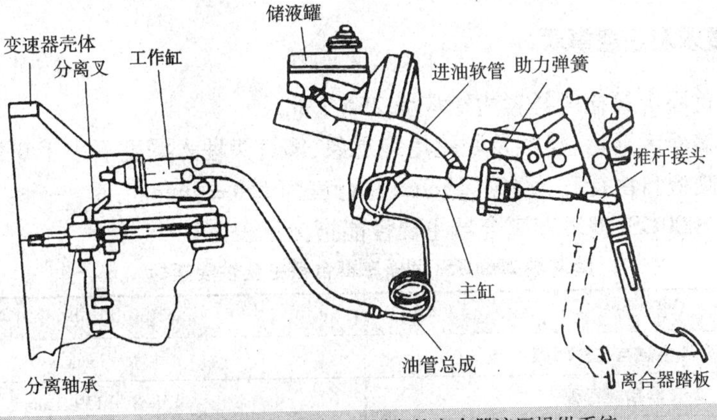

图 1-12　桑塔纳 2000GSi 型轿车的离合器液压操纵系统

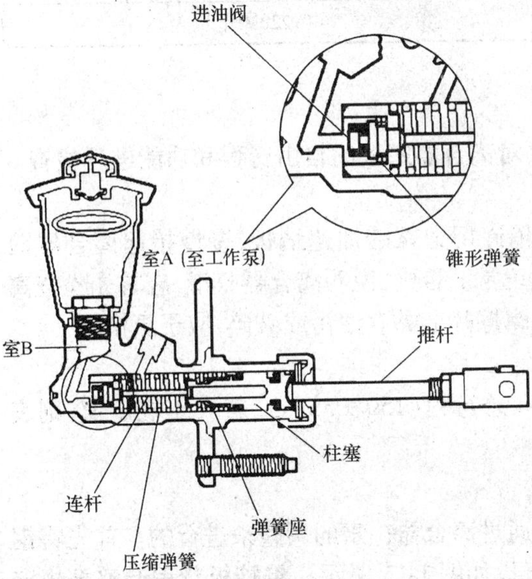

图 1-13　离合器的控制主缸结构

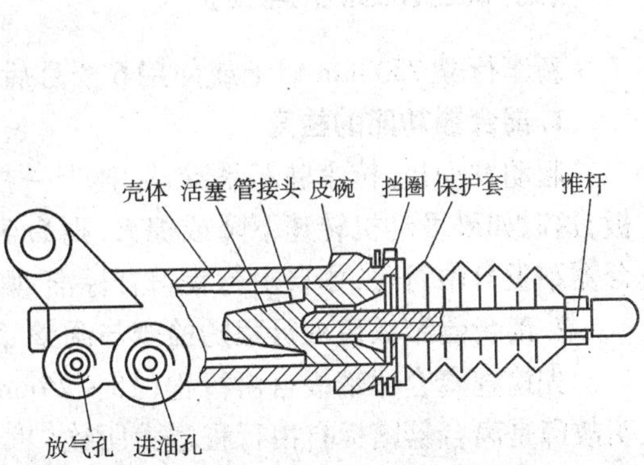

图 1-14　离合器的工作缸结构

二、实践操作

(一)实践准备

(1)整车桑塔纳 2000GLi 型轿车或桑塔纳 2000GLi 型轿车汽车底盘。
(2)每组一套底盘拆装工具、零件盆。
(3)每组一套离合器专用拆装工具。
(4)百分表、游标卡尺、钢板尺、厚薄规等常用量具。
(5)每组一台举升机。
(6)熟悉汽车维修的安全规则,熟悉举升机的使用方法和注意事项。
(7)维修手册、工单。

(二)技术要求及注意事项

(1)离合器盖固定螺栓的拧紧力矩应为 25N · m。
(2)从动盘表面无油污、烧蚀及硬化龟裂现象,铆钉头埋入深度不小于 0.20mm。
(3)离合器踏板自由行程为 15 ~ 25mm,总行程为 150 ± 5mm。
(4)桑塔纳 2000GSi 型轿车离合器主要性能指标见表 1-1。

桑塔纳 2000GSi 型轿车离合器主要性能指标 表 1-1

项 目	参 数
离合器主缸与推杆间隙	0 ~ 1mm
离合器踏板行程	131.8 ~ 139.1mm
离合器踏板最大踏板力	122.2N(不计复位弹簧的作用)
系统压力	0.222MPa

(三)离合器的使用与维护

新车行驶 7500km 以上或使用 6 个月后,要对离合器踏板的自由行程和功能进行检查。

1. 离合器功能的检查

起动发动机,拉紧驻车制动器,挂上一挡,稍许用力踩踏加速踏板,慢慢抬起离合器踏板,这时如果发动机转速下降或熄火,则为功能正常。否则,说明离合器打滑,应首先检查离合器踏板自由行程,如自由行程符合标准,则为摩擦片上黏有油污或破碎,应予更换。

2. 离合器踏板自由行程的检查与调整

先检查离合器踏板自由行程(15 ~ 25mm)和总行程(150 ± 5mm),若大于规定值,则表明故障是离合器踏板自由行程过大所致。

1)绳索传动操纵机构踏板自由行程的调整

绳索传动操纵机构踏板自由行程的调整是通过离合器拉索的调整来进行的。首先将钢索套管沿轴向压紧,拧松锁紧螺母,旋转调整螺母,如图 1-15 所示。将踏板行程调整至规定值(拧松螺母是减小行程,拧紧为增加行程),最后旋紧锁紧螺母(力矩为 6N · m)。合理的踏板高度是分离轴承刚好与膜片弹簧接触时的位置，将踏板总行程调整好后，应再检验踏板自由行程，直至其符合规定。

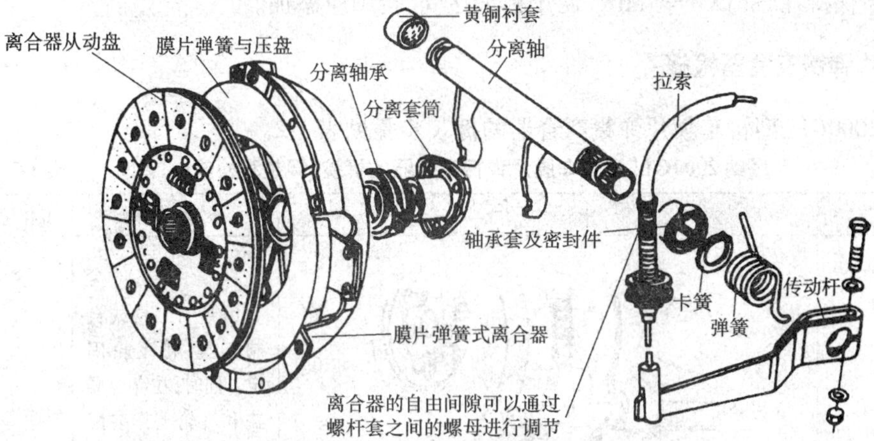

图 1-15　绳索传动操纵机踏板自由行程的调整

小提示

调整踏板自由行程时，调整前连续踏下离合器踏板至少 30 次，使离合器钢索活动自如，必要时应在钢索内涂上专用润滑脂。

2）液压式操纵机构踏板自由行程的调整

踏板自由行程一般是主缸活塞与推杆之间和分离杠杆内端与分离轴承之间两部分间隙之和。踏板自由行程的调整，实际上就是这两处间隙的调整。调整时先调整主缸活塞与推杆的间隙，即调节主缸推杆接头在踏板臂上的连接位置，如图 1-16 所示。

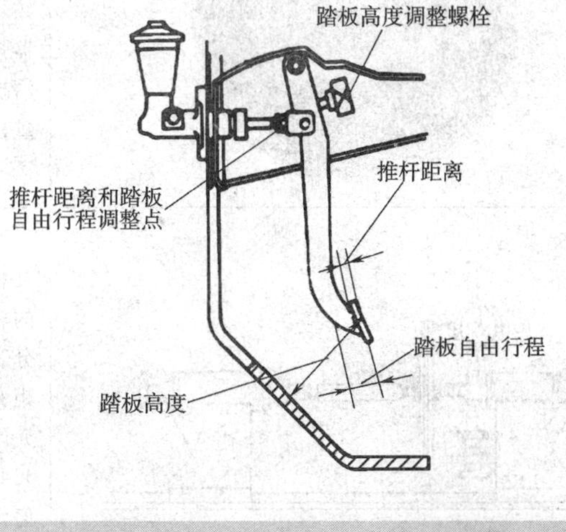

图 1-16　离合器踏板自由行程的检查和调整

3. 离合器液压系统工作油液的检查和添加

离合器液压操纵系统中工作油液，更换周期为两年或 4 万 km，汽车维护时检查储液罐内工作油液应保持在“MAX”与“MIN”两个标记之间，否则应添加。

(四)膜片弹簧离合器检修

桑塔纳 2000GLi 型轿车膜片弹簧离合器的拆装步骤见表 1-2。

桑塔纳 2000GLi 型轿车膜片弹簧离合器的拆装、调整和检修 表 1-2

检修内容	图示	检修步骤	工作记录
离合器盖总成的拆卸	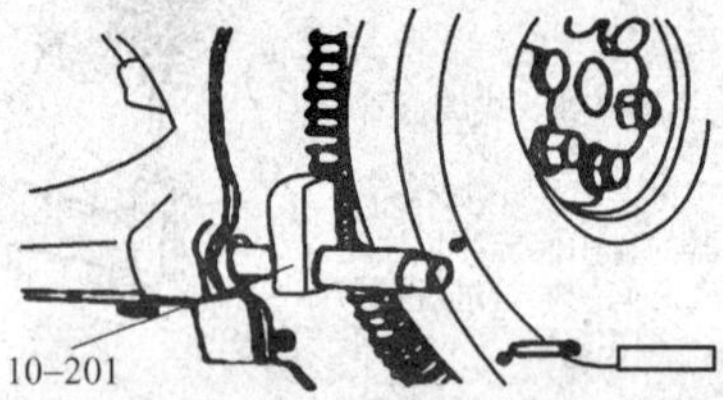	用专用工具或自制工具，将飞轮固定。同时，在离合器盖和飞轮上作装配标记	
	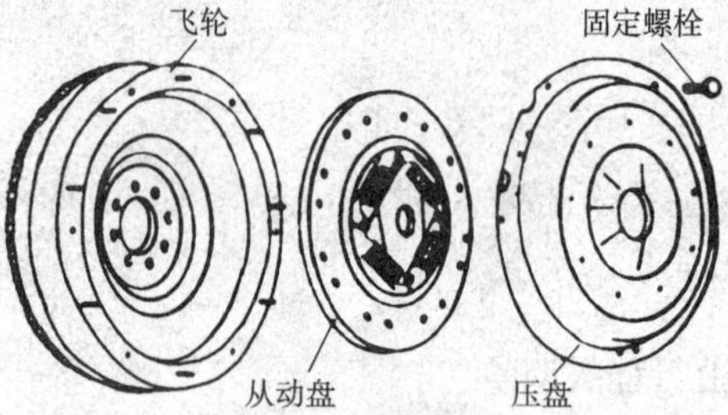	将离合器盖的固定螺栓对角拧松，取下离合器盖总成，并取下离合器从动盘	
离合器总成的检修：从动盘的目检		先目视检查从动盘摩擦片是否有裂纹、铆钉外露、减振器弹簧断裂、花键毂磨损等情况，如果严重，则更换从动盘	
离合器总成的检修：从动盘轴向跳动的检查	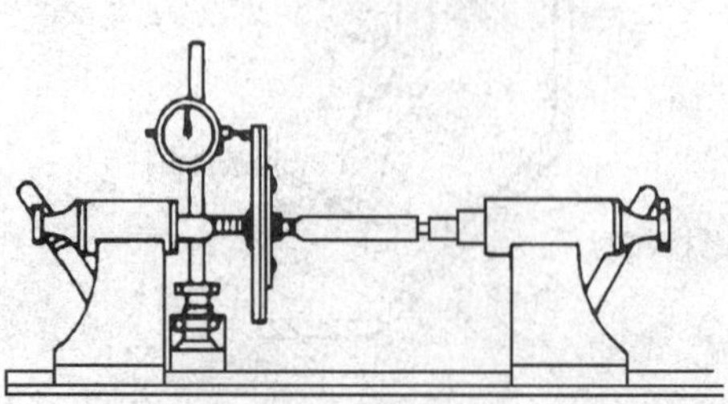	将从动盘装在新的输入轴上，用百分表针抵在从动盘距外缘 2.5mm 处，允许轴向跳动量为 0.40mm，超过极限值，应更换摩擦片	

续上表

检修内容		图示	检修步骤	工作记录
离合器总成的检修	从动盘摩擦片的磨损程度	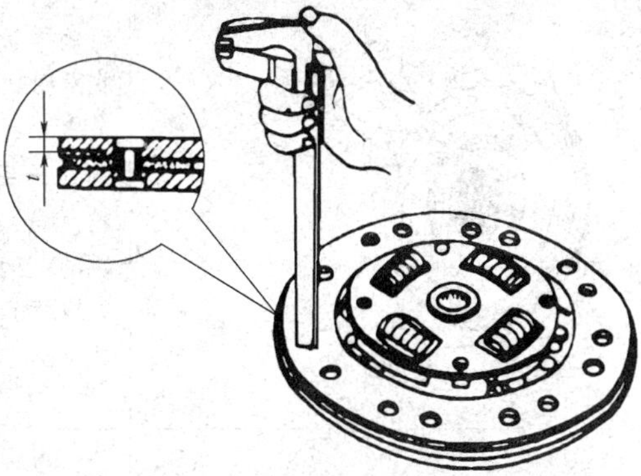	用游标卡尺进行测量。铆钉头埋入深度应不小于0.20mm。厚度不能超过原厂规定的使用极限，否则，应更换。注意，检查的是铆钉头的深度，即浅处的深度	
	离合器压盘的检查	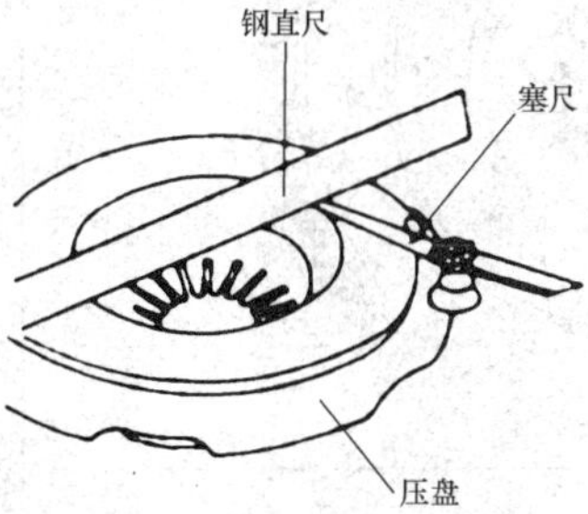	压盘若出现翘曲、破裂或过度磨损，应及时更换。用钢直尺压在压盘上，然后用塞尺测量。压盘平面度不应超过0.2mm。否则应更换	
	膜片弹簧磨损的检查	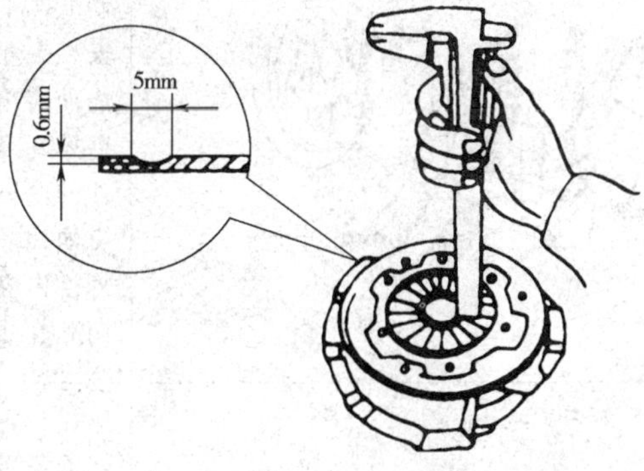	用游标卡尺测量膜片弹簧与分离轴承接触部位磨损的深度和宽度。深度应小于0.6mm，宽度应小于5mm，否则应更换	
	膜片弹簧变形的检修	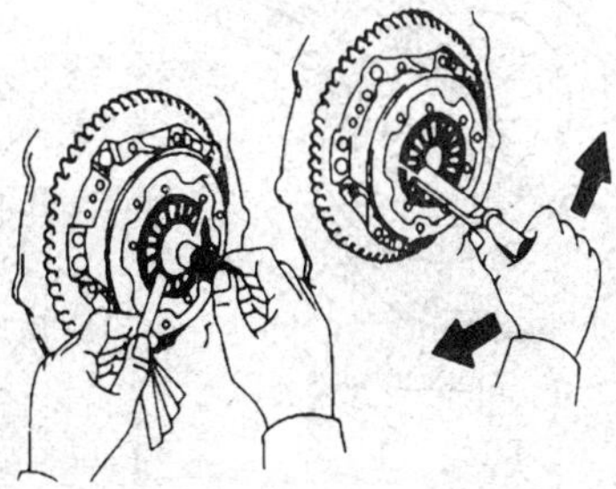	用专业工具盖住膜片弹簧内端，然后用厚薄规测量弹簧内端与专用工具之间的间隙。弹簧内端应在同一平面内，间隙不应超过0.5mm。否则，调整变形过大的膜片弹簧	

续上表

检修内容		图示	检修步骤	工作记录
离合器总成的检修	飞轮的检修	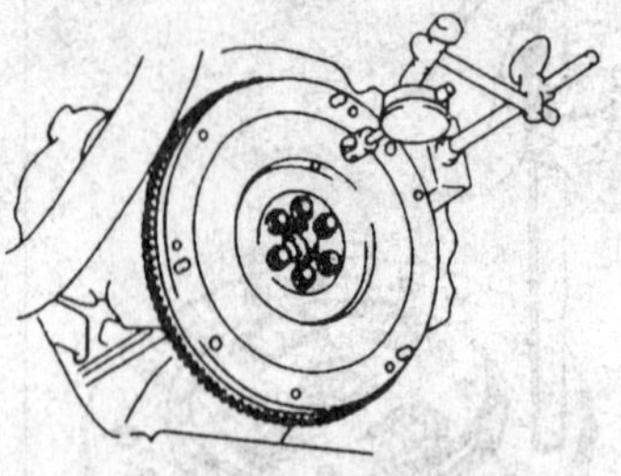	将百分表座吸附在发动机机体上，百分表表针抵在飞轮的最外圈，转动飞轮，测量飞轮的端面圆跳动，应小于0.1mm。如超过标准，应修理或更换飞轮	
	飞轮上轴承的检修	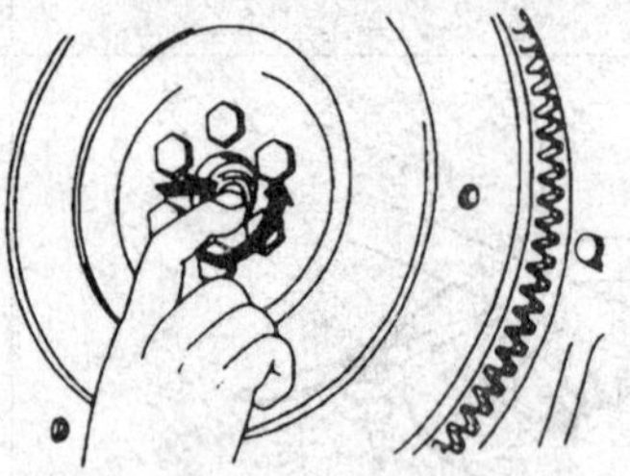	用手转动轴承，在轴向加力，如果有阻滞或有明显间隙感，则应更换轴承	
离合器总成的安装		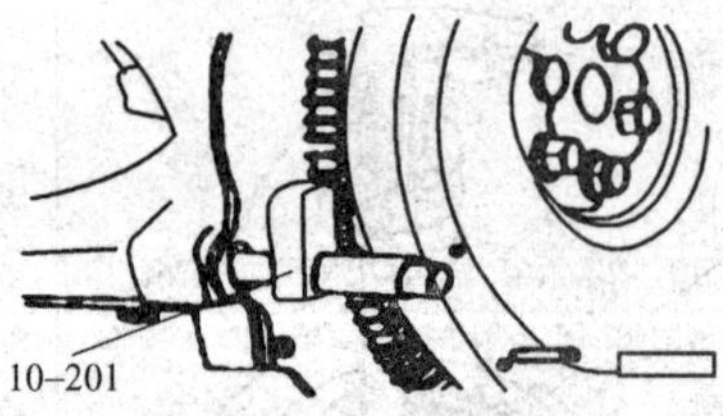	用专用工具或自制工具将飞轮固定。安装从动盘时，飞轮表面应用细砂布修磨平整，飞轮和摩擦片的摩擦表面不得有油污。从动盘花键槽内应涂一薄层润滑脂	
		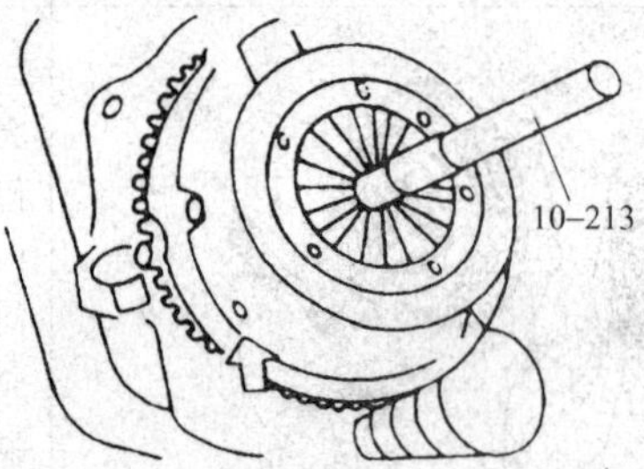	安装离合器盖总成，对正装配标记，用专用工具或变速器第一轴将离合器从动盘定位于飞轮和压盘的中心。使用扭力扳手以25N·m的力矩，分两次对角交叉旋紧固定螺栓。抽出专用工具	

小提示

检查时注意从动盘上是否被油、水或路面污物污染。有油的污染表明曲轴后主油封或变速器输入轴处泄漏,应及时排除。有水或路面灰尘等污染,是由离合器壳体破裂或紧固螺栓的松动所致,应查明原因,予以排除。

(五)离合器内分离机构的拆装及检修

桑塔纳2000GLi型轿车离合器内分离机构的拆装及检修步骤见表1-3。

桑塔纳2000GLi型轿车的离合器内分离机构拆装及检修　　表1-3

作业内容		图　示	检修步骤	工作记录
离合器分离装置拆卸	分离机构拆卸	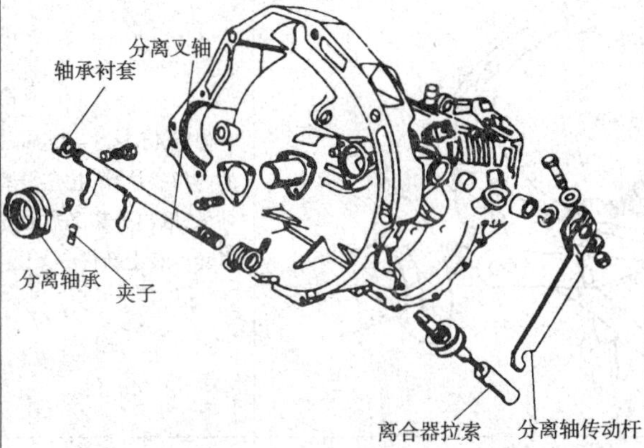	观察分析离合器内分离机构的工作情况和各零部件的连接关系。 拆下分离叉轴传动臂	
	离合器分离轴承拆卸	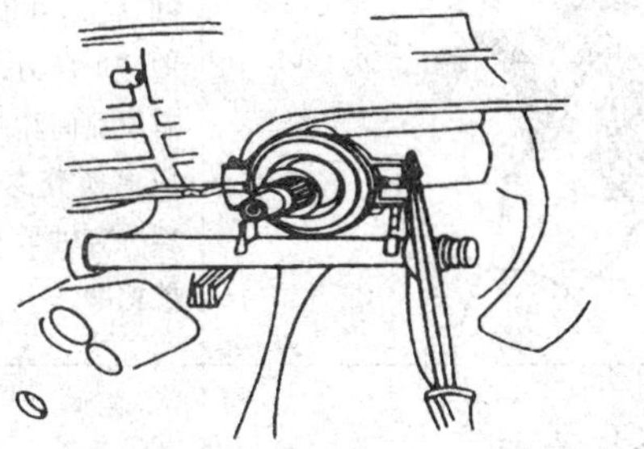	拆下分离轴承组件。 旋下分离套筒螺栓,取下分离导向套筒	
	分离叉轴的挡圈拆卸	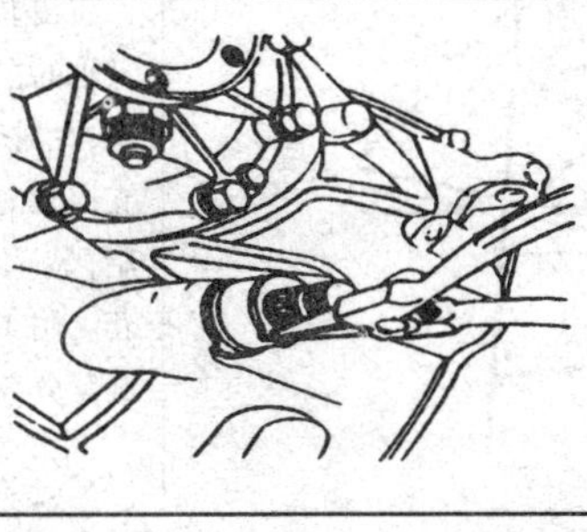	拆下分离叉轴的挡圈,再取下防尘套。 挡圈及锁圈不能拉开过度,安装时必须放入槽内	

续上表

作业内容		图　示	检修步骤	工作记录
离合器分离装置拆卸	定位螺栓拆卸		拆下分离叉轴的定位螺栓、拆下分离叉左轴承衬套，取下分离叉轴，再取下复位弹簧	
离合器分离装置拆卸	分离叉轴右衬套拆卸	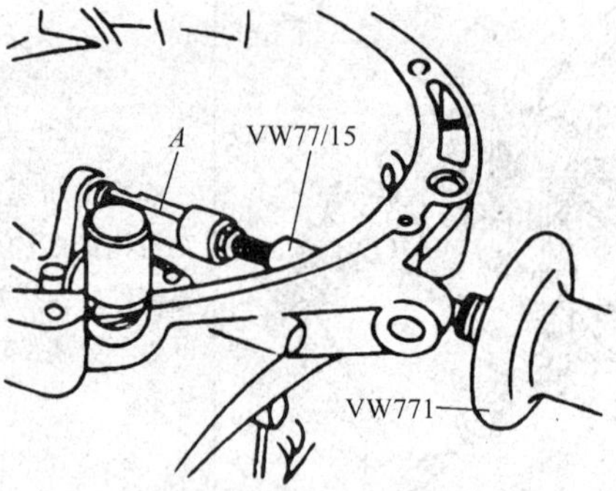	使用 A = 18.5 ~ 23.5mm 的内拉头拉器，拉出分离轴承，取出分离叉右轴承衬套。装上新件	
检修	分离轴承检查	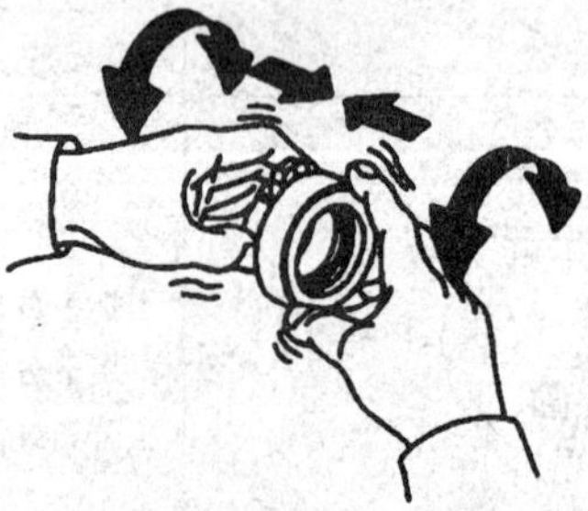	用手固定分离轴承内圈，转动外圈，同时在轴向施加压力，如有阻滞或有明显间隙感和响声时，应更换分离轴承。离合器分离轴承不可洗涤，只能擦净	
分离装置安装	分离叉轴安装		将复位弹簧套在分离叉轴的左段，安装分离叉轴，在衬套及分离叉轴的支撑位置涂适量的润滑脂，装入分离叉轴左衬套。用 15N · m 的力矩旋紧分离叉轴定位螺栓	

续上表

作业内容		图　示	检 修 步 骤	工作记录
分离装置安装	分离导向套筒的更换	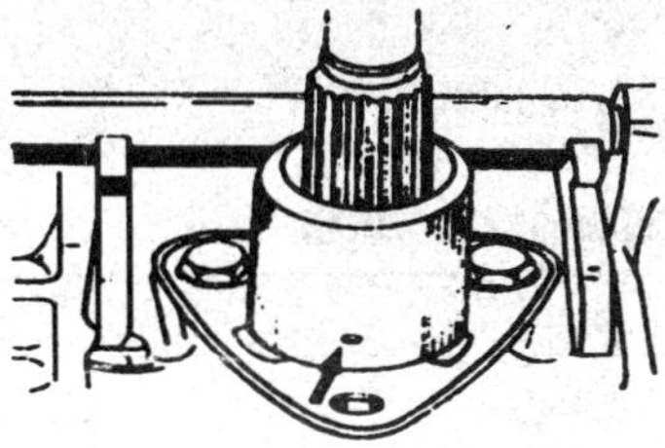	将分离导向套筒及其衬垫涂上密封胶，以15N·m的力矩旋紧固定螺栓，安装到变速器	
	复位弹簧安装	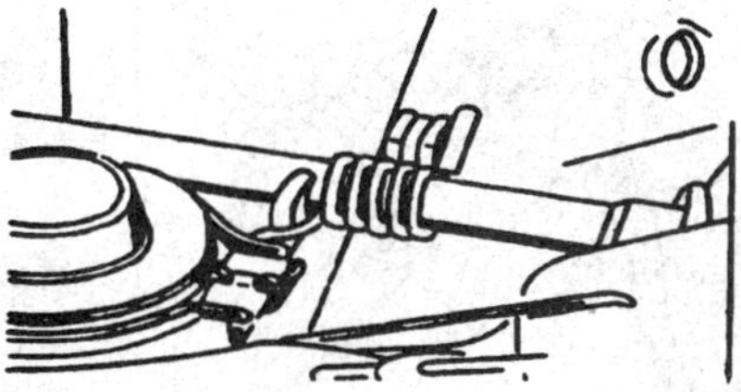	安装分离轴承，用适量润滑脂润滑接触点。装上复位弹簧	
	分离轴承挡圈的安装		将橡胶防尘套推入分离叉轴，安装挡圈，压至尺寸 A = 18mm 的位置。安装变速器	
	分离叉轴传动臂的安装	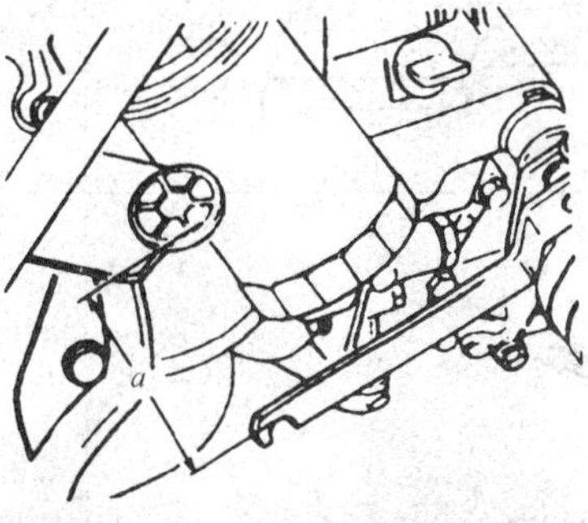	装上分离轴承，并使分离叉轴传动杆的安装位置达到 $a=(200\pm5)$ mm，以25N·m的力矩旋紧螺母	

(六)离合器控制装置

离合器踏板的拆装与调整见表1-4。

小提示

在进行离合器踏板拆装时,应将蓄电池搭铁线拆下。

离合器踏板的拆装与调整　　表1-4

作业内容	图　示	检修步骤	工作记录
离合器踏板的拆卸	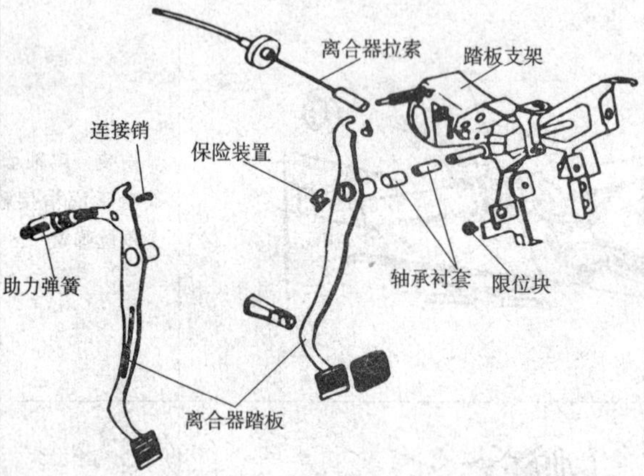	拉开并拆下离合器拉索。 拆下挡圈,取下连接销,从离合器组件上取下助力弹簧。 拆下卡夹,取下离合器踏板	
离合器踏板衬套的更换	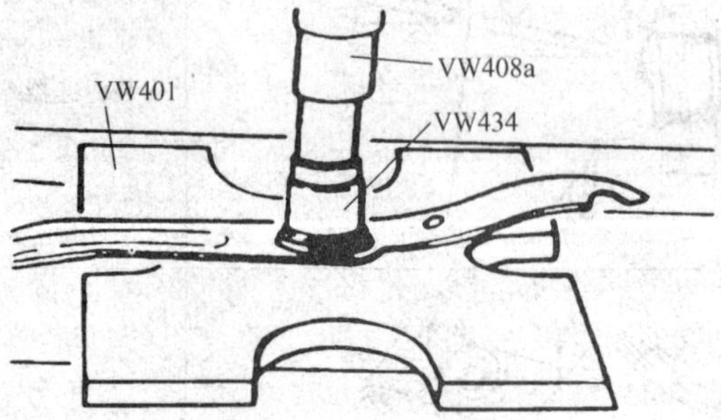	拆下离合器踏板。用专用工具压出踏板塑料衬套	
拆下踏板橡胶衬套	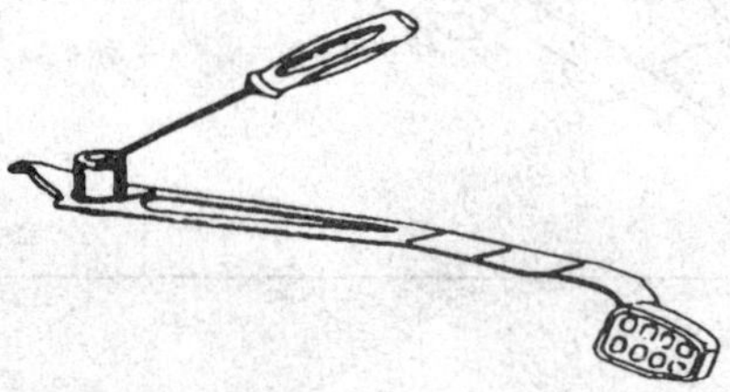	拆下离合器踏板橡胶衬套	

续上表

作业内容	图　　示	检修步骤	工作记录
离合器踏板衬套的安装	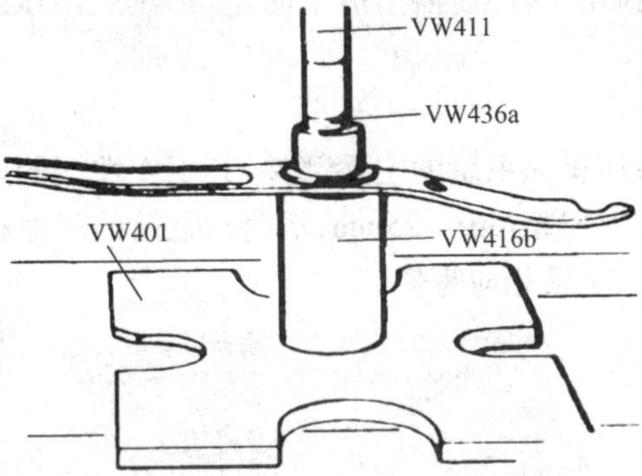	装上橡胶衬套，涂上无酸润滑脂。 使塑料衬套与导管长的一端齐平	
离合器踏板助力弹簧的更换	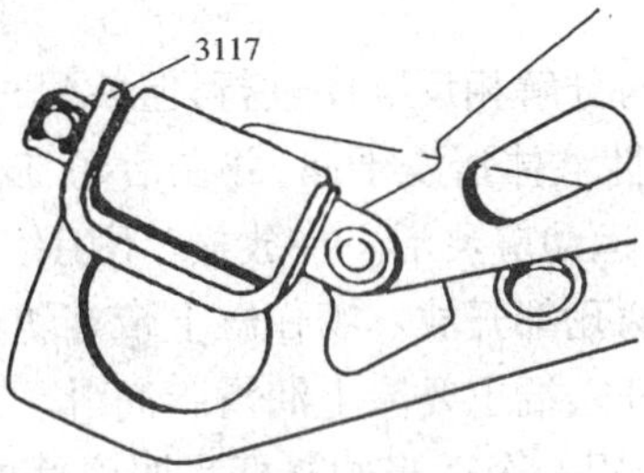	拆下挡圈，拆下连接销，取下助力弹簧，装上新的助力弹簧	
拉索的更换	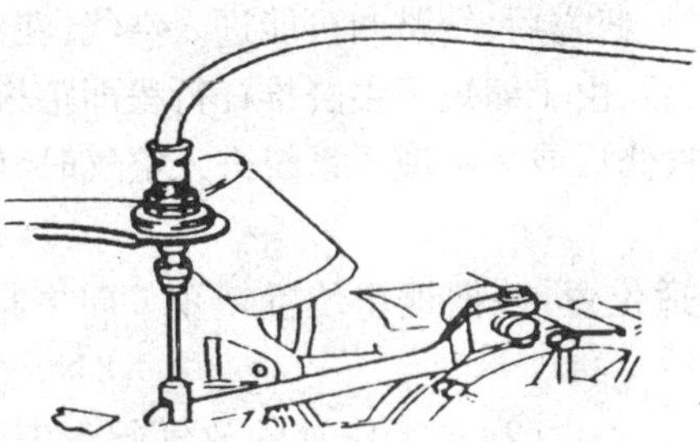	旋松调整踏板自由行程的防松螺母，并放松拉索。 取下拉索。 装上新的拉索，用润滑脂润滑用于连接的两端	

(七)桑塔纳2000GSi型轿车离合器液压系统的维修

1. 离合器主缸的拆卸与分解

(1)取下离合器踏板与主缸推杆叉的连接销轴。

(2)从主缸上拧下进油管和出油管接头。

(3)拧下主缸固定螺栓，拉出主缸。

在解体离合器主缸前，应排净主缸中的制动液。主缸分解过程是：先取下防尘罩，再用螺丝刀或卡环钳拆下卡环，最后拉出主缸推杆、压盖和活塞。

2. 离合器工作缸的拆卸与分解

先拧下工作缸进油管接头，再拆下工作缸固定螺栓，拉出工作缸。

排净工作缸内的制动液，拉出工作缸推杆，拆下防尘罩，然后用压缩空气将工作缸活塞从缸筒内压出来。

3. 主缸、工作缸的检修

主缸和工作缸是离合器液压操纵系统的主要部件，其工作性能的好坏直接影响离合器的工作性能。当出现缸筒内壁磨损超过0.125mm，活塞与缸筒的间隙超过0.20mm，皮圈老化及复位弹簧失效等情况时，应更换相应零件。

想一想

如何检查活塞与缸筒之间的间隙？

4. 离合器主缸、工作缸的装配

主缸和工作缸的装配，按拆卸与分解相反顺序进行，但装配时应注意以下事项：

(1)零件在装配前要用非腐蚀性液体清洗干净，并在活塞、皮碗、皮圈、缸套等零件上涂一层制动液。装合后推杆在缸筒内运动应灵活。在放松(不工作)位置时，主缸皮碗和活塞头部应位于进油孔和补偿孔之间，两孔都开放。工作缸上带有塑料支撑环，安装时外表面要涂上一层薄薄的润滑油，工作缸推杆末端也要涂上润滑脂润滑。

(2)安装离合器工作缸时，需要用一个适当的杠杆克服弹簧的弹力，将其压向变速器壳相应的孔中后，方能将固定螺栓旋入。

5. 离合器液压系统中空气的排出

离合器液压操纵系统在经过检修之后，管路内可能进入空气，在添加制动液时也可能使液压系统中进入空气。空气进入后，由于缩短了主缸推杆行程即踏板工作行程，从而使离合器分离不彻底。因此，液压系统检修后或怀疑液压系统进入空气时，就要排除液压系统中的空气。排除方法如下：

(1)用举升机将汽车升到合适位置，并把锁止装置锁止。向主缸储液罐中加入制动液至规定高度。

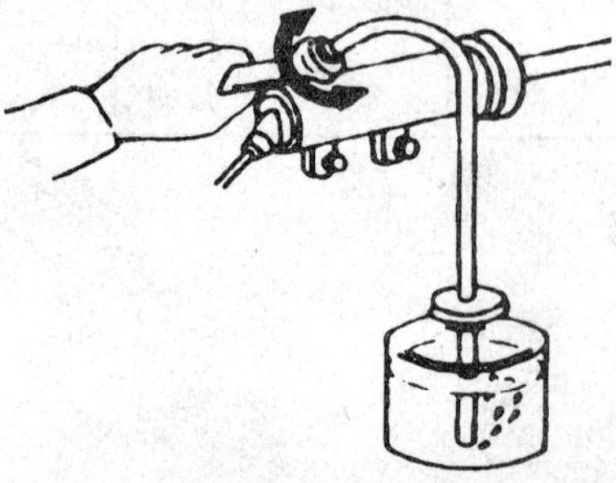

图1-17 离合器液压系统中空气的排出

(2)在工作缸的放气阀上安装一软管，接到一个盛有制动液的容器内。

(3)排空气需要两个人配合工作，一人慢慢地踏离合器踏板数次，感到有阻力时踏住不动，另一人拧松放气阀直至制动液开始流出，然后再拧紧放气阀，如图1-17所示。

(4)连续按上述方法操作几次，直到流出的制动液中不见气泡为止。

(5)空气排除干净之后，需要再次检查及调整踏板的自由行程。

小提示

举升机使用时特别要注意按照制造商的说明确定举升点，以免损坏汽车底部。

三、学习拓展

离合器常见故障的现象、原因及排除方法见表1-5。

离合器常见故障的现象、原因及排除方法　　表1-5

故障现象	故障原因	排除方法
离合器打滑	①踏板自由行程过小或没有。 ②摩擦片磨损变薄、硬化、有油。 ③压盘严重磨损。 ④膜片弹簧弯曲变形。 ⑤压盘与飞轮的固定螺栓松动	①调整踏板自由行程。 ②更换摩擦片。 ③更换压盘。 ④校正或更换。 ⑤紧定
离合器分离不彻底	①踏板自由行程过大。 ②膜片弹簧指处不在同一平面上。 ③从动盘翘曲、铆钉松脱、新换的摩擦片过厚。 ④从动盘键槽与变速器输入轴键锈蚀，使从动盘移动困难	①调整踏板自由行程。 ②调整。 ③更换摩擦片。 ④清洗除锈，涂油润滑
离合器发响	①分离轴承磨损或缺油。 ②轴承复位弹簧过软、脱落或折断。 ③从动盘花键与变速器输入轴配合松旷。 ④从动盘扭转减振弹簧折断。 ⑤踏板复位弹簧脱落、过软。 ⑥紧固件松动	①注油或更换轴承。 ②更换复位弹簧。 ③更换从动盘。 ④更换从动盘。 ⑤检修或更换。 ⑥紧定
离合器发抖	①从动盘翘曲。 ②摩擦片上有油或硬化，铆钉外露。 ③扭转减振弹簧失效。 ④膜片弹簧弯曲变形。 ⑤变速器与飞轮壳或离合器盖与飞轮固定螺栓松动	①更换从动盘。 ②更换摩擦片。 ③更换从动盘。 ④校正。 ⑤紧定松动的螺栓

四、评价与反馈

1. 自我评价与反馈

(1)你是否知道摩擦式离合器的基本组成？(　　)

A. 知道　　　　　B. 不知道

(2)你是否能够完成摩擦式离合器的基本检查？(　　)

A. 能够完成　　B. 在小组协作下能够完成　　C. 不能完成

(3)你是否能够完成离合器液压系统中空气的排出？(　　)

A. 能够完成　　B. 在小组协作下能够完成　　C. 不能完成

(4)完成了本学习任务后，你感觉困难的部分是哪些？

____

____

____

签名：________ ________年________月________日

2. 小组评价与反馈

(1)你们小组在接到任务之后是否分工明确？________________

(2)你们小组每位组员都能轮换操作吗？________________

(3)遇到难题时你们分工协作吗？________________

(4)对于小组其他成员有何建议？________________

参与评价的同学签名：________ ________年________月________日

3. 教师评价及回复

____

____

____

教师签名：________ ________年________月________日

五、技能考核标准

序号	项目	操作内容	规定分	评分标准	得分
1	准备	清点工具、量具 清理工位	5分	酌情扣分	
2	拆卸	用专用工具固定飞轮 按顺序分解离合器总成	5分 10分	操作不当扣1～5分 操作不当扣1～10分	
3	检查	从动盘轴向跳动的检查 从动盘摩擦片磨损程度的检查 离合器压盘的检查 膜片弹簧磨损的检查 膜片弹簧变形的检查 飞轮及飞轮上轴承的检查	5分 5分 5分 5分 5分 5分	检查不当扣1～5分 检查不当扣1～5分 检查不当扣1～5分 检查不当扣1～5分 检查不当扣1～5分 检查不当扣1～5分	
4	安装	用专用工具将飞轮固定 砂磨离合器工作表面 按顺序装配离合器盖总成	5分 5分 10分	操作不当扣1～5分 操作不当扣1～5分 操作不当扣1～10分	

续上表

序号	项目	操作内容	规定分	评分标准	得分
5	时间	30min	10分	超时1~10min扣1~10分 超时10min以上扣10分	
6	安全文明	无安全隐患,无不文明操作	10分	未达标扣1~10分	
7	结束	工具、量具清洁并归位 工作场地清洁	5分 5分	漏一项扣1分,未做扣5分 清洁不彻底扣1~5分,未做扣5分	
总分			100分		

学习任务二　手动变速器的就车检修

任务要求

完成本学习任务后，你应：

1. 掌握手动变速器的作用、组成及分类；
2. 掌握手动变速器齿轮润滑油的检查和更换；
3. 掌握手动变速器换挡操纵机构的调整；
4. 能够选择正确的工具与量具，完成操作任务；
5. 能够查阅维修手册并规范检修。

建议学时：8 学时

任务描述

一款桑塔纳2000GLi型轿车，在交通繁忙路段行驶时，由于换挡动作过猛，突然挂不上挡。驾驶员试过所有前进挡都不能使汽车前行，换挡杆换来换去，最终只有倒挡能行驶。根据故障发生情况分析，仅为瞬间操作过猛，五个前进挡同时损坏的可能性不大，应重点检查和调整变速器换挡操纵机构的定位装置。

一、理论知识准备

1. 变速器的作用

（1）实现变速、变矩。为适应汽车实际行驶的要求，变速器通过不同挡位来实现变速、变矩（降速、增矩）。

（2）实现倒车。发动机的旋转方向为顺时针方向，且不能改变，为了实现汽车的倒向行驶，变速器中设置了倒挡。

（3）实现中断动力传递。在发动机起动、怠速运转、变速器换挡、汽车暂时停驶等情况下，都需要设置空挡来中断发动机的动力传递。

2. 手动变速器的组成

手动变速器由变速传动机构和操纵机构两大部分组成。手动变速器操纵机构是通过驾驶员用手操纵变速杆来选定挡位，并直接操纵变速器的换挡机构进行挡位变换。变速传动机构的主要作用是改变速比和旋转方向。

按工作轴的数量不同(不包括倒挡轴),变速器可分为三轴式变速器和二轴式变速器。其中三轴式变速器分三轴式五挡变速器(图 2-1)和带中间隔板的三轴式五挡变速器(图 2-2)。

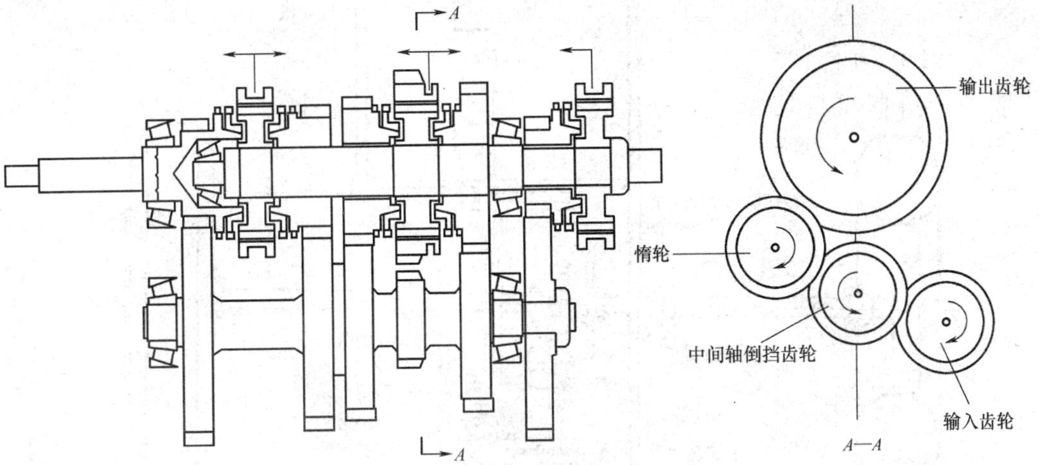

图 2-1 三轴式五挡变速器

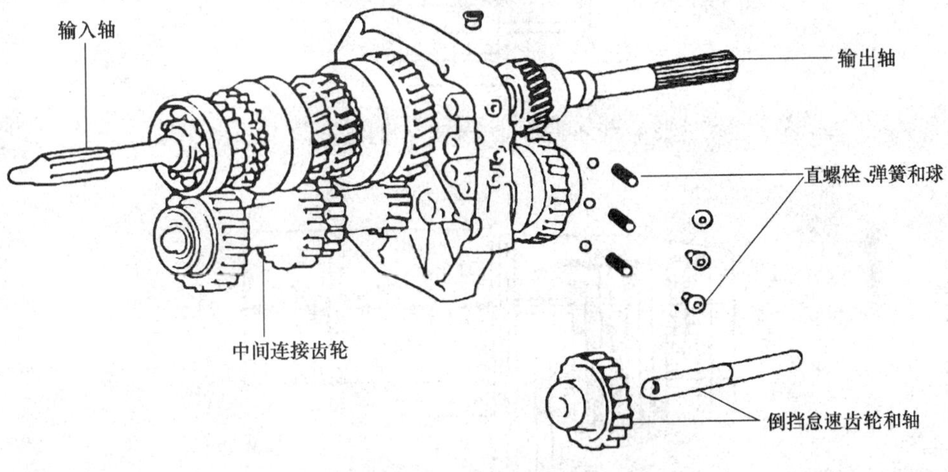

图 2-2 带中间隔板的三轴式五挡变速器

二轴式变速器广泛应用于发动机前置前轮驱动或发动机后置后轮驱动的汽车,一般与驱动桥合称为手动变速驱动桥。

前置发动机有纵向布置和横向布置两种形式,配用的二轴式变速器也有两种不同的结构形式。发动机纵置时,主减速器为一对圆锥齿轮,奥迪 100、桑塔纳 2000 型轿车等采用,如图 2-3 所示;发动机横置时,主减速器采用一对圆柱齿轮,如捷达轿车采用,如图 2-4 所示。

3. 变速器操纵机构

1)功用

变速器操纵机构的功用是保证驾驶员根据使用条件,将变速器换入某个挡位。

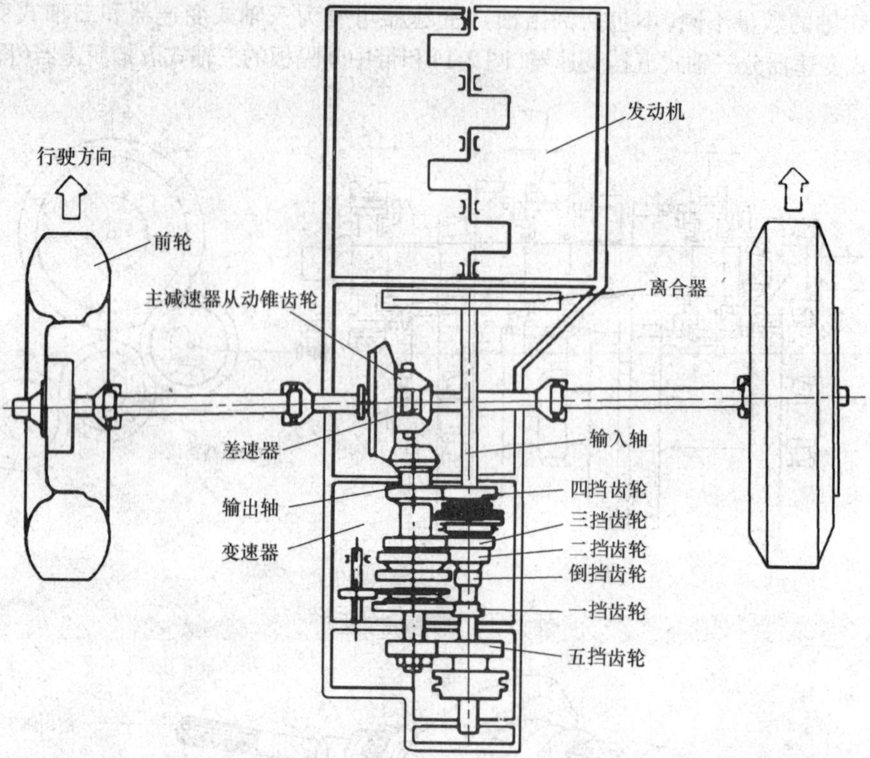

图 2-3　发动机纵置的二轴式变速器的示意图

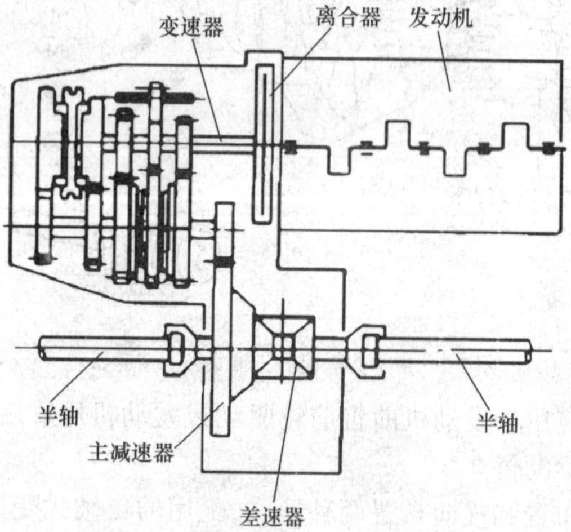

图 2-4　发动机横置的二轴式变速器的示意图

2)类型

(1)直接操纵式操纵机构。它布置在驾驶员座椅附近,变速杆由驾驶室底板伸出,驾驶员可以直接操纵,如图 2-5 所示,多用于发动机前置后轮驱动的车辆,如解放 CA1091。

(2)间接操纵式操纵机构。由于变速器离驾驶员座位较远,需要在变速杆与拨叉之间加装一些辅助杠杆或一套传动机构,构成远距离操纵机构来控制内换挡机构。这种操纵机构多用于发动机前置前轮驱动的轿车，如桑塔纳2000型轿车的手动变速器。

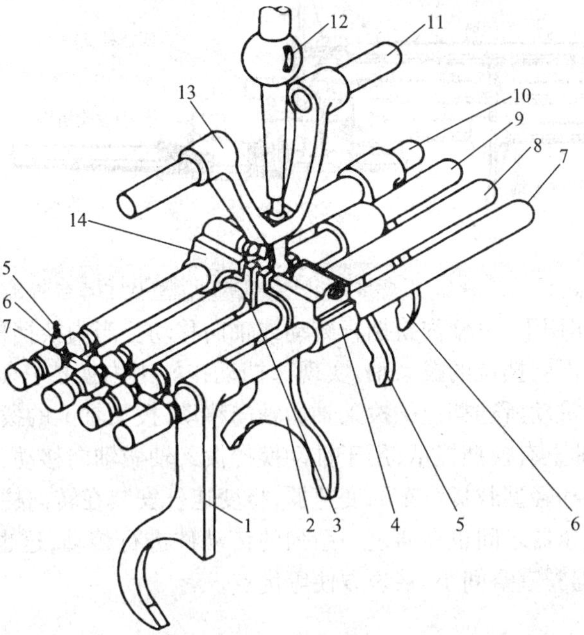

图2-5 直接操纵式操纵机构

1-五、六挡拨叉；2-三、四挡拨叉；3-一、二挡拨块；4-五、六挡拨块；5-一、二挡拨叉；6-倒挡拨叉；7-五、六挡拨叉轴；8-三、四挡拨叉轴；9-一、二挡拨叉轴；10-倒挡拨叉轴；11-换挡轴；12-变速杆；13-叉形拨杆；14-倒挡拨块；15-自锁弹簧；16-自锁钢球；17-互锁销

远距离外操纵机构的组成如图2-6所示，内换挡机构的组成如图2-7所示。变速杆通过一系列中间连接杆件操纵变速器的内换挡机构，以进行选挡、换挡。变速杆可以直接左右、前后摆动。各连接杆应具有足够的刚度，且各连接点处间隙小，否则，将会影响换挡时的手感。

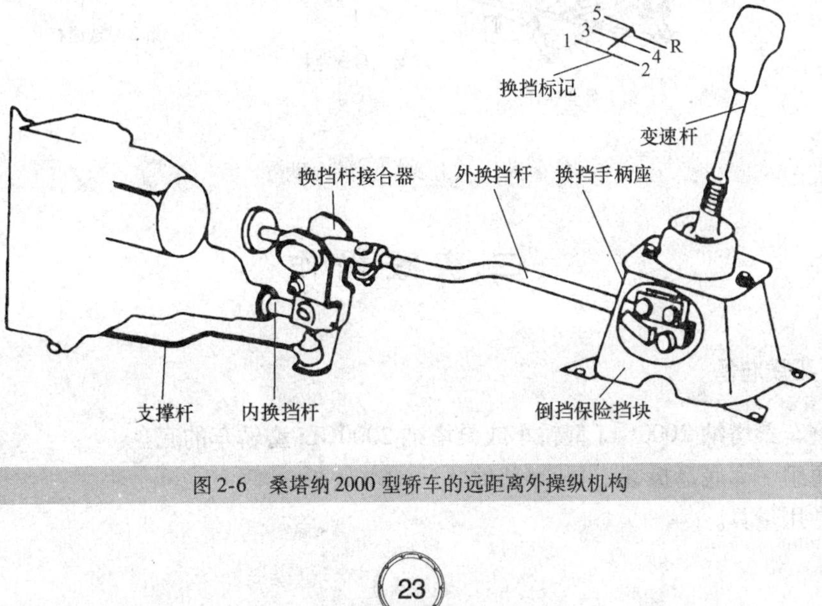

图2-6 桑塔纳2000型轿车的远距离外操纵机构

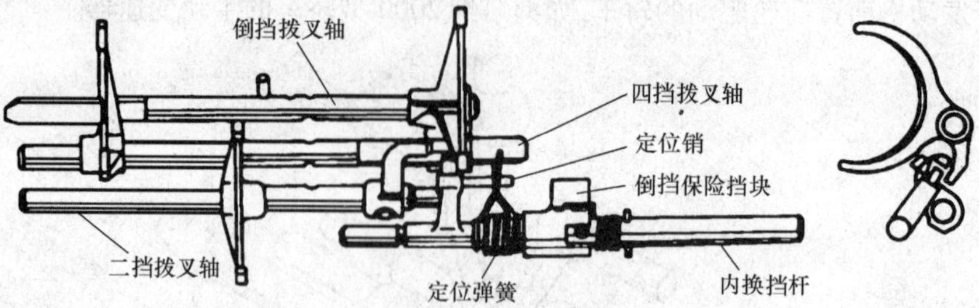

图 2-7 桑塔纳 2000 型轿车的内换挡机构

在外操纵机构作用下,可使内换挡杆转动或轴向移动。当内换挡杆转动时,可使换挡横轴做轴向移动,选择不同挡位的拨叉轴,实现选挡动作。当内换挡杆轴向移动时,给换挡横轴以回转力矩,从而推动所选挡位的拨叉轴做轴向移动,拨叉轴上的拨叉推动同步器接合套进行换挡。换挡横轴上有换挡拨爪,用于推动换挡拨叉轴做轴向移动,进行选挡、换挡。

另外,有些轿车和轻型载货汽车的变速器,将变速杆安装在转向柱管上,如图 2-8 所示,此时,在变速杆与变速器之间也是通过一系列的传动件进行传动,这也是远距离操纵方式。它具有变速杆占据驾驶室空间小,乘坐方便等优点。

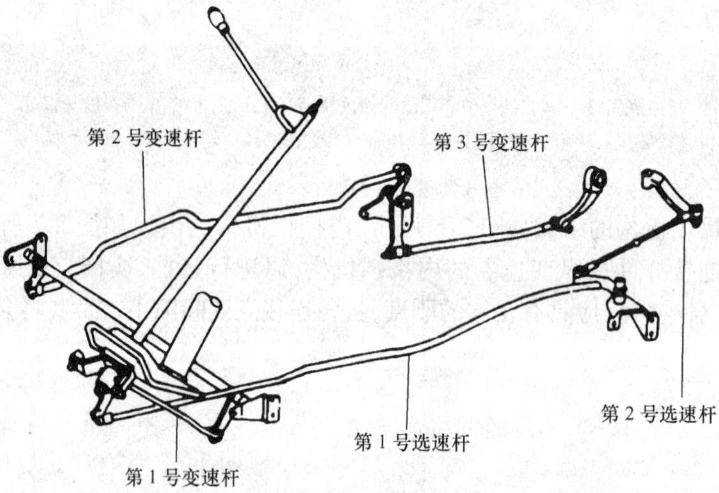

图 2-8 柱式换挡操纵机构

二、实践操作

(一)实践准备

(1)整车桑塔纳 2000GLi 型轿车或桑塔纳 2000GLi 型轿车的底盘。

(2)每组一套底盘拆装工具、零部件盆。

(3)常用量具。

(4)每组一套回收桶、加油机、举升机。

(5)熟悉汽车维修的安全规则,熟悉举升机的使用方法和注意事项。

(6)维修手册、工单。

(二)技术要求及注意事项

(1)润滑油规格:SAE75W-90、MIL-L-2105 或 API/GL-5。

(2)润滑油容量:2.0L。

(三)手动变速器的使用与维护

变速器齿轮润滑油检查或更换周期按各厂家规定进行,3 万 km 检查变速器润滑油油位,变速器润滑油不需要更换。如果在使用过程中出现漏油或油品变质,则必须添加或更换。

1.手动变速器的润滑油检查和更换

1)润滑油的检查和更换

(1)将车辆停在举升机平台的中央位置,拉紧驻车制动器操纵杆,并将变速器置于空挡。

(2)将车辆升至适当位置,并可靠锁止提升臂。

(3)如图 2-9 所示,旋出加油塞,若油位在加注口下边缘 0 ~ 5mm,则表示油位正常,按规定力矩(25N · m)拧紧加油塞。

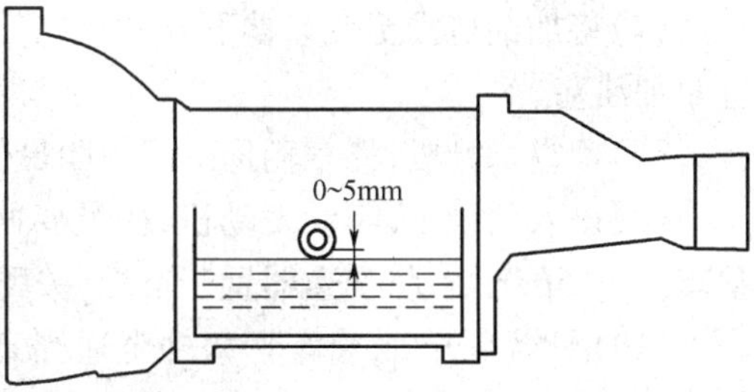

图 2-9　变速器的正常油量

(4)如果油位过低或不足,应检查变速器内换挡杆油封处、壳体接合处、变速器前油封、两侧半轴油封、变速器放油塞孔周围是否有漏油现象,若有,需更换衬垫和油封,然后用加油机通过加油塞添加变速器润滑油(变速器油型号 APIGL-5 或 SAE 75W-90),直至有润滑油溢出。

小提示

使用举升机时要特别注意按照制造商的说明确定举升点,以免损坏汽车底部。

2)变速器润滑油的更换

根据各车维修手册的更换周期,若在检查中发现润滑油的颜色变黑或闻到油液有刺鼻味,说明润滑油已变质,应予以更换。更换方法如下:

(1)操纵举升机,将车辆举升到轮胎最低点距离地面 20cm 的高度,并可靠锁止提升臂。

(2)进入驾驶室,打开点火开关起动发动机,保持怠速运转。

(3)操纵变速器手柄,将变速器挂入一挡,保持车辆带挡运行状态。2 ~ 3min 后,将变速器挂于空挡，并关闭点火开关，停止发动机运转。

想一想

为什么在放出变速器润滑油之前车辆要挂挡短时间空载运行？

(4)操纵举升机，将车辆举升至适当高度，并可靠锁止提升臂。

(5)将回收桶推至变速器下方，并对正放油塞。拧松变速器放油塞和加油塞，先旋下放油塞，再旋下加油塞。

想一想

在放出变速器润滑油时，为什么要同时拧松变速器放油塞和加油塞？

(6)待变速器放油口处油液不再滴落时，按规定力矩(25N·m)拧紧放油塞。

(7)将加油机推至变速器下方，加注变速器润滑油至规定液面。按规定力矩(25N·m)拧紧加油塞。

(8)操纵举升机，将车辆降落到轮胎最低点距离地面20cm的高度，并可靠锁止提升臂。

(9)进入驾驶室，起动发动机，操纵变速器手柄，变换变速器挡位，并保持车辆带挡运行状态。3～5min后，将变速器置于空挡，关闭点火开关，停止发动机运转。

(10)操纵举升机，将车辆举升至适当高度，并可靠锁止提升臂。检查变速器放油塞和加油塞是否存在油液泄漏现象。若无泄漏，操纵举升机，将车辆降落到地面。

小提示

更换润滑油要按规定牌号和油量进行，并注意按环保规定处理废油。

2. 变速器换挡时的注意事项

(1)必须在车辆静止时，才能挂入倒挡。

(2)发动机运转中，换挡时应将离合器踏板踏到底。

(3)车辆行驶过程中，不能将手放在变速杆上，以免造成零件的磨损。

(四)变速器操纵机构的检查和调整

以桑塔纳2000型轿车五挡手动变速器的操纵机构为例，如图2-10所示。变速器操纵机构有关零部件的拆装与调整均可参见图2-10。

1. 变速器操纵机构的检查

检查各挡齿轮啮合是否平稳，具体步骤如下：

(1)挂入一挡，将上换挡杆向左推至缓冲垫处慢慢松开，测量返回行程是否有5～10mm。

(2)挂入五挡，将上换挡杆向右推至缓冲垫处慢慢松开，测量返回行程是否有5～10mm。

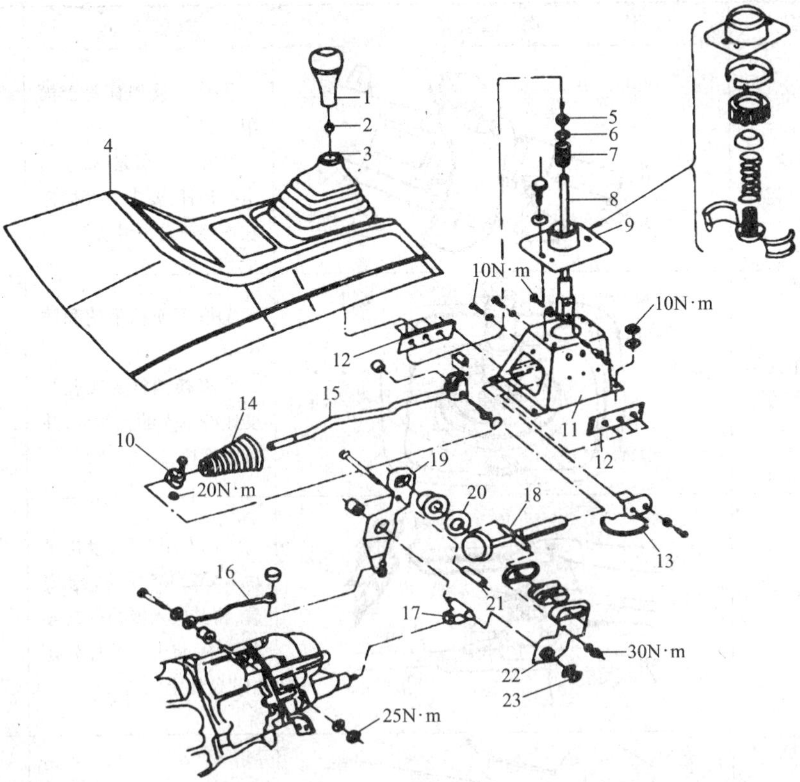

图2-10　桑塔纳2000型轿车的五挡手动变速器操纵机构分解图

1-换挡手柄;2-防尘罩衬套;3-防尘罩;4-仪表板;5-锁圈;6-挡圈;7-弹簧;8-上换挡杆;9-换挡杆支架;10-夹箍;11-变速杆罩壳;12-缓冲垫;13-倒挡缓冲垫;14-密封罩;15-下换挡杆;16-支撑杆;17-离合块;18-换挡连接套;19-轴承右侧压板;20-罩盖;21-支撑轴;22-轴承左侧压板;23-塑料衬套

小提示

返回行程的测量应在换挡手柄处。

(3)再调节变速控制机构,变速质量不应再有任何改善,否则,应进行调整。

2. 变速器操纵机构的调整

如果返回行程不等或行程达不到5~10mm,则需调整控制系统,调整方法有:

(1)微调上换挡杆,可通过移动换挡杆支架的椭圆形孔进行调整。将换挡杆支架向右,第一挡返回行程减少;将换挡杆支架向左,第一挡返回行程增加。

(2)调整换挡杆基准。如果微调达不到目的或修理时将夹箍松开了,这时才需要进行基准调整,方法见表2-1。

调整换挡杆,左右返回距离大致相同即可。先后挂入所有的挡位,特别要注意倒挡的锁止功能。最后装上仪表板、防尘罩和换挡手柄。

变速器操纵系统的调整方法　　表 2-1

内　容	图　示	调整步骤	工作记录
旋松夹箍螺母	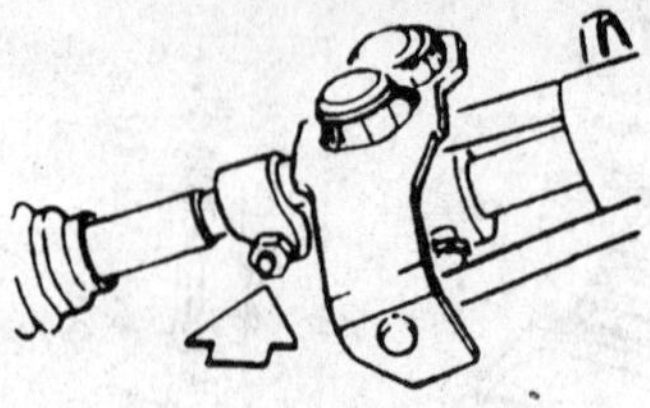	①将上换挡杆置于极限位置上。 ②旋松夹箍螺母，移动上换挡杆，要求下换挡杆在连接时自由滑动	
调整换挡杆支架与变速杆罩壳位置	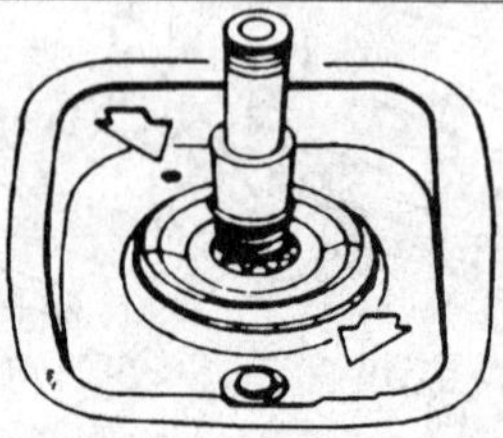	①取下换挡手柄和防尘罩。 ②将换挡杆支架孔与变速杆罩壳的孔对准，并旋紧螺栓	
换挡量块安装和换挡杆调整	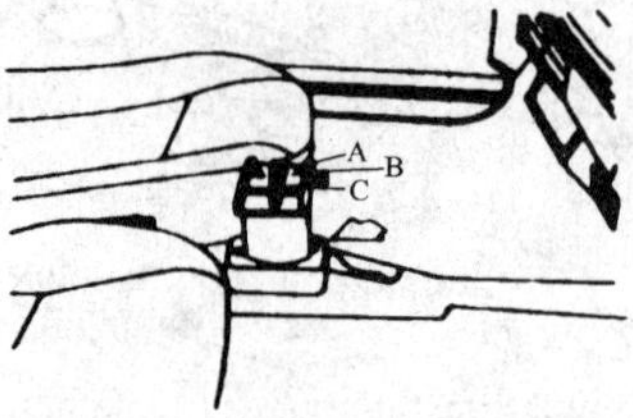	①用专用工具（换挡量块）VW5305/7 进行安装，将其嵌入换挡杆支架前孔中，将上换挡杆放在“C”位置上	
	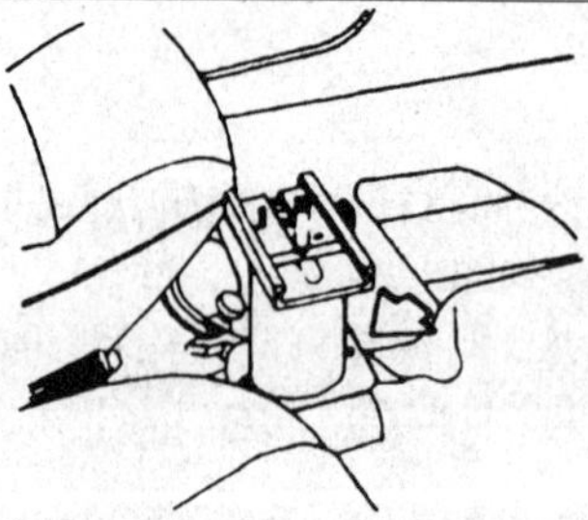	②轻轻旋紧下面的螺栓，将换挡量块固定好	
	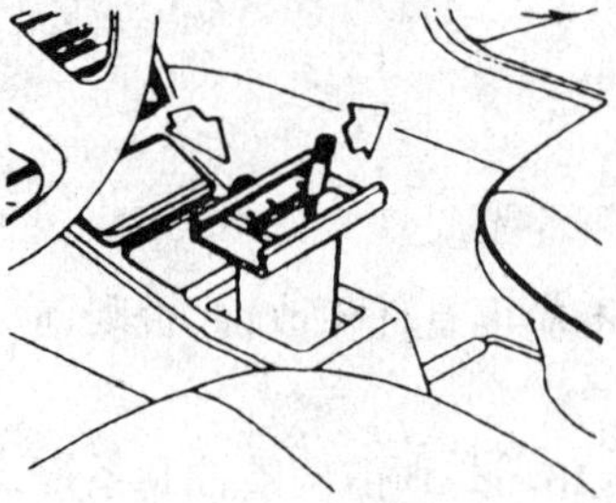	③将上换挡杆放到最右面，直至缓冲垫，旋紧定位器螺栓	
夹箍螺母的紧固	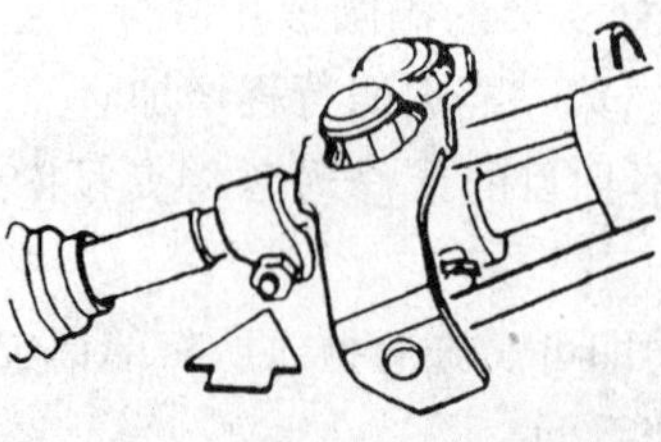	①将上换挡杆放在“B”（中间）位置上，用 20N·m 的力矩旋紧夹箍螺母。 ②取下换挡量块	

3. 变速器操纵机构的拆装

变速器操纵机构的拆装如图 2-10 所示。

1)换挡杆的拆卸和安装

(1)上换挡杆的拆卸。

①拆下换挡手柄,取下防尘罩。

②取下仪表板。

③拆下固定在上换挡杆的弹簧锁圈(注意锁圈一经拆卸,就要更换),取下挡圈和弹簧。

④拆下换挡杆支架。

⑤拆下变速控制器罩壳,使上、下换挡杆脱离。

(2)上换挡杆的安装。上换挡杆的安装按照与拆卸相反的顺序进行,安装注意事项:

①检查所有零件的完好情况,更换已经损坏的零件。

②润滑衬套和挡圈。

③调整上换挡杆。

④用快干胶固定换挡手柄。

2)换挡杆支架的拆卸和安装

换挡杆支架只有加润滑油时才可被分解,一旦发现任何零件损坏,就要全部更换。

(1)换挡杆支架的拆卸。取下换挡手柄和防尘罩;拆下锁环、挡圈和弹簧(锁环一经拆卸,就要更换);拆下换挡杆支架的固定螺栓,取下换挡杆支架;用手取下换挡杆支架。上换挡杆支架及其零件分解如图 2-11 所示。

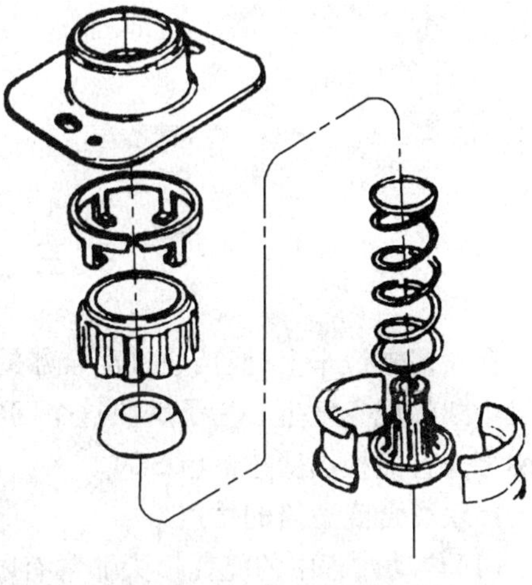

图 2-11　换挡杆支架的零件分解图

(2)换挡杆支架的安装。用润滑脂润滑换挡杆支架内部件;装上换挡杆支架,螺栓不用旋紧;将换挡杆支架上的孔与变速操纵机构罩壳上的孔对准,用 10N·m 的力矩旋紧螺栓;装上弹簧挡圈和新的锁圈;检查各挡的啮合情况(如有必要移动换挡杆支架上的椭圆孔来调整);装上防尘罩和手柄(固定换挡手柄,使用快干胶)。

(五)变速器减振垫的检查和更换

1. 减振垫的检查

在汽车行驶中,如出现变速器操纵杆前后晃动;路况差时,变速器出现撞击声;在驻车或起步时,发动机和变速器有移动感和扭动感。发生这些状况就需要检查变速器支架和减振垫。

2. 减振垫的更换

减振垫的结构如图 2-12 所示。

(1)拆下固定减振垫在前后支架上的螺栓。

(2)装上新的减振垫,但不要将固定螺栓旋紧。

(3)用螺栓将减振垫固定在车身上,用110N·m的力矩旋紧。

(4)清洁中间的力矩销,将其粘在螺栓上。

(5)用25N·m力矩将固定减振垫的螺栓旋紧。

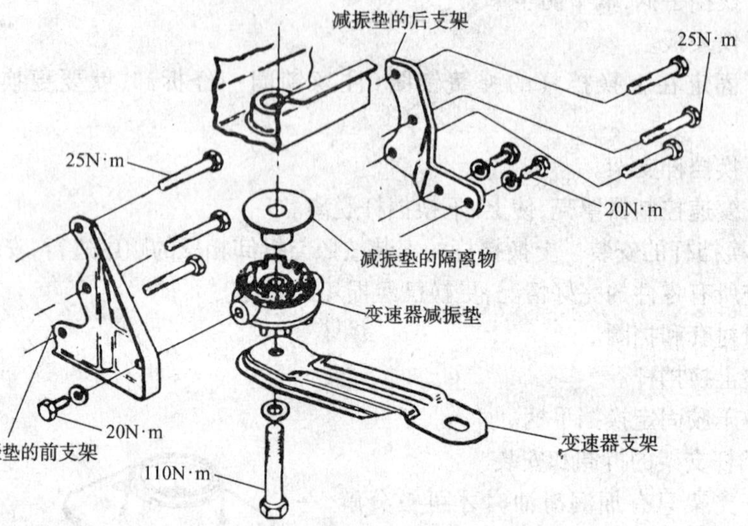

图2-12 变速器的减振垫组件

三、学习拓展

在大多数汽车上,换挡通过离合器的分离与接合实现,在分离与接合之间会有动力传递暂时中断的现象发生。为了解决这个问题,早在20世纪80年代,就出现了双离合变速器,也称之为直接换挡变速器(DSG)。

1. 双离合变速器的优点

(1)传动过程中的能耗损失非常有限,大大提高了车辆的燃油经济性。

(2)反应非常灵敏,具有很好的驾驶乐趣。

(3)车辆在加速过程中不会有动力中断的感觉,使车辆的加速更加强劲、平滑。加速时间短。

2. 双离合变速器的原理与结构

它的原理如图2-13所示。这种双离合变速器是一个整体,有6个挡位,换挡离合器与变速器装配在同一机构内,两个离合器互相配合工作。这好比一辆车有两套离合器,驾驶员控制一套,副驾驶员控制另一套。驾驶员挂上一挡松开离合器踏板起步,这时副驾驶员预先挂上二挡但踩住离合踏板;待车速提高准备换挡,驾驶员踩住离合踏板的同时副驾驶员松开离合器踏板,二挡开始工作。这样可以避免挡位空置的情况出现,动力连续传递。双离合系统两套离合器传动系统,通过电控单元协调工作。

双离合变速器的结构如图2-14所示。

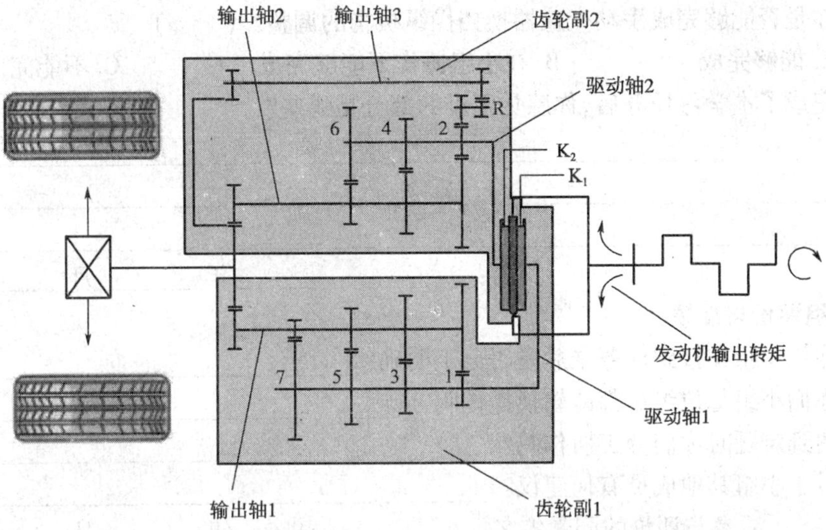

图 2-13　双离合系统变速器原理图

1-一挡齿轮副；2-二挡齿轮副；3-三挡齿轮副；4-四挡齿轮副；5-五挡齿轮副；6-六挡齿轮副；7-七挡齿轮副；R-倒挡齿轮副；K_1-离合器 K_1；K_2-离合器 K_2

图 2-14　双离合变速器结构图

四、评价与反馈

1. 自我评价与反馈

(1) 你是否知道手动变速器的基本组成？（　　）

A. 知道　　　　B. 不知道

(2) 你是否能够完成手动变速器的油液检查？（　　）

A. 能够完成　　　　B. 在小组协作下能够完成　　　　C. 不能完成

(3)你是否能够完成手动变速器换挡操纵机构的调整?(　　)

A. 能够完成　　B. 在小组协作下能够完成　　C. 不能完成

(4)完成了本学习任务后,你感觉困难的部分是哪些?

____

____

____

签名:________　________年________月________日

2. 小组评价与反馈

(1)你们小组在接到任务之后是否分工明确?________

(2)你们小组每位组员都能轮换操作吗?________

(3)遇到难题时你们分工协作吗?________

(4)对于小组其他成员有何建议?________

参与评价的同学签名:________　________年________月________日

3. 教师评价及回复

____

____

____

教师签名:________　________年________月________日

五、技能考核标准

序号	项目	操作内容	规定分	评分标准	得分
1	准备	清点工具、量具 清理工位 检查加油机、举升机	10 分	酌情扣分	
2	油液检查	举升机正确使用 手动变速器的油液检查 手动变速器油液加注或更换	10 分 5 分 10 分	举升机使用有安全隐患扣 10 分 操作不当扣 1 ~5 分 操作不当扣 1 ~10 分	
3	操纵机构的检查	变速器操纵系统的检查	10 分	检查不当扣 1 ~10 分	
4	操纵机构的调整	微调上换挡杆 基准调整换挡杆	10 分 15 分	操作不当扣 1 ~10 分 操作不当扣 1 ~15 分	
5	时间	30min	10 分	超时 1 ~10min 扣 1 ~10 分 超时 10min 以上扣 10 分	
6	安全文明	无安全隐患,无不文明操作	10 分	未达标扣 1 ~10 分	
7	结束	工具、量具清洁并归位 工作场地清洁	5 分 5 分	漏一项扣 1 分,未做扣 5 分 清洁不彻底扣 1 ~5 分,未做扣 5 分	
	总分		100 分		

学习任务三　手动变速驱动桥的总成检修

任务要求

完成本学习任务后,你应:

1. 掌握手动变速驱动桥的结构和工作原理;
2. 掌握手动变速驱动桥的拆装方法以及各零部件的检修方法;
3. 能准确排除手动变速器的故障;
4. 掌握主减速器主、从动齿轮的检修方法;
5. 能对差速器进行检修;
6. 能够正确选择工具与仪器,完成操作任务;
7. 能够查阅维修手册并规范检修过程。

建议学时:17 学时

任务描述

一辆桑塔纳 2000GSi 型轿车在原地起步时,一挡和倒挡难挂;而一旦起步后,挂挡操作一切正常。经维修人员检查,首先排除变速器外部换挡操纵机构调整不当,离合器主缸、工作缸和离合器管路没有漏油现象,离合器压盘没有磨损异常等故障。因此,必须对手动变速驱动桥总成进行检修。

一、理论知识准备

(一)概述

手动变速驱动桥,广泛应用于发动机前置前轮驱动或发动机后置后轮驱动的汽车,包括变速器与驱动桥两大部分。手动变速驱动桥中的变速传动机构是变速器的主体,大都采用两轴式变速器。

1. 发动机纵向布置的手动变速驱动桥

发动机纵向布置时,主减速器为一对圆锥齿轮,如奥迪 100、桑塔纳 2000 型轿车。桑塔纳 2000GSi 型轿车的手动变速驱动桥结构如图 3-1 所示，各挡传动路线如图 3-2 所示。

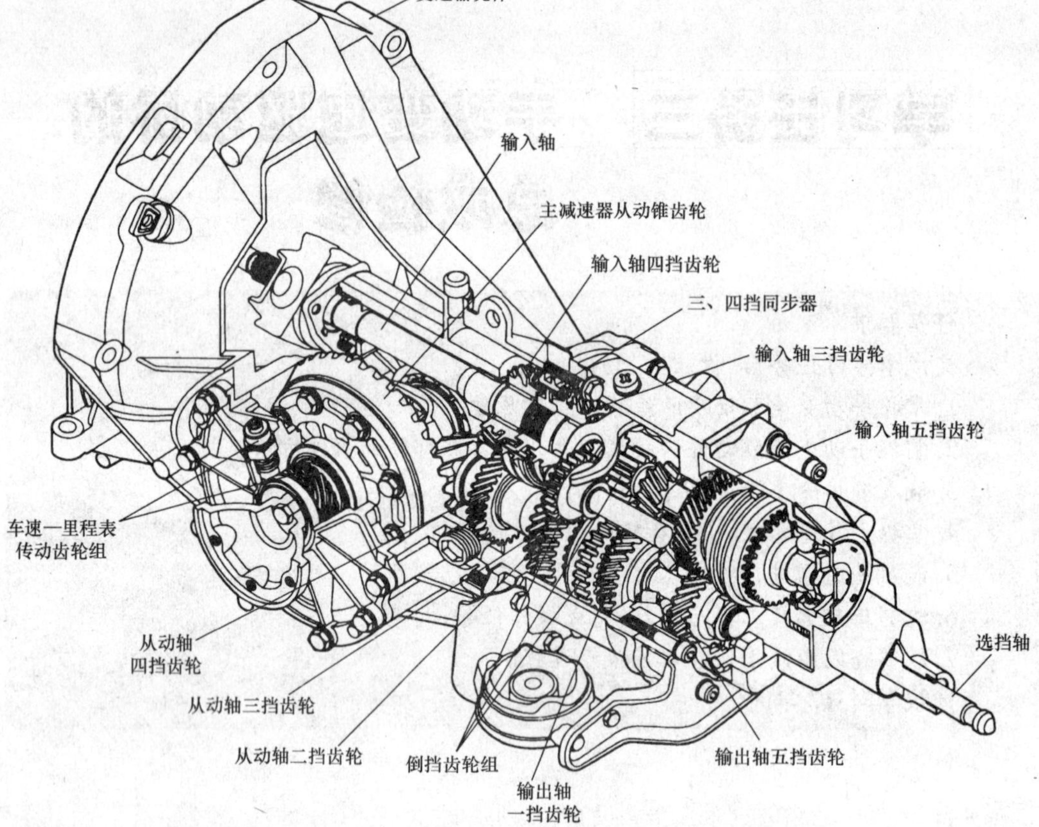

图 3-1 桑塔纳 2000GSi 型轿车的手动变速驱动桥的结构

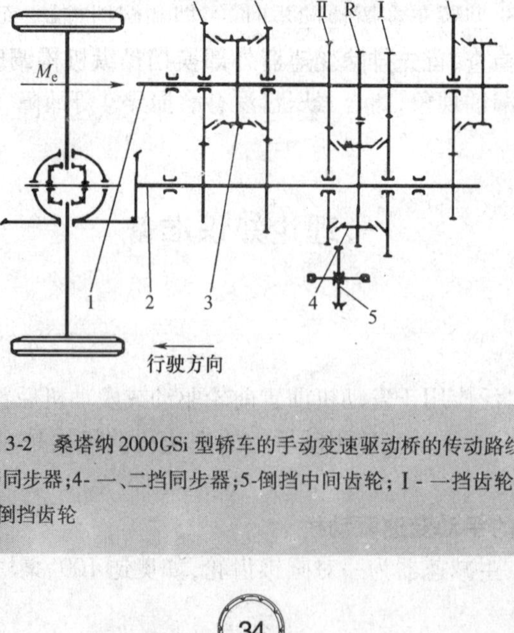

图 3-2 桑塔纳 2000GSi 型轿车的手动变速驱动桥的传动路线

1-输入轴；2-输出轴；3-三、四挡同步器；4- 一、二挡同步器；5-倒挡中间齿轮；Ⅰ- 一挡齿轮；Ⅱ-二挡齿轮；Ⅲ-三挡齿轮；Ⅳ-四挡齿轮；Ⅴ-五挡齿轮；R-倒挡齿轮变速器通过主、从动齿轮齿数的不同实现变速变矩。操纵变速杆，通过接合套的移动，可实现不同传动比的动力传递。以挂三挡动力传动路线为例，同步器3接合套右移，动力传递路线为：动力→输入轴1→输入轴三、四挡同步器3→输入轴三挡齿轮Ⅲ→输出轴三挡齿轮→输出轴。

想一想

其余各挡的传动路线是怎样的？

2. 发动机横向布置的手动变速驱动桥

发动机横向布置时，主减速器采用一对圆柱齿轮，如捷达轿车。捷达轿车手动变速驱动桥的结构如图3-3所示。

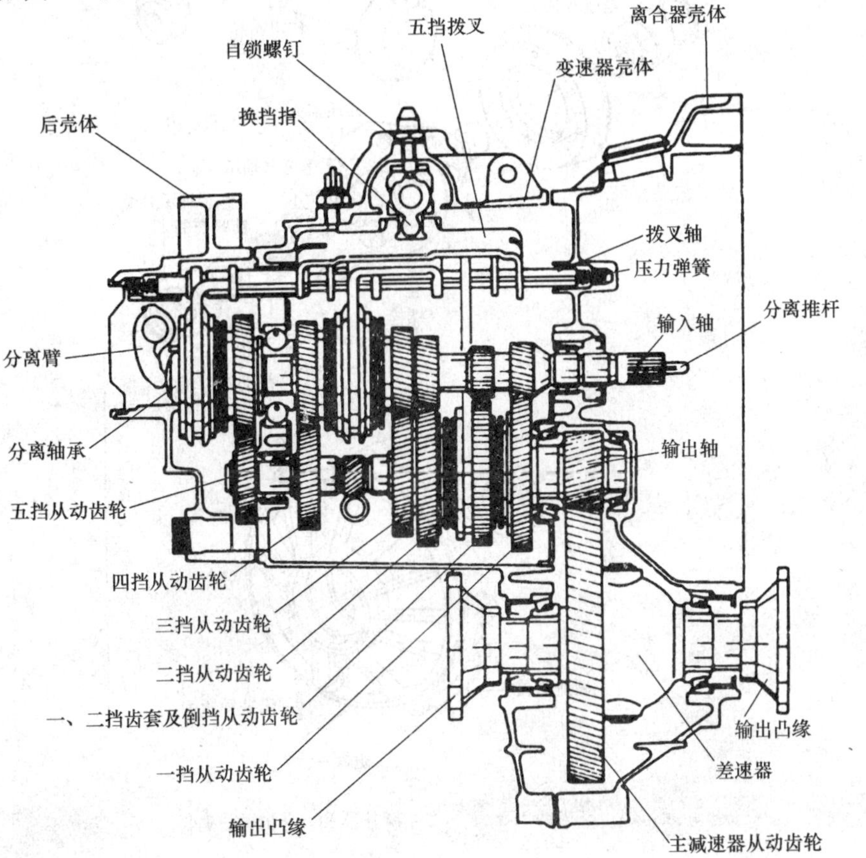

图3-3　捷达轿车手动变速驱动桥的结构

（二）驱动桥的结构

驱动桥由主减速器和差速器组成，主减速器的功用是将变速器传来的转矩增大、转速降低；差速器的功用就是将主减速器传来的动力传给左、右两半轴，并在转弯行驶时允许左、右半轴以不同的转速旋转(差速)。

两轴式变速器输出轴上的锥齿轮即为主减速器的主动锥齿轮,如桑塔纳2000型轿车,主减速器为单级式,主减速齿轮是一对曲线圆锥齿轮,齿面为准双曲面。主减速器传动比为4.444。差速器为行星齿轮式,车速表驱动齿轮安装于差速器壳体上,主减速器和差速器的结构如图3-4所示。

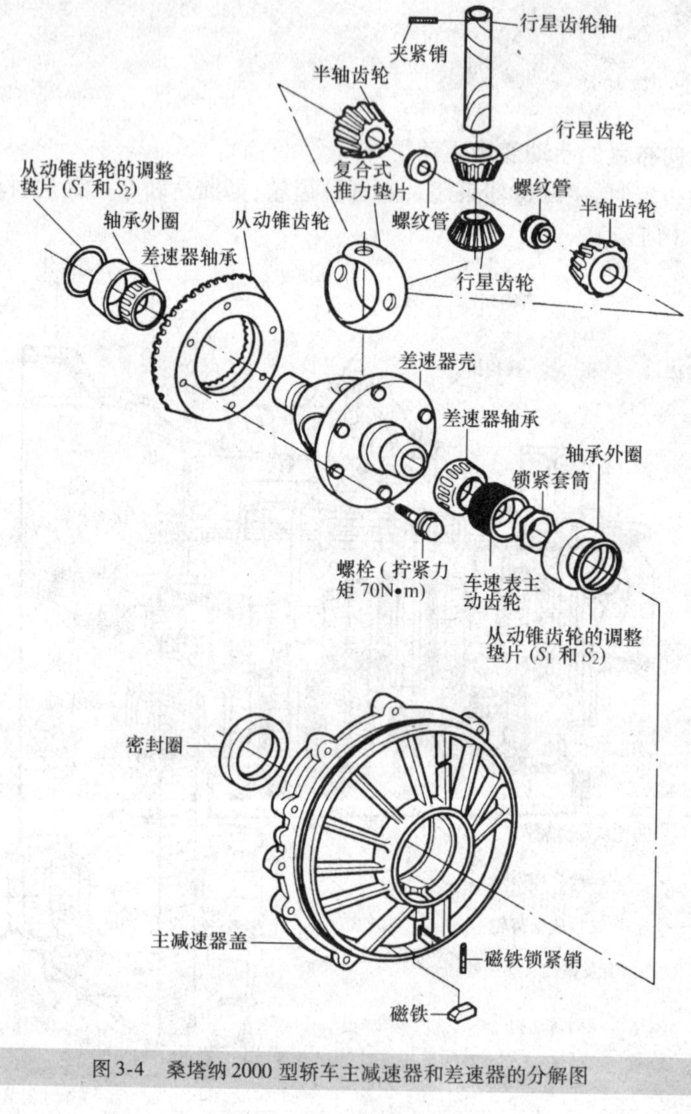

图3-4 桑塔纳2000型轿车主减速器和差速器的分解图

(三)变速器齿轮传动组的主要零件

变速器齿轮传动组由一系列的轴、齿轮、轴承、接合套、同步器等组成。

1. 轴(图3-5)

轴和齿轮的连接方式主要为花键连接(齿轮随轴旋转且可以沿轴向滑动)、键连接或固定在轴上(齿轮随轴转,不可滑动)、齿轮通过轴承空套在轴上(齿轮不随轴转)三种形式。

2. 齿轮

变速器上常用的齿轮有斜齿轮(常啮合)和直齿轮(非常啮合)两种,如图3-6所示。

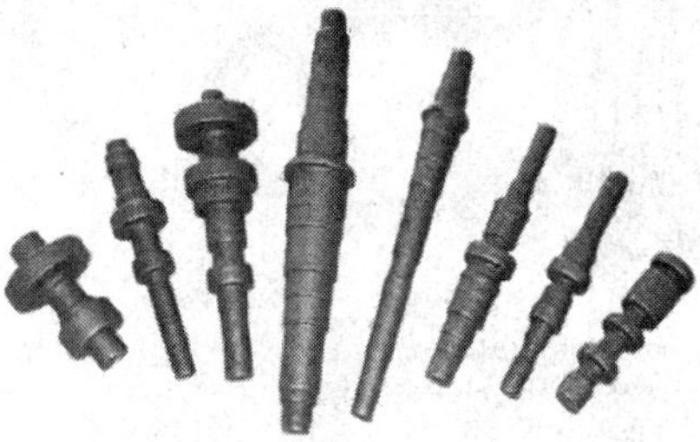

图3-5 轴

图3-6 齿轮

3. 轴承

变速器齿轮传动组常使用滚针轴承支撑齿轮,用圆锥滚子轴承支撑轴,如图3-7所示。

4. 接合套和花键毂

空套在轴上的齿轮可通过接合套和花键毂与轴同步旋转,如图3-8所示。齿轮一端加工有齿圈,花键毂与轴固定在一起,接合套空套在花键毂上。在空挡位置时,接合套的内齿仅与花键毂接合,齿圈(齿轮)不通过接合套带动花键毂。在挂入挡位时,接合套的内齿不仅与花键毂接合,而且与齿圈接合,动力通过齿圈带动接合套,接合套再带动花键毂传到轴上。

图3-7 圆锥滚子轴承

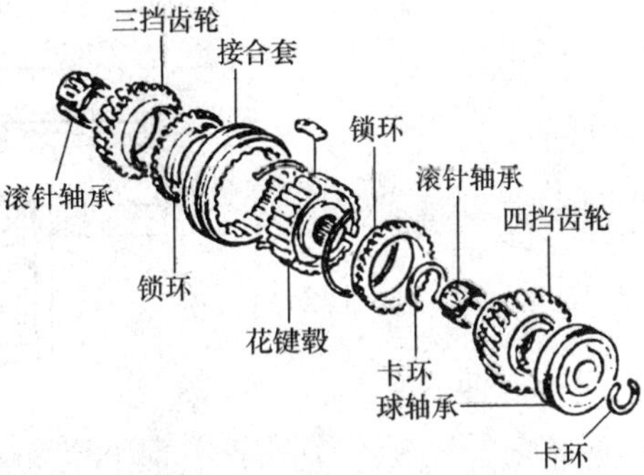

图3-8 接合套和花键毂

5. 惯性式同步器

1)功用

利用摩擦力使接合套与待啮合的齿圈迅速同步运转,缩短换挡时间,减少换挡冲击。

2)分类

按锁止装置不同,可分为锁环式惯性同步器和锁销式惯性同步器两种。

(1)锁环式惯性同步器广泛应用在轿车和轻、中型载货汽车的变速器中,结构如图3-9所示。

(2)锁销式惯性同步器应用在中型及大型载货汽车的变速器中,结构如图3-10所示。

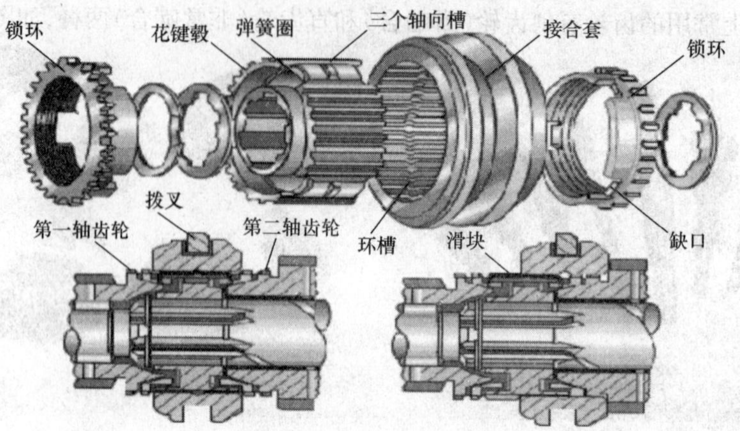

图 3-9 锁环式惯性同步器

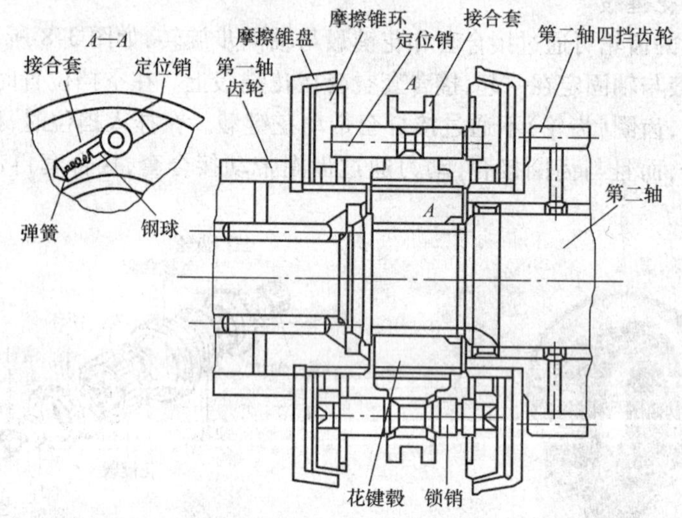

图 3-10 锁销式惯性同步器

二、实 践 操 作

(一)实践准备

(1)整车桑塔纳 2000GSi 型轿车或桑塔纳 2000GSi 型轿车的底盘。
(2)每组一套底盘拆装工具、零件盒。
(3)每组一套磁力百分表。
(4)每组一台举升机。
(5)维修手册、工单。

（二）技术要求及注意事项

桑塔纳 2000 型系列轿车五挡手动变速器的性能参数见表 3-1，变速器总成相关的拧紧力矩见表 3-2。

桑塔纳 2000 型系列轿车五挡手动变速器的性能参数　　表 3-1

项　目	桑塔纳 2000 型（五挡手动）
型号	013 300 043B
尺寸（长×宽×高）（mm×mm×mm）	712×410×362
传动比（齿轮齿数比）	
Ⅰ	3.455（38:11）
Ⅱ	1.944（35:18）
Ⅲ	1.286（36:28）
Ⅳ	0.969（31:32）
Ⅴ	0.800（28:35）
R	3.176（38:12）
总成质量（kg）	36

变速器总成有关的拧紧力矩表　　表 3-2

部　件	拧紧力矩（N·m）
变速器固定在发动机上的螺栓	55
变速器减振垫前支架的固定螺栓	25
减振垫固定在前后支架上的螺栓	20
减振垫固定在车身上的螺栓	110
变速器支架固定在横梁上的螺栓	70
发动机中间支架固定在车身上的螺栓	30
传动轴固定在变速器上的螺栓	40
内变速杆固定螺栓	30

（三）手动变速驱动桥总成的拆卸

桑塔纳 2000 型系列轿车手动变速驱动桥总成的拆卸步骤见表 3-3。

桑塔纳 2000 型系列轿车手动变速驱动桥总成的拆卸　　表 3-3

拆卸内容	图　示	拆卸步骤	工作记录
1. 拆下离合器拉索	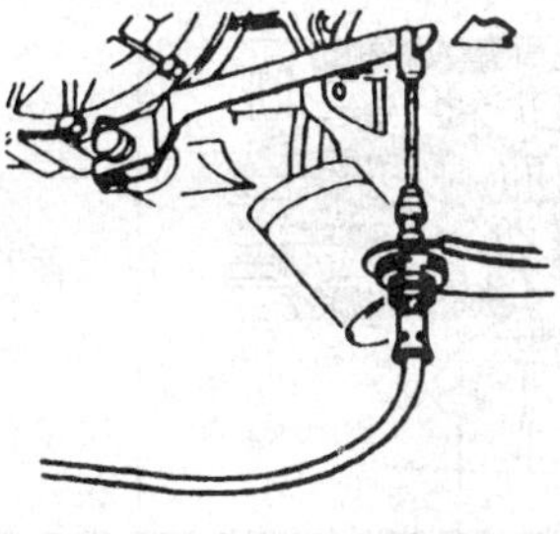	①首先拆下蓄电池的搭铁线。 ②拆下离合器传动臂上离合器拉索及有关附件	

续上表

拆卸内容	图　示	拆卸步骤	工作记录
2. 拆卸传动轴	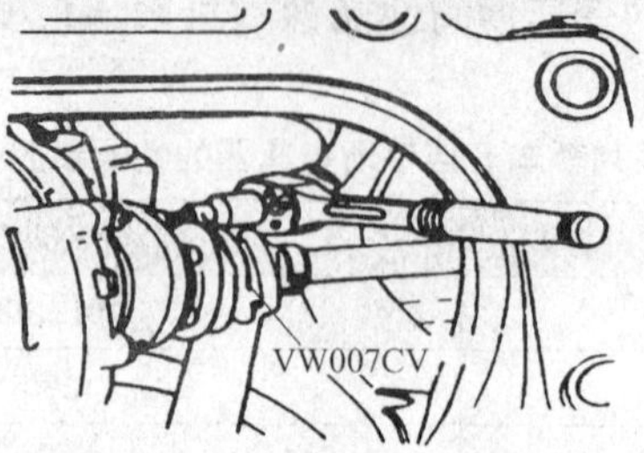	①举升起汽车。 ②将传动轴(半轴)从变速器上拆下来并支撑好	
3. 旋松内换挡杆螺栓	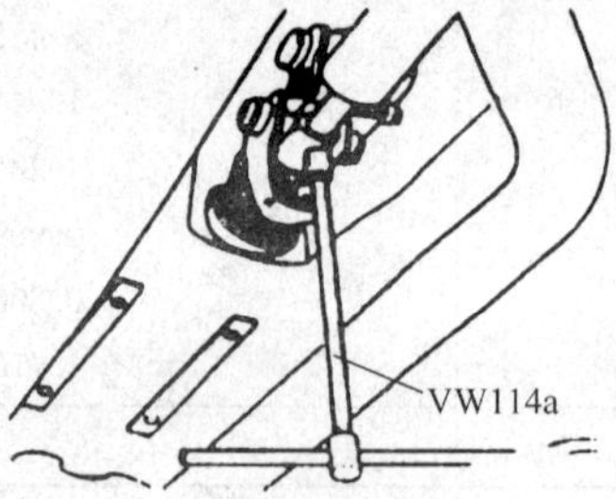	旋松变速操纵机构的内换挡杆螺栓	
4. 压出支撑杆球头	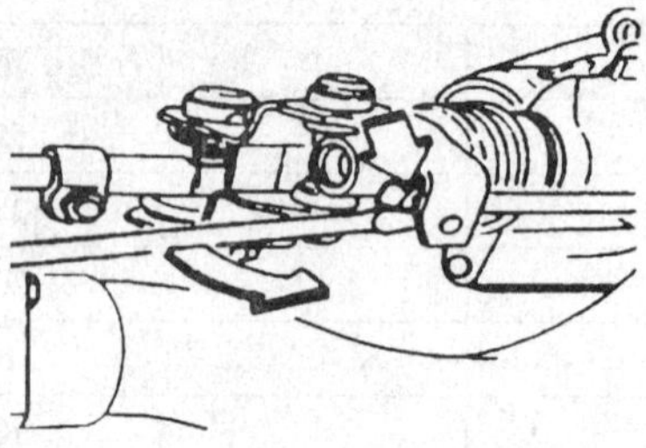	①压出支撑杆球头。 ②将内换挡杆与离合块分离	
5. 拆下车速里程表软轴	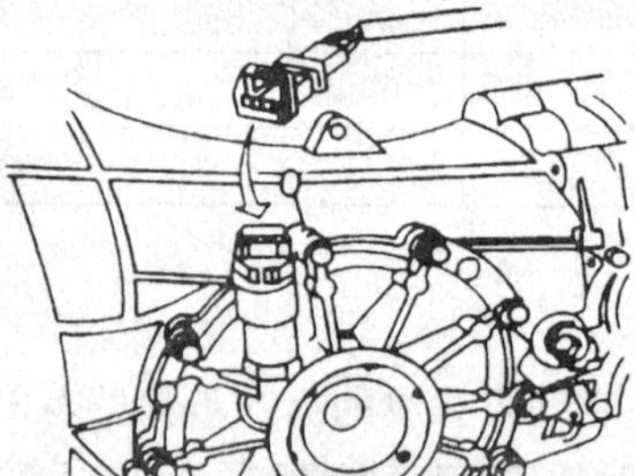	①拆下倒挡灯开关的接头。 ②拆下车速里程表软轴	
6. 卸下离合器盖板	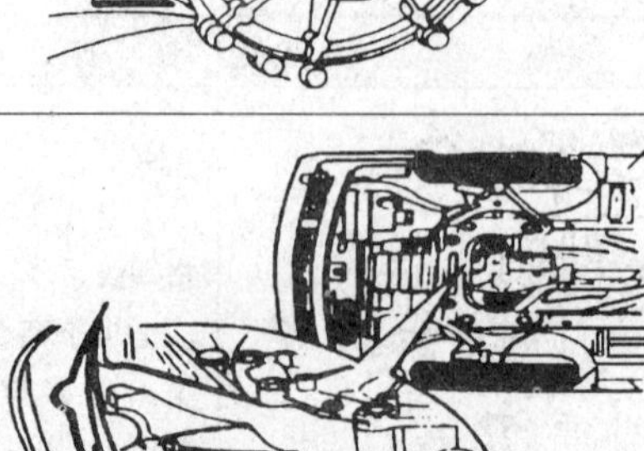	拆下离合器盖板	

续上表

拆卸内容	图　示	拆卸步骤	工作记录
7. 固定发动机	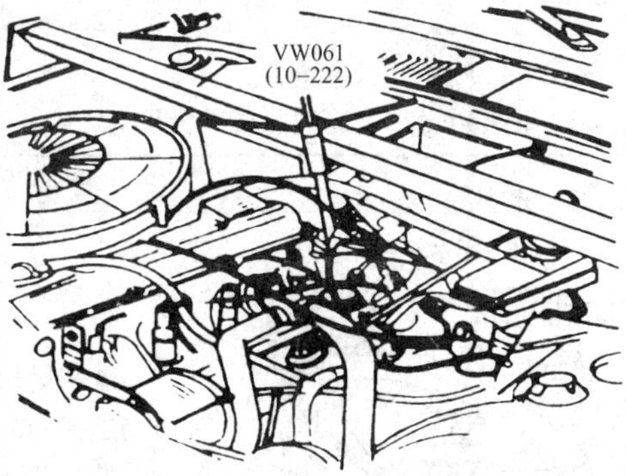	①拆下排气管。 ②放下汽车并将发动机固定好。 ③拆下发动机与变速器上部连接螺栓	
8. 拆下发动机中间支架	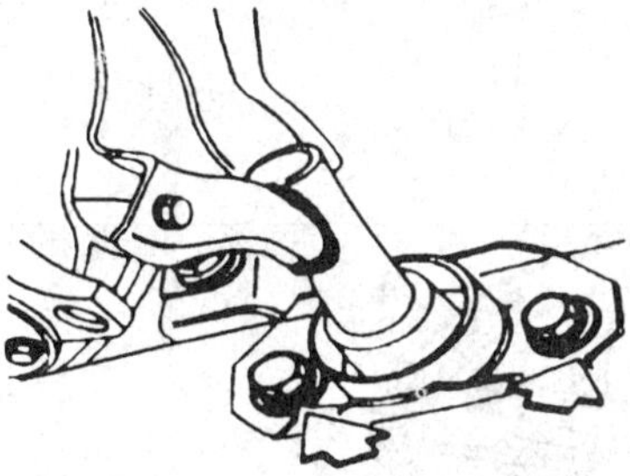	①举升起汽车，拆下起动机的紧固螺栓。 ②拆下发动机中间支架	
9. 拆下变速器支架	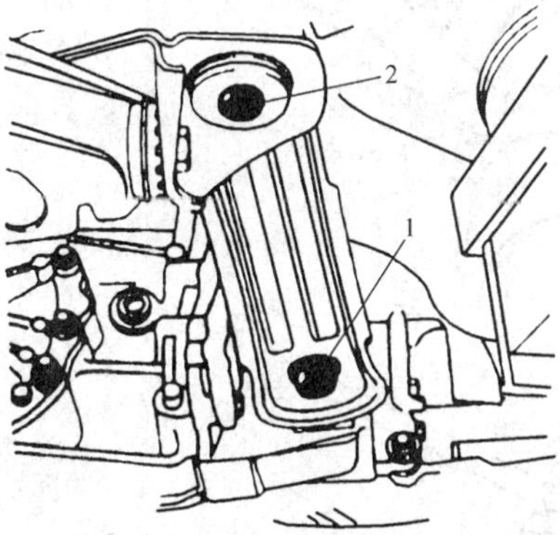	①拆下螺栓 1，并旋松螺栓 2。 ②拆下变速器减振垫和减振垫前支架	
10. 拆卸变速器	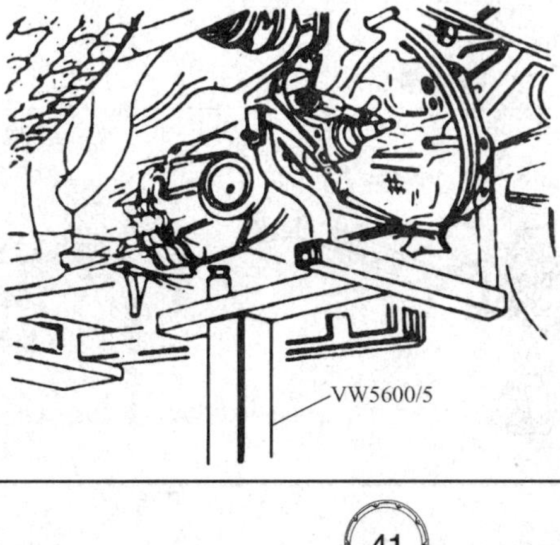	①拆下发动机与变速器下部连接螺栓。 ②拆卸变速器	

(四)手动变速驱动桥总成的分解

1. 变速器总成分解

桑塔纳2000型系列轿车变速器总成分解见表3-4。

桑塔纳2000型系列轿车变速器总成的分解 表3-4

拆卸内容	图示	拆卸步骤	工作记录
1. 支架上固定变速器	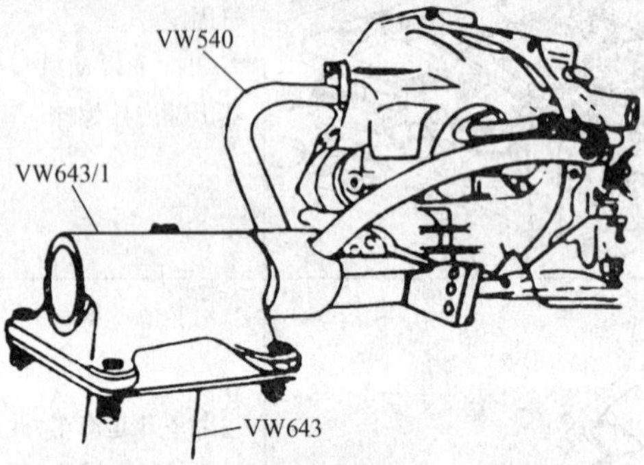	①清洗变速器外表，将其固定在支架上。 ②将变速器的油全部放光	
2. 变速器后盖的分解	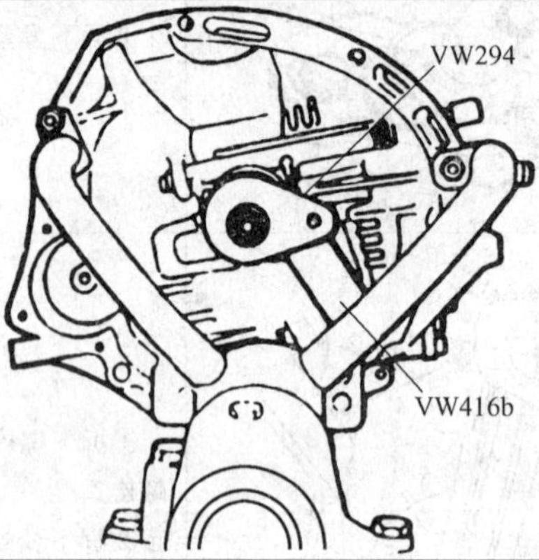	①拆下后轴承盖。 ②锁住输入轴	
	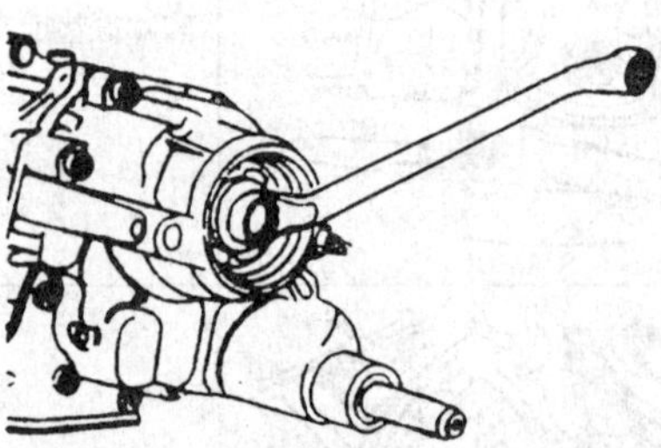	③拆下输入轴的固定螺栓	
	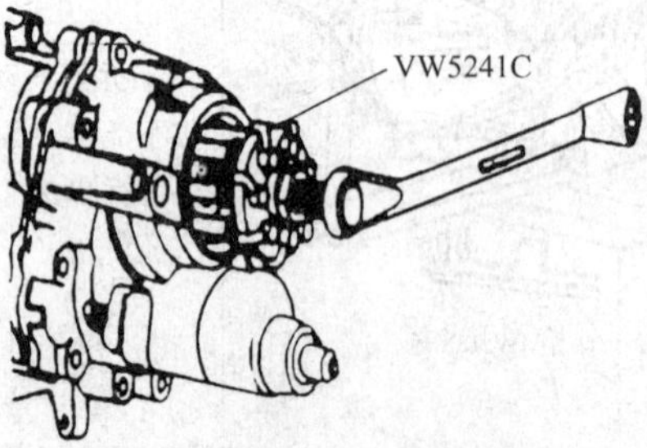	④取下后盖，如有轴承防护罩，需小心取下，并重新装在轴承上	

续上表

拆卸内容	图　示	拆卸步骤	工作记录
3. 拆卸一挡和二挡拨叉	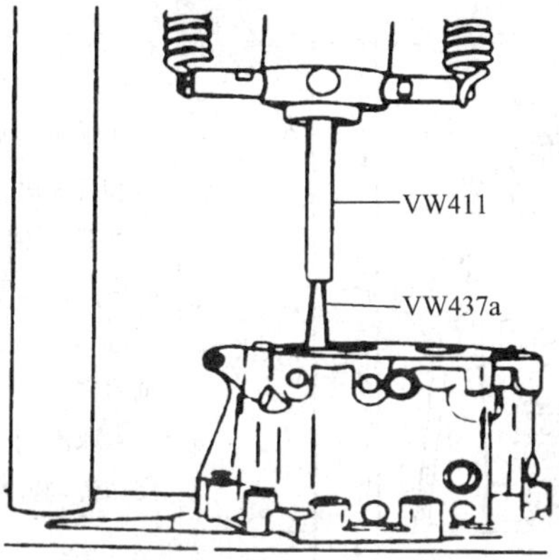	①拆卸一挡和二挡的锁销，接着把拨叉向左转动。 ②挂入二挡，拉下拨叉轴。 ③取下第一和第二挡的拨叉	
4. 拆输入轴五挡齿轮和同步器	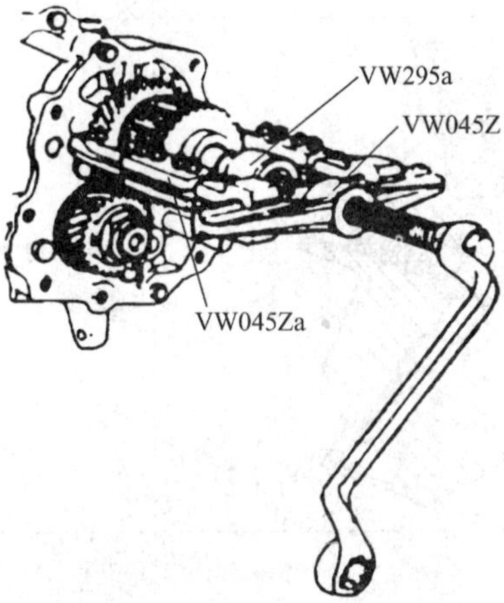	①取出锁销，拆下五挡拨叉轴及齿轮的管套。 ②取下五挡同步器和五挡齿轮组件。 ③拆下第五挡滚针轴承内圈和固定垫圈	
5. 拆输出轴五挡齿轮	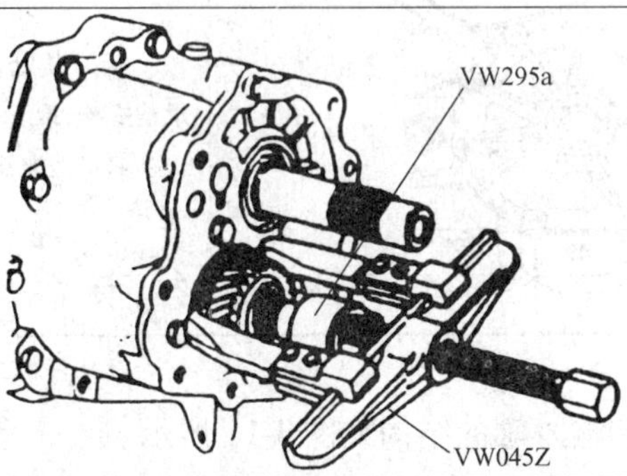	①锁住输入轴，取下输出轴五挡齿轮紧固螺母。 ②拆下五挡齿轮	
	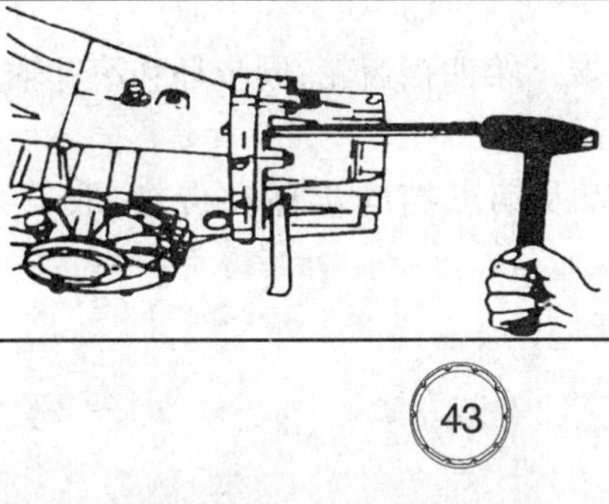	③分开导向锁（不用取下）。 ④拆下轴承支座	

续上表

拆卸内容	图　示	拆卸步骤	工作记录
6. 拆下输入轴和输出轴	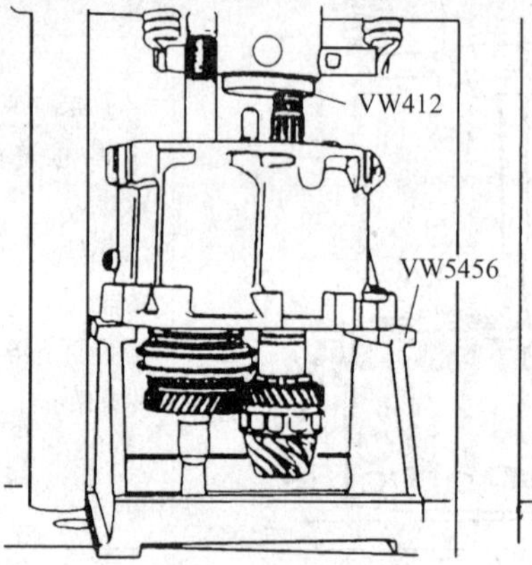	①取下三挡、四挡的锁销和拨叉轴。 ②拆下倒挡自锁装置和倒挡拨叉轴。 ③拆下输入轴和输出轴组件。 ④取出倒挡轴和齿轮，倒挡传动臂	
7. 拆卸变速器自锁和互锁装置	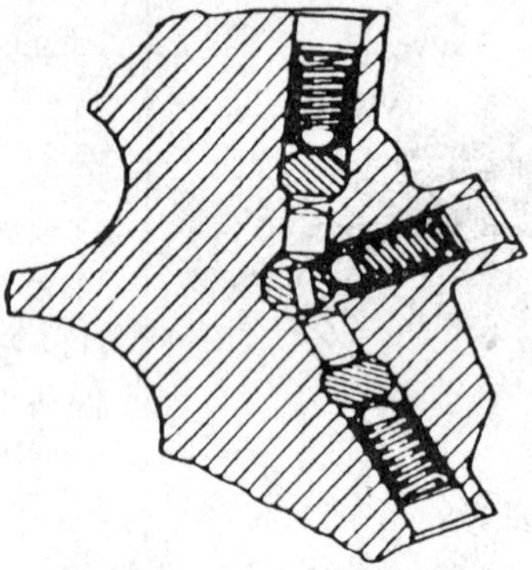	拆卸拨叉轴自锁和互锁装置	
8. 拆下差速器总成	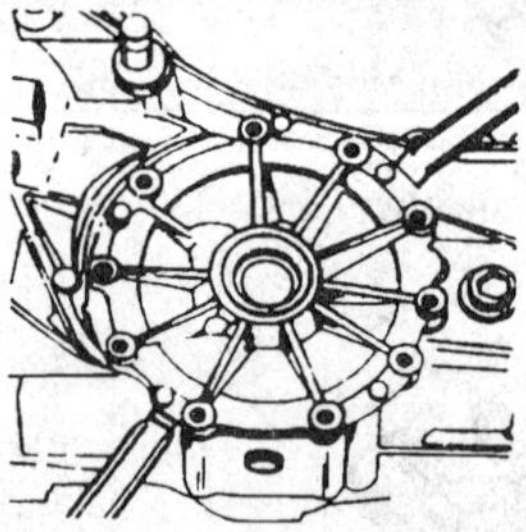	①拆下从动齿轮的轴承盖螺栓，取下盖子。 ②取出差速器总成	

2. 输入轴

桑塔纳2000型系列轿车变速器输入轴的结构如图3-11所示。

变速器输入轴分解步骤：

（1）拆下第四挡齿轮的有齿锁环，取下第四挡齿轮、同步环和滚针轴承。

（2）拆下同步器锁环，如图3-12所示。

（3）取下第三和第四挡同步器，以及第三挡同步环和齿轮，取下第三挡齿轮的滚针轴承。

（4）取下输入轴的中间轴承内环。

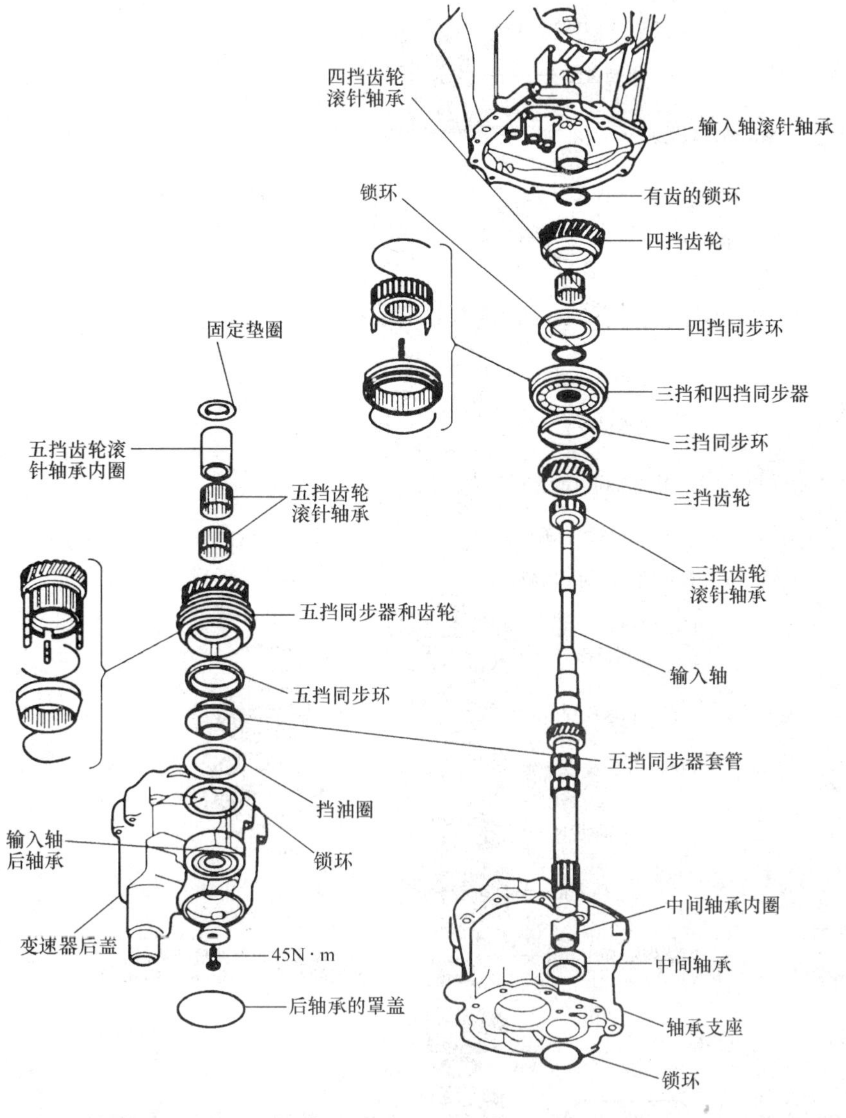

图 3-11　桑塔纳 2000 型系列轿车变速器输入轴的结构

3. 输出轴

桑塔纳 2000 型系列轿车变速器输出轴的结构如图 3-13 所示。

变速器输出轴分解步骤：

(1)拆下输出轴内后轴承和第一挡齿轮。

(2)依次取下滚针轴承、第一挡同步环、滚针轴承的内环、同步器、第二挡齿轮、第二挡齿轮的滚针轴承。

(3)拆下第三挡锁环，拆下第三挡齿轮。

(4)拆下第四挡齿轮的锁环，拆下第四挡齿轮。

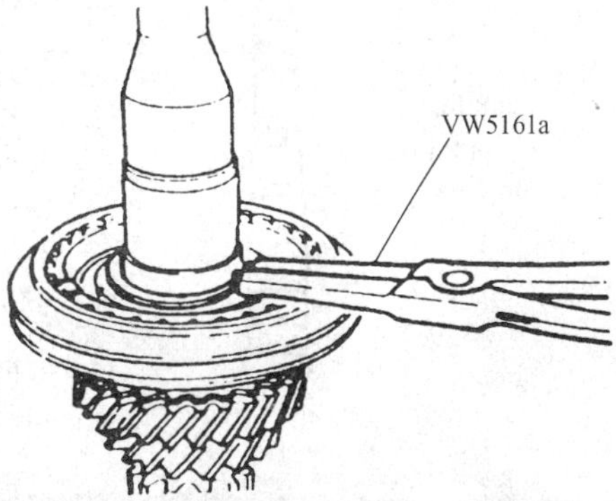

图 3-12　拆下同步器锁环

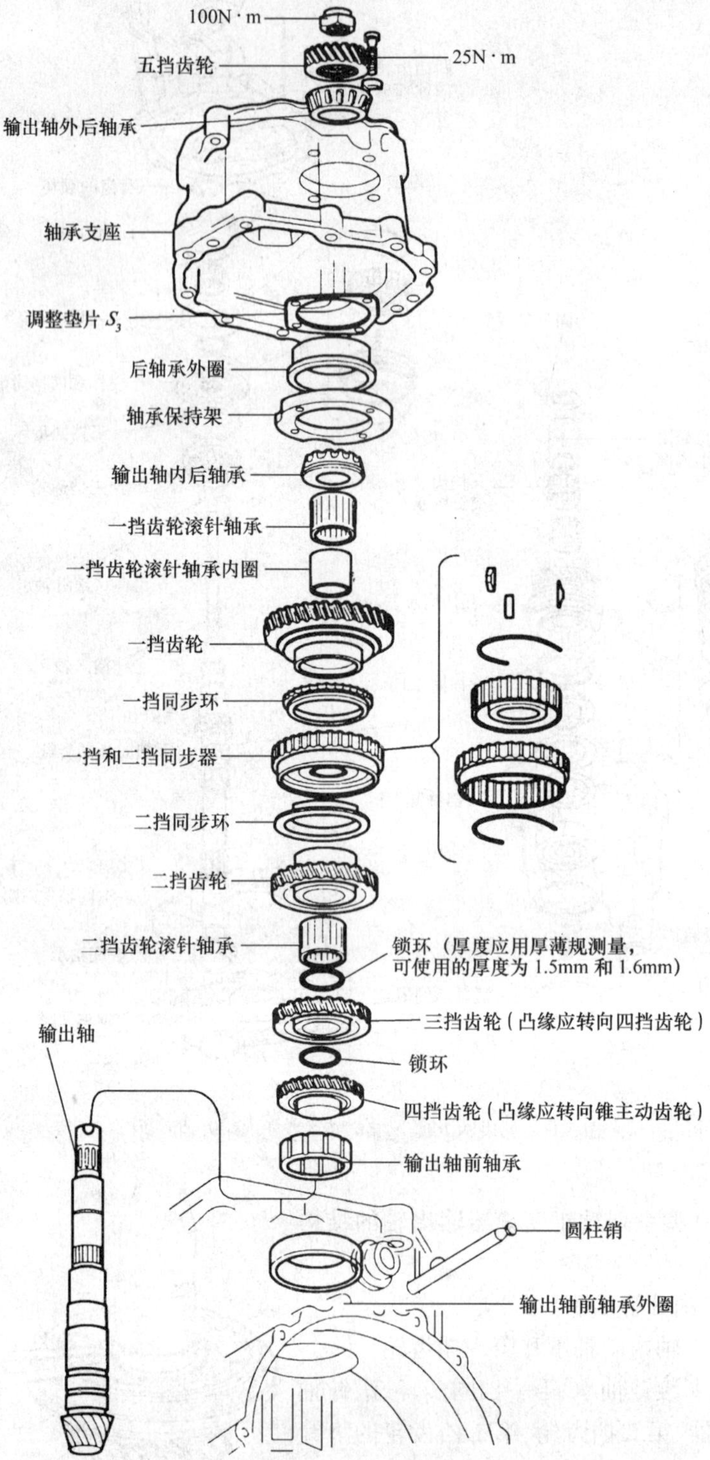

图 3-13　桑塔纳 2000 型系列轿变速器车输出轴结构

(5)拆下输出轴的前轴承。

4. 主减速器和差速器部件的分解

桑塔纳2000型系列轿车的主减速器和差速器分解步骤见表3-5。

桑塔纳2000型系列轿车的主减速器和差速器部件分解　　表3-5

拆卸内容	图示	拆卸步骤	工作记录
1. 拆卸从动锥齿轮	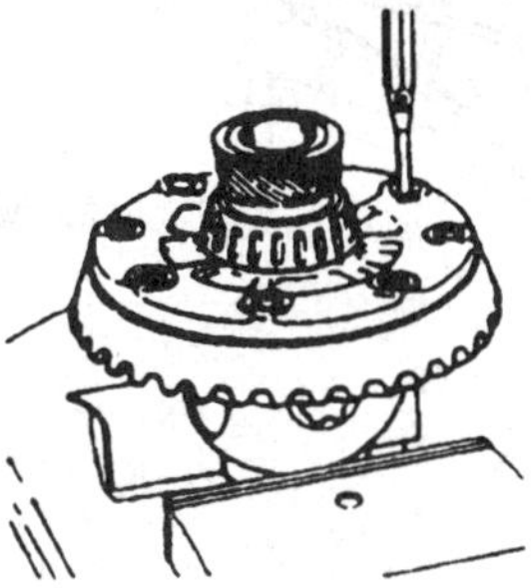	①用铝质的夹具将差速器壳固定在台虎钳上，拆下紧固螺栓。 ②取下从动锥齿轮。 注意:从动锥齿轮的紧固螺栓是自动锁紧的,一经拆卸就必须更换	
2. 半轴齿轮和行星齿轮的拆卸	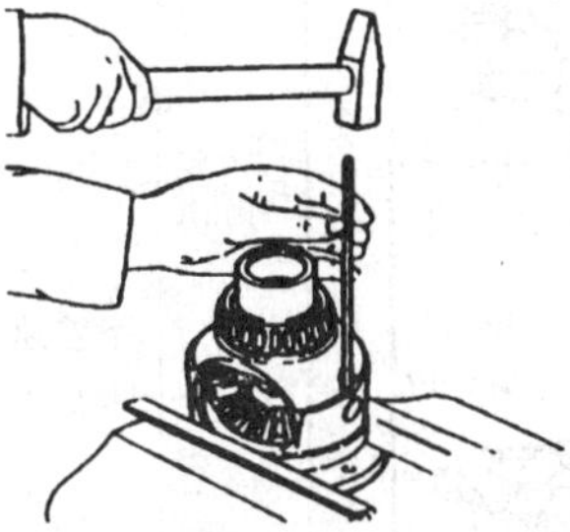	①拆下行星齿轮轴的夹紧套筒。 ②取下行星齿轮轴,再取下行星齿轮和半轴齿轮	
3. 差速器壳的拆卸	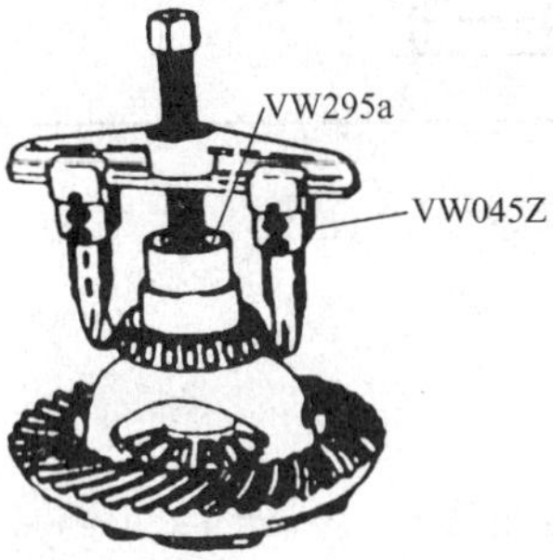	①拆下差速器轴承(与从动锥齿轮相对的一边)	
	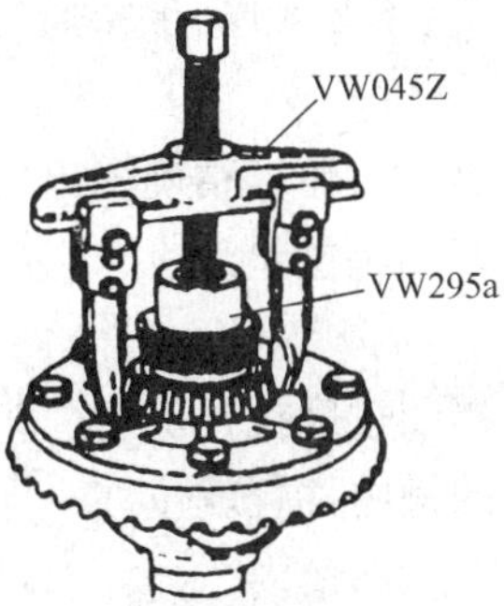	②拆下差速器另一边轴承。 ③取下车速表主动齿轮和锁紧套筒	

续上表

拆卸内容	图　示	拆卸步骤	工作记录
3. 差速器壳的拆卸	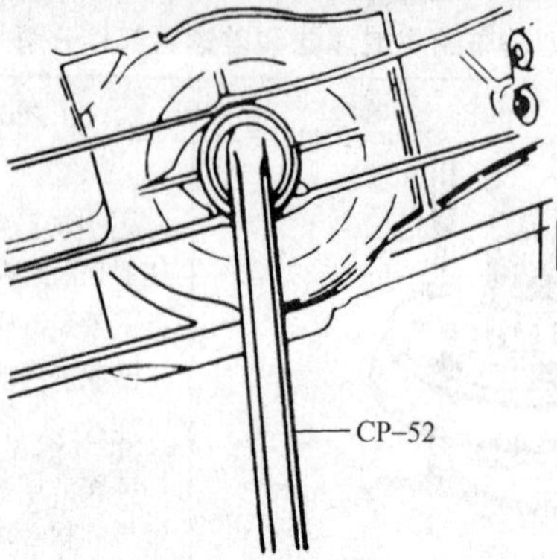	④拆下变速器侧面的密封圈	
	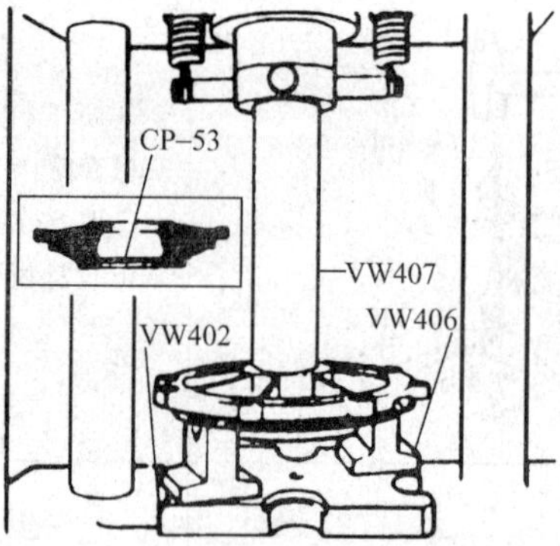	⑤从主减速器盖上拆下差速器轴承的外圈和调整垫片	

(五)变速器的检修

1. 变速器的检修注意事项

1)衬垫、油封

(1)每次修理必须更换密封垫圈和 O 形圈。

(2)轴油封装入前,在外径涂上一层薄油,在唇形密封圈之间的空隙内填满润滑油脂。

(3)接合面要保持清洁,均匀涂抹密封剂,不要太厚,保持通气孔的通畅。

2)调整垫片

(1)用千分尺多点检测调整垫片不同的公差,可以精确测出所需垫片的厚度。

(2)检查边缘是否有损坏,只准装入完好的调整垫片。

3)挡圈、锁圈

(1)修理中需调整挡圈及锁圈,不要将挡圈过度拉开。

(2)安装时必须将挡圈、锁圈放在规定的槽内并且就位。

(3)每次修理应更换弹簧销,安装位置在纵向槽内。

(4)敲进或敲出换挡拨叉夹紧套筒时要用锤子顶住,以免拨叉轴滑槽变形。

4）螺栓、螺母

（1）固定盖和罩壳的螺栓与螺母应交叉拧紧和拧松。

（2）按规定的力矩拧紧自锁螺栓和螺母。

5）轴承

（1）将滚针轴承（壁厚较大）有标志的一面朝向安装工具。

（2）在轴与轴承之间涂一层润滑油。

（3）变速器内的全部轴承都要使用变速器润滑油，摩擦力矩应予以检查，注油时要特别小心。

2. 变速器的检修

（1）检查所有齿轮和轴承的损坏情况。齿面有轻微斑点，在不影响使用的情况下可以用油石修磨。当齿厚磨损超过0.2mm，齿长磨损超过原齿长的15%，或斑点面积超过齿面15%以上时，则应更换齿轮。装好滚针轴承和内座圈后，用百分表检查齿轮与内座圈之间的间隙，如图3-14所示。标准间隙为0.009～0.060mm，极限间隙为0.15mm，超过极限应更换轴承。

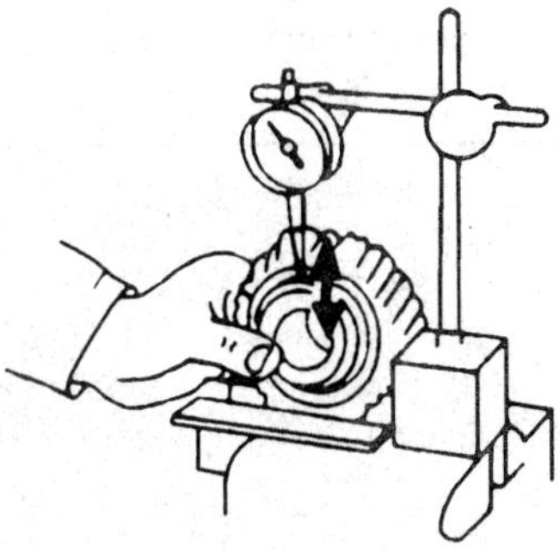

图3-14　检查齿轮与内座圈之间的间隙

想一想

齿轮为什么要成对更换？

（2）检查输入轴和输出轴。输入轴和输出轴不应有裂纹，轴径及花键不应有严重磨损，轴上的齿轮不应有断齿和严重磨损，否则应更换。检查轴的径向圆跳动，不应超过0.05mm，否则应更换或校正，如图3-15所示。

（3）同步器检查。将同步环压在各自齿轮的锥面上，按压转动同步环时要有阻力，用塞尺测量环齿与轮齿之间的间隙 a，如图3-16所示。间隙 a 的规定值见表3-6，如果不符合规定，应更换同步环。

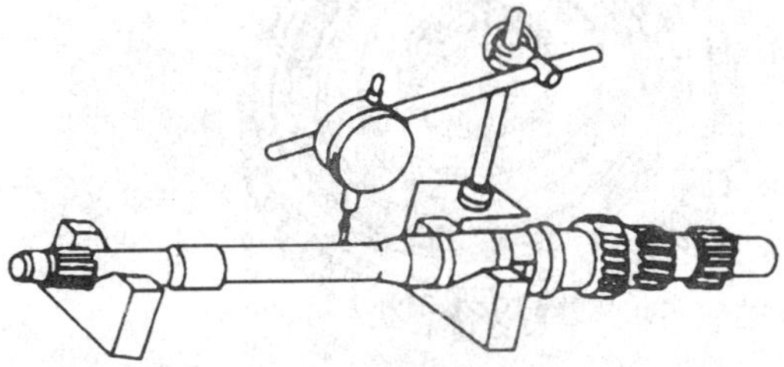

图3-15　检查轴的径向圆跳动

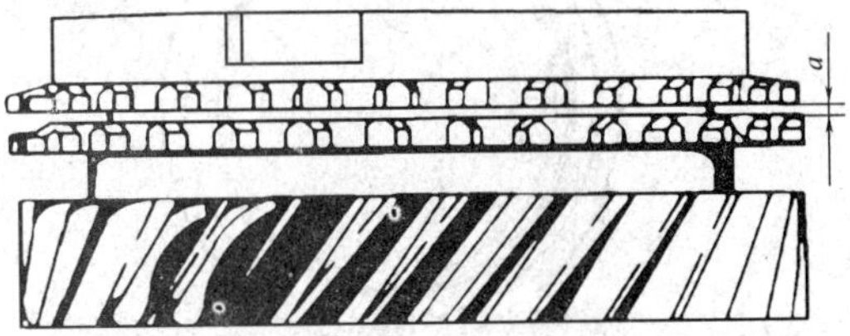

图3-16　检查同步器间隙

（4）同步器的装配。安装时，同步器凹槽中的细槽应转向装拨叉槽的对面（图3-17）。同步器壳体有三个凹口（图3-18），凹口上有三个凹陷的内齿（图3-19）。弹簧圈弯的一端应嵌入一个滑块中（图3-20）。

同步器环齿与轮齿之间的间隙 *a*　　表 3-6

同步环	间隙 *a*(mm)	
	新的零件	磨损的限度
一挡和二挡	1.10～1.17	0.05
三挡和四挡	1.35～1.90	0.05
五挡	1.10～1.70	0.05

想一想

同步器安装中，三个凹口和槽应____，安装销环，装止动弹簧，相互间隙____。

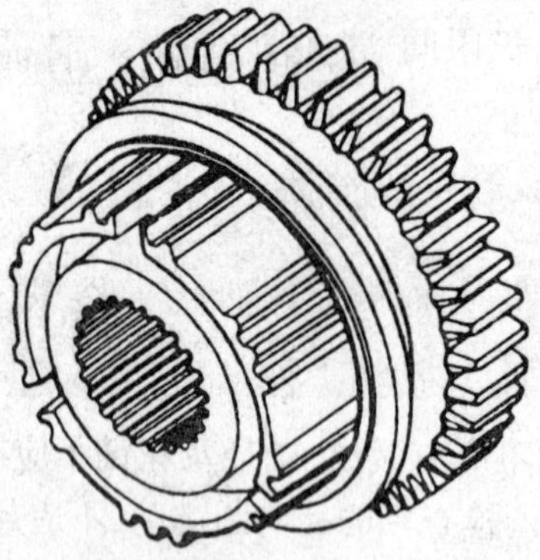

图 3-17　安装同步器Ⅰ

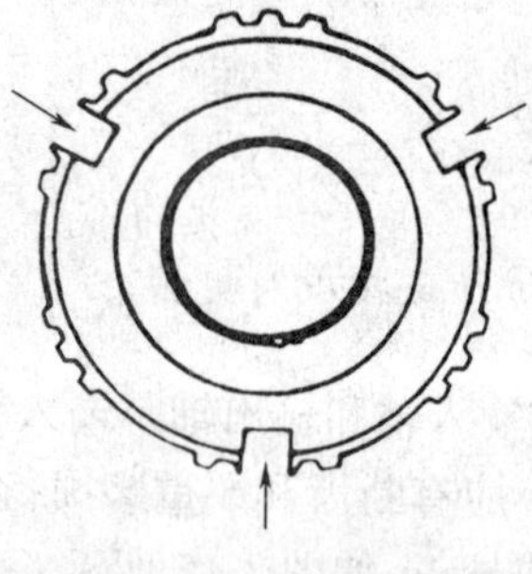

图 3-18　安装同步器Ⅱ

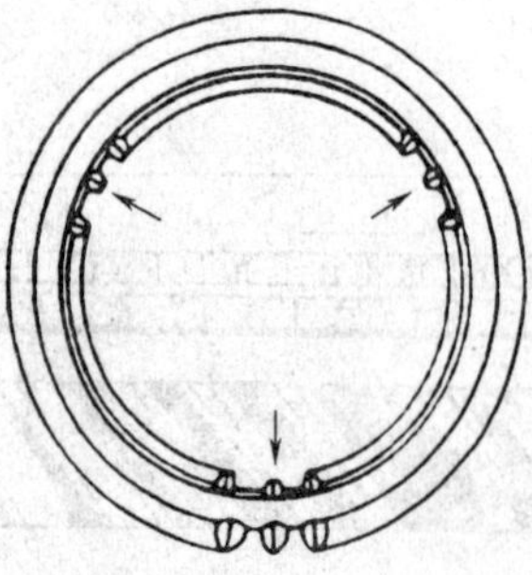

图 3-19　安装同步器Ⅲ

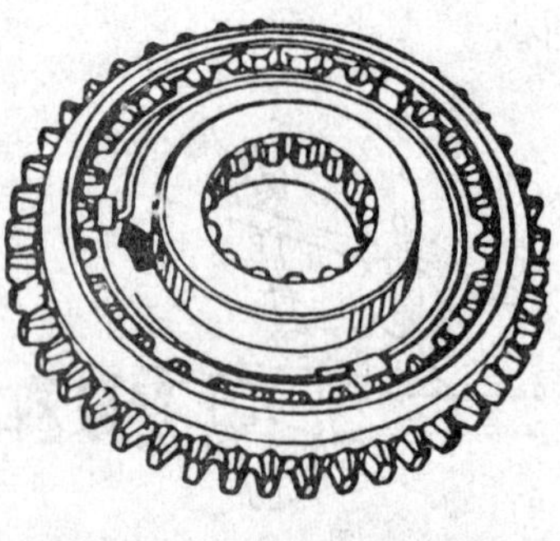

图 3-20　安装止动弹簧

(六)变速器的装配

桑塔纳 2000 型系列轿车的变速器装配步骤见表 3-7。

桑塔纳2000型系列轿车的变速器装配步骤　　表3-7

<table>
<tr><th>装配内容</th><th>图　示</th><th>装配步骤</th><th>工作记录</th></tr>
<tr><td rowspan="3">1. 输入轴齿轮的装配</td><td></td><td>①组装三挡和四挡同步器</td><td></td></tr>
<tr><td>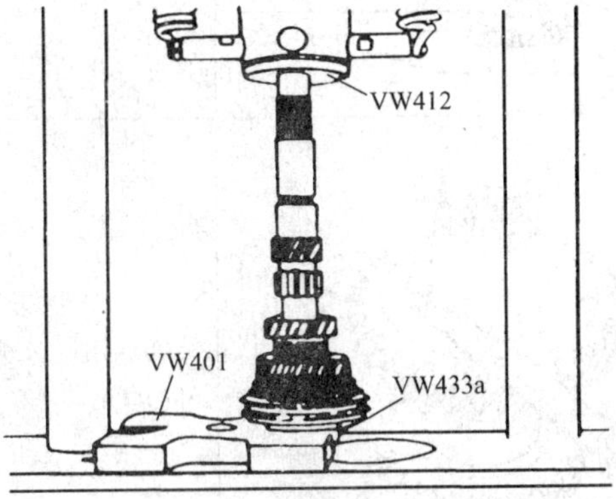
</td><td>②装上三挡齿轮及三挡和四挡同步器，装上锁环</td><td></td></tr>
<tr><td>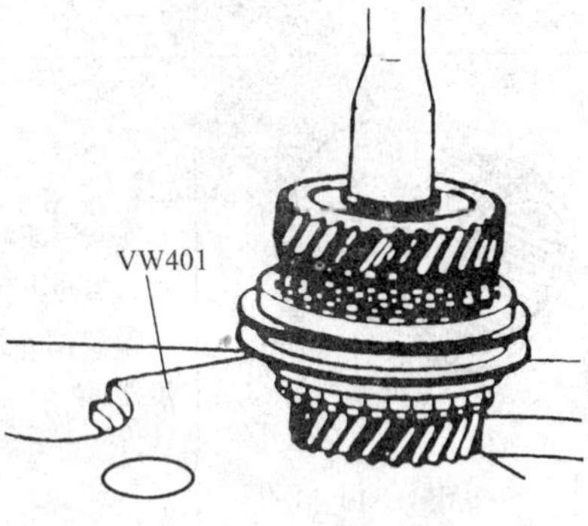
</td><td>③用2kN的力将三挡齿轮、同步器和四挡齿轮紧紧压在有齿的锁环上，把总成固定好</td><td></td></tr>
<tr><td>2. 输出轴与齿轮的装合</td><td>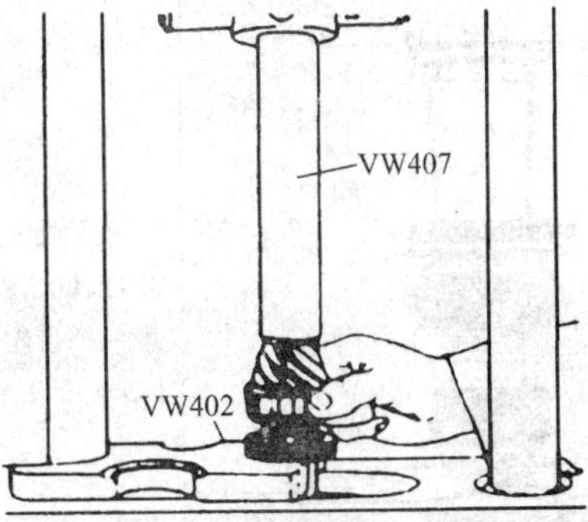
</td><td>①将前轴承装在输出轴上，装上四挡齿轮。
注意：用手扶住前轴承，齿轮有凸缘的一边应朝向轴承</td><td></td></tr>
</table>

续上表

装配内容	图　示	装配步骤	工作记录
2. 输出轴与齿轮的装合	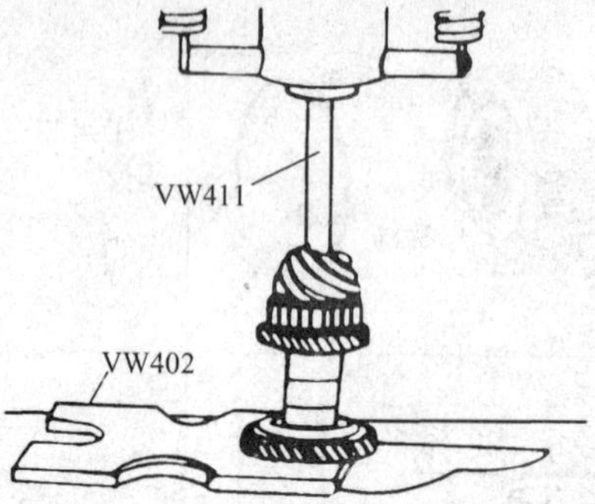	②安装三挡齿轮，三挡齿轮有凸缘的一边应朝向四挡齿轮	
	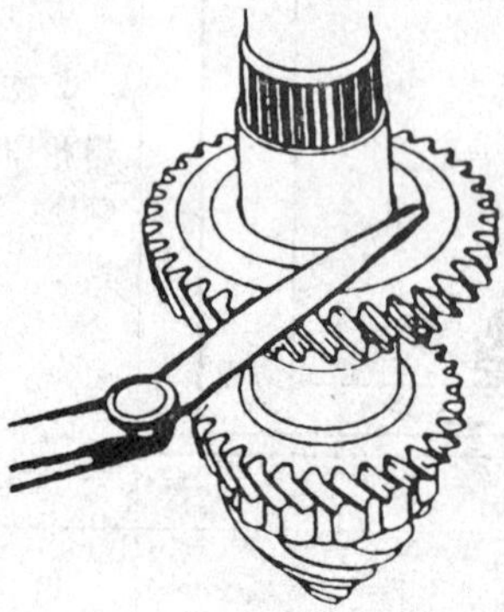	③利用厚薄规测量锁环的厚度	
	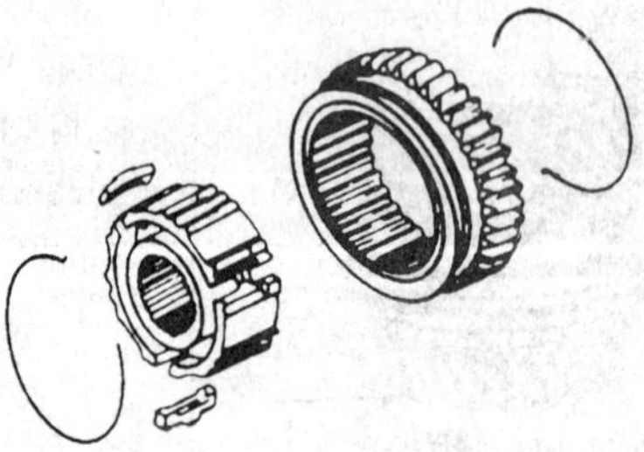	④安装滚针轴承、齿轮和二挡同步环。 ⑤装配一挡和二挡同步器	
	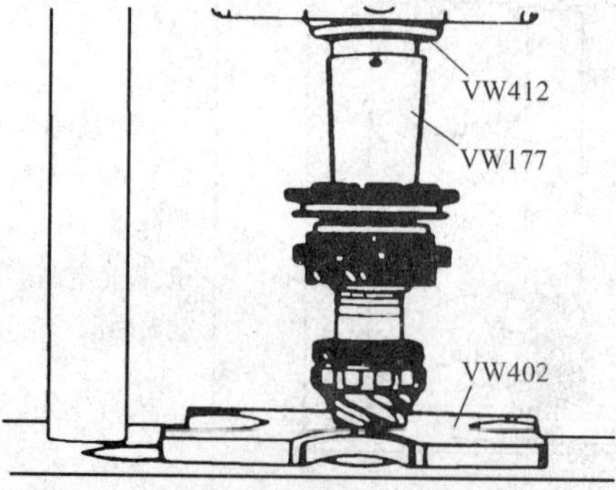	⑥装上一挡和二挡同步器，同步器壳体的槽应朝一挡齿轮	

续上表

装配内容	图　示	装配步骤	工作记录
2. 输出轴与齿轮的装合	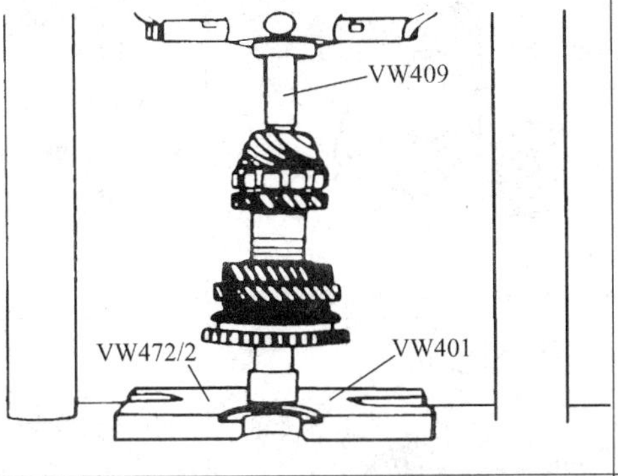	⑦装上一挡齿轮滚针轴承的内圈	
	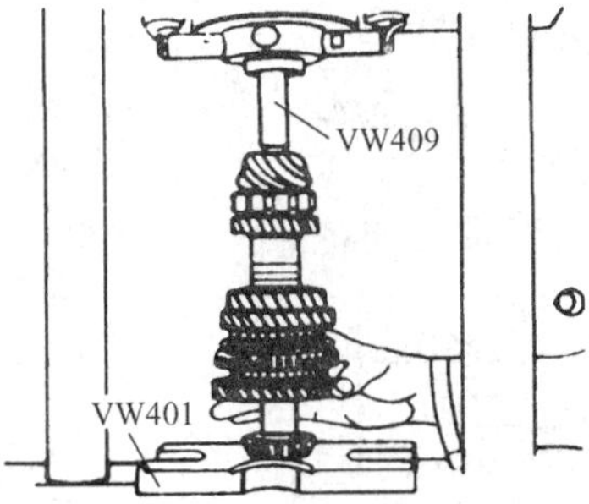	⑧装上内后轴承。 ⑨将输入轴和输出轴装在轴承支座上，将轴承支座装在变速器壳体上	
3. 变速器轴承支座的拆装	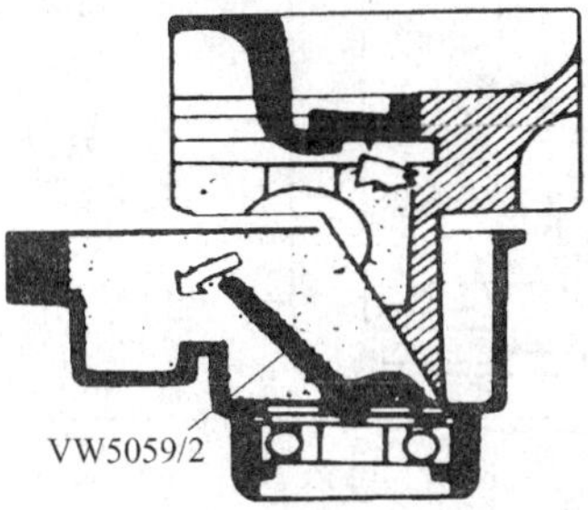	①拆卸挡油圈，如有必要可用水泵钳帮助拆卸	
	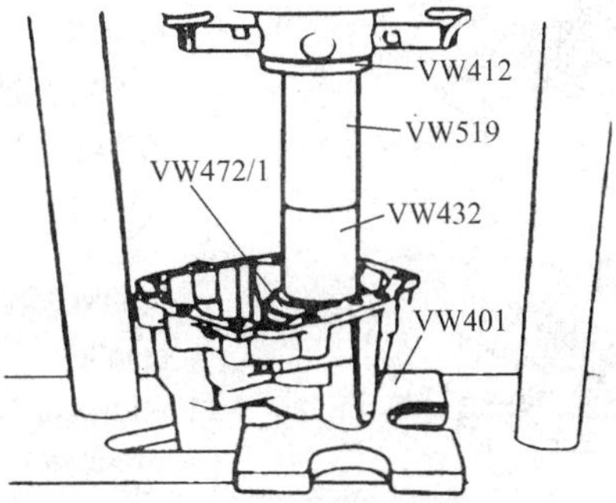	②安装输入轴后盖轴承	

续上表

装配内容	图　示	装配步骤	工作记录
3. 变速器轴承支座的拆装	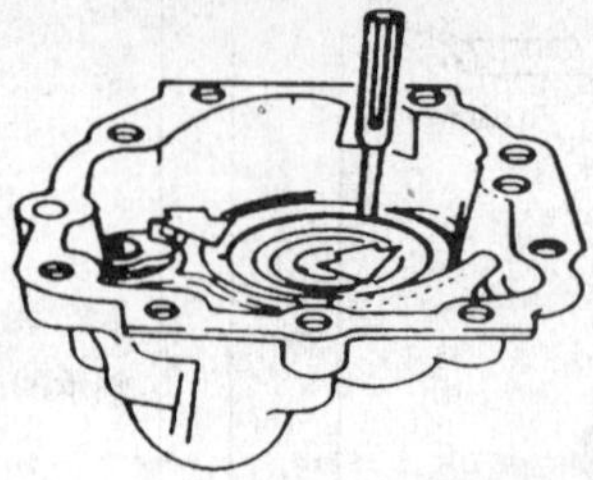	③安装锁环及挡油圈，在箭头所指的部位冲压将其固定	
4. 变速器后盖的装配	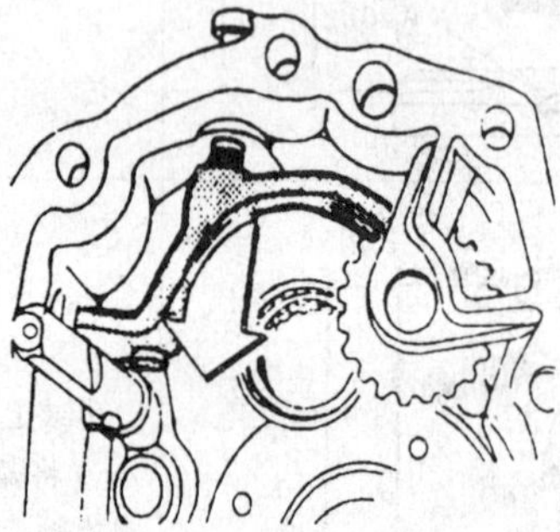	①装倒挡齿轮、轴及传动臂，再装垫圈和倒挡传动臂的固定螺栓。将传动臂往下（箭头所指）压，并插入螺栓，直至碰到传动臂	
	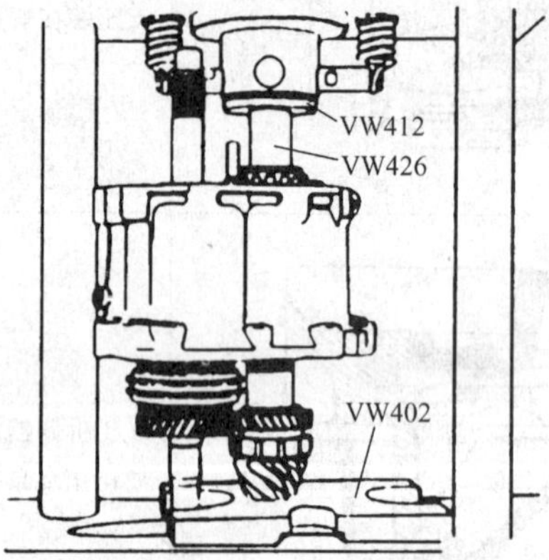	②装上倒挡轴和倒挡齿轮。 ③将带三挡和四挡拨叉的输入轴及输出轴的外后轴承装在轴承支座上	
	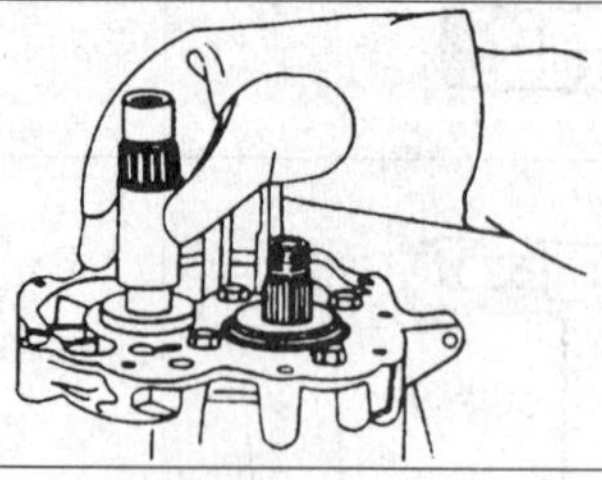	④用120℃的温度给输出轴的五挡齿轮、滚针轴承的内圈和同步器的壳体加热。 ⑤装上固定垫圈和五挡齿轮滚针轴承的内圈	
	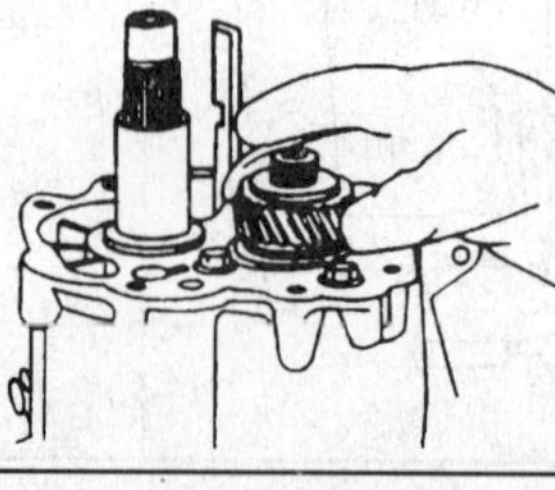	⑥将五挡齿轮装在输出轴上。 ⑦将同步器和五挡拨叉装在输入轴上	

续上表

装配内容	图　　示	装配步骤	工作记录
4. 变速器后盖的装配		⑧将套管装在输入轴上。 ⑨挂上一挡，锁住输入轴。在拨叉轴上装上一挡和二挡拨叉	
	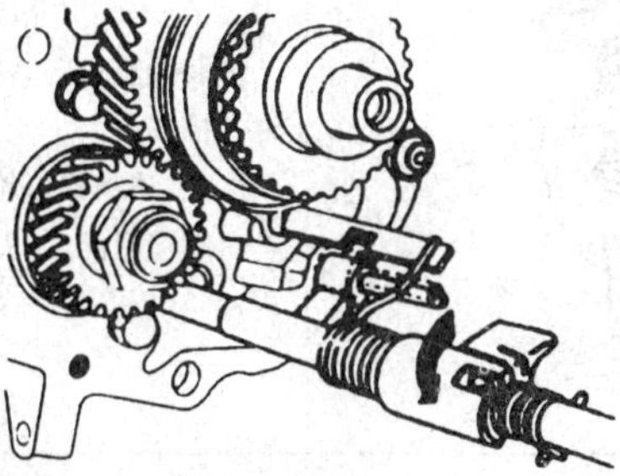	⑩将内换挡杆装在轴支座上，将弹簧的两端放在三挡和四挡的拨叉轴上。 ⑪将凸缘部分与拨叉轴的凹槽对齐，将内换挡杆向左转动	
	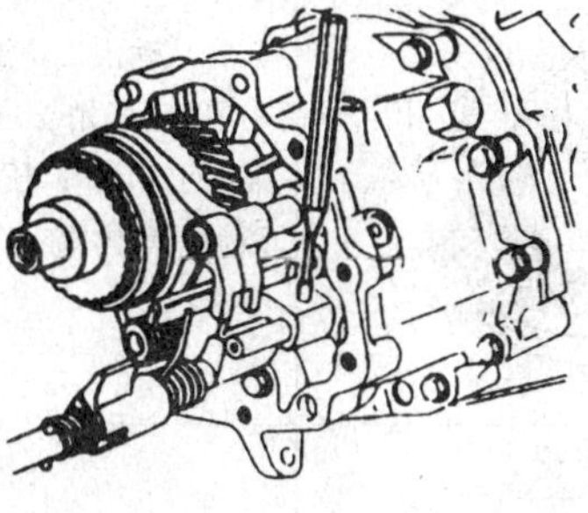	⑫用锁销固定一挡和二挡拨叉	
	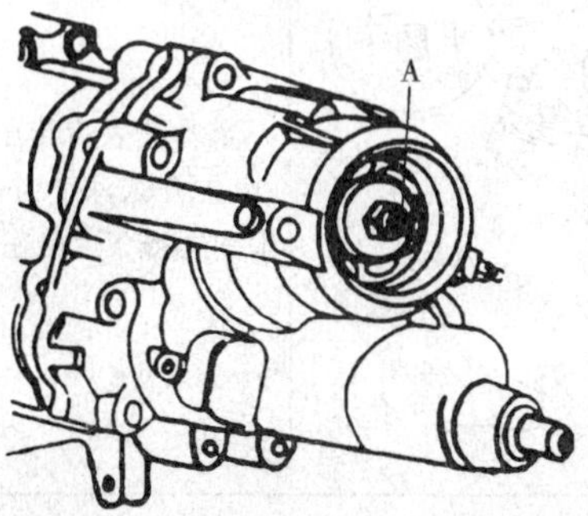	⑬使用新的密封衬垫，将罩盖放在适当位置，插进带螺母的螺旋销，旋紧螺母。 ⑭拆下螺旋销，装上变速器的后盖	

（七）主减速器和差速器的装配

桑塔纳2000型系列轿车主减速器和差速器的装配见表3-8。

桑塔纳2000型系列轿车主减速器和差速器的装配　　表3-8

装配内容	图　示	装配步骤	工作记录
1. 差速器和半轴齿轮的组装	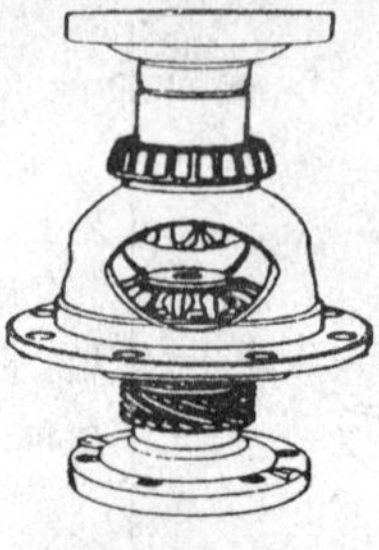	①将复合推力垫圈涂以机油，装入差速器壳内，在半轴齿轮上装好螺纹套	
	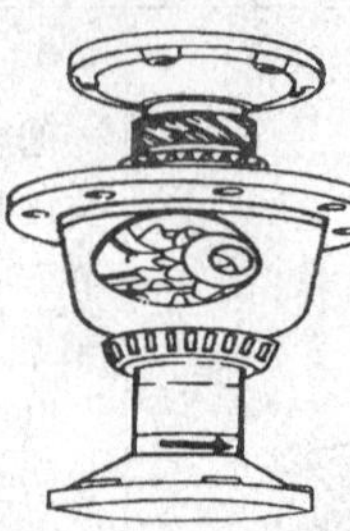	②装行星齿轮，装入齿轮轴及轴上挡圈。 注意：从动锥齿轮的紧固螺栓是自动锁紧的，一经拆卸就必须更换	
2. 安装从动锥齿轮	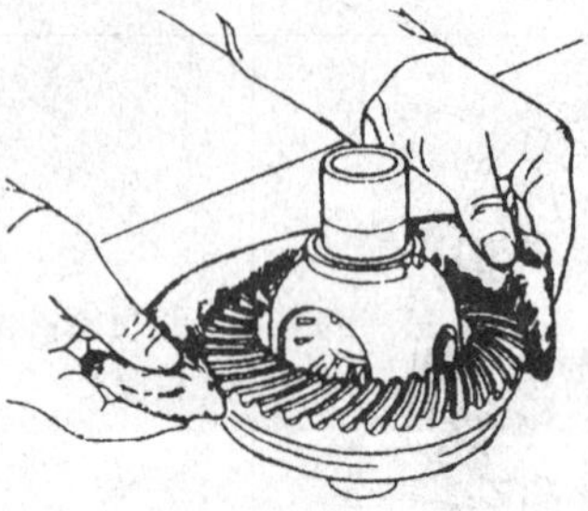	将从动锥齿轮加热至120℃左右，以定心销导向，迅速装在差速器上。同理，压装差速器圆锥滚针轴承内圈	
3. 安装车速里程表、主动齿轮和锁紧套筒	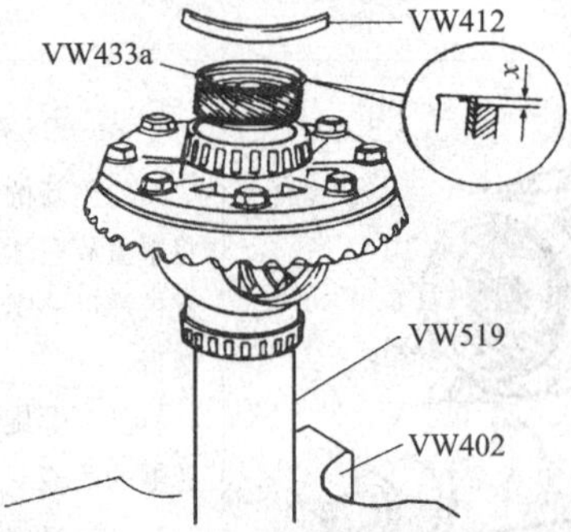	将车速表齿轮压装在差速器壳上，压入深度为1.4mm，由垫圈或挡圈予以保证	

(八)从动锥齿轮和主动锥齿轮总成的调整

主动锥齿轮和从动锥齿轮的调整正确与否，对于主减速器的使用寿命和运转平稳性起着决定性作用，主减速器和差速器总成拆装后，特别是更换变速器壳、主减速器盖、差速器滚针轴承、差速器壳或从动齿轮后，必须通过精确的测量、计算，选出合适的调整垫片，通过改变垫片的厚度来轴向移动主动齿轮，求得平稳运转的最佳位置，通过改变垫片的厚度来轴向移动变速器输出轴上的从动齿轮，使啮合承压表面（啮合印痕）在最佳位置，并使啮合间隙在规定的公差范围内。

从动锥齿轮和主动锥齿轮总成的调整部位如图 3-21 所示。与理论上的尺寸 R 成比例的偏差 r，在生产过程中已经测量好了，并把它刻在从动锥齿轮的外侧。

小提示

主动锥齿轮和从动锥齿轮只能一起更换。

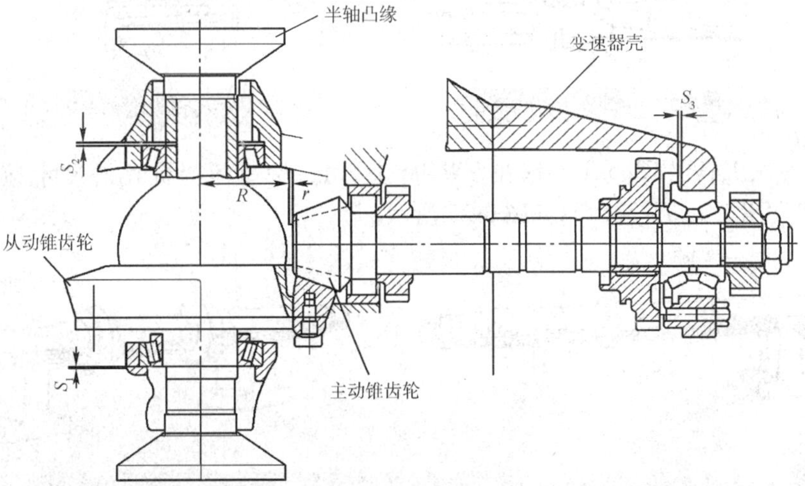

图 3-21　从动锥齿轮和主动锥齿轮总成的调整部位

S_1-调整垫片（从动锥齿轮一边）；S_2-调整垫片（与从动锥齿轮相对的一边）；S_3-输出轴的调整垫片；r-与理论上的尺寸 R 成比例的偏差（偏差 r 用 1/100mm 来表示，例如“25”表明：$r=0.25$mm）；R-主动锥齿轮理论上的尺寸（$R=50.7$mm）

根据零件的排列情况，会出现“间隙”，这在调整主动锥齿轮和从动锥齿轮时应该考虑。因此，在拆卸变速器之前，最好测量齿面的平均间隙以及偏差 r。只要修理影响到主动锥齿轮和从动锥齿轮位置的零部件，必须重新测定调整垫片 S_1、S_2 和 S_3。

1. 主动锥齿轮的调整

只要轴承支座、主动锥齿轮的后轴承、一挡齿轮的滚针轴承外圈、输出轴的后轴承外圈被更换，就必须通过调整垫片 S_3 来调整主动锥齿轮位置。

（1）装上轴承支座的后轴承外圈（无调整垫片）。装上轴承的保持架，并用 25N · m 的力矩旋紧螺栓。

（2）装上输出轴和外后轴承，如图 3-22 所示。

（3）将输出轴用铝质的夹具固定在台钳上，装上螺母并用 100N · m 的力矩旋紧，如图 3-23所示。

(4)将变速器后盖装在轴承支座上,使用新的衬垫,用4个螺栓固定(后轴承应往里放入至挡块)。

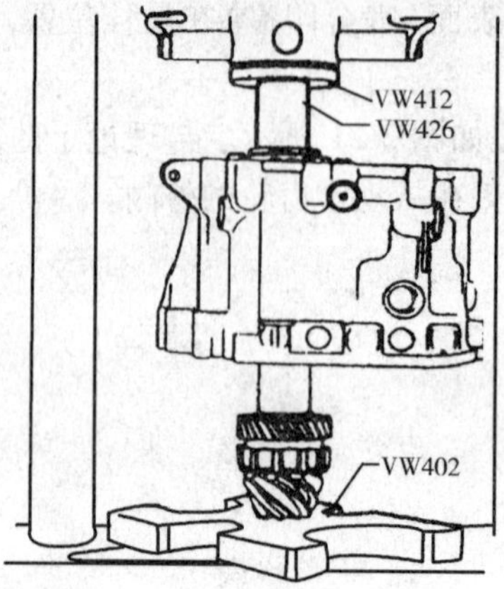

图3-22　主动锥齿轮的调整Ⅰ

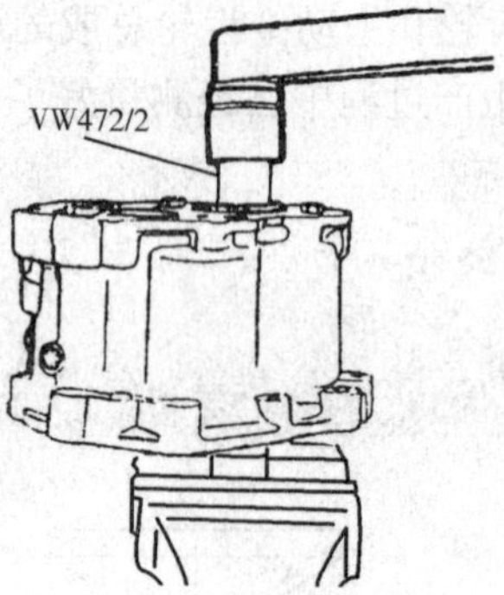

图3-23　主动锥齿轮的调整Ⅱ

(5)将专用工具VW385/1支撑在VW406上,通过调节环测量A的尺寸,如图3-24所示。再装上专用工具VW385/2,如图3-25所示。

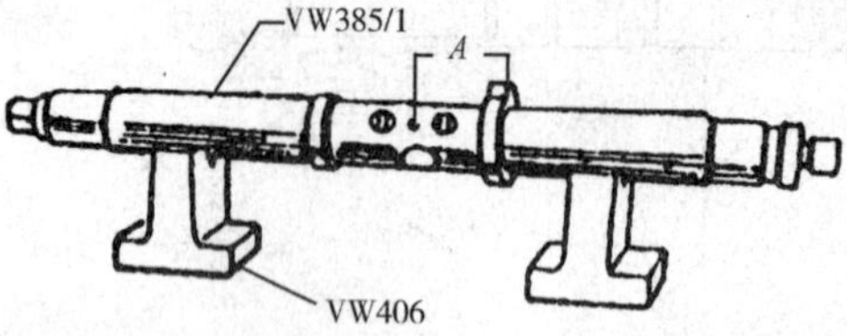

图3-24　主动锥齿轮的调整Ⅲ

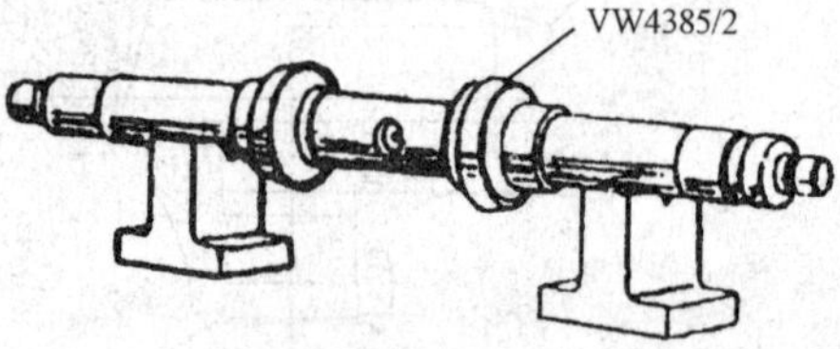

图3-25　主动锥齿轮的调整Ⅳ

(6)将专用工具VW5385/D和5385/C装在VW385/1上,接着放上无调整垫片S_1的主减速器盖。装上百分表,将百分表调到零,应考虑到起始压力与离开20mm相一致(百分表的表盘和VW5385/D应是同一方向,转动螺母将活动调节环移至中心),如图3-26所示。

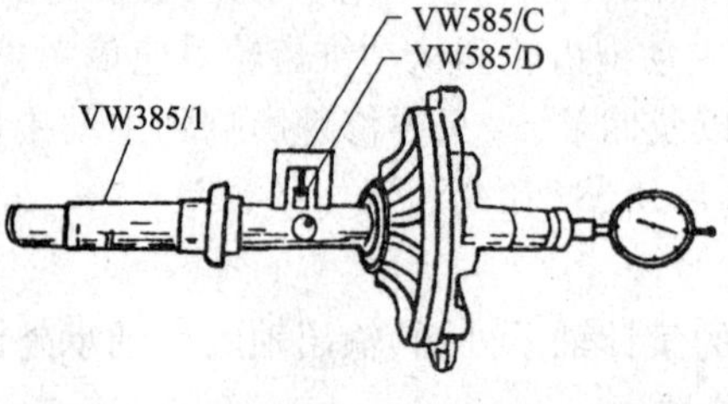

图3-26　主动锥齿轮的调整Ⅴ

(7)将专用磁铁装在主动锥齿轮上,这样上面的缝隙朝向放油螺塞一边。将专用工具VW385/1放入变速器的内部,适当地装配好,如图3-27所示。

(8)装上垫片和主减速器盖的紧固螺栓,用25N·m的力矩旋紧螺栓(不要在盖上敲打,因为这样可能使百分表失灵)。转动螺母调节VW385/1,保证装配正确。

(9)将VW385/1转到表的尖头碰到磁板和表的指针,并达到最大偏差(倒转),所取得的值即e尺寸(从逆时针方向读看),如图3-28所示。当转动VW385/1时,百分表的尖头(VW385/C)应碰到磁板,且总在缝隙的相对一边。

(10)取得e尺寸后,取下主减速器盖。将VW385/1放在VW406上,用VW5385/C标准(样板)检查表是否在零位上,要考虑起始压力与离开2.0mm一致。如果在测量中有误,重新进行第(5)～(9)项。

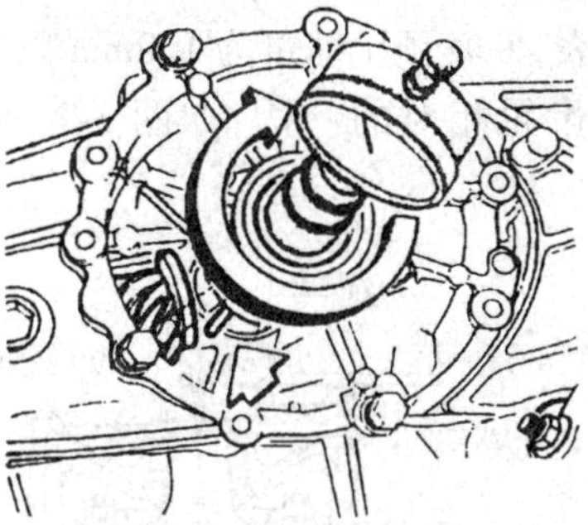

图3-27　主动锥齿轮的调整Ⅵ

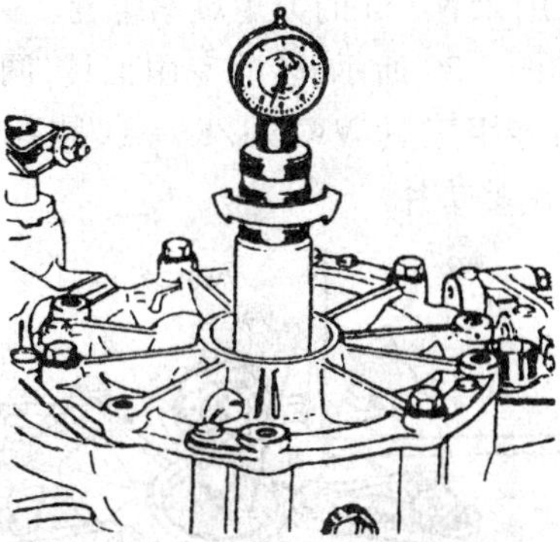

图3-28　主动锥齿轮的调整Ⅶ

测量主动锥齿轮调整垫片 S_3 的厚度:

$$S_3 = e - r$$

式中:e——测量的结果(用百分表的逆时针刻度检验出的指针最大偏差);

r——偏差(用0.01mm刻在从动齿轮上),r 值只用于新的从动锥齿轮和主动锥齿轮,例如:$e = 0.99$mm,$r = 0.48$mm,则 $S_3 = e - r = 0.99$mm $- 0.48$mm $= 0.51$mm。

如果需要将两个调整垫片并装在一起,取得需要的厚度,较薄的调整垫片应装在输出轴轴承外圈和较厚的调整垫片之间,有下列厚度的调整垫片可供选择:0.15mm、0.20mm、0.25mm、0.30mm、0.40mm、0.50mm、0.60mm、0.70mm、0.80mm、0.90mm、1.00mm、l.10mm和1.20mm。

(11)装上输出轴和计算好的调整垫片 S_3。根据第(5)～(9)项进行调节测量。如果计算好的调整垫片是正确的,百分表现在应指在偏差 r(刻在从动齿轮)值上,公差为±0.04mm。

(12)如果测量在规定的公差范围之内,完成变速器的安装。相反,检查所有零件的状况,更换已损坏的零件,接着重新安装主动锥齿轮。

2. 从动锥齿轮的调整

1)注意事项

(1)最好在拆卸变速器之前,测量齿面的平均间隙,记下这个值,用于从动锥齿轮调整垫片的计算。

(2)当主动锥齿轮、从动锥齿轮总成、变速器壳体、主减速器盖、差速器罩壳或轴承更换时,必须对从动齿轮进行调整。

2)从动锥齿轮调整垫片总厚度的测量步骤

(1)拆下主减速器盖。

(2)拆下密封圈和差速器轴承的外圈,取出调整垫片。

(3)将轴承的外圈装在变速器壳体上,同时装上厚度为1.2mm的标准(样板)垫片(外圈应装入到挡块)。

(4)将轴承的外圈装在主减速器盖上，不用调整垫片(外圈应装入至挡块)。

(5)将没有车速里程表主动齿轮的差速器装在变速器壳体上。将主减速器盖装在变速器壳体上，用25N·m的力矩旋紧螺栓。

(6)如图3-29所示，装上专用工具，调节百分表，使其预压缩量为1.0mm以上。

(7)将专用工具VW521/8一起装在与从动齿轮相对的一边，如图3-30所示。A为1.20mm的调整垫片。

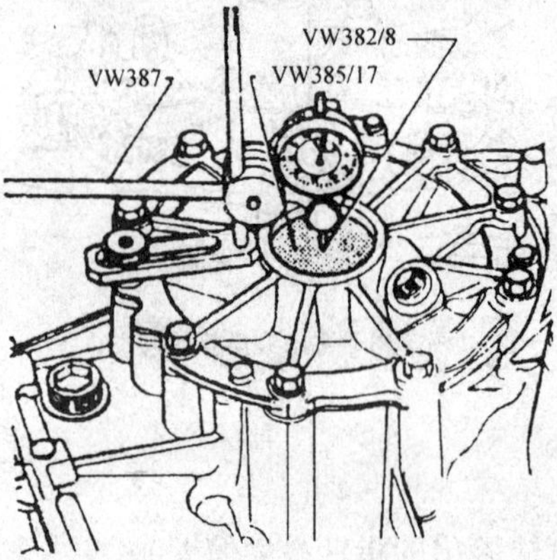

图3-29　从动锥齿轮的调整Ⅰ

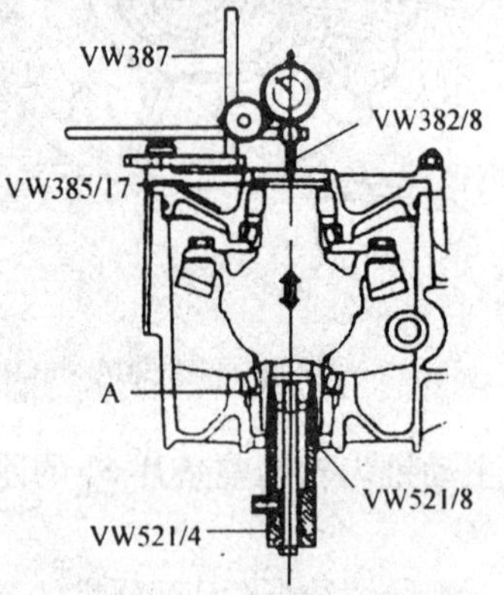

图3-30　从动锥齿轮的调整Ⅱ

(8)用专用工具VW521/4将差速器向上和向下(箭头)移动，如图3-31所示，记下百分表的变化(例如：记下的间隙为0.50mm)。测量时，不要转动差速器，因为它可能影响测量的结果。

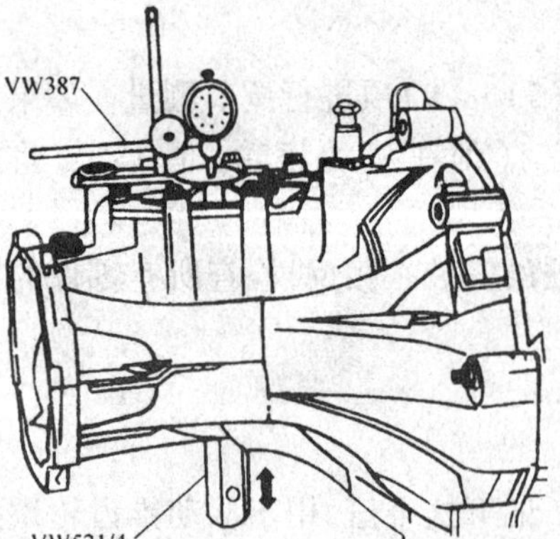

图3-31　从动锥齿轮的调整Ⅲ

(9)将测量的结果记录下来，并将记录的间隙加上0.04mm的安装压力(稳定值)。

例如：测量结果0.50mm + 安装压力0.40mm = 0.90mm。

这个值再加上标准(样板)调整垫片的厚度(1.20mm)，结果就是$S_{合计}$。

测量$S_{合计}$ = 标准(样板)调整垫片的厚度1.20mm + 测量结果0.50mm + 安装压力0.40mm = 2.10mm。

(10)拆下主减速器盖，拆下主减速器盖的轴承外圈。

(11)将与测量结果和安装压力的和(0.50mm + 0.40mm = 0.90mm)一致的调整垫片连同外圈一起装在盖上。

(12)装上主减速器盖。将装配好的输入轴装上变速器壳体，用四个螺栓将其固定，并用20N·m的力矩旋紧。

(13)调整从动锥齿轮和主动锥齿轮的齿面间隙，按下列方法进行：

①如图3-32所示，装上专用工具。安装的位置：尺寸A为71mm，角α约为90°。

②锁住输入轴，如图 3-33 所示。将从动锥齿轮转至挡块位置，将表的指针对准零，倒转从动锥齿轮，读出齿面间实际的间隙，将取得的值记录下来。

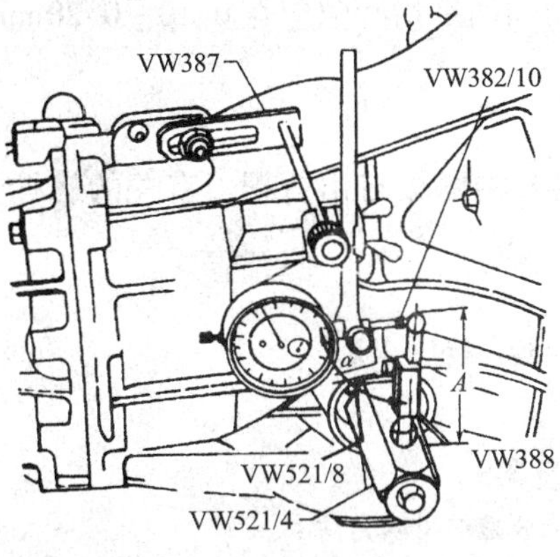

图 3-32　从动锥齿轮的调整Ⅳ

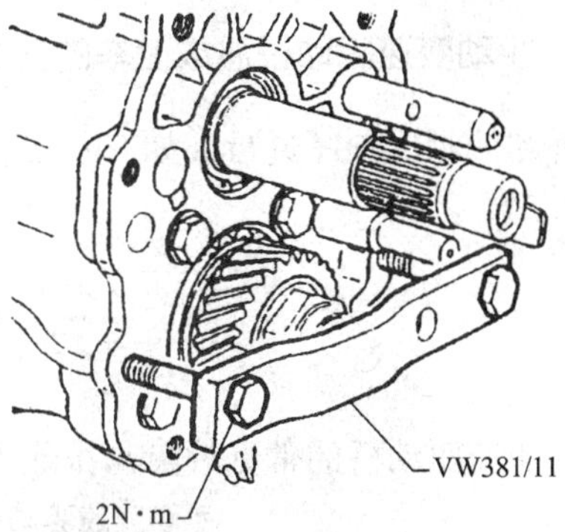

图 3-33　从动锥齿轮的调整Ⅴ

③松开输入轴，转动专用工具 VW521/4 和 VW521/8 约 90°，结果差速器也转动(90°)。重新锁住输入轴。

④旋松 VW521/4 的螺栓，将其退回约 90°，直至 VW521/8 碰到百分表的尖头，旋紧 VW521/4 的螺栓。

⑤将第② ~ ④项反复操作四次，并记录下取得的值。

如果在这些测量中，测量的值偏差超过 0.05mm，可能从动锥齿轮没有装对或者从动锥齿轮和主动锥齿轮总成情况不好。在这种情况下，应更换从动锥齿轮和主动锥齿轮总成。

(14)计算齿面间隙的平均间隙：第一次测量 0.39mm + 第二次测量 0.40mm + 第三次测量 0.39mm + 第四次测量 0.42mm = 1.60mm。平均间隙 = 1.60mm ÷ 4 = 0.40mm。

(15)计算调整垫片 S_2 的厚度(与从动锥齿轮相对的一面)。

S_2 = 标准(样板)调整垫片 - 平均间隙 + 抬起(稳定值)。

如果不更换从动锥齿轮和主动锥齿轮总成，使用在拆下前测得的平均间隙值。例如：S_2 = 标准(样板)调整垫片 1.20mm - 平均间隙 0.40mm + 抬起(稳定值)0.15mm = 0.95mm。

(16)计算调整垫片 S_1 的厚度(从动锥齿轮一面)。$S_1 = S_{合计} - S_2$，即 S_1 = 2.10mm - 0.95mm = 1.15mm。有下列厚度的调整垫片可供选择：0.15mm、0.20mm、0.25mm、0.30mm、0.40mm、0.50mm、0.60mm、0.70mm、0.80mm、0.90mm、1.00mm、1.10mm 和 1.20mm。

(17)拆下差速器和差速器轴承的外圈。将调整垫片 S_2 装在主减速器盖上，将 S_2 同轴承外圈一起装在壳体上。

(18)将密封圈装在主减速器盖和壳体上，如图 3-34所示。

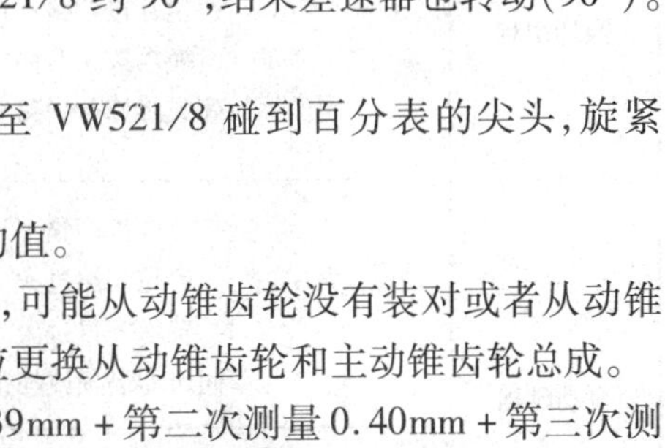

图 3-34　从动锥齿轮的调整Ⅵ

(19)装上车速里程表的主动齿轮和锁紧套筒。

(20)装上差速器,重新测量齿面间隙,如图3-21所示。

(21)根据第13项的步骤,检查四个不同位置上的间隙。各次测量的间隙偏差不超过0.05mm。如果调整垫片 S_1 和 S_2 装配正确,齿面间的平均间隙应在0.10~0.20mm之间。

(九)手动变速驱动桥总成上车的安装

按拆卸的相反顺序进行。如有必要,调整离合器踏板自由行程。有关的螺栓拧紧力矩见表3-2。

三、学习拓展

手动变速驱动桥的常见故障与排除方法见表3-9。

手动变速驱动桥的常见故障与排除方法　　表3-9

故障现象	故障原因	故障排除方法
换挡困难	换挡杆件调整不当 换挡拨叉弯曲 同步器故障或维修后弹簧安装不正确	调整 更换或校正 更换损坏件或同步器总成或重新装合同步器
自动跳挡	换挡杆件调整不当 齿轮端隙过大 轴承磨损过大 同步器磨损或损伤	调整 更换齿轮 更换轴承 修理或更换
	变速器壳不对中 自锁弹簧弹力不足 拨叉轴定位球槽附近磨损、损伤	紧固螺栓或重新安装 更换弹簧 换用新件
空挡时发响	轴承磨损或发干 输入轴轴承损坏 齿轮磨损及牙齿折断 齿轮磨损或弯曲 导向轴承松动	更换轴承、添加润滑油 更换 更换齿轮 更换或校正 更换
啮合时发响	润滑油型号不对不足 输入轴后轴承磨损 输出轴上的齿轮磨损 同步器磨损或损伤 更换齿轮时没有成对更换 在主、从动锥齿轮或差速器齿轮之间齿隙过大 主、从动锥齿轮或差速器齿轮磨损 主动锥齿轮轴承有磨损差速器轴承松脱或磨损	选规定润滑油型号或添足 更换 更换 更换 应成对换用新件 检查齿隙 检查齿轮 更换轴承 扭紧或更换轴承

续上表

故障现象	故障原因	故障排除方法
漏油	润滑油油面太高 油封有磨损或毁坏 壳体上的紧固螺钉松动 变速器通气管堵塞 轴承固定螺母松脱 变速器壳断裂 前端凸缘松开或磨损	排放多余的润滑油 更换油封 按规定力矩拧紧 检查并排除 更换固定螺母 如必需则修理 扭紧或更换凸缘

四、评价与反馈

1. 自我评价与反馈

(1)你是否知道手动变速驱动桥的基本组成?(　　)

A. 知道　　B. 不知道

(2)你是否能够完成手动变速驱动桥的基本检查?(　　)

A. 能够完成　　B. 在小组协作下能够完成　　C. 不能完成

(3)你是否能够完成桑塔纳 2000 型轿车变速驱动桥的拆卸与装配?(　　)

A. 能够完成　　B. 在小组协作下能够完成　　C. 不能完成

(4)完成了本学习任务后,你感觉困难的部分是哪些?

____

____

____

签名:________　________年________月________日

2. 小组评价与反馈

(1)你们小组在接到任务之后是否分工明确?________________

(2)你们小组每位组员都能轮换操作吗?________________

(3)遇到难题时你们分工协作吗?________________

(4)对于小组其他成员有何建议?________________

参与评价的同学签名:________　________年________月________日

3. 教师评价及回复

____

____

____

教师签名:________　________年________月________日

五、技能考核标准

序号	项目	操作内容	规定分	评分标准	得分
1	准备	清点工具、量具 清理工位	5分	酌情扣分	
2	拆卸	支架上固定变速器总成 变速器后盖的分解 拆卸一挡和二挡拨叉 拆输入轴五挡齿轮和同步器 拆输出轴五挡齿轮 拆下输入轴和输出轴 拆卸变速器自锁和互锁装置 拆下差速器总成 输入轴的分解 输出轴的分解	4分 4分 4分 4分 4分 4分 4分 4分 4分 4分	操作不当扣1~4分 操作不当扣1~4分 操作不当扣1~4分 操作不当扣1~4分 操作不当扣1~4分 操作不当扣1~4分 操作不当扣1~4分 操作不当扣1~4分 操作不当扣1~4分 操作不当扣1~4分	
3	检查	衬垫、油封、调整垫片、挡圈、锁圈、螺栓、螺母、轴承、齿轮、输入轴、输出轴、同步器	10分	每漏检一项扣2分 检查不当扣1~10分	
4	安装	同步器装配 输入轴齿轮的装配 输出轴与齿轮的装合 变速器轴承支座的拆装 变速器后盖的装配	5分 5分 5分 5分 5分	操作不当扣1~5分 操作不当扣1~5分 操作不当扣1~5分 操作不当扣1~5分 操作不当扣1~5分	
5	时间	60min	5分	超时1~10min扣1~5分 超时10min以上扣5分	
6	安全文明	无安全隐患,无不文明操作	5分	未达标扣1~5分	
7	结束	工具、量具清洁并归位 工作场地清洁	5分 5分	漏一项扣1分,未做扣5分 清洁不彻底扣1~5分,未做扣5分	
		总分	100分		

学习任务四　自动变速器的基本检查

任务要求

完成本学习任务后，你应：

1. 掌握自动变速器的组成；
2. 掌握自动变速器的挡位设置；
3. 理解自动变速器的基本换挡原理；
4. 了解 ATF 的作用；
5. 在老师的帮助下，能够确定自动变速器的基本检查项目；
6. 按照工单完成自动变速器进厂的基本检查项目。

建议学时：8 学时

任务描述

一辆丰田卡罗拉轿车的驾驶员反映，在行车过程中自动变速器时有换挡冲撞。打开点火开关，进行换挡动作，仪表板上的挡位指示灯正常显示，但起动发动机，无论将变速杆置于何挡，挡位指示灯都显示错误，但自动变速器工作正常，需对系统进行检查。

一、理论知识准备

汽车自动变速器起源于对手动变速器的改造，汽车上最早采用的自动变速器是液力自动变速器，目前，电控自动变速器已经基本取代了液力自动变速器。在欧美，自动变速器已经成为轿车的标准配置。

（一）自动变速器的特点

1. 提高了发动机和传动系统的使用寿命

自动变速器车辆的发动机与传动系统之间通过液力变矩器相连，液体传动具有良好的缓和冲击及过载保护作用。据统计，与装配手动变速器的车型相比，装配自动变速器的车辆发动机寿命提高了 50%，传动系统寿命提高了 75% 以上。

2. 驾驶和换挡操作简单

自动变速器通常采用行星齿轮等常啮合齿轮组，降低了换挡过程的齿轮冲击。因为取消了离合器,驾驶员换挡操作变得简单、轻便。

3. 降低了废气排放

自动变速器的电子控制单元能够根据行驶状况和需求自动换挡,使发动机基本达到最佳工作状态,因此有效地降低了排放,减轻了空气污染。

4. 故障的自我诊断功能

自动变速器的电子控制单元具有故障的自我诊断功能。

5. 传动效率低,速度变化响应慢

6. 结构较复杂

想一想

为什么要发展自动变速器技术?

随着社会经济的发展,越来越多非专业驾驶员驾驶车辆出行,装配手动变速器的车辆,行驶中换挡频率高,且操作复杂;而装配自动变速器的车辆换挡操作简单,大部分动作由自动变速器完成,如图4-1所示。

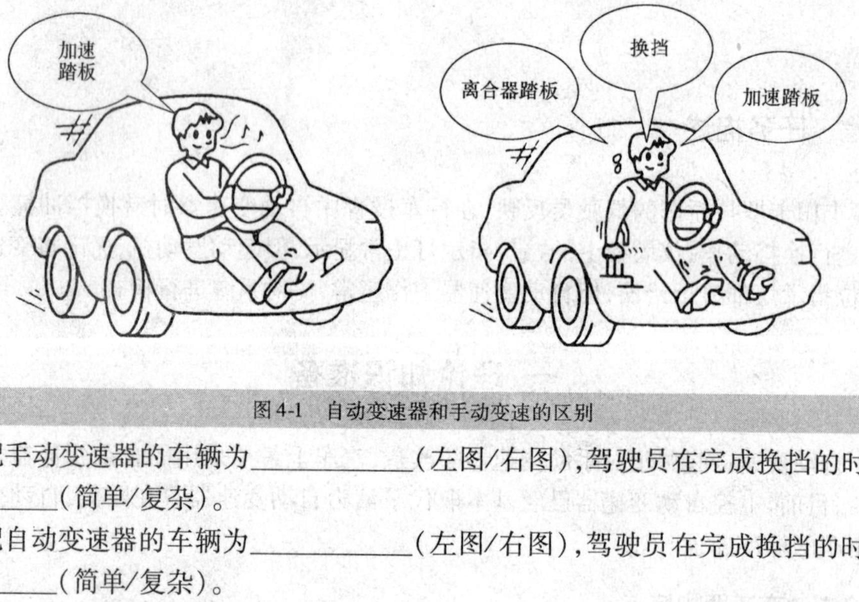

图4-1　自动变速器和手动变速的区别

装配手动变速器的车辆为____________(左图/右图),驾驶员在完成换挡的时候操作____________(简单/复杂)。

装配自动变速器的车辆为____________(左图/右图),驾驶员在完成换挡的时候操作____________(简单/复杂)。

(二)自动变速器的类型

自动变速器按变速类型的不同分为有级自动变速器和无级自动变速器,按驱动形式的不同分为前驱自动变速器(自动驱动桥)和后驱自动变速器,按变速机构特点的不同分为普通齿轮式、行星齿轮式和无级传动式,按控制方式的不同分为液力控制式和电液控制式。

(三)自动变速器的挡位设置

自动变速器的挡位因车型不同而有所差别,通常设置有P-R-N-D-3-2-1(L)等挡位。丰田卡罗拉车型的自动变速器挡位设置如图4-2所示。

图4-2　丰田卡罗拉自动变速器

P——驻车挡,在驻车或起步时选用。

R——倒挡,在倒车时选用。

N——空挡,起动发动机时选用。

D——前进挡,操纵手柄位于该位置时,自动变速器的控制系统能根据车速、节气门开度等因素的变化,按照设定的换挡规律自动变换挡位。该挡在一般路况下正常行驶时采用。

2——二挡(有的车型设为S挡),一般在弯道较多的下坡山路选用,车辆在此挡时,能够利用发动机制动降低车速,从而保证车轮制动器发挥良好的制动效果。

1——低挡(有的车型设为L挡)、一挡,保证车辆的动力性,用以通过各种无路、坏路地段。

小提示

装配有自动变速器的车辆在等待交通信号或停车时间较短时,不需要将挡位从D挡换出,只需用行车制动器停车即可。

(四)自动变速器基本组成

目前,广泛应用的自动变速器多为电控自动变速器,主要由液力变矩器、行星齿轮机构、换挡执行元件、液压控制系统和电子控制系统组成,如图4-3所示。

1. 液力变矩器

液力变矩器位于自动变速器的最前端,安装在发动机的飞轮上,作用与采用手动变速器汽车中的离合器相似,主要包括泵轮、涡轮、导轮、导轮单向离合器及锁止离合器等元件。

2. 行星齿轮机构

绝大多数厂家都使用行星齿轮式的自动变速器,行星齿轮机构主要包括太阳轮、行星齿轮、行星架和内齿圈等元件。

3. 换挡执行元件

换挡执行元件包括离合器、制动器和单向离合器等元件。

4. 液压控制系统

液压控制系统是由阀体、各种控制阀、油路组成。主要包括油泵、滤清器、调压阀、信号阀、换挡阀等元件。

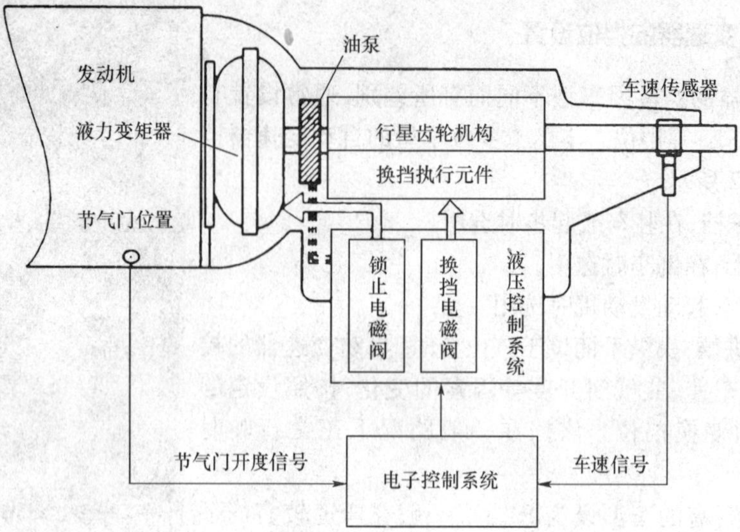

图 4-3 电控自动变速器的组成

5. 电子控制系统

电子控制系统主要包括各种传感器、电控单元、电磁阀、自诊断系统等元件。

（五）自动变速器的工作原理

自动变速器中的液力变矩器利用液力传动，将发动机的动力传递给行星齿轮机构。同时，电子控制系统根据节气门位置传感器、车速传感器等各种传感器的输入信号控制电磁阀的通断状态。液压系统根据电磁阀的控制来操纵换挡执行元件（离合器、制动器），换挡执行元件控制行星齿轮机构的旋转方向和传动比，实现自动变速换挡，如图 4-4 所示。

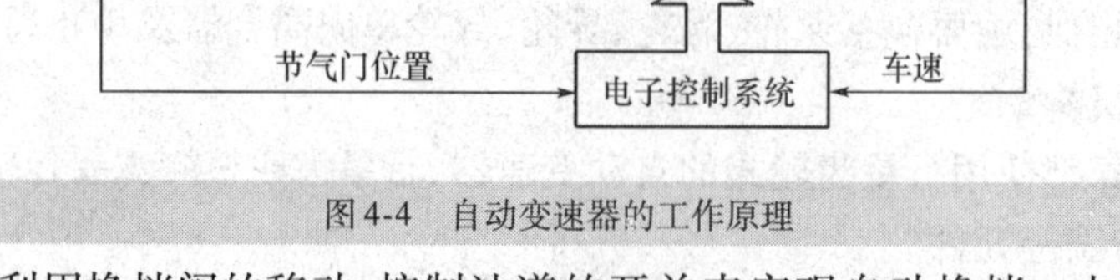

图 4-4 自动变速器的工作原理

自动变速器利用换挡阀的移动，控制油道的开关来实现自动换挡。电控自动变速器的换挡阀是一个电磁控制式油路流向控制阀，由阀体、阀芯、复位弹簧、油腔、进出油口等组成，如图 4-5 所示。

车辆行驶时，自动变速器的电子控制系统根据车辆行驶参数，确定行驶挡位。在低挡行驶时换挡电磁阀不通电，____________（打开/关闭）泄油口。换挡阀阀芯在复位弹簧的作

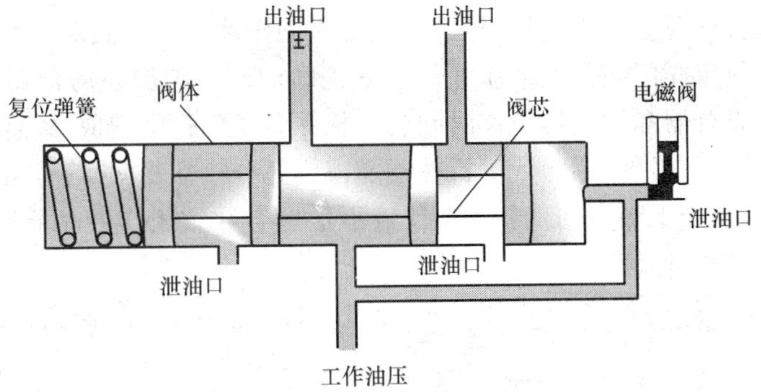

图 4-5 换挡阀

用下＿＿＿＿＿＿（右/左）移，关闭高速挡油路，同时打开低速挡油路，自动变速器工作于＿＿＿＿＿＿（低速/高速）挡，如图 4-6a）所示。

需要换入高速挡时，自动变速器电子控制系统控制换挡电磁阀通电，＿＿＿＿＿＿（打开/关闭）泄油口。换挡阀阀芯受到右侧油压的作用力向＿＿＿＿＿＿（右/左）移动，关闭低速挡油路，同时打开高速挡油路，自动变速器换入高速挡。如图 4-6b）所示。

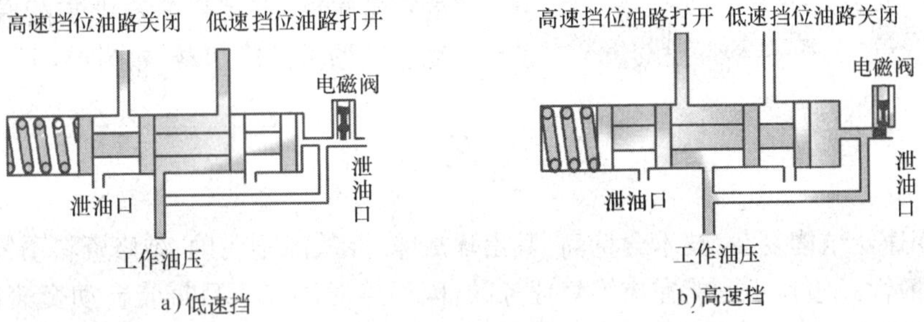

图 4-6 自动换挡原理

（六）自动变速器油液

自动变速器油液（简称 ATF）在自动变速器中起着极其重要的作用，在液力变矩器中 ATF 传递发动机动力，在液压系统中 ATF 输送工作液压力，另外 ATF 还具有自动变速器的润滑和冷却功能。

1. 自动变速器油液的选用

自动变速器的油液是含有特殊添加剂的混合液，自动变速器油液添加了多种化学添加剂，以保证油液的耐久性和综合性能。例如自动变速器添加清洁剂，帮助保持变速器部件的清洁，也添加分解剂，使杂质悬浮在油液中，便于滤清器过滤。所以自动变速器油液应选用车辆生产厂家规定的牌号和型号。

2. 自动变速器油液的液位

在自动变速器中，始终保持正确的液位至关重要，换言之，在自动变速器中应始终保持适量的自动变速器工作液。

1)低液位,工作液过少

如果液位太低,油泵会吸入空气,导致空气混入工作液。空气混入工作液会降低液压控制系统的液压,会导致阀门或其他液压元件的不正确动作。施加在离合器和制动器活塞上的液压将会过低,离合器和制动器工作时间会延长并会发生打滑现象,离合器和制动器使用寿命缩短并出现故障。另外,因为运动机件不能得到充分冷却和润滑,有可能因过热而发生运动机件被卡住以及产生噪声的现象。工作液不足也会导致工作液品质迅速降低,因为空气混入工作液会加速工作液氧化。

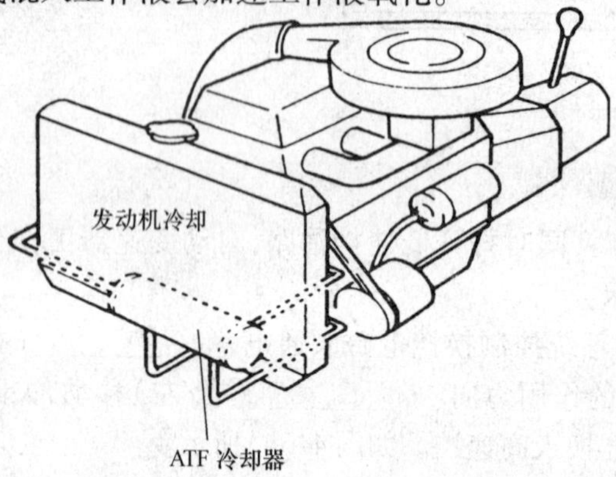

图 4-7　自动变速器的 ATF 冷却器

2)高液位,工作液过多

如果液位过高,行星齿轮和其他旋转部件部分浸在工作液中,会发生搅拌工作液现象,以致在工作液中产生气泡。如果这些气泡进入液压控制系统,液压控制系统的液压会下降,会导致在液压不足时产生各种问题。

3. 自动变速器油液的冷却

自动变速器油液温度升高会导致品质和性能的下降、使用寿命缩短。为了维持 ATF 的正常温度,自动变速器中装配有专门的自动变速器油液冷却器,如图 4-7 所示。

二、实 践 操 作

自动变速器结构复杂,技术含量高,其出现故障,在故障不明确、维修资料不健全的情况下,仅凭一般性经验是不可能完成维修任务的,因而绝对不能盲目拆装自动变速器,而应根据具体情况充分做好相关准备工作。

故障车辆进行维修作业之前,应先询问顾客,根据顾客描述的故障现象对车辆的故障做大致分析,粗略判断出车辆可能的故障部位和故障原因,然后对车辆进行基本检查、试车及必要的实验测试,若有必要,再将自动变速器从车辆上拆卸下来进行进一步检修作业。自动变速器的一般维修流程如图 4-8 所示。

(一)实践准备

在拆装、检测、维修自动变速器之前,应注意三个方面的准备工作,即安全操作准备、工具设备及维修资料的准备。

(1)丰田卡罗拉轿车一辆。

(2)常用工具。

(3)自动变速器解码器。

(4)干净的抹布。

(5)维修手册、工单。

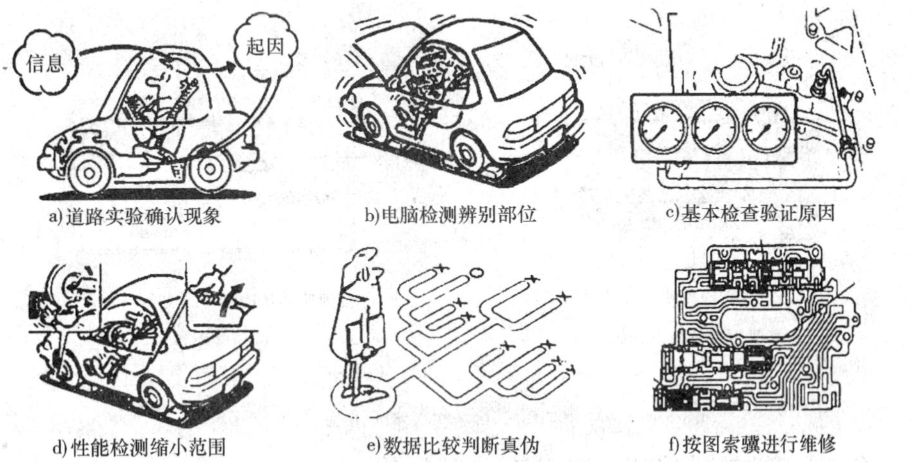

a)道路实验确认现象　b)电脑检测辨别部位　c)基本检查验证原因

d)性能检测缩小范围　e)数据比较判断真伪　f)按图索骥进行维修

图4-8　自动变速器的一般维修流程

(二)技术要求及注意事项

1. 注意事项

(1)正确选择和使用维修中需要的工具、量具。

(2)应保持手的清洁,防止工具在使用中脱落,不允许使用棉纱等易脱屑物接触自动变速器零件。

(3)不要将尖锐物放入口袋,以免扎伤自己或刮伤车辆。

(4)举升汽车时,正确选择支撑点,及时恰当地使用保险装置和采用保险措施。

(5)操作车间应保持地面清洁,不得有任何洒落物,消除事故隐患。

(6)维修过程中注意防火、防止意外事故的发生。

2. 技术参数

(1)丰田卡罗拉的自动变速器型号为A245E。

(2)丰田卡罗拉发动机的正常怠速转速在750~850r/min。

(3)车辆热车时要求发动机和传动桥的正常温度为70~80℃。

(三)自动变速器基本检查

1. 自动变速器的识别

自动变速器维修之前,应确认型号,以便于维修资料的查询和参数数据的确定,保证正确的诊断、拆卸、维修和安装工序以及选用正确的零部件,保证维修质量。

很多自动变速器壳体都有铭牌,如图4-9所示。铭牌标示有自动变速器的生产公司名称、型号、生产序号的代码等信息。

2. 自诊断检查

查看故障指示灯,通过自诊断系统判断自动变速器是否存在故障。若存在故障,使用故障诊断仪读取故障码，根据故障码的含义进行维修。

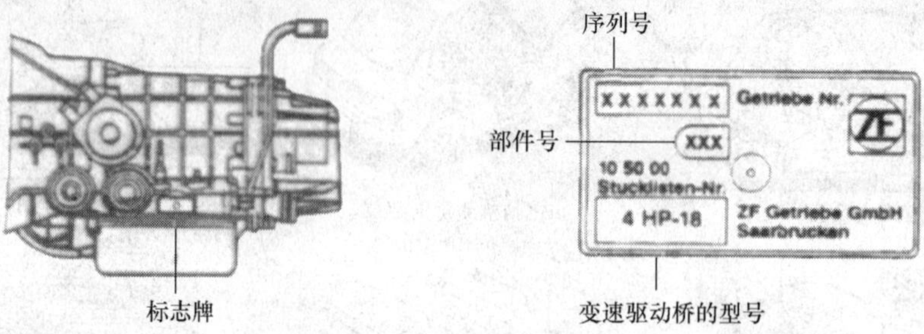

a) 变速驱动桥标志牌的位置　　b) 铭牌内容

图 4-9　自动变速器的铭牌

(1)将点火开关转到 OFF 位置，等待 5s 以上。

(2)将点火开关转到 ON 位置，但不起动发动机。

(3)观察仪表盘故障指示灯是否亮起。

(4)取消超速挡，检查超速挡指示灯是否闪烁。

小提示

维修时应特别注意，自动变速器发生故障时，不一定都产生故障码。故障码只是对一定范围的故障进行一种提示。维修人员不应该仅仅依赖故障码，而应综合分析故障。

3. 发动机怠速的检查

发动机怠速不正常，会导致自动变速器的工作出现异常。怠速过高，会引起自动变速器的换挡冲击、异响等故障。怠速过低，会引起自动变速器起步熄火或颤抖等故障。

发动机热车后，分别将选挡杆置于 P 挡或 N 挡，关闭空调及其他所有用电设备，待发动怠速稳定后，读取发动机转速表指示的转速。

4. 自动变速器油液的检查

1)油面高度检查

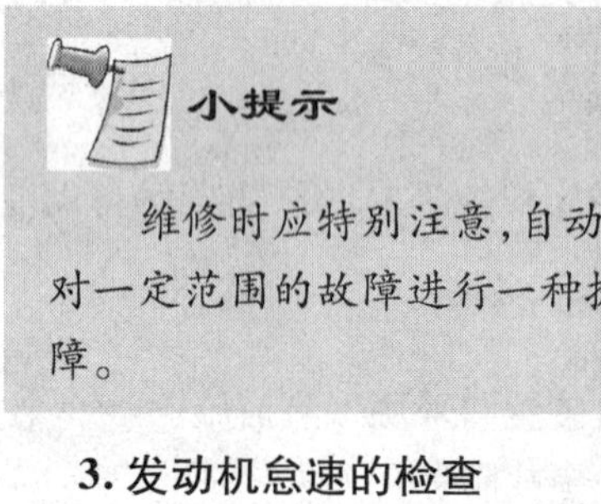

图 4-10　油面高度检查

(1)起动车辆，使发动机和传动桥达到正常工作温度(油液温度 70～80℃)。

(2)将车辆停于水平地面，拉起驻车制动器。

(3)在发动机怠速及制动踏板踩下的状态下，将选挡杆从 P 挡依次拨入各个挡位，然后拨回 P 挡。

(4)拉出油尺并擦拭干净，然后完全插回油尺导管。

(5)拉出油尺，检查油面是否在 HOT 位置，如图 4-10 所示。

小提示

宝马、大众、雪铁龙部分车型的自动变速器，检查液面的方式为溢油孔式。自动变速器的油底壳上有检查液面的装置，如图4-11所示。当液面加注适量时，ATF会从检查口溢出。

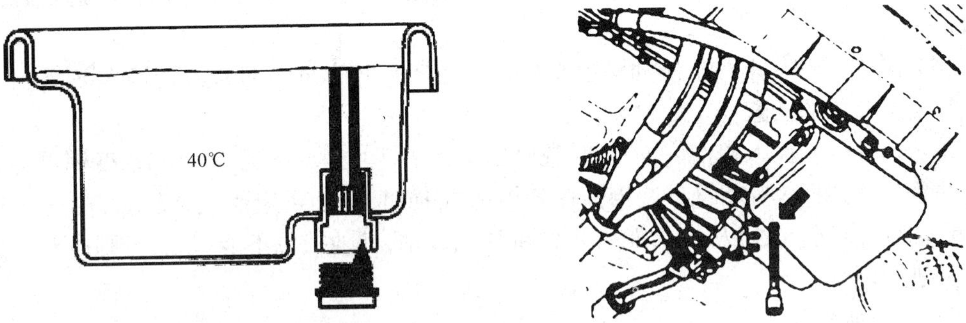

图4-11　溢油孔式检查油液油面

2）油质的检查

油质是分析自动变速器内部问题的重要依据，正常情况下的自动变速器油液（ATF）是红色或粉红色透明液体。如果油液的颜色、状态、气味、黏度发生了变化，说明自动变速器油液已经变质。表4-1列出了自动变速器常见的油液变质现象和故障原因。

自动变速器油液变质现象及故障原因　　表4-1

变质现象	故障原因
暗红色、烧焦味	过热破坏：①使用时间过长；②制动带过紧；③长期在重负荷下工作，摩擦片过度磨损；④装配间隙过小；⑤变矩器打滑；⑥散热器堵塞
牛奶状、芝麻糊	ATF进水，水箱中的水通过散热器进入，应彻底清洗
油液呈黑色、严重烧焦	摩擦片严重打滑、跳挡、不能换挡，应解体修理
油面误差太大	油中有气泡
磁铁上有金属碎末	金属零件磨损：轴承、离合器片、钢片、制动带、油泵、阀体柱塞等磨损
油底壳油液中有碎物	离合器活塞的密封圈老化、装配错误而被破损
油液中有摩擦片碎物	一般出现在刚刚修理的自动变速器中，没有浸泡45min即使用
油中有纤维状物	在修理中使用了易脱落的丝毛纤维物

5. 节气门拉索的检查

节气门的开度影响自动变速器的换挡时刻和换挡品质。发动机熄火后，节气门应全闭，当加速踏板踩到底时，节气门应全开。节气门拉索的索芯不应松弛，套索端和索芯上限位块之间的距离应在 0 ~ 1mm 之间。

6. 换挡操纵手柄位置检查

（1）车辆静止，未踩下制动踏板时，选挡杆应不能从 P 挡拨出；踩下制动踏板时，选挡杆应能够自由拨动。

（2）选挡杆在 P 挡和 N 挡时，发动机应能正常起动。

（3）将选挡杆分别拨入自动变速器各挡位，观察挡位指示灯的显示是否与选挡杆位置一致。

（4）车辆行驶时，未踩下制动踏板或车辆未完全停止时，选挡杆应不能拨入 R 挡。

7. 挡位开关的检查

将选挡杆分别拨入各挡位置，同时观察挡位指示灯的显示状况，以及自动变速器的工作状态是否与选挡杆位置相符。选挡杆在 P 挡和 N 挡时，发动机应能正常起动；在拨入 R 挡时，倒车灯应点亮。发动机应只能在 P 挡和 N 挡起动，其他挡位不能起动，否则应对空挡起动开关进行调整。

三、学 习 拓 展

1. 发动机起动前检查

参考维修手册完成检查内容并做好记录。

检查结果：自动变速器故障指示灯亮吗？____________________

2. 怠速检查

（1）在 P 挡时，发动机能够起动吗？____________________

（2）在 N 挡时，发动机能够起动吗？____________________

（3）在 D、2、L、R 等挡位时，发动机能够起动吗？____________________

想一想

空挡起动开关如果正常，发动机在各个挡位的起动情况。

（4）在 P 挡时，车辆能够移动吗？____________________

（5）在 N 挡时，车辆能够移动吗？____________________

3. 换挡冲击检查

（1）从 N 挡换到 R 挡时，冲击大吗？____________________

（2）从 N 挡换到 D 挡时，冲击大吗？____________________

想一想

能不能够检查到 N 挡换到 D、2 挡的换挡冲击？

四、评价与反馈

1. 自我评价与反馈

(1)你是否知道自动变速器的基本组成?(　　)

A. 知道　　B. 不知道

(2)你是否能够完成自动变速器进场的基本检查?(　　)

A. 能够完成　　B. 在小组协作下能够完成　　C. 不能完成

(3)你是否能够完成自动变速器的拆卸?(　　)

A. 能够完成　　B. 在小组协作下能够完成　　C. 不能完成

(4)完成了本学习任务后,你感觉困难的部分是哪些?

____

____

____

签名:________　________年________月________日

2. 小组评价与反馈

(1)你们小组在接到任务之后是否分工明确?________________

(2)你们小组每位组员都能轮换操作吗?________________

(3)遇到难题时你们分工协作吗?________________

(4)对于小组其他成员有何建议?________________

参与评价的同学签名:________　________年________月________日

3. 教师评价及回复

____

____

____

教师签名:________　________年________月________日

五、技能考核标准

序号	项目	操作内容	规定分	评分标准	得分
1	准备	清点工具、量具 清理工位	5分	酌情扣分	
2	型号识别	举升车辆 查找自动变速器铭牌,记录铭牌信息 确定自动变速器型号	5分 2分 3分	操作不当扣1~5分 结果不对扣1~2分 结果不对扣1~3分	

续上表

序号	项目	操作内容	规定分	评分标准	得分
3	自诊断检查	选挡杆拨入P挡 将点火开关转到ON位置,不起动发动机 确定故障指示灯是否闪烁	1分 2分 2分	操作不当扣1分 操作不当扣1~2分 结果不对扣1~2分	
4	发动机怠速检查	起动发动机 选挡杆拨入P挡或N挡 关闭其他用电设备 发动机怠速稳定后,记录发动机转速 判断发动机怠速是否正常	1分 1分 2分 4分 2分	操作不当扣1分 操作不当扣1分 操作不当扣1~2分 漏检扣1~4分 结果不对扣2分	
5	油液液面检查	起动车辆使发动机达到正常工作温度 将车辆置于水平,拉起驻车制动器 将选挡杆从P挡依次拨入各个挡位,然后拨回P挡 拉出油尺擦拭干净,然后完全插回油尺导管 拉出油尺,检查油面是否在HOT位置	5分 5分 5分 5分 5分	操作不当扣1~5分 操作不当扣1~5分 操作不当扣1~5分 操作不当扣1~5分 结果不对扣5分	
6	节气门拉索的检查	发动机熄火后,节气门是否全闭 加速踏板踩到底时,节气门是否全开	2分 3分	漏检扣1~2分 结果不对扣3分	
7	挡位开关的检查	选挡杆拨入P挡或N挡时,发动机能否正常起动 选挡杆拨入其他位置时,发动机是否能起动 将选挡杆分别拨入自动变速器各挡位,观察挡位指示灯的显示是否与选挡杆位置一致 判断挡位开关工作是否正常	5分 5分 5分 5分	漏一项扣1~5分 检查不当扣1~5分 检查不当扣1~5分 结果不对扣1~5分	
8	时间	40min	5分	超时1~10min扣1~5分 超时10min以上扣5分	
9	安全文明	无安全隐患,无不文明操作	5分	未达标扣1~5分	
10	结束	工具、量具清洁并归位 工作场地清洁	5分 5分	漏一项扣1分,未做扣5分 清洁不彻底扣1~5分,未做扣5分	
		总分	100分		

学习任务五　自动变速器液力变矩器的检修

任务要求

完成本学习任务后，你应：

1. 掌握液力变矩器的组成及作用；
2. 了解液力变矩器的工作过程；
3. 掌握锁止离合器的功能和控制方法；
4. 能够通过查阅资料获取液力变矩器的检修和更换方法；
5. 能够在教师指导下，按照工单要求完成液力变矩器的检查和更换。

建议学时:5 学时

任务描述

丰田卡罗拉轿车，出现起动困难，发动机加速性能不好且燃油消耗增加的故障。路试发现，发动机转速表与车速表上升速度不对应。分析该车故障原因，是液力变矩器故障，需检修。

一、理论知识准备

想一想

为什么装配自动变速器的车辆在短暂停车时不需要换入空挡，而是直接踩下制动踏板？

（一）概述

液力变矩器是一种以工作液流动传递动力和转矩的装置，可以平稳地把发动机的动力传递到变速器，并且允许发动机与变速器之间有一定范围的无级变速和滑转。液力变矩器安装于发动机飞轮上，位于自动变速器的最前端，如图 5-1 所示。

(二)液力变矩器的组成

液力变矩器由泵轮、涡轮、导轮、单向离合器和壳体组成。泵轮和涡轮的形状就像一个圆环的两半,有从中心向外径向辐射状的叶片。泵轮由发动机飞轮驱动,涡轮与变速器输入轴连接,导轮由单向离合器及导轮轴与变速器壳体固定,所有这些部件全部安装于变矩器壳体内,变矩器内充满油泵提供的自动变速器液。变速器油液被泵轮甩出,成为一股强大油流,推动变矩器涡轮转动,如图 5-2 所示。

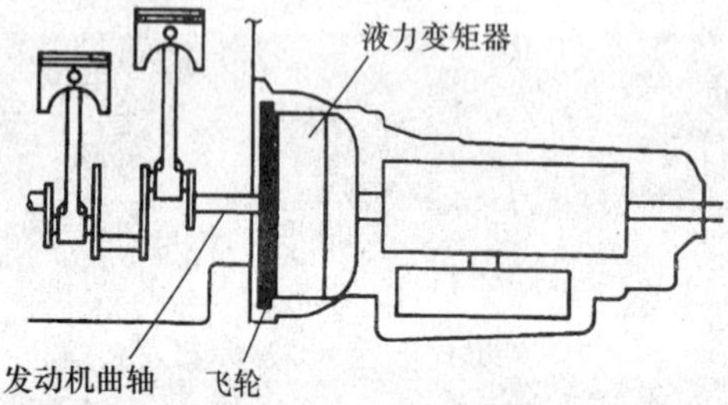

图 5-1　液力变矩器的安装位置

图 5-2　液力变矩器的组成

(三)液力变矩器的工作原理

为了容易理解液力变矩器的工作原理,先省去导轮和单向离合器,只分析泵轮和涡轮的情况,即液力耦合器的工作原理。

1. 液力耦合器

液力耦合器由壳体、泵轮和涡轮组成,如图 5-3 所示。壳体是密封的并且充满了工作油液,泵轮直接连接在外壳上,转动时带动油液,运动的油液冲击涡轮叶片,使涡轮转动,把动力传入变速器,如图 5-3 所示。

2. 液力耦合器的工作原理

流体传递动力的方法如图 5-4 所示,将两只风扇面对面摆放,将 A 风扇插上电源, B 风扇静止。当 A 风扇回转时,产生的气流经空气传递,气流冲击 B 风扇叶片,B 风扇将会随着 A 风扇一起回转。由此可知,动力的传送并非只靠固体的刚性连接才能传送动力,气流也可担任传送动力的媒介。

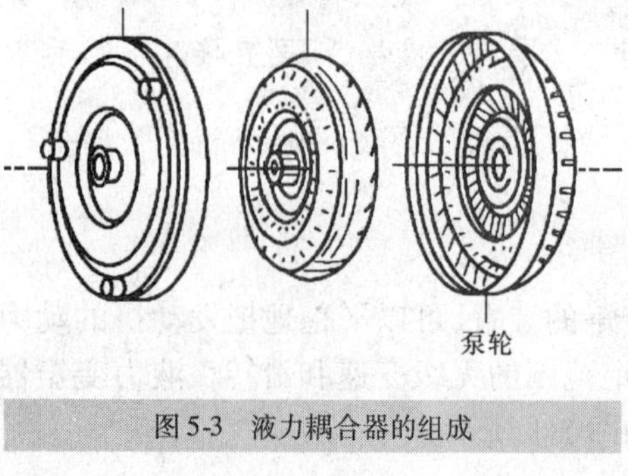

图 5-3　液力耦合器的组成

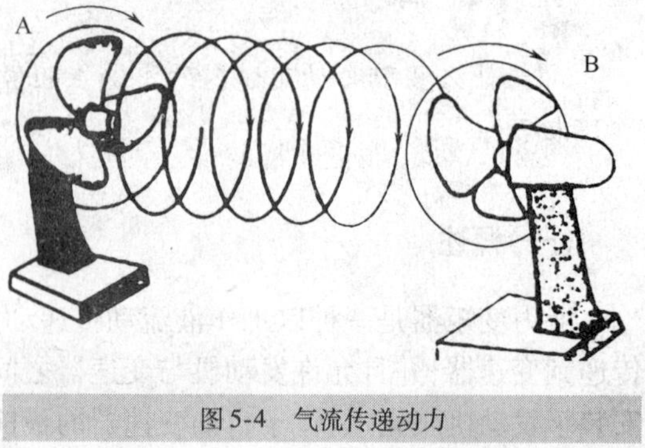

图 5-4　气流传递动力

想一想

气流传递动力的效率低，如果换成液流效率会不会提高呢？

液力耦合器的工作原理正是如此，耦合器中泵轮相当于电扇A，涡轮相当于电扇B，不同的是耦合器中以液流传递动力，以自动变速器油液为介质，而不是以空气为介质。

当泵轮被发动机驱动盘驱动时，泵轮里的变速器油液就随同泵轮以相同方向转动。当泵轮转速加快时，离心力的作用使油液沿叶片表面从泵轮内表面离开泵心向外流动，进而被甩出泵轮。油液冲击涡轮叶片，使涡轮随泵轮一起转动。工作液在涡轮叶片上释放能量后，再沿着涡轮叶片流入涡轮中心，涡轮叶片的曲面使工作液改变方向，回流入泵轮，开始下一传动循环，如图5-5所示。

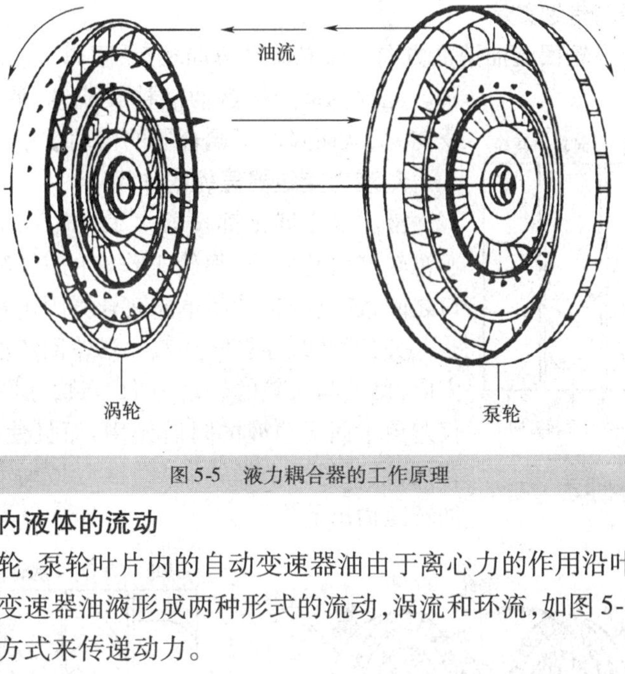

图5-5　液力耦合器的工作原理

3. 液力耦合器内液体的流动

发动机带动泵轮，泵轮叶片内的自动变速器油由于离心力的作用沿叶片外侧射出，流向涡轮。也就是自动变速器油液形成两种形式的流动，涡流和环流，如图5-6所示。两种运动以螺旋状旋转流动方式来传递动力。

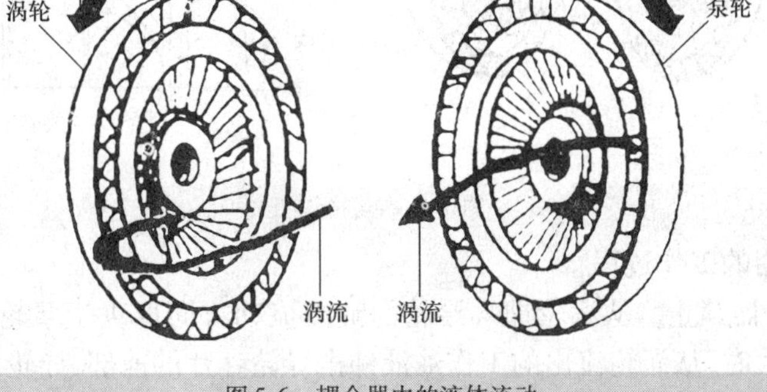

图5-6　耦合器内的液体流动

泵轮与涡轮之间形成的环流在中心部分产生紊流,造成动力损失。为消除这一损失,泵轮和涡轮的中央部分做成空心,称为导环,如图 5-7 所示。

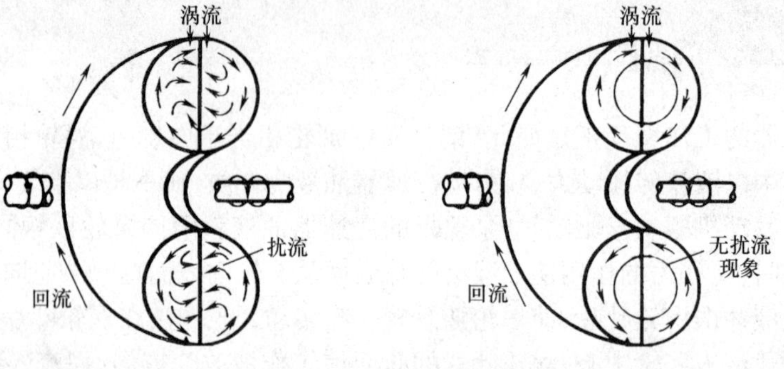

图 5-7 导环的作用

4. 液力耦合器的传递效率

液力耦合器中涡轮回流油液的方向与泵轮旋转方向相反,阻碍泵轮的回转,如图 5-8 所示。此种自动变速器油液持续流动,使得泵轮受到一定的反向力,从而降低了耦合器的传动效率。

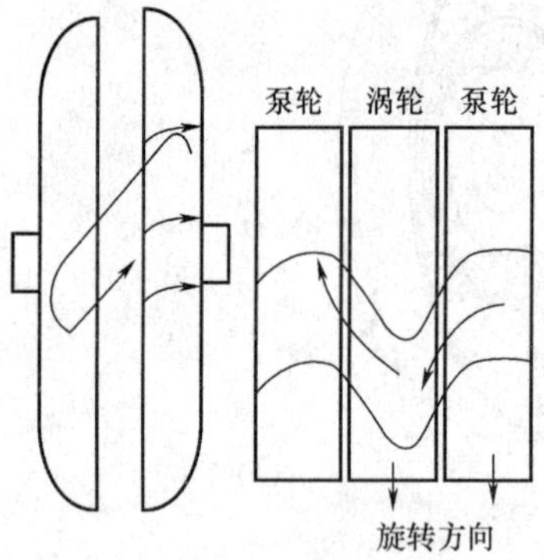

图 5-8 涡轮回流油液的方向

5. 液力变矩器导轮的作用

液力变矩器比耦合器多了导轮和单项离合器,导轮位于泵轮与涡轮之间,涡轮工作液的出口和泵轮工作液的进口之间,通过导轮轴和单向离合器固定在变速器壳体上。

分析可知,导轮叶片截住涡轮回流的油液,并改变流动方向,使其与泵轮的转动方向一致,如图 5-9 所示。这样不仅避免了回流油液的阻碍作用,而且使其冲击泵轮的叶片背部,给泵轮一个额外的"助推力",增大泵轮转矩,起到增加转矩输出的作用。

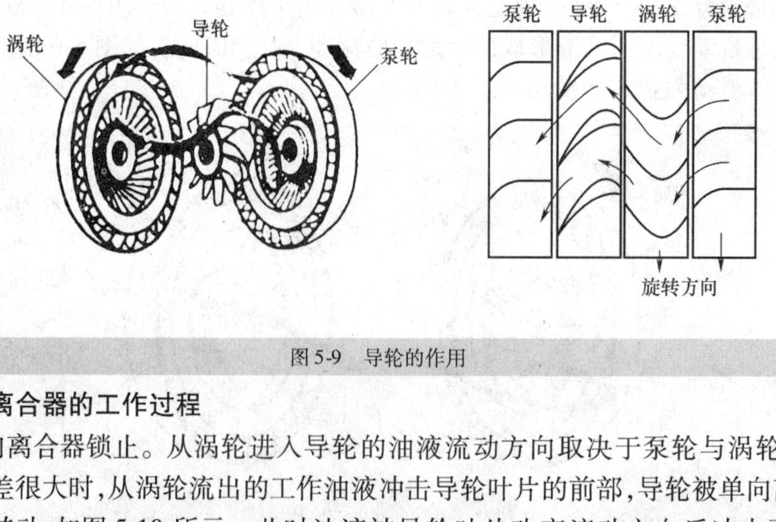

图 5-9 导轮的作用

6. 单向离合器的工作过程

(1)单向离合器锁止。从涡轮进入导轮的油液流动方向取决于泵轮与涡轮的转速差。当这一转速差很大时,从涡轮流出的工作油液冲击导轮叶片的前部,导轮被单向离合器锁止而不能逆向转动,如图 5-10 所示。此时油液被导轮叶片改变流动方向后冲击泵轮叶片背面，推动泵轮转动，实现了增矩作用，也称作液力变矩器的变矩工作状态。车辆起步和加速时，液力变矩器多处于此种工作状态。

(2)单向离合器自由转动。当涡轮转速与泵轮转速接近时，从涡轮流出的工作油液冲击导轮叶片的背面，使导轮在单向离合器上转动，这样工作液便直接由涡轮回流，冲击泵轮的背面，如图 5-11 所示。此时单向离合器已不起作用，即变矩器相当于耦合器在工作，也称作耦合工作状态。车辆在高速行驶时，液力变矩器多处于此种工作状态。

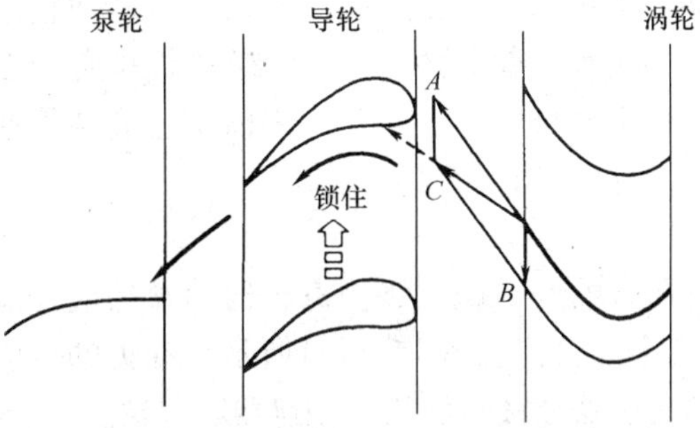

图 5-10　单向离合器的锁止状态

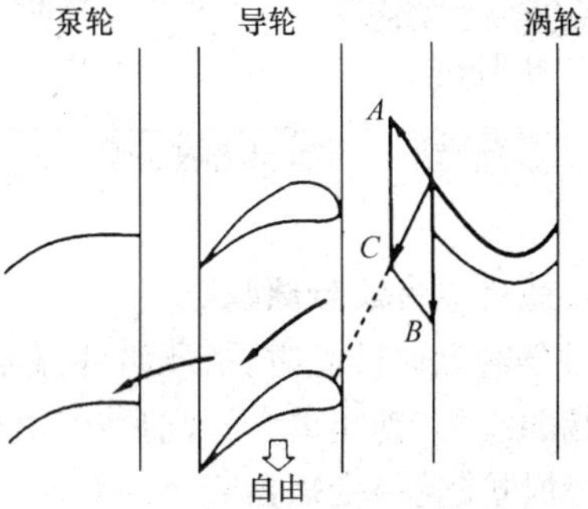

图 5-11　单向离合器的自由转动

综上所述，当涡轮转速低时，油液抛向导轮正面，导轮固定不动，此时液力变矩器有变矩功能，涡轮输出力矩增加。当涡轮转速高时，油液自涡轮掷向导轮叶片的背面，此时导轮会自由转动，不增加转矩，液力变矩器处于耦合工作状态。

(四)综合式液力变矩器

综合式液力变矩器是在液力变矩器基础上发展出来的，较之液力变矩器增加了锁止离合器部分，如图 5-12 所示。

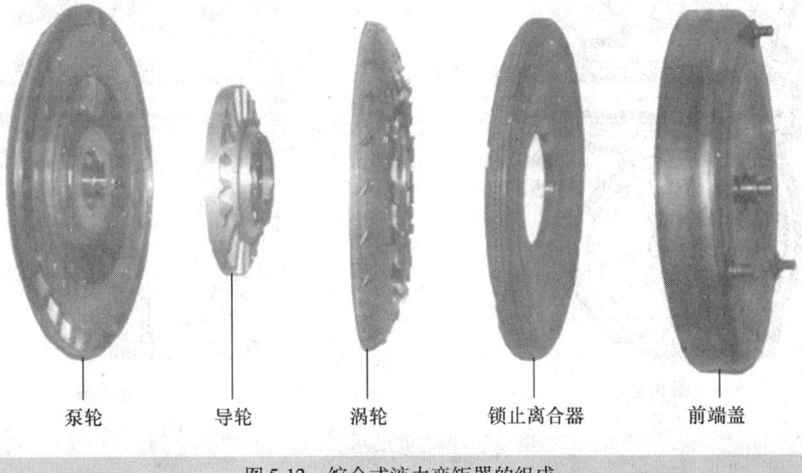

图 5-12　综合式液力变矩器的组成

液力变矩器在低速有增矩的作用，而高速达到耦合工作状态之后没有增矩效果。由于油液内部的摩擦会造成一定的损失，并且泵轮和涡轮之间也有转矩损失，这样就导致液力变矩器传动效率不高。为了提高液力变矩器的传递效率，改善变矩器在高速工况下的效率，降低燃油消耗，一般在液力变矩器中都加装了锁止离合器。当液力变矩器处于耦合工作状态时，锁止离合器能够使用机械的方式直接连接泵轮和涡轮，以便将发动机功率100%地传递给变速器。

a) 减振盘　　b)摩擦片

图 5-13　锁止离合器的结构

锁止离合器装在涡轮鼓上，涡轮的前端。减振弹簧在离合器接合时，吸收扭力，防止产生转动。在变矩器壳体或变矩器锁止活塞上黏有一种摩擦材料（与制动器和离合盘的摩擦材料为同一类型），用以防止离合器接合时打滑，如图 5-13 所示。

1. 锁止离合器分离状态

当车辆低速行驶时，加压液体流至锁止离合器的前端。锁止离合器前端的液体压力大于后端的压力，锁止离合器向后运动，锁止离合器分离，如图 5-14a）所示。动力的传输路线为：发动机飞轮→变矩器壳体→泵轮→自动变速器油液→涡轮→变速器输入轴。

2. 锁止离合器锁止状态

当车辆以中速至高速行驶时，自动变速器油液流至锁止离合器的后端。锁止离合器受到油液挤压向前移动，从而使锁止离合器和前盖一起转动，锁止离合器锁止，如图 5-14b）所示。此时的动力传输路线为：发动机飞轮→变矩器壳体→锁止离合器→涡轮→变速器输入轴。

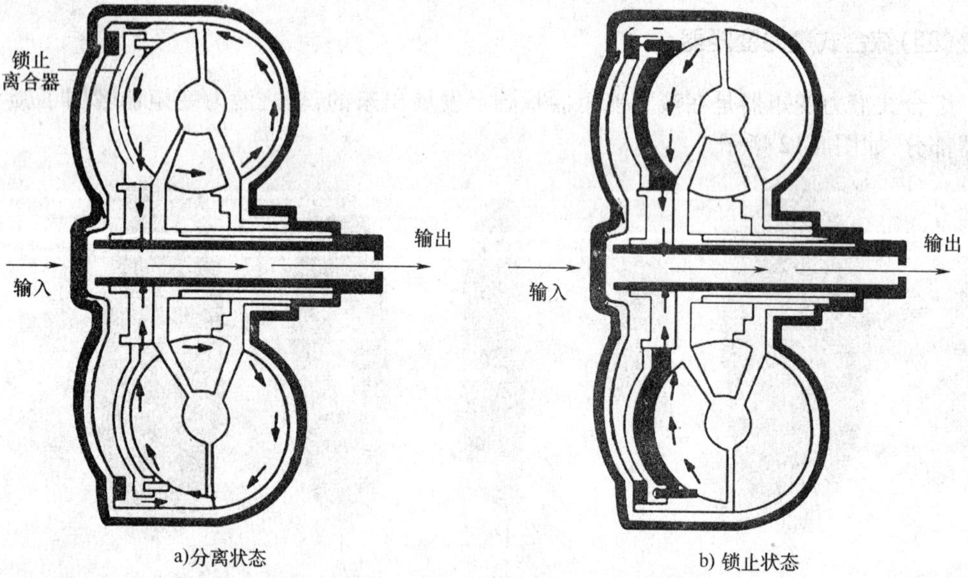

a)分离状态　　b) 锁止状态

图 5-14　锁止离合器的工作过程

（五）液力变矩器的工作过程

液力变矩器在车辆行驶中，处于何种工作状态取决于泵轮和涡轮的转速差。各工作过程情况如下所示：

(1)车辆静止，发动机怠速时，由于车辆静止，涡轮的转速为零而液力变矩器输出转矩最大。

(2)车辆起步和加速时，泵轮和涡轮转速差很大，液力变矩器处于变矩工作状态，涡轮回流油液冲击导轮____________(正面/背面)，导轮被单项离合器锁止，锁止离合器处于分离状态。

(3)车辆高速行驶时，泵轮和涡轮转速差很小，液力变矩器处于耦合器工作状态，涡轮回流油液冲击导轮____________(正面/背面)，导轮自由转动，锁止离合器处于锁止状态。

(4)车辆制动和减速时，涡轮转速下降，使得泵轮和涡轮转速差增大，液力变矩器处于变矩工作状态，涡轮回流油液冲击导轮____________(正面/背面)，导轮被单项离合器锁止，锁止离合器处于未锁止状态。

二、实践操作

小提示

一般的维修厂，只能对液力变矩器进行清洗、检查工作，液力变矩器的翻新和维修需要大量专业设备及高度的维修工艺。通常液力变矩器的翻新和维修由专业维修厂来进行。

(一)实践准备

(1)装配自动变速器的车辆一台。

(2)丰田卡罗拉自动变速器一台。

(3)百分表、磁力表座一套。

(4)常用工具、常用量具、干净的抹布。

(5)维修手册、工单。

(二)技术要求及注意事项(07款丰田卡罗拉的自动变速器)

(1)排出液力变矩器冷却器内的ATF时，从进油管喷入压缩空气的压力为196kPa。

(2)驱动盘的跳动为0.25mm，驱动盘紧固力矩为64N·m。

(3)涡轮轴轴向间隙大于0.08mm。

(4)传动桥装配面到驱动盘装配面和液力变矩器装配面的距离之差为16nm。

(三)液力变矩器的检修

液力变矩器的外壳都是采用焊接式的整体结构，不可轻易分解。由于内部除了导轮的单向超越离合器和锁止离合器压盘之外，没有互相接触的零件，因此在使用中很少出现故障。液力变矩器的检修工作主要是清洗和检查,维修由专业维修厂来进行。

1. 液力变矩器的检修

1)如果出现下列情形,更换液力变矩器

(1)失速测试或者当换挡杆处于空挡位置时,从液力变矩器听到任何金属声。

(2)单向离合器在两个方向均可转动或者都不能转动。

(3)ATF 中细粉末超过样本中的规格值。样本为从拆下的液力变矩器中提取的约 0.25L ATF,标准规格如图 5-15 所示。

小提示

油液形成的圆环半径为 50mm。

2)更换液力变矩器中的自动变速器油液(ATF)

如果 ATF 已经变色或脏臭,应更换液力变矩器中的自动变速器油液(ATF)。充分搅动液力变矩中的 ATF,然后将液力变矩器安装面朝上,排出 ATF。

3)清洗并检查 ATF 冷却器和油管

如果液力变矩器已经检查或者 ATF 已经更换,应清洗 ATF 冷却器和油管。

(1)从进油管喷入压力为 196kPa 的压缩空气,吹出冷却器和油管内的 ATF,如图 5-16 所示。

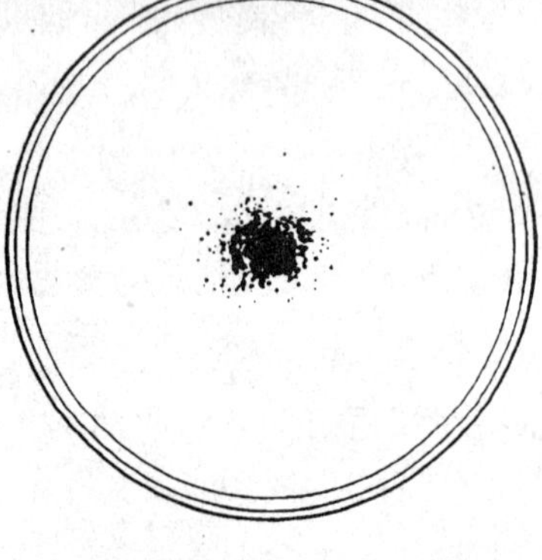

图 5-15　ATF 的检查

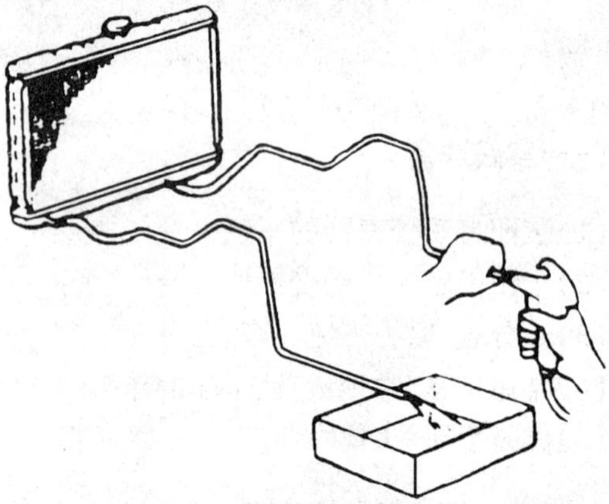

图 5-16　清除冷却器及油管内的 ATF

(2)如果发现 ATF 中有大量的细粉末,使用加油枪加注 ATF ,再次进行清洗。

(3)如果 ATF 浑浊,检查 ATF 冷却器。

4)目视检查

(1)检查液力变矩器的外部有无损坏和裂纹,是否由于油温高而导致外表发蓝,是否有明显的高温烧灼现象。

(2)检查液力变矩器的连接螺栓,如有损坏,则予以更换。

(3)检查液力变矩器的传动毂是否光滑,如果毂磨损,则仔细检查油泵驱动部分,必要时更换液力变矩器，毂表面轻度的擦痕或损伤可以用细砂布磨光。

5）检查驱动盘和齿圈

（1）检查飞轮及挠性板是否翘曲，是否有裂纹。

（2）检查起动齿圈有无变形、损坏。

（3）如图 5-17 所示，安装一个百分表测量驱动盘的跳动，最大跳动不超过 0.25mm。

你测得的值为____________mm。

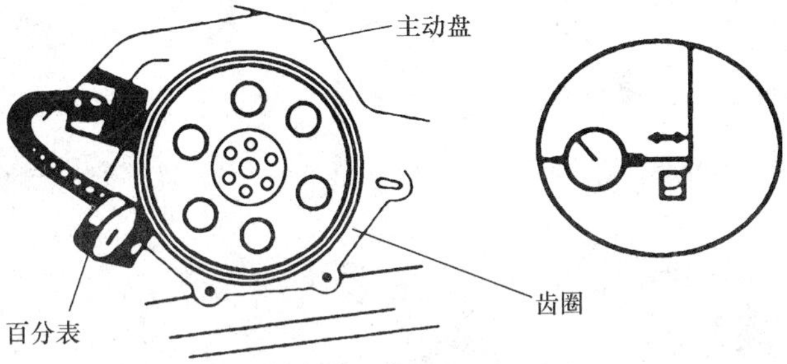

图 5-17　测量驱动盘的跳动

（4）如果跳动不是在规定范围之内或齿圈已损坏，更换驱动盘。驱动盘紧固力矩为 64N · m。

6）轴套径向圆跳动量的检查

（1）把液力变矩器安装在驱动盘上，安装百分表测量液力变矩器轴套的径向圆跳动，如图 5-18 所示，最大径向圆跳动为 0.20mm。你测得的值为____________mm。如果径向圆跳动不在规定范围之内，重新调整安装方向加以更正。

小提示

拆下液力变矩器时，标记好液力变矩器的位置以确保后面正确安装。

（2）如遇到后凸缘表面磨损、接缝或焊缝处漏油、传动毂松动、传动毂肩磨损或毂的径向圆跳动过大等情况，测量时至少要选取三个测量点。

7）液力变矩器涡轮轴的轴向间隙的检查

涡轮轴的轴向间隙是指涡轮前后间隙量。如果间隙值不准确，会导致液力变矩器内部元件的运动干涉。将百分表固定在液力变矩器壳体上，使表头在涡轮轴上方，测量涡轮轴的轴向间隙，如图 5-19 所示。如果涡轮轴的轴向间隙大于 0.08mm ，则更换液力变矩器。

8）导轮单向离合器的检查

导轮是起增矩作用的重要元件，如果不能实现单向锁止，将对汽车整车的动力性能产生很大影响，必须仔细检查导轮单向离合器的工作情况。

对于已拆下的液力变矩器，可用两个手指伸入滚子离合器花键内圈，并试着在两个方向上转动内圈，以此检查导轮滚子离合器，内圈应能顺时针自由转动，而逆时针不能转动或转动困难。如有条件，需用专用工具检查单向离合器是否顺时针转动自如、逆时针锁止，如图 5-20所示。

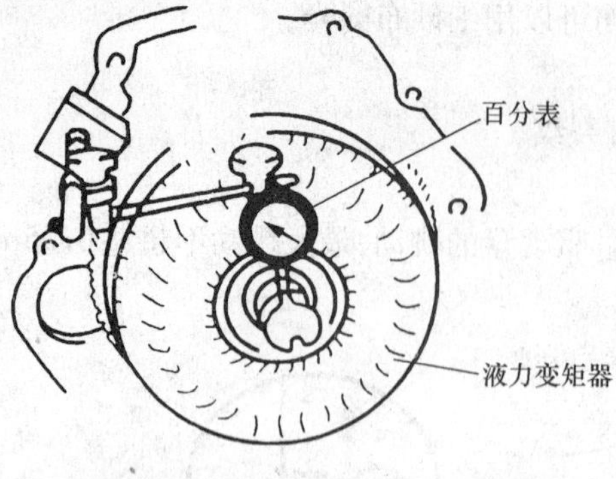

图 5-18　测量液力变矩器轴套的径向圆跳动

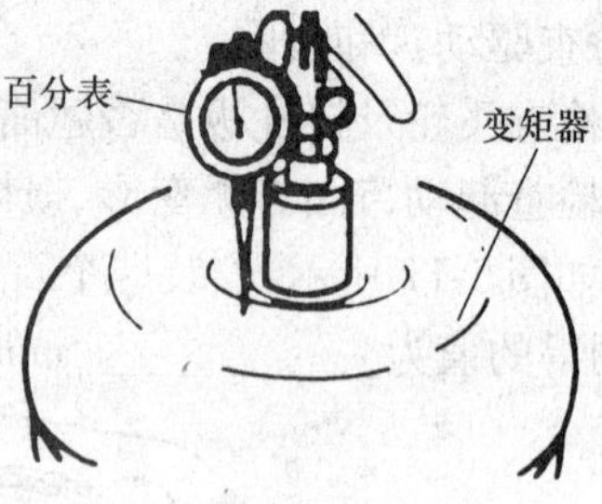

图 5-19　检查涡轮轴的轴向间隙

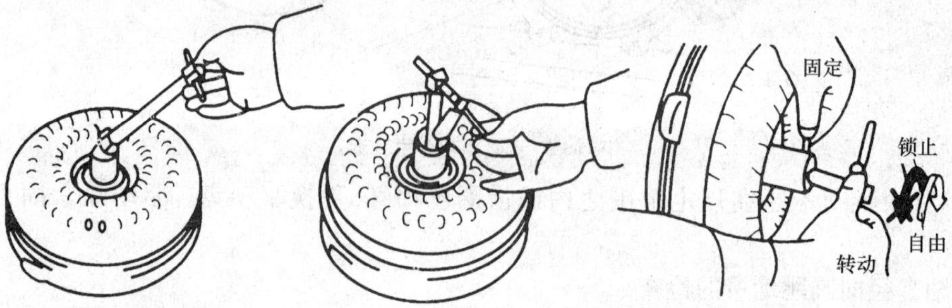

图 5-20　检查导轮的单向离合器

小提示

变速器装车后，在发动机性能正常的情况下，汽车从静止到起步的加速性较差，车速在 30 ~ 35km/h 以后表现正常，可能是变矩器导轮的单向离合器损坏。

9）检查内部干涉

液力变矩器内部的泵轮、导轮和涡轮之间应该是相互独立运动的，如有相互碰撞和干涉将产生噪声，并可能损坏变矩器。当然噪声也可能是泵轮、导轮和涡轮中某叶片脱焊造成的，同时也会造成动力性变差和 ATF 的脉动声。放置时，应将变矩器油泵驱动轴侧朝下。

10）锁止离合器的检查

摩擦材料和锁止功能的检查是非常重要的。如果液力变矩器倒出的 ATF 中有大量磨损材料脱落和金属残渣，可能是锁止离合器中摩擦片磨损过量导致的。锁止离合器安装在液力变矩器的内部，只有解体时才能进行彻底的直观检查。一般建议送到专业的自动变速器修理厂进行修理或更换变矩器总成。

11）清洗

有两种方法可以清洗液力变矩器。

第一种方法，将变矩器壳切割成两半，然后清洗部件。检查它们是否磨损，并更换磨损或断裂的部件，然后再将变矩器壳焊在一起做动平衡测试（专业的自动变速器修理厂）。

第二种方法，用专用清洗机清洗液力变矩器。将液力变矩器安装在清洗机的固定架上，清洗机用加压的清洗剂对液力变矩器进行冲洗，清洗机的驱动装置在冲洗的同时还驱动变矩器涡轮。清洗工作需要 15 min，可冲洗掉绝大多数的金属颗粒，完毕后将洗净的液力变矩器从清洗机上拆下，从放油螺栓孔放出残存的清洗剂。

没有条件的情况下也可以手动清洗，步骤如下：

(1)倒出变矩器中残留的自动变速器 ATF。

(2)向变矩器内加入 2L 干净的自动变速器 ATF，摇动变矩器，清洗内部，然后将自动变速器 ATF 倒出。

(3)再次向变矩器内加入 2L 干净的自动变速器 ATF，清洗后倒出。

2. 液力变矩器的安装

1)液力变矩器的安装位置

如图 5-21 所示，用游标卡尺测量传动桥装配面与驱动盘装配面的距离 *A*。如图 5-22 所示，用游标卡尺和直尺测量尺寸 *B*，尺寸 *B* 应大于 *A* 值 16mm 以上。

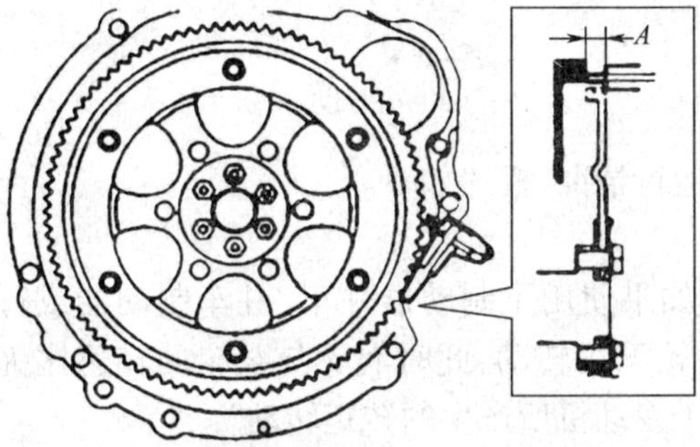

图 5-21　传动桥装配面与驱动盘装配面的距离 *A*

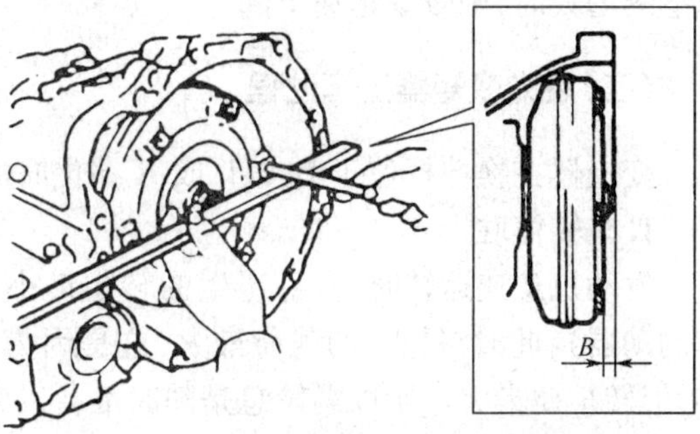

图 5-22　用游标卡尺和直尺测量尺寸 *B*

2)防止液力变矩器变形和油泵齿轮损坏

(1)当在液力变矩器的螺栓或螺栓孔中，发现任何相互阻滞的迹象，更换螺栓和液力变矩器，如图 5-23所示。

(2)所有的螺栓应具有相同的长度。

(3)绝不能丢失弹簧垫圈。

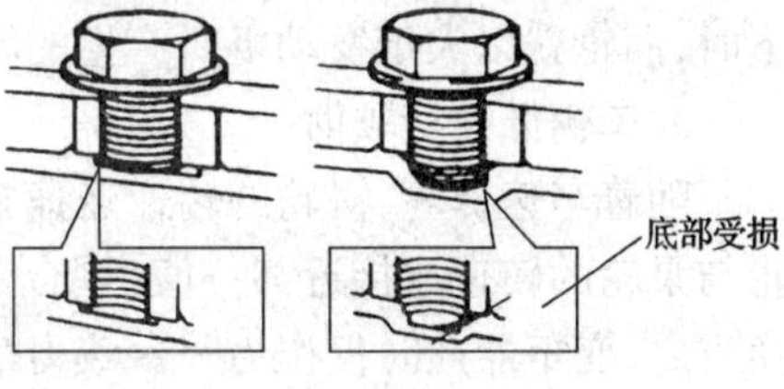

图 5-23　检查螺栓和螺栓孔

三、学习拓展

(一)液力变矩器传递效率曲线

液力变矩器的力矩曲线图如图 5-24 所示，当涡轮静止时，力矩可增至 2.6，在接合点时，仅能将发动机力矩比最高以 1 输出。

$$力矩比=\frac{涡轮输出力矩}{泵轮输出力矩}$$

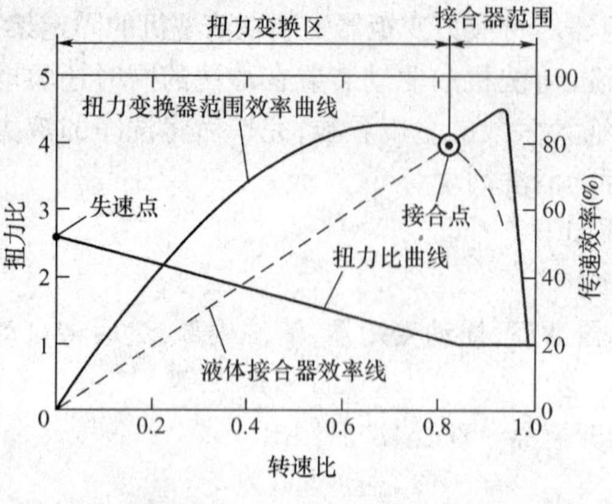

图 5-24　液力变矩器的效率曲线图

$$转速比 = \frac{涡轮转速}{泵轮转速}$$

$$传动效率 = 力矩比 \times 转速比 \times 100\%$$

(1)失速点，当涡轮静止时，泵轮所能达到的最高转速，此时转速比为零，受到的力矩最大，液力变矩器的效率为0。

(2)转速比增加，涡轮的转速增加，在0.6～0.75时，液力变矩器的效率最高。

(3)耦合点，在转速比约为0.82时，导轮开始回转，液力变矩器的力矩比为1。

(4)转速比再增大，改变液力耦合器的曲线，至转速比约0.94时，传递效率最高。若转速继续增大时，则效率迅速下降。

(二)液力变矩器工作过程

变矩器在换挡杆位于D、2、L或R挡位时的运行情况，概述如下。

1. 车辆停驻

发动机怠速运转时，自身产生的转矩最小。如果使用了制动器驻车(驻车制动器或行车制动器)，此时涡轮上的载荷最大，这是因为涡轮无法转动，此时涡轮与泵轮的转速比为零，但转矩比最大。所以涡轮总是随时准备以大于发动机所产生的转矩转动。

2. 车辆起步时

车辆起步，当制动器松开时，涡轮就能与变速器输入轴一起转动。所以，在加速踏板踩下时，涡轮就以大于发动机所产生的转矩转动，于是车辆开始前进。

3. 车辆低速行驶时

随着车速提高，涡轮的转速迅速接近泵轮的转速。从而转矩比也迅速接近1.0。当涡轮与泵轮的转速比接近某一值(耦合器工作点)时，导轮开始转动，转矩成倍放大效应下降。换言之，变矩器此时仅作为一台液力耦合器运作。所以，车速几乎与发动机转速成正比地直线上升。

4. 车辆以中、高速匀速行驶时

这时，变矩器仅仅起到一台液力耦合器的作用。涡轮以与泵轮几乎一样的转速转动。

小提示

在车辆正常起动的过程中，变矩器在发动机发动以后很快就能达到耦合点。但是如果载荷太大，即使车辆中、高速行驶，变矩器也有可能在变矩区运作。

(三)液力变矩器更换

液力变矩器安装前应保证

(1)壳体定位销:应齐全、不变形、无挤伤。

你装配的变矩器壳体定位销情况____。

(2)支架、支撑缓冲胶;应无断裂、变形,无松动,无反装。

你装配的变矩器支架、支撑缓冲胶情况________________________________。

(3)驱动盘:螺纹完好。

(4)散热油管的状况____。

安装液力变矩器之前,密封环上必须涂少量__________,使用其他润滑材料会导致液压控制系统的功能故障。

更换或重新装配液力变矩器时,密封环__________(必须/不需要)更换。

将液力变矩器安装在发动机飞轮上,用千分表检查变矩器轴套的偏摆量,如果在飞轮旋转一周的过程中,径向摆动量大于__________,应采取转换一个角度重新安装,予以校正,并在校正后的位置上做记号,以保证安装正确。若无法校正,需更换液力变矩器。

你所测量得到的径向摆动量数值是__________,根据这个数值该液力变矩器是否需要更换__________。

小提示

安装液力变矩器时,在变速器与发动机对接的过程中,千万不可晃动过大,以防止变矩器错位而造成结合杆及自动变速器油泵损坏。在拧紧连接螺栓前,务必保证变矩器能轻松转动。

四、评价与反馈

1. 自我评价与反馈

(1)你是否知道液力变矩器的基本组成?(　　)

A. 知道　　B. 不知道

(2)你是否能够完成液力变矩器的基本检查?(　　)

A. 能够完成　　B. 在小组协作下能够完成　　C. 不能完成

(3)你是否能够完成液力变矩器的拆卸?(　　)

A. 能够完成　　B. 在小组协作下能够完成　　C. 不能完成

(4)完成了本学习任务后,你感觉困难的部分是哪些?

____

____

____

签名:________ ________年________月________日

2. 小组评价与反馈

(1)你们小组在接到任务之后是否分工明确?________

(2)你们小组每位组员都能轮换操作吗?________

(3)遇到难题时你们分工协作吗?________

(4)对于小组其他成员有何建议?________

参与评价的同学签名:________ ________年________月________日

3. 教师评价及回复

____

____

____

教师签名:________ ________年________月________日

五、技能考核标准

序号	项目	操作内容	规定分	评分标准	得分
1	准备	清点工具、量具 清理工位	5分	酌情扣分	
2	测定液力变矩器的状况	检查失速测试或者当换挡杆处于空挡位置时从液力变矩器听到任何金属声 检查单向离合器 检查ATF中细粉末是否超过规格值	5分 5分 5分	操作不当扣1~5分 检查不当1~5分 检查不当1~5分	
3	清洗并检查油冷动器和油管	从进油管喷入压缩空气,吹出冷却器和油管内的ATF 判断是否需要再次进行清洗	3分 2分	操作不当扣1~3分 未检测扣2分	
4	目视检查	检查液力变矩器的外部有无损坏、裂纹、发蓝、高温烧灼现象 检查液力变矩器的连接螺栓,如有损坏 检查液力变矩器的传动毂是否磨损	5分 5分 5分	检查不当1~5分 检查不当1~5分 检查不当1~5分	
5	检查驱动盘和齿圈	检查飞轮及挠性板是否翘曲,是否有裂纹。 检查起动齿圈有无变形、损坏 测量驱动盘的跳动	5分 5分 5分	检查不当1~5分 检查不当1~5分 检查不当1~5分	

续上表

序号	项目	操作内容	规定分	评分标准	得分
6	轴套径向圆跳动量检查	把液力变矩器安装到驱动盘上 安装百分表测量液力变矩器轴套径向圆跳动 判断是否需要重新调整安装方向加以更正	5分 5分 5分	操作不当扣1~5分 操作不当扣1~5分 结果不对扣1~5分	
7	导轮单向离合器的检查	检查单向离合器是否在两个方向均可转动 检查单向离合器是否在两个方向都不能转动	5分 5分	检查不当1~5分 检查不当1~5分	
8	时间	30min	5分	超时1~10min扣1~5分 超时10min以上扣5分	
9	安全文明	无安全隐患,无不文明操作	5分	未达标扣1~5分	
10	结束	工具、量具清洁并归位 工作场地清洁	5分 5分	漏一项扣1分,未做扣5分 清洁不彻底扣1~5分,未做扣5分	
总分			100分		

学习任务六　自动变速器换挡执行元件的检修

任务要求

完成本学习任务后，你应：

1. 掌握离合器的作用、组成及工作原理；
2. 掌握制动器的分类、组成和作用；
3. 掌握单向离合器的分类、作用、结构和工作原理；
4. 查阅维修手册，规范检修离合器、制动器和单向离合器；
5. 选择合适的工具与仪器，实施教学计划。

建议学时：7 学时

任务描述

一辆丰田花冠轿车，将自动变速器换挡杆换入 D 挡和 R 挡，自动变速器的冲击严重，内部有撞击声；行驶过程中有明显的换挡冲击。分析故障可能在换挡执行元件部位，需要对自动变速器的换挡执行元件进行检修。

一、理论知识准备

（一）概述

自动变速器的不同挡位是通过变速器中行星齿轮的状态发生变化实现的，而行星齿轮的状态会发生变化，又是因为有不同的执行元件去控制行星齿轮机构。因此，在了解变速器行星齿轮机构的工作原理之前，先了解变速器的换挡执行机构。

自动变速器中的换挡执行元件有 3 种：多片离合器、制动器、单向离合器。其中，多片离合器、制动器的工作需要液压驱动和控制，而单向离合器是机械结构，固定旋转件的工作仅仅取决于旋转方向。

丰田 A341E 自动变速器的元件传动如图 6-1 所示，执行元件包括 3 个离合器（C_0，C_1，C_2）、4 个制动器（B_0，B_1，B_2，B_3）和 3 个单向离合器（F_0，F_1，F_2）。

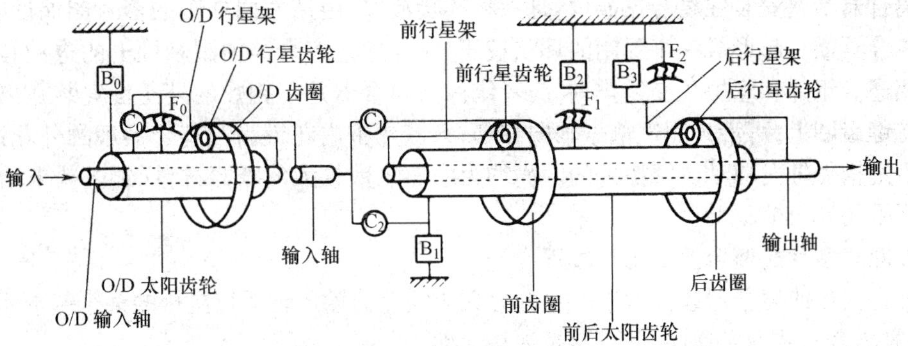

图 6-1　丰田 A341E 自动变速器的执行元件

小提示

我们在维修手册中经常看到离合器用 C 来表示，也有的维修手册中用 K 来表示离合器。一个自动变速器中有多个执行元件的，辅以数字来区分。同学们在查阅资料的时候要注意。

（二）离合器

离合器的作用是连接轴和行星排的某个基本元件，或将行星排的某两个基本元件连接成一体，使之成为一个整体转动。自动变速器中所用的离合器均为湿式多片离合器。

1. 湿式多片式离合器的结构

湿式多片式离合器通常由离合器鼓、离合器活塞、复位弹簧、弹簧座、1 组钢片、1 组摩擦片、调整垫片、弹性卡簧、离合器毂及几个密封圈组成，如图 6-2 所示。

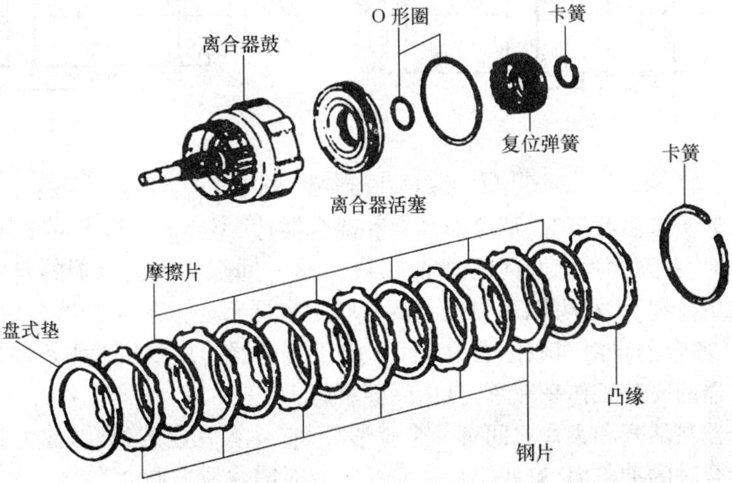

图 6-2　湿式多片式离合器的结构

离合器活塞安装在离合器鼓内，是一种环状活塞，由活塞内外圆的密封圈保证密封，从而和离合器鼓一起形成一个封闭的环状液压缸，并通过离合器内圆轴颈上的进油孔和控制油道相通。钢片和摩擦片交错排列，两者统称为离合器片。钢片的外花键安装在离合器鼓的内花键齿圈上，可沿齿圈键槽做轴向移动；摩擦片由内花键齿与离合器毂的外花键连接，也可沿键槽做轴向移动。摩擦片的两面均为摩擦系数较大的摩擦材料（铜基粉末冶金层或合成纤维层）。

2. 湿式多片式离合器的工作过程

离合器鼓或离合器毂分别以一定的方式与变速器输入轴或行星排的某个基本元件相连接，一般离合器鼓为主动件，离合器毂为从动件。

当来自控制阀的液压油进入离合器液压缸时，作用在离合器活塞上的液压油压力推动活塞，使之克服复位弹簧的弹力移动，将所有的钢片和摩擦片相互压紧在一起；钢片和摩擦片之间的摩擦力使离合器鼓和离合器毂连接为一个整体，分别与离合器鼓和离合器毂连接的输入轴或行星排的基本元件也因此被连接在一起，此时离合器处于接合状态，如图 6-3a）所示。

当液压控制系统将作用在离合器液压缸内的液压油压力解除后，离合器活塞在复位弹簧的作用下回到液压缸的底部，并将液压缸内的液压油从进油孔排出。此时钢片和摩擦片相互分离，两者之间无压力，离合器鼓和离合器毂可以朝不同的方向或以不同的转速旋转，离合器处于分离状态，如图 6-3b）所示。

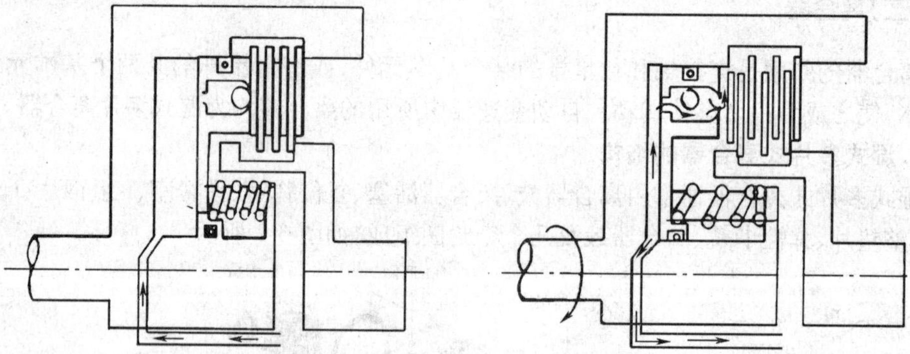

a）接合　　b）分离

图 6-3　湿式多片式离合器的工作过程

当离合器处于自由状态时，离合器活塞和离合器片、离合器片和卡环之间有一定的轴向间隙，以保证钢片和摩擦片之间无任何轴向压力，这一间隙称为离合器的自由间隙，也叫离合器活塞的自由行程，大小可以用弹性卡簧的厚度来调整。一般离合器自由间隙的标准为 0.5 ~ 2.0mm。离合器自由间隙标准的大小取决于离合器的片数和工作条件，通常离合器片数越多或离合器的交替工作越频繁，自由间隙就越大。

有些离合器在活塞和钢片之间有一个碟形环，它具有一定的弹性，称为膜片弹簧，可以减缓离合器接合时的冲击力，有些膜片弹簧在安装时需注意方向。

3. 止回阀

离合器处于分离状态时，液压缸内仍残留有少量液压油。由于离合器鼓是旋转的，残留在液压缸内的液压油在离心力的作用下会被甩向液压缸外缘处，并在该处产生一定的油压。若离合器鼓的转速较高，这一压力有可能推动离合器活塞压向离合器片，使离合器处于半接合状态，导致钢片和摩擦片因互相接触摩擦而产生不应有的磨损，影响离合器的使用寿命。

为了防止这种情况出现，在离合器活塞或离合器鼓的液压缸壁上设有一个由钢球组成的止回阀。当液压油进入液压缸时，钢球在油压的推动下压紧在阀座上，止回阀处于关闭状态，保证了液压缸密封；当液压缸内的油压被解除后，止回阀钢球在离心力的作用下离开阀座，使止回阀处于开启状态，残留在液压缸内的液压油在离心力的作用下从止回阀的阀孔中流出，保证了离合器的彻底分离，如图 6-4 所示。

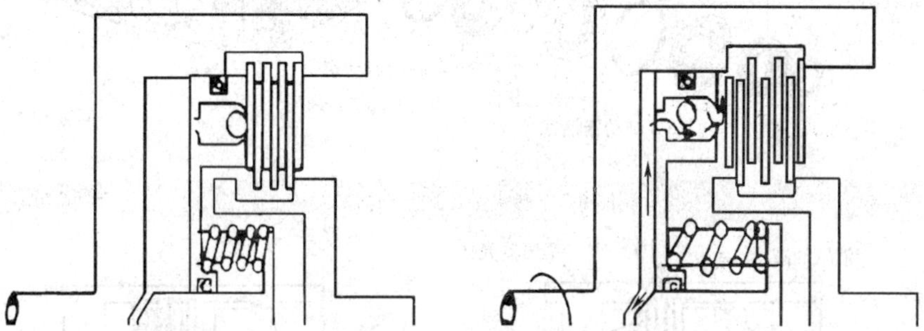

图 6-4　止回球阀的工作过程

（三）制动器

制动器的作用是将行星排中的某一元件加以固定，使之不能转动。目前在自动变速器中，常见的制动器有湿式多片式制动器和带式制动器两种。

1. 湿式多片式制动器

湿式多片式制动器由制动鼓、制动器活塞、密封圈、复位弹簧、钢片、摩擦片等部件组成。它的工作原理和湿式多片式离合器基本相同，但湿式多片式制动器的制动鼓（相当于离合器鼓）固定在变速器壳体上，钢片通过外花键齿安装在固定于变速器壳体上的制动鼓内花键齿圈中，或直接安装在变速器壳体上的内花键齿圈中，摩擦片则通过内花键齿和制动鼓上的外花键齿连接，如图 6-5 所示。

当制动器工作时，来自控制阀的液压油进入制动器鼓内的液压缸中，油压作用在制动器活塞上，推动活塞将制动器摩擦片和钢片夹紧在一起，与行星齿轮排某一基本元件连接的制动器就被固定住，不能旋转，如图 6-6a）所示。当制动器不工作时，液压油从制动器鼓内排出，钢片和摩擦片之间没有压力，制动器鼓可以自由旋转，如图 6-6b）所示。

注意

制动器和离合器不一样，制动器的活塞中可能没有单向球阀，这是因为当液压卸压时，由于缺少离心力的作用，没有液体残留在活塞缸中，所以，即使没有止逆球，液压油也被迅速排出。

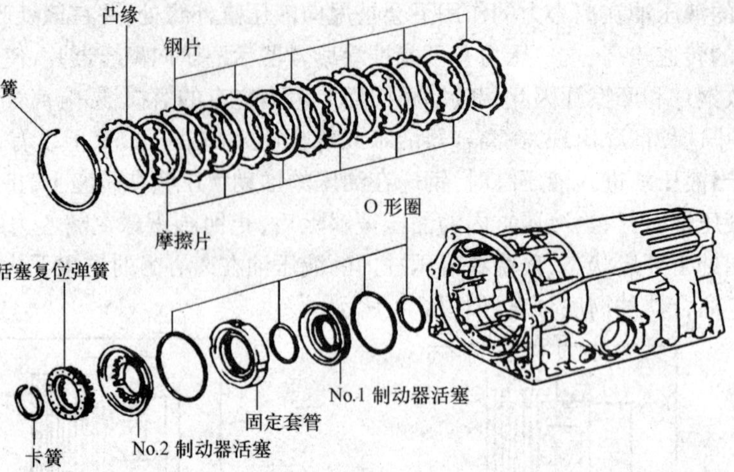

图 6-5　湿式多片式制动器的结构

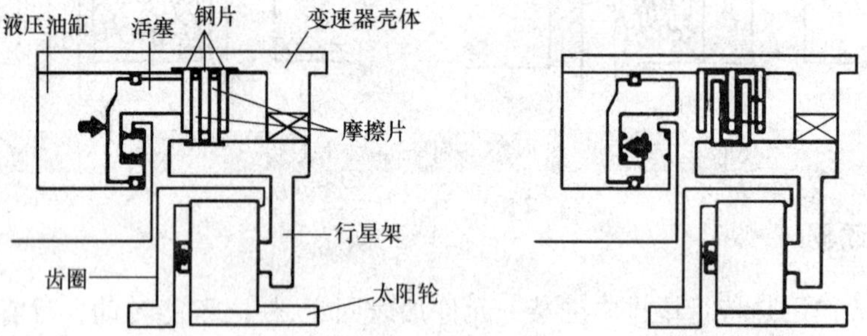

a) 制动器工作　　b) 制动器不工作

图 6-6　制动器的工作过程

2. 制动带

制动带材质为钢带，上有一层黄铜或纸质摩擦片，一般都采用纸质摩擦片。制动带缠绕在鼓的圆周上，一端用销钉固定在变速器壳体上，另一端与制动缸活塞接触，由液压控制工作。有的固定端另装一调整器，可调整制动带与制动鼓之间的间隙。间隙太大，将造成打滑；间隙太小，将造成磨损。制动带的结构如图 6-7 所示。

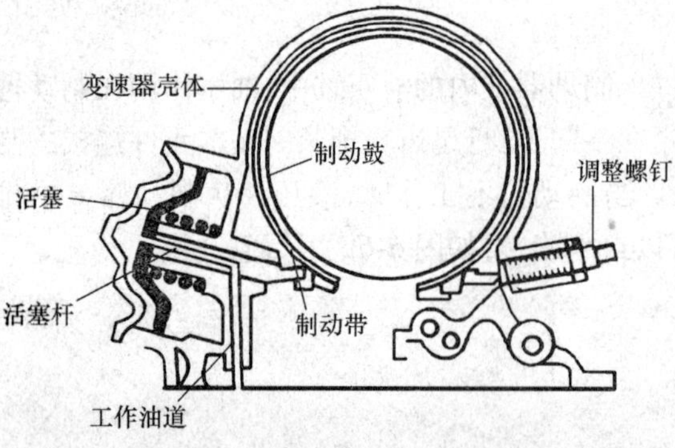

图 6-7　制动带的结构

当液压缸的施压腔和释放腔内均无液压油时，带式制动器不工作，制动带与制动鼓之间有一定的间隙，制动鼓可随与它相连的行星排基本元件一同旋转。

当液压油进入施压腔时，作用在活塞上的液压油压力推动活塞，使之克服复位弹簧的作用力移动，活塞上的推杆随之向外伸出。因为制动带的另一端固定在变速器壳体上，制动带的直径减小，制动带将制动鼓压紧夹持,制动鼓被固定住而不能旋转,此时,制动器处于制动状态。

当压缩工作液从缸体排出时,活塞和连杆被弹簧力推回,制动带释放制动鼓,制动器处于放松状态。

(四)单向离合器

自动变速器中的单向离合器是一种单向固定装置,能在一个方向锁止行星齿轮的某一元件,而在另一方向则允许自由转动。单向离合器无需控制机构,依靠单向锁止原理来发挥固定或连接作用,连接和固定完全由与之相连接元件的受力方向所决定,当与之相连接元件的受力方向与锁止方向相同时,该元件即被固定或连接;当受力方向与锁止方向相反时,该元件即被释放或脱离连接;即在驱动轴与从动轴之间,只能使从动轴作一个方向回转,反方向具有空转机能。常用的单向离合器有滚柱斜槽式和楔块式。

1. 滚柱斜槽式单向离合器

滚柱斜槽式单向离合器由外环、内环、滚柱、滚柱复位弹簧等组成,如图 6-8 所示。内环通常与内花键和行星齿轮排的某个基本元件或变速器壳体连接,外环则通过外花键和行星排的另一侧基本元件连接或变速器外壳连接。在外环的内表面制有与滚柱相同数目的楔形槽。内外环之间的楔形槽内装有滚柱和弹簧,弹簧的弹力将各滚柱推向楔形槽较窄的一端。

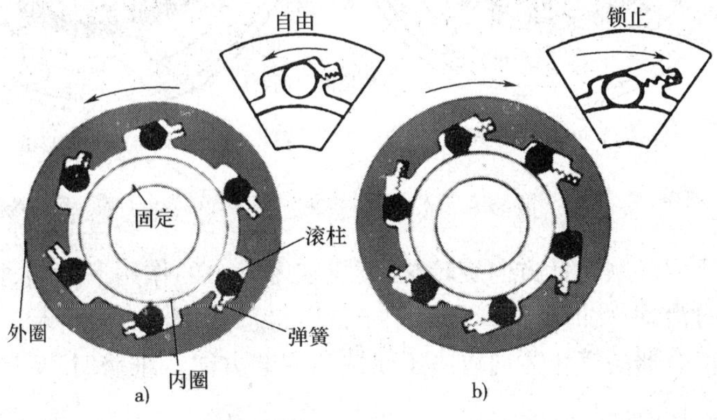

图 6-8　滚柱斜槽式单向离合器的工作原理

当外环相对于内环向顺时针方向转动时,在刚刚开始转动的瞬间,滚柱在摩擦力和弹簧弹力的作用下被卡死在楔形槽较窄的一端,于是内外环互相连接成一个整体,不能相对转动,此时单向离合器处于锁止状态,与外环连接的基本元件被固定或者和与内环相连接的元件连成一整体,如图 6-8a)所示。

当外环相对于内环向逆时针方向转动时,滚柱在摩擦力的作用下,克服弹簧的弹力,滚向楔形槽较宽的一端,出现打滑现象,外环相对于内环可以作自由滑转,此时单向离合器脱离锁止而处于自由状态,如图 6-8b)所示。

单向离合器的锁止方向取决于外环上楔形槽的方向,在装配时不得装反,否则,会改变锁止方向,使行星齿轮变速器不能正常工作。有些单向离合器的楔形槽开在内环上,工作原理和楔形槽开在外环上的相同。

2. 楔块式单向离合器

楔块式单向离合器的结构和滚柱斜槽式单向离合器的结构基本相似，也有外环、内环、滚子(楔块)等，如图6-9所示。不同之处在于，它的外环或内环上都没有楔形槽，滚子不是圆柱形的，而是特殊形状的楔块。楔块在 A 方向上的尺寸略大于内外环之间的距离 B，而在 C 方向上的尺寸略小于 B。

当外环相对于内环逆时针方向转动时，楔块在摩擦力的作用下立起，因自锁作用而被卡死在内外环之间，使内环与外环无法相对滑转，此时单向离合器处于锁止状态，如图6-9a)所示。

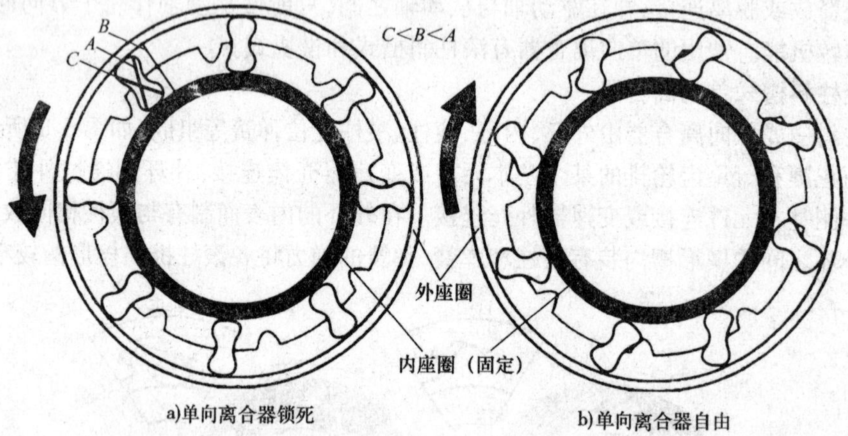

图6-9　楔块式单向离合器的工作原理

当外环相对于内环顺时针方向旋转时，楔块在摩擦力的作用下倾斜，脱离自锁状态，内环与外环可以相对滑动，此时单向离合器处于自由状态，如图6-9b)所示。

楔块式单向离合器的锁止方向取决于楔块的安装方向。维修时不可装反，以免影响自动变速器的正常工作。

二、实践操作

检修自动变速器时，应用煤油仔细清洗所有零件(摩擦片、橡胶密封垫除外)，并用压缩空气吹干，然后按照拆卸的顺序排放整齐。检修时应注意正确合理地使用专用工具和检测仪器，严格遵守安全操作规程，防止零件的损坏及人员的伤害。

(一)实践准备

(1)装配自动变速器的车辆一台。

(2)A340E自动变速器一台。

(3)磁力百分表一套。

(4)常用工具、常用量具、干净的抹布。

(5)维修手册、工单。

(二)技术要求及注意事项

(1)离合器活塞行程是1.45～1.70mm。

(2)新的摩擦片装配之前,应在ATF中浸泡15min以上。

(3)带弹簧座的弹簧自由长度标准值为15.8mm。

(三)摩擦片和制动带的检修

分别目视检查摩擦片。如出现表面烧焦、耐磨层脱落、内花键拉毛、沟槽磨平、翘曲变形、与钢片烧结在一起等现象,应更换。摩擦片的表面通常印有符号,如图6-10a)所示,若这些符号被磨平,说明摩擦片已经磨损到极限,应更换。也可以通过测量摩擦片的厚度来判断是否应该更换,如图6-10b)所示。如果是制动带,也可检查内表面,如有烧焦、表面粉末冶金层脱落、表面符号已被磨去等现象,应更换。

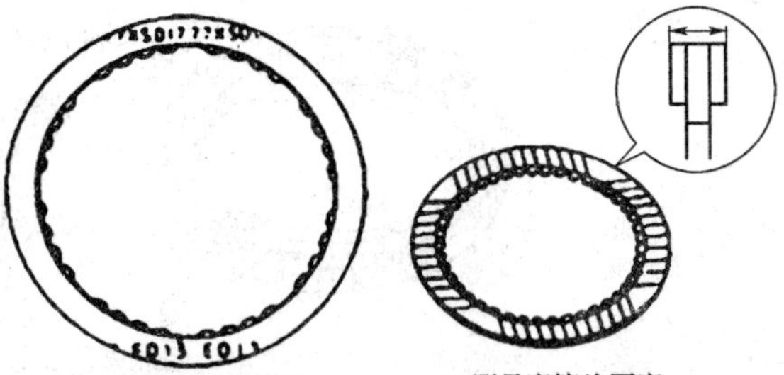

a)摩擦片印有符号　　b)测量摩擦片厚度

图6-10　摩擦片的检修

小提示

摩擦片应成组更换,新更换的摩擦片在使用之前要在ATF油液中浸泡1h以上,可以使用的摩擦片应浸泡15min以上。

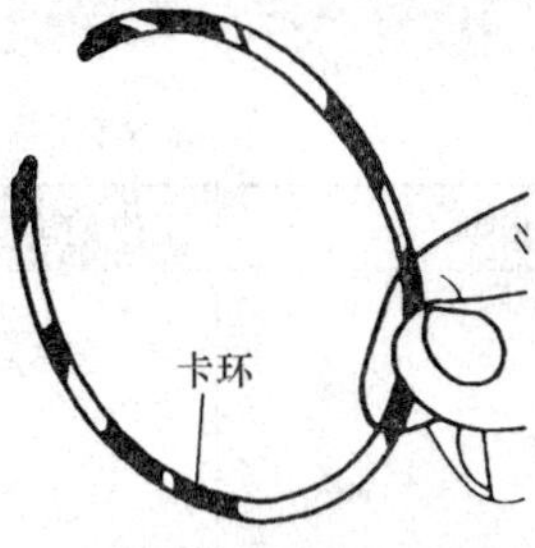

图6-11　卡环的检修

(四)钢片的检修

分别检查钢片,如有严重磨损、拉痕、划痕、外花键磨平、拉毛、翘曲变形、与摩擦片烧结在一起等现象,应更换。

(五)卡环的检修

检查每个固定部位的卡环(限位卡簧),如有弯曲变形、弹性变弱、过热变色的痕迹等,应及时更换,如图6-11所示。

小提示

每个部位卡环都有尺寸或厚度的差异,要注意区分,分别保存及安装。

(六)弹性复位元件的检修

自动变速器的弹性元件包括螺旋弹簧、膜片弹簧、波纹形弹簧、碟形弹簧等。检修时,应对每个部位的弹性元件进行检查，目测弹簧有无弯曲、扭曲、倾斜等变形，同一组的自由长度是否一致，必要时可以进行弹力测试，损伤较大则更换。

（七）单向离合器的检修

将单向离合器分解，如图6-12所示，检查单向离合器的滚柱有无圆度磨损，压簧有无变形，弹力是否下降，塑料保持架有无变形或断裂，外环是否磨损等，损伤严重则更换单向离合器总成。

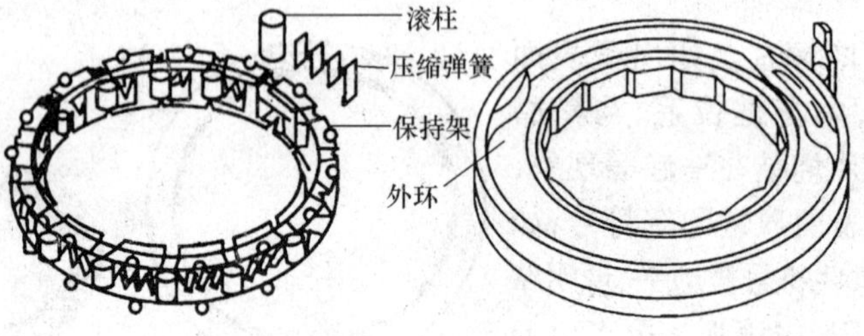

图6-12　单项离合器的检修

单向离合器组合后，将行星齿轮架插入单向离合器总成，用专用工具转动齿架，要求是只能单向转动。否则证明单向离合器失效，应更换单向离合器总成。

小提示

注意装配时单向离合器的安装方向，防止装反。

（八）A341E自动变速器 C_0 离合器的拆装与检修

A341E自动变速器 C_0 离合器的拆装与检修见表6-1。

A341E自动变速器 C_0 离合器的拆装与检修　　表6-1

检修内容	图　示	检修步骤	工作记录
1. 拆卸超速挡离合器 C_0	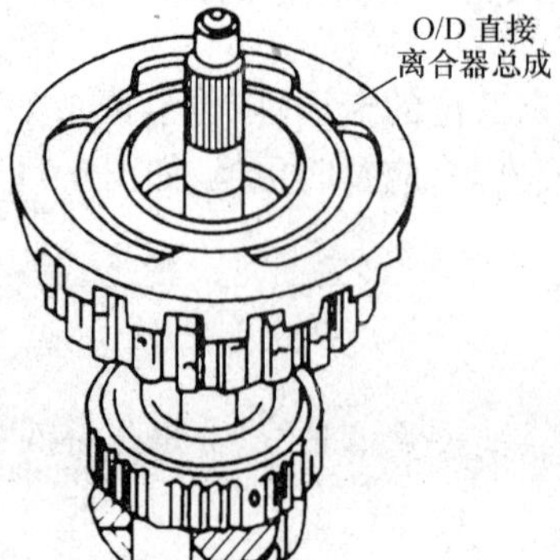	从超速挡行星齿轮排上卸下 C_0 离合器总成	

续上表

检修内容	图　示	检修步骤	工作记录
2. 检查超速挡离合器的活塞行程	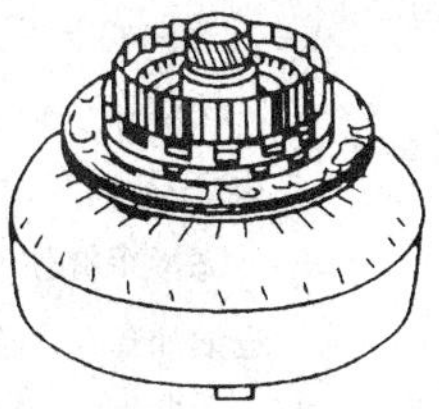	①将油泵放在__________上，然后将 C_0 放在油泵上	
	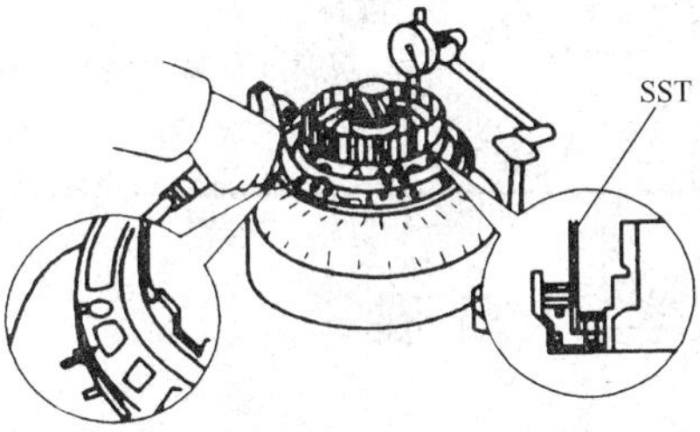	②向 C_0 进出油孔中通入和放出压缩空气(392～785kPa)。用百分表测量活塞自由行程，测量数值为__________，判断结果为__________。 标准值:1.45～1.70mm	
3. 拆卸离合器钢片摩擦片	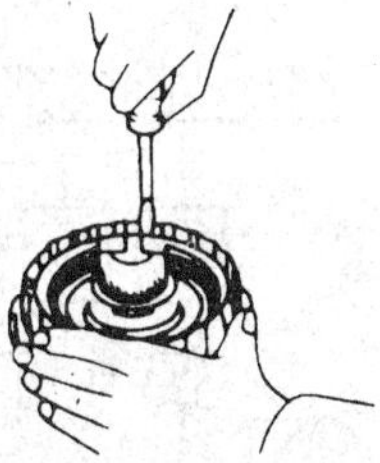	①从 C_0 离合器外鼓上拆下__________	
	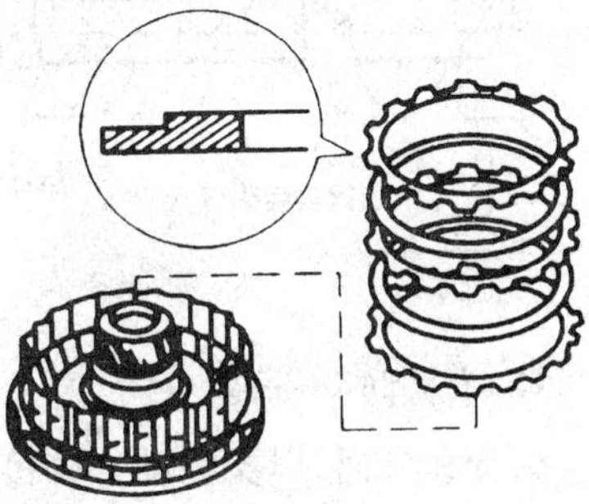	②拆卸钢片摩擦片。你所拆卸的钢片数量为__________，摩擦片数量为__________	
4. 取出活塞复位弹簧	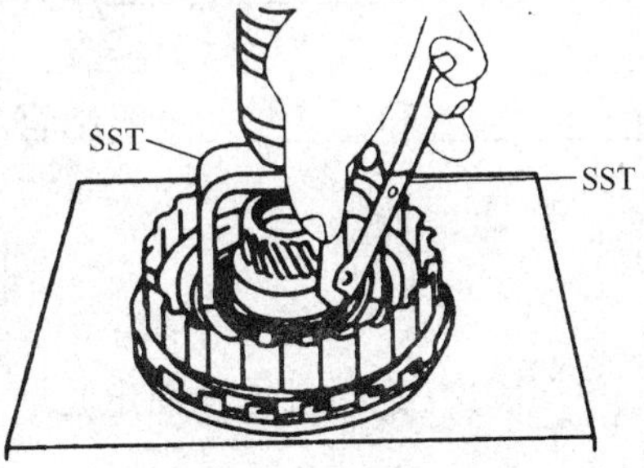	①用专用工具压缩活塞复位弹簧。 ②用专用工具拆下________。 ③取出活塞回__________	

续上表

检修内容	图示	检修步骤	工作记录
5. 拆卸 C_0 离合器活塞	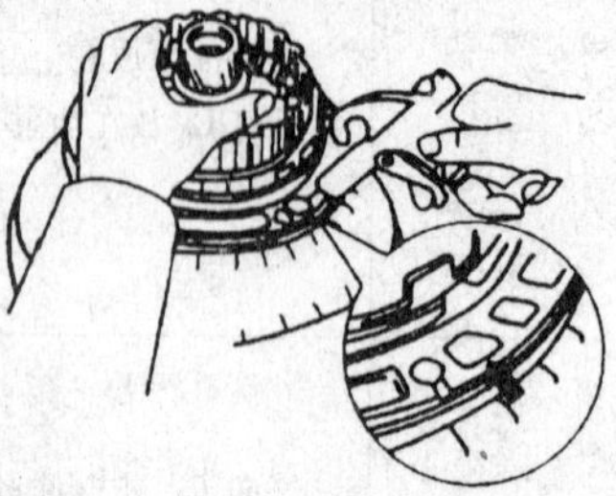	①将油泵放在液力变矩器上，然后将 C_0 放在油泵上。 ②用手握住 C_0 活塞，同时对 C_0 进油油孔充入压缩空气。 ③取出 C_0 离合器________。 注意：活塞取出过程中不能发生倾斜。 ④取下活塞上的两个 O 形圈	

三、学习拓展

在丰田 A341E 自动变速器中有 3 个离合器，4 个制动器，3 个单向离合器，如图 6-13 所示。试分析它们的作用：

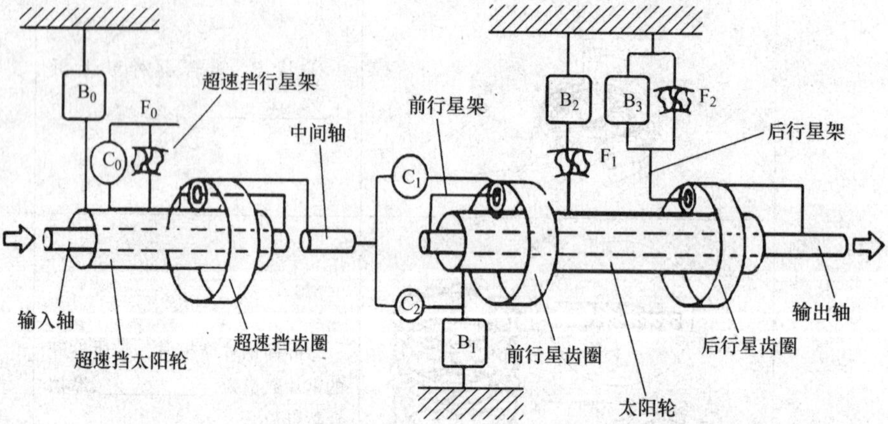

图 6-13　A340E 自动变速器的执行元件

C_0 控制____________和____________结合和分离，以实现动力的传递和切断。

C_1 为前进挡离合器，作用是控制____________和____________结合和分离，以实现动力的传递和切断。

C_2 为直接挡离合器，作用是控制____________和____________结合和分离，以实现动力的传递和切断。

B_0 使得____________双向固定制动。

B_1 使得____________双向固定。

B_2 和 F_1 同时工作使得____________单向固定（逆时针方向固定）。

B_3 使得____________制动双向固定。

F_2 使得____________单向固定(逆时针方向固定)。

四、评价与反馈

1. 自我评价与反馈

(1)你是否知道离合器的基本组成?( )

A. 知道　　B. 不知道

(2)你是否能够完成离合器和制动器的基本检查?( )

A. 能够完成　　B. 在小组协作下能够完成　　C. 不能完成

(3)你是否能够完成 A340E 自动变速器中执行元件的拆卸与装配?( )

A. 能够完成　　B. 在小组协作下能够完成　　C. 不能完成

(4)完成了本学习任务后,你感觉困难的部分是哪些?

____

____

____

签名:________ ________年________月________日

2. 小组评价与反馈

(1)你们小组在接到任务之后是否分工明确?____________________

(2)你们小组每位组员都能轮换操作吗?____________________

(3)遇到难题时你们分工协作吗?____________________

(4)对于小组其他成员有何建议?____________________

参与评价的同学签名:________ ________年________月________日

3. 教师评价及回复

____

____

____

教师签名:________ ________年________月________日

五、技能考核标准

序号	项目	操作内容	规定分	评分标准	得分
1	准备	清点工具、量具 清理工位	5分	酌情扣分	
2	拆卸	拆卸 C_1 离合器卡环 取出离合器钢片和摩擦片 拆卸复位弹簧 用压缩空气拆卸离合器活塞	5分 5分 5分 5分	操作不当扣1~5分 操作不当扣1~5分 操作不当扣1~5分 操作不当扣1~5分	

续上表

序号	项目	操作内容	规定分	评分标准	得分
3	检测	检测离合器组件的磨损情况 检测离合器间隙 检测离合器活塞行程	10分 10分 10分	检查不当1~10分 检查不当1~10分 检查不当1~10分	
4	装配	更换活塞O形圈，安装活塞 安装复位弹簧 安装离合器钢片和摩擦片 安装卡环	5分 5分 5分 5分	操作不当扣1~5分 操作不当扣1~5分 操作不当扣1~5分 操作不当扣1~5分	
5	时间	30min	10分	超时1~10 min扣1~10分 超时10 min以上扣10分	
6	安全文明	无安全隐患，无不文明操作	5分	未达标扣1~5分	
7	结束	工具、量具清洁并归位 工作场地清洁	5分 5分	漏一项扣1分，未做扣5分 清洁不彻底扣1~5分，未做扣5分	
总分			100分		

学习任务七　自动变速器行星齿轮机构的检修

任务要求

完成本学习任务后,你应:

1. 掌握单排行星齿轮机构的作用、组成及工作原理;
2. 掌握辛普森行星齿轮机构的结构和工作原理;
3. 能够查阅维修手册,规范检修行星齿轮机构;
4. 能够选择合适的工具与仪器,实施教学计划。

建议学时:10 学时

任务描述

一辆丰田花冠轿车,装配 A246E 型自动变速器。自动变速器指示灯点亮,且变速器内有异响。进行外部检查,线束良好;打开油底壳,发现油底壳内有铁屑。则故障多在变速器的齿轮变速器部分,即行星齿轮、轴承等,需检修。

一、理论知识准备

在自动变速器中,行星齿轮机构可以提供减速挡、直接挡、超速挡、倒挡和空挡,因为齿轮是常啮合的,所以不像一般的手动变速器那样通过齿轮的接合或脱离实现换挡,而是采用离合器和制动器通过固定或释放行星齿轮机构的不同部件,改变行驶方向和传动比。

(一)单排行星齿轮机构的结构

行星齿轮机构有不同的类型,其中最简单的行星齿轮机构由一个太阳轮、一个内齿圈、一个行星架及若干个行星齿轮组成,称为单排行星齿轮机构。太阳轮、齿圈和行星架是行星排的三个基本构件,且具有公共的固定轴线,如图 7-1 所示。

(二)行星齿轮传动的工作原理

行星齿轮的动作(每个部件的转速和方向)取决于给定的条件。行星齿轮的一种典型动作是小齿轮的旋转，当小齿轮在内齿圈内“行走”，并在轴上旋转时，小齿轮围绕太阳轮旋转，换言之，即行星架围绕太阳轮旋转。这种动作类似太阳系中的地球运动，地球在作环绕太阳公转的同时，又作环绕地轴的自转。

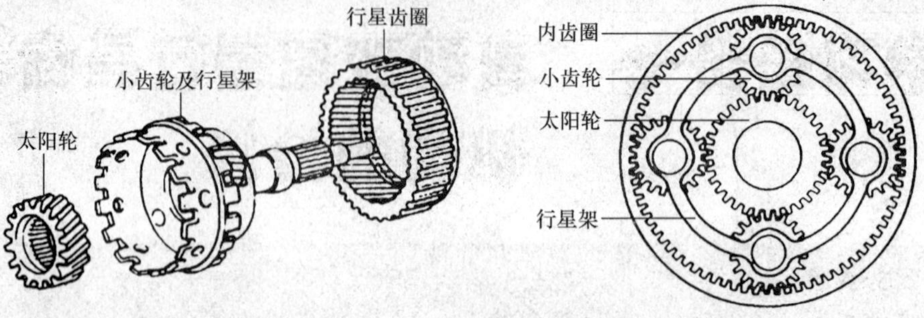

a) 行星齿轮的组成　　b) 行星齿轮的运作

图 7-1　单排行星齿轮机构

由于单排行星齿轮机构具有两个自由度，在三个基本件中，任选两个分别作为主动件和从动件，而使另一元件固定不动（该元件转速为 0），或使其运动受到一定的约束（该元件的转速为定值），则机构只有一个自由度，整个轮系将以一定的传动比传递动力。下面分别讨论各种情况。

1. 内齿圈固定，太阳轮主动，行星架从动

当太阳轮按顺时针方向旋转时，小齿轮则按反时针方向围绕小齿轮轴旋转。这种小齿轮的运动试图使内齿圈按反时针方向旋转，但内齿圈不能旋转，因为已被固定。如果小齿轮围绕小齿轮轴旋转，那么，它必须在围绕内齿圈行走时按顺时针方向旋转。所以，行星架按顺时针方向旋转，但因为比太阳轮具有更多数量的“齿”，所以与太阳轮相比，以较低的转速旋转，如图 7-2 所示。

2. 太阳轮固定，内齿圈主动，行星架从动

当内齿圈按顺时针方向旋转时，小齿轮按顺时针方向围绕小齿轮轴旋转。这种小齿轮的运动试图促使太阳轮按反时针方向旋转，因为太阳轮已被固定，所以不能旋转。为能围绕小齿轮轴旋转，小齿轮必须按顺时针方向围绕太阳轮旋转。所以，与内齿圈相比，行星架以较低转速旋转，旋转方向和内齿圈相同，如图 7-3 所示。

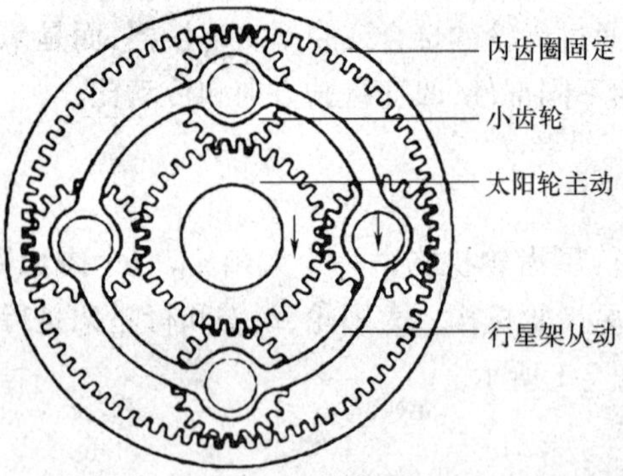

图 7-2　内齿圈固定，太阳轮主动，行星架从动

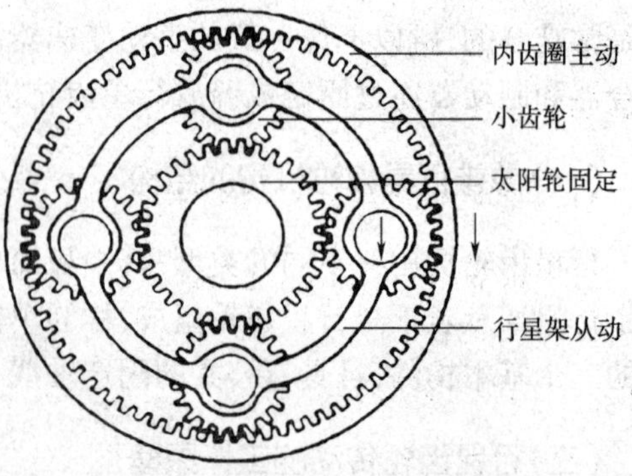

图 7-3　太阳轮固定，内齿圈主动，行星架从动

3. 内齿圈固定,行星架主动,太阳轮从动

当行星架按顺时针方向旋转时,小齿轮在内齿圈内按顺时针方向旋转。因为内齿圈被固定,小齿轮按反时针方向围绕小齿轮轴旋转。因此,太阳轮按顺时针方向旋转,但转速比行星架高,因为齿数较少,如图 7-4 所示。

4. 太阳轮固定,行星架主动,内齿圈从动

当行星架按顺时针方向旋转时,小齿轮试图促使太阳轮按顺时针方向旋转,但是被固定的太阳轮不能旋转,小齿轮按顺时针方向围绕小齿轮轴旋转。所以内齿圈按行星架的相同方向旋转,转速比行星架高,如图 7-5 所示。

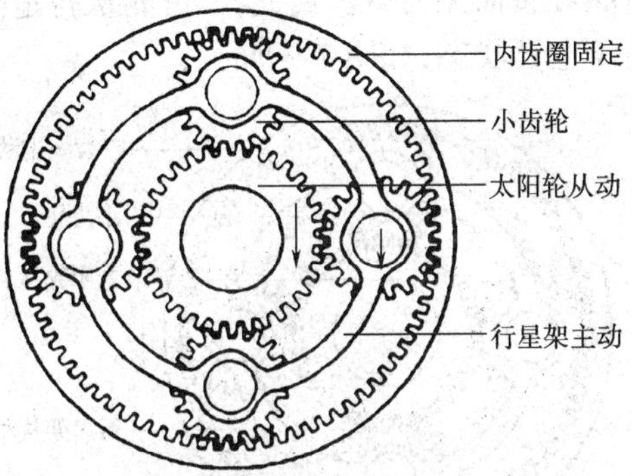

图 7-4　内齿圈固定,行星架主动,太阳轮从动

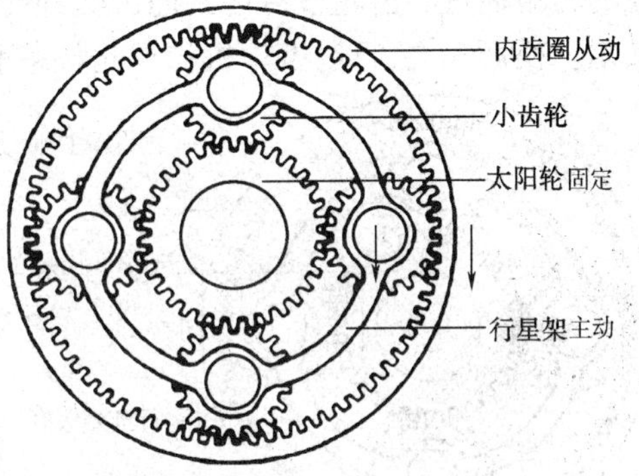

图 7-5　太阳轮固定,行星架主动,内齿圈从动

5. 行星架固定,太阳轮主动,内齿圈从动

当太阳轮按顺时针方向旋转时,小齿轮按反时针方向围绕小齿轮轴旋转。小齿轮试图按顺时针方向围绕内齿圈行走,但是行星架被固定,所以小齿轮不能行走。因此,内齿圈以较低转速,按太阳轮的相反方向,即反时针方向旋转,如图 7-6 所示。

6. 行星架固定,内齿圈主动,太阳轮从动

当内齿圈按顺时针方向旋转时,小齿轮按顺时针方向围绕小齿轮轴旋转。虽然小齿轮试图按顺时针方向围绕太阳轮旋转,由于行星架已被固定,所以不可能。因此太阳轮按反时针方向旋转,或按内齿圈相反方向旋转,转速比内齿圈高,如图 7-7 所示。

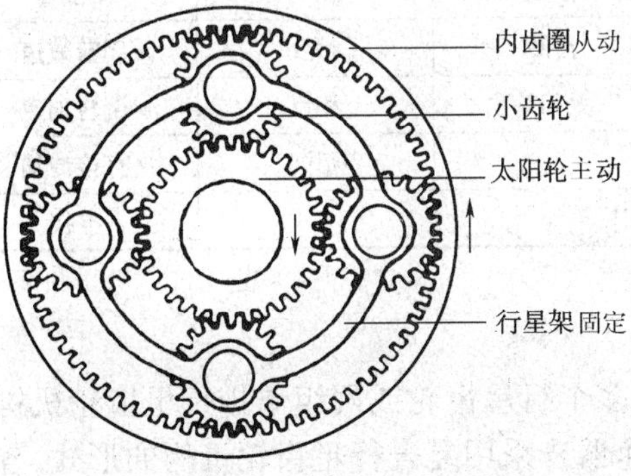

图 7-6　行星架固定,太阳轮主动,内齿圈从动

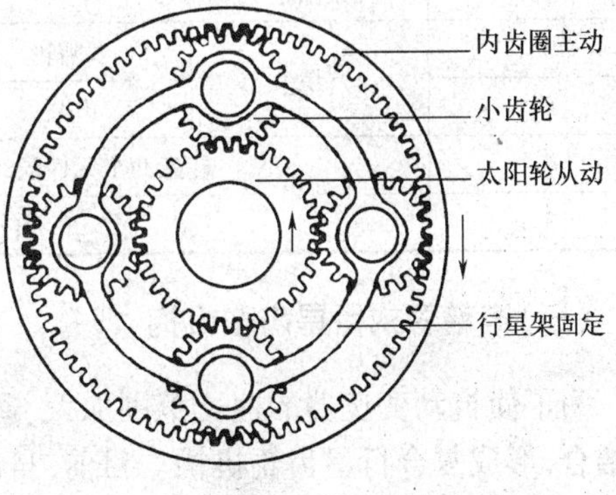

图 7-7　行星架固定,内齿圈主动,太阳轮从动

7. 太阳轮主动，内齿圈主动，行星架从动

当内齿圈和太阳轮以相同转速、相同方向旋转时，小齿轮被锁止，因为它不能围绕小齿轮轴旋转。因此，所有部件，行星架、小齿轮、内齿圈和太阳轮一起作为直接装置旋转，没有转速的上升和减低，如图 7-8 所示。

8. 一个主动部件，没有部件被固定，空挡状态

当太阳轮作为主动部件旋转时，例如按顺时针方向旋转，小齿轮按反时针方向围绕小齿轮轴旋转，促使内齿圈按反时针方向旋转。因此，行星架按顺时针方向旋转。如果试图以此状态从行星架输出转矩，则施加于齿轮的荷载超出施加于内齿圈的荷载。因此，多数来自太阳轮的转矩通过小齿轮被传递到内齿圈，使内齿圈旋转而无荷载。因此，不可能从行星架输出转矩。换而言之，行星齿轮机构在此状态下处于空挡状态，如图 7-9 所示。

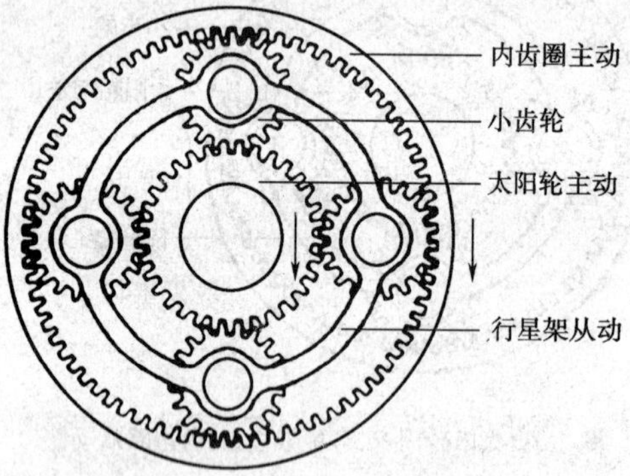

图 7-8　太阳轮主动，内齿圈主动，行星架从动

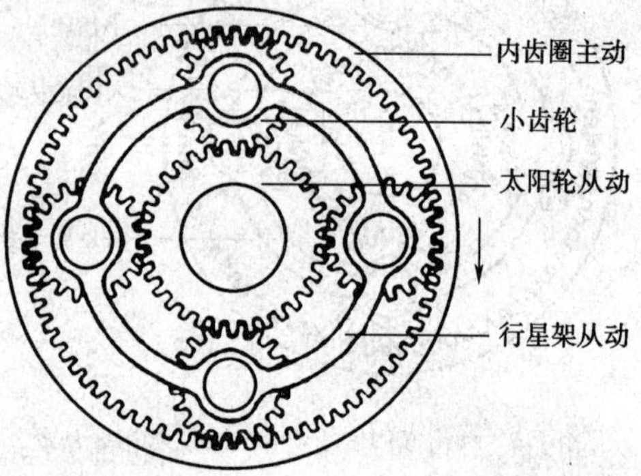

图 7-9　一个主动部件，没有部件被固定，空挡状态

综上所述，单排行星齿轮机构可获得 8 种工作情况，见表 7-1。

单排行星齿轮机构的工作情况　　表 7-1

情　况	固　定	主　动	从　动	方　向	旋转速度
1	齿圈	太阳轮	行星架	相同	大减速
2	太阳轮	齿圈	行星架	相同	小减速
3	齿圈	行星架	太阳轮	相同	大加速
4	太阳轮	行星架	齿圈	相同	小加速
5	行星架	太阳轮	齿圈	相反	倒转减速
6	行星架	齿圈	太阳轮	相反	倒转加速
7	任意两个元件同时输入			相同	直接传动
8	无任何元件固定				空挡

（三）辛普森式行星齿轮机构

为了使自动变速器的速比范围加大，通常将多个行星齿轮或两组单排行星齿轮机构加以结合，形成复合行星齿轮机构。目前，自动变速器皆采用复合行星齿轮机构的形式，各种类型的复合行星齿轮机构的差别在于各部件的相互连接方式上不同。常用的复合式行星齿轮机构有辛普森式、拉威那式，这里我们主要介绍应用较广的辛普森式行星齿轮机构。

辛普森齿轮机构是由共用一个太阳轮的两组行星齿轮、两个齿圈和两个行星架组成的，如图 7-10 所示。

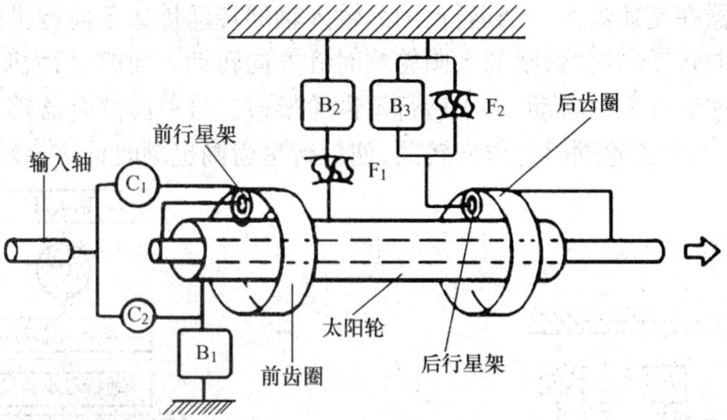

图 7-10　辛普森齿轮机构

辛普森式行星齿轮机构的两套单排行星齿轮组，加上控制转动的制动器及离合器，以及传送转矩的轴承与轴一起实现不同挡位的动力传递。辛普森式行星齿轮机构中各执行元件的功能见表 7-2。各挡执行元件工作情况见表 7-3。

换挡执行元件功能表　　表 7-2

名　称	功　能
前进挡离合器 C_1	连接输入轴与前齿圈
直接挡离合器 C_2	连接输入轴与前、后太阳轮
二挡滑行制动器 B_1	锁定前、后太阳轮，使之既不能顺时针也不能逆时针方向旋转
二挡制动器 B_2	锁定前、后太阳轮，使之不能逆时针方向旋转
一、倒挡制动器 B_3	锁定后行星齿轮架，使之既不能顺时针也不能逆时针方向旋转
一号单向离合器 F_1	在 B_2 运作时，锁定前、后太阳轮，使之不能逆时针方向旋转
二号单向离合器 F_2	锁定后行星齿轮架，使之不能逆时针方向转动

换挡执行元件工作情况　　表 7-3

选挡杆位置	C_1	C_2	B_1	B_2	F_1	B_3	F_2
P							
R		○				○	
N							
D_1，2_1	○						○
D_2	○			○	○		
D_3	○	○		○			
2	○		○	○	○		
L	○					○	○

1. 选挡杆置于 D 位一挡或 2 位一挡时

换挡执行元件的运行如图 7-11 所示。动力传输路径如图 7-12 所示。

前进挡离合器在变速器第一挡运行，因此输入轴的转动传送至前行星齿圈，使前行星小齿轮在顺时针方向转动的同时，绕前太阳轮顺时针方向转动。而前、后太阳轮又要使后行星齿轮绕后太阳轮逆时针方向转动，由于后行星齿轮架被二号单向离合器锁止，不能逆时针方向转动，所以后行星小齿轮顺时针方向转动，使后行星齿圈也顺时针方向转动。

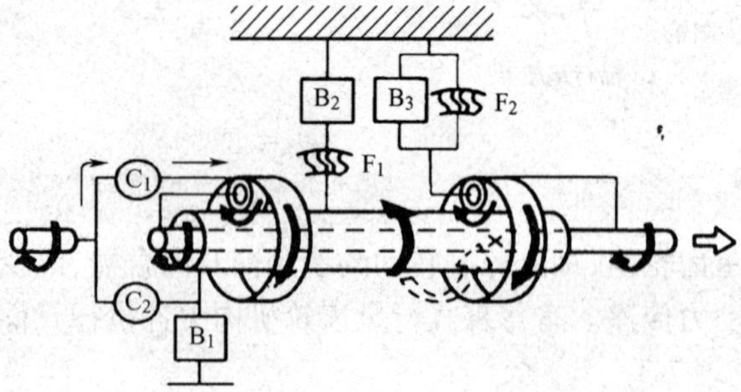

图 7-11　换挡执行元件的运行（选挡杆置于 D 位一挡或 2 位一挡时）

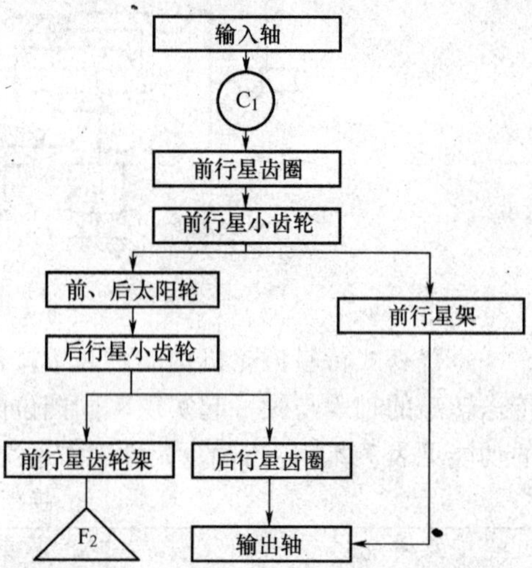

图 7-12　动力传输路径（选挡杆置于 D 位一挡或 2 位一挡时）

2. 选挡杆置于 D 位二挡

工作元件的运行如图 7-13 所示。动力传输路径如图 7-14 所示。

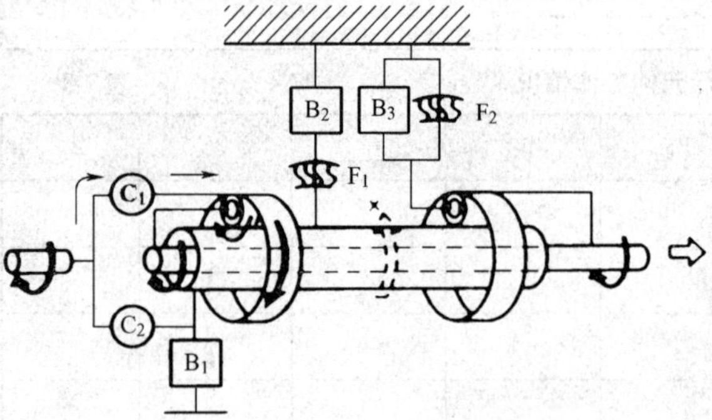

图 7-13　换挡执行元件的运行（选挡杆置于 D 位二挡）

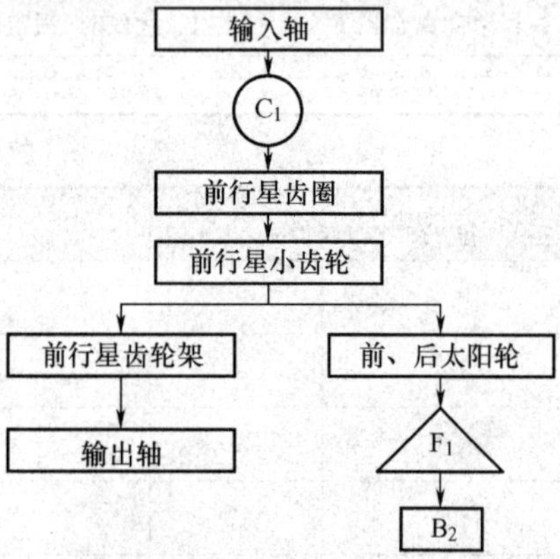

图 7-14　动力传输路径（选挡杆置于 D 位二挡）

如同 D_1 挡时，前进挡离合器 C_1 在第二挡时运行。所以输入轴的转动传送至前行星齿圈，使前行星小齿轮既顺时针方向转动，又绕前太阳轮转动，这使前行星齿轮架也顺时针方向转动。与此同时，前行星小齿轮的转动会力图使前、后太阳轮逆时针方向转动，由于前、后太阳轮被第二挡制动器（B_2）及一号单向离合器（F_1）锁止，不能逆时针方向转动。于是，前行星小齿轮绕太阳轮以更高的速度旋转，经前行星齿轮架传送至输出轴。

3. 选挡杆置于 D 位三挡

工作元件的运行如图 7-15 所示。动力传输路径如图 7-16 所示。

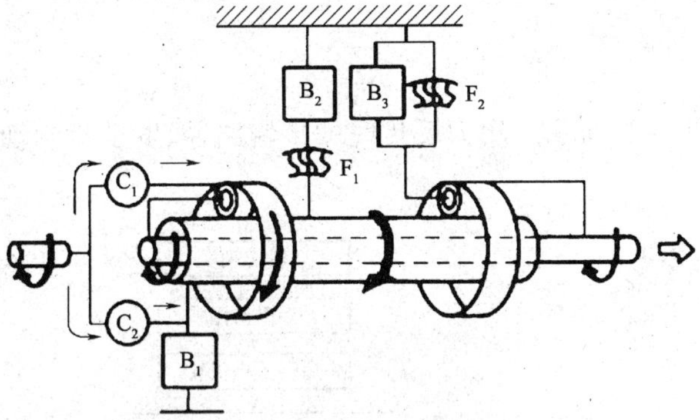

图 7-15　换挡执行元件的运行（选挡杆置于 D 位三挡）

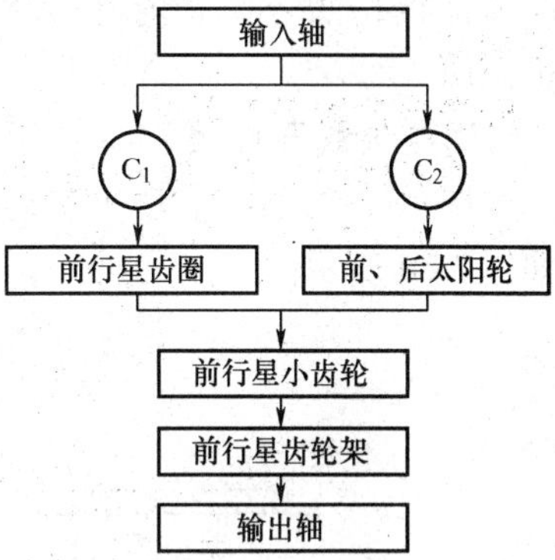

图 7-16　动力传输路径（选挡杆置于 D 位三挡）

前进挡离合器 C_1 以及直接挡离合器 C_2，在变速器第三挡运作。输入轴的转动通过 C_1（前进挡离合器）直接传送至前行星齿圈，通过 C_2（直接挡离合器）直接传送到前、后太阳轮，从而使前行星齿圈与前、后太阳轮同速、同方向转动。这样，前行星小齿轮被锁住，而前行星齿轮却与输入轴成为一体旋转。同变速器在第一、二挡时一样，前行星齿轮架的转动传送到输出轴。与此同时，第二制动器 B_2 也在运行，但由于一号单向离合器 F_1 也在运行，使前、后太阳轮继续顺时针方向转动。

4. 选挡杆置于 2 位

工作元件的运行及发动机制动情况如图 7-17 所示。动力传输路径及发动机制动路径如图 7-18 所示。

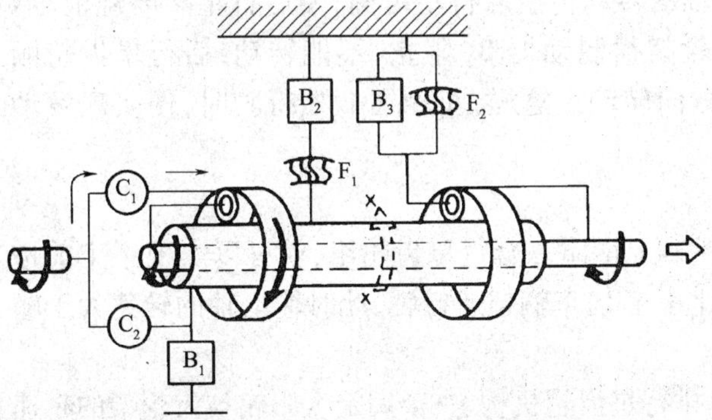

图 7-17　换挡执行元件的运行（选挡杆置于 2 位）

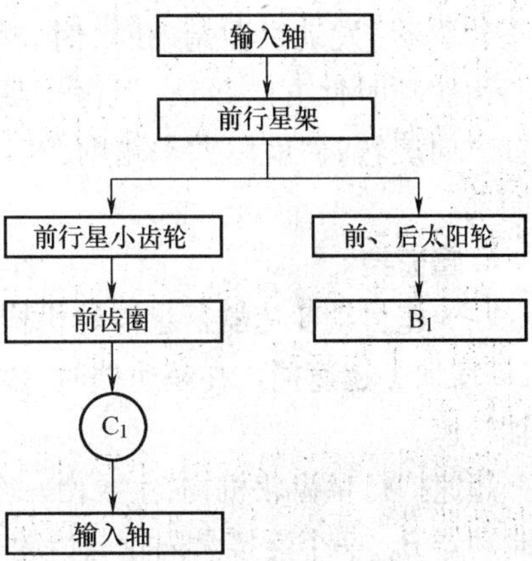

图 7-18　动力传输路径（选挡杆置于 2 位）

当车辆的选挡杆位于二挡时，制动器 B_1、离合器 C_1、单向离合器 F_1、制动器 B_2 工作，车辆以二挡行驶时可以实现发动机制动。二挡下变速器驱动车辆行驶时，传输路径与选挡杆位于 D_2 挡时相同。但在变速器由车轮驱动时（发动机制动），来自输出轴的输入传送至前行星齿轮架，使前行星齿轮绕前、后太阳轮顺时针方向转动。车辆在 D_2 挡减速行驶时，由于单向离合器 F_1 并不阻止前、后太阳轮顺时针方向转动。这样，太阳轮就怠速运转，不会有发动机制动。

5. 选挡位置于 L 挡

工作元件的运作，发动机制动如图 7-19 所示。动力反传时的传输路径、发动机制动路线如图 7-20 所示。

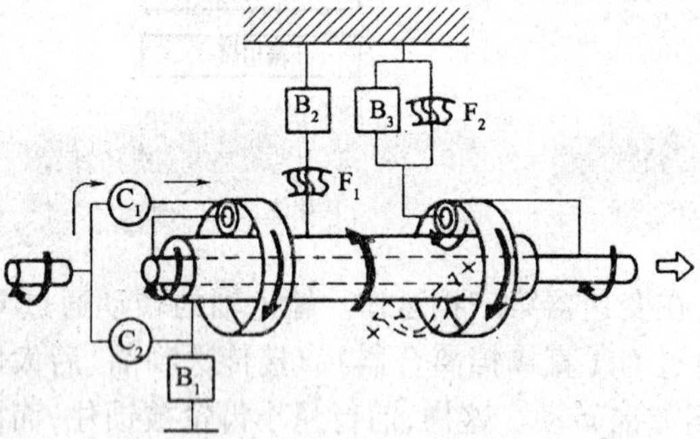

图 7-19　换挡执行元件的运行（选挡杆置于 L 位）

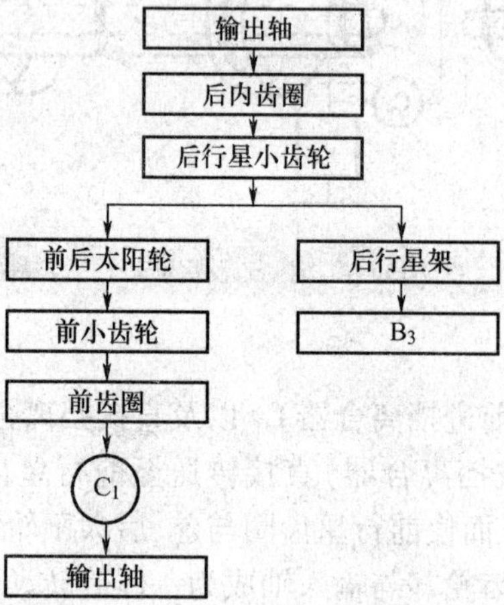

图 7-20　发动机制动路线（选挡杆置于 L 挡）

车辆在选挡杆位于 L 挡时，制动器 B_3、离合器 C_1、单向离合器 F_2 同时运作，从而实现发动机制动。

在 L 挡，变速器驱动车轮时，动力传输路径与选挡杆置于 D_1 挡时相同。但在变速器受车轮驱动（发动机在制动时）时，输出轴的转动传至后行星齿圈，使后行星架要绕前、后中心齿轮顺时针方向转动，但由于后齿轮架被制动器 B_3 阻止，不能转动，后行星齿轮顺时针方向旋转，而前后太阳轮则逆时针方向转动。这样，车辆在 L 挡行驶时，便实现发动机制动。

6. 超速挡

在 3 速自动变速器行星齿轮机构的基础上增添一套行星齿轮组，就可以实现 4 个前进挡，即增加了超速挡。在超速挡时，传动比小于 1，车辆超速行驶，此时输出轴的转速大于输入轴转速。

超速挡行星齿轮机构，主要由一个单排行星齿轮机构、一个固定太阳轮与齿轮架的超速挡制动器 B_0、一个连接太阳轮与齿轮架的超速挡离合器 C_0，及一个超速挡单向离合器 F_0 组成。动力输入至超速挡齿轮架，从超速挡齿圈输出，如图 7-21 所示。

各换挡执行元件功能见表 7-4。执行元件工作表见表 7-5。

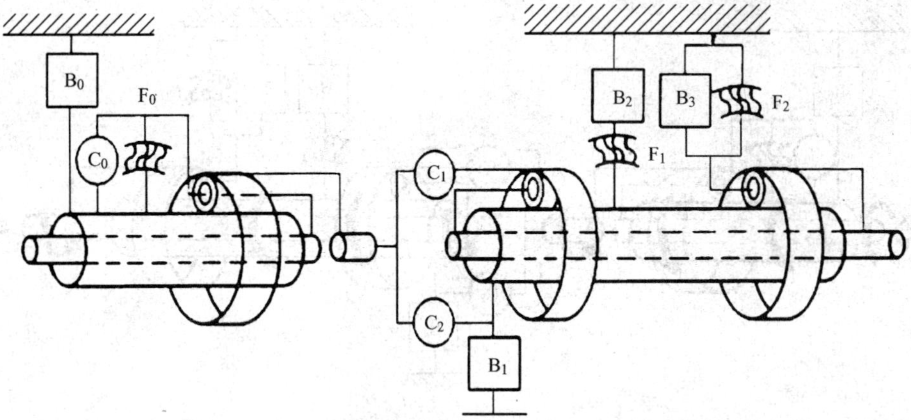

图 7-21　超速挡行星齿轮机构

执行元件功能表　　表 7-4

名　称	功　能
超速直接挡离合器 C_0	连接超速挡行星齿轮架与太阳轮
前进挡离合器 C_1	连接输入轴与前齿圈
直接挡离合器 C_2	连接输入轴与前、后太阳轮
超速挡制动器 B_0	锁定超速挡太阳轮，使之顺时针、逆时针方向都不转动
二挡滑行制动器 B_1	锁定太阳轮，使之顺时针、逆时针方向都不转动
二挡制动器 B_2	锁定太阳轮，在 F_1 动作时，不能逆时针方向转动
一挡及倒挡制动器 B_3	锁定后行星齿轮架，使之顺时针、逆时针方向都不转动
超速挡单向离合器 F_0	锁定超速挡行星齿轮架，使之不能逆时针方向转动
一号单向离合器 F_1	在 B_2 动作时，锁定太阳轮，使之不能逆时针方向转动
二号单向离合器 F_2	锁定后行星齿轮架，使之不能逆时针方向转动

执行元件工作表　　表 7-5

选挡杆位置	C_0	F_0	C_1	C_2	B_0	B_1	B_2	F_1	B_3	F_2
D_1	○	○	○							○
D_2	○	○	○				○	○		
D_3	○	○	○	○			○			
D_4			○	○	○		○			

1）有超速挡时 D_3

当超速挡输入轴顺时针方向转动时，超速挡齿轮架也顺时针方向转动。而超速挡行星齿轮则绕超速挡太阳轮顺时针方向旋转。由于超速挡单向离合器 F_0 内座圈的转速要比 F_0 外座圈的转速大，所以 F_0 被锁定。由于超速挡行星架与超速挡太阳轮由超速挡离合器 C_0 连接，组成一体，顺时针方向转动，从而超速挡齿圈也与之一体同向转动。这样，超速挡行星齿轮机构如同直接传动的中间轴，将输入的动力直接传递给辛普森行星齿轮机构。有超速挡时 D_3 工作元件的运作如图 7-22 所示。动力传输路径如图 7-23 所示。

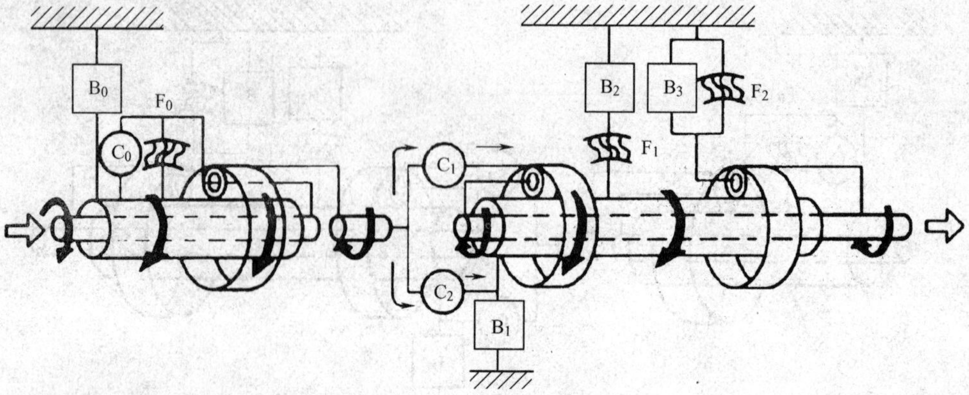

图 7-22　有超速挡时 D_3 的工作元件的运作

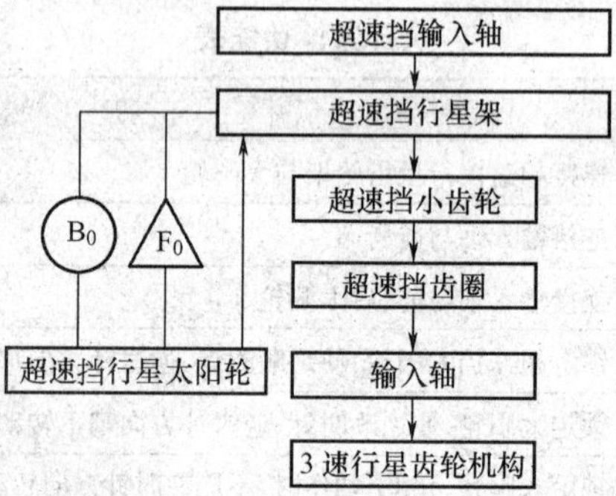

图 7-23　有超速挡时 D_3 的动力传输路径

2）挡位在超速挡

在超速挡时，超速制动器 B_0 锁定超速太阳轮。所以当超速挡齿轮架顺时针方向转动时，超速挡小齿轮一面绕小齿轮轴转动，一面绕超速挡太阳轮顺时针方向旋转，同时带动超速挡齿圈顺时针输出，如图 7-24 所示。动力传输路线如图 7-25。

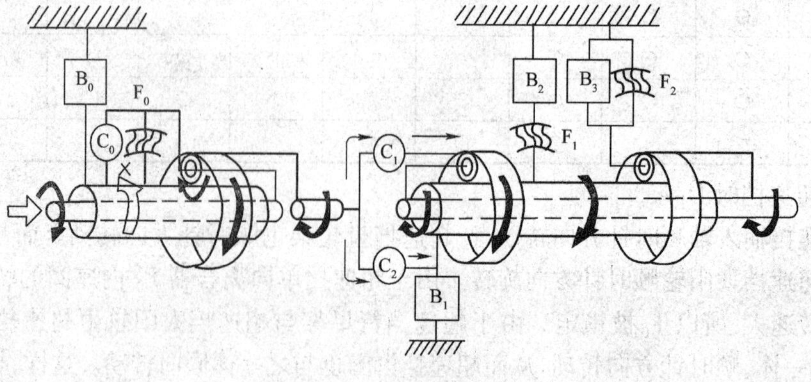

图 7-24　在超速挡时超速挡行星齿轮排的运行

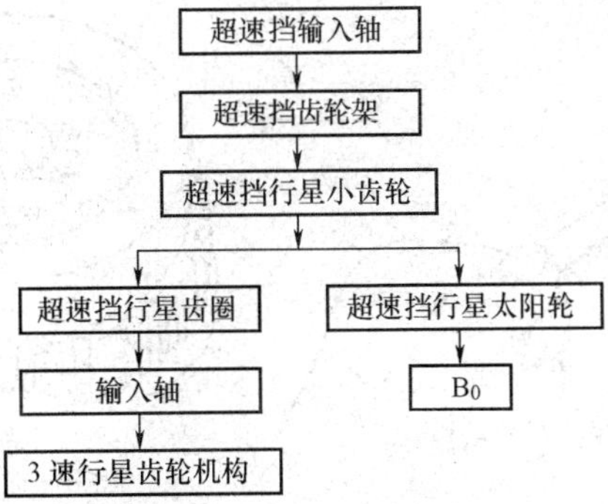

图 7-25　在超速挡时动力传输路线

二、实践操作

行星齿轮机构是变速器产生运转噪声的主要来源。拆卸后，应仔细检查行星齿轮机构所有轮齿是否有磨损、裂纹、变色或剥落，所安装的花键轴的花键是否有变形或破损，齿轮与花键轴之间的配合间隙是否过大。如出现以上损伤均应更换整个行星齿轮。

（一）实践准备

（1）花冠 A246E 自动变速器一台。

（2）百分表一只、磁力表座一套，游标卡尺、厚薄规等常用量具，常用工具。

（3）丰田花冠维修手册。

（4）自动变速器专用工具一套。

（5）干净的抹布、工单。

（二）技术要求及注意事项

（1）行星架齿轮轴向间隙，标准间隙：0.2～0.5mm，最大间隙为 0.5mm。

（2）太阳轮的内径，标准内径：22.025～22.046mm，最大直径为 22.096mm。

（3）前行星齿圈凸缘盘衬套内径，标准内径：19.025～19.050mm。

（三）行星齿轮机构的检修

1. 检查前后行星架总成

用厚薄规测量行星齿轮轴向间隙，如图 7-26 所示。如果间隙大于最大间隙，则更换前行星齿轮总成。

你测量的行星齿轮轴向间隙是____________，诊断结果为____________。

2. 丰田 A245E/A246E 前行星齿轮总成的检修

1）拆下行星太阳齿轮分总成

用卡环钳从鼓上拆下卡环，从鼓上拆下行星太阳齿轮分总成，如图 7-27 所示。

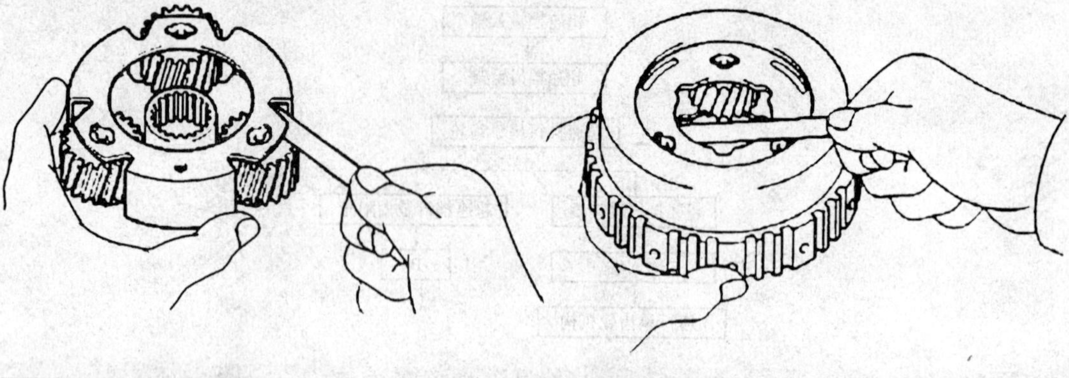

图 7-26　行星齿轮轴向间隙的检测

2)拆下太阳轮输入鼓轴卡环

用卡环钳从太阳轮分总成上拆下太阳轮输入鼓轴卡环,如图 7-28 所示。

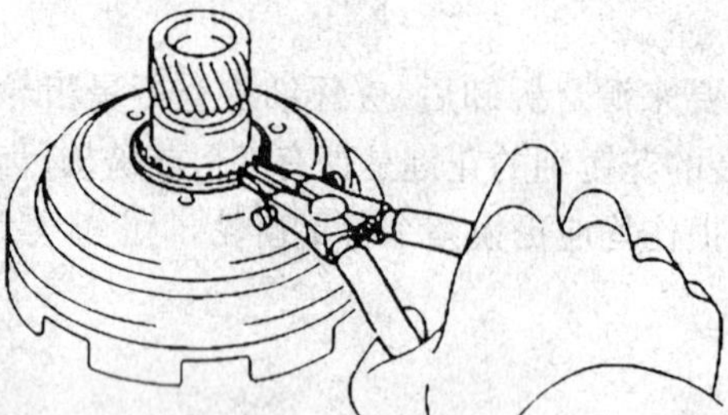

图 7-27　拆下行星太阳齿轮分总成

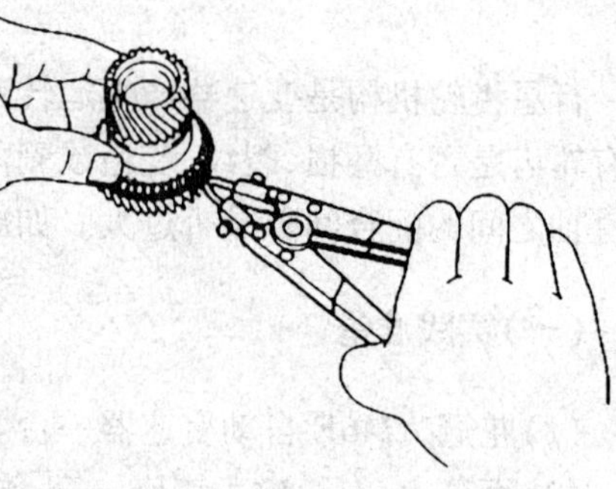

图 7-28　拆下太阳轮输入鼓轴卡环

3)拆下前行星齿圈凸缘盘分总成

用平口螺丝刀拆下卡环,从齿圈上拆下行星齿圈凸缘盘,如图 7-29 所示。

4)检测太阳轮内径

用千分表测量太阳轮的内径,如图 7-30 所示。标准内径为 22.025 ~ 22.046mm,最大直径为 22.096mm。

你测量的太阳轮内径是____________,诊断结果为____________。

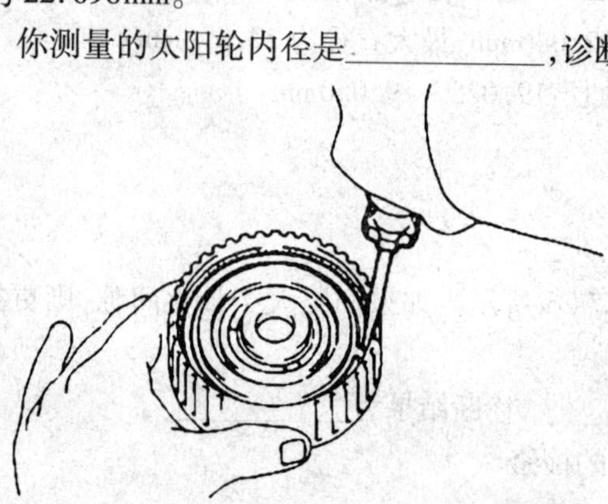

图 7-29　拆下前行星齿圈凸缘盘分总成

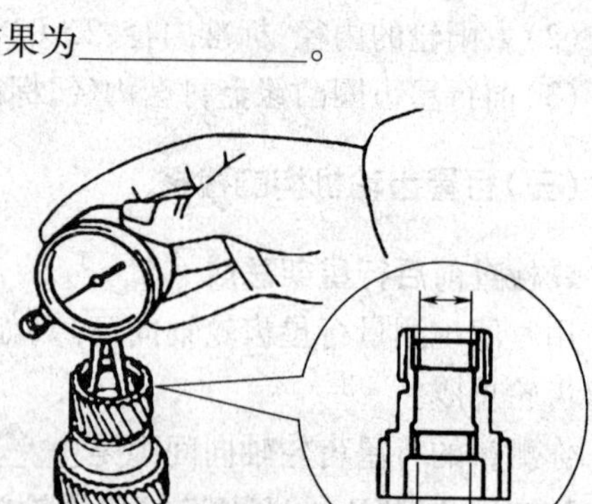

图 7-30　检测太阳轮内径

5)检测前行星齿圈凸缘盘总成

用千分表测量前行星齿圈凸缘盘衬套内径,如图 7-31 所示。内径标准值为 19.025 ~ 19.050mm,如果内径大于最大值,则更换前行星齿圈凸缘盘总成。

6)安装前行星齿圈凸缘盘总成

将前行星齿圈凸缘盘置于齿圈上,用螺丝刀安装卡环,如图 7-32 所示。

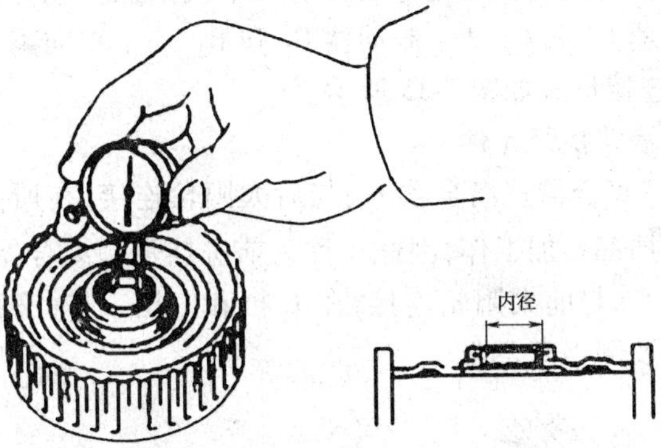

图 7-31　检测前行星齿圈凸缘盘总成

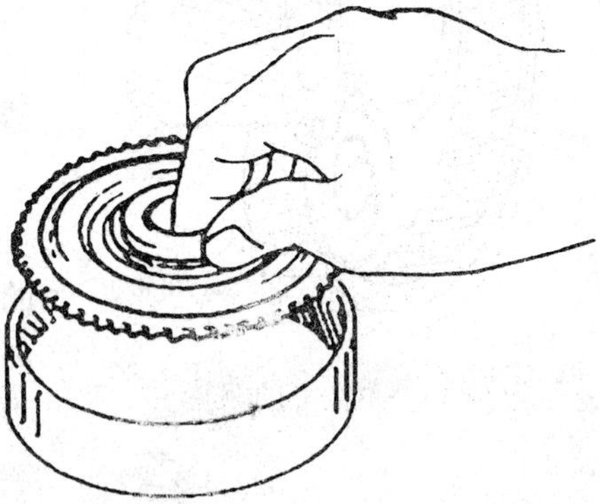

图 7-32　安装前行星齿圈法兰盘总成

7)安装太阳轮输入鼓轴卡环

用卡环钳安装太阳轮输入鼓轴卡环到太阳轮。安装太阳轮到鼓上,安装卡环到鼓上,如图 7-33 所示。

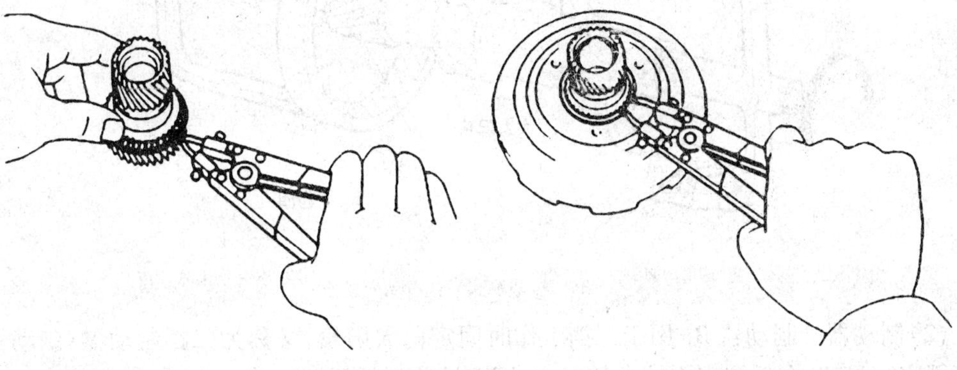

图 7-33　安装太阳轮输入鼓轴卡环

三、学 习 拓 展

(一)拉威娜行星齿轮机构概述

拉威娜行星齿轮机构的特点是在行星架上安装了互相啮合的两套行星齿轮,即长行星轮和短行星轮。短行星轮内与小太阳轮接触,外与长行星轮啮合,但与齿圈没有啮合关系;

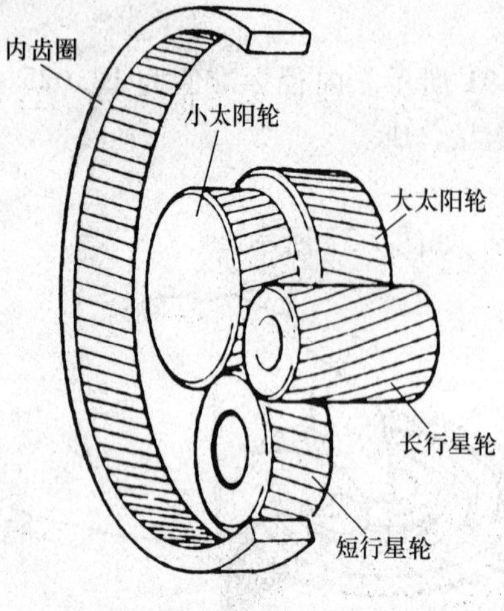

图 7-34　拉威娜式行星齿轮机构

长行星轮除了与短行星轮接触以外，在另一端的内侧还与大太阳轮啮合，外侧与输出元件齿圈啮合，行星齿轮机构的大、小太阳轮都可以作为动力的输入元件，如图 7-34 所示。

（二）简单拉威娜行星齿轮三挡自动变速器

拉威娜三挡自动变速器只有 5 个换挡执行元件：2 个离合器 C_1 和 C_2、2 个制动器 B_1 和 B_2、一个单向离合器 F_1，连接形式如图 7-35 所示。

1. 换挡执行元件

（1）离合器。离合器 C_1 与后太阳轮连接，在所有的前进挡都参加工作，因此又称为前进挡强制离合器；离合器 C_2 与前太阳轮连接，在 R 挡和三挡工作，又称为高挡及倒挡离合器。

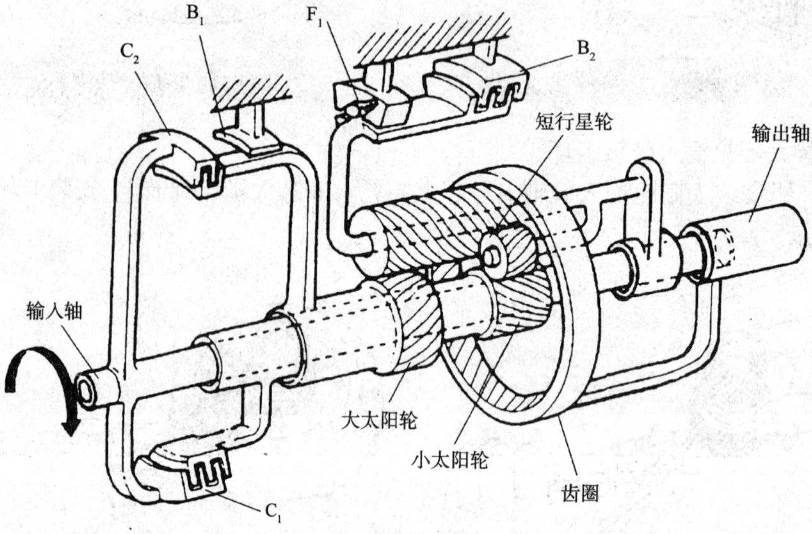

图 7-35　拉威娜式三挡自动变速器

（2）制动器。制动器 B_1 用于二挡工作时固定前太阳轮，又称为二挡制动器；制动器 B_2 用于固定行星架，在低挡和倒挡参加工作，因此被称为低倒挡制动器。

（3）单向离合器。单向离合器 F_1 在一挡时阻止行星架逆时针转动，被称为一挡单向离合器。

2. 各挡工作情况

简单的拉威娜行星齿轮变速器换挡执行元件工作情况见表 7-6。

1）一挡

（1）没有发动机制动的一挡。当换挡手柄处于“D” 挡起步时，前进挡强制离合器 C_1 接合，小太阳轮顺时针转动并驱动短太阳轮和长太阳轮分别逆时针和顺时针转动。长行星轮在顺时针转动的同时，有带动行星架逆时针转动的趋势，由于单向离合器阻止行星架逆时针转动，因此行星架在 D_1 挡是被固定的，这样，长行星轮的顺时针转动便驱动齿圈转动并将动力输出。

拉威娜行星齿轮变速器换挡执行元件的工作情况　　表 7-6

换挡手柄位置	挡位	换挡执行元件				
		前进挡强制离合器 C_1	高挡、倒挡离合器 C_2	二挡制动器 B_1	低倒挡制动器 B_2	一挡单向离合器 F_1
D	1	○				○
	2	○		○		
	3	○	○			
低速挡	1	○			○	
	2	○		○		
R	倒挡		○		○	

在车辆滑行时，小太阳轮与输入轴连接，转速仍然是发动机怠速的转速，与输出轴连接的齿圈被驱动车轮带动顺时针转动，使行星架产生顺时针方向的转动，此时，单向离合器的内外圈脱开，不能将动力传给小太阳轮，因此没有发动机制动。

(2)有发动机制动的一挡。当换挡手柄处于低速挡时，与单向离合器 F_1 并联的制动器 B_2 处于工作状态，由于制动器 B_2 固定了行星架，车辆前进时行星齿轮组的动作与没有发动机制动的一挡完全相同。驾驶员放松加速踏板时，由于行星架的固定，输出轴通过长短行星齿轮驱动小太阳轮顺时针加速转动，动力通过强制离合器 C_1 反向传至发动机端，实现了发动机制动。

2)二挡

在只有 5 个换挡执行元件时，变速器只能提供有发动机制动的二挡。参与二挡工作的执行元件是前进挡强制离合器 C_1 和二挡制动器 B_1。

动力仍然通过前进挡强制离合器传给小太阳轮，小太阳轮驱动短行星轮逆时针旋转、长行星轮顺时针旋转。由于二挡制动器固定了大太阳轮，长行星轮在固定的大太阳轮上顺时针滚动并驱动齿圈顺时针转动输出动力。

由于在二挡没有使用单向离合器，大太阳轮被双向固定。在车辆滑行时，与输出轴连接的齿圈通过长短行星轮驱动小太阳轮顺时针加速转动，实现发动机制动。

3)三挡

两个离合器同时工作将动力从大、小太阳轮同时输入，由于大、小太阳轮连成一体，长短行星轮的自转被限制，整个行星齿轮组一起转动，输出轴的转速与输入轴完全一致，传动比等于 1，此时为直接挡。由于没有使用单向离合器，三挡也具有发动机制动效果。

4)R 挡

倒挡时，通过倒挡离合器 C_2 将动力输入大太阳轮，低倒挡制动器 B_2 固定行星架，大太阳轮顺时针转动驱动长行星轮逆时针转动，齿圈被驱动逆时针转动输出动力，使车辆倒驶。

四、评价与反馈

1. 自我评价与反馈

(1)你是否知道离合器的基本组成?(　　)

A. 知道　　B. 不知道

(2)你是否能够完成离合器和制动器的基本检查?(　　)

A. 能够完成　　B. 在小组协作下能够完成　　C. 不能完成

(3)你是否能够完成A340E自动变速器中执行元件的拆卸与装配?(　　)

A. 能够完成　　B. 在小组协作下能够完成　　C. 不能完成

(4)完成了本学习任务后,你感觉困难的部分是哪些?

____

____

____

签名:________ ________年________月________日

2. 小组评价与反馈

(1)你们小组在接到任务之后是否分工明确?________________

(2)你们小组每位组员都能轮换操作吗?________________

(3)遇到难题时你们分工协作吗?________________

(4)对于小组其他成员有何建议?________________

参与评价的同学签名:________ ________年________月________日

3. 教师评价及回复

____

____

____

教师签名:________ ________年________月________日

五、技能考核标准

序号	项目	操作内容	规定分	评分标准	得分
1	准备	清点工具、量具 清理工位	5分	酌情扣分	
2	拆卸	拆下行星太阳齿轮分总成 拆下太阳轮输入鼓轴卡环 拆下前行星齿圈凸缘盘分总成	5分 10分 5分	操作不当扣1~5分 操作不当扣1~10分 操作不当扣1~5分	
3	检测	检测太阳轮内径 检测前行星齿圈凸缘盘总成	15分 10分	检查不当1~15分 检查不当1~10分	

续上表

序号	项目	操作内容	规定分	评分标准	得分
4	装配	安装前行星齿圈凸缘盘分 安装前行星齿圈凸缘盘总成 安装太阳轮输入鼓轴卡环	10分 10分 10分	操作不当扣1~10分 操作不当扣1~10分 操作不当扣1~10分	
5	时间	30min	5分	超时1~10min扣1~5分 超时10min以上扣5分	
6	安全文明	无安全隐患,无不文明操作	5分	未达标扣1~5分	
7	结束	工具、量具清洁并归位 工作场地清洁	5分 5分	漏一项扣1分,未做扣5分 清洁不彻底扣1~5分,未做扣5分	
总分			100分		

学习任务八　自动变速器液压控制系统的检修

任务要求

完成本学习任务后，你应：

1. 掌握自动变速器液压控制系统的组成及作用；
2. 掌握自动变速器油泵的结构和工作原理；
3. 掌握自动变速器液压控制系统的换挡原理；
4. 能够在教师的指导下分析典型自动变速器的油路；
5. 能够按照维修手册完成油泵的装配与检修；
6. 能够参考维修资料在教师的指导下完成阀体的分解和装配。

建议学时：7 学时

任务描述

丰田普拉多多用途车，行驶近 30 万 km，出现在前进挡时只有一挡，而不能自动升挡的故障。在检查电控系统没有故障之后，确定故障部位应在液压控制系统。对自动变速器进行拆检后，发现一至二挡换挡阀卡死在一挡位置。更换一至二挡换挡阀，并彻底清洗阀体后故障消失。

一、理论知识准备

（一）液压控制系统的组成

电控变速器的液压控制系统由自动变速器油、油泵、阀体、管道及电磁阀等元件组成，如图 8-1 所示。液压控制系统将油泵产生的经主油压调节阀调节后的液压油，通过阀体上电磁阀的工作操纵换挡阀，电磁阀由电控单元根据车辆的实际工况控制，控制作用在变矩器、离合器及制动器的液压上，以控制变矩器和行星齿轮机构的工作。电控自动变速器的换挡不再根据节气门液压和速控液压，而是由电控单元根据传感器信号去控制电磁阀的工作来实现的。

(二)油泵

液力变矩器和执行元件依靠油泵提供的液压油工作。虽然油泵是整个变速器油液的来源,但由控制阀体调节并引导油流进行换挡。油泵由变矩器轴套或变矩器轴驱动,因此,只要发动机运转油泵就工作。普遍采用齿轮泵、转子泵和叶片泵等三类油泵,这里我们只介绍内啮合齿轮泵。

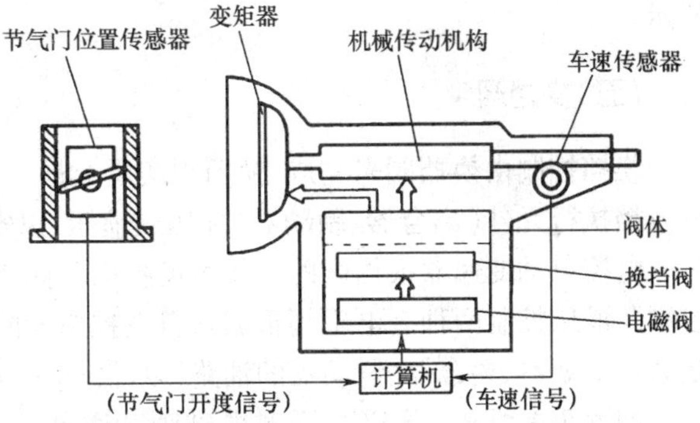

图 8-1　电控自动变速器的液压系统

内啮合齿轮泵有两个齿轮,一个齿轮有内齿,另一个有外齿,带有外齿的较小的齿轮与较大的内齿轮的一部分啮合,在没有齿轮啮合的空隙中有一个新月形的隔板,如图 8-2 所示。

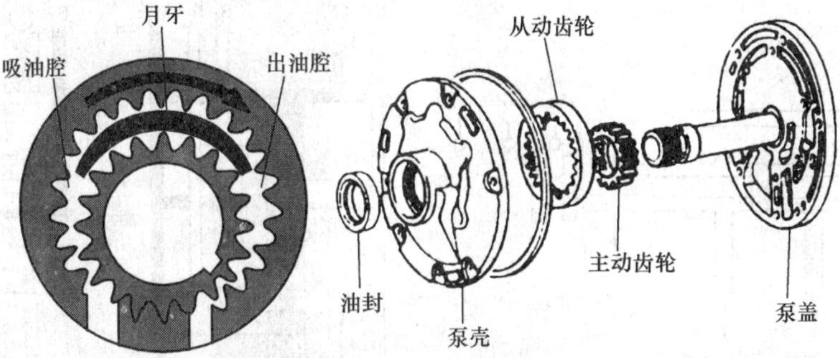

图 8-2　内啮合齿轮泵的结构

齿轮转动时,油被吸进并封闭在齿轮和新月板之间,然后绕着油泵壳,液压油被带到出油口,齿轮靠近出油口时,开始啮合,间隙逐渐变窄,间隙变窄一直持续到齿轮完全啮合。齿轮转动进入啮合时,间隙变窄挤压液压油,形成压油腔,液压升高,并迫使液压油通过出油口进入变速器的液压系统。新月板阻隔压力油,并且防止液压油泄漏回到吸油腔。内啮合齿轮泵制造精密,齿轮每转一圈,油泵可以供应相当的油量,供油量随发动机转速变化而改变。

(三)调压阀

控制油压的主要元件是调压阀,调压阀主要分为主调压阀和次调压阀。主调压阀用于调节油泵油压,并把调节后的液压油送到各执行元件、换挡阀处。次调压阀用于调节液力变矩器的锁止油压和自动变速器的润滑油压。

(四)手动阀

手动阀实际上是一个油路开关,随着驾驶员操作信号的变化,阀芯的位置发生变化,从而改变液体流动方向,控制液压系统的油路开关。不同的自动变速器手动阀的基本原理都是一样的，当手动阀在选挡杆的带动下移至相应位置时，主油路就与相应的控制油路或执行元件连通，并使不工作的油路与泄油孔接通，从而使自动变速器处于相应的挡位，如图 8-3 所示。

（五）换挡阀

换挡控制由换挡阀来完成，换挡阀实质上是一个由换挡控制信号操纵的油路开关，负责将换挡执行元件（离合器、制动器）加压或泄压，以实现齿轮变速装置的挡位切换。

电控自动变速器换挡阀的工作由换挡电磁阀来控制，电磁阀控制换挡阀的方式有加压控制及泄压控制两种。电磁阀根据来自电控单元的信号打开或关闭，以操纵换挡阀，从而切换通往变矩器、离合器、制动器的油路，以控制变矩器和行星齿轮机构的工作。

如图 8-4 所示，当 ECU 不对电磁阀②通电时，管路压力作用在阀芯上端，迫使阀芯下移，离合器 C_1 工作，变速器处于一挡。当 ECU 对电磁阀②通电时，作用在阀上端的管路压力由电磁阀②排放掉，阀芯在弹簧力作用下上移，打开制动器 B_2 的油路使其工作，变速器换入二挡。

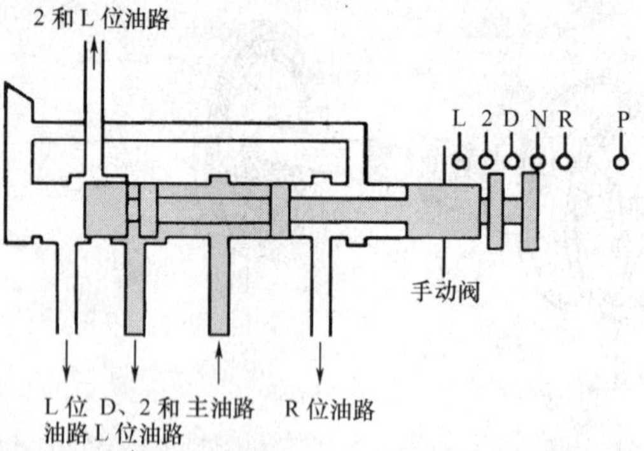

图 8-3　手动阀示意图

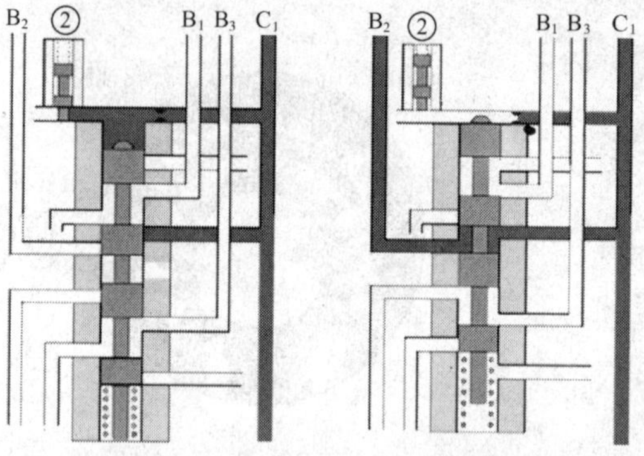

a）换挡阀下位一挡　　b）换挡阀上位二挡

图 8-4　换挡阀的工作过程

小提示

一、二挡执行元件的工作情况参见学习任务七（自动变速器行星齿轮机构的检修）的表 7-4。

（六）换挡品质控制阀

为了提高换挡品质，自动变速器液压控制系统设置有蓄压减振器、缓冲阀、限流阀、节流阀以及节流孔等换挡品质控制阀。

1. 蓄压减振器

蓄压减振器一般采用弹簧式，用于储存少量压力油液，作用是在换挡时，使压力油液迅速流到换挡执行机构的油缸，并吸收和平缓所输送油压的压力波动。当弹簧被压缩时，储存能量,而当弹簧伸长时,释放能量,如图 8-5 所示。

2. 节流阀

常见的节流阀有球阀式节流阀和柱阀式节流阀两种。

球阀式节流阀结构最简单,但其缓冲效果是不可调节的,因此常需要与止回阀配合使用。当油压升高时,止回阀关闭,油只能通过节流孔进入油缸,控制油压上升的速度,离合器平稳接合。当离合器分离时,止回阀打开,迅速泄压,使离合器快速脱开,如图 8-6 所示。

柱阀式节流阀由弹簧、柱阀及阀上的节流孔组成。油压升高时,压紧并关闭柱阀,油液必须经过阀上的节流孔,才能进入离合器油缸,因而起到节流的作用。泄压时,回油压力将柱阀打开,迅速回油泄压,离合器分离,如图 8-6 所示。

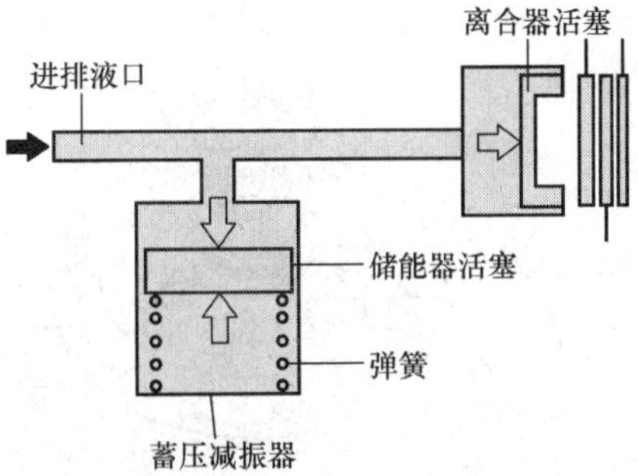

图 8-5　蓄压减振器

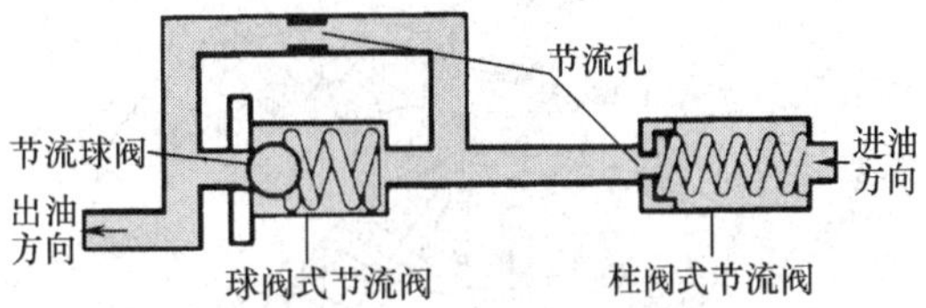

图 8-6　节流阀和节流孔

二、实践操作

(一)实践准备

(1)自动变速器油泵。

(2)干净的抹布。

(3)常用工具。

(4)维修手册、工单。

(二)技术要求及注意事项

油泵的检测标准数据见表 8-1。

油泵检测标准数据　　表 8-1

项　　目	标准数值(mm)
外壳体衬套内孔径	不大于 38.19
内壳体转子轴套大端孔径	不大于 27.08
内壳体转子轴套小端孔径	不大于 21.58
从动齿与壳体间隙	0.07 ~ 0.15
齿顶与月牙板间隙	0.11 ~ 0.14
齿端间隙	0.02 ~ 0.05

(三)油泵的检修

油泵一旦发生故障会对整个自动变速器的液压系统产生影响,而不是单独影响某一挡位的工作。当然,油泵故障对每一挡位的影响是不同的,总的来说,油泵能引起在前进挡和倒挡时的多种故障,如车辆均不能移动、前进挡和倒挡起步无力、自动变速器打滑、自动变速器换挡冲击、异响等。

1. 油泵拆装

(1)从导轮轴背侧拆下 2 个离合器鼓的油封环,如图 8-7 所示。

(2)从油泵总成上拆下导轮离合器的止推垫圈,如图 8-8 所示。

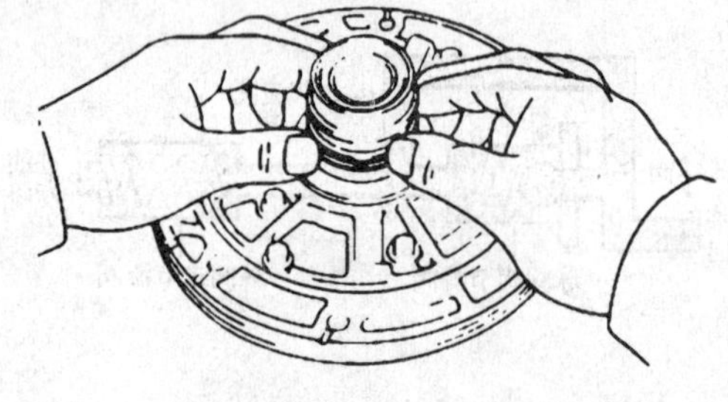

图 8-7　拆下 2 个离合器鼓的油封环

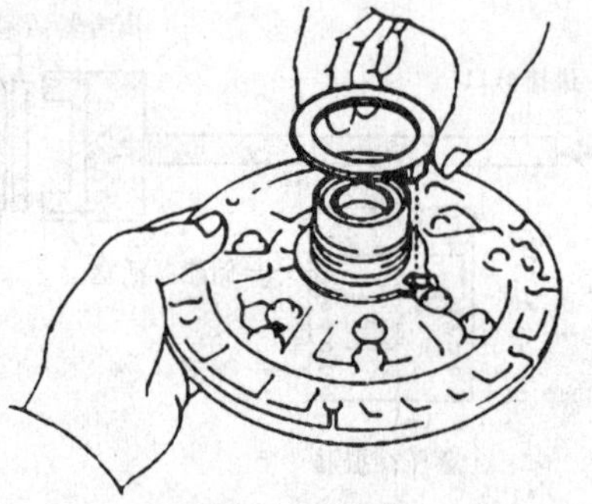

图 8-8　拆下导轮离合器的止推垫圈

(3)拆下油泵紧固螺栓和导轮轴总成,注意保持组装顺序,如图 8-9 所示。

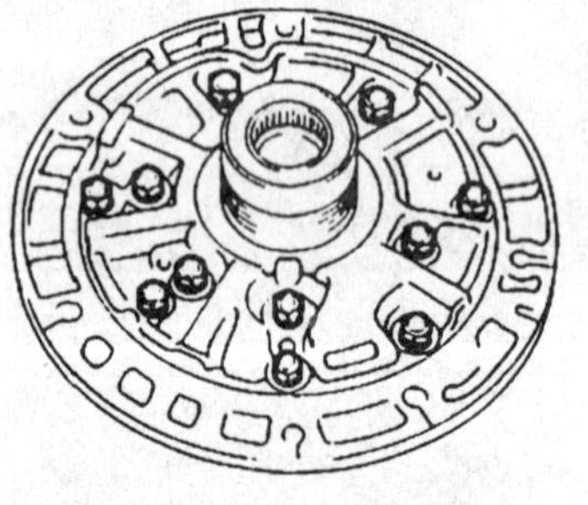

图 8-9　拆下油泵紧固螺栓和导轮轴总成

(4)用螺丝刀撬出油泵油封,用专用工具(丰田 SST09350-32014)和锤子安装新的油泵油封,油封末端应与泵体的外缘齐平,如图 8-10 所示。

(5)安装油泵从动齿轮,注意标记,确保从动齿轮的顶部朝上。安装油泵主动齿轮,注意标记,确保主动齿轮的顶部朝上,如图 8-11 所示。

(6)安装导轮轴总成,使导轮轴总成的螺栓孔与泵体的螺栓孔对齐,螺栓的紧固力矩为 10N · m,如图 8-12 所示。

(7)在导轮轴的离合器止推垫圈上涂抹凡士林,确保止推垫圈的标签与油泵体中心孔同心,安装止推垫圈,如图 8-13 所示。

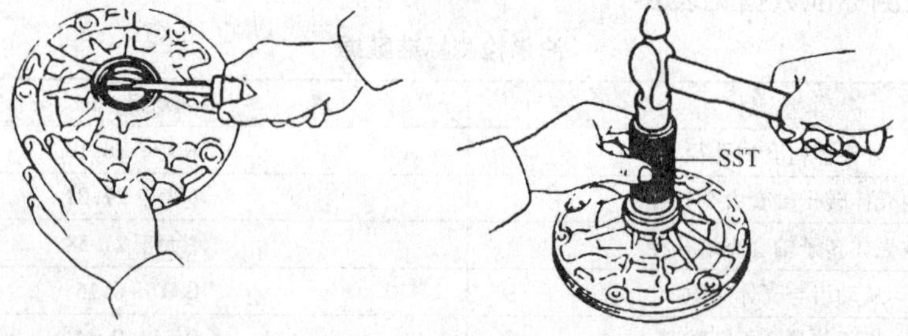

图 8-10　拆装油封

图 8-11　安装油泵齿轮

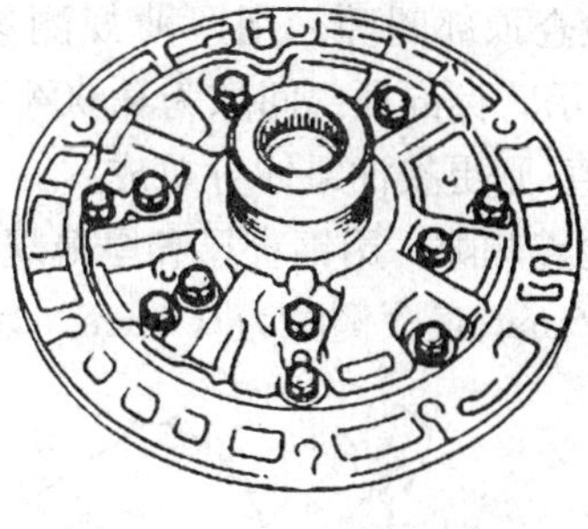

图 8-12　安装导轮轴总成

(8)安装离合器鼓的油封环到导轮轴背侧,注意不必要时不要打开油封外端头部,安装油封环后,检查他们是否能够平滑移动,如图 8-14 所示。

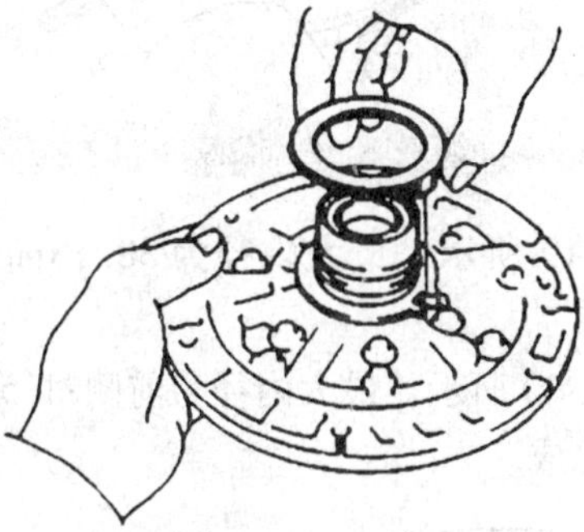

图 8-13　安装止推垫圈

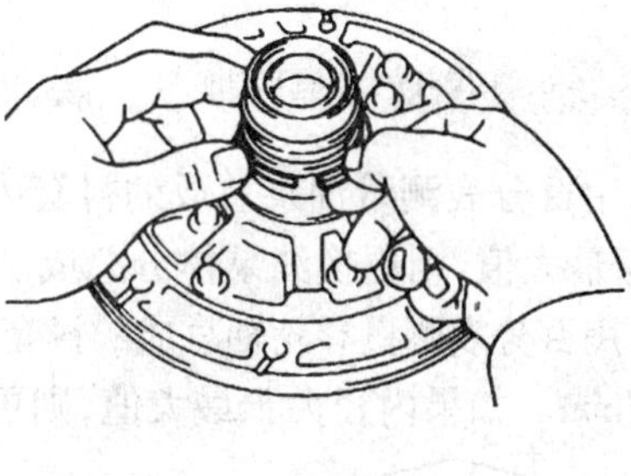

图 8-14　安装油封

(9)检查油泵总成,用两个螺丝刀转动主动齿轮,确保平滑旋转,注意不要损坏油泵的油封唇部,如图 8-15 所示。

2. 油泵检测

以内啮合齿轮泵的检查为例,检查的项目主要有:油泵内齿轮外圈与壳体间隙、齿顶与月牙板间隙、齿轮端隙、壳体衬套内径、转子轴套前端直径、转子轴套后端直径。

(1)检查泵体间隙。推动从动齿轮至泵体一侧,用厚薄规测量间隙,如图 8-16 所示。标准泵体间隙为 0.075 ~0.150mm,最大泵体间隙为 0.3mm。如果泵体间隙大于最大间隙,则更换油泵体分总成。

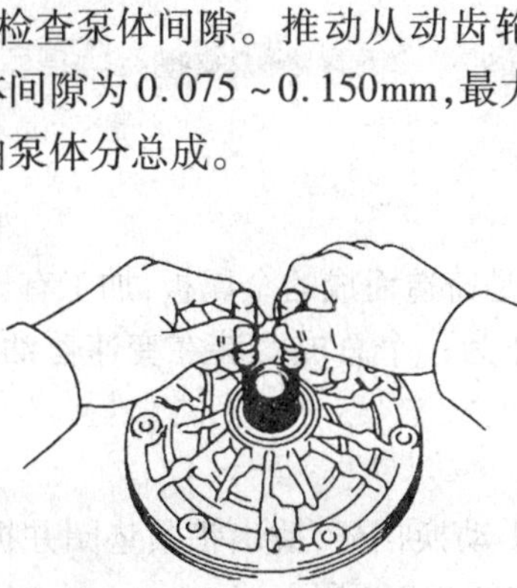

图 8-15　检查油泵总成

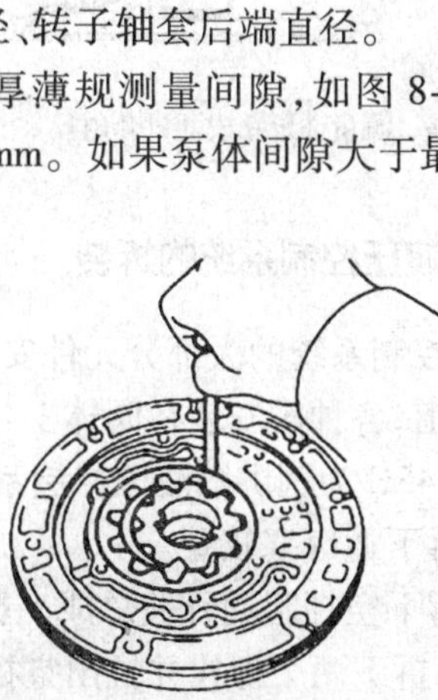

图 8-16　检查泵体间隙

(2)检查顶部间隙。用厚薄规测量从动齿轮和泵体月牙形部分之间的顶部间隙,如图 8-17 所示。标准顶部间隙为 0.004 ~0.248mm,最大顶部间隙为 0.3mm。如果顶部间隙大于最大值,则更换油泵体分总成。

(3)检查侧隙。用钢直尺和厚薄规测量两个齿轮的侧隙,如图 8-18 所示。标准侧隙为 0.02 ~0.05mm;最大侧隙为 0.1mm。如果大于最大值,则更换油泵体分总成。

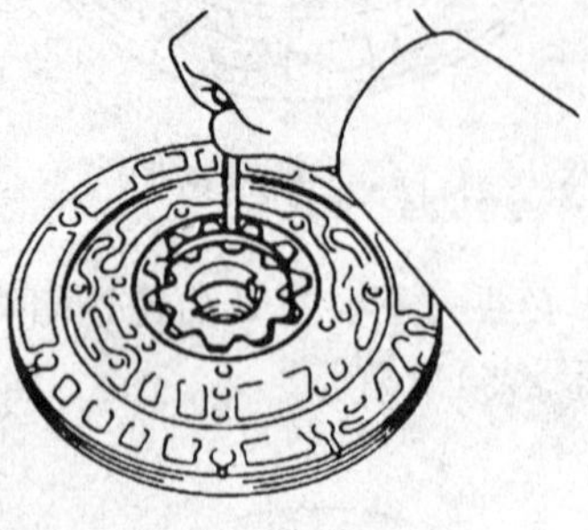

图 8-17 检查顶部间隙

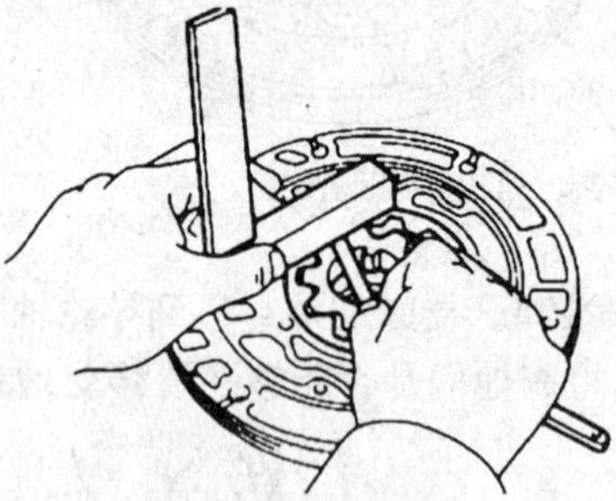

图 8-18 检查侧隙

(4)用百分表测量油泵总成的衬套内径,如图 8-19 所示。最大内径为 38.18mm。如果内径大于最大值,则更换油泵体分总成。

(5)用百分表测量导轮轴总成的衬套内径,如图 8-20 所示。最大内径为前侧21.57mm,后侧 27.07mm。如果内径大于最大值,则更换导轮轴总成。

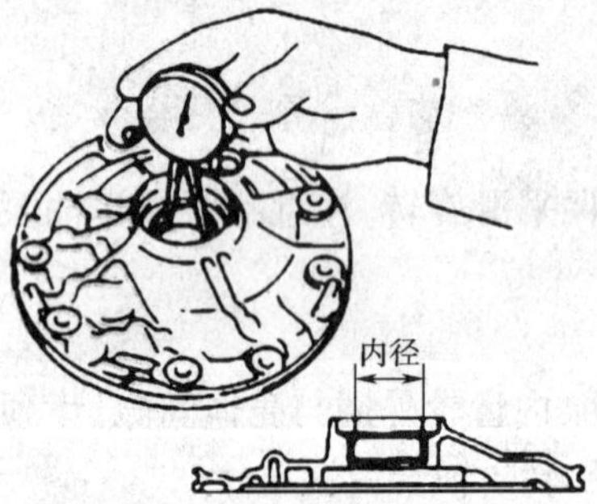

图 8-19 测量油泵总成的衬套内径

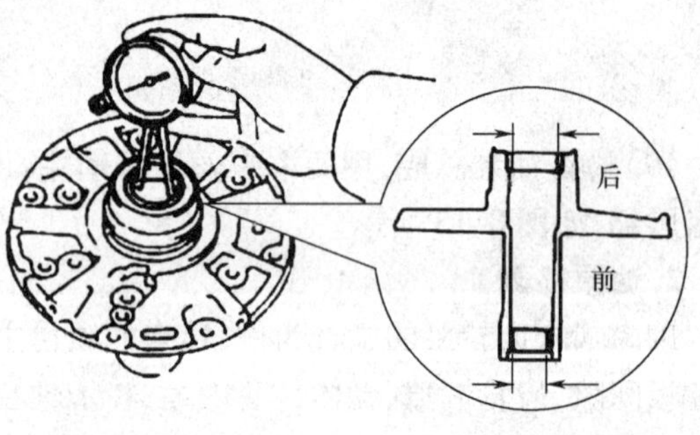

图 8-20 测量导轮轴总成的衬套内径

(四)液压控制系统的拆装

液压控制系统的大部分元件安装在阀体上,阀体是铸造而成的金属板,加工有许多精细的孔和油道,各种阀安装在阀体上各自的槽内,阀体作为一个总成安装在变速器油底壳内。下面以 A245E 为例讲解液压控制系统的拆装。

(1)拆下通气塞软管。

(2)拆下空挡起动开关总成。拆下螺母、垫圈和手动换挡杆,撬出锁紧垫圈并拆下手动阀轴螺母,拆下两个螺栓并拉出空挡起动开关总成,如图 8-21 所示。

(3)拆下自动变速器的油液冷却管接头。用开口扳手拆下 2 个机油冷却器管接头,从机油冷却器接头上拆下 2 个 O 形圈,如图 8-22 所示。

图 8-21　拆下空挡起动开关总成

(4)拆下自动变速器的油底壳总成。拆下油底壳紧固螺栓,如图 8-23 所示。注意通过升起变速器桥壳拆下油底壳,不要翻转变速器,以防止来自油底壳底部的异物污染阀体。拆下衬垫,将变速器放到木块上,以防止管路损坏。

(5)拆除油底壳内磁铁,并用磁铁尽可能吸出油底壳和阀体上的金属粉末。仔细检查油底壳和磁铁上的粉末碎片并判断类型,如图 8-24 所示。金属磨损来自行星齿轮机构、差速器、轴承、轴承垫等,橡胶或塑料磨损来自密封垫和密封圈。

(6)拆下阀体的机油滤清器总成,如图 8-25 所示。

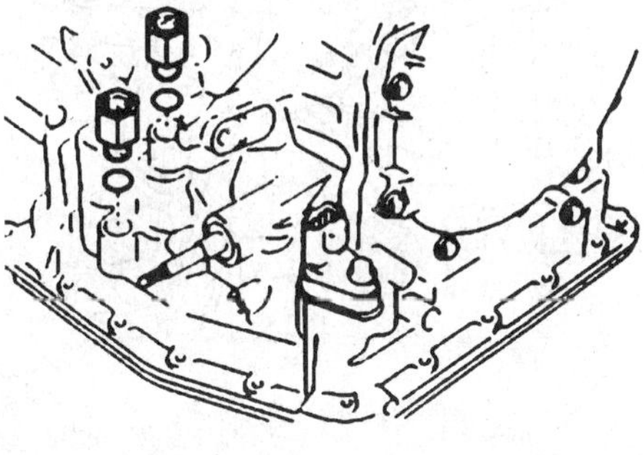

图 8-22　拆下自动变速器的油液冷却管接头

图 8-23　拆下自动变速器的油底壳总成

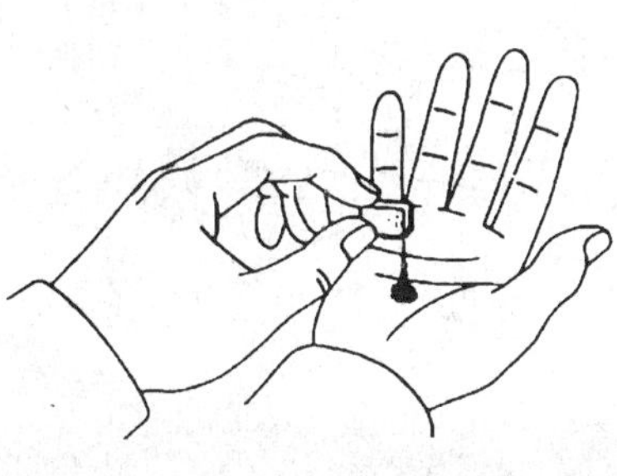

图 8-24　检查磁铁上的粉末碎片

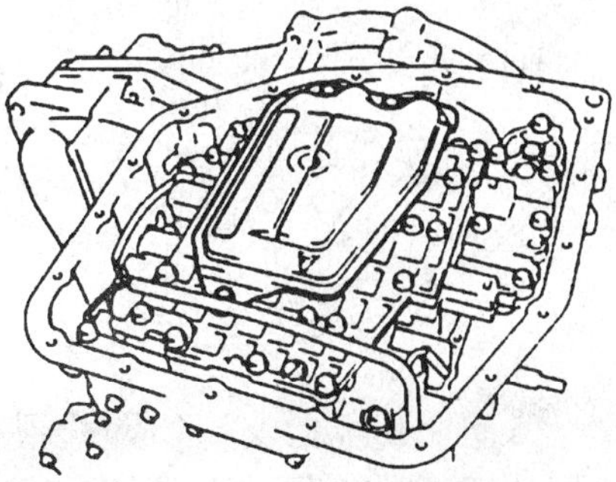

图 8-25　拆下阀体的机油滤清器总成

(7)拆下手动止动弹片,如图 8-26 所示。

(8)断开电磁阀连接器,如图 8-27 所示。

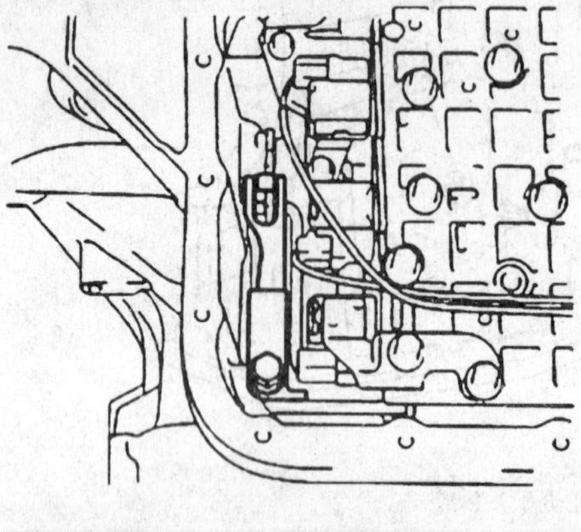

图 8-26　拆下手动止动弹片

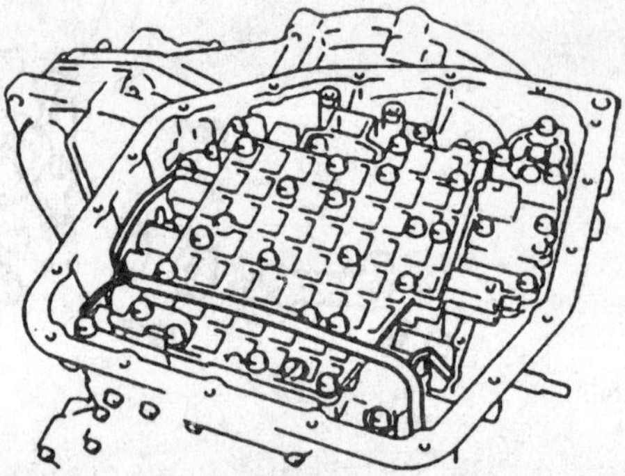

图 8-27　断开电磁阀连接器

(9)拆下阀体紧固螺栓,如图 8-28 所示。

(10)从变速器阀体总成上拆下手控阀,如图 8-29 所示。

(11)拆下变速器配线,如图 8-30 所示。

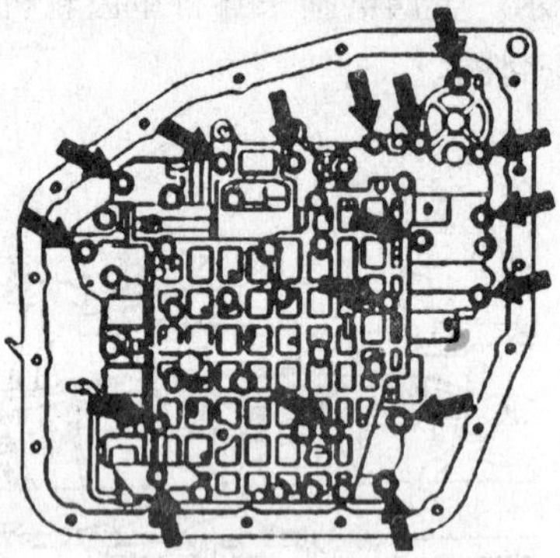

图 8-28　拆下阀体紧固螺栓

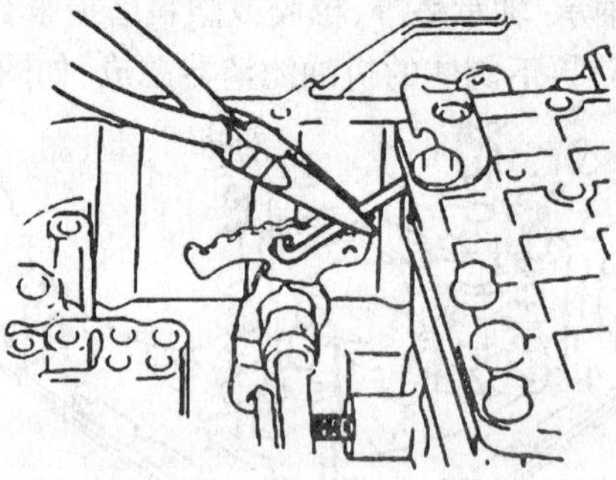

图 8-29　拆下手控阀

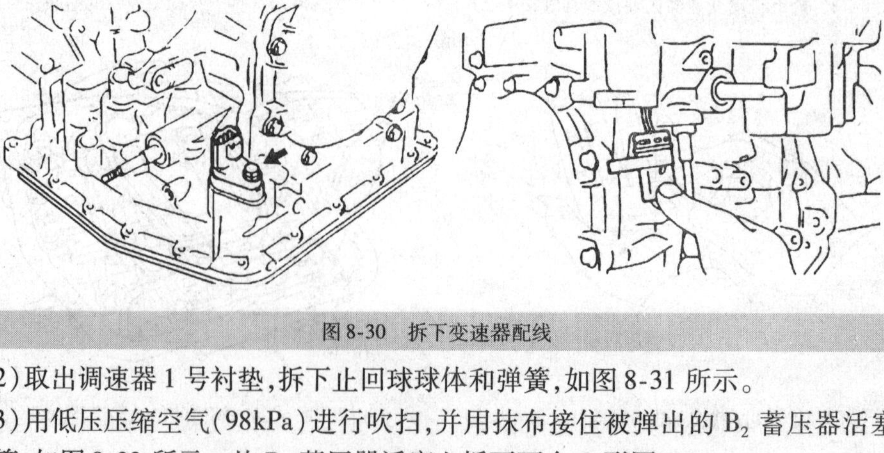

图 8-30　拆下变速器配线

(12)取出调速器 1 号衬垫,拆下止回球球体和弹簧,如图 8-31 所示。

(13)用低压压缩空气(98kPa)进行吹扫,并用抹布接住被弹出的 B_2 蓄压器活塞,然后拆下弹簧,如图 8-32 所示。从 B_2 蓄压器活塞上拆下两个 O 形圈。

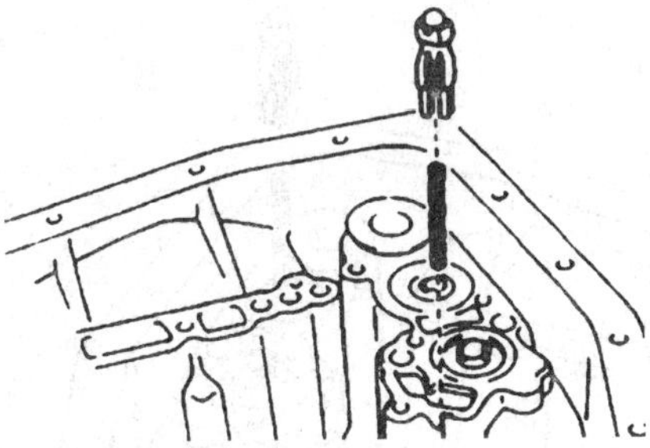

图 8-31　拆下止回球球体和弹簧

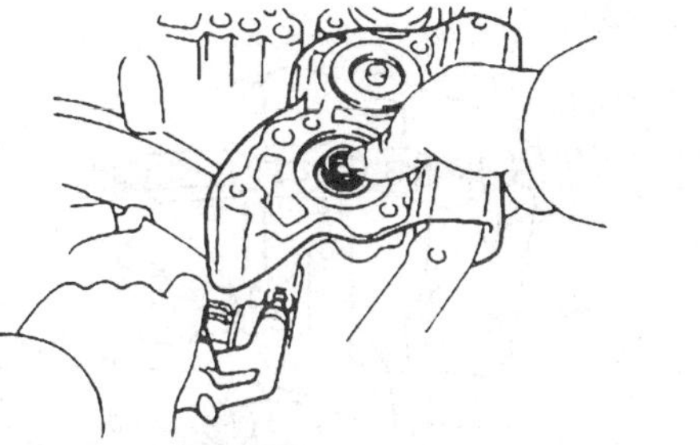

图 8-32　拆下弹簧

(14)用拆卸 B_2 蓄压器活塞同样的方法拆卸 C_1、C_2、C_3 蓄压器活塞，如图 8-33、图 8-34、图 8-35 所示。

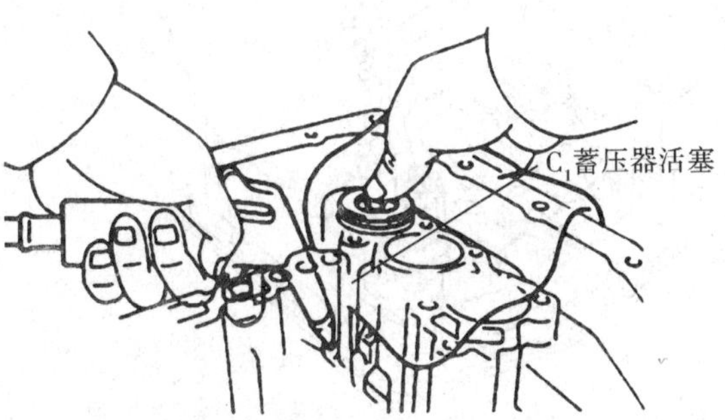

图 8-33　拆卸 C_1 蓄压器活塞

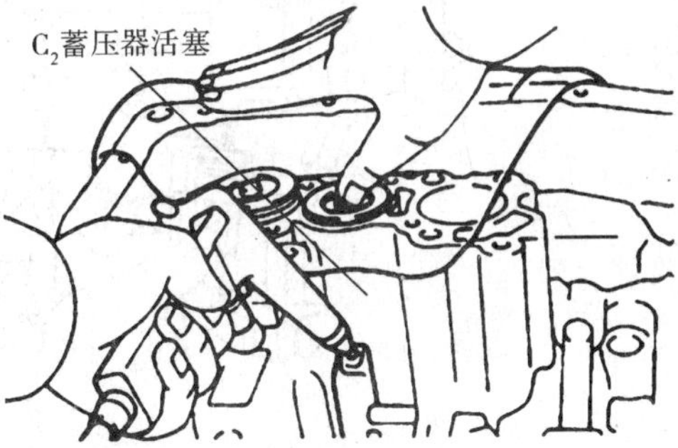

图 8-34　拆卸 C_2 蓄压器活塞

(15)安装蓄压器的活塞和弹簧，在新 O 形圈上涂抹 ATF，然后安装到活塞上，再安装活塞和弹簧到变速器壳体上，如图 8-36 所示。C_1 弹簧长度为 60.39mm；C_2 弹簧长度为 64.68mm；C_3 弹簧的内侧长度为 50mm，外侧长度为 68.4mm。

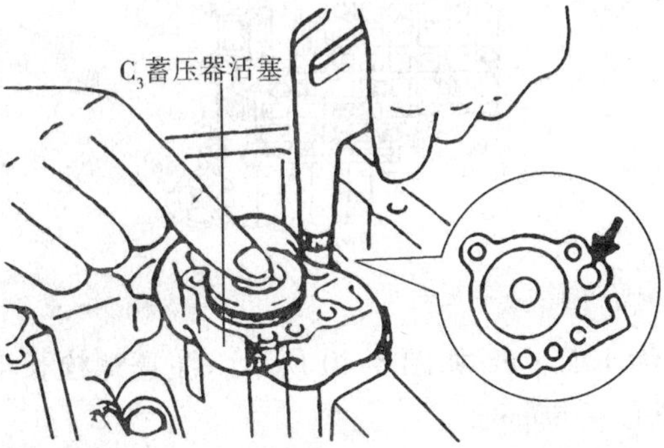

图 8-35　拆卸 C_3 蓄压器活塞

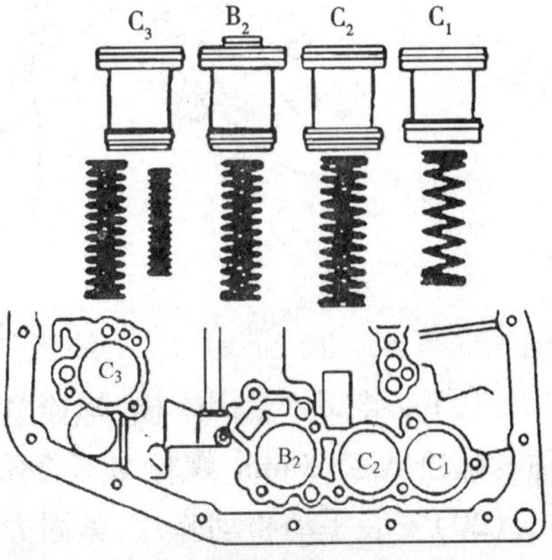

图 8-36　安装活塞和弹簧

(16)安装调速器 1 号衬垫，安装止回球球体和弹簧，如图 8-37 所示。

(17)安装变速器配线及其螺栓，如图 8-38 所示。

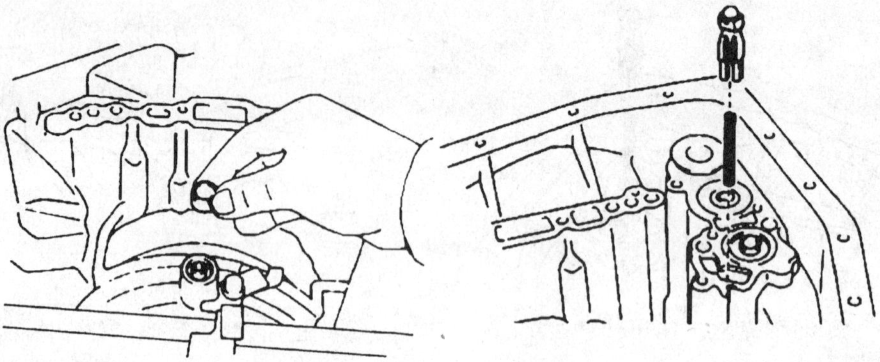

图 8-37　安装止回球球体和弹簧

图 8-38　安装变速器配线及其螺栓

(18)安装连杆到手动阀,用尖嘴钳安装 E 形到连杆,安转手控阀到阀体总成,连接连杆与手控阀杆,如图 8-39 所示。

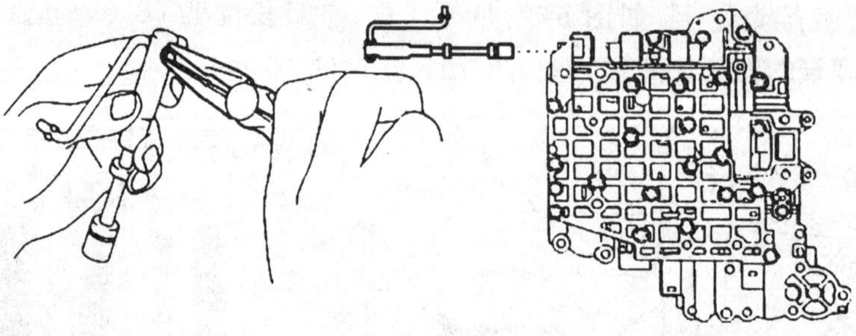

图 8-39　安转手控阀到阀体总成

(19)安装阀体紧固螺栓,螺栓紧固力矩为 10N · m,如图 8-40 所示。注意螺栓长度的不同:螺栓 A 长 20mm,螺栓 B 长 28mm,螺栓 C 长 50mm。

(20)安装手动止动弹片,紧固力矩是 10N · m,如图 8-41 所示。

(21)安装阀体的油液滤清器,紧固力矩是 10N · m,如图 8-42 所示。注意螺栓长度:A 螺栓长 12mm,B 螺栓长 20mm。

(22)安装变速器油液滤清器的磁铁到油底壳,安装新衬垫到自动变速器油底壳,安装油底壳,紧固力矩是 5.2N · m,如图 8-43 所示。

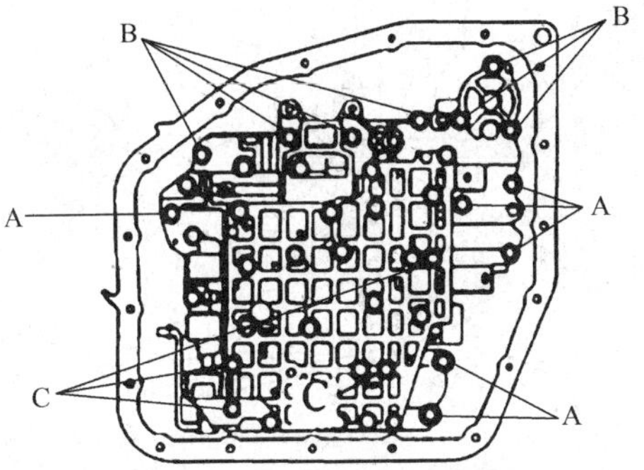

图 8-40　安装阀体紧固螺栓

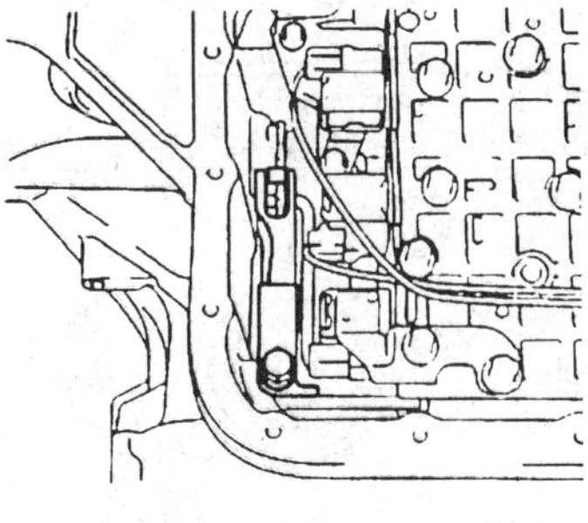
图 8-41　安装手动止动弹片

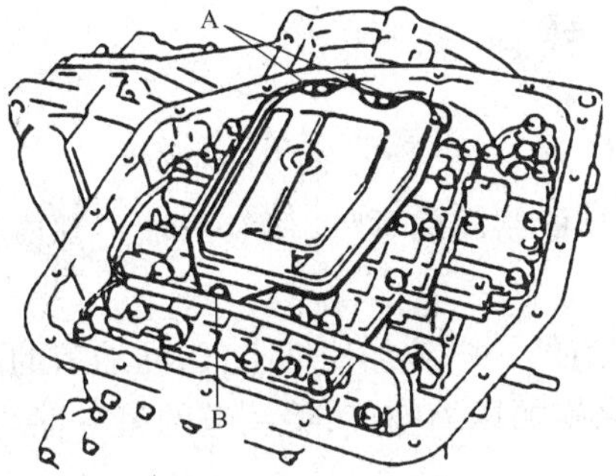

图 8-42　安装阀体的油液滤清器

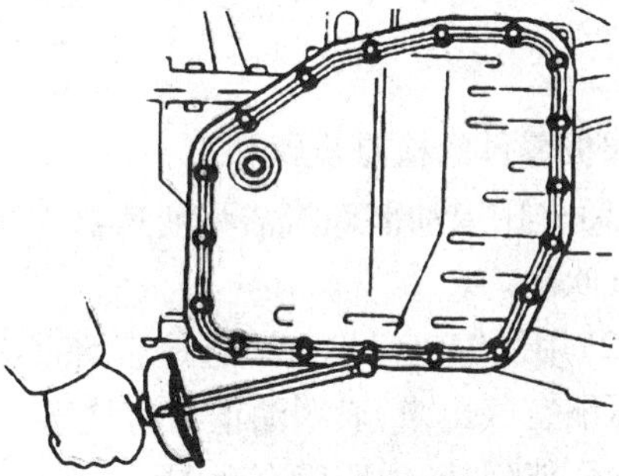
图 8-43　安装变速器油液滤清器的磁铁到油底壳

(23)安装新 O 形圈到每个 ATF 冷却器管接头,安装 ATF 冷却器管接头,紧固力矩是30N · m,如图 8-44 所示。

(24)安装空挡起动开关总成,紧固力矩是 7N · m。临时安装调整螺栓,临时安装手动换挡杆,逆时针转动换挡杆直至停止,然后顺时针转动两个缺口,拆下手动换挡杆,如图 8-45 所示。

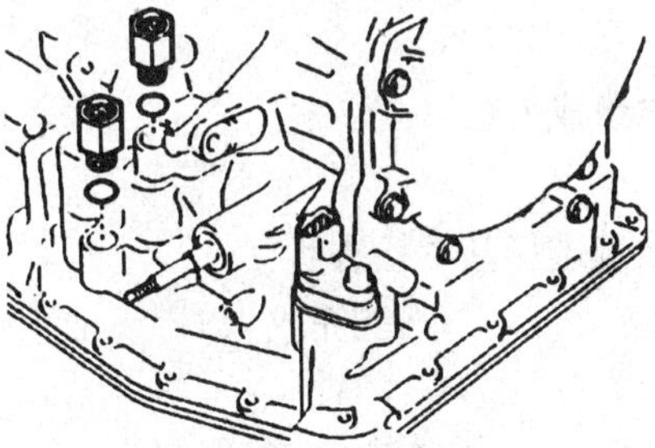
图 8-44　安装新 O 形圈

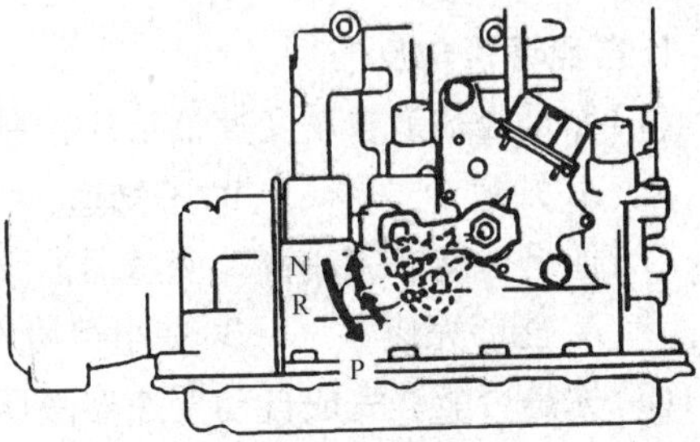

图 8-45　安装空挡起动开关总成

(25)使凹槽与空挡基线对齐,安装并紧固螺栓,紧固力矩 5.3 N · m,如图 8-46 所示。

(26)用螺丝刀敲紧带锁紧垫圈的螺母,如图 8-47 所示。

(27)安装手动阀杆、安装通气塞软管。

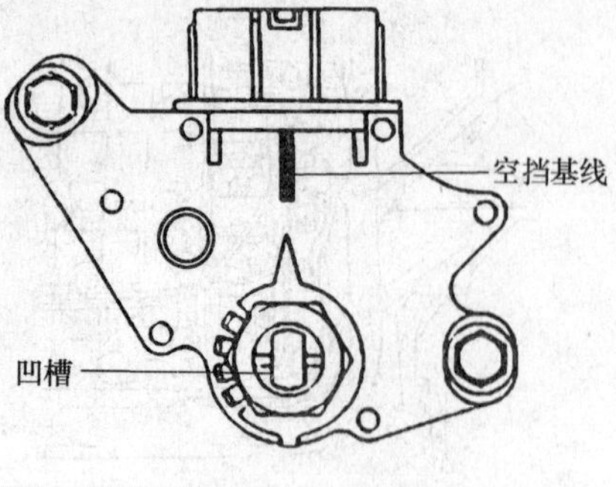

图 8-46　安装紧固螺栓

图 8-47　用螺丝刀敲紧带锁紧垫圈的螺母

三、学习拓展

阀板零件的检修步骤如下：

(1)先用煤油彻底清洁将变速器上下阀板和所有控制阀的零件，所有的油道都应用压缩空气吹净。

(2)用压缩空气检查油道是否堵塞或泄漏，在油道的一端施加压缩空气，在油道的另一端有压缩空气出来，表明油道没有堵塞。在油道一端施加压缩空气，将油道的另一端堵住，如果气压能保持，说明没有泄漏。

(3)控制阀产生变形、刮伤、裂纹，应更换阀板总成。如果出现液压油泄漏、油封密封不良、活塞卡滞等故障，应认真检查，及时进行维修。

(4)检查控制阀阀芯表面，如有轻微刮伤痕迹，应用在 ATF 中浸泡了 30min 的 1200#砂纸打磨毛刺或粗糙面，然后全面清洗主阀体和所有的部件。

四、评价与反馈

1. 自我评价与反馈

(1)你是否知道自动变速器液压控制系统的基本组成？(　　)

A. 知道　　　B. 不知道

(2)你是否能够完成自动变速器油泵的拆装与检测进场基本检查？(　　)

A. 能够完成　　　B. 在小组协作下能够完成　　　C. 不能完成

(3)你是否能够完成自动变速器液压阀体的拆卸？(　　)

A. 能够完成　　　B. 在小组协作下能够完成　　　C. 不能完成

(4)完成了本学习任务后，你感觉困难的部分是哪些？

____

____

____

签名：________　________年________月________日

2. 小组评价与反馈

(1)你们小组在接到任务之后是否分工明确？________________

(2)你们小组每位组员都能轮换操作吗？________________

(3)遇到难题时你们分工协作吗？________________

(4)对于小组其他成员有何建议？________________

参与评价的同学签名：________ ________年________月________日

3. 教师评价及回复

____

____

____

教师签名：________ ________年________月________日

五、技能考核标准

序号	项目	操作内容	规定分	评分标准	得分
1	准备	清点工具、量具 清理工位	5分	酌情扣分	
2	油泵拆卸	用工具从自动变速器总成上拆下油泵 按顺序拆下油泵螺栓 按要求拆卸螺栓 按要求拆下主动齿和从动	5分 5分 5分 5分	操作不当扣1~5分 操作不当扣1~5分 操作不当扣1~5分 操作不当扣1~5分	
3	清洗	按要求对零件的清洁 用油正确	2分 3分	操作不当扣1~2分 操作不当扣1~3分	
4	油泵检测	测量内油泵体间隙 测量顶部间隙 测量侧隙 测量油泵体衬套内径 测量导轮轴衬套前、后端直径	5分 5分 5分 5分 5分	检查不当1~5分 检查不当1~5分 检查不当1~5分 检查不当1~5分 检查不当1~5分	
5	数据分析	根据测量所得数据判断油泵的基本情况(是否需要维修或更换)	5分	漏做扣5分 结果不对扣1~5分	
6	油泵装配	工具使用正确 按顺序装配 按要求装配主、从动齿 按要求对螺栓拧紧	5分 5分 5分 5分	操作不当扣1~5分 操作不当扣1~5分 操作不当扣1~5分 操作不当扣1~5分	
7	时间	20min	5分	超时1~5 min扣1~5分 超时5min以上扣5分	
8	安全文明	无安全隐患，无不文明操作	5分	未达标扣1~5分	
9	结束	工具、量具清洁并归位 工作场地清洁	5分 5分	漏一项扣1分，未做扣5分 清洁不彻底扣1~5分，未做扣5分	
	总分		100分		

学习任务九　自动变速器电子控制系统的检修

任务要求

完成本学习任务后,你应:

1. 掌握自动变速器主要传感器的安装位置和作用;
2. 掌握自动变速器主要传感器的分类、结构和工作原理;
3. 能够查阅维修手册完成主要传感器的检修;
4. 能够查阅维修手册完成主要换挡电磁阀的检修;
5. 能够选择合适的工具与仪器,实施教学计划。

建议学时:12 学时

任务描述

一辆威驰轿车,出现有时不升挡故障,使用故障诊断仪检测,故障为偶发性故障。读取数据流发现自动变速器车速显示始终为0,判断为电子控制系统中车速传感器故障。检查线路并重新安装车速传感器后故障消失。

一、理论知识准备

(一)概述

在进行自动变速器故障诊断和维修时,通常要对电子控制系统的各个电控元件进行检测。电子控制系统是电控自动变速器的核心,主要由传感器、电子控制单元(ECU)、执行元件、自诊断接口、故障指示灯等组成。自动变速器的主要传感器有节气门位置传感器、车速传感器、油温传感器、发动机转速传感器。主要执行元件有换挡电磁阀、油压调节电磁阀、锁止离合器控制电磁阀,如图 9-1 所示。

(二)节气门位置传感器

节气门位置传感器安装于节气门体上,随节气门轴的转动工作,通过接触式开关或电位

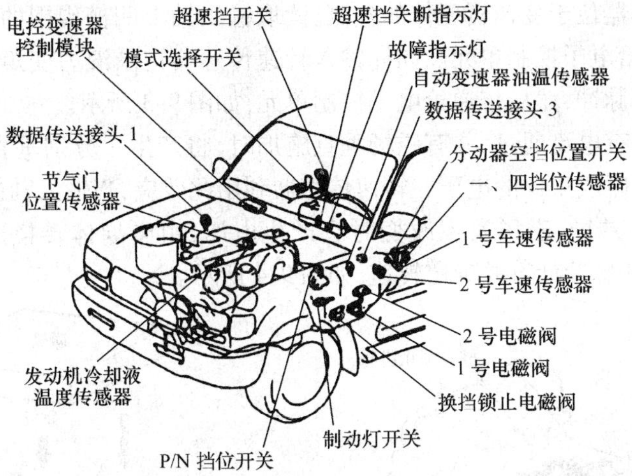

图 9-1　电子控制系统的主要元件

计感知节气门位置，检测节气门的开度及开度变化，并将此信号输入 ECU，控制燃油喷射及其他辅助控制。常见节气门位置传感器的类型有触点式、电位计式和综合式。

节气门位置传感器从发动机电控单元那里获得基准电压 V_C，调节为能够反映节气门开度的 VTA 电压输出。VTA 随着发动机节气门开度的变化而变化，节气门全开时 VTA 为 5V，当节气门关闭时，怠速触点闭合，如图 9-2 所示。

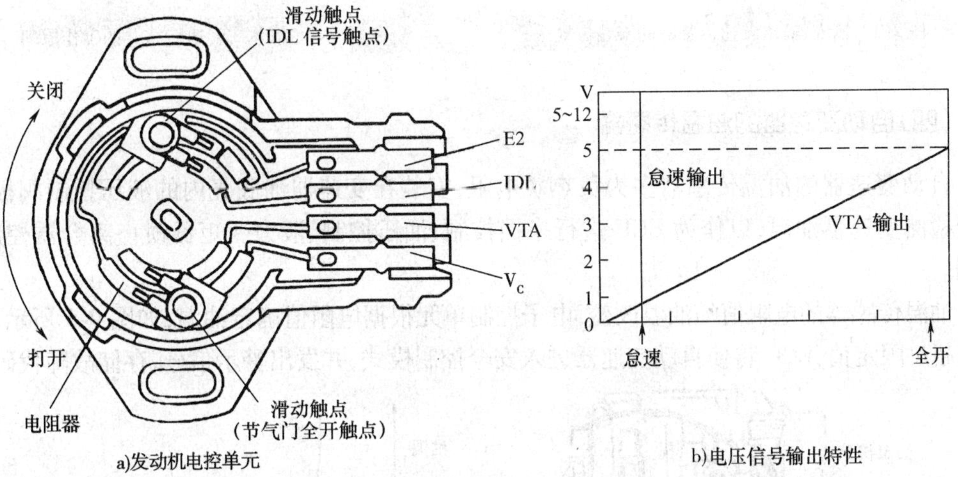

图 9-2　节气门位置传感器

(三)自动变速器的输入、输出转速传感器

输入转速传感器用于测量液力变矩器的转速(输入转速)；输出转速传感器用于测量输出轴的转速，然后将各自的转速信息，提供给电控单元。电控单元通过比较两个转速传感器信号，可判断液力变矩器是否存在滑转、换挡执行元件是否存在打滑现象等。

自动变速器的输入、输出转速传感器多采用磁感应式、光电式和霍尔式，这里以霍尔式转速传感器为例讲解车速传感器的工作原理。

输出转速传感器位于变速器壳体的左侧，读取输出轴上凹槽周围的变化磁场并转换为脉冲波，然后传递给电子控制单元。同样输入转速传感器记录液力变矩器上凹槽周围的电磁场变化并转换为脉冲，然后传递给电子控制单元，如图 9-3 所示。

当霍尔元件中有电流通过，并有磁场垂直施加时，将产生一分别垂直于磁场和电流，且与电流幅度磁场强度成正比的电压。转速传感器利用此效应，当输入轴或输出轴旋转时，传感器内部磁铁产生磁场，磁场发生改变时会产生电压，由半导体转换成为脉冲并输出到 ECU，ECU 通过这些脉冲计算并确定转速，如图 9-4 所示。

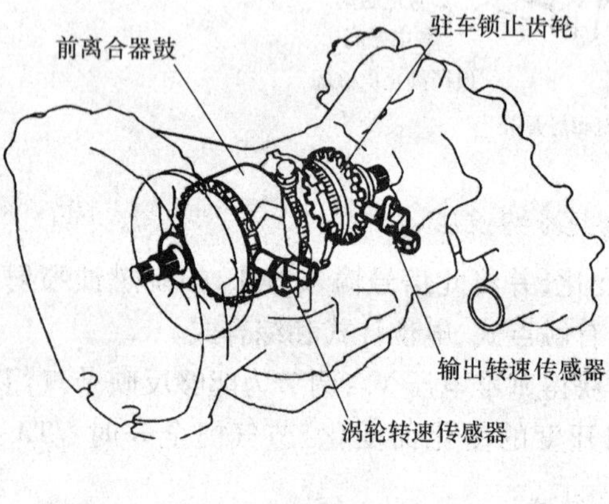

图 9-3　输入、输出转速传感器的安装位置

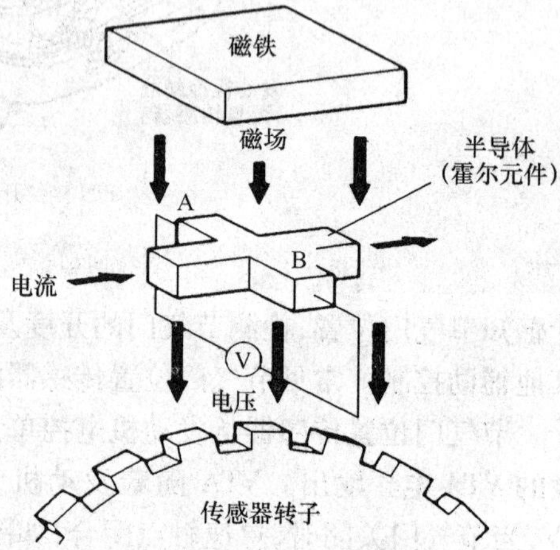

图 9-4　霍尔式转速传感器的工作原理

(四)自动变速器的油温传感器

自动变速器的油温传感器多为负热敏电阻，安装在变速器油底壳内的液压控制阀板上，用于检测变速器油温，以作为 ECU 进行换挡控制、油压控制、液力变矩器锁止离合器控制的依据。

油温传感器的电阻值随油温改变，电子控制单元根据电阻值确定油温，如图 9-5 所示。当油温超过限定值，ECU 将使自动变速器进入安全控制模式，并发出警示信号，存储故障代码。

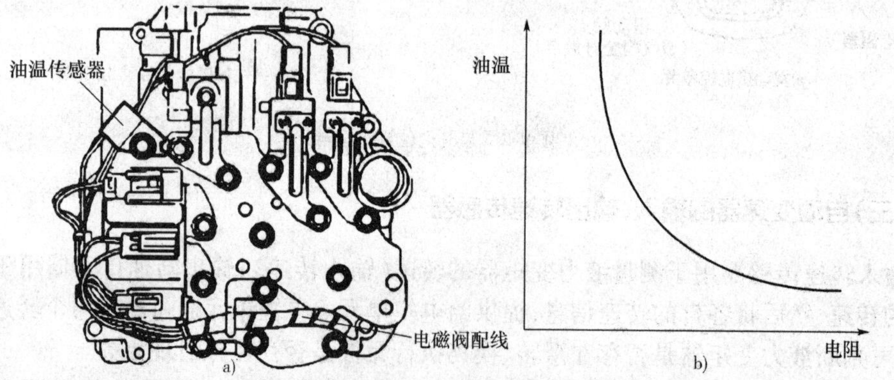

图 9-5　油温传感器

(五)空挡起动开关

空挡起动开关位于变速器壳体上,空挡起动开关读取自动变速器挡位(P、R、N、D、2、L 等),并将信号发送到自动变速器的电控单元,如图 9-6 所示。

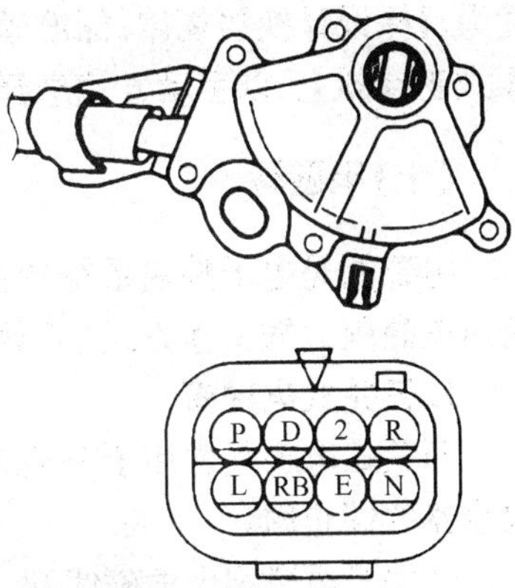

图 9-6　空挡起动开关

(六)强制降挡开关

强制降挡开关的作用是检测加速踏板是否达到了节气门全开位置(一般是指节气门开度大于 85%)。当加速踏板达到节气门全开位置时,强制降挡开关打开,自动变速器在原有挡位上下降一个或两个挡位,从而提高汽车的加速性能。

(七)制动灯开关

制动灯开关用以判断制动踏板是否被踩下。如果踏板被踩下,则该开关便将信号发送给电子控制单元,以解除液力变矩器锁止离合器的锁止状态,防止突然制动时导致的发动机熄火。

(八)超速挡开关

拥有超速挡(OD 挡)的自动变速器还设有超速挡开关,用来控制自动变速器的超速挡,如图 9-7 所示。

当超速挡开关闭合时,超速挡控制电路和油路接通,电控单元允许车辆进入超速挡。当超速挡开关断开时,超速挡控制电路和油路断开,电控单元阻止车辆进入超速挡,此时仪表盘上 OD OFF 指示灯点亮,如图 9-8 所示。

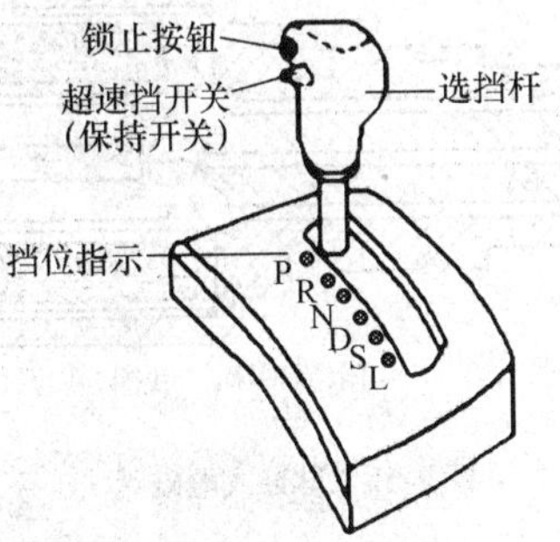

图 9-7　OD 挡开关

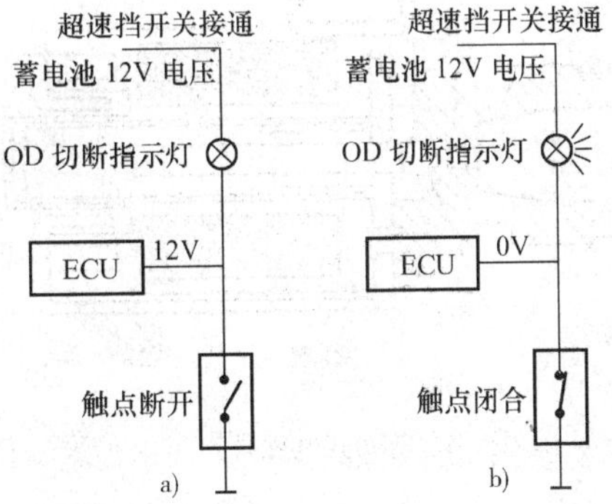

图 9-8　超速挡开关的工作状态

(九)模式开关

大部分电子控制自动变速器都有一个模式开关用以选择车辆的换挡模式,满足不同的使用要求。所谓换挡控制模式主要是指控制自动变速器的换挡规律,常见的换挡模式有 4

种，即经济模式、动力模式、标准模式和手动模式。

经济模式是以获得最佳燃油经济性为目标设计换挡规律；动力模式是以获得最大动力性为目标设计换挡规律；标准模式介于经济模式和动力模式之间；手动模式多出现在手自一体式变速器上，以手动方式选择合适挡位。

（十）电磁阀

电磁阀是电子控制系统的主要执行元件，按作用不同可分为换挡电磁阀、锁止电磁阀、调压电磁阀。按工作方式不同可分为开关式电磁阀和脉冲式电磁阀。

1. 开关式电磁阀

开关式电磁阀常用于开启和关闭变速器液压油路，用于控制换挡阀和液力变速器锁止离合器的锁止阀。

开关式电磁阀由电磁线圈、壳体、阀芯和复位弹簧等组成，如图9-9所示。该电磁阀只有全开和全关两种工作状态。以长开电磁阀为例，当线圈不通电时，阀芯被油压推开，打开泄油口，电磁阀对控制油路泄压，油路压力为零；当线圈通电时，阀芯在电磁线圈的磁力作用下移动，关闭泄油口，油路压力上升。

2. 脉冲式电磁阀

脉冲式电磁阀常用于控制油路中油压的大小，结构与开关式电磁阀基本相同，与开关式电磁阀不同之处在于，脉冲式电磁阀工作的电信号不是恒定不变的电压信号，而是一个脉冲电信号，电磁阀在脉冲信号的作用下，不断反复地开启和关闭泄油口。电子控制单元通过改变脉冲宽度（即占空比），改变电磁阀开启和关闭的时间比，从而达到控制油路压力的目的，如图9-10所示。占空比越大，油压越低，反之油压越高。

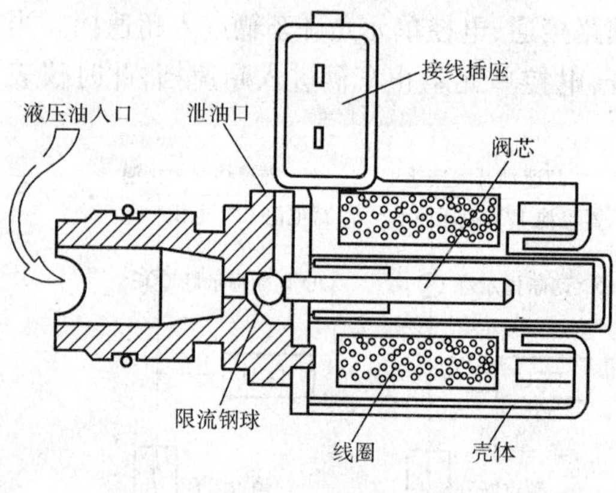

图9-9　开关式电磁阀

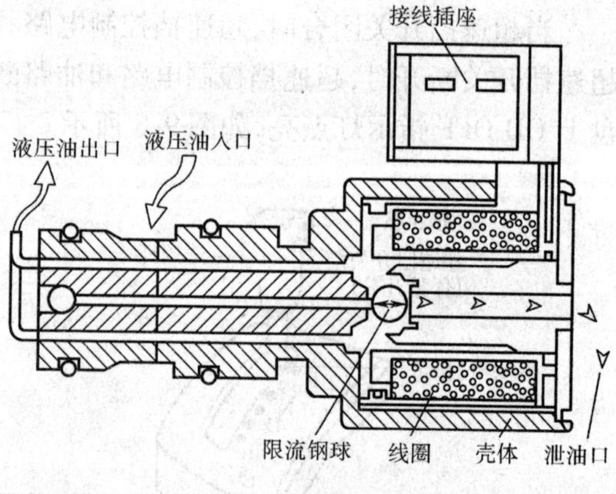

图9-10　脉冲式电磁阀

（十一）电子控制单元

电子控制单元接收各种监测汽车行驶状况和发动机工况的传感器信号，精确控制自动变速器的换挡正时、锁定正时、换挡执行元件的液压、换挡时的发动机扭矩；还具有自我诊断功能，能监测和识别电子控制元件的故障，并通过 O/D OFF 指示灯以故障代码的形式将这些自诊断信息输出；另外，电子控制单元在车辆出现某些故障时能执行失效防护功能，以保证车辆能继续行驶。

1. 换挡正时控制

电子控制单元根据换挡杆位置、车速、发动机转速、节气门开度等信号来确定最合适的换挡点,然后通过对电磁阀的控制完成挡位的变换。此外,电子控制单元还根据上述信号完成对液力变矩器锁止离合器的锁止和分离,如图 9-11 所示。

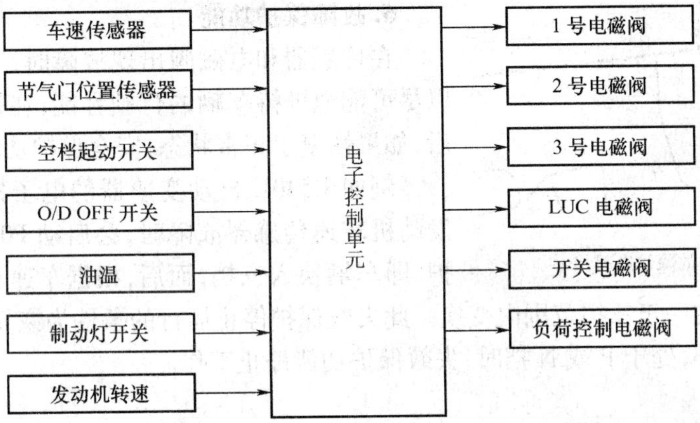

图 9-11　U540E 自动变速器电子控制单元的换挡正时控制

2. 油压控制

电子控制单元通过对脉冲电磁阀的控制来调整自动变速器的主油路油压,使得主油路油压随发动机负荷的增大而提高,以满足液压控制系统的工作要求。此外,在 R 挡时,电子控制系统控制脉冲电磁阀,提高主油路油压,以满足 R 挡执行元件的工作需求。

除正常的主油压调节外,电子控制单元还可以根据各传感器的信号,在一些特殊时刻对主油路油压进行修正,以使液压控制系统达到更好的工作效果。例如,在换挡时对主油路油压进行修正,来提高换挡品质、缓和换挡冲击。

3. 锁止正时控制

电子控制单元根据各传感器的信号,通过对锁止电磁阀的控制来实现液力变矩器锁止正时控制。当车速足够高,且其他各种信号都满足锁止要求时,电子控制单元就向锁止电磁阀和负荷控制电磁阀发出信号,使锁止离合器锁止,反之锁止离合器分离。

4. 学习控制

在自动变速器内各个换挡执行元件(离合器与制动器),由于最初的差异和使用一段时间后产生的变化,会加重自动变速器的换挡冲击,此时电子控制单元开始对换挡执行元件进行检测,通过检测,使每个电磁阀的控制保持在最适合的状态上。

小提示

在分解自动变速器或维修自动变速器时,需清除学习值。

5. 自诊断功能

电子控制单元内部设有专门的故障自诊断电路,在车辆行驶过程中不断检测自动变速器各传感器和电磁阀的工作状态。一旦发现自动变速器故障，仪表板上的自动变速器故障指示灯会闪亮，以提醒驾驶员须将车辆送至修理厂维修。电子控制单元会将检测到的故障以故障码的形式存储在控制单元的存储器内，以便故障诊断仪能够通过诊断接口检索到故障信息，如图9-12所示。

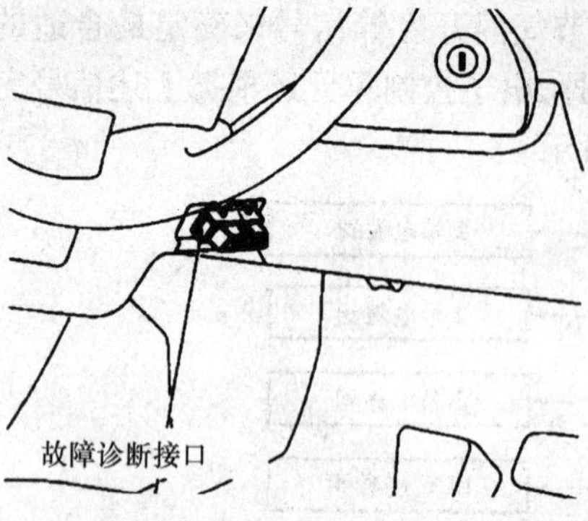

图9-12　故障诊断接口

6. 故障保护功能

在传感器和电磁阀出现故障时，安全保护功能可以尽可能地维持车辆的行驶性能；在检测到一个故障后，如果恢复了正常状态，安全保护功能将不再工作。

例如U540E自动变速器的电子控制单元检测到发动机转速传感器故障时，会启动P0725故障失效保护，即车辆换入三挡，而后，根据车速和节气门开度信号，自动变速器在一至三挡范围内变换。此失效保护停止运行的条件为恢复到正常状态后，当车速为30km/h，处于P或N挡时，失效保护功能停止工作。

二、实践操作

电控自动变速器系统出现故障时，电子控制单元的自诊断系统会记录下故障代码，因此，在检修前首先进行故障自诊断操作。即利用检测仪器或特定的方法将故障代码从电子控制单元中读出，为迅速诊断故障提供依据，另外电控系统检修时需要对主要传感器和执行元件进行检测。

（一）实践准备

（1）汽车万用表。

（2）测试连接延长线、探针、夹子等汽车通用电工工具。

（3）汽车故障诊断仪。

（4）维修变速器所需的电路图。

（5）威驰轿车一辆。

（二）技术要求及注意事项

（1）威驰轿车的节气门位置传感器，当节气门完全关闭时VTA端子电压约为0.7V；当节气门完全打开时，VTA端电压升至3.5～5.0V。

（2）威驰轿车的节气门位置传感器，接线器1-2端子电阻值为1.5～3.0kΩ；1-3节气门全关时，电阻值为0.2～6.0kΩ；节气门全开时，电阻值为1～10kΩ。

（3）电磁阀接线器端子OIL和E_2之间的电阻：0℃时为5.63±0.56kΩ，20℃时为2.4kΩ，80℃时为0.313kΩ，140℃时为0.072kΩ。

（4）电磁阀接线器端子SL1/SL2/SL3+和SL1/SL2/SL3-之间的正常电阻为5.0～5.6Ω（20℃下）。

(5)电磁阀接线器端子 SL 和车身搭铁之间的正常电阻为 14~18Ω(20℃下)。

(6)电磁阀接线器端子 DSU 和车身搭铁之间的正常电阻值为 9~13Ω(20℃下)。

(7)电磁阀接线器端子 SR 和车身搭铁之间的正常电阻值为 14~18Ω(20℃下)。

(8)空挡起动开关线束端子正常时 P 挡下 6-4 端子导通,R 挡下 1-7 导通,N 挡下 6-5 导通,D 挡下 6-3 导通,二挡下 6-2 导通,L 挡下 6-8 导通。

(三)电子元件检修

下面以威驰轿车的 U540E 自动变速器为例,讲解主要电子元件的检测。U540E 主要电子元件如图 9-13 所示。

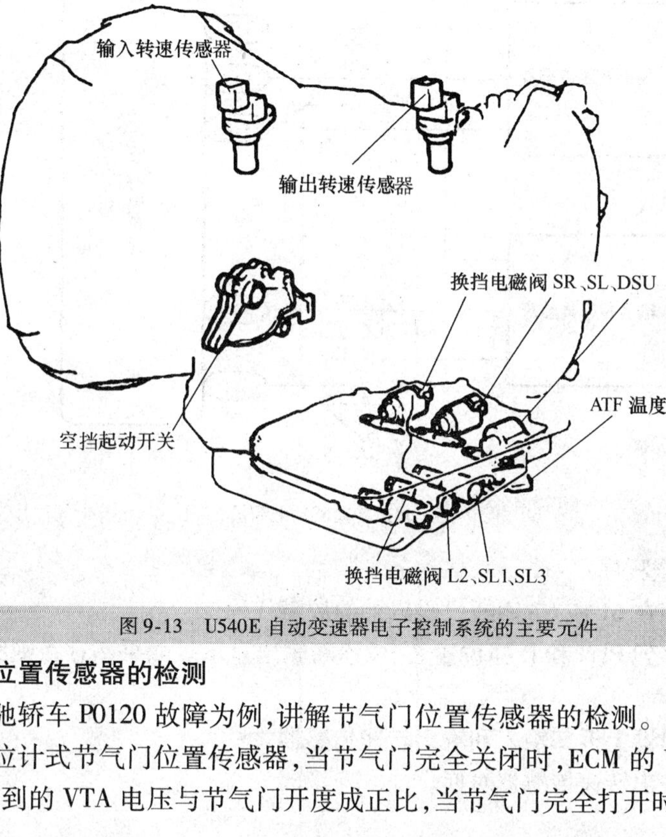

图 9-13　U540E 自动变速器电子控制系统的主要元件

1. 节气门位置传感器的检测

以丰田威驰轿车 P0120 故障为例,讲解节气门位置传感器的检测。威驰轿车节气门位置传感器为电位计式节气门位置传感器,当节气门完全关闭时,ECM 的 VTA 端子电压约为 0.7V。ECM 得到的 VTA 电压与节气门开度成正比,当节气门完全打开时,VTA 端电压升至 3.5~5.0V。

节气门位置传感器的检测,首先脱开节气门位置传感器连接器,测量传感器端子 1 和 2 之间的电阻,测量传感器端子 1 和 3 之间的电阻,如图 9-14 所示。节气门位置传感器标准见表 9-1。

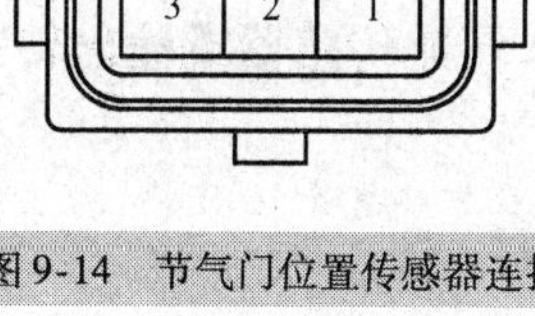

图 9-14　节气门位置传感器连接器

节气门位置传感器标准值　　表 9-1

端子	节　气　门	电阻(kΩ)
1-2	—	1.5~3.0
1-3	全关	0.2~6.0
	全开	1.0~10

如测量值不正常则更换节气门,正常则检查线束和连接器(ECM－节气门传感器)。

测量的1-2端子的电阻值为________。

测量的1-3端子在节气门全关时的电阻值为________。

测量的1-2端子在节气门全开时的电阻值为________。

你做出的判断结果为________。

2. 输入、输出转速传感器的检测

转速传感器电路图如图9-15所示。

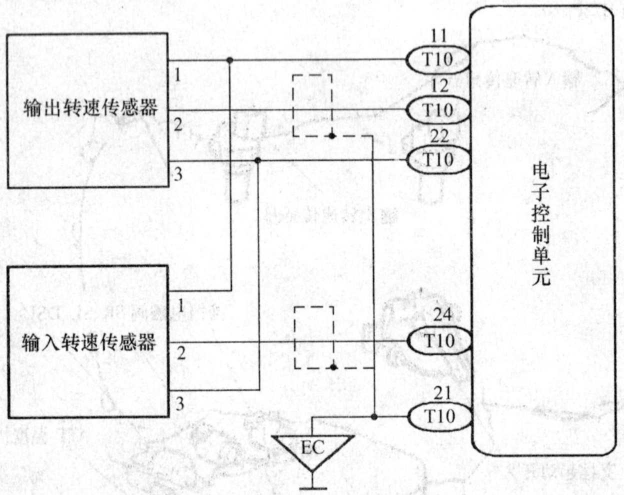

图9-15 转速传感器的电路图

转速传感器检查程序:

(1)检查是否存在61或67诊断代码以外的故障代码。

(2)将换挡杆移到P、N和D挡位置,完成诊断输出显示。如果不存在则继续,存在则按诊断码提示维修车辆。

(3)从自动变速器上拆卸输入和输出转速传感器。

(4)将输入和输出转速传感器对换。

小提示

必须对换传感器的位置。因为故障部位在连接器,对调时不能正确地检测到,用以判断连接器是否故障。

(5)清除故障码,路试后再次检查故障码。若故障代码与车辆入厂时相同,则修理或更换线束或连接器。若故障代码与车辆入厂时不相同,则更换输入转速传感器或输出转速传感器。

3. 自动变速器油温传感器的检测

自动变速器油温传感器的电路图如图9-16所示。

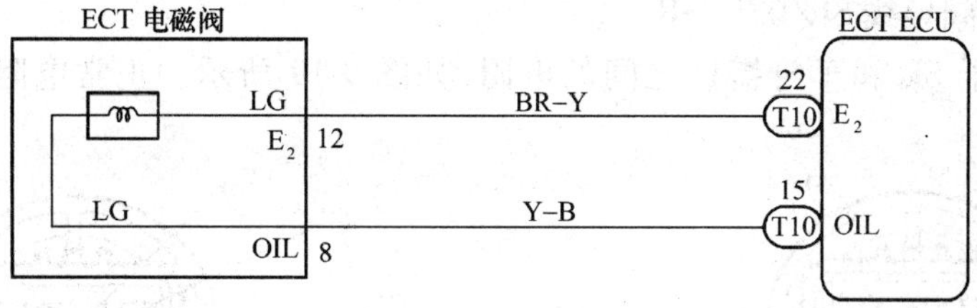

图 9-16　油温传感器的电路图

1）检查电磁阀导线（自动变速器油温传感器）

（1）从自动变速器上脱开电磁阀导线。

（2）测量端子 OIL 和 E_2 之间的电阻，如图 9-17 所示。油温传感器的电阻值见表 9-2。

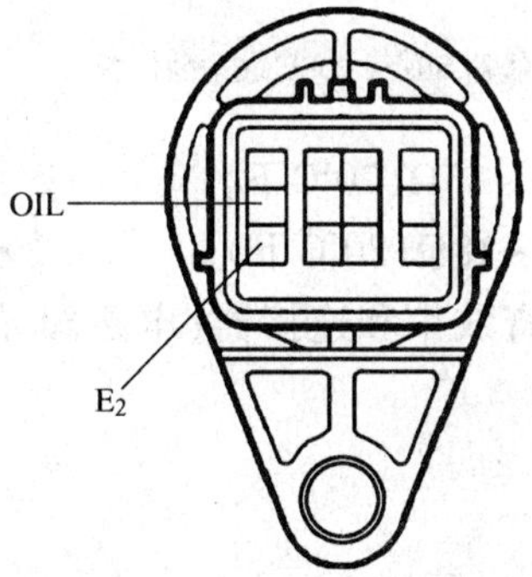

图 9-17　电磁阀接线器

油温传感器的电阻值　　表 9-2

温度（℃）	电阻值（kΩ）
0	5.63 ~ 6.19
20	2.4
80	0.313
140	0.072 ~ 0.0742

如果测量结果不正常则修理或更换电磁阀导线，如果测量结果正常则进行第 2 步。

2）检查线束和接线器（电磁阀导线 – ECU）

（1）连接自动变速器电磁阀导线。

（2）脱开 ECU 连接器。

（3）测量端子 OIL 和 E_2 之间电阻。

（4）如果测量结果不正常，则修理或更换线束或连接器。如果测量结果正常，则检查电子控制单元。

4. 电磁阀的检测

下面以 U540E 自动变速器电磁阀为例讲解电磁阀的检修。

1）检查电磁阀导线（SL1/SL2/SL3）

（1）从自动变速器上脱开电磁阀导线。

（2）测量端子 SL1/SL2/SL3 + 和 SL1/SL2/SL3 – 之间的电阻，如图 9-18 所示。正常电阻为 5.0 ~ 5.6Ω（20℃下）。

测量端子 SL1/SL2/SL3 + 和 SL1/SL2/SL3 – 之间的电阻值为________________。

（3）测量电磁阀导线连接器端子 SL1/SL2/SL3 + 和 SL1/SL2/SL3 – 与车身搭铁之间的电阻。正常电阻值不小于 1kΩ。如果测量值不正常，则继续检查换挡电磁阀；如果都正常，则检查电磁阀导线 SL/DSU/SR 端子。

2)检查电磁阀导线 SL/DSU/SR

(1)测量端子 SL 和车身搭铁之间的电阻,如图 9-19 所示。正常电阻值为 14 ~18Ω(20℃下)。

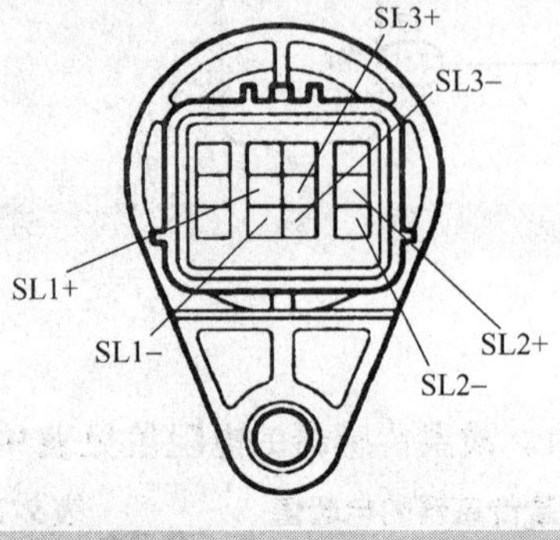

图 9-18 电磁阀接线器各端子的位置

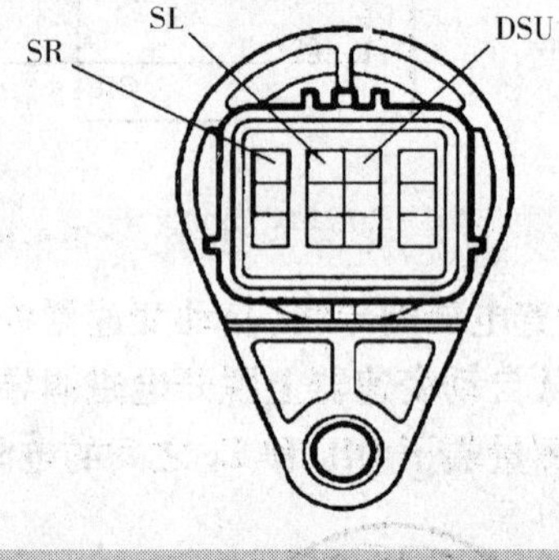

图 9-19 电磁阀接线器 SR/SL/DSU 端子的位置

(2)测量端子 DSU 和车身搭铁之间的电阻,正常电阻值为 9 ~13Ω(20℃下)。

(3)测量端子 SR 和车身搭铁之间的电阻,正常电阻值为 14 ~18Ω(20℃下)。

如果测量值不正常则检查对应的电磁阀,如果都正常则检查线束和连接器(电磁阀导线 - ECM)。

3)换挡电磁阀检查

(1)拆卸换挡电磁阀 SL1/SL2/SL3。

(2)测量端子之间的电阻。20℃下,正常电阻值为 5.0 ~5.6Ω,如图 9-21 所示。

(3)将蓄电池正极导线及 21W 灯泡连接到电磁阀连接器端子 2,负极导线连接到电磁阀连接器端子 1,然后检查电磁阀的运动,如图 9-20 所示。如果正常,电磁阀将发出运转噪声,不正常则更换电磁阀。

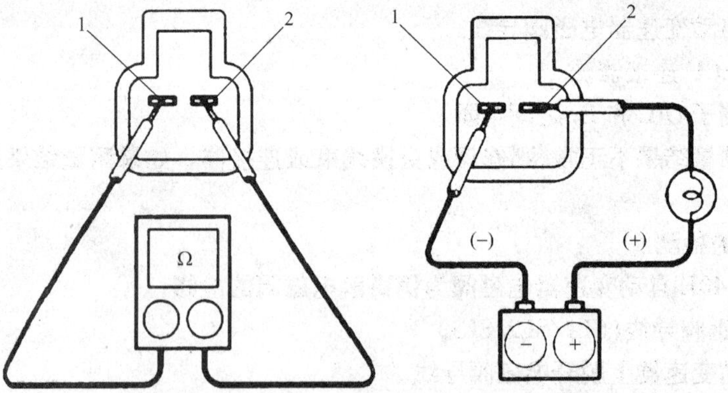

图 9-20 SL1/SL2/SL3SL1 电磁阀的检测

小提示

通过电磁阀检查运作,绝不要直接施加蓄电池电压(不允许大于 1A 的电流)。

(4)拆卸换挡电磁阀 SL。

(5)测量端子之间的电阻,在 20℃下,正常电阻值为 14～18Ω,如图 9-22 所示。

(6)将蓄电池正极导线连接到电磁阀连接器端子,负极导线连接到电磁阀阀体,然后检查电磁阀的运动,如图 9-21 所示。如果正常,电磁阀将发出运转噪声,不正常则更换电磁阀。

(7)采用同样方法检查 SR、DSU 电磁阀,如图 9-22所示。注意各电磁阀正常电阻值的不同,如果检测不正常,则更换电磁阀。

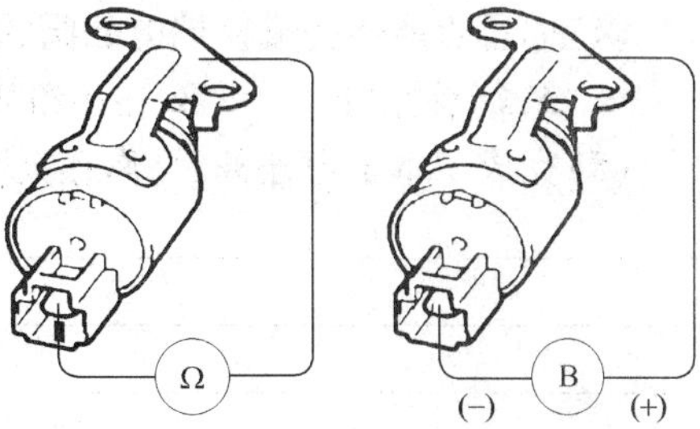

图 9-21　SL 电磁阀的检测

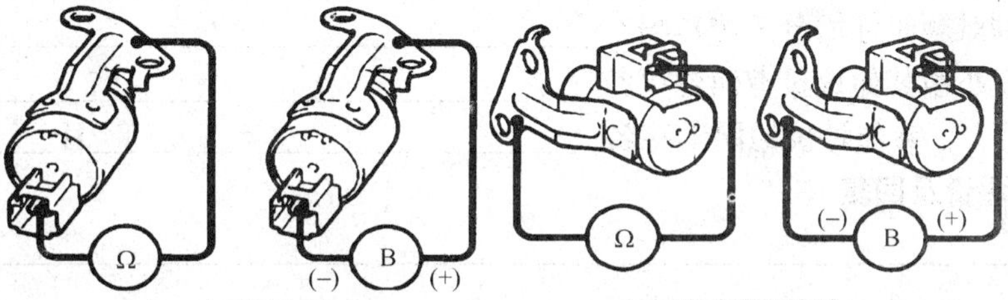

a)SR 电磁阀检测　　b)DSU 电磁阀检测

图 9-22　SR/DSU 电磁阀的检测

三、学 习 拓 展

空挡起动开关的常见故障有开关无信号输出,开关多路输入等,空挡起动开关检查步骤如下:

图 9-23　空挡起动开关的检查

(1)脱开空挡起动开关连接器。

(2)在每个挡位移动换挡杆时,检查各端子之间是否导通,如图 9-23 所示。正常:P 挡时 6-4 端子导通,R 挡时 1-7 导通,N 挡时 6-5 导通,D 挡时 6-3 导通,2 挡时 6-2 导通,L 挡时 6-8 导通。如果导通不正常则更换空挡起动开关。

四、评价与反馈

1. 自我评价与反馈

(1)你是否知道电子控制系统有哪些基本元件?(　　)

A. 知道　　B. 不知道

(2)你是否能够完成节气门位置传感器基本检查?(　　)

A. 能够完成　　B. 在小组协作下能够完成　　C. 不能完成

(3)你是否能够完成自动变速器油温传感器基本检查?(　　)

A. 能够完成　　B. 在小组协作下能够完成　　C. 不能完成

(4)你是否能够完成换挡电磁阀的基本检查？(　　)

A. 能够完成　　B. 在小组协作下能够完成　　C. 不能完成

(5)完成了本学习任务后，你感觉困难的部分是哪些？

____

____

____

签名：________ ________年________月________日

2. 小组评价与反馈

(1)你们小组在接到任务之后是否分工明确？________________

(2)你们小组每位组员都能轮换操作吗？________________

(3)遇到难题时你们分工协作吗？________________

(4)对于小组其他成员有何建议？________________

参与评价的同学签名：________ ________年________月________日

3. 教师评价及回复

____

____

____

教师签名：________ ________年________月________日

五、技能考核标准

序号	项目	操作内容	规定分	评分标准	得分
1	准备	清点工具、量具 清理工位	5分	酌情扣分	
2	拆卸	拆卸电磁阀连接器紧固螺栓 从自动变速器上脱开电磁阀导线	5分 5分	操作不当扣1~5分 操作不当扣1~5分	
3	检测	测量端子SL1+和SL1-之间电阻值 测量端子SL2+和SL2-之间电阻值 测量端子SL3+和SL3-之间电阻值 测量电磁阀导线连接器端子SL1/SL2/SL3+和SL1/SL2/SL3-与车身搭铁之间的电阻 测量端子SL和车身搭铁之间的电阻 测量端子DSU和车身搭铁之间的电阻 测量端子SR和车身搭铁之间的电阻 用蓄电池测试各电磁阀工作动作	5分 5分 5分 15分 5分 5分 5分 10分	检测不当扣1~5分 检测不当扣1~5分 检测不当扣1~5分 检测不当扣1~15分 检测不当扣1~5分 检测不当扣1~5分 检测不当扣1~5分 操作不当扣1~10分	

续上表

序号	项目	操作内容	规定分	评分标准	得分
4	装配	安装电磁阀接线器 安装电磁阀紧固螺栓	5分 5分	操作不当扣1~5分 操作不当扣1~5分	
5	时间	40min	5分	超时1~10 min扣1~5分 超时10 min以上扣5分	
6	安全文明	无安全隐患,无不文明操作	5分	未达标扣1~5分	
7	结束	工具、量具清洁并归位 工作场地清洁	5分 5分	漏一项扣1分,未做扣5分 清洁不彻底扣1~5分,未做扣5分	
总分			100分		

学习任务十　自动变速器的调整及试验

任务要求

完成本学习任务后,你应:

1. 掌握自动变速器调整的作业项目和内容;
2. 理解自动变速器检修的基本程序;
3. 掌握自动变速器的试验项目及步骤;
4. 能够查阅维修手册,规范进行自动变速器的基本调整;
5. 在老师的指导下完成失速试验、油压试验等自动变速器的试验操作;
6. 能够选择合适的工具与仪器,实施教学计划。

建议学时:8 学时

任务描述

大多数自动变速器性能稳定,在日常使用中如果正确使用和维护,不容易发生故障。自动变速器外部机构的调整属于维护作业项目,在维护和检查自动变速器时,应查阅维修手册,按手册提供的维修数据及规范的流程进行自动变速器的维护和调整。

自动变速器出现故障,首先进行性能检测,确定是否具有正常工作的能力,以免造成不必要的失误。性能检测主要包括:基础检验、手动换挡试验、失速试验、油压试验、时滞试验和道路试验等。

一、理论知识准备

(一)检修原则

1. 首先检查常见故障部位

电控自动变速器的机械部件和液压部件的制造加工精度都比较高,所以正常情况下1 ~ 2 年内不会发生故障。而比较常见的故障是:自动变速器 ATF 液面高度不当或油质老化变质,液压系统漏油,节气门拉索(杆)或换挡杆等联动装置松动或调节不当,发动机怠速不稳，电控系统线路连接松动或接触不良。通过外观检查，以上的故障可以迅速排除。

2. 充分利用自诊断系统和检测仪器

电控自动变速器系统出现故障时，电子控制单元的自诊断系统会记录下故障代码，因此在检修前先进行故障自诊断操作，即利用检测仪器或特定的方法将故障代码从电子控制单元中读出，为迅速诊断故障的范围提供依据。

3. 未确定故障大致范围时不要轻易分解

自动变速器的分解应该是故障诊断的最后步骤，因为在未分解前，可通过相关的试验方法判断故障在液压系统还是机械系统，或者是电控系统，通过具体的试验还可以判断出是液压系统的哪一部分故障。这样可以避免不必要的拆卸，对判断故障部位非常有利。

（二）节气门拉索的检查与调整

1. 节气门拉索的检查

节气门的开度将影响自动变速器的换挡时间，发动机熄火后，节气门应全闭，当加速踏板踩到底时，节气门应全开。节气门拉索的索芯不应松弛，索套端和索芯上限位块之间的距离应在 0 ~ 1mm 之间，如图 10-1 所示。

2. 节气门拉索的调整

（1）推动加速踏板连杆，检查节气门能否全开，如不能全开，则应调整加速踏板连杆。

（2）把加速踏板踩到底。

（3）把调整螺母拧松。

（4）拧动调整螺母，使橡皮护套与拉线挡块间的距离为 0 ~ 1mm，如图 10-2 所示。

（5）拧紧调整螺母，重新检查调整情况。

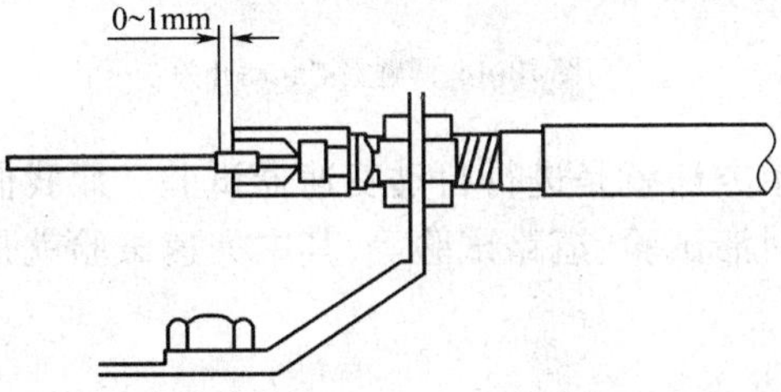

图 10-1　节气门拉索的检查

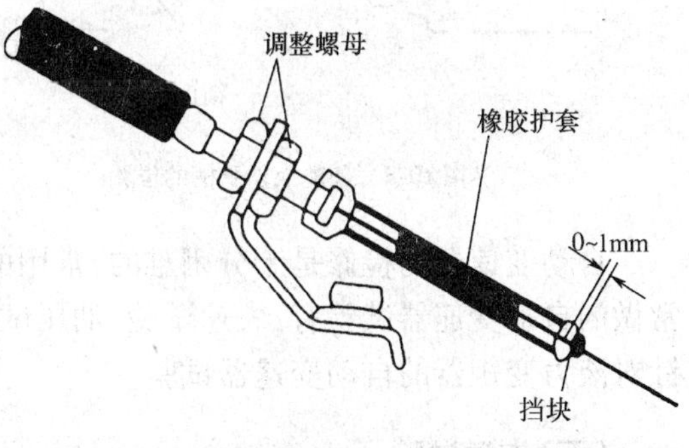

图 10-2　调整节气门拉索

（三）换挡操纵手柄位置的检查与调整

操纵手柄调整不当，会使操纵手柄的位置与自动变速器阀板中手动阀的实际位置不符，造成挂不进停车挡或前进挡，或操纵手柄的位置与仪表盘上挡位指示灯的显示不符，甚至造成在空挡或停车挡时无法起动发动机。

（1）将操纵手柄在各挡之间移动，检查位置与仪表盘上挡位指示灯的显示是否相符，如不相符，应进行调整。

(2)拆下操纵手柄与自动变速器手动阀摇臂之间的连接杆。

(3)将操纵手柄拨至空挡位置。

(4)将手动阀摇臂向后拨至极限位置(停车挡位置),然后再退回2格,使手动阀摇臂处于空挡位置,如图10-3所示。

(5)稍稍用力将操纵手柄靠向R挡方向,然后连接并固定操纵手柄与手动阀摇臂之间的连杆。

(四)空挡起动开关的检查与调整

1. 检查空挡起动开关

拉上驻车制动器,并旋转点火开关到ON位置,踩下制动踏板检查。只有当换挡杆在N挡和P挡时发动机可以起动,在其他挡位则不能起动;只有换挡杆置于R位置时,倒车灯点亮,并伴有倒车蜂鸣声。如果发现故障则参照学习任务9检测空挡起动开关。

2. 调整空挡起动开关

拆下发动机下护板,松开空挡起动开关总成上的紧固螺栓,并把换挡杆置于N挡位置。用直尺使空挡起动开关的空挡位置平行于空挡的基准线。保持开关位置,并紧固螺栓,紧固力矩5.5N·m,如图10-4所示。调整后按照1步骤,检查空挡起动开关。

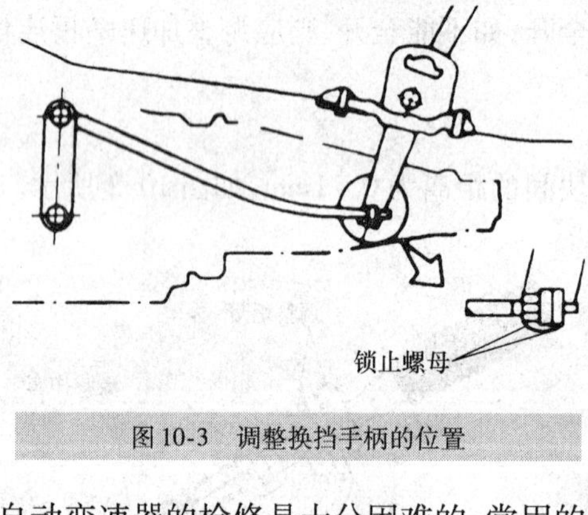

图10-3 调整换挡手柄的位置

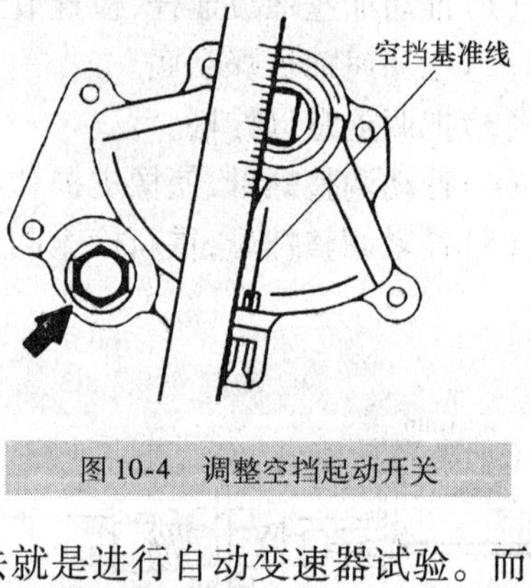

图10-4 调整空挡起动开关

自动变速器的检修是十分困难的,常用的简单方法就是进行自动变速器试验。而我们常做的自动变速器试验有:失速试验、油压试验、时滞试验、道路试验等,其中失速试验就是针对液力变矩器的自动变速器试验。

(五)失速试验

失速试验是检查发动机功率大小、液力变矩器性能好坏及自动变速器中有关换挡执行元件的工作是否正常的一种常用方法。失速试验的测量数据为失速工况下发动机最大转速。

小提示

失速工况,指涡轮固定不动而泵轮仍在旋转的工况。在对车轮进行制动时,我们通过踩下加速踏板来实现失速工况。

1. 失速试验准备

在进行失速试验之前，应做好以下准备工作：让汽车发动机和自动变速器均达到正常工作温度，驻车制动器性能应良好，自动变速器液压油的油量、油质应符合要求。

进行自动变速器失速试验前，必须注意有些新型自动变速器已禁止做失速试验。因此，在操作前，应认真查看和核对车辆维修手册的要求，了解变速器的结构原理，掌握正确的检测方法和参数，并按操作规范要求进行检测，检测时自动变速器应符合检测的具体要求。注意操作安全，掌握检测要领，在规定时限内完成失速试验，防止违规操作。

2. 失速试验要求

在自动变速器处于前进挡或倒挡运行时，将制动踏板完全"踩死"，再迅速将加速踏板踩到底，使发动机处于最大转矩工况，自动变速器进入失速工况。观察此时发动机的最大转速，判断自动变速器的执行元件、液力变矩器导轮的单向离合器是否打滑、发动机有无熄火等现象。

3. 失速试验的结果分析

不同车型的自动变速器都有失速转速标准，通常失速转速标准为2200～2400r/min。若失速转速与标准值相符，说明自动变速器的油泵、主油路油压及各个换挡执行元件的工作基本正常。若失速转速高于标准值，说明主油路油压过低或换挡执行元件打滑；若失速转速低于标准值，则可能是发动机动力不足或液力变矩器有故障。

（六）油压试验

油压试验是在自动变速器工作时，通过测量液压控制系统各管路的压力，判断液压控制系统及电子控制系统各零件的功能是否正常的一种试验方法。油压试验检查油泵、油压调节器、节气门阀、油压电磁阀、调速器及自动变速器液压油等的工作状况，是自动变速器性能分析和故障判断的主要依据。试验过程中将油压表连接在自动变速器的测试口上，通过读取油压表的读数来分析自动变速器的工作情况，如图10-5所示。

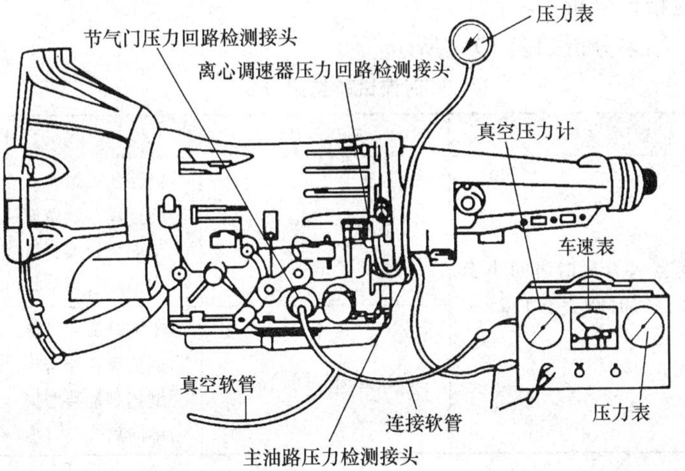

图10-5　油压试验

(七)时滞试验

在怠速状态下将换挡手柄从N挡换入D挡或R挡,从开始换挡到感觉汽车振动或车辆运动时存在一定的时差,称为时滞。时滞试验就是测出自动变速器换挡的迟滞时间,根据迟滞时间的长短来判断主油路油压及换挡执行元件的工作是否正常。

1. 时滞试验步骤

(1)让车辆行驶,使发动机和自动变速器达到正常工作温度。将汽车停放在水平地面上,拉紧驻车制动手柄,检查发动机怠速,如不正常,按标准调整。

(2)将自动变速器操纵手柄从空挡位置拨至前进挡D位置,用秒表测量从拨动操纵手柄到感觉汽车振动所需的时间,该时间称为N-D的时滞时间,如图10-6所示。

(3)将操纵手柄拨至N挡,让发动机怠速运转1min后,再做一次同样的试验(每次试验需间隔不少于1min),做3次试验,取平均值。

(4)按上述方法,将操纵手柄由N挡拨至R挡,测量N-R的时滞时间,如图10-7所示。

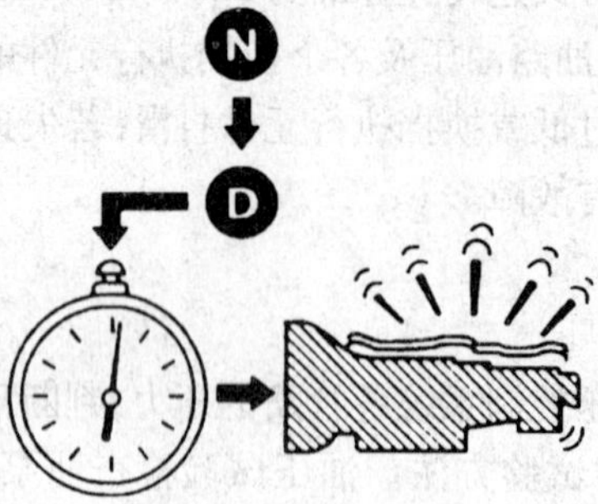

图10-6 N-D的时滞试验操作

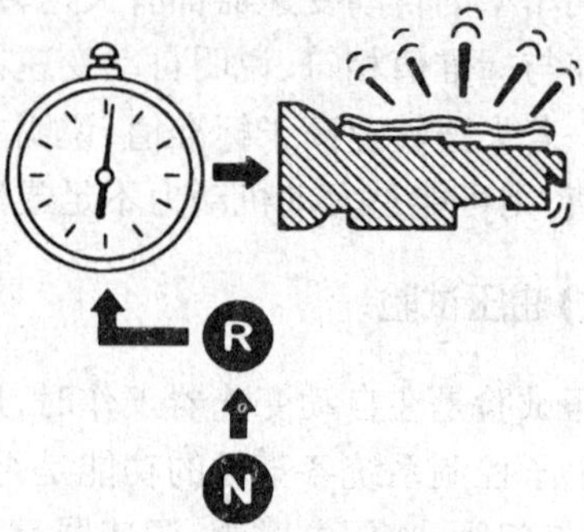

图10-7 N-R的时滞试验操作

2. 时滞试验结果分析

时滞试验的结果分析如表10-1所示。

时滞试验结果分析 表10-1

正常数据	现象	原因分析
大部分自动变速器N-D延时时间小于1.05~1.25s,N-R延时时间小于1.25~1.55s	N-D延时时间过长	油路压力过低 前进离合器摩擦片磨损过度 单向离合器打滑(有此配置时) 超速离合器磨损(有此配置时)
	N-R延时时间过长	主油路油压过低 倒挡离合器磨损 倒挡制动器磨损 单向离合器打滑(有此配置时)

(八)手动换挡试验

手动换挡试验的目的是为确定电控自动变速器的故障部位,以便区分故障是由机械系统、液压系统引起，还是由电控系统引起的。

手动换挡试验时，将电控自动变速器所有换挡电磁阀的线束插头全部脱开，此时自动变速器 ECU 不能通过换挡电磁阀来控制自动换挡。

手动换挡试验，应根据不同的车型以及电控自动变速器的特点，用操纵手柄来直接控制换挡；或通过连接器按机械换挡规律，手动控制各换挡电磁阀的工作状态。观察手动换挡试验期间发动机转速和车速的对应关系，即可判断自动变速器所处挡位和实际工作状态是否良好。

若手动换挡试验与检查正常，则说明电控自动变速器的液压控制系统，以及换挡执行元件基本工作正常；反之，则相关部位存在故障。试验结束后，应接好连接线束的插头，并清除电脑中的故障代码，防止影响自动变速器的故障自诊断工作。

（九）道路试验

进行道路试验是诊断、分析自动变速器故障最有效的手段之一，自动变速器在修复后，通过道路试验检查工作性能和修理质量。道路试验的项目主要包括换挡车速、换挡点、换挡质量以及换挡执行元件的工作性能（有无打滑）等。

1. 升挡性能试验

升挡性能检查要求有模式选择开关时，应置于普通或经济模式，将选挡操纵手柄拨至 D 挡位置，踩下加速踏板，并使节气门保持在某一固定开度，让汽车起步并加速，然后使节气门开度保持在 50% 左右，在自动变速器升挡时，记录下换挡点的节气门开度、升挡车速、发动机转速等参数（也可用故障诊断，设同步记录数据，这样更准确）。

因不同车型的自动变速器各挡传动比大小不尽相同，所以升挡车速也不会完全一致，具体升挡车速的检查标准，应参照车辆维修手册中的要求予以判断。

若汽车行驶中加速无力、升挡车速明显低于上述范围，则说明自动变速器升挡过早、车速过低；若有明显换挡冲击、自动变速器升挡车速明显高于上述范围，说明升挡太迟、车速过高；自动变速器不能在正常换挡点附近升挡，或不能升入最高挡，以及升入高挡后液力变矩器无锁止，都说明自动变速器的控制系统或换挡执行元件有故障。

2. 换挡冲击试验

换挡质量是指正常的自动变速器可能有不明显的换挡冲击感，升挡车速与发动机转速应配合良好，并且波动十分微弱。若换挡冲击很大，升挡车速与发动机转速不匹配，则说明自动变速器的控制系统或换挡执行元件有故障；如油路油压高或换挡执行元件打滑等，应做进行一步检查。

由于每个人的驾驶习惯并不一致，所以试车检查时，应有良好的驾驶习惯，应选择适当的试车道路，保证汽车能在较理想的状态下具有良好的动力性、经济性和加速性，按正常换挡规律自动换挡。还要测试自动变速器在动力模式、经济模式等不同工作模式下的换挡品质。

正常的自动变速器只能有不太明显、很微弱的换挡冲击感，若换挡冲击太大，表明自动变速器控制系统、换挡执行元件、油路油压控制有故障。

（十）自动变速器故障诊断的一般程序

自动变速器的故障往往由发动机和电控系统引起，也有由自动变速器本身引起的。在进行检修之前,根据由简到繁、由易到难的原则,先将故障部位大致分清(是发动机故障还是自动变速器本身故障)。若自动变速器带有自诊断系统,则应先进行自诊断。

检修自动变速器故障一般按以下程序进行:

(1)首先进行基础检查。变速器油的质量和数量是否合适;节气门拉线记号是否正确;变速操纵杆系及空挡起动开关是否工作正常等。

(2)然后进行失速试验,检查发动机和自动变速器的性能。

(3)再进行液压试验。对液压管路进行基础检查后,通过液压试验来确认液压系统是否有故障。

(4)最后进行道路试验。通过路试,进一步检查变速器的性能,确认变速器故障发生的部位,为变速器检修提供依据,以便视需要进行修理。

(十一)自动变速器的常见故障及原因

1. 自动变速器的常见故障

(1)漏油。一般是传动轴侧密封不良所致,更换密封件时,要注意清洁。若在变速器与发动机一侧漏油时,应更换泵轮凸缘上垫片,为避免凸缘歪斜,安装时交替均匀拧紧固定螺钉,并达到规定的力矩。

(2)离合器油缸供油压力过低。换挡后不能立即提高车速,这主要是油面太低,离合器调压阀失灵,滑阀卡滞或调整不当,应及时检修、调整或更换部件。

(3)离合器摩擦盘烧蚀。使用不当,起步前挂挡,转速过高,主、从动盘同步时间过长致使摩擦盘烧蚀。

(4)变矩器油压过低。油面过低,变矩器调压阀失灵,密封损坏。

(5)工作油温过高。离合器滑转或分离不彻底;滤清器或冷却器堵塞;泵轮、涡轮和导轮端面发生摩擦,冷却风扇不转动。

(6)变矩器内油面逐渐上升,自动变速器油流入变矩器箱内,应更换油泵油封。

2. 自动变速器常见故障的原因

轿车自动变速器的结构复杂,故障原因涉及面广,常见故障多集中在液压控制系统的堵、漏、卡和执行元件的磨损或失调等方面。在诊断中,液压试验是故障诊断的重要手段之一,而机理分析是正确诊断的前提,熟知结构是正确诊断的关键。一旦确定引起故障的原因,排除故障的具体方法一般是调整或更换元件。

(1)自动变速器油变质或变色。一般汽车每行驶1万km,应更换自动变速器油。正常使用中,变速器油变质或变色的原因是高温、氧化或磨料污染,应查明摩擦(引起高温)或磨损(产生磨料)的部位。

(2)挂入行车挡无驱动反应。如果出现变速器挂入前进挡或倒挡而无驱动反应,应检查手动阀是否失调,引起油路堵塞、油压失调或油泵失效等。

(3)无前进挡或无倒挡。汽车使用中,只能前进不能倒车,或只能倒车而不能前进,说明自动变速器液压控制系统正常,故障发生在前进挡或倒挡执行元件,应拆检对应的离合器和制动器。

(4)升、降挡时滞过长。自动变速器升、降挡时滞过长的原因一般有两种,一种是节气门阀、调节器阀和换挡阀失调或泄漏失控；另一种是换挡执行元件失效或磨损。

(5)直接挡无力。引起直接挡无力的原因一般是直接挡离合器打滑。应检查离合器片是否磨薄，控制油压是否过低，密封件是否漏油。

(6)空挡爬行。汽车空挡时有爬行现象，应检查手动阀位置是否准确、离合器和制动器是否分离不彻底，需进行调整或更换。

(7)工作油温过高。离合器滑转或分离不彻底；滤清器或冷却器堵塞；泵轮，涡轮和导轮端面发生摩擦，冷却风扇不转动等。

二、实践操作

检修自动变速器时，应用煤油仔细清洗所有零件(摩擦片、橡胶密封垫除外)，并用压缩空气吹干，然后按照拆卸的顺序排放整齐，检修时应注意正确合理地使用专用工具和检测仪器，严格遵守安全操作规程，防止零件的损坏及人员的伤害。

(一)实践准备

(1)装配自动变速器的车辆一台。

(2)A340E 自动变速器一台。

(3)磁力百分表一套。

(4)常用工具、常用量具、干净的抹布。

(5)维修手册、工单。

(二)技术要求及注意事项

(1)失速试验中，从加速踏板踩下到松开的整个过程时间不得超过5s。

(2)失速试验次数不得多于 3 次。

(3)两次失速试验中必须怠速冷却 1min。

(4)油路压力测试一定要由两个技术人员操作。

(5)油压试验过程中小心油压表软管影响排气管。

(6)油压试验测试中的测试塞不能重复使用。

(三)失速试验

1. 实验操作步骤

(1)选择一块宽敞平整的场地停放车辆。

(2)用手制动器或脚制动器将车轮抱死。

(3)变速杆分别处在 D 挡或 R 挡。

(4)起动发动机，使变速器油温在 50 ~ 80℃。

(5)用三角木将 4 只车轮前后均堵住，防止车辆窜动。

(6)发动机怠速运转，猛踩一脚加速踏板，使节气门全开，转速上升至稳定时，迅速读取转速数据，这个转速就是失速转速，然后分别在 D 挡和 R 挡各读取一个失速转速数据。失速试验的操作步骤如图 10-8 所示。

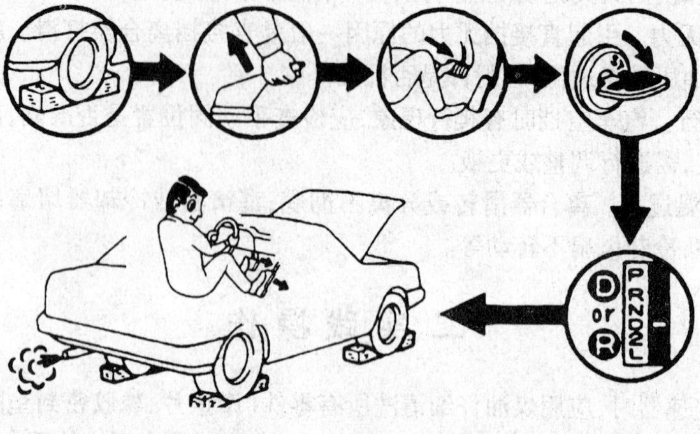

图 10-8　失速试验的操作步骤

2. 失速试验注意事项

进行失速试验具有一定破坏性，在失速工况下，发动机的动力全部消耗在液力变矩器内自动变速器油的内部摩擦损耗上，油温会急剧上升。

（1）从加速踏板踩下到松开的整个过程时间不得超过 5s。

（2）试验次数不得多于 3 次。

（3）中间必须怠速冷却 1min。否则会使自动变速器油因温度过高而变质，甚至损坏密封圈等零件。

（4）带有废气涡轮增压的发动机不能做失速试验。

（5）使用电子节气门的车辆不能做失速试验。

3. 失速试验结果分析

不同车型的自动变速器都有失速转速标准值。大部分自动变速器的失速转速标准值为 2300r/min 左右。若失速转速与标准值相符，说明自动变速器的油泵、主油路油压及各个换挡执行元件的工作基本正常。

试验数据比标准数据低，原因有以下几个方面：发动机输出功率不足；变矩器中导轮的单向自由轮打滑；如果试验数据比标准失速低 600r/min 以上时，可能是变矩器故障。

试验数据比标准数据高，原因有以下几个方面：变速器控制油压偏低；因漏油或磨损造成的离合器打滑；如果失速转速高于规定值 500r/min 以上，可能是变矩器已损坏。

（四）油压试验

油压试验是根据测量控制管路中油压的值，来判断各种泵、阀工作性能好坏的一种试验方法。

1. 注意事项

（1）在正常油温 70～80℃范围内进行试验。

（2）油路压力测试一定要由两个技术人员操作。一名技术人员进行试验操作，另一名在车外观察车辆情况。

(3)试验过程中小心油压表软管影响排气管。

(4)维修专用工具和测量仪表的连接要用新垫片。

(5)测试中的测试塞不能重复使用。

2. 试验步骤

油压试验的操作步骤如图 10-9 所示。

(1)拆下自动变速器壳体上的调速器测压螺塞,接上油压表。

(2)起动发动机。

(3)将操纵手柄拨至前进挡 D 位置。

(4)松开驻车制动拉杆,缓慢地踩下加速踏板。

(5)读取不同车速下的油压。各工况下的工作油压测量应进行 2 ~3 次,取平均值。

(6)将测试结果与标准值进行比较。

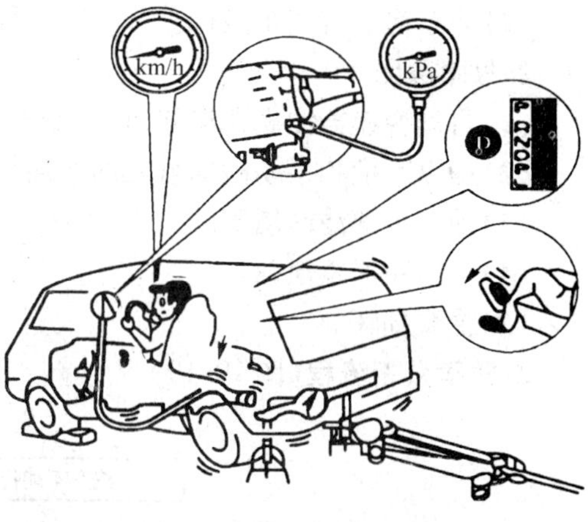

图 10-9 油压试验的操作步骤

3. 结果分析

油压试验结果分析见表 10-2。不同车型自动变速器油压的标准值也各不相同,具体管路油压的检查标准,应参照车辆维修手册中的要求予以判断。

油压试验结果分析

表 10-2

工况	测试结果	故障原因
怠速状态下	在所有挡位时,主油路油压均太低,或油压不稳定	油泵故障、主油路液压调压阀卡滞、主油路泄漏、主油路调压阀弹簧过软或失效、节气门阀卡滞、节气门拉索或节气门位置传感器调整不当、主油路压力调节电磁阀故障、主油路压力传感器或连接线路故障
	只是前进挡和低速挡,主油路油压均太低	前进挡和低速挡执行元件泄漏、前进挡与低速挡控制油路泄漏
	前进挡主油路油压正常,低速挡主油路油压太低	低速挡执行元件及控制油路泄漏
	前进挡主油路油压正常,倒挡主油路油压太低	倒挡执行元件及倒挡控制油路泄漏、手动选挡及倒挡控制油路泄漏
	在所有挡位主油路油压均太高	节气门拉索或节气门位置传感器调整不当、主油路调压阀或节气门阀卡滞、主油路调压阀弹簧太硬、油压调节电磁阀或线路故障
失速	稍低于标准油压	节气门拉索或节气门位置传感器调整不当、油压调节电磁阀损坏或线路故障、主油路压力调压阀卡滞或弹簧太软
	明显低于标准油压	油泵故障、主油路泄漏、主油路调压阀工作不良

三、学 习 拓 展

典型自动变速器故障的诊断分析:

(一)汽车不能行驶

1. 故障现象

(1)无论操纵手柄位于倒挡、前进挡或前进低挡,汽车都不能行驶。

(2)冷车起动后汽车能行驶一小段路程,但热车时汽车不能行驶。

2. 故障原因

(1)自动变速器油底壳渗漏,自动变速器油全部漏光。

(2)操纵手柄和手动阀摇臂之间的连杆或拉索松脱,手动阀保持在空挡或停车挡位置。

(3)油泵进油滤网堵塞。

(4)主油路严重泄漏。

(5)油泵损坏。

3. 故障分析流程(图 10-10)

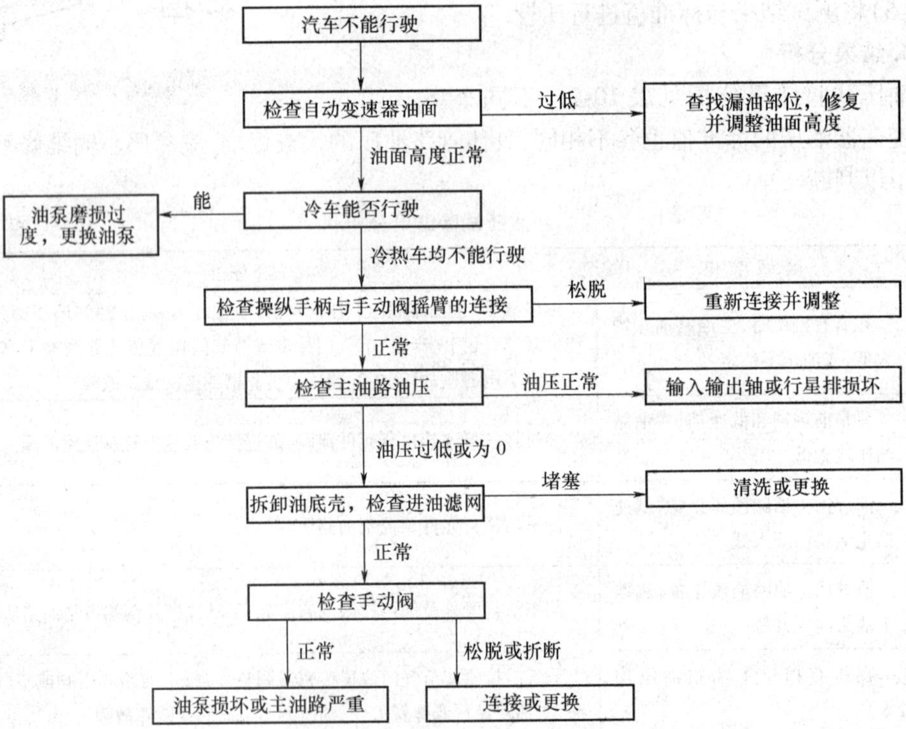

图 10-10　汽车不能行驶故障的分析流程

(二)自动变速器打滑

1. 故障现象

(1)起步时踩下加速踏板,发动机转速很快升高,但车速升高缓慢。

(2)行驶中踩下加速踏板加速,发动机转速升高,但车速提高不快。

(3)平路行驶基本正常,但上坡无力,且发动机转速很高。

2. 故障原因

(1)自动变速器油面太低。

(2)自动变速器油面太高,运转中被行星排剧烈搅动后产生大量气泡。

(3)离合器或制动器摩擦片、制动带磨损过度或烧焦。

(4)油泵磨损过度或主油路泄漏,造成油路油压过低。

(5)单向超越离合器打滑。

(6)离合器或制动器活塞密封圈损坏,导致漏油。

3. 故障分析流程(图 10-11)

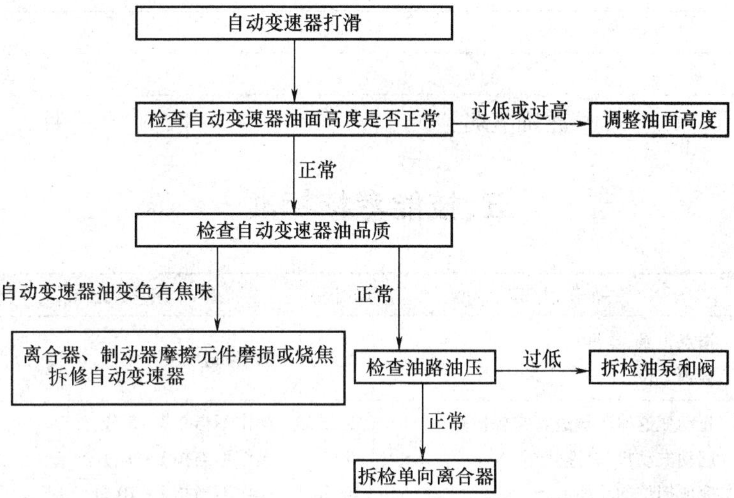

图 10-11　自动变速器打滑故障的分析流程

四、评价与反馈

1. 自我评价与反馈

(1)你是否知道基本调整项目和具体内容?(　　)

A. 知道　　　　B. 不知道

(2)你是否能够完成自动变速器的基本检查和调整?(　　)

A. 能够完成　　　　B. 在小组协作下能够完成　　　　C. 不能完成

(3)你是否能够完成失速试验的操作?(　　)

A. 能够完成　　　　B. 在小组协作下能够完成　　　　C. 不能完成

(4)你是否能够完成油压试验的操作?(　　)

A. 能够完成　　　　B. 在小组协作下能够完成　　　　C. 不能完成

(5)完成了本学习任务后,你感觉困难的部分是哪些?

签名:________ ________年________月________日

2. 小组评价与反馈

(1)你们小组在接到任务之后是否分工明确?________

(2)你们小组每位组员都能轮换操作吗?________

(3)遇到难题时你们分工协作吗?________

(4)对于小组其他成员有何建议?________

参与评价的同学签名:________ ________年________月________日

3. 教师评价及回复

____

____

____

教师签名:________ ________年________月________日

五、技能考核标准

序号	项目	操作内容	规定分	评分标准	得分
1	准备	清点工具、量具 清理工位	5分	酌情扣分	
2	试验准备	自动变速器车辆进行常规检查 起动发动机,怠速热车 完成挡位的轮换 固定车轮、拉紧驻车制动	5分 5分 10分 5分	操作不当扣1~5分 操作不当扣1~5分 操作不当扣1~10分 操作不当扣1~5分	
3	失速试验操作	踩下行车制动 踩下加速踏板 读取失速转速 怠速3min	5分 5分 5分 5分	操作不当扣1~5分 操作不当扣1~5分 操作不当扣1~5分 操作不当扣1~5分	
4	结果分析	查找维修手册确定标准值 根据标准值判断数据 进行结果分析 填写试验记录	10分 10分 10分 5分	操作不当扣1~10分 判断不准确扣1~10分 分析不正确扣1~10分 操作不当扣1~5分	
5	时间	20min	5分	超时1~5 min扣1~5分 超时5 min以上扣5分	
6	安全文明	无安全隐患,无不文明操作	5分	未达标扣1~5分	
7	结束	工具、量具清洁并归位 工作场地清洁	5分 5分	漏一项扣1分,未做扣5分 清洁不彻底扣1~5分,未做扣5分	
	总分		100分		

学习任务十一　四轮驱动系统的检修

任务要求

完成本学习任务后，你应：

1. 掌握四轮驱动系统的基本组成和分类；
2. 能分析分动器转矩的传递路线；
3. 能够拆装典型分动器，维修分动器零件；
4. 能够选择正确的工具与仪器，完成操作任务；
5. 能够查阅维修手册并规范检修四轮驱动系统故障。

建议学时：8 学时

任务描述

一辆 90 款切诺基越野车，分动器换挡时出现换挡困难。经维修人员检查和分析，是分动器换挡杆松动或分动器内部零件磨损，需检查或更换分动器相关零件。

一、理论知识准备

（一）概述

为了提高汽车在雨天、雪地和越野行驶时的附着力和操纵性能，有些车辆常做成四轮驱动。传统四轮驱动汽车的基本组成如图 11-1 所示。发动机的动力经过离合器传给变速器，然后通过分动器把动力分配给前后传动轴，再通过传动轴将动力传递给前后差速器以及四个半轴，使四个车轮转动。

1. 四轮驱动系统的分类

1）全时四驱（图 11-2）

全时四驱车辆永远保持四轮驱动模式，正常行驶时将发动机输出转矩按 50%:50% 分配给前后轮。当轮胎打滑时，自动分配前后转矩以确保在不同路面上都有极佳的车辆性能和操控性，分配比例在 30%:70% 到 70%:30% 之间（前后驱动转矩可在 30% ~70%之间连续无级可调）变化，采用这种驱动模式的车辆具有极佳驾驶操控性和行驶循迹性。全时四驱的科技含量高，车辆的行驶操控性和舒适性也强，因此，奥迪 A4 Quattro、新奥迪 A6L、宝马

X5、三菱欧蓝德等车型采用这种模式。

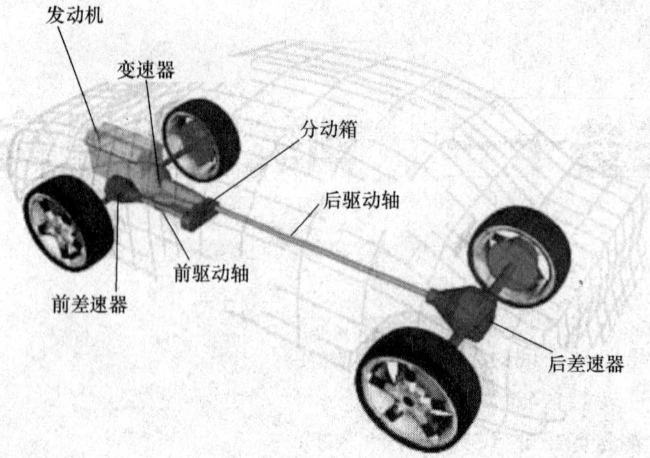

图 11-1 传统四轮驱动系统的基本组成

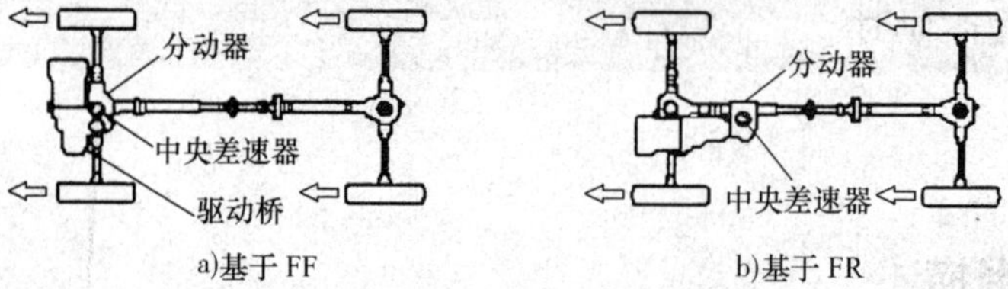

图 11-2 全时四驱

2)兼时四驱(图 11-3)

兼时四驱模式一般用于越野车或四驱 SUV 上。驾驶员可根据路面情况,通过接通或断开分动器,在两轮驱动和四轮驱动之间切换。优点是可根据实际情况来选取驱动模式,比较经济;缺点是机械结构比较复杂,需要驾驶者有很强的驾驶经验,北京切诺基就采用这种驱动模式。

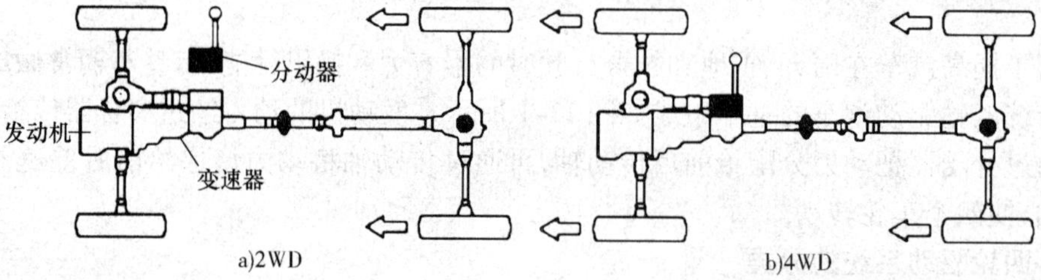

图 11-3 兼时四驱

3)适时四驱(图 11-4)

采用适时四驱的车辆,选择何种驱动模式由电脑控制,普通路面一般采用两轮驱动,如果路面不良或驱动轮打滑,电脑会自动侦测出,并立即将发动机输出转矩分配给其他两轮,切换到四轮驱动状态,免除了驾驶员的判断和手动操作,应用更加简单。选用这种驱动模式的车型有东风本田 CR-V 和北京现代途胜等车型。

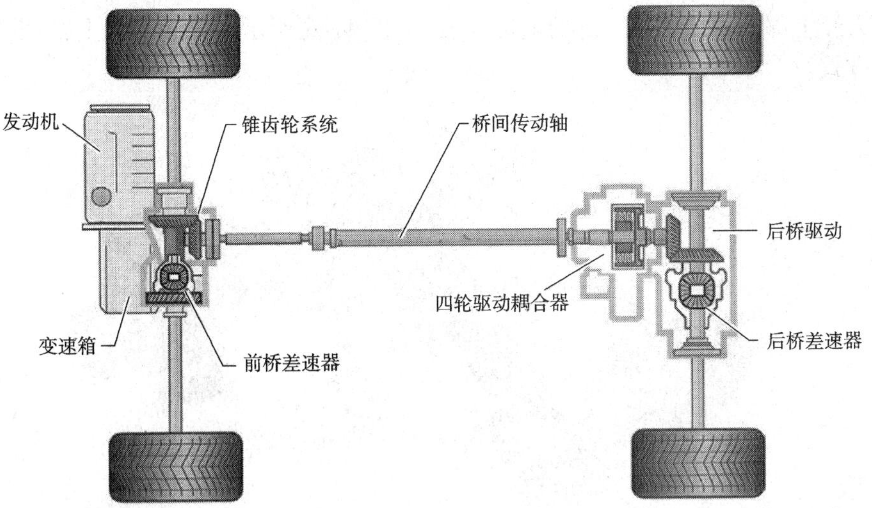

图 11-4　适时四驱

2. 四轮驱动系统的结构和工作原理

四轮驱动系统的作用是将变速器传来的动力分配给前后驱动桥,同时起副变速器的作用。

1)分动器

分动器有两种形式,即以齿轮机构驱动前输出轴的分动器和采用链轮机构驱动的分动器。

齿轮传动分动器在 3 根轴上安装 6 个齿轮及 2 个滑动换挡总成,如图 11-5 所示,大多数早期的分动器都属于这种结构。

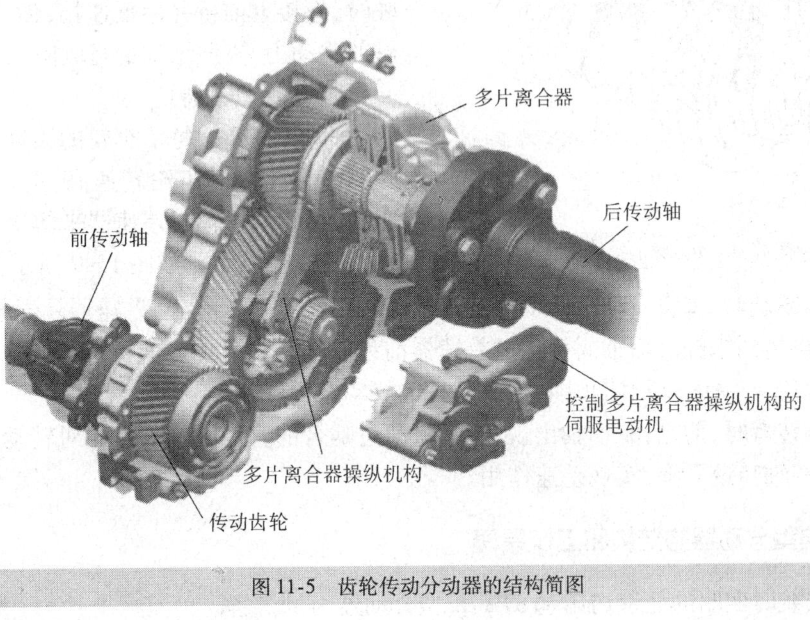

图 11-5　齿轮传动分动器的结构简图

链轮机构驱动的分动器应用非常广泛，这些总成各有差别，但都采用长的、无噪声的链条把动力经上部的轴传递给下部的前输出轴，如图 11-6 所示。分动器加上空挡，有三种动力传递方式。

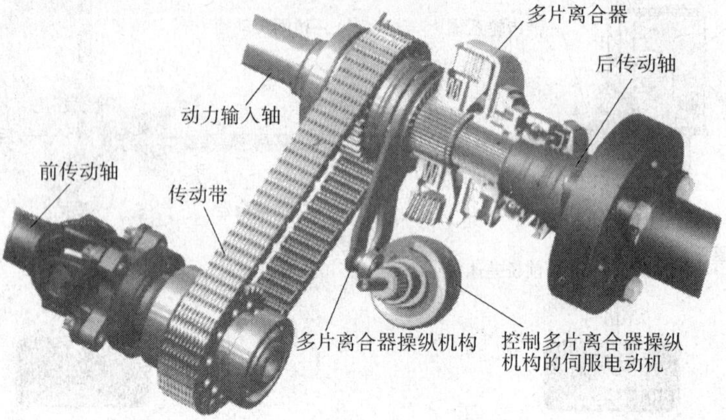

图 11-6　链轮机构驱动的分动器

2）操纵机构

分动器操纵机构的结构如图 11-7 所示。

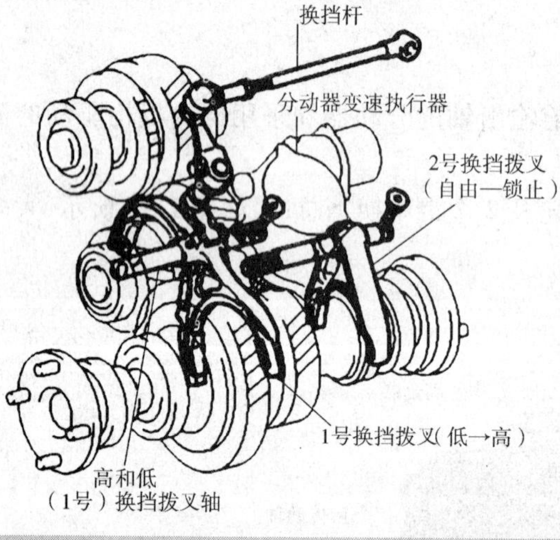

图 11-7　分动器的操纵机构

对分动器的操纵要求是：接上前桥前，不得挂上低速挡；低速挡退出前，不得摘下前桥，如图 11-8 所示。分动器在使用时应注意以下事项：在普通路面上使用高速挡，在恶劣路面上使用低速挡；在较好路面上应使用高速挡且不接前桥；当汽车在较差的路面上行驶时，应接上前桥并用低速挡，使汽车具有足够的驱动力，克服增加的行驶阻力。

3）轴间差速器

汽车转向时，每个车轮的滚动半径不同，外侧车轮比内侧车轮转速高，前轮比后轮转速高，因此采用轴间差速器来解决这个矛盾，轴间差速器的结构如图 11-9 所示。

当汽车驱动时，来自发动机的动力通过空心轴传至差速器外壳，差速器外壳通过涡轮轴传到涡轮，再传到蜗杆。前轴蜗杆通过差速器前齿轮轴将动力传至前桥，后轴蜗杆通过差速器后齿轮轴传至后桥，从而实现前、后驱动桥的驱动牵引作用。

当汽车转弯时，前、后驱动轴出现转速差，通过啮合的直齿圆柱齿轮相对转动，使一轴转速加快，另一轴转速下降，实现差速作用。

（二）典型分动器的结构和工作原理

下面以兼时四驱的北京切诺基 87A-K 型分动器为例讲解。

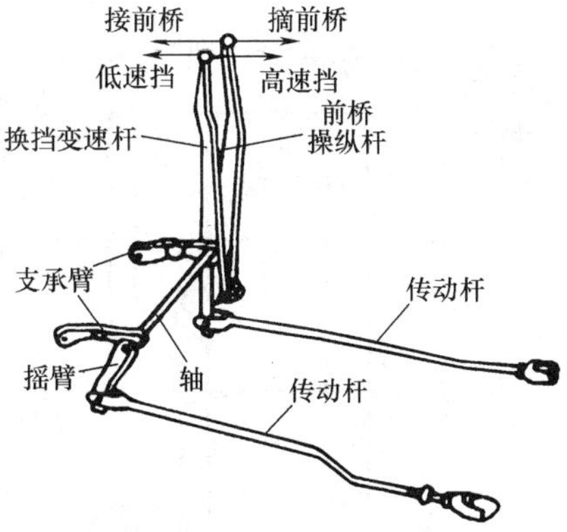

图 11-8　分动器的操纵要求

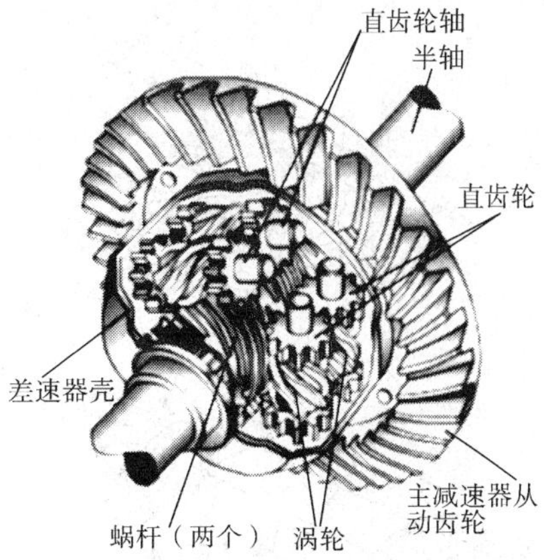

图 11-9　轴间差速器的结构

1. 结构与组成

87A-K 型分动器的结构如图 11-10 所示，壳体结构如图 11-11 所示，结构简图如图 11-12所示。壳体是中间剖分式的，在壳体内设有两根串联的输入轴（图 11-10 中 21）、后输出轴（图 11-10 中 10）、中间轴（图 11-10 中 11）及前输出轴。

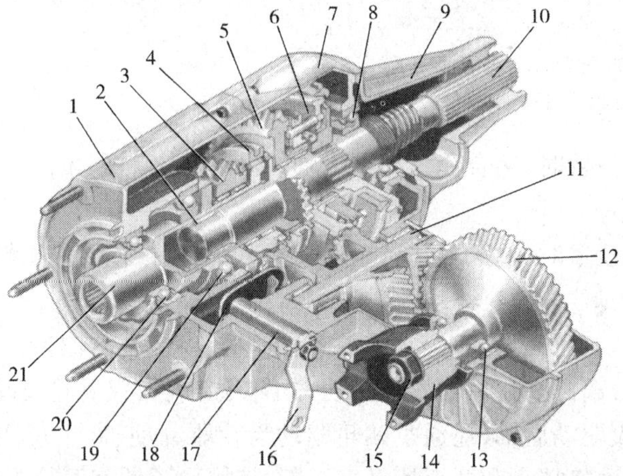

图 11-10　87A-K 型分动器的结构

1-前壳体；2-滚针轴承；3-齿毂；4-低挡齿轮；5-同步器总成；6-四轮驱动齿轮；7-后壳体；8-后输出轴后轴承；9-后凸缘壳；10-后输出轴；11-中间轴；12-前输出轴齿轮；13-前输出轴前轴承；14-前输出轴万向节；15-前输出轴螺母；16-换挡杆；17-换挡轴；18-扇形板；19-输入轴后轴承；20-输入轴前轴承；21-输入轴

分动器的高、低、空挡是由牙嵌式离合器接合套的位置决定的。接合套内孔制有齿形花键，与输入轴后端的齿形花键滑套着。当接合套在前后不同位置时，可以分别与低挡齿轮或后输出轴的齿形花键接合，也可以在中间位置与输入轴接合。

当接合套在前端位置时，花键孔同时套着输入轴低挡齿轮和后端的齿形花键，输入轴的转矩就通过后端的齿形花键传给接合套，继而通过低挡齿轮、中间轴大齿轮和中间轴小齿轮分别传给前输出轴和四轮驱动齿轮（速比为 2. 36:1），此时同步器的接合套被同步器拨叉拨向后方与同步器盘接合，转矩同时传递给后输出轴，转速与前输出轴相同。

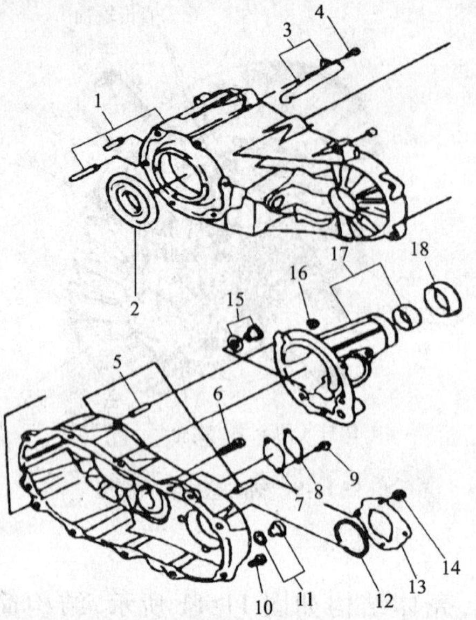

图 11-11　87A-K 型分动器的壳体分解图
1-前箱体;2、18-油封;3-油槽;4-油槽固定螺钉;5-后箱体;6-箱体固定螺栓;7-中间轴轴承盖;8-标牌;9-螺栓;10-箱体固定螺栓;11-放油螺塞;12-垫圈;13-前输出轴轴承盖;14、16-螺母;15-加油螺塞和垫片;17-后凸缘罩总成

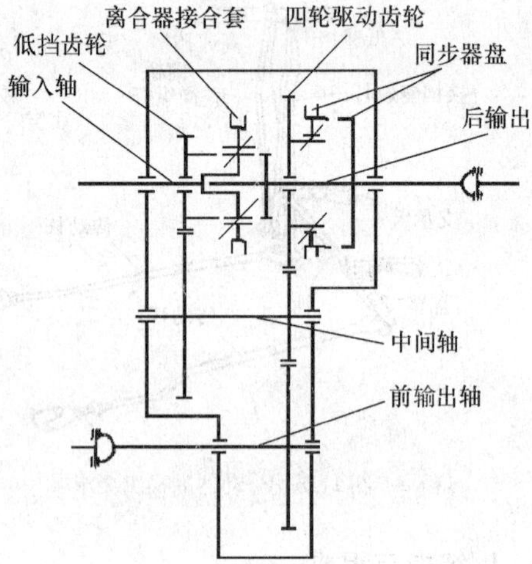

图 11-12　87A-K 型分动器的结构简图

当接合套在中间位置时,接合套只与输入轴的齿形花键套合,因此,输入轴无转矩输出,成为空挡。

当接合套在后方位置时,输入轴的转矩通过接合套,直接传给输出轴,二者转速相同,为高挡传动。

分动器是四轮驱动,还是两轮驱动,取决于同步器接合套的位置。当同步器处于前方时,同步器和同步盘分离,此时,后输出轴的动力不传给前轴,仅后轮驱动。同步器接合套在后方时,后输出轴不仅驱动后轴,还通过四轮驱动齿轮驱动前轴,实现四轮驱动。由于接合套和同步器位置分别由换挡盘和两个拨叉来控制,就排除了低速两轮驱动工况,防止转矩传递过大而损坏传动系。接合套和同步器配合的四种工况见表 11-1。

接合套和同步器配合的四种工况　　表 11-1

工况	接合套位置	同步器位置	挡　位
1	前	后	4L(四轮低速驱动)
2	中	后	N(空挡)
3	后	后	4H(四轮高速驱动)
4	后	前	2H(两轮高速挡驱动)

惯性同步器仅用于高速挡时后轮驱动的接合,低速挡时同步器断开,后轮由高低挡接合套传递动力,因此允许车辆行驶中实施高速两轮或高速四轮驱动工况的变换。由于高低挡是采用接合套变换,因此必须在车辆完全静止时进行,否则,会产生强烈冲击及噪声,甚至损

坏有关零件,导致换挡困难。

2. 转矩传递路线

(1)自由的高速方式如图 11-13 所示。转矩传递路线如图 11-14 所示。

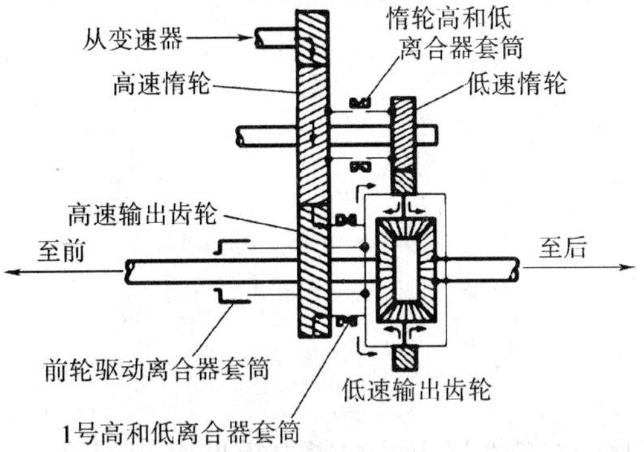

图 11-13　自由的高速方式

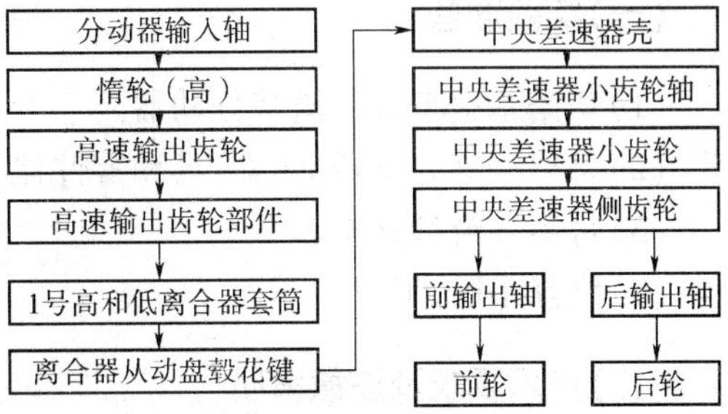

图 11-14　转矩的传递路线

(2)锁紧的高速方式如图 11-15 所示。转矩传递路线如图 11-16 所示。

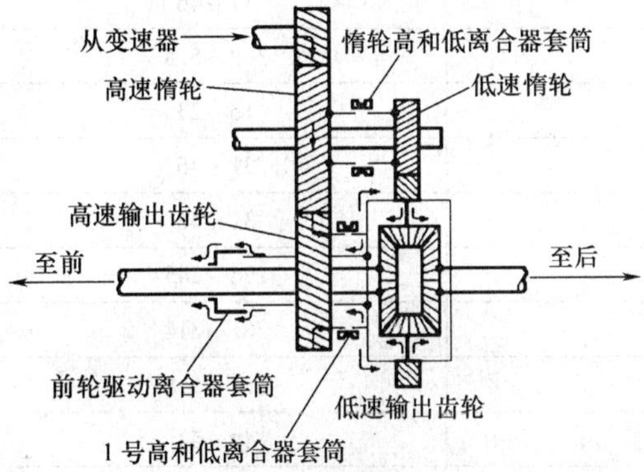

图 11-15　锁紧的高速方式

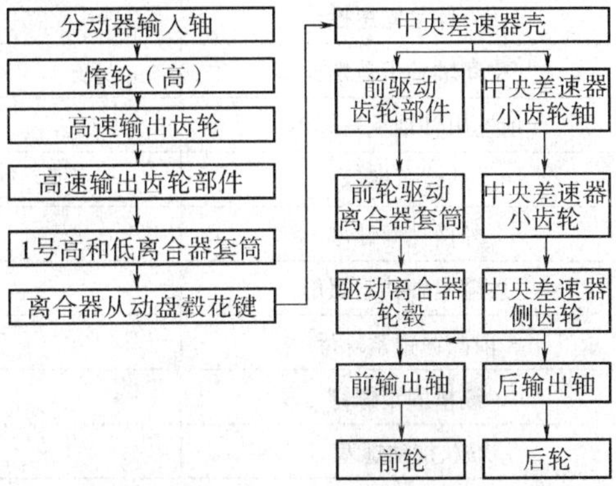

图 11-16　转矩的传递路线

(3)低速方式如图 11-17 所示。转矩传递路线如图 11-18 所示。

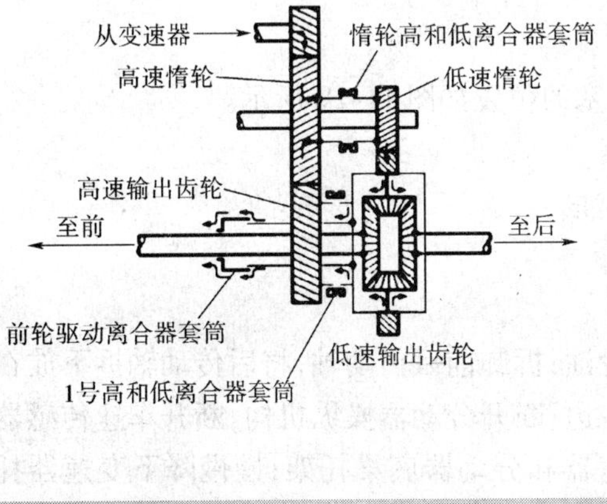

图 11-17　低速方式

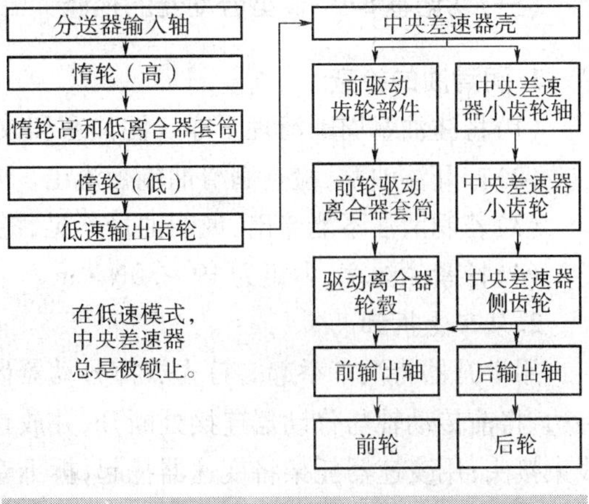

图 11-18　转矩传递路线

二、实践操作

(一)实践准备

(1)切诺基整车或切诺基分动器。

(2)每组一套分动器拆装工具和零件盆。

(3)每组一台举升机。

(4)维修手册、工单。

(二)技术要求及注意事项

切诺基各紧固零部件都应按规定力矩进行拧紧,各部件规定的拧紧力矩见表11-2。

切诺基87A-K型螺栓和螺母的拧紧力矩　　表11-2

螺栓和螺母	拧紧力矩(N·m)	复检力矩(N·m)
壳体紧固螺栓	39	31~46
中间轴轴承盖螺栓	4.9	3.9~5.8
前输出轴轴承盖螺母	20	16~23
凸缘罩螺母	39	31~46
外换挡臂螺母	39	31~46
后输出轴锁紧螺母	226	196~245
前凸缘锁紧螺母	284	261~314
油槽固定螺钉	4.9	3.9~5.8
放、加油螺塞	49	44~54
换挡板定位销的螺栓	23	18~26
真空开关	27	20~34

(三)切诺基87A-K型分动器的检修

1. 润滑油的检查

(1)将注油塞周围清理干净。注油塞和放油塞的位置如图11-19所示。

(2)拧开注油塞,检查润滑油能否流出。

(3)若润滑油不能流出,说明油量不足,应加注。

(4)拧紧注油塞,力矩为19~30N·m。

2. 从车上拆卸

用举升器将汽车举起。首先放掉分动器齿轮油;拆卸前后传动轴,将后传动轴拆下放在一边,将前传动轴与分动器连接处断开,并放在一边;断开分动器操纵机构,断开车速传感器线束接头;用变速器托架将变速器托起,拆下变速器和分动器底梁托架;慢慢降下变速器托架一段距离,拆下所有分动器与变速器之间的连接螺栓,将分动器抬下。

小提示

不要将传动轴后端十字轴上的两个套筒掉落丢失。

3. 分解与组装

1)分解

(1)拆卸后凸缘时,凡使用密封胶的结合面,在拆下螺栓后,先用一个软锤向上轻轻敲击凸缘的突出部分,如图 11-20 所示,使密封胶松脱,然后才能取下凸缘。

小提示

要注意保护凸缘和后轴承油封之间的接合面。

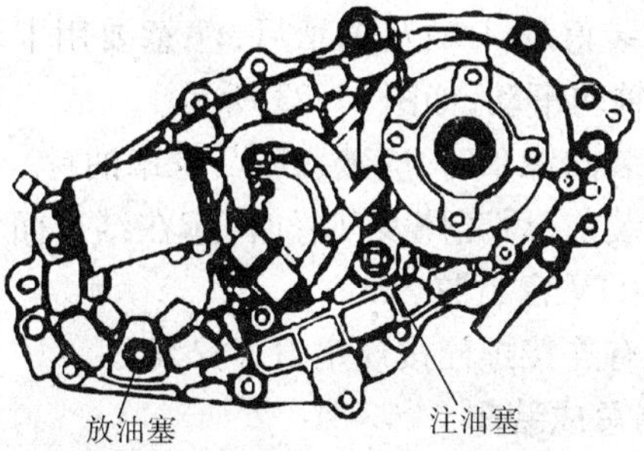

图 11-19　注油塞和放油塞的位置

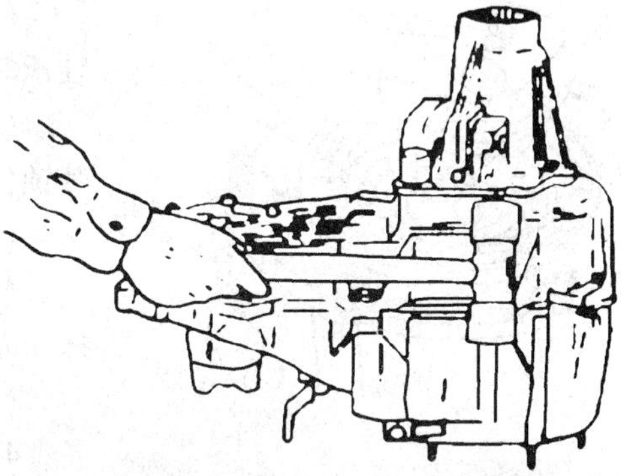

图 11-20　凸缘的拆卸

(2)拆卸前后壳体时,先拆下固定螺栓,再在两壳体的接缝处插入两把旋具,然后轻轻向上撬起,破坏两者间的密封胶,把两者分开,如图 11-21 所示。

想一想

如旋具抵住前后壳体的结合面撬动,分动器安装后会出现什么现象?

(3)拆卸同步器时,先冲出连接拨叉和拨叉轴的弹簧销,然后再把同步器总成和拨叉作为一个整体从后输出轴上拆下,如图 11-22 所示。

2)清洗和检查

(1)拆下的所有部件要清洗,务必将壳体和轴承座所有密封面上的密封胶清除干净。

(2)用压缩空气将洗净的部件吹干,并吹通各油道。

(3)检查分动器壳、凸缘罩和轴承座是否有裂损变形;检查各轴、齿轮、传动链和换挡部件的磨损情况。

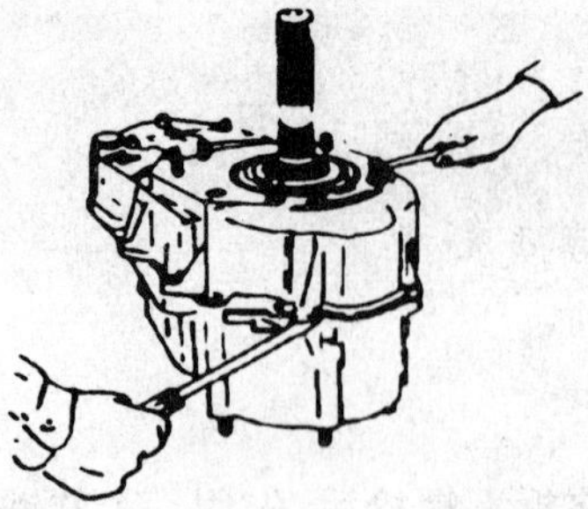

图 11-21　前壳体的拆卸

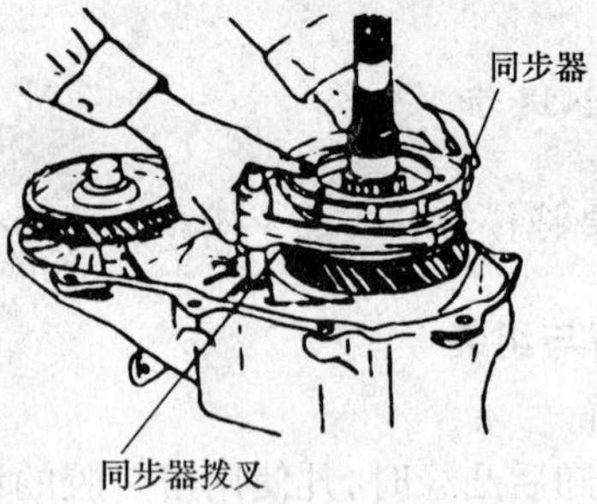

图 11-22　同步器的拆卸

(4)检查低挡齿圈的磨损情况,如有损坏,应连同前壳体一起更换。

(5)拆装时,对拆下的前结合凸缘密封圈、锁紧螺母及后输出轴锁紧螺母均应弃旧换新。

3)装配

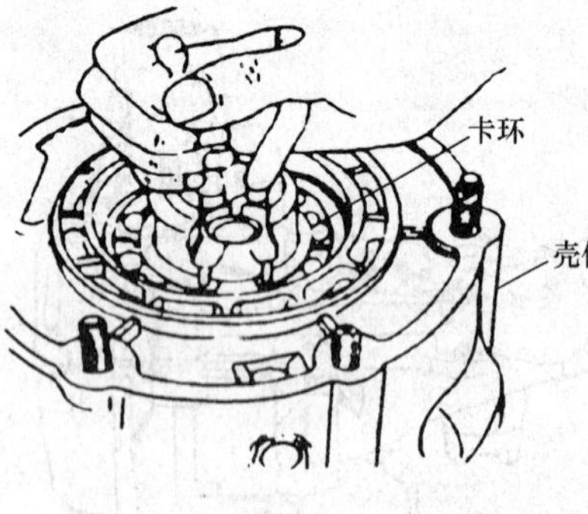

图 11-23　输入轴的安装

(1)装配前,要先用分动器油润滑各部件。更换轴承时,注意不要堵塞轴承孔上的供油口。

(2)在安装好输入轴及轴承后,注意要用卡环将其锁住,防止轴向窜动,如图 11-23 所示。

(3)在安装凸缘罩时,应装入新凸缘罩油封。

(4)在安装前、后壳体及凸缘时,应在结合面上涂抹 3mm 宽的 RTV 密封胶。

(5)将所有连接螺栓按规定力矩拧紧。

4. 分动器总成装车

步骤与拆卸步骤相反。

5. 分动器主要故障及排除方法见表 11-3。

分动器主要故障及排除方法　　表 11-3

现　象	原　因	排除方法
分动器换挡困难或不能换入需要的挡位	1. 车速过高不能换挡	停车减速,3 ~ 4km/h
	2. 长时间以高挡四轮驱动在干燥铺装路面上行驶	停车,把变速器挂入空挡,把分动器换入高挡两轮驱动,然后使车辆以两轮驱动行驶
	3. 分动器换挡杆系黏结或松动	润滑、修理或更换杆系,或者按要求拧紧松动的零件
	4. 润滑油不足或型号不对	加油到加油孔边缘或把型号不当的润滑放净,再加指定的自动变速器油或相当于 DEXRON Ⅱ 油
	5. 零件犯卡,磨损过大或损坏	折检分动器,按要求更换磨损或损坏的零件
分动器在任何挡位都有噪声	润滑油不足或不合适	把润滑油放净,再加指定的自动变速器油或相当于牌号 DEXRON Ⅱ 油,加到加油孔边缘检查漏油,必要时加以修理

续上表

现　　象	原　　因	排 除 方 法
四轮驱动低挡时有金属撞击声或噪声增大	1. 分动器没有完全挂入低挡四轮驱动的挡位	停车把分动器挂入空挡，再挂入4L挡位
	2. 换挡杆松动或咬死	按要求拧紧，润滑或修理拉杆
	3. 拨叉断裂，镶块磨损或拨叉与拨叉轴犯卡	按要求将分动器解体修理
	4. 环齿轮或锁板磨损或损坏	按要求将分动器解体修理
输出轴密封圈或排气口漏油	1. 分动器加油过量	放油到规定油面
	2. 排气口堵塞	如需要清理或更换排气口
	3. 输出轴密封圈损坏或安装不当	更换密封圈，安装时要确保密封圈唇边朝向箱体部，同时要保证不擦伤或不划伤万向节叉密封表面，必要时用细砂纸磨去擦痕或划痕或更换万向节叉
轮胎磨损异常	在干硬公路上以4H挡连续地行驶	在干硬公路以2H挡行驶

想一想

如果分动器在各挡位都有噪声，通过常规放油，重新加注指定变速器油后还有噪声，怎样检查噪声产生的部位？

三、学习拓展

Jeep——吉普车，是美国20世纪40年代研制的四轮驱动轻型越野车。第二次世界大战结束后，1950年6月30日，Jeep被正式注册为品牌商标 。习惯上将所有的四轮驱动轻型越野车统称为吉普车。

越野车——能在较艰苦的野外环境行驶的车种，通常是可四轮驱动的车辆。

四驱车——包括各种运动型四轮驱动轿跑车、小型客车、货车，即所有能用4个轮子驱动行驶的车辆。

SUV——全称是Sport Utility Vehicle，即“运动型多用途车”。20世纪80年代起源于美国，是为迎合年轻白领阶层的爱好而在小型客货车底盘上发展起来的一种厢体车。SUV离地间隙较大，在一定的程度上既有轿车的舒适性又有越野车的高通过性能。

CRV——全称是 City Recreation Vehicle，即“城市休闲车”。国产版本为东风本田CR-V。

SRV——全称是Small Recreation Vehicle，即“小型休闲车”。一般指两厢轿车，比如上海通用赛欧SRV。

RAV——全称是Recreational Activity Vehicle，即“休闲运动车”。它源于丰田的一款小

型运动型车，因为是四轮驱动车，所以又称 RAV4。

HRV——源于上海通用别克凯越 HRV 轿车，取 Healthy（健康）、Recreational（休闲）、Vigorous（活力）之意。

MPV——全称是 Multi-Purpose Vehicle，即"多用途汽车"。集轿车、旅行车和厢式货车的功能于一身，车内每个座椅都可调整，并有多种组合方式。

CUV——全称是 Car-Based Utility Vehicle，是以轿车底盘为设计平台，融合轿车、MPV 和 SUV 特性为一体的多用途车。CUV 具有轿车驾驶感受和操控性，又有多用途运动车的功能。比如三菱欧蓝德。

NCV——全称是 New Concept Vehicle，即"新概念轿车"。它是以轿车底盘为设计平台，兼顾了轿车的舒适性和 SUV 的越野性。比如瑞虎 NCV。NCV 作为新概念"轿车"，比家用轿车的使用范围更广。

RV——全称是 Recreation Vehicle，即"休闲车"。它是一种适用于娱乐、休闲、旅行的汽车，RV 的覆盖范围比较广泛，没有严格的范畴。从广义上讲，除了轿车和跑车外的轻型乘用车，如 MPV 及 SUV、CUV 等都可归属于 RV。

四、评价与反馈

1. 自我评价与反馈

（1）你是否知道四轮驱动系统的基本组成？（　　）

A. 知道　　B. 不知道

（2）你是否能够完成四轮驱动系统的基本检查？（　　）

A. 能够完成　　B. 在小组协作下能够完成　　C. 不能完成

（3）你是否能够完成典型分动器的拆卸与装配？（　　）

A. 能够完成　　B. 在小组协作下能够完成　　C. 不能完成

（4）完成了本学习任务后，你感觉困难的部分是哪些？

____

____

____

签名：________ ________年________月________日

2. 小组评价与反馈

（1）你们小组在接到任务之后是否分工明确？________________

（2）你们小组每位组员都能轮换操作吗？________________

（3）遇到难题时你们分工协作吗？________________

（4）对于小组其他成员有何建议？________________

参与评价的同学签名：________ ________年________月________日

3. 教师评价及回复

____

____

教师签名：________ ________年________月________日

五、技能考核标准

序号	项目	操作内容	规定分	评分标准	得分
1	准备	清点工具、量具 清理工位	5分	酌情扣分	
2	拆卸	拆卸后凸缘 拆卸前后壳体 拆卸同步器	5分 5分 5分	操作不当扣1~5分 操作不当扣1~5分 操作不当扣1~5分	
3	清洗	部件清洗 压缩空气吹净	5分 5分	方法不当扣1~5分 方法不当扣1~5分	
4	检查	分动器壳、突缘罩、轴承座、轴、齿轮、传动链、换挡部件、螺母等部件	15分	每漏检一项扣2分 检查不当扣1~15分	
5	安装	装配前分动器各部件润滑 输入轴及轴承 安装前、后壳体及凸缘	5分 10分 10分	操作不当扣1~5分 操作不当扣1~10分 操作不当扣1~10分	
6	时间	30min	10分	超时1~10 min扣1~10分 超时10 min以上扣10分	
7	安全文明	无安全隐患，无不文明操作	10分	未达标扣1~10分	
8	结束	工具、量具清洁并归位 工作场地清洁	5分 5分	漏一项扣1分，未做扣5分 清洁不彻底扣1~5分，未做扣5分	
总分			100分		

学习任务十二　万向传动装置的检修

任务要求

完成本学习任务后，你应：

1. 掌握万向传动装置的作用、结构及工作原理；
2. 能熟练检修球笼式万向节；
3. 能正确检修三叉轴式万向节；
4. 能够选择正确的工具与仪器，完成操作任务；
5. 能够查阅维修手册并规范检修万向传动装置。

建议学时：6 学时

任务描述

一辆桑塔纳 2000GLi 型轿车，刚刚起步或低速转向时有异响，并伴有前轮摆振。经维修人员检查和分析，可能是因为车辆在转向时，半轴轴向与万向节的轴向存在一定夹角，致使万向节过度磨损，从而发出异响，需检查或更换相关元件。

一、理论知识准备

汽车在行驶过程中，由于悬架受路面冲击而产生振动，使变速器的输出轴与驱动轮之间的相对位置经常发生变化。因此，需要通过万向传动装置来实现两轴线不重合、有相对位置变化的两根转轴之间的动力传递。

1. 万向传动装置的组成

万向传功装置主要包括万向节和传动轴。对于传动距离较远的分段式传动轴，为了提高传动轴的刚度，还设置有中间支承，如图 12-1 所示。

2. 万向节的结构和工作原理

万向节按速度特性可分为不等速万向节（常用的是十字轴式）和等速万向节（包括球叉式、球笼式和三叉轴式）。十字轴式刚性万向节主要用于发动机前置后轮驱动的变速器与驱动桥之间，等速万向节主要用于发动机前置前轮驱动的内、外半轴之间。

1）十字轴式刚性万向节

十字轴式刚性万向节由一个十字轴、两个万向节叉和四个滚针轴承组成，如图 12-2 所示。它允许相邻两轴的最大夹角一般在15°～20°范围内。

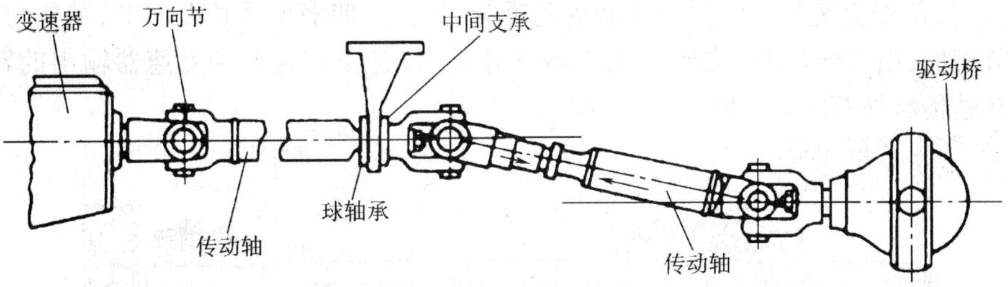

图12-1　万向传动装置的组成

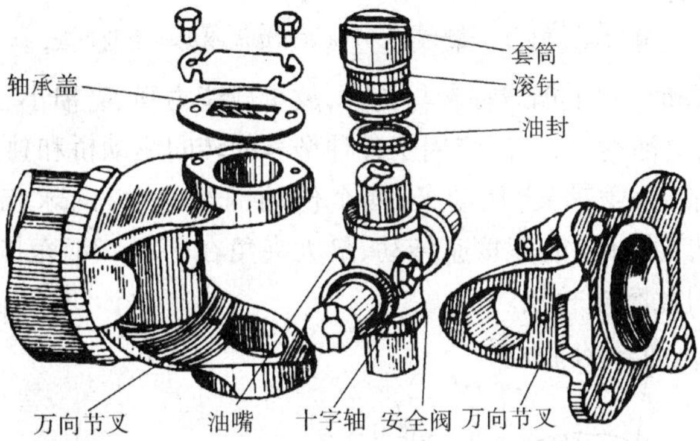

图12-2　十字轴式刚性万向节

为了实现输入轴与输出轴的等角速传动，汽车上通常采用两个（或两个以上）十字轴刚性万向节的组合，利用第二个万向节的不等速效应来抵消第一个万向节的不等速效应，实现等角速传动。

2）等速万向节

（1）球笼式万向节（奥迪100和上海桑塔纳），由六个钢球、星形套、球形壳和保持架等组成，如图12-3所示。

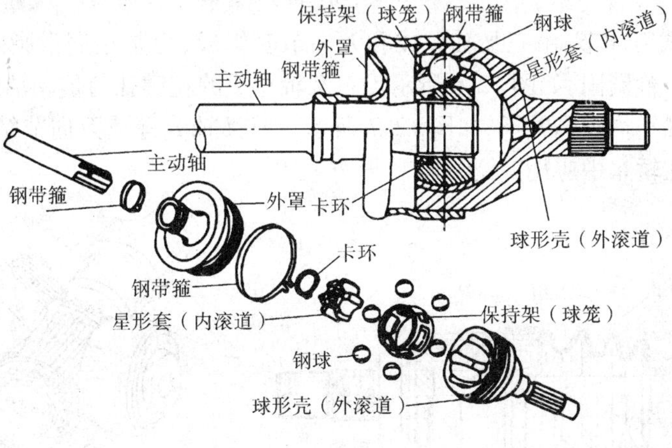

图12-3　球笼式万向节

外万向节(RF型)连接前轮轮毂,是轴向不可伸缩的万向节,驱动汽车行驶。内万向节(VL型)连接位于变速器内的主减速器或差速器,是轴向伸缩型等速万向节,结构与原理和外万向节相似,用螺栓与差速器传动轴凸缘相连接,传递主减速器和差速器输出的转矩,并通过传动轴传给外万向节,如图12-4所示。

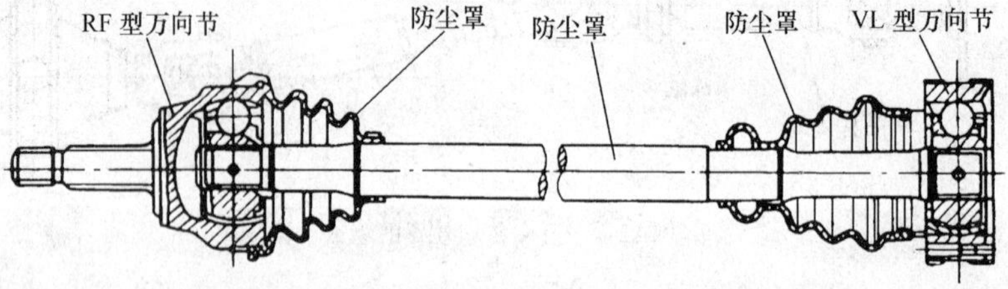

图12-4　RF万向节与VL万向节在转向驱动桥中的布置

球笼式万向节工作时,六个钢球都参与传力,故承载能力强、磨损小、寿命长。最大夹角一般在42°~47°范围内,灵活性好,广泛应用于各种型号的转向驱动桥和独立悬架的驱动桥。

(2)球叉式万向节,由主动叉、从动叉、四个传动钢球、中心钢球、定位销、锁止销组成,如图12-5所示。它结构简单、能等角速传动、最大夹角在32°~38°范围内。在工作的时候,只有两个钢球传力,因此磨损较快。

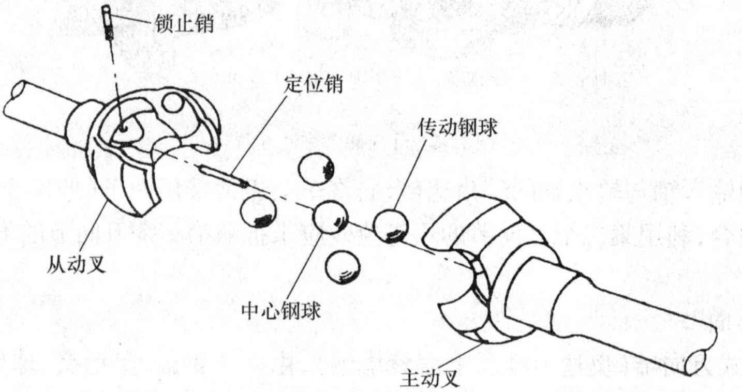

图12-5　球叉式万向节

(3)三叉轴式万向节,由三叉轴总成和万向节套组成,为防止润滑脂外露,万向节由防护罩封护,并用卡箍紧固,如图12-6所示。三叉轴总成的花键孔与传动轴内花键配合,为减小磨损,三个叉轴上均装有轴承,如图12-7所示。三叉轴式等速万向节结构简单,磨损小,可以轴向伸缩,在轿车中应用广泛。

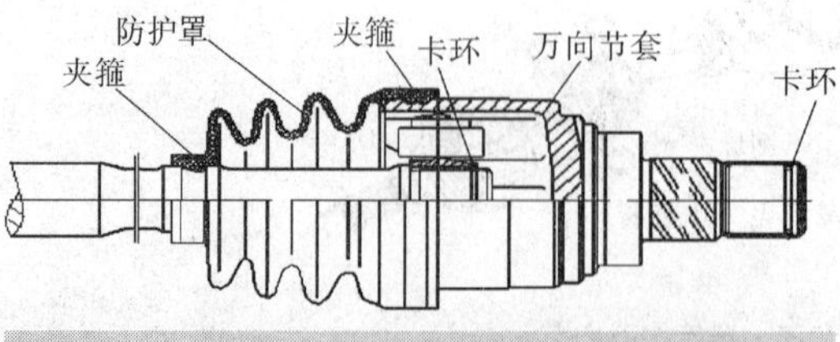

图12-6　三叉轴式等速万向节

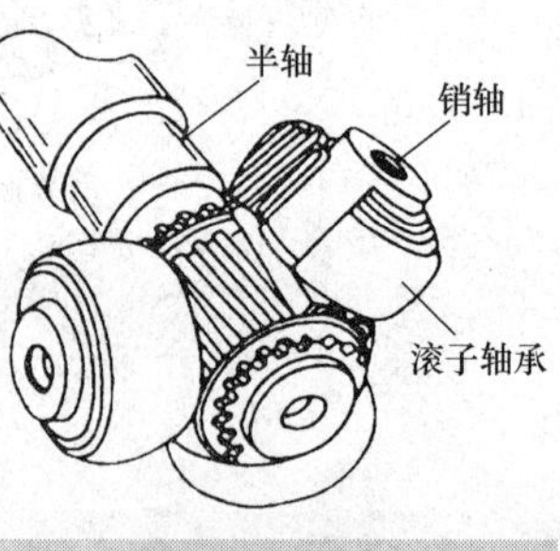

图12-7　三叉轴

3. 传动轴与中间支撑

1）传动轴

传动轴通常用来连接变速器（或分动器）和驱动桥，在转向驱动桥和断开式驱动桥中，则用来连接差速器和驱动车轮。

传动轴分实心轴和空心轴，结构如图 12-8 所示。转向驱动桥、断开式驱动桥或微型汽车的传动轴通常制成实心轴，传动轴和万向节装配后要经过动平衡测试，故焊有传动片，应按标记安装。

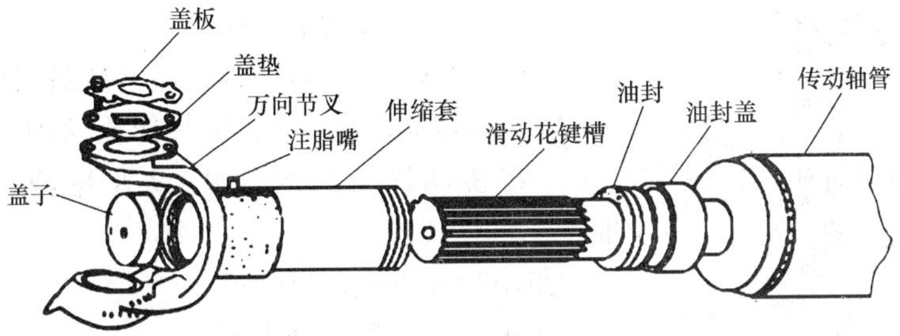

图 12-8　传动轴

2）中间支撑

传动轴分段时需加中间支承，中间支承通常装在车架横梁上，能补偿传动轴轴向和角度方向的安装误差，以及汽车行驶过程中因发动机窜动或车架变形等引起的位移。

二、实 践 操 作

（一）实践准备

（1）桑塔纳 2000GLi 型轿车，桑塔纳 2000GLi 型轿车的传动轴。

（2）每组一套传动轴拆装工具、零件盆。

（3）每组一套磁力百分表。

（4）每组一台举升机。

（5）维修手册、工单。

（二）技术要求及注意事项

（1）传动轴径向圆跳动。传动轴轴管的径向圆跳动的公差见表 12-1。

传动轴轴管的径向圆跳动的公差（单位：mm）　　表 12-1

轴　长	<600	600～1000	>1000
径向圆跳动	0.6	0.8	1.0

轿车传动轴的径向圆跳动应比表 12-1 的值相应减小 0.2mm。中间传动轴支承轴颈的径向圆跳动为 0.10mm。当传动轴轴管的径向圆跳动超过表 12-1 的规定时，应对传动轴进

行校正或更换。

(2)传动轴花键与滑动叉花键、凸缘叉与所配合花键的侧隙，轿车应不大于0.15mm，其他类型的汽车应不大于0.30mm，装配后应能滑动自如。

(3)丰田卡罗拉球笼式万向节标准润滑脂容量为135～185g，三叉轴式万向节标准润滑脂容量为175～185g。

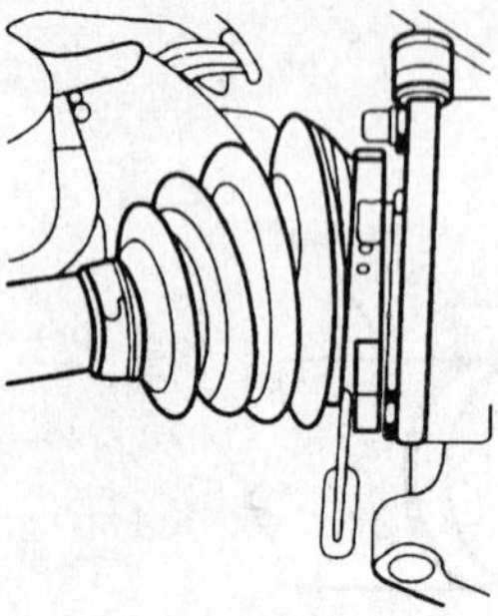

图12-9　旋下传动轴凸缘上的紧固螺栓

(三)桑塔纳万向传动装置的拆装与检修

1. 从车上拆下传动轴总成

(1)在车轮着地时，旋下传动轴与轮毂间的紧固螺母。

(2)旋下传动轴凸缘上的紧固螺栓，如图12-9所示。

(3)将传动轴与凸缘分开，从车轮轴承壳内拉出传动轴。

2. 传动轴总成拆装与检修

1)万向节的拆卸与分解

万向节的拆卸与分解步骤见表12-2。

万向节的拆卸与分解　　表12-2

检修内容	图　示	检修步骤	工作记录
万向节的拆卸	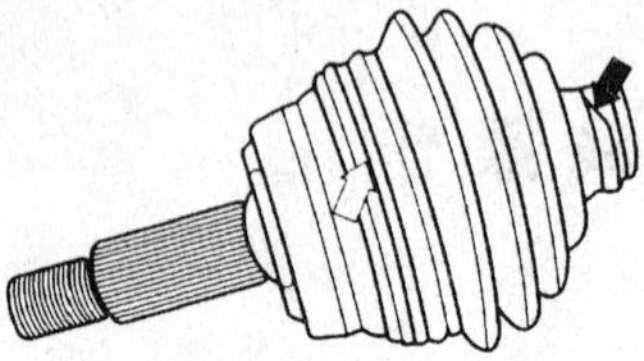	①用钢锯锯开原装卡箍，拆下防尘罩	
	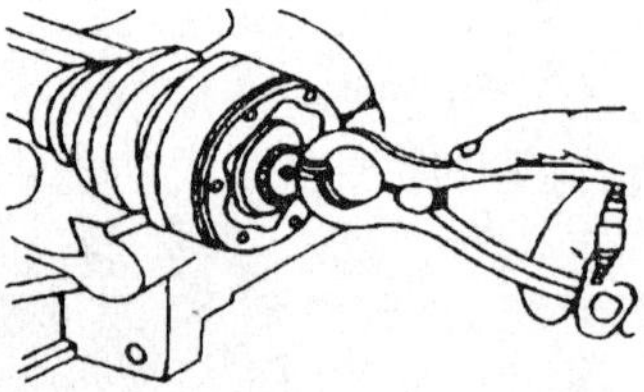	②拆弹簧卡圈	
	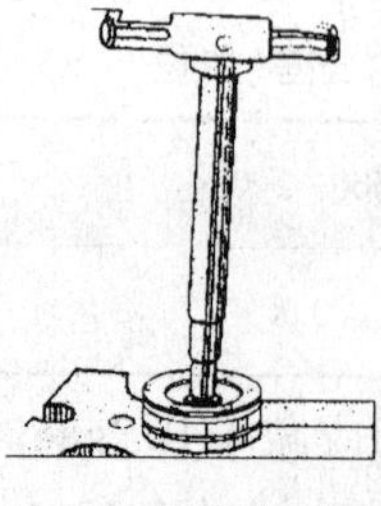	③用木锤敲打外万向节，卸下从传动轴。 ④用专用工具压出内万向节	

续上表

检修内容	图　　示	检修步骤	工作记录
	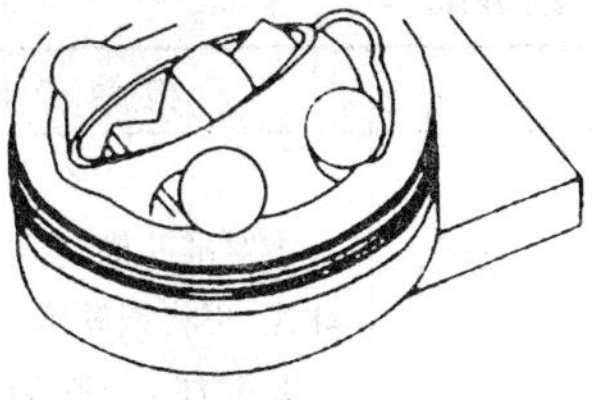	①转动星形套与球笼，依次取出钢球。 注意：分解前应在钢球球笼和球形壳上标出星形套位置	
外万向节解体	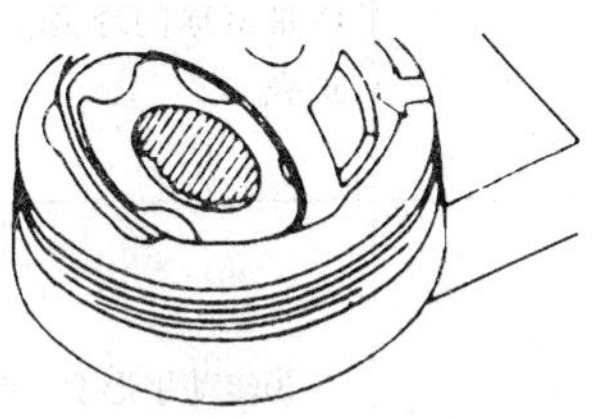	②转动球笼，使两个方孔与球形壳对上，如图箭头所示，将星形套、球笼一起拆下	
	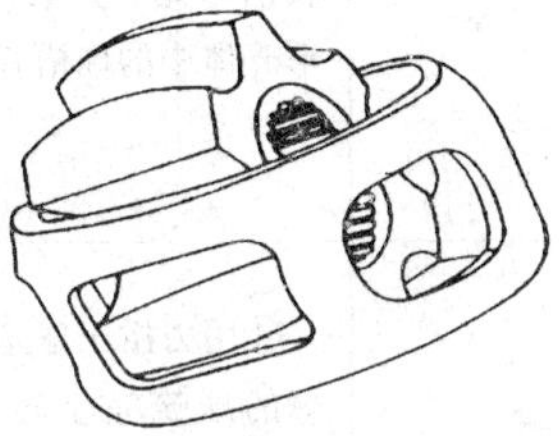	③将星形套上扇形齿旋入球笼的方孔，然后从球笼中取出星形套	
内万向节解体	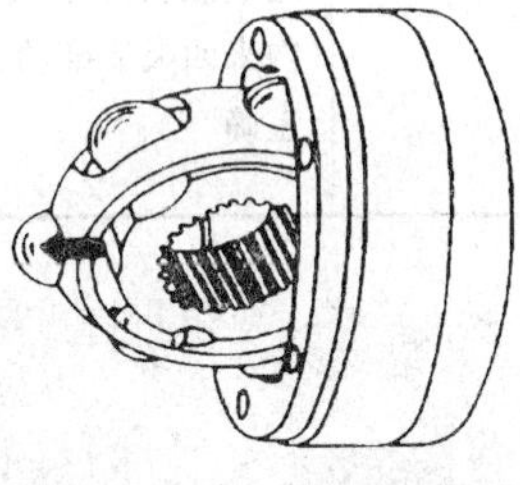	转动球笼和星形套，如图中箭头所示，取出球笼里的星形套。 注意：星形套与球形壳体是选配的，拆卸时成对放置，不允许互换	

想一想

分解钢球球笼和球形壳前，为什么必须在星形套上作标记？

2）检修

主要是检查内、外等速万向节中各部件的磨损情况和装配间隙，一般外等速万向节可酌情单件更换，内等角速万向节，如某部件磨损严重，则应整体更换。

外等速万向节的六颗钢球要求有一定的配合公差，并与星形套一起组成配合件。检查轴、球笼、星形套与钢球有无凹陷与磨损，若万向节间隙过大，需更换万向节。

内等速万向节的检修，要检查球形壳、星形套、球笼及钢球有无凹陷与磨损，如磨损严重则应更换。内等速万向节只能整体调换，不可单独更换。

防尘罩及卡箍、弹簧挡圈等损坏时，应予以更换。

3. 万向节的装配

(1)内万向节的装配见表 12-3。

内万向节的装配 表 12-3

检修内容	图 示	检 修 步 骤	工作记录
内万向节的装配	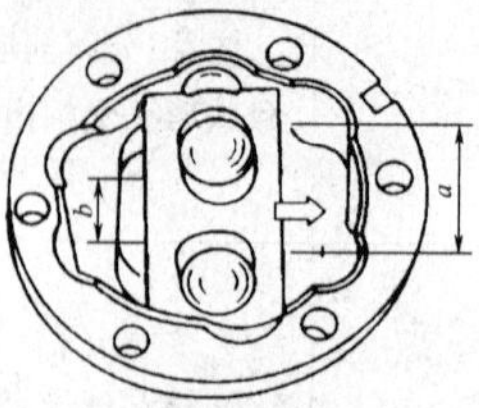	①对准凹槽,将星形套嵌入球笼,再将钢球压入球笼。 ②并注入 G6 润滑脂 90g。将带钢球的球笼垂直装入球形壳	
	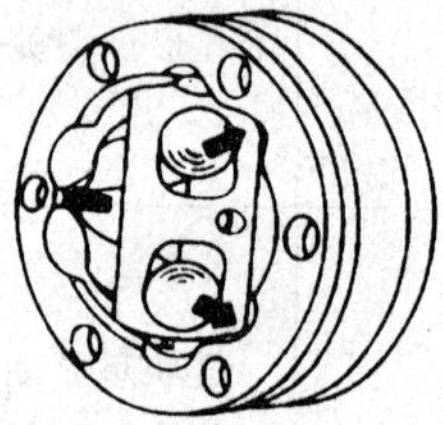	③转动星形套,星形套就能转出球笼。安装时应保证球形壳体中的球槽有足够间隙	
	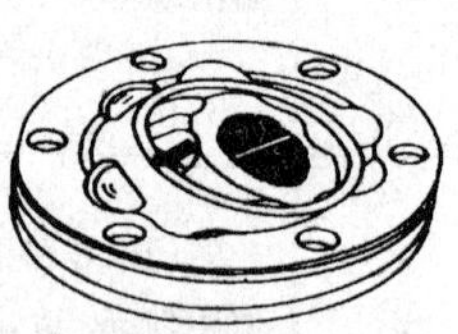	④用力掀压球笼,使装有钢球的球笼完全转入球形壳。用手能将星形套在轴向范围内来回灵活推动,则表明装配正确	

想一想

装配时,如何保证球形壳上的宽间隙 a 和星形套上的窄间隙 b 的对位,使球笼比较容易嵌入到位。

(2)外等速万向节的装配。

用汽油清洗各部件,将 G6 润滑脂总量的一半(45g)注入万向节内,将球笼连同星形套一起装入球形壳体。对角交替地压入钢球,必须保持星形套在球笼及球形壳的原位置。将弹簧挡圈装入星形套,并将剩余的润滑脂压入万向节。

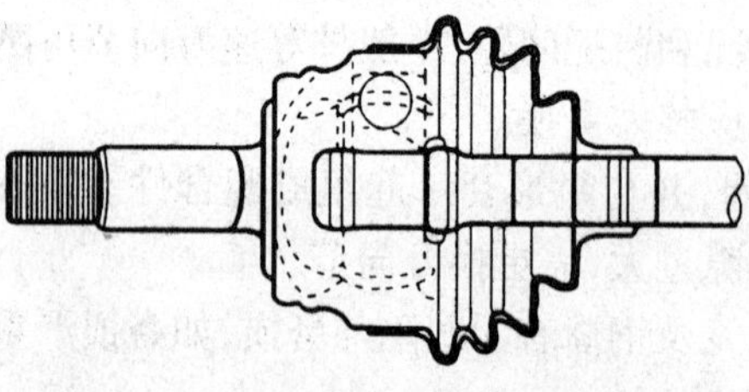

图 12-10 碟形座圈和弹簧卡圈的安装位置

(3)碟形座圈的安装。

将碟形座圈装在传动轴带齿端配合位置上,安装位置如图 12-10 所示。

(4)压入内万向节,安装弹簧卡圈,装上外万向节。

(5)安装防尘罩。

想一想

安装防尘罩为什么会出现凹陷皱折？用什么方法消除防尘罩凹陷皱折？

4. 传动轴总成装车

(1)擦净传动轴和花键上的油污，涂上锂基润滑脂。

(2)先在外万向节(RF节)的花键上涂一圈5mm的防护剂D6，然后装上传动轴花键套，涂防护剂的传动轴安装后应停车60min，然后才可使用。

(3)将球头销重新装配在原位置，并拧紧螺母，在安装球头销时不能损坏波纹管护套。

(4)车轮着地后，拧紧轮毂固定螺母。

三、学 习 拓 展

丰田卡罗拉的传动轴为等角速传动轴，如图12-11所示，由三叉轴式等速万向节和球笼式等速万向节组成。差速器连接端为三叉轴式等速万向节，车轮端为球笼式等速万向节，如图12-12所示。

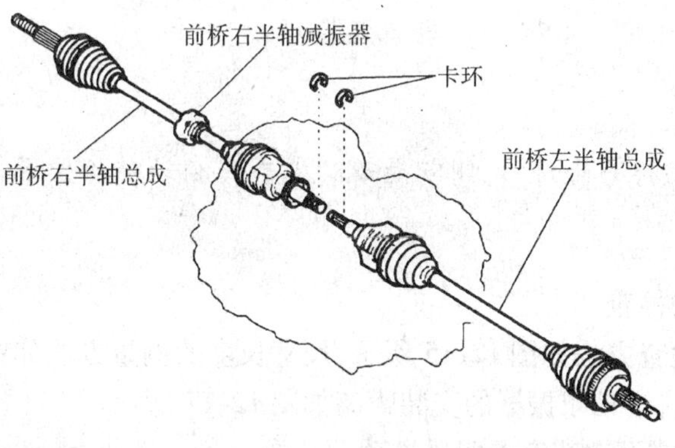

图12-11　传动轴的分解图

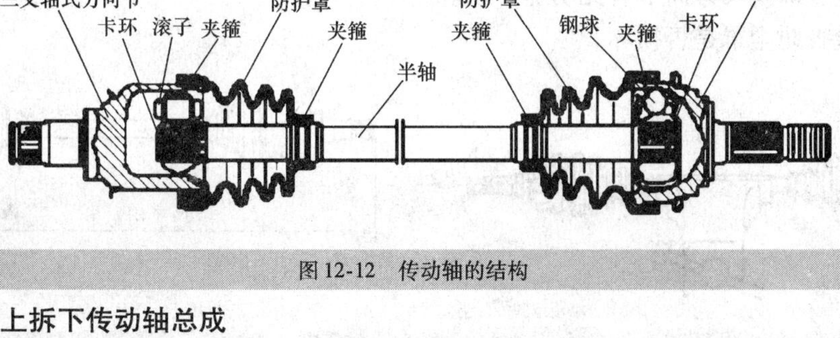

图12-12　传动轴的结构

1. 从车上拆下传动轴总成

(1)拆下前轮。

(2)拆下发动机和发动机后部左、右侧底罩,排净传动桥油。

(3)拆下前桥轮毂螺母,前稳定杆连杆总成。

(4)分离前轮转速传感器,分离前挠性软管。

(5)分离左前盘式制动器制动钳总成,拆下前制动盘。

(6)分离横拉杆接头分总成、前悬架下臂,拆下前桥总成。

(7)使用 SST,拆下前桥左半轴总成,如图 12-13 所示。

(8)用螺丝刀和锤子,拆下前桥右半轴总成,如图 12-14 所示。

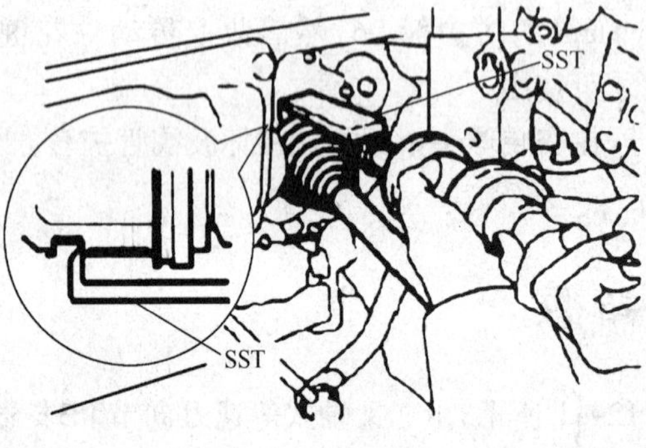

图 12-13　拆卸前桥左半轴总成

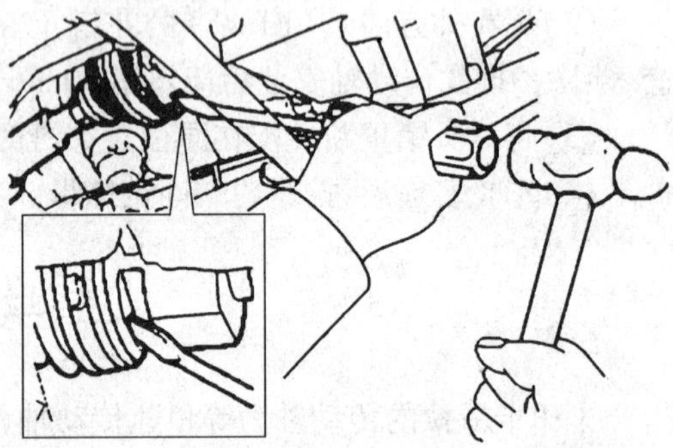

图 12-14　拆卸前桥右半轴总成

小提示

不要损坏传动桥壳油封,内侧万向节防尘套及驱动轴防尘罩。小心不要掉落驱动轴。

2. 传动轴总成的检查

传动轴总成的检查方法如图 12-15 所示,尺寸长度的测量方法如图 12-16 所示,尺寸长度值(A)见表 12-4,右半轴减振器的安装距离如图 12-17 所示。

(1)检查三叉轴式万向节有无明显松动。

(2)检查滑动轴是否滑动平顺。

(3)检查球笼式万向节有无明显松动。

(4)检查防尘罩是否损坏。

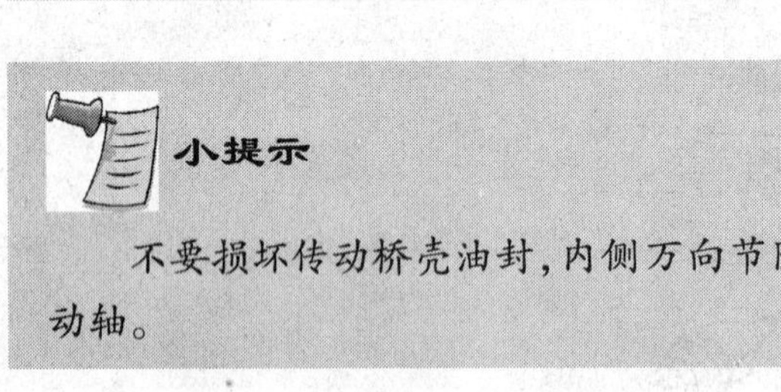

图 12-15　传动轴总成检查的检测方法

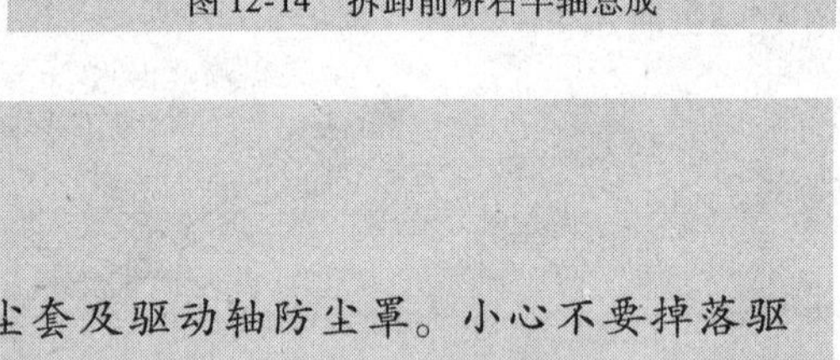

图 12-16　尺寸长度的测量方法

尺寸长度值(A)　　表 12-4

发动机型号	左侧驱动轴(mm)	右侧驱动轴(mm)
1ZR-FE	587.6	590.9
2ZR-FE	867.6	870.9

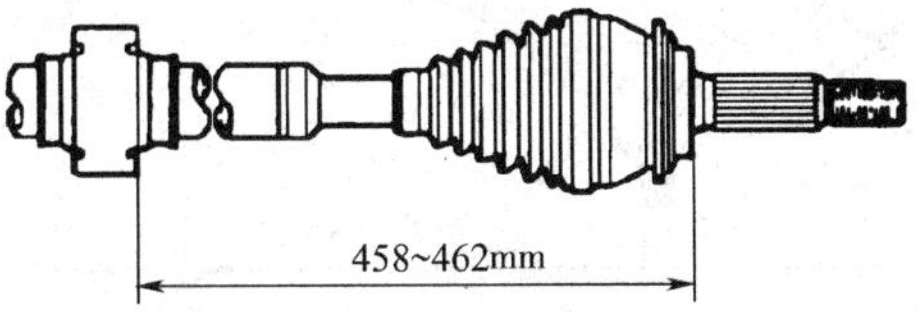

图 12-17　右半轴减振器的安装距离

3. 内侧三叉轴式万向节的拆装与检修

三叉轴式万向节的拆装与检修见表 12-5。

三叉轴式万向节的拆装与检修　　表 12-5

检修内容	图　示	检 修 步 骤	工作记录
拆卸防尘罩	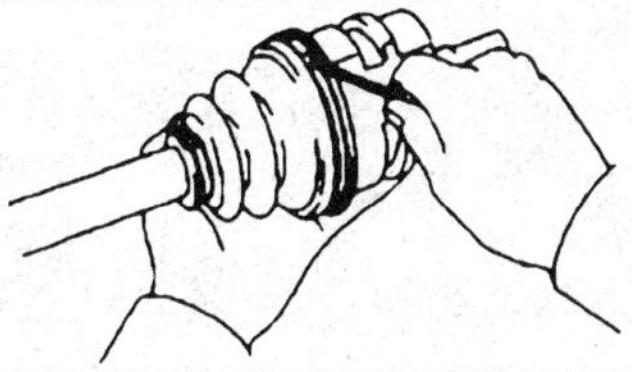	①用螺丝刀松开三叉轴式万向节防尘罩夹箍。夹箍如果变形,应更换	
	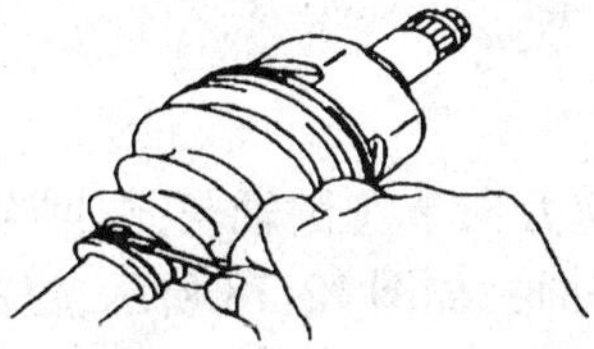	②用螺丝刀,松开防尘套卡夹的锁紧部件并分离防尘套卡夹。 ③分离防尘套	
分解万向节	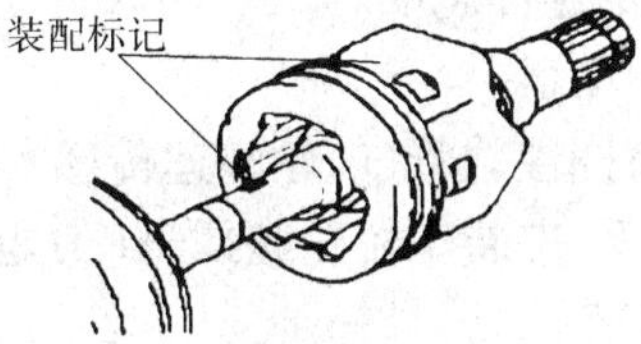	①擦去旧的润滑脂。 ②在内、外节上用记号笔做装配标记	
	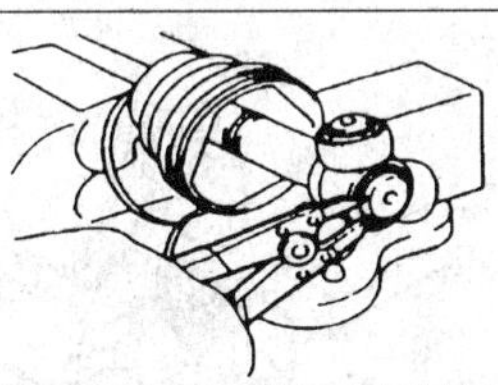	③取下外节套。 ④使用卡环扩张器,拆下轴卡环	
	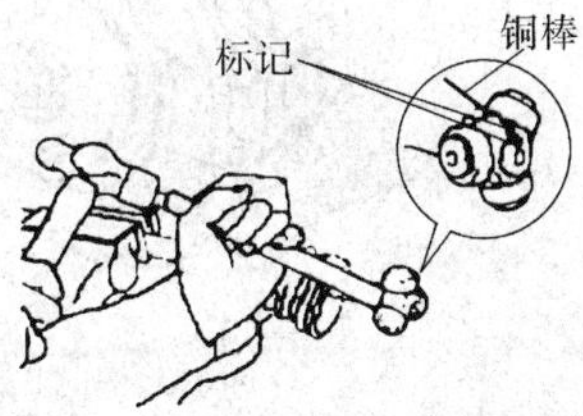	⑤用记号笔在三脚头球节和外节上做装配标记。 ⑥用铜棒和锤子,拆下三脚头球节。 注意不要敲击滚子	

续上表

检修内容	图　　示	检 修 步 骤	工作记录
拆下外花键轴端的卡环	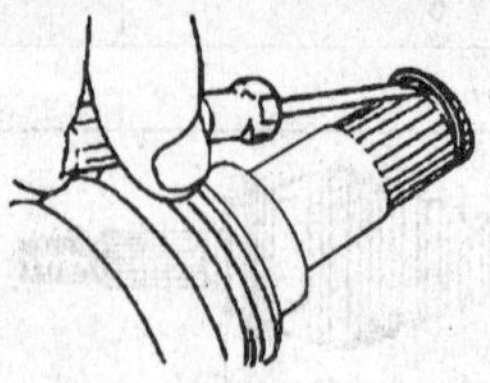		

想一想

分解万向节时，为什么不允许用冲子在内、外节上冲标记？

4. 传动轴总成装配

按上述相反的过程进行装配。

小提示

在装配万向节时，应填涂适量的符合要求的润滑脂，按标记装配；并保持两端的花键轴清洁，防尘罩应完好，夹箍应安装平整。

5. 传动轴总成装车

(1)安装前桥半轴总成。三叉轴式等速万向节花键轴与差速器安装时，应在花键上涂齿轮油；并对准花键，用铜棒和锤子敲进驱动轴，如图 12-18 所示，目的是保证装配到位。

(2)安装前桥总成、前悬架下臂、前稳定连杆总成。

(3)连接横拉杆接头分总成、安装前制动盘。

(4)安装前盘式制动器制动钳总成、前挠性软管、前轮转速传感器。

(5)安装前桥轮毂螺母。使用套筒扳手，安装车桥轮毂螺母(力矩为 216N · m)，用冲子和锤子，锁紧前桥轮毂螺母，如图 12-19 所示。

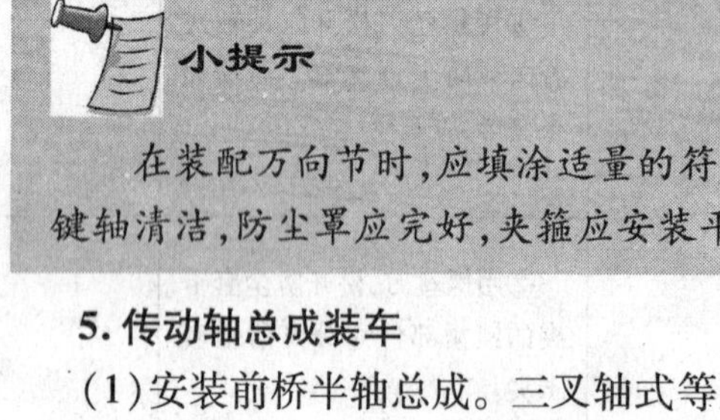

图 12-18　万向节花键轴与差速器的安装

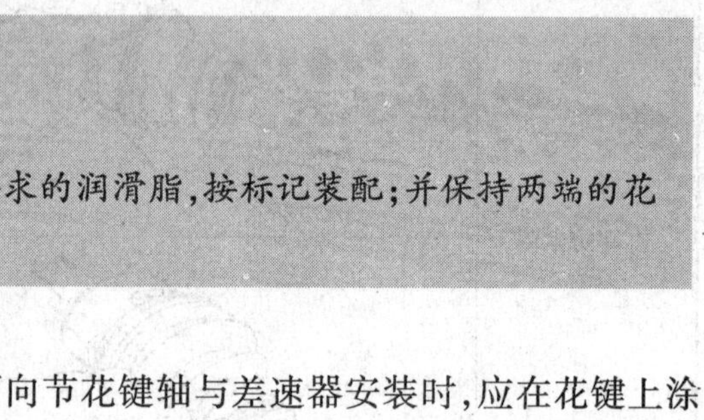

图 12-19　锁紧前桥轮毂螺母

(6)加注传动桥油、安装前轮螺母(力矩为103N·m),检查和调整前轮定位。
(7)检查转速传感器信号,安装发动机底罩。

四、评价与反馈

1. 自我评价与反馈

(1)你是否知道万向传动装置的基本组成?(　　)
　　A. 知道　　B. 不知道
(2)你是否能够完成万向传动装置的基本检查?(　　)
　　A. 能够完成　　B. 在小组协作下能够完成　　C. 不能完成
(3)你是否能够完成的各类万向节拆卸与装配?(　　)
　　A. 能够完成　　B. 在小组协作下能够完成　　C. 不能完成
(4)完成了本学习任务后,你感觉困难的部分是哪些?
____
____
____

签名:________　________年________月________日

2. 小组评价与反馈

(1)你们小组在接到任务之后是否分工明确?________________
(2)你们小组每位组员都能轮换操作吗?________________
(3)遇到难题时你们分工协作吗?________________
(4)对于小组其他成员有何建议?________________

参与评价的同学签名:________　________年________月________日

3. 教师评价及回复

____
____
____

教师签名:________　________年________月________日

五、技能考核标准

序号	项目	操作内容	规定分	评分标准	得分
1	准备	清点工具、量具 清理工位	5分	酌情扣分	
2	拆卸	举升机正确使用 从车上拆下传动轴总成 外万向节解体 内万向节解体	5分 5分 5分 5分	举升机使用有安全隐患扣5分 操作不当扣1~5分 操作不当扣1~5分 操作不当扣1~5分	

续上表

序号	项目	操作内容	规定分	评分标准	得分
3	检查	检查内、外万向节磨损情况 检查内、外万向节装配间隙	10分 10分	检查不当扣1~10分 检查不当扣1~10分	
4	安装	内万向节的装配 外等速万向节的装配 碟形座圈安装 弹簧卡圈、防尘罩安装 传动轴总成装车	5分 5分 5分 5分 5分	操作不当扣1~5分 操作不当扣1~5分 操作不当扣1~5分 操作不当扣1~5分 操作不当扣1~5分	
5	时间	30min	10分	超时1~10 min扣1~10分 超时10 min以上扣10分	
6	安全文明	无安全隐患,无不文明操作	10分	未达标扣1~10分	
7	结束	工具、量具清洁并归位 工作场地清洁	5分 5分	漏一项扣1分,未做扣5分 清洁不彻底扣1~5分,未做扣5分	
总分			100分		

学习任务十三　普通悬架的检修

任务要求

完成本学习任务后，你应：

1. 掌握悬架的作用和组成；
2. 掌握弹性元件的作用与分类；
3. 掌握减振器的作用和工作原理；
4. 掌握弹性元件的结构与检修方法；
5. 掌握减振器的结构与检修方法；
6. 掌握悬架的基本检查方法；
7. 熟悉独立悬架的检修方法。

建议学时：10 学时

任务描述

一辆别克君威轿车，转弯时车身摇摆，经初步检查，可能是支柱损坏或减振器损坏，是悬架系统故障，需对悬架进行检修。

一、理论知识准备

1. 汽车悬架的作用（图 13-1）

汽车悬架是车架（或承载式车身）与车桥（或车轮）之间的传力装置，在行驶时，与轮胎一起吸收和缓冲因路面不规则而受到的各种振动、摆动和冲击，以便保护乘客和货物，并改善驾驶稳定性；将因路面和车轮之间的摩擦产生的驱动力和制动力传递至底盘和车身；使车身支撑在轴上，并在车身和车轮之间保持恰当的几何关系。

根据汽车两侧车轮是否相互关联，汽车悬架可分为独立悬架和非独立悬架，如图 13-2 所示。非独立悬架的两侧车轮安装在一根整体的车桥上，车轮连同车桥一起通过弹性元件与车架（或车身）连接，当一侧车轮因路面不平等原因发生跳动时，另一侧车轮随之发生变化。独立悬架的两侧车轮各自独立地通过弹性元件与车架（或车身）连接，当一侧车轮相对于车架（或车身）的位置发生变化时，对另一侧车轮几乎不产生影响。

a)车体侧倾和前后颠簸

b)没有悬架系统的汽车

图 13-1　悬架的作用

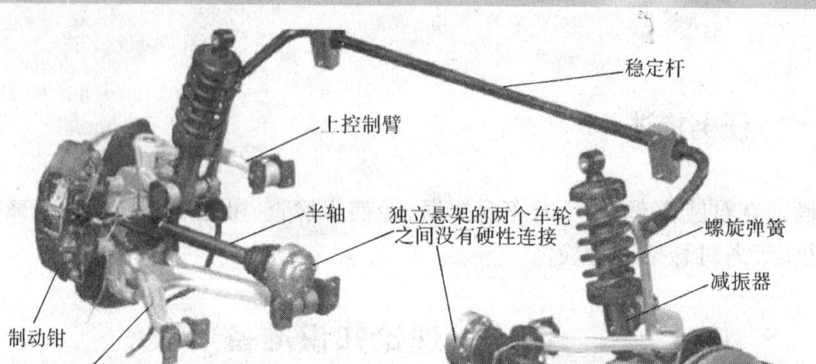

a)独立悬架构造图

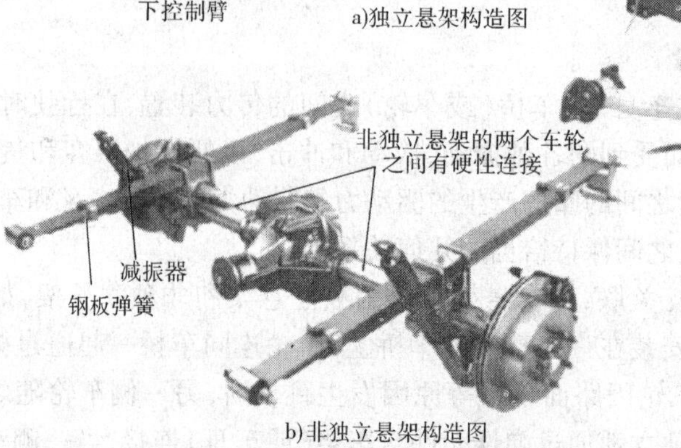

b)非独立悬架构造图

图 13-2　悬架的分类

2. 悬架的组成

现代悬架系统虽然有不同的结构形式，但一般由弹性元件、减振器和导向装置三大部分组成，如图 13-3 所示。它们不但分别起到缓冲、减振和导向的作用，还共同起到传递力的作用。

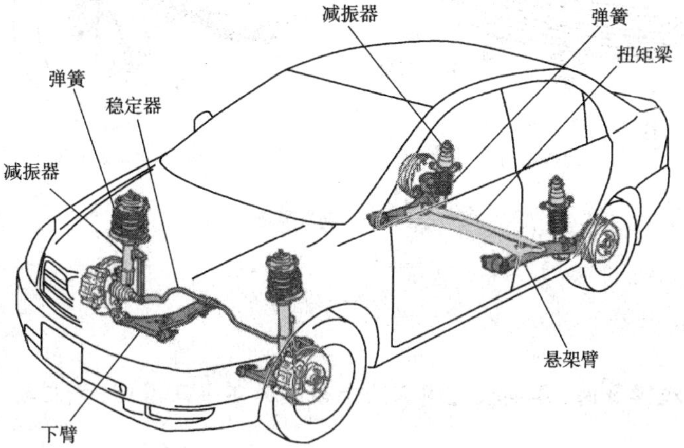

图 13-3　悬架的组成

3. 弹性元件

弹性元件起缓冲作用，用于抵消路面传来的振动。汽车悬架系统所用的弹性元件主要有螺旋弹簧、钢板弹簧、扭杆弹簧和空气弹簧等。

1）螺旋弹簧（图 13-4）

螺旋弹簧是由特殊的弹簧钢卷制成的，安装空间小且质量轻，广泛应用在汽车的独立悬架中和有些轿车的后非独立悬架中。可以做成圆柱形或圆锥形，也可以做成等螺距或变螺距。螺旋弹簧通常安装在弹簧座圈或弹簧座上，在螺旋弹簧和弹簧座之间通常采用硬橡胶或塑料垫以及其他的隔绝材料。

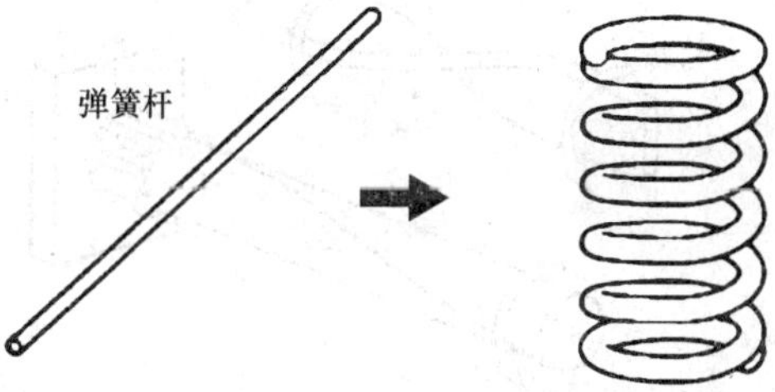

图 13-4　螺旋弹簧

小提示

螺旋弹簧各螺旋之间不提倡使用垫片，因为通过垫片施加的作用力会引起弹簧的损坏。当螺旋之间安装垫片的时候，螺旋数量会减少，刚度会增强。在垫片接触点处施加到螺旋弹簧上的作用力会引起弹簧的折断。

2）钢板弹簧（图 13-5）

钢板弹簧是由一个或多个狭长条状的弹簧钢板构成，这些金属片也叫叶片弹簧，相互之间装有塑料或合成橡胶绝缘体，使得弹簧在工作期间叶片能自由的运动。中部一般用 U 形螺栓固定在车桥上，两端通过吊耳固定在车架上。钢板弹簧既具有抗压抗振动功能，还可以看作是支撑车桥的臂，载货汽车广泛采用。

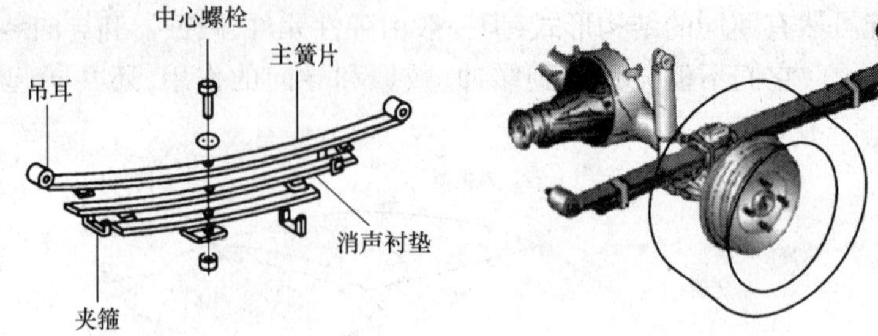

a) 组成结构　　　　b) 车上安装位置

图 13-5　钢板弹簧

小提示

在装配钢板弹簧时，各钢板之间需涂上较稠的石墨润滑脂，并应定期维护。

3）扭杆弹簧（图 13-6）

扭杆弹簧是利用自身的扭转弹性来抵抗扭曲力的弹簧钢杆，一端固定在车辆的固定部位，限制扭转程度，另一端连接在车辆的悬架控制臂上，可自由扭转。左、右扭杆弹簧施加了方向不同的预应力，因此不能互换，大多数扭杆弹簧都标记着左或右，通常刻印在杆的一端。

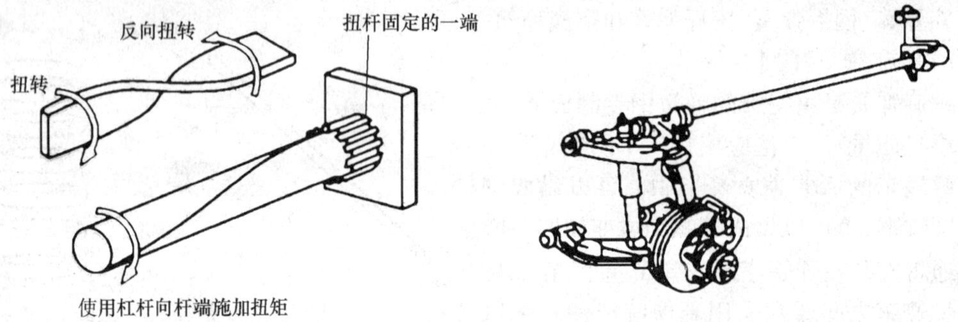

a) 工作原理　　　　b) 车上安装位置

图 13-6　扭杆弹簧

小提示

扭杆弹簧车架一端有一个调整螺母，调整它可以改变扭杆弹簧的扭曲效果，从而使车辆保持正常的离地间隙。

4）空气弹簧

空气弹簧是利用压缩空气所产生的弹性来缓冲车辆行驶过程中的振动。使用空气弹簧可获得良好的乘坐舒适性，但成本较高，它一般用于大型客车和高档轿车。

4. 减振器

减振器和弹性元件是并联安装的，如图 13-7 所示，作用是吸收弹性元件起落时车辆的振动，使其迅速恢复平稳的状态，改善汽车行驶的平稳性。

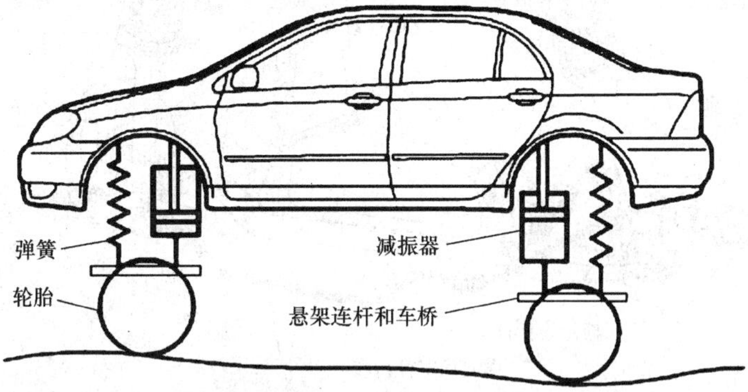

图 13-7 减振器和弹性元件并联安装

在汽车中，一般使用伸缩筒式减振器，减振器使用一种专用油，称作减振器油，作为工作介质。在这类减振器中，活塞的运动迫使油流经节流孔（小孔）产生流动阻力，从而产生减振力，如图 13-8 所示。

5. 球节

球节（图 13-9）实际上是一种球窝式的连接，与一人肩膀上的关节类似，它将轴和转向节连接到上下控制臂上。球节具有以下几个作用：承受车辆的质量；为车辆转动提供支点；当汽车通过不平路面时，允许控制臂垂直运动。

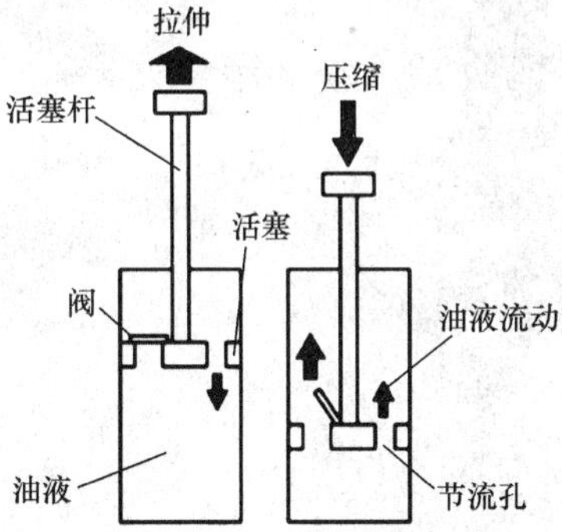

图 13-8 减振器的工作原理

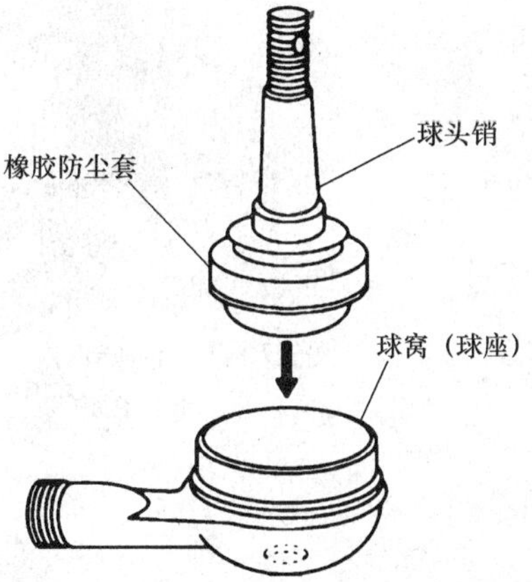

图 13-9 球节

6. 横向稳定杆

横向稳定杆的作用是转弯时防止车身过度倾斜以及提高汽车在不平路面上的行驶稳定性。典型的横向稳定杆的安装位置如图 13-10 所示。

连接装置把横向稳定杆的端部和下控制臂相连，由于很大的力是通过连接装置和衬套传递的，所以易出现损坏，连接装置和衬套的损坏会引起车辆操纵不安全，出现噪声。

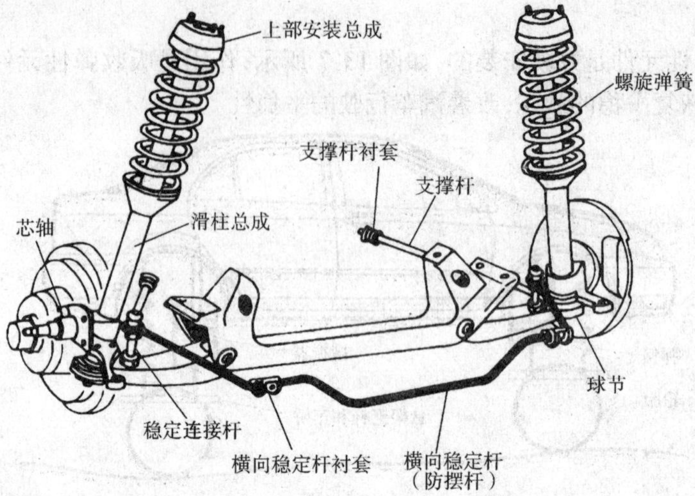

图 13-10 横向稳定杆的安装位置

7. 麦弗逊式悬架

麦弗逊式悬架的结构如图 13-11 所示。麦弗逊式悬架去掉了一般悬架上常用的一些零部件,没有上控制臂,因而上转向球节也不再需要。汽车质量压在滑柱总成的顶部,滑柱轴承通过螺栓直接连接在减振器座上。

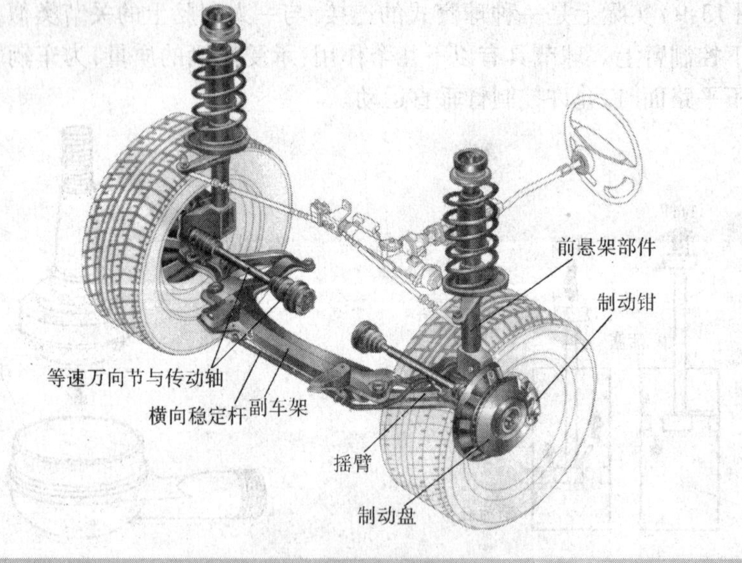

图 13-11 麦弗逊式悬架的结构

二、实践操作

(一)实践准备

(1)别克君威轿车一辆。

(2)磁力百分表一套。

(3)常用工具、常用量具、干净的抹布。

(4)维修手册、工单。

(二)技术要求及注意事项

(1)正确选择和使用维修中所需的工具。

(2)保持双手清洁,擦掉油脂,以防工具滑脱。

(3)不要将尖锐的工具放在口袋里,以防扎伤自己或划伤车辆。

(4)保持维修工具表面整洁干净,并妥善保存。

(5)不要将工具及设备放在维修车间的通道上,这会阻碍人员和车辆的通行。

(6)使用车间设备前,需明确操作规程和使用注意事项。

(7)不要站在风扇和砂轮的切线方向,以防飞溅出的火星和磨屑伤人;不要使用未装备工具架和护板的台式砂轮。

(8)在汽车下使用千斤顶时,确保支撑在正确的部位,以免车辆突然压下,造成人员伤害或损坏车辆的部件。

除此之外,要定期维护、擦拭使用的设备,检查是否存在安全隐患,并将不安全因素告知工具设备管理员。在未消除隐患之前,不要轻易使用设备,以避免不必要的损失。

(三)汽车悬架的检修

1. 道路测试诊断

(1)在停放的车辆或墙边行驶。由车辆悬架或轮胎产生的任何噪声都可以在物体上发生反射,如一排沿着街道放置的静止的车辆或一堵墙。为了取得更好的效果,打开车窗,在静止车辆旁或左侧挡墙旁驾驶,再按照上述方法靠近右边驾驶。通常产生噪声的是有缺陷的车轮轴承或动力转向泵,并能够在测试期间听到。

(2)在车道上驾驶。当悬架遇到冲撞的瞬间转向时,经常会引起悬架故障。此时,慢慢地驾驶汽车到带有路缘石的车道上,再重复做一遍,反应就会更加明显。当车轮转动时,路缘石引起悬架压缩。在这个测试期间,有缺陷的横向稳定杆衬套、控制臂衬套和球节通常会产生噪声。

(3)当转弯时倒车驾驶。通常用于发现在前轮驱动车辆的驱动桥轴上使用的外部等速万向节可能存在的缺陷。它推动悬架系统以与正常方向相反的方向工作,从而引起悬架系统中的任何过度间隙逆转,同时经常在测试期间产生噪声或引起振动。除了有缺陷的等速万向节以外,这个测试还经常能够发现控制臂衬套、球节、稳定杆衬套或连接件的磨损;也能够发现有缺陷的或磨损的转向系统零部件,如随动转向臂、横拉杆球接头或中间拉杆。

(4)在崎岖不平的道路上驾驶。当在有凹陷或凸起的道路上驾驶时,磨损或有缺陷的悬架(和转向)零部件能够引起车辆颠簸或从一侧快速地冲向另一侧。磨损或有缺陷的球节、控制臂衬套、横向稳定杆衬套、横向稳定杆铰接头或磨损的减振器可能出现这种现象。

一旦确认了故障,就可以在修理间进行更进一步的检查了。

小提示

做任何维修工作之前，应做道路测试来确认故障，并设法确定它的原因；完成维修工作之后，应再做道路测试来确认客户反映的故障已解决。

2. 基本检查

1）测试减振器状况

首先进行悬架就车测试，将车辆反复摇动3次或4次，每次推力尽量相同。回弹时，应注意支柱的阻力和车身回弹的次数，若松手后，回弹1～2次，车身立即停止回弹，且左右两侧回弹次数相同，表明减振器（支柱）正常，如图13-12所示。

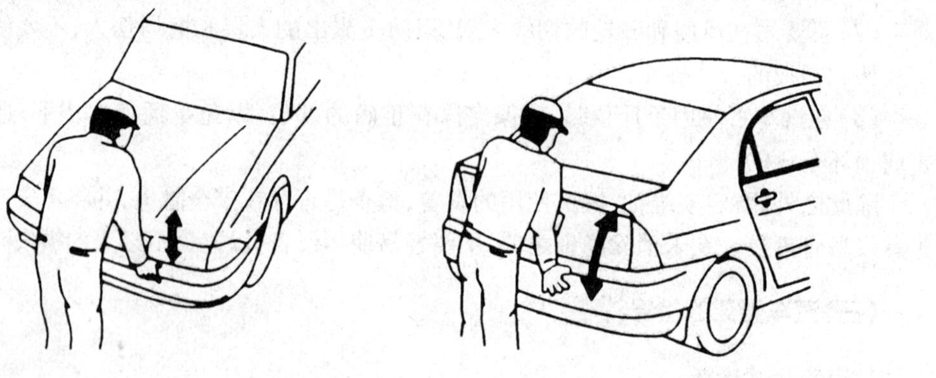

图13-12　悬架的就车测试

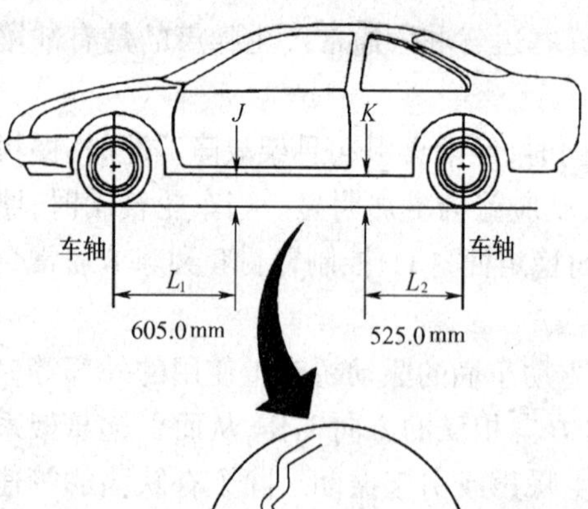

图13-13　测量汽车离地高度

2）确认汽车底盘高度正确

按照维修手册，确定测量点，对汽车从前到后或从左到右测量汽车离地高度，如图13-13所示。如果存在高度不同，表明螺旋弹簧变软。需要注意的是，不同车型的测量点是不同的，即使是同一公司生产的不同车型也会不同。

3. 前悬架元件的检修

1）前悬架外观检查

（1）检查减振器，如发现渗油或漏油现象，则必须更换，如图13-14所示。

（2）检查减振器和滑柱的所有固定处。

（3）检查所有悬架是否存在松旷、开裂、破裂、错位和异响。

（4）检查固定装置、联动杆件和所有的连接部位是否松动、卡滞和损坏。

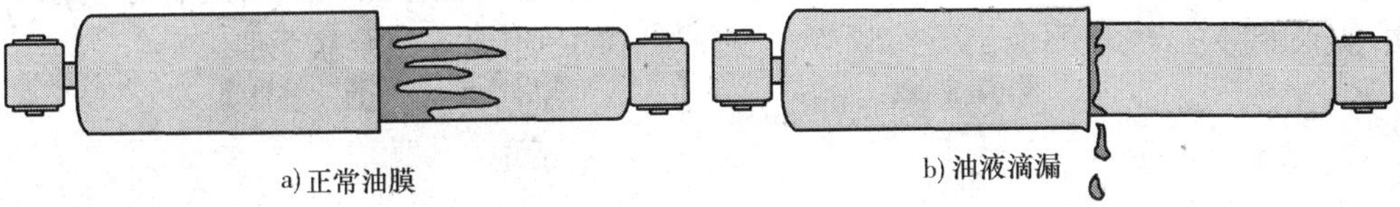

图 13-14　检查减振器是否漏油

小提示

减振器和滑柱总是成对更换。

2) 前悬架的结构

别克君威轿车前悬架的结构如图 13-15 所示。

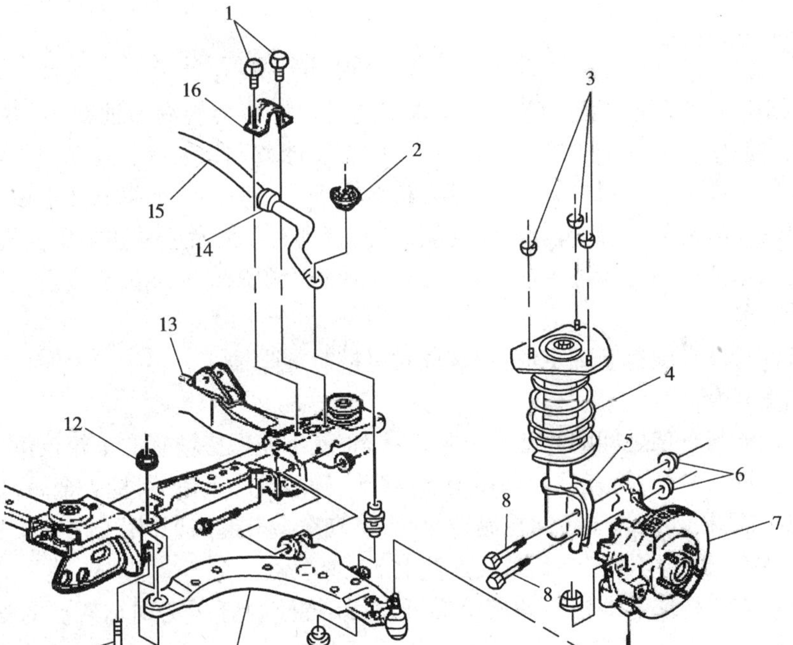

图 13-15　别克君威轿车前悬架的结构

1-前稳定器轴绝缘体夹紧螺栓;2-前稳定器轴连杆螺母;3-前悬架支柱座螺母;4-前悬架弹簧;5-前悬架支柱;6-支柱至转向节螺母;7-前转向节;8-支柱至转向节螺栓;9-前稳定器轴连杆;10-前下控制臂;11-前下控制臂螺栓;12-前下控制臂螺母;13-车架;14-前稳定器轴绝缘体;15-前稳定器轴;16-前稳定器轴卡箍

3) 球节的检修

(1) 首先检查球节是否设有磨损指示器。在检查球节时,首先检查球节是否设有磨损指示器。如果设有磨损指示器,检查润滑脂嘴的位移量。如果润滑脂嘴已经回缩,表明球节已经磨损,应当更换,如图 13-16 所示。对于有些汽车,建议检查润滑脂嘴是否能在球节中摇动,如果能够摇动,表明应当更换球节。检查球节时一定要查阅维修手册。

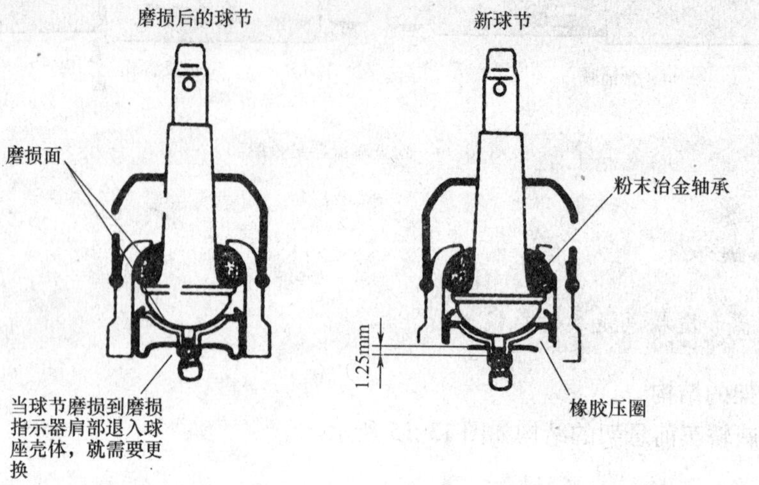

图 13-16　球节上的磨损指示器

(2)仔细检查球节防尘套。防尘罩或球节油封损坏将会使润滑油漏出,并且让灰尘和杂质进入润滑脂中。如果防尘罩已经损坏,就应更换球节。如果没有发现防尘罩损坏,慢慢地挤压防尘罩。如果防尘罩中充有润滑脂,将会感到有些坚硬。如果球节上设有润滑脂嘴,而且表现出缺少润滑脂,用润滑脂枪填充润滑脂,直到有新润滑脂从防尘罩通气孔中流出为止。如果充入球节的润滑脂过多或过快,可能会使防尘罩脱离安装位置或发生破裂。

4)螺旋弹簧

如果车辆行驶高度低于规定值,应该成对更换螺旋弹簧。

5)控制臂衬套

如果控制臂与车架之间的衬套处于不良状态,就不能保持精确的车轮定位。

目检各个橡胶衬套,检查是否存在变形、移动、偏心或严重龟裂,检查金属衬套是否会产生异响,密封是否松动。为了拆卸控制臂衬套,将汽车举升起来,并用安全支架支撑车架,拆卸车轮总成,将弹簧压缩器安装到螺旋弹簧上。

按照前述方法将球节螺柱与转向节拆开,拆卸将控制臂固定到车架上的螺栓,拆卸控制臂。

衬套是用专用工具压入或压出座孔的,在选好合适尺寸的适配器后,将专用工具安装到衬套上如图 13-17 所示,拧紧专用工具,将衬套从控制臂压出。用同样的方法可以将新衬套压入控制臂,随着专用工具的拧紧,衬套被压入控制臂的孔中。安装新衬套时,要保证衬套被垂直压入。

6)减振器的检修

可以在工作台上对减振器进行检测,如图 13-18 所示。首先,将减振器按照在汽车上的安装方向固定;然后,使减振器完全伸张;随后,将减振器上下颠倒,使其完全压缩。多次重复这些过程,如果减振器在中间部位发生卡滞或弹跳,或者在行程中的任何位置发生卡死,就应换用新的减振器。如果减振器存在异响或压缩与伸张速度差异较大时,也应进行更换。

如果减振器存在泄漏或排除空气后工作仍不稳定,也要更换减振器。

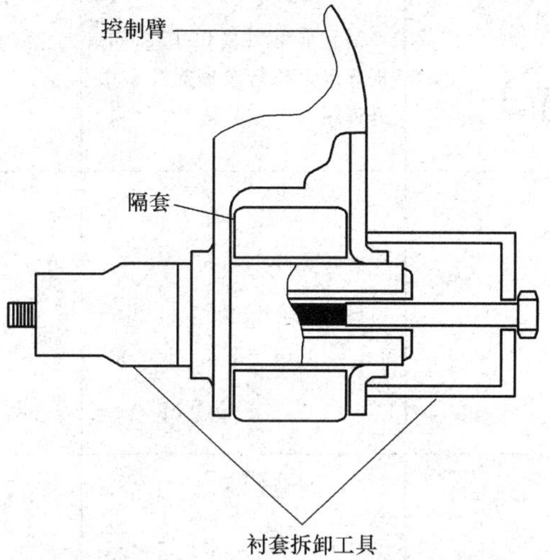

图 13-17　拆卸控制臂衬套

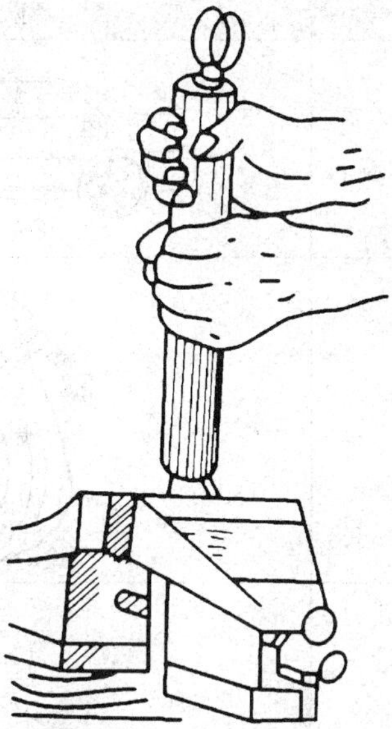

图 13-18　减振器的检测

7)检查轮毂轴承

(1)拆下前轮。

(2)拆下前轮制动卡钳和制动盘。

(3)如图 13-19 所示,检查轮毂轴承间隙,最大值为 0.05mm,若超过最大值,更换轮毂轴承。

(4)如图 13-20 所示,检查前轮偏摆量,最大值为 0.07mm,若超过最大值,更换前轮毂总成。

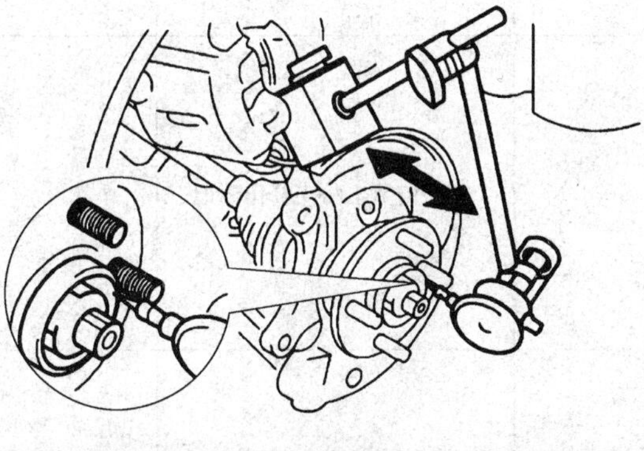

图 13-19　检查轮毂轴承间隙

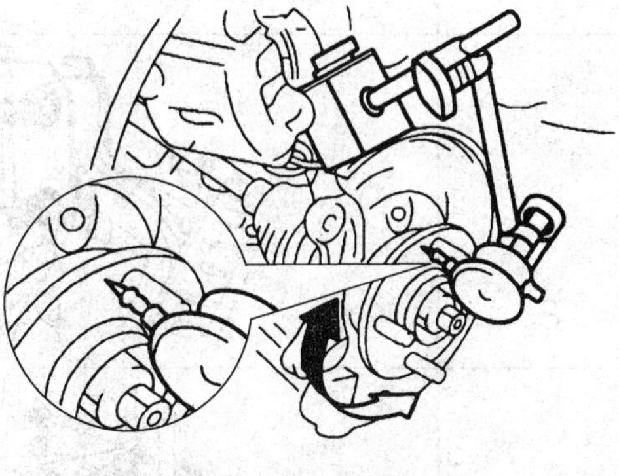

图 13-20　检查前轮偏摆量

(5)按相反顺序安装。

8)更换支柱

更换支柱的步骤见表 13-1。

更换支柱的步骤 表 13-1

序 号	图 示	步 骤	记 录
1		举升车辆,注意仅在规定的提升点上执行车辆提升和举升程序	
2	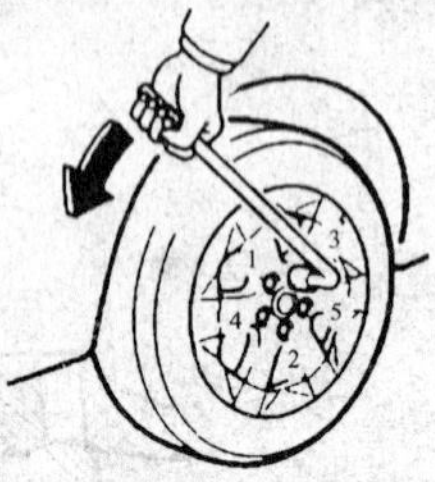	拆卸车轮和轮胎	
3	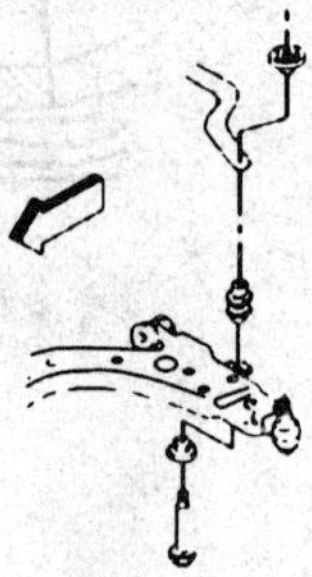	断开稳定器轴与支柱的连接	
4	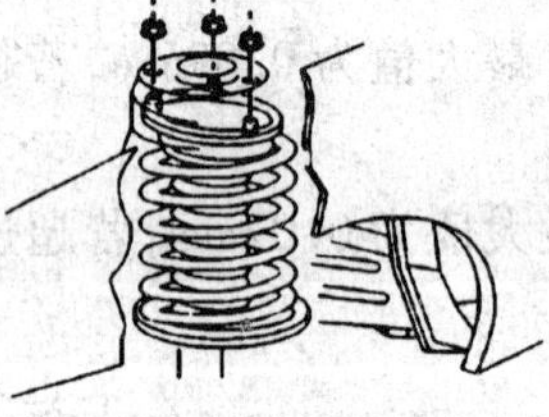	拆卸支柱上螺母	
5	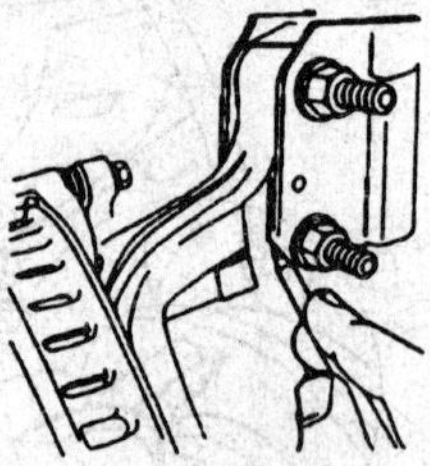	在转向节上将支柱作标记	
6	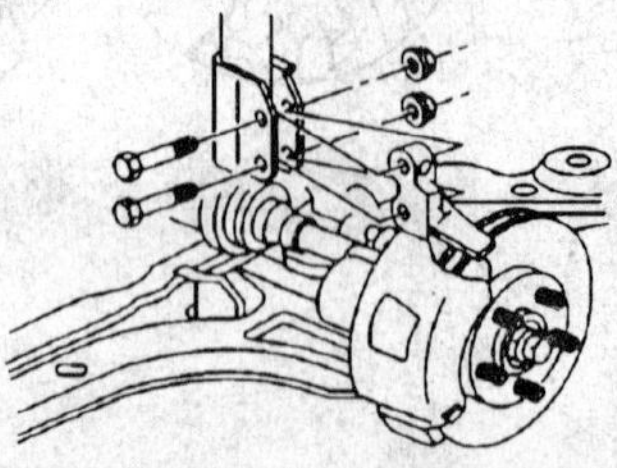	拆卸支柱下螺栓和螺母 拆卸支柱	

续上表

序　号	图　　示	步　　骤	记　录
7	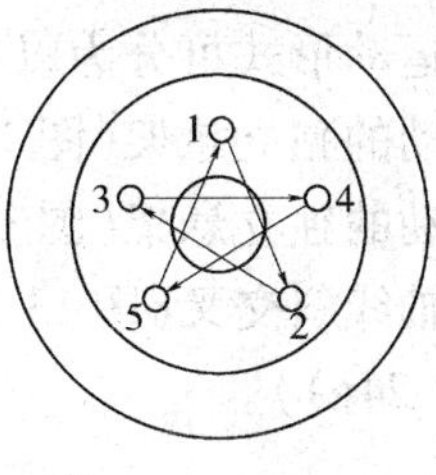	按相反顺序安装	

4. 后悬架元件的检修

1)后悬架的结构

别克君威后悬架的结构如图 13-21 所示。

2)后悬架的检修

(1)安全举升汽车,进行仔细的外观检查,用一根撬棒移动所有的衬套和铰接,检查是否磨损或存在自由间隙,如图 13-22 所示。

(2)检查减振器或滑柱是否有泄漏或损坏,检查缓冲块有无损坏,如图 13-23 所示。如果损坏,表明弹簧疲劳,且车身比正常行驶高度低或者说明减振器或滑柱不能控制弹簧。

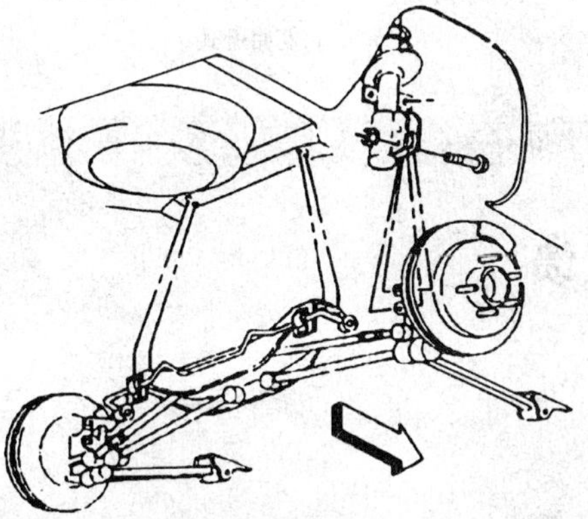

图 13-21　别克君威后悬架的结构

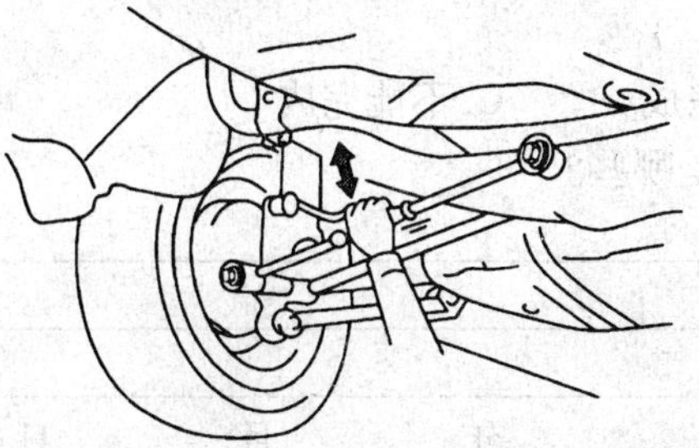

图 13-22　检查是否磨损或存在自由间隙

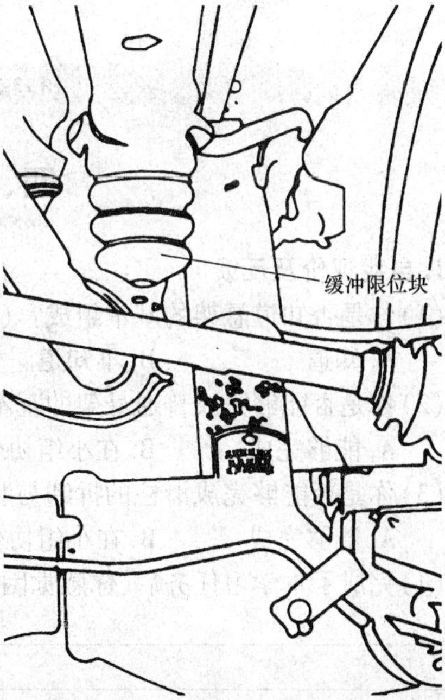

图 13-23　检查缓冲块有无损坏

三、学 习 拓 展

独立悬架的结构类型很多,一般按照车辆的运动形式可分为以下四类。

横臂式独立悬架:车轮在汽车横向平面内摆动的独立悬架(图 13-24a))。

纵臂式独立悬架:车轮在汽车纵向平面内摆动的独立悬架(图 13-24b))。

单斜臂式独立悬架:其摆臂的摆动轴线与车轴线斜交叉(图 13-24c))。

烛式悬架(图 1-24d))和麦弗逊式悬架(图 1-24e))。

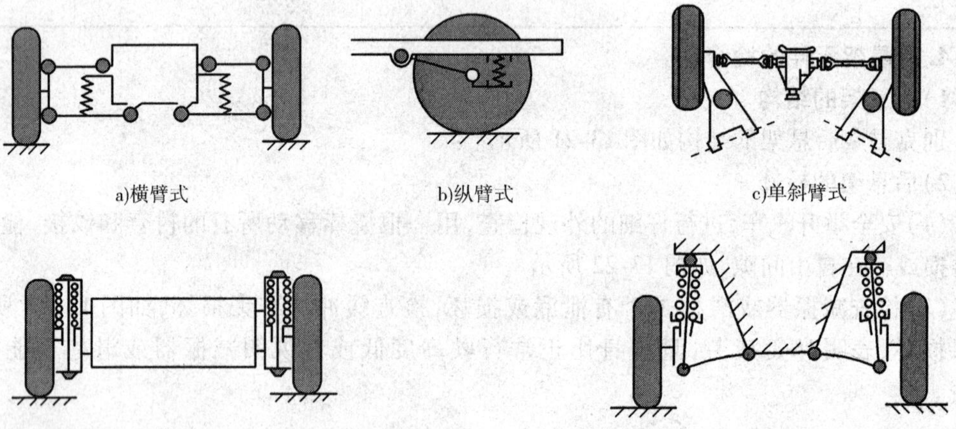

a)横臂式　b)纵臂式　c)单斜臂式

d)烛式　e)麦弗逊式

图 13-24　独立悬架的类型

四、评价与反馈

1. 自我评价及反馈

(1)你是否知道悬架的基本组成?(　　)

A. 知道　　B. 不知道

(2)你是否能够完成普通悬架的基本检查?(　　)

A. 能够完成　　B. 在小组协作下能够完成　　C. 不能完成

(3)你是否能够完成滑柱的拆卸与装配?(　　)

A. 能够完成　　B. 在小组协作下能够完成　　C. 不能完成

(4)完成了本学习任务后,你感觉困难的部分是哪些?

____

____

____

签名:________　________年________月________日

2. 小组评价及反馈

(1)你们小组在接到任务之后是否分工明确?________________________

(2)你们小组每位组员都能轮换操作吗？________________

(3)遇到难题时你们分工协作吗？________________

(4)对于小组其他成员有何建议？________________

参与评价的同学签名：________　________年________月________日

3. 教师评价及回复

____

____

____

教师签名：________　________年________月________日

五、技能考核标准

序号	项目	操作内容	规定分	评分标准	得分
1	准备	清点工具、量具 清理工位	5分	酌情扣分	
2	基本检查	测试减振器 确认汽车底盘高度	10分 10分	操作不当扣1~10分 操作不当扣1~10分	
3	检测	球节检测 减振器的检测 衬套的检查	10分 10分 10分	操作不当扣1~10分 操作不当扣1~10分 操作不当扣1~10分	
4	装配	按顺序装配	20分	顺序有错漏扣1~20分	
5	时间	40min	10分	超时1~10 min扣1~10分 超时10 min以上扣10分	
6	安全文明	无安全隐患，无不文明操作	5分	未达标扣1~5分	
7	结束	工具、量具清洁并归位 工作场地清洁	5分 5分	漏一项扣1分，未做扣5分 清洁不彻底扣1~5分，未做扣5分	
总分			100		

学习任务十四　电控悬架系统的检修

任务要求

完成本学习任务后，你应：

1. 熟悉电控悬架系统的结构；
2. 掌握电控悬架系统的基本检查与调整；
3. 能正确检测电控悬架系统的各种传感器；
4. 能正确检测电控悬架系统的执行器。

建议学时:10 学时

任务描述

一辆丰田 LS400 型轿车，安装电控悬架系统，行驶中悬架指示灯闪亮，且车身高度控制不起作用，经初步检查，是车身高度传感器故障或排气阀故障，需对电控悬架系统进行检修。

一、理论知识准备

1. 概述

电控悬架系统是以电控单元为控制核心，根据车身高度、转向盘转角、车速和制动等信号，经过运算分析后，输出控制信号，控制各种电磁阀和步进电动机，对汽车悬架参数，如弹簧刚度、减振器阻尼系数、倾斜刚度和车身高度进行控制，从而提高汽车乘坐舒适性和操纵稳定性的悬架系统。电控悬架系统的功能如图 14-1 所示。根据结构的不同，可分为电控空气悬架和电控液压悬架，本任务只讨论应用较多的电控空气悬架。

电控悬架系统由传感器、电控单元(悬架 ECU)和执行器组成。LS400 型轿车电控悬架系统的组成如图 14-2 所示。

传感器的作用是将汽车行驶的速度、起动、加速度、转向、制动和路面状况、汽车振动状况、车身高度等信号输送给悬架 ECU。汽车悬架系统所用的传感器主要有车身加速度传感器、车身高度传感器、车速传感器、转向盘转角传感器、节气门位置传感器等。

悬架 ECU 接收各种传感器的输入信号并进行各种运算，然后给执行器输出控制悬架的刚度、阻尼力和车身高度的信号。同时，悬架 ECU 还监测各传感器的信号是否正常，若发现

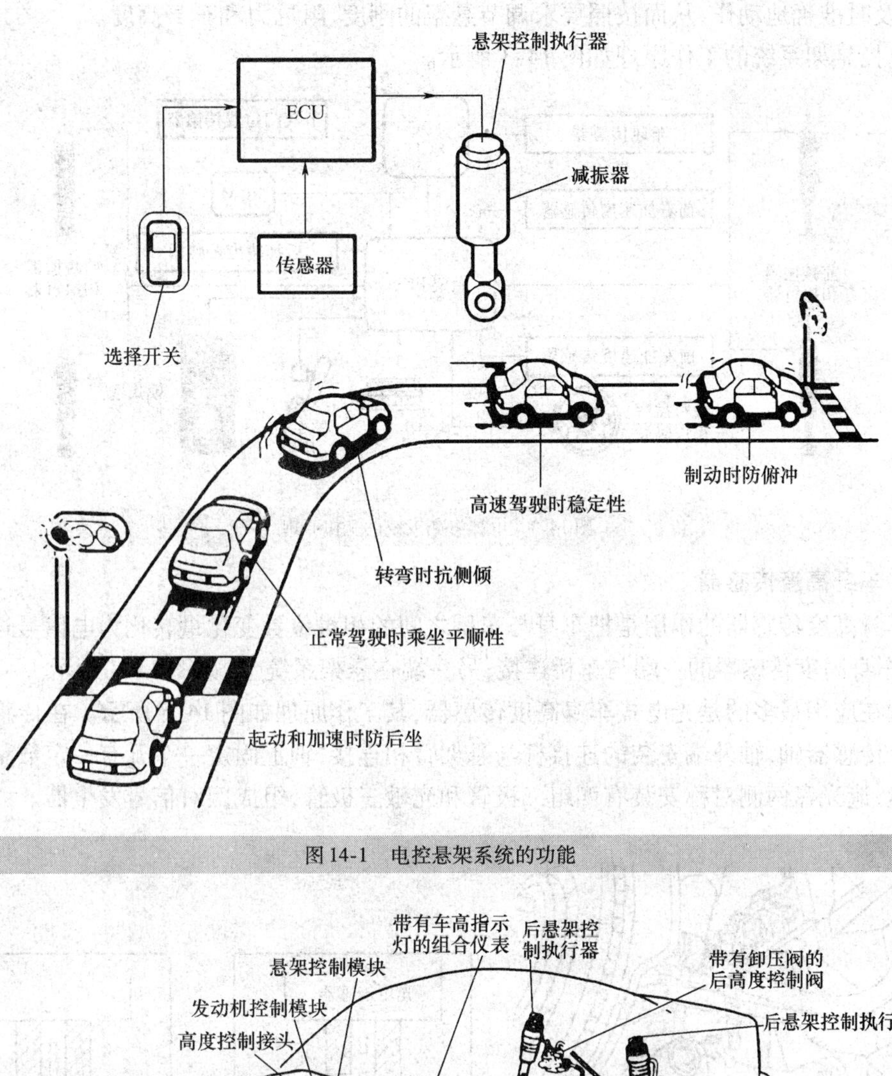

图 14-1　电控悬架系统的功能

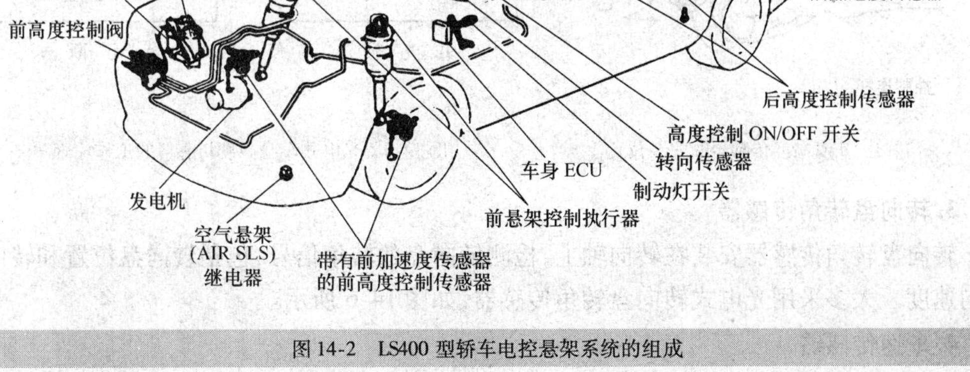

图 14-2　LS400 型轿车电控悬架系统的组成

故障，则存储故障码和相关参数，并点亮故障指示灯。

通常所用的执行元件是电磁阀、步进电动机等。当执行元件接受到悬架 ECU 的控制信号后，及时准确地动作，从而按照要求调节悬架的刚度、阻尼力和车身高度。

电控悬架系统的工作原理如图 14-3 所示。

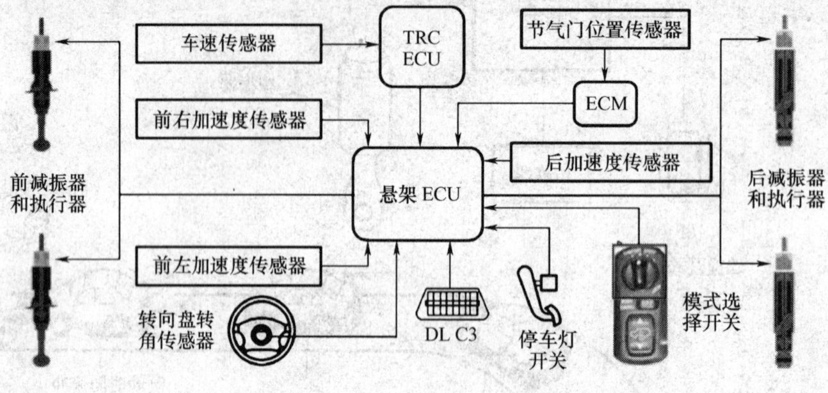

图 14-3　电控悬架系统的工作原理

2. 车身高度传感器

车身高度传感器的作用是把车身与车桥之间的相对位置变化量转化为电信号送给悬架 ECU，车身高度传感器的一端与车桥连接，另一端在悬架系统上，如图 14-4 所示。

现在应用最多的是光电式车身高度传感器，其工作原理如图 14-5 所示。在传感器内部有一个传感器轴，轴外端安装的连接杆与悬架臂相连接，轴上固定一个开有一定数量窄槽的遮光盘，遮光盘两侧对称安装有四组二极管和光敏三极管，组成四对信号发生器。

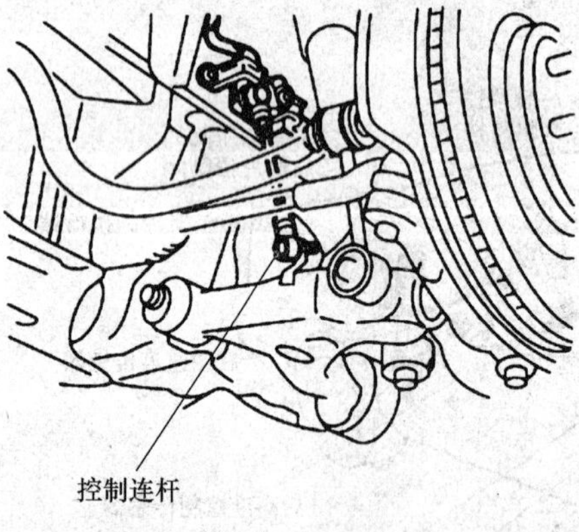

图 14-4　车身高度传感器的安装位置

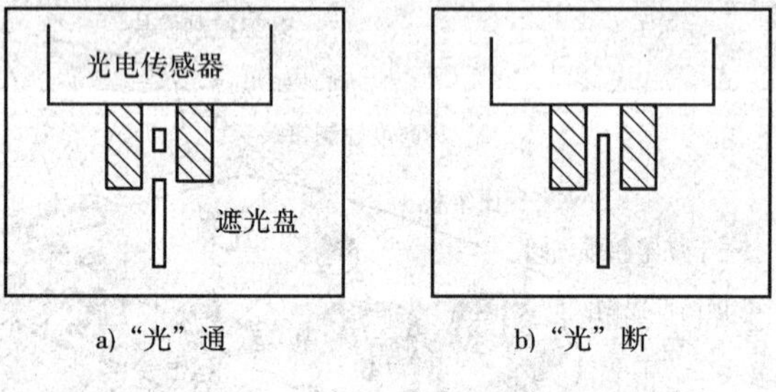

图 14-5　光电式车身高度传感器的工作原理

3. 转向盘转角传感器

转向盘转角传感器安装在转向轴上，检测转向盘的转角信号，包括转向盘位置和转向盘转向速度。大多采用光电式转向盘转角传感器，如图 14-6 所示。

4. 车速传感器

悬架 ECU 可从车速传感器、各种其他 ECU 或多路传输系统接收车速信号，如图 14-7 所示，用于系统的各种控制功能。

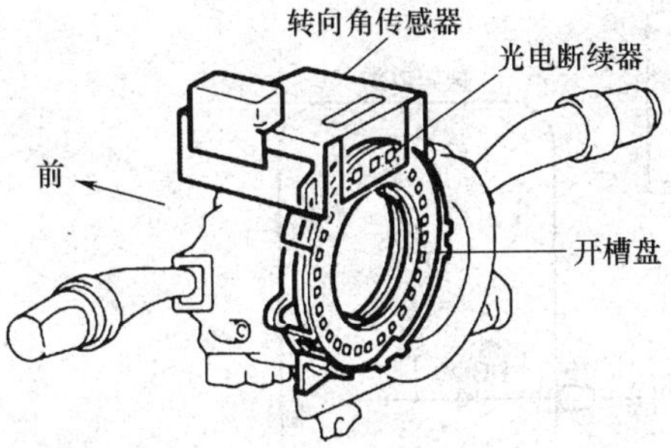

图 14-6　转向盘转角传感器

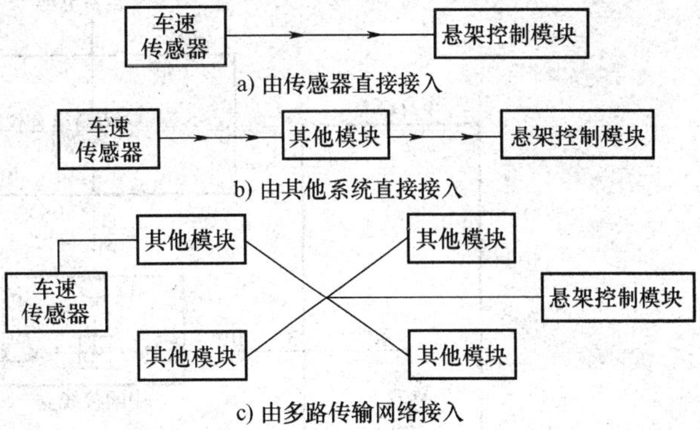

图 14-7　车速信号的输入

车速传感器一般位于变速器输出轴上,如图 14-8 所示。

5. 其他输入信号

1)加速度传感器(图 14-9)

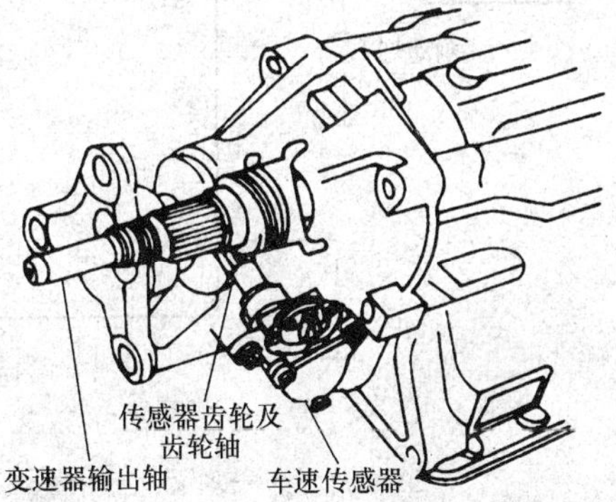

图 14-8　车速传感器的安装位置

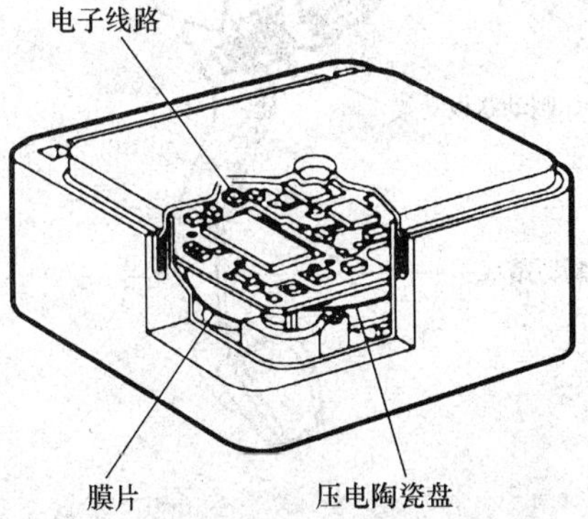

图 14-9　加速度传感器

前加速度传感器和前高度控制传感器结合在一起,后加速度传感器安装在行李舱里。加速器传感器把压电陶瓷盘的挤压变形转变成电信号并且检测车辆竖向加速度。

2)车门信号

悬架 ECU 利用车门信号实现系统的一些控制功能,如在车门打开时,防止排气或保持目前行驶高度等,当车门关闭时,恢复正常工作状态,控制电路如图 14-10 所示。

3)制动信号

当汽车制动时,制动开关给悬架 ECU 一个制动信号,悬架 ECU 收到制动信号后,控制执行器将悬架由软转换到硬的状态,防止汽车“点头”。制动信号的传递如图 14-11 所示。

4)悬架控制开关信号

悬架控制开关包括悬架刚度和阻尼选择(LRC)开关、车高控制开关和锁止开关(高度控制 ON/OFF),前两个开关一般安装在驾驶室内变速器控制杆旁边(图 14-12),锁止开关一般安装在后备箱内(图 14-13)。

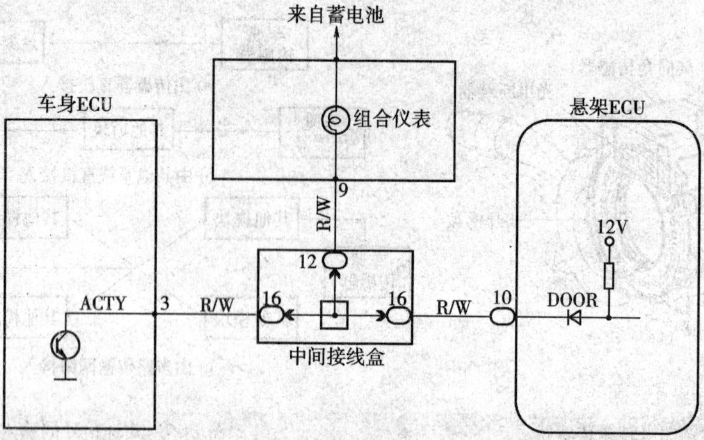

图 14-10　车门信号的控制电路

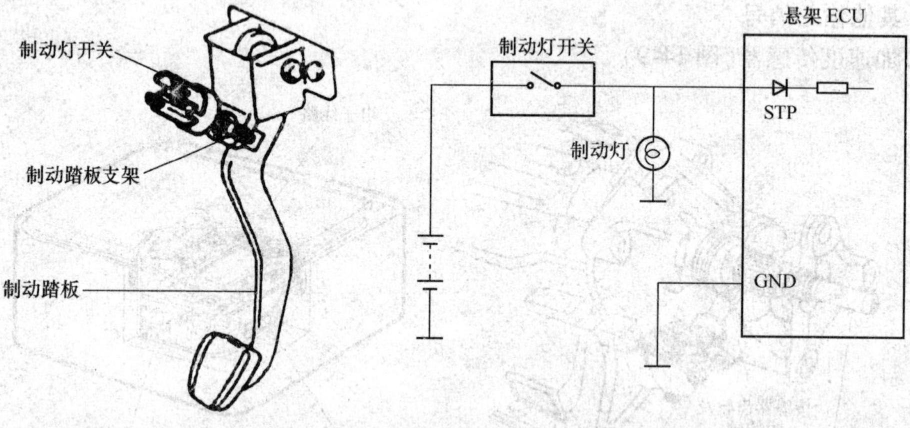

图 14-11　制动信号的传递

小提示

举升汽车时,如果锁止开关不在 OFF 位置,可能会损坏空气悬架系统。所以举升汽车前,必须将锁止开关置于 OFF 位置。

6. 电控单元

悬架 ECU 根据各种传感器和悬架控制开关的输入信号,控制减振器的阻尼力、悬架的刚度和车身高度。LS400 型轿车电控悬架系统的控制方框图如图 14-14 所示。

悬架 ECU 具有故障自诊断功能。工作中一旦发现电控系统出现故障,悬架 ECU 就将故障以代码的形式存在存储器中,并点亮故障指示灯向驾驶员报警。

悬架 ECU 还具有失效保护功能,当系统出现故障时,悬架 ECU 将暂停对悬架的控制。

7. 空气悬架

空气悬架由空气弹簧、减振器、空气管路和执行器组成,如图 14-15 所示。通过空气弹

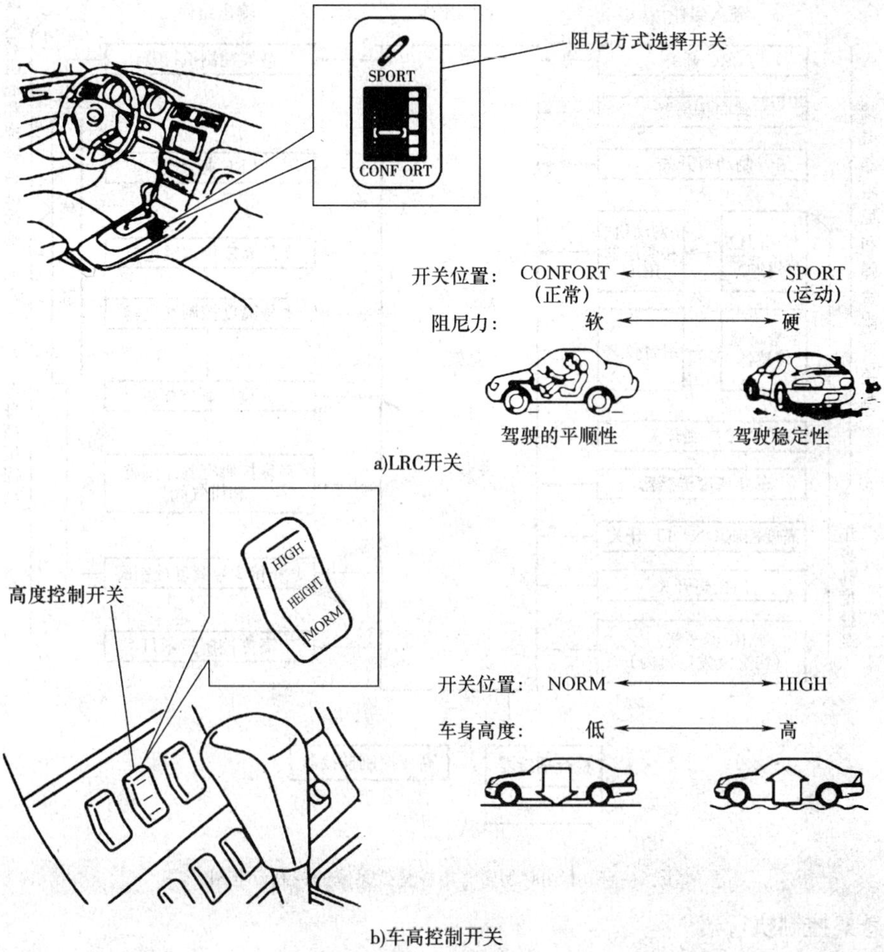

a)LRC开关

b)车高控制开关

图 14-12　LRC 开关和车高控制开关

簧可实现悬架刚度的调节，通过减振器可实现悬架阻尼的调节。

1）空气弹簧

空气弹簧是利用空气被压缩时产生的弹性来工作的，其结构和工作原理如图 14-16 所示。它安装于阻尼调节减振器的上端，与阻尼调节减振器一起构成悬架支柱，上端与车架连接，下端装在悬架摆臂上。

2）减振器（图 14-17）

电控空气悬架系统阻尼力的调节是通过改变减振器阻尼孔截面积的大小来实现的。减振器阻尼调节杆与回转阀连接，回转阀上有三个孔，悬架 ECU 通过控制执行器驱动阻尼调节杆转动，就可使回转阀转动，从而控制三个阻尼孔的开闭，改变减振器内油路流通的截面积，实现对减振器阻尼能力高、中、低三种状态的调节。

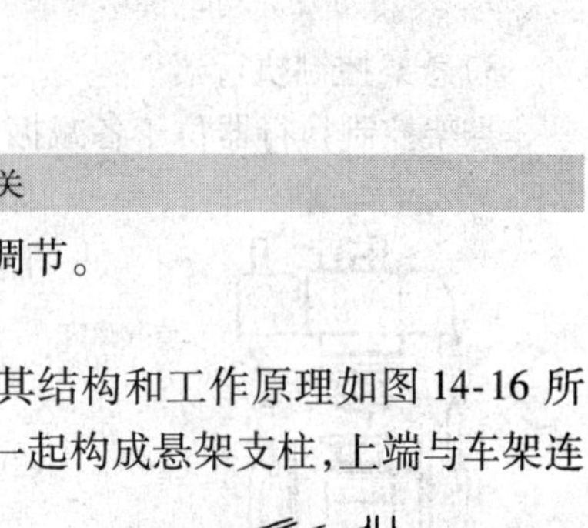

图 14-13　LS400 型轿车锁止开关的安装位置

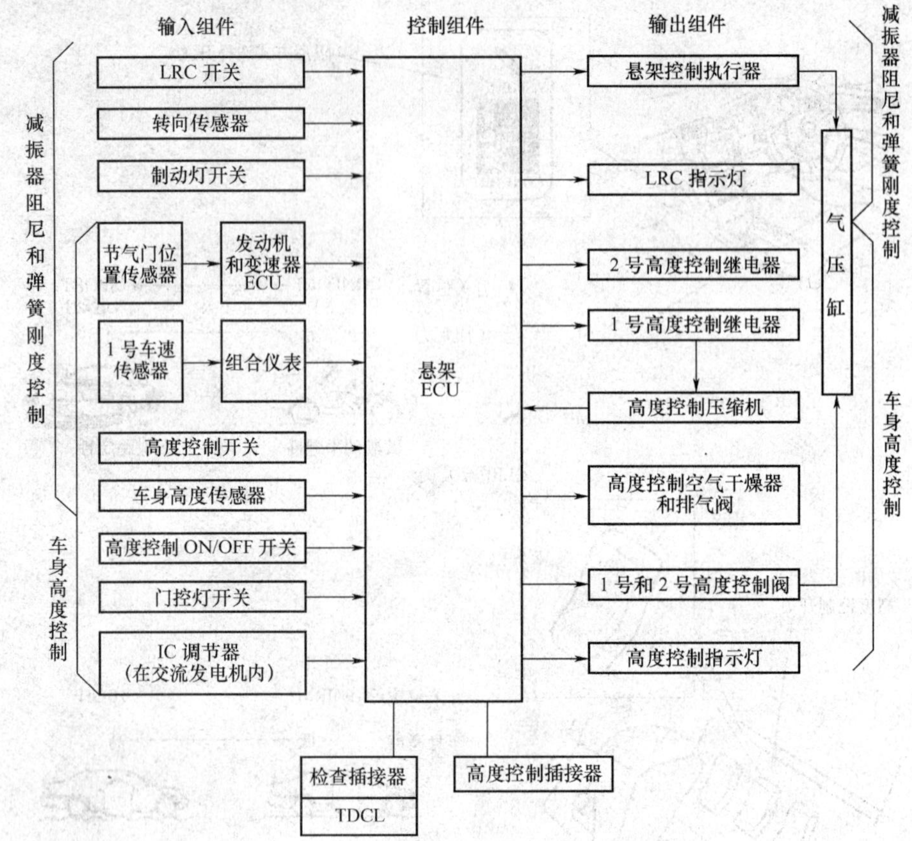

图 14-14　LS400 型轿车电控悬架系统的控制方框图

3)悬架控制执行器

悬架控制执行器位于各减振器的顶部,通过输出轴转动减振器回转阀来改变减振器的阻尼力。回转阀(输出轴)旋转角度是由悬架 ECU 的信号控制的。悬架控制执行器的结构如图 14-18 所示。

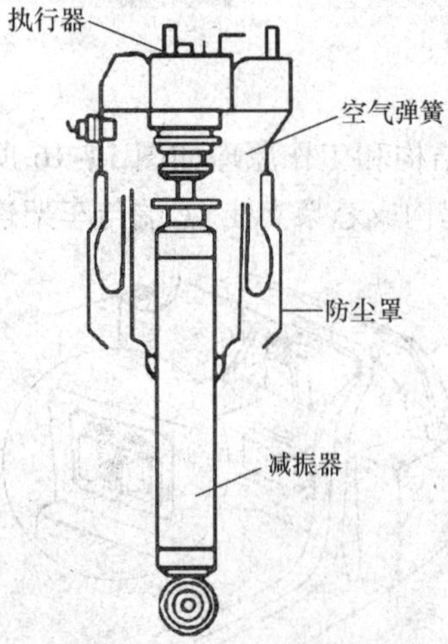

图 14-15　空气悬架的组成

8. 车身高度调节装置

车身高度调节装置能够根据车内乘坐人员或车辆载重情况自动对车身高度作出调整,以保持汽车行驶所需要的高度和汽车行驶姿态的稳定,其工作原理如图 14-19 所示。

1)空气压缩机(图 14-20)

空气压缩机是一个电动机驱动的单缸装置,由悬架 ECU 控制的继电器供电,提供空气悬架系统所需的压缩空气。当系统压力超过安全工作压力时,内部减压阀(或称放气阀)提供排气通道。有的压缩机电路上装有热过载断路器,可探测电动机内部的温度,当电动机过热时,就会关闭压缩机,待压缩机冷却后再恢复正常工作。

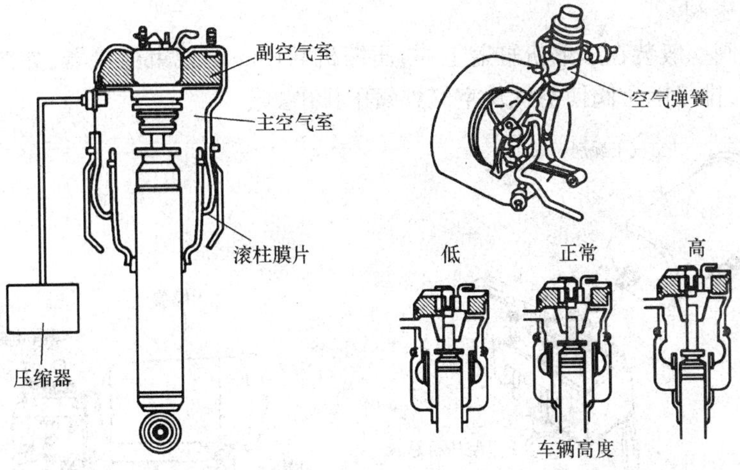

a)结构　　b)工作原理

图 14-16　空气弹簧的结构和工作原理

图 14-17　减振器

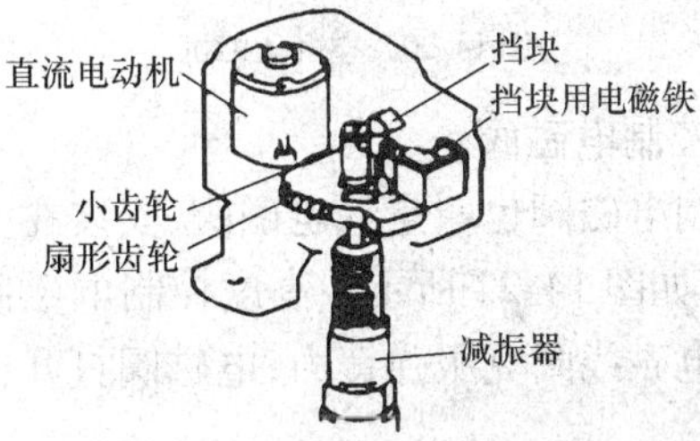

图 14-18　悬架控制执行器的结构

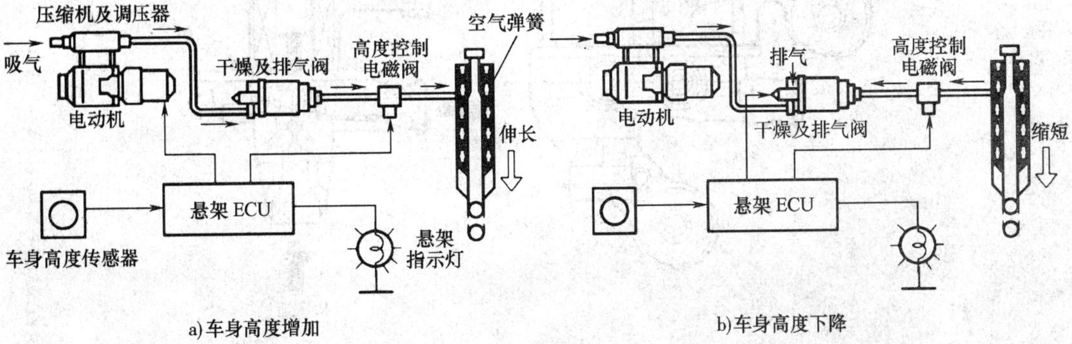

a) 车身高度增加　　b) 车身高度下降

图 14-19　车身高度调节装置工作原理

2)排气电磁阀

排气电磁阀一般装在压缩机缸盖上,与压缩机共用一个线束连接器,如图 14-21 所示。在排气过程中,排气电磁阀使空气从空气弹簧中排出。

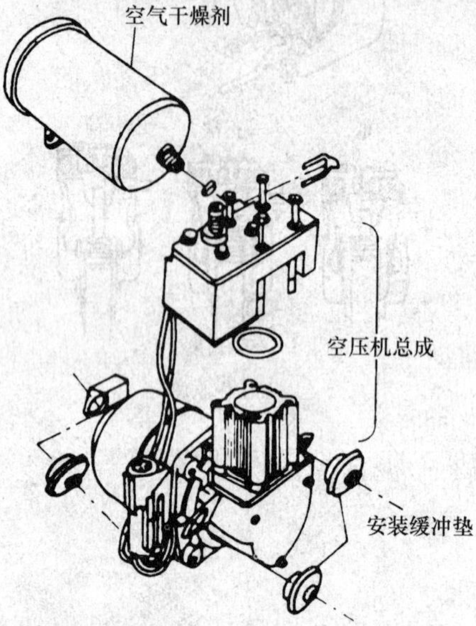

图 14-20　空气压缩机

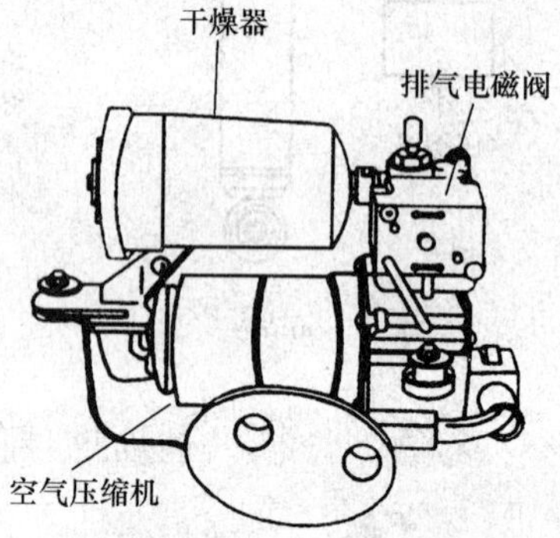

图 14-21　排气电磁阀

3)高度控制电磁阀

高度控制电磁阀也叫空气电磁阀,安装在空气管路中,用于控制进出空气弹簧和减振器的空气流量,如图 14-22 所示。高度控制电磁阀常闭,不通电时,由于弹簧力进气通道被挡住;通电时,电磁线圈克服弹簧力,电磁阀打开,使空气流过。

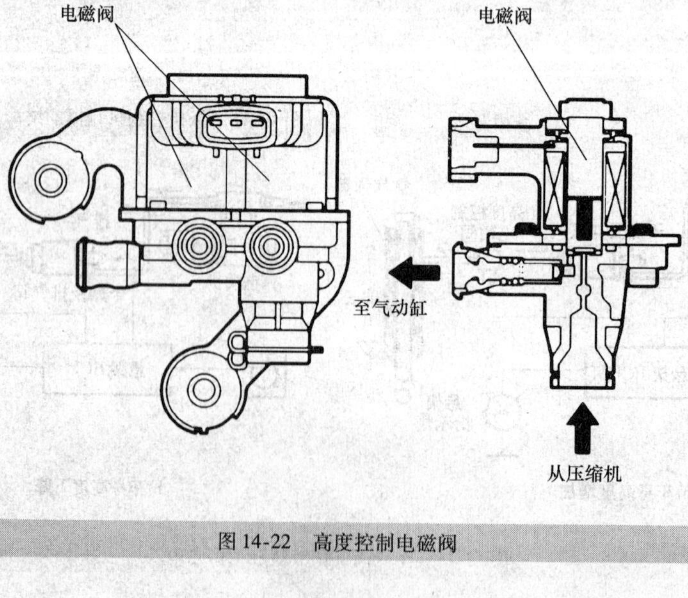

图 14-22　高度控制电磁阀

9. 指示灯

电控悬架指示灯在仪表板上,如图 14-23 所示,用于指示系统工作是否正常。

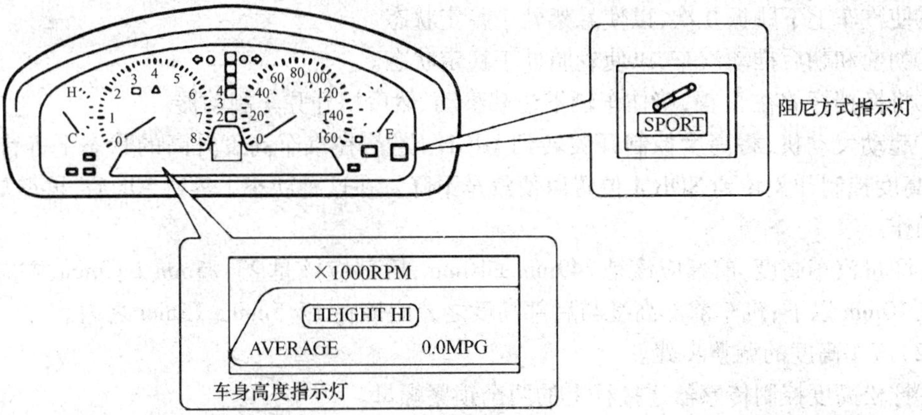

图 14-23　电控悬架指示灯

二、实 践 操 作

(一)实践准备

(1)LS400 型轿车一辆。

(2)解码器一台。

(3)常用工具、常用量具、干净的抹布。

(4)维修手册、工单。

(二)技术要求及注意事项

(1)维修过程中若断开蓄电池,将会丢失悬架 ECU 中存储的信息。

(2)在吊起、支起或拖动汽车之前,应该将悬架控制开关置于 OFF 位置或断开蓄电池负极。

(3)当点火开关在打开状态下,不要拆卸或安装悬架 ECU 及其电子插头。

(4)如果汽车生产厂的维修手册没有指明,就不要将系统的任何电路或元件加电压或搭铁。

(5)如果汽车装有安全气囊系统,在维修电控悬架前,应先将安全气囊系统断开,否则可能造成人身伤害或财产损失。

(6)在控制系统的检测中,必须用生产厂在维修手册中提到的检测工具,否则可能损坏控制系统的零部件。

(三)汽车电控悬架系统的检修

1. 检测和调整

1)汽车高度的检查和调整

(1)汽车高度的检查步骤。

①将 LRC 开关转到 NORM 位置。

②使汽车上下跳振几次,以使悬架处于稳定状态。

③朝前和朝后推动汽车,以使轮胎处于稳定状态。

④将换挡杆放在 N 挡,堵住车辆不让其滚动,然后松开驻车制动器。

⑤起动发动机,将高度控制开关转到 HIGH 位置,在汽车高度升高的状态下等待 1min 后,将高度控制开关转到 NORM 位置以使汽车下降。在这种状态下等待 50s 后,再重复一次上述操作。

⑥测量汽车高度,前部应该是 249mm ± 10mm;后部应该是 231.5mm ± 10mm;左右误差应该在 10mm 以下;汽车前部高度与后部高度之差应该在 17.5mm ± 15mm 之内。

(2)汽车高度的调整步骤。

①拧松高度控制传感器连接杆上的两个锁紧螺母。

②转动高度控制传感器连接杆的螺栓以调节长度(高度控制传感器连接杆每转一圈能使汽车高度改变大约 4mm)。

③检查如图 14-24 所示的高度控制传感器连接杆的尺寸是否小于极限值,即前部 8mm,后部 11mm。

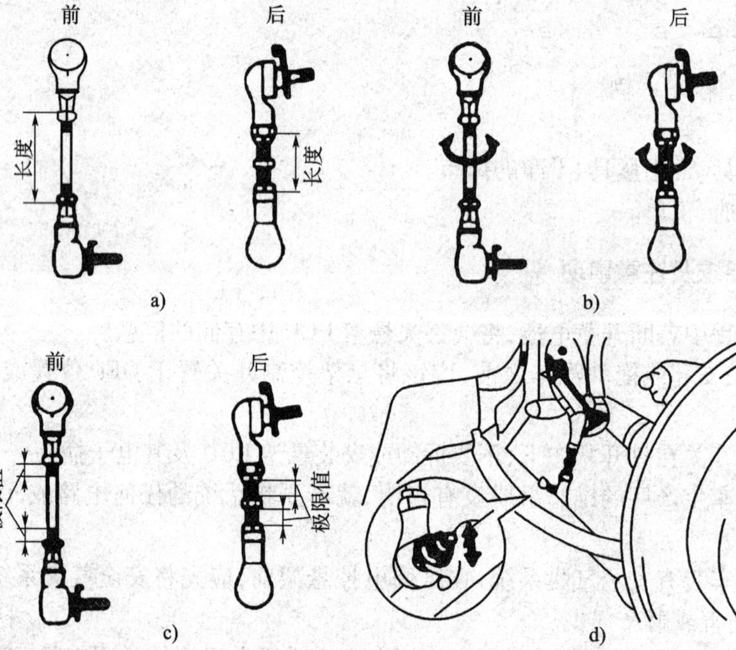

图 14-24　汽车高度的检查

④暂时拧紧两个锁紧螺母。

⑤再检查一次汽车高度。

⑥拧紧锁紧螺母。

2)汽车高度调整功能的检查(图 14-25)

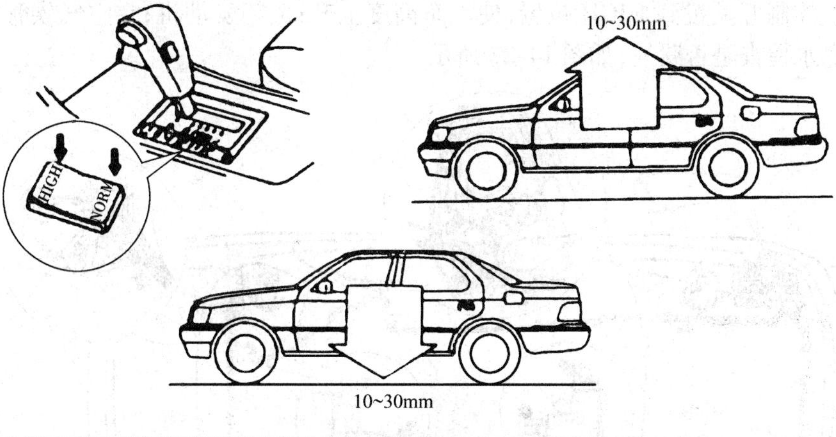

图 14-25　汽车高度调整功能的检查

(1)检查轮胎充气是否正确。

(2)检查汽车高度。

(3)起动发动机,将高度控制开关从 NORM 位置转换到 HIGH 位置,检查完成高度调整所需的时间和汽车高度的变化量。从操作高度控制开关到压缩机起动需要约 2s,从压缩机起动到完成高度调整约需 20 ~ 40s。汽车高度的变化量约为 10 ~ 30mm。

(4)在汽车处于 HIGH 高度调整的状态下,起动发动机并将高度控制开关从 HIGH 位置切换到 NORM 位置。检查完成高度调整所需的时间和汽车高度变化量,从操作高度控制开关到压缩机起动需要约 2s,从压缩机起动到完成高度调整约需 20 ~ 40s。汽车高度的变化量约为 10 ~ 30mm。

3)溢流阀的检查

迫使压缩机工作,检查溢流阀动作,如图 14-26 所示,具体步骤如下。

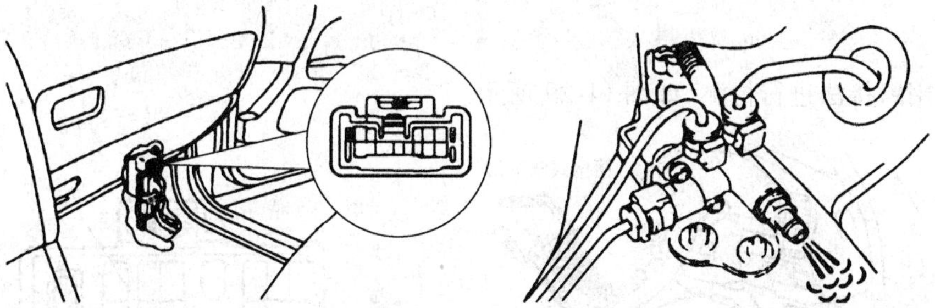

图 14-26　溢流阀的检查

(1)将点火开关转到 ON 并将高度控制连接器的端子 1 与端子 7 连接,以迫使压缩机工作。

(2)等压缩机工作一段时间后,检查溢流阀是否放气。

(3)将点火开关转到 OFF 位置。

(4)清除故障代码。

4)漏气检查

将高度控制开关拨到 HIGH 位置,使汽车高度上升;关闭发动机;在空气软管和软管接头处涂肥皂水检查是否漏气,如图 14-27 所示。

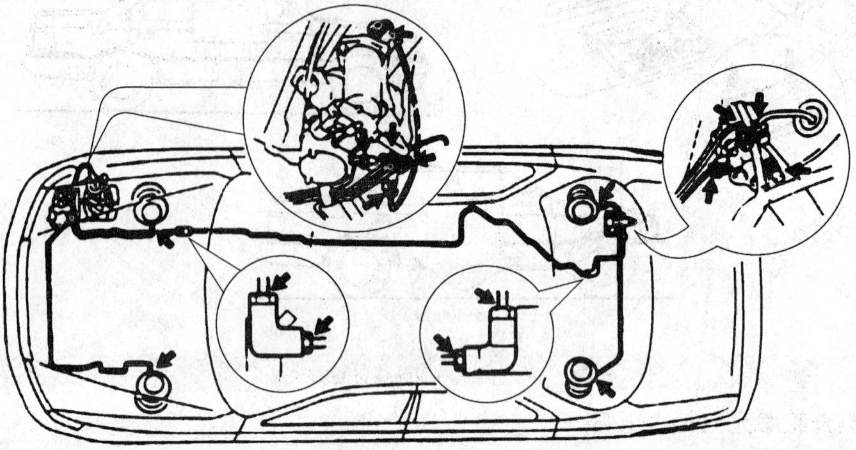

图 14-27　漏气检查

2. 自诊断系统

当电控悬架系统出现故障时,悬架 ECU 将使 NORM 指示灯每秒闪烁一次报警,这时可通过专用仪器进行检查,如图 14-28 所示。

小提示

当高度控制开关在 OFF 位置时,会输出故障码"71",但这不是故障;当发动机没有起动时,会输出故障码"73",这也不是故障;当没有故障码输出时,应该检查 TC 端子电路。

也可用跨接法进行检测,如图 14-29 所示。

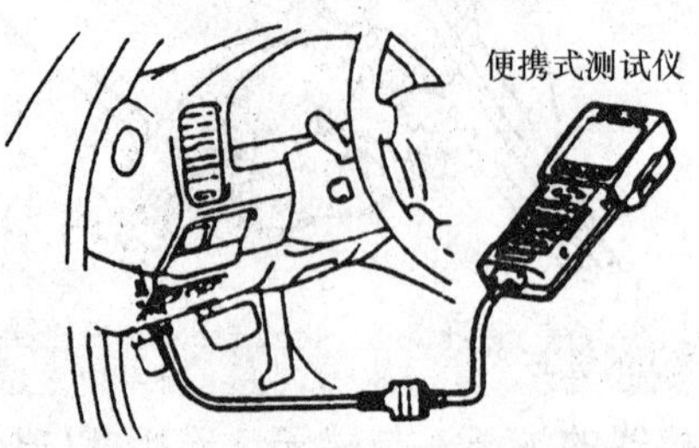

图 14-28　专用仪器检查

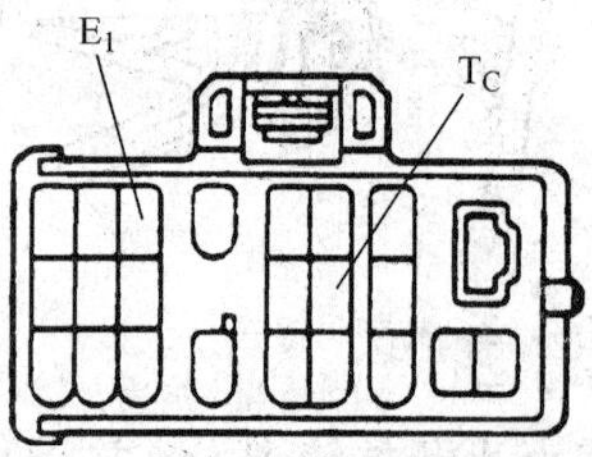

图 14-29　跨接法读取故障码

当系统故障排除后,应该将故障码清除。

3. 各传感器的检测

电控悬架系统各传感器的检测见表 14-1。

电控悬架系统各传感器的检测　　表 14-1

<table>
<tr><th>传感器</th><th>图　示</th><th>步　骤</th><th>记　录</th></tr>
<tr><td>前车身高度传感器</td><td>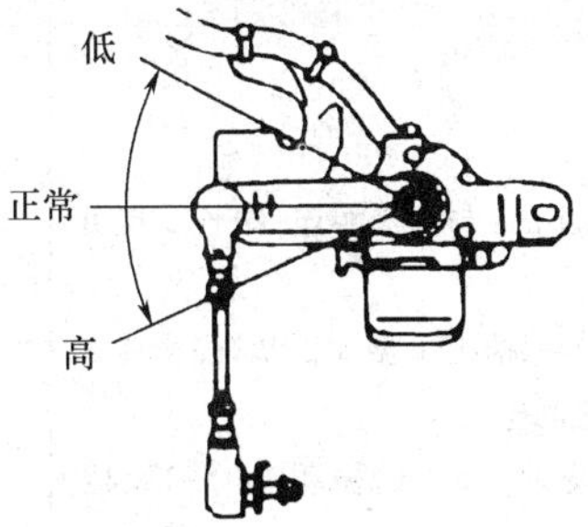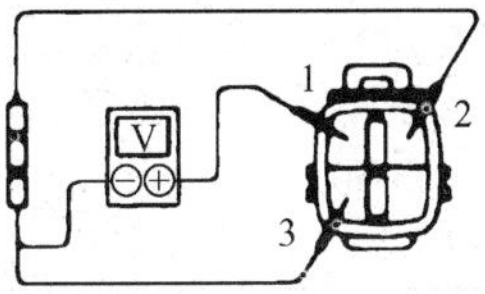</td><td>①将端子 2 与正极相连，端子 3 与负极相连。
②将控制杆缓慢上下移动，同时检测端子 1 与 3 之间电压<table><tr><th>位置</th><th>电压(V)</th></tr><tr><td>高</td><td>6.2 ~ 11.2</td></tr><tr><td>正常</td><td>6.2</td></tr><tr><td>低</td><td>1 ~ 6.2</td></tr></table></td><td></td></tr>
<tr><td>后车身高度传感器</td><td>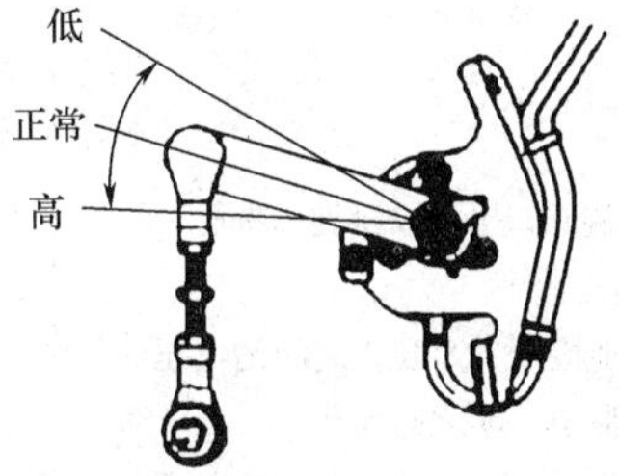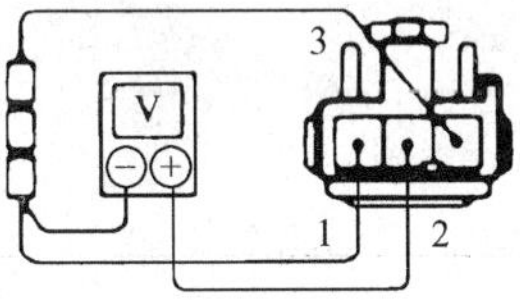</td><td>①将端子 3 与正极相连，端子 1 与负极相连。
②将控制杆缓慢上下移动，同时检测端子 2 与 3 之间电压<table><tr><th>位置</th><th>电压(V)</th></tr><tr><td>高</td><td>6.2 ~ 11.2</td></tr><tr><td>正常</td><td>6.2</td></tr><tr><td>低</td><td>1 ~ 6.2</td></tr></table></td><td></td></tr>
<tr><td>前加速度传感器</td><td>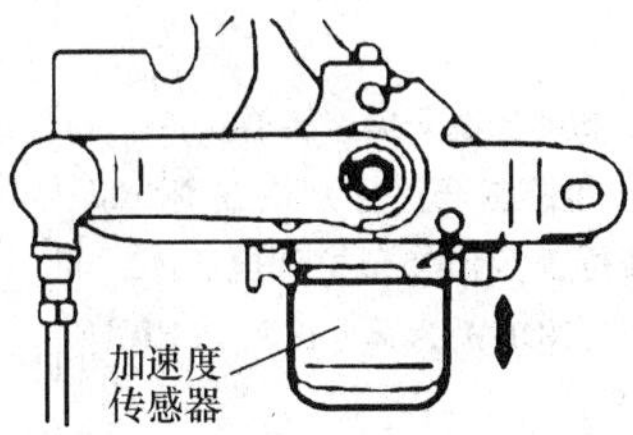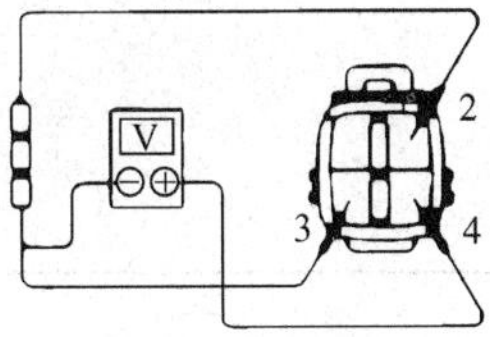</td><td>①将端子 2 与正极相连，端子 3 与负极相连。
②使传感器上下振动，同时检测端子 4 与 3 之间电压。
③静止时为 6.2V；振动时 1 ~ 11.2V 为正常</td><td></td></tr>
</table>

续上表

传感器	图　示	步　骤	记　录
后加速度传感器	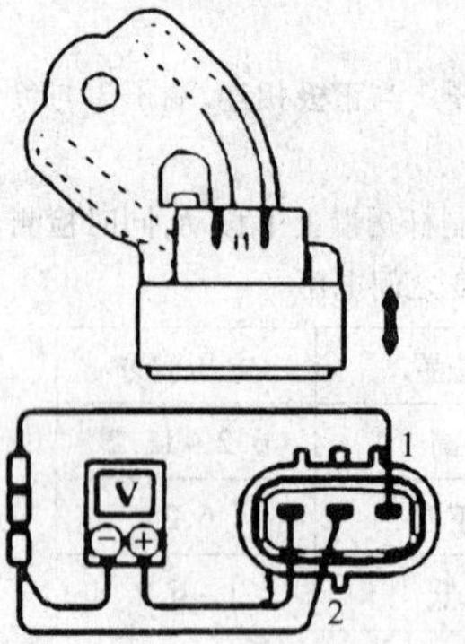	①将端子 1 与正极相连，端子 2 与负极相连。 ②使传感器上下振动，同时检测端子 2 与 3 之间电压。 ③静止时为 6.2V；振动时 1 ~ 11.2V 为正常	
转向盘转角传感器	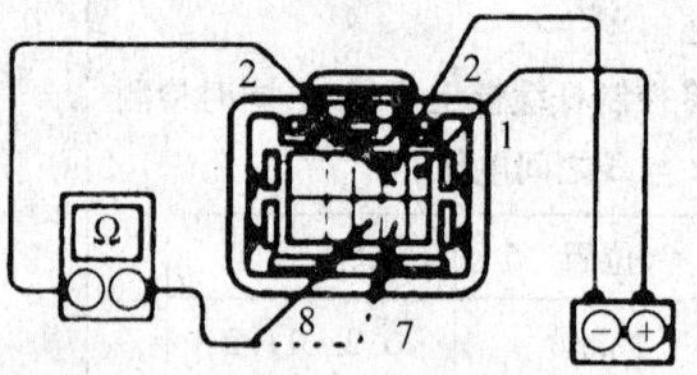	①将端子 1 与正极相连，端子 2 与负极相连。 ②分别检测 7、8 与 2 之间的电压。 ③正常：0 ~ ∞ 之间变化	
高度控制开关	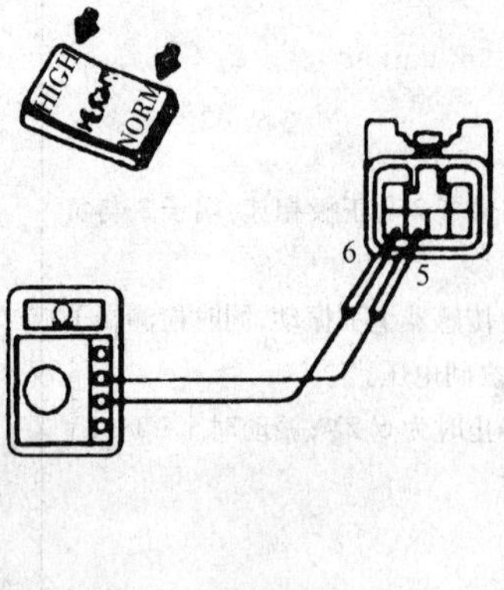	①断开高度控制开关连接器。 ②将高度控制开关分别按在 NORM 和 HIGH 位置，测量 5、6 之间电压。 ③正常：NORM 为 ∞（开路），HIGH 为 0（断开）	

4. 悬架控制执行器的检修

悬架控制执行器的检查见表 14-2。

悬架控制执行器的检查　　表 14-2

<table>
<tr><th>检查内容</th><th>图　示</th><th>步　骤</th><th>记　录</th></tr>
<tr><td>悬架控制执行器运行检查</td><td>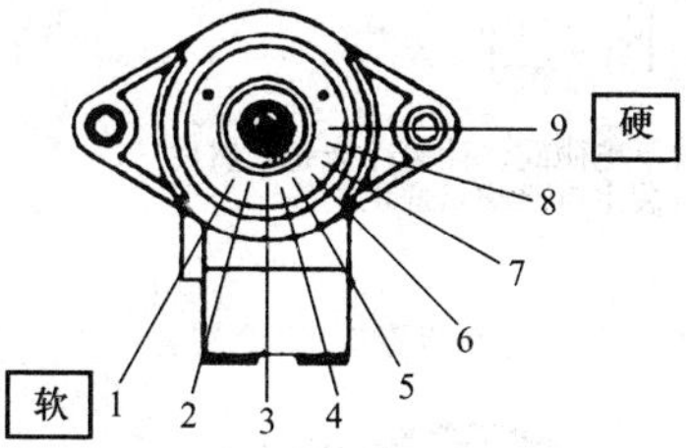
</td><td>①拆下执行器和执行器盖。
②将点火开关转至 ON 位置。
③连接 TDCL 的 TD 和 E1 端子。
④高度控制开关每向 HIGH 推动一次,则执行器应向“硬”进一步</td><td></td></tr>
<tr><td>悬架控制执行器电阻检查</td><td>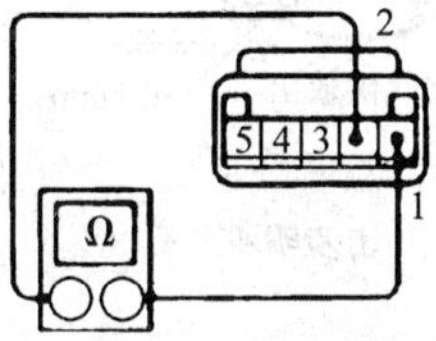
</td><td>测量悬架控制执行器两端子之间电阻,应符合以下标准<table><tr><th>端子</th><th>电阻(Ω)</th></tr><tr><td>1、2</td><td>14.7～15.7</td></tr><tr><td>1、3</td><td>14.7～15.7</td></tr><tr><td>1、4</td><td>14.7～15.7</td></tr><tr><td>1、5</td><td>14.7～15.7</td></tr></table></td><td></td></tr>
<tr><td>悬架控制执行器工作检查</td><td>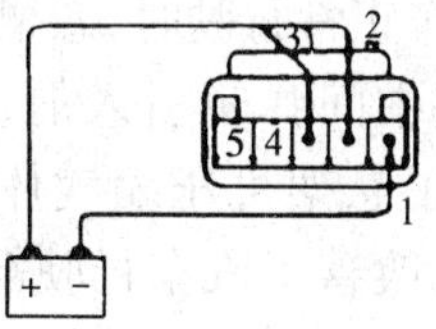
</td><td>①用螺丝刀将悬架控制执行器输出轴调至“软”位置。
②将蓄电池电压如下表施加到悬架控制执行器各端子时,执行器运动应符合要求<table><tr><th>蓄电池＋</th><th>蓄电池－</th><th>位置</th></tr><tr><td>2 和 3</td><td>1</td><td>1→2</td></tr><tr><td>3 和 4</td><td>1</td><td>2→3</td></tr><tr><td>4 和 5</td><td>1</td><td>3→4</td></tr><tr><td>5 和 2</td><td>1</td><td>4→5</td></tr><tr><td>2 和 3</td><td>1</td><td>5→6</td></tr><tr><td>3 和 4</td><td>1</td><td>6→7</td></tr><tr><td>4 和 5</td><td>1</td><td>7→8</td></tr><tr><td>5 和 2</td><td>1</td><td>8→9</td></tr></table></td><td></td></tr>
</table>

5. 空气弹簧的安装

空气弹簧的安装步骤如图 14-30 所示。安装一个新的空气弹簧时,在没有给空气弹簧充气前,不能让悬架承受负载,在将空气弹簧充气到恰当位置后,还要保证其外形正常。

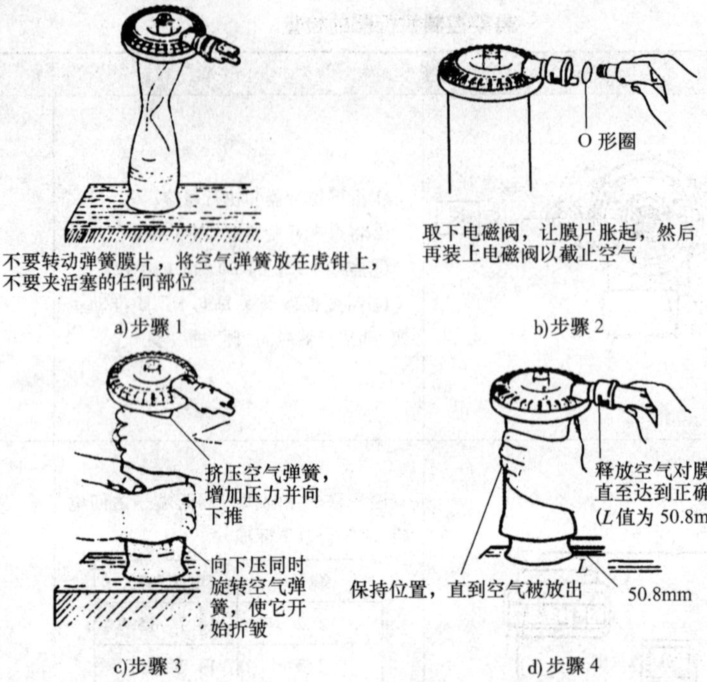

图 14-30　空气弹簧的安装步骤

三、学 习 拓 展

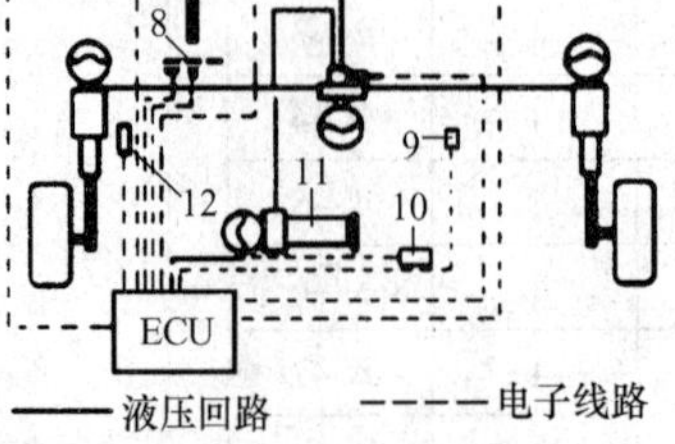

图 14-31　电控液压悬架系统的组成

1-油气弹簧;2-中间气体弹簧;3-悬架刚度调节器;4-电磁阀;5-控制开关;6-转向盘转角传感器;7-指示灯;8-节气门位置传感器;9-制动压力传感器;10-车速传感器;11-油泵;12-车身位置传感器

电控液压悬架系统采用油气弹簧，实现根据路面状况对减振器阻尼力的调节和对车身高度的调节，以达到提高乘坐舒适性和汽车通过性的目的，其组成如图 14-31 所示。

汽车正常行驶时，悬架 ECU 打开前、后电磁阀，将中间弹簧引入前、后轴液压回路，从而增加了悬架可压缩气体的体积，降低了悬架刚度，改善了汽车行驶舒适性；同时由于电磁阀还打开了一个节流孔，使油液在前、后轴上的三个氮气弹簧之间流动，从而降低了悬架的阻尼力。

当悬架 ECU 测得汽车行驶状态要求较硬的悬架特性时，ECU 关闭前、后电磁阀，使中间氮气弹簧与系统断开，禁止左右悬架弹簧之间的油液流动，从而使悬架刚度和阻尼力均增加，提高了汽车的抗侧倾特性。

四、评价与反馈

1. 自我评价及反馈

(1)你是否知道电控悬架系统的基本组成？(　　)

A. 知道　　B. 不知道

(2)你是否能够完成电控悬架系统的基本检查？(　　)

A. 能够完成　　B. 在小组协作下能够完成　　C. 不能完成

(3)你是否能够完成各传感器的检测？(　　)

A. 能够完成　　B. 在小组协作下能够完成　　C. 不能完成

(4)完成了本学习任务后，你感觉困难的部分是哪些？

____

____

____

签名：________　________年________月________日

2. 小组评价及反馈

(1)你们小组在接到任务之后是否分工明确？________

(2)你们小组每位组员都能轮换操作吗？________

(3)遇到难题时你们分工协作吗？________

(4)对于小组其他成员有何建议？________

参与评价的同学签名：________　________年________月________日

3. 教师评价及回复

____

____

____

教师签名：________　________年________月________日

五、技能考核标准

序号	项目	操作内容	规定分	评分标准	得分
1	准备	清点工具、量具 清理工位	5分	酌情扣分	
2	基本检查	汽车高度的检查 汽车高度调整功能的检查 溢流阀的检查	10分 10分 10分	操作不当扣1~10分 操作不当扣1~10分 操作不当扣1~10分	
3	检测	检测车身高度传感器 检测加速度传感器 检测转向盘转角传感器	10分 10分 10分	操作不当扣1~10分 操作不当扣1~10分 操作不当扣1~10分	

续上表

序号	项目	操作内容	规定分	评分标准	得分
4	检查	悬架控制执行器的检查	15分	操作不当扣1~15分	
5	时间	30min	5分	超时1~10 min扣1~5分 超时10 min以上扣5分	
6	安全文明	无安全隐患,无不文明操作	5分	未达标扣1~5分	
7	结束	工具、量具清洁并归位 工作场地清洁	5分 5分	漏一项扣1分,未做扣5分 清洁不彻底扣1~5分,未做扣5分	
总分			100分		

学习任务十五　车轮的检修

任务要求

完成本学习任务后，你应：

1. 掌握车轮的作用、组成与结构；
2. 掌握车轮和轮胎总成的拆卸与安装；
3. 掌握轮胎的换位方法；
4. 掌握受损轮胎的维修方法。

建议学时:8 学时

任务描述

一辆丰田花冠轿车，在路面上行驶时，车轮前部总有晃动或摇摆，感觉车轮在偏转，经初步检查，是轮胎异常磨损影响行驶性能，需对车轮进行检修。

一、理论知识准备

1. 车轮

车轮的作用是安装轮胎、连接半轴或转向节，并承受汽车的质量和半轴或转向节传来的力矩。车轮由轮辋、轮毂及轮辐组成，如图 15-1 所示。按照连接部分(轮辐)构造的不同，可分为辐板式车轮和辐条式车轮。

图 15-1　车轮的结构

2. 轮胎

1)分类

(1)按轮胎胎体结构的不同，轮胎可分为充气轮胎和实心轮胎。

(2)按轮胎承受充气压力的不同，轮胎可分为高压轮胎、低压轮胎和超低压轮胎。

(3)按密封空气的方法不同，轮胎可分为有内胎和无内胎。

(4)根据胎体帘线层排列的不同，轮胎可分为子午线轮胎、束带斜交轮胎和斜交轮胎，如图 15-2 所示。目前，轿车用轮胎大多数都是子午线轮胎，子午线轮胎与斜交轮胎相比，具有操纵性和稳定性优越且耐磨损性好、发热少、滚动阻力小、节省燃料、滑动少、牵引力大和高速行驶时舒适等优点。

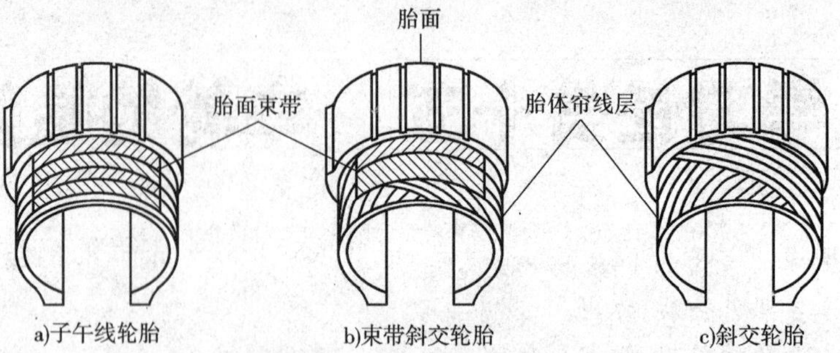

图 15-2　轮胎的三种基本结构

2）轮胎的主要参数

轮胎的主要参数如图 15-3 所示。

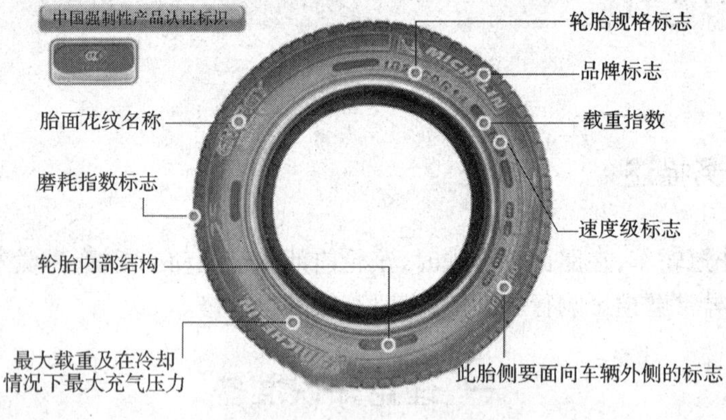

图 15-3　轮胎的主要参数

3）子午线轮胎的结构

子午线轮胎的结构如图 15-4 所示。

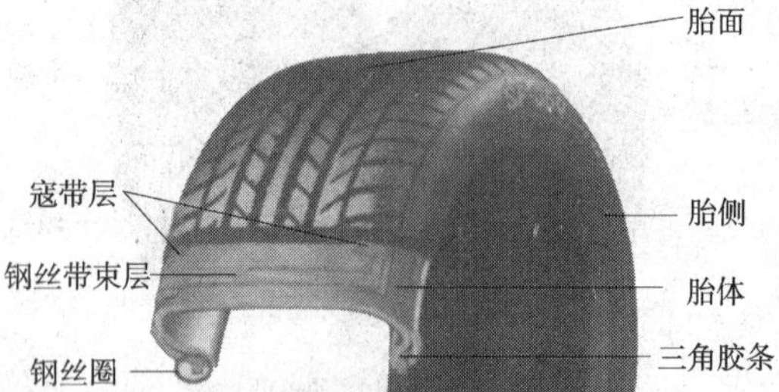

图 15-4　子午线轮胎的结构

（1）胎体（外胎），胎体为轮胎的框架，是由许多层与橡胶黏接在一起的轮胎帘线构成，一般大客车和载货汽车轮胎中的帘线是用尼龙或钢丝制成，小客车轮胎是用聚酯或尼龙制成。根据其帘线方向，轮胎可分为子午线轮胎和斜交轮胎两种。由于胎体具有很强的刚性和弹性，可以在有效阻止高压空气外泄的同时吸收荷载的变化和冲击。

（2）胎面，胎面是轮胎外部的一层橡胶，主要用于保护胎体免受路面造成的磨损。当胎面与路面直接接触时，产生摩擦阻力，将车辆驱动力和制动力输送至路面。胎面花纹由压入胎面的模压沟槽构成，目的在于使轮胎能将驱动力和制动力更有效地传至路面。

(3)胎侧，胎侧由数层橡胶构成，覆盖轮胎两侧，是轮胎上面积最大，弹性最强的部分。在行驶过程中，胎侧通过持续的弯曲变形来保护胎体免受外部损坏。胎壁上标有厂家名称、轮胎尺寸及其他轮胎数据资料。

(4)三角胶条，即轮胎中钢丝圈上面的填充材料，三角胶条可以减缓胎圈受到的冲击，成型时可以防止空气进入，增加下胎侧的刚性。

(5)钢丝圈，缠绕在各层轮胎侧边的坚固钢丝。钢丝圈可防止作用在轮胎上的力将轮胎从轮辋上扯开，同时，轮胎内的加压空气仍可使胎缘胀紧在轮辋边沿。

(6)钢丝带束层，子午线轮胎在胎面与胎体之间使用钢丝带束层，既可提高胎面刚性和耐磨性，又可防止外部冲击。

(7)冠带层，子午胎带束层上所使用的帘布层，行驶中可以抑制带束层移动，防止带束层脱离，保持高速状态下轮胎尺寸的稳定。

小提示

不要把英制代码轮胎安装在公制代码轮辋上，轮胎与轮辋错误搭配可能会导致轮胎损坏和严重的损伤。

3. 备用轮胎

今天大多数汽车装配有备胎，备胎比车轮小也比汽车上的轮胎小。小尺寸的原因是为了减少整车尺寸和质量，从而通过整车质量的减少提高汽车的燃油经济性。在过去的若干年里，备胎的类型和风格相差很大，且不同的汽车用不同型号的备胎。

许多占用空间小的备胎的气压比原装轮胎气压要高，通常气压是414kPa。即使备胎与原装胎相比在结构、尺寸、直径和宽度方面不同，但在汽车正常行驶时，操纵性都是一样的。当然，这些备胎没有原装轮胎耐磨，在维修时应尽快更换。

二、实 践 操 作

(一)实践准备

(1)花冠轿车一辆。

(2)磁力百分表一套。

(3)常用工具、常用量具、干净的抹布。

(4)维修手册、工单。

(二)技术要求及注意事项

(1)当对从汽车上拆下的气轮胎进行维护时，应在车轮和凸耳双头螺栓的位置做好标记，确保轮胎在安装时与拆下时的位置吻合，这样可以保证汽车的车轮总成保持平衡。

(2)确保车轮与制动鼓有良好的接触。如果车轮与制动鼓表面之间有油脂、润滑油或其他脏物,会使车轮上的双头螺栓在汽车行驶时松动。

(3)经常检查轮辋尺寸,轮辋尺寸标记在轮胎的侧壁上,轮辋的直径和宽度冲压在车轮上。

(4)轮辋挡圈必须无锈、无脏物、无划痕、无松动或表面剥蚀,否则安装的轮胎会首先被划伤。

(三)汽车轮胎的检修

1. 轮胎的维护

对轮胎进行维护的目的是降低轮胎的磨损速度,防止不正常的磨损和损坏,并及时发现轮胎存在的隐患,以延长轮胎的使用寿命,并保证轮胎行驶时的安全性。

1)检查轮胎的气压(图 15-5)

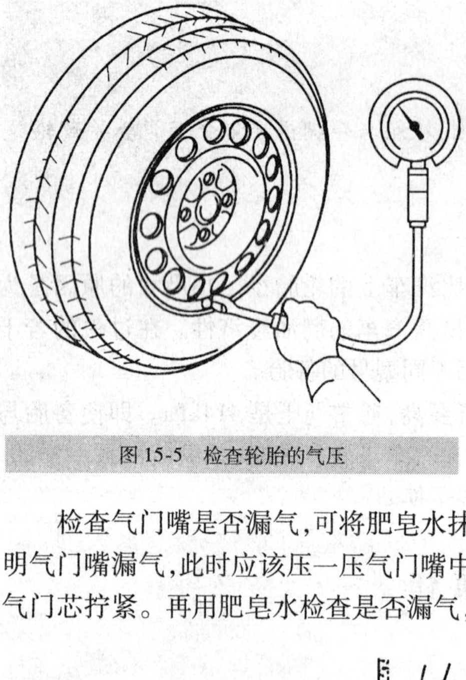

图 15-5　检查轮胎的气压

轮胎的充气压力是决定轮胎使用寿命和工作好坏的主要因素。轮胎的标准充气压力一般都标在轮胎气压的标示牌上,检查时应参照标准气压,将轮胎实际气压调整至标准值,否则气压过高和过低都将加速轮胎的磨损、缩短其使用寿命。检查轮胎时应检查包括备用轮胎在内的所有轮胎的气压。检查时取下气门嘴帽,用胎压表测量。

轮胎气压不正常将使轮胎磨损加剧,但轮胎气压过高和过低时轮胎的磨损形式和磨损剧烈的位置并不完全相同,具体如图 15-6、图 15-7所示。

检查气门嘴是否漏气,可将肥皂水抹在气门嘴上,如图 15-8 所示。如果出现气泡,则说明气门嘴漏气,此时应该压一压气门嘴中的气门芯以调整其位置,然后用气门芯工具重新将气门芯拧紧。再用肥皂水检查是否漏气,若还有漏气现象,应更换气门嘴。

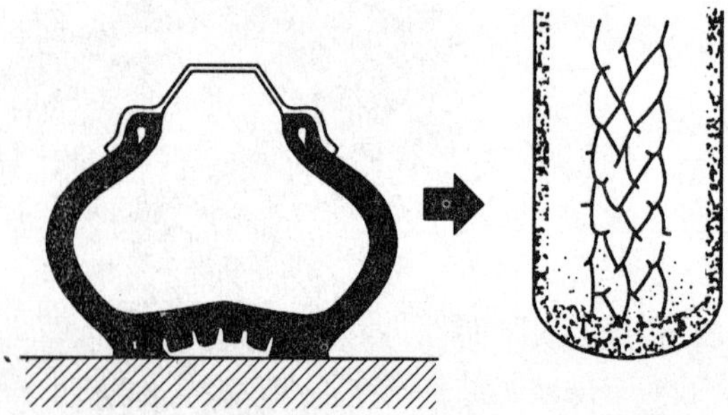

图 15-6　轮胎充气压力不足对轮胎磨损的影响

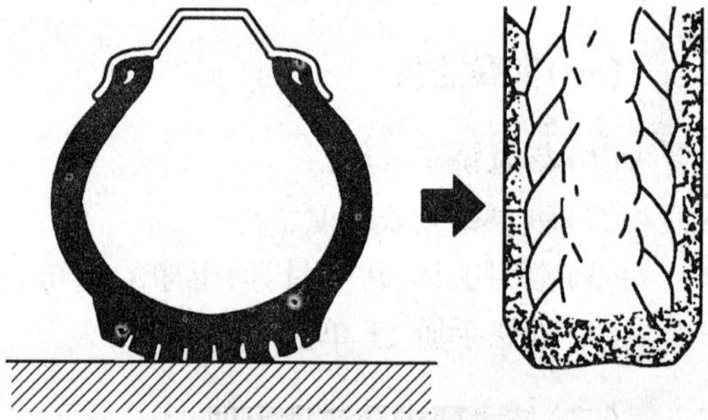

图 15-7　轮胎充气压力过高对轮胎磨损的影响

2)轮胎的检查

对轮胎的检查一般应着重于轮胎的表面、胎冠磨损标记和磨损异常的检查。

(1)检查轮胎外表。因为轮胎的工作环境最为恶劣,很容易被污物扎入或刮伤,所以应该经常检查轮胎的外表,看是否有钉子等物体扎入,胎面是否有刮伤、裂纹等,如图15-9所示。

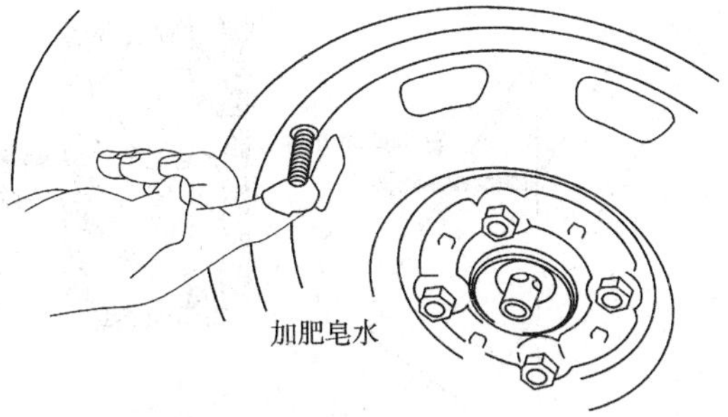

图15-8　检查气门嘴是否漏气

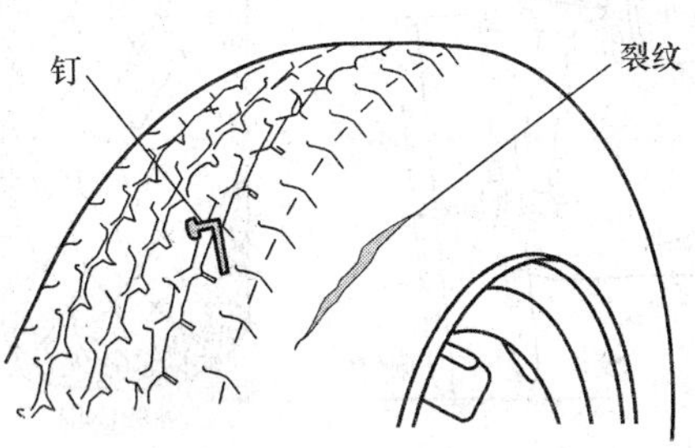

图15-9　检查轮胎表面

(2)检查轮胎磨损标记。现在大多数轮胎都设置了轮胎磨损标记,表明轮胎需要更换的时间。轮胎胎冠磨损1.6mm时,作为磨损标记的横跨外胎的一个宽带将会显现出来,如图15-10所示。一般当轮胎周围出现三处横跨两个或更多胎冠花纹凹槽的磨损标记或者当帘布层暴露时,就应该更换轮胎。

有些轮胎没有胎冠磨损指示器,但通过测量胎冠深度(图15-11),显示胎冠还剩的厚度(以0.8mm为单位),即可知道轮胎的磨损情况。当测量胎冠还剩下1.6mm时,需要更换轮胎。

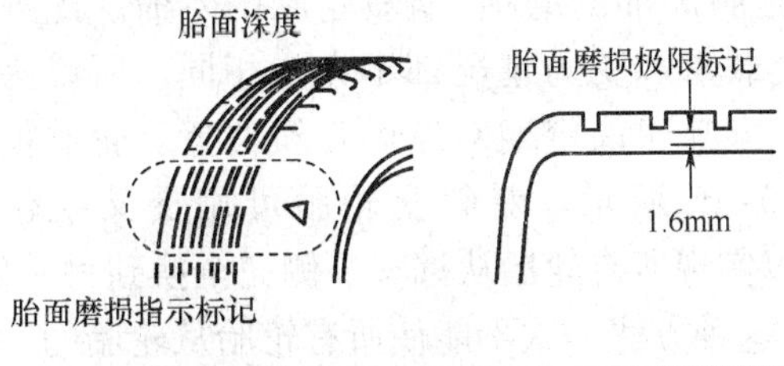

图15-10　轮胎胎冠磨损指示器

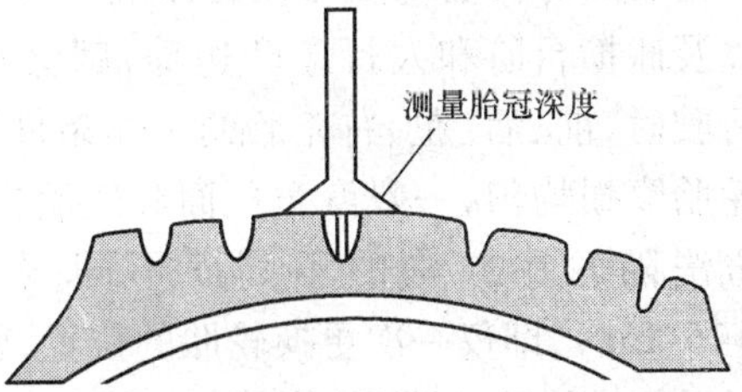

图15-11　检查轮胎胎冠深度

3)轮胎的异常磨损及其原因

常见的异常磨损有胎肩磨损、胎面中间磨损、单侧磨损、羽状磨损和斑状磨损。

(1)胎肩磨损是由于轮胎内部的压力过低,轮胎的中间出现凹陷,将荷载转移到胎肩上,因此胎肩的磨损比胎面中间的磨损严重,如图15-6所示。

(2)胎面中间磨损是由于轮胎气压过高,中间会凸出,承受较大载荷,导致轮胎中间磨损比胎肩的磨损严重得多,如图15-7所示。

(3)导致轮胎单侧磨损的原因如下:在过高的车速下转弯,造成转弯时轮胎滑动,产生斜形磨损;悬架部件变形或间隙过大,影响前轮定位,造成轮胎磨损异常;车轮外倾角不正确,导致胎面两侧磨损不均匀,如图15-12所示。

(4)羽状磨损主要是由于车轮前束调节不当或过量的车轮后束所致,如图 15-13 所示。

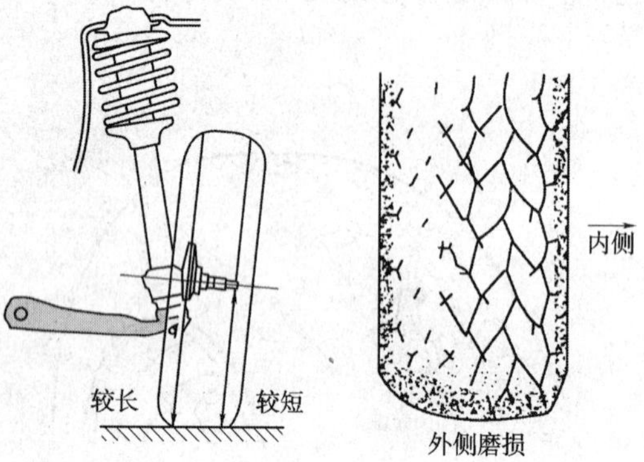

图 15-12　外倾角不正确导致的轮胎外侧磨损

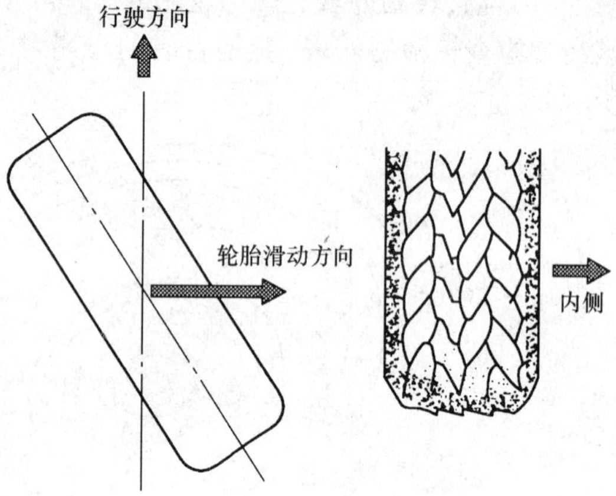

图 15-13　羽状磨损

(5)斑状磨损是汽车在高速行驶时产生的,如图 15-14 所示,其特点是在胎面上出现一处或多处的杯形凹陷。如果车轮轴承、球节、转向拉杆端头等部件的间隙过大,或者轴颈弯曲,那么在汽车高速行驶时,就会在某些特定的点上摆振,施加产生滑动的摩擦力,从而使轮胎产生斑状磨损。此外如果制动鼓变形或产生不规则的磨损,就会按照一定的周期制动,这样也会出现斑状磨损。

4)轮胎的定期换位

轮胎的寿命受驾驶习惯的影响非常大,紧急制动、高速行驶、高速转弯、急加速、急减速以及碰撞台阶和人行道凸边等,都会加速轮胎局部的磨损,缩短轮胎的寿命。此外汽车行驶时,前、后、左、右轮胎的工作条件、承受载重和受力情况都不完全相同。所以为了使轮胎磨损均匀,一般汽车厂商和轮胎生产厂家都建议定期对轮胎互换位置。轮胎换位的方法随轮胎结构的不同而不同,如图 15-15 所示。对斜交轮胎可用交叉换位法(图 15-15a),即仅一次更换轮胎的位置,就可以实现所有轮胎从汽车一侧完全换到另一侧;而对子午线轮胎可用循环换位法(图 15-15b),这种方法一次不能使所有轮胎从轮胎的一侧换到另一侧。

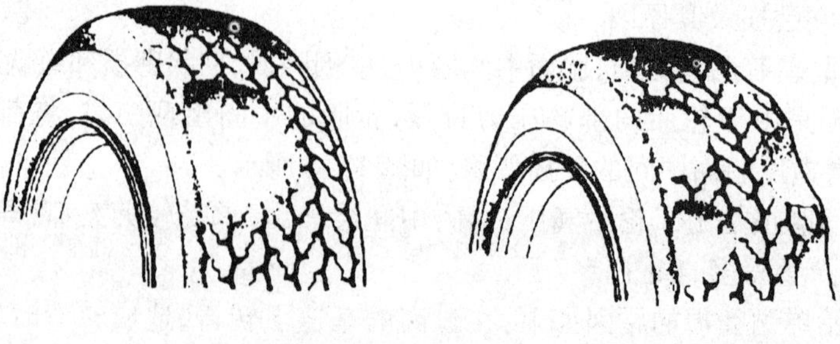
图 15-14　斑状磨损

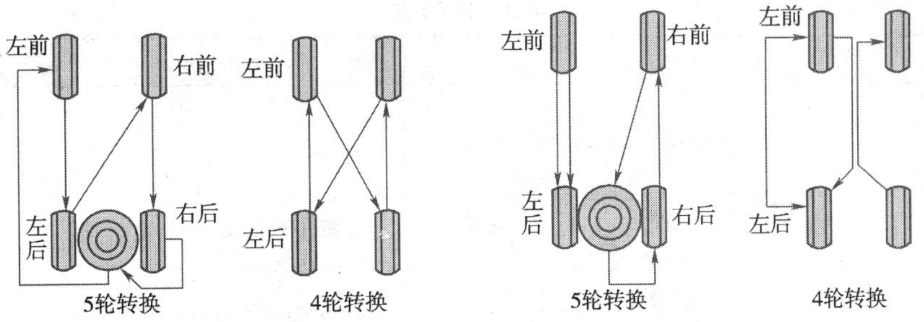

a)斜交轮胎用交叉换位法　　b)子午线轮胎用循环换位法

图 15-15　轮胎的换位

小提示

对有方向性花纹的轮胎,换位后不能改变轮胎的旋向;轮胎换位后,应按规定重新调整轮胎气压。

2. 轮胎的修理

1)车轮的拆装

(1)车轮的拆卸(图 15-16):先用三角木塞紧各车轮,然后初步拧松各车轮固定螺栓,再用千斤顶顶起汽车,最后拧下所有螺栓,取下车轮。

小提示

现在有许多车辆都装有防盗螺母(每一个车轮有一个),拆卸和安装时,要用专用钥匙。

(2)车轮的安装:先在螺纹部分稍涂上一些润滑油,再按正确的顺序(图 15-17)分 2 ~ 3 次拧紧车轮螺母。

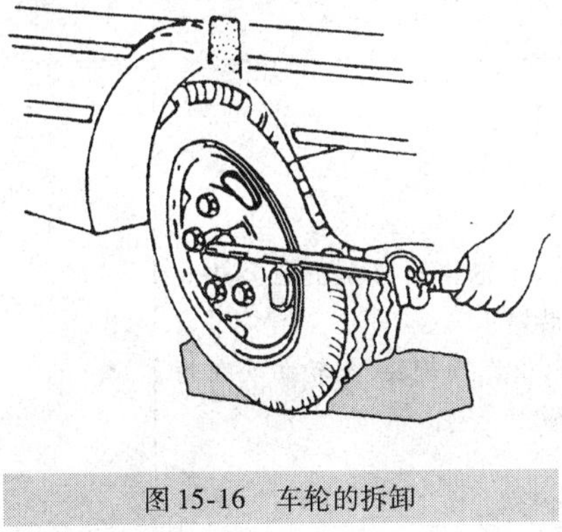

图 15-16　车轮的拆卸

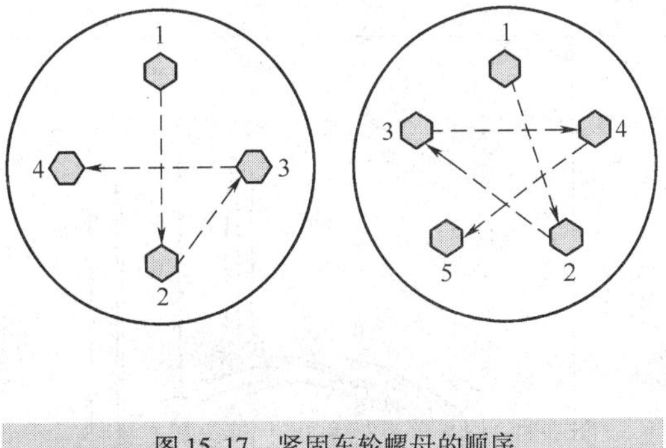

图 15-17　紧固车轮螺母的顺序

2)轮胎的拆装

用扒胎机拆装轮胎的步骤见表 15-1。

轮 胎 的 拆 装 表 15-1

内容	图　　示	步　　骤	记　　录
准备工作	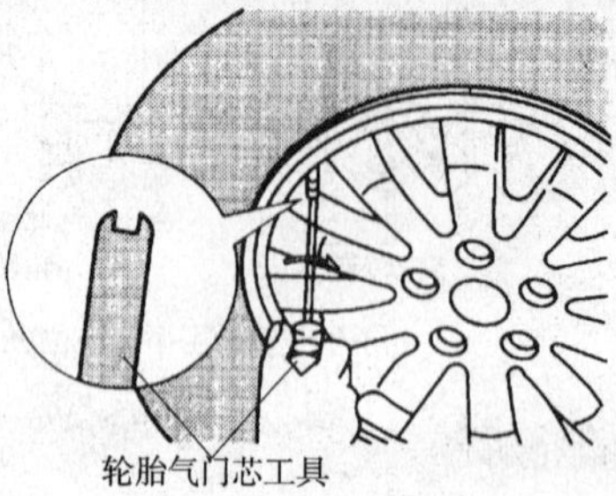	①拆下气门嘴，放出空气，拆下所有的平衡块。 ②轮胎在轮辋上松开后，把车轮放在扒胎机上	
扒胎	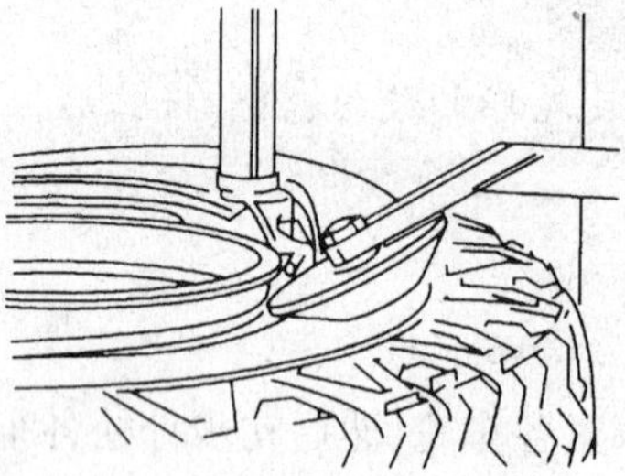	①扒胎机的顶臂下降到车轮的顶部。 ②扒胎工具放在胎圈和车轮之间。 ③踩下踏板，使轮胎旋转，轮胎与车轮分开。 ④在另一边重复上述工作，完成扒胎	
清洁		①清洁轮胎胎面的密封处。 ②新轮胎安装前，轮胎胎圈的内外侧都涂上橡胶润滑剂或轮胎安装液	
安装	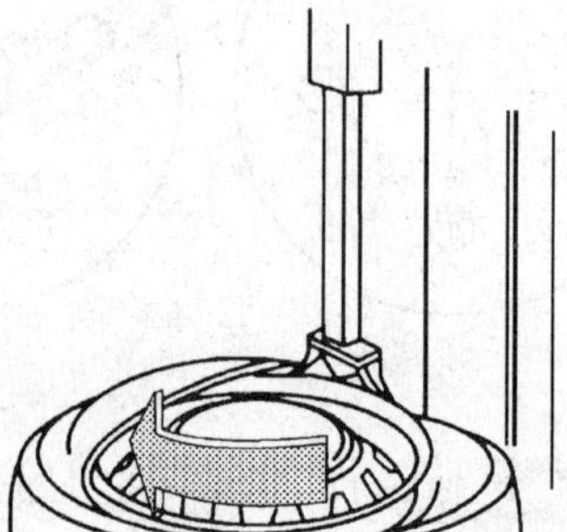	①把轮胎放在胎圈上并安装好。 ②车轮旋转，把轮胎安在轮辋上	

续上表

内容	图　示	步　骤	记　录
结束工作	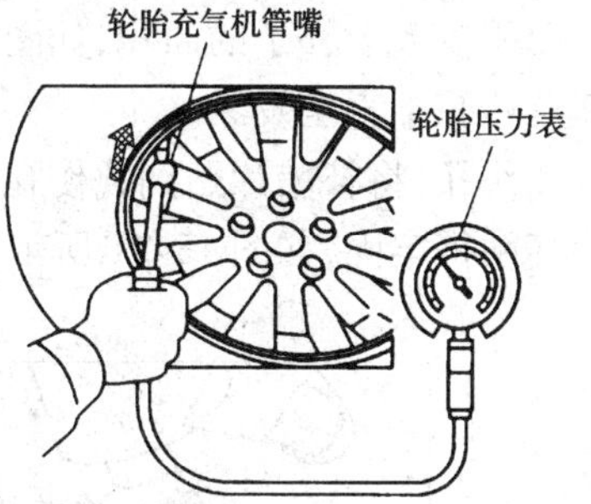	①装好气门嘴。 ②把气压加到规定值	

3)轮胎的修理

大多数轮胎的问题是扎伤,若修理得当,轮胎能安全地使用,而不必再担心会发生泄漏。但是只能修复轮胎胎冠区域的扎伤,而不能维修轮胎侧面的扎伤。不同轮胎可维修区如图15-18所示。此外,若轮胎受到下列损伤,则只能更换而不能维修:凸起或局部隆起;帘线层分离或帘布层断裂;轮胎面或侧面起包;沿口折断或破裂;织物破裂或刮伤;胎圈断裂或碎裂;磨损到织物层或可见磨损指示标记;扎伤较大,直径达6mm。

在维修前,先要确定轮胎扎伤的位置。可先将轮胎充气至允许的最大充气压力,然后将轮胎/车轮总成浸入水箱中或用海绵蘸肥皂水涂在轮胎上,这时泄漏处会冒气泡。用标记粉笔在泄漏处作上标记,以便将轮胎从车轮上拆下后容易找到泄漏的位置。因为现在大多数轿车都使用无内胎轮胎,所以在这里主要介绍无内胎轮胎的维修方法。

(1)塞修补。这是应用非常普遍的一种维修方法,其步骤如下:

①用钢丝刷或抛光轮把扎伤孔附近抛光。

②将一个稍大于扎伤孔尺寸的塞放在插入工具的眼中,用热补液将塞和插入工具弄湿。

③从轮胎内侧将塞插入扎伤孔内,同时夹住并拉动塞的长端,如图15-19所示。维修塞的头部应该与轮胎内侧接触。如果塞被拉过了轮胎,则重新进行这一步。

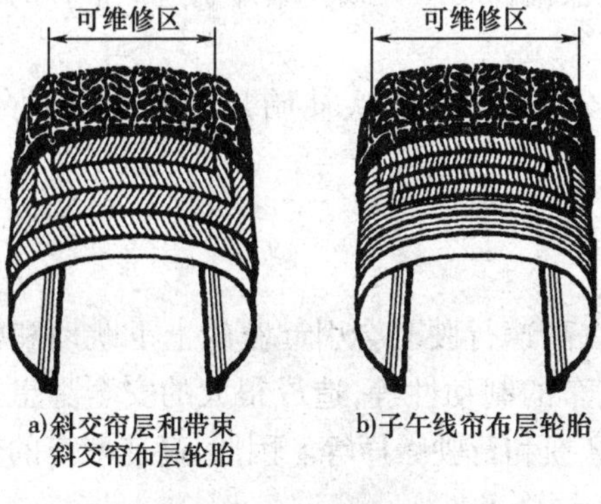

图15-18　轮胎可维修区

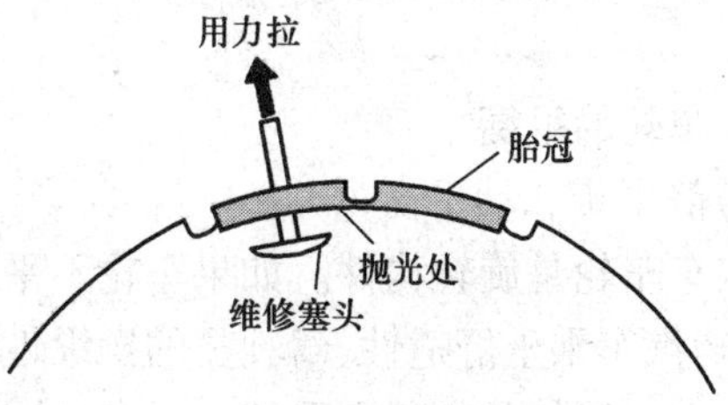

图15-19　维修塞的安装步骤

④卸掉插入工具，修剪维修塞使其留在胎冠表面0.8mm，多余部分剪切。注意在剪切时，不要拉动维修塞。

(2)冷补。修理步骤如下：

①用钢丝刷或抛光轮把扎伤孔附近抛光，面积应大于补丁的面积，如图15-20所示。

②把硫化液体涂到抛光的面积上，并使其自然晾干直至发黏。

③剥掉补胎片的护皮，使补胎片中心对准扎伤孔，将补胎片贴到扎伤孔上。

④用压合工具在补胎片上前后运动，以使其粘得牢固，如图15-21所示。

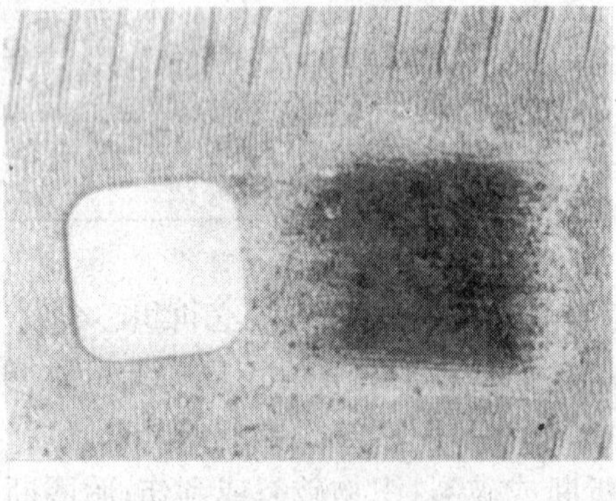

图15-20　修理区域面积大于补丁面积

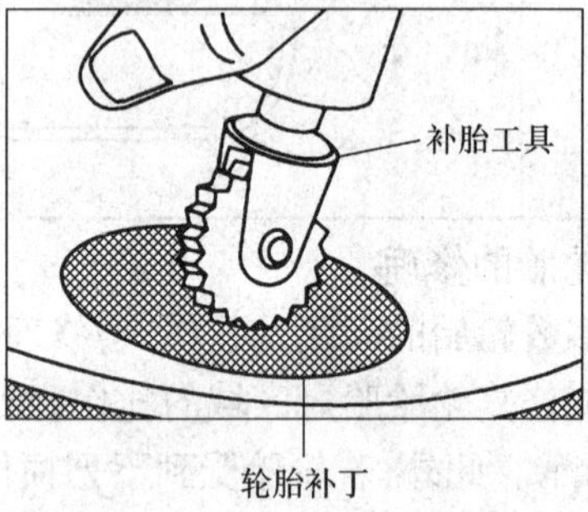

图15-21　轮胎修补区的挤压加固

小提示

修理子午线轮胎时，只能使用经过批准的专业补片，这些专用补片上有成排的箭头，这些箭头必须与子午线轮胎的径向帘布层平行。

(3)热补。热补修理的方法与冷补修理的方法基本相同，其步骤如下：

①用钢丝刷或抛光轮把扎伤孔附近抛光。

②如果需要的话，把硫化液体涂到抛光的面积上。

③剥掉补胎片的护皮，把补胎片粘到轮胎内侧，使其中心对准扎伤孔。许多热补胎片采用夹到上面的电阻丝加热。电阻丝的夹持位置根据补胎工具或补胎片制造厂推荐的加热时间而定。

④拆掉加热电阻丝，使热补胎片冷却几分钟，再次确认补胎片已经恰当地粘到轮胎上。

3. 车轮的平衡

1)静平衡和动平衡

汽车车轮是旋转构件。如果车轮不平衡，在高速行驶时会引起车轮上下跳动和横向摇摆，影响汽车乘坐舒适性、驾驶员的操纵性及汽车的制动性等，造成很大的安全隐患。不平衡还会大大增加各部件所受的力，加大轮胎的磨损和行驶噪声等。因此，高速汽车的轮胎在使用和维修中心须进行车轮平衡的检测和校准。

车轮的不平衡有两种，即静不平衡和动不平衡。如果发现轮胎有不均匀或不规则的磨损，就应该作车轮定位和车轮的动平衡。

2）车轮的动平衡

由于动平衡的车轮一定是静平衡的，只要检测了动平衡，就不需要检测静平衡，所以在此我们着重讨论动平衡的检测。

（1）轮胎平衡的注意事项。进行车轮平衡时，轮胎和车轮高速旋转，所以松散的杂物会以很高的速度飞离轮胎或车轮，造成周围人员受到伤害或造成财产的损失。因此，在检测车轮的动平衡前，必须先进行以下检查：检查胎冠里面有无杂物，检查轮胎里面有无杂物，检查胎冠和胎侧，检查充气压力，检查车轮轴承的安装情况，检查车轮内有没有污泥堆积。

（2）平衡块。平衡块也称配重，通常有两种形式。图15-22所示为卡夹式平衡块，它用于大多数轮辋有卷边的车轮，平衡块上有一个钢钩，可将平衡块很牢固地嵌扣在轮圈边缘上。对于铝镁合金轮辋，因无卷边可夹，使用粘贴式平衡块。

要纠正车轮的动不平衡，需要在与不平衡点处成180°的位置放置相等的平衡块，一块在车轮内侧，一块在车轮外侧，如图15-23所示。

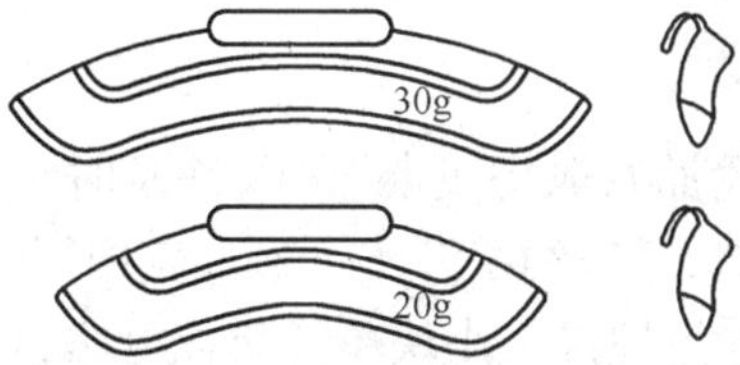

图15-22　卡夹式平衡块

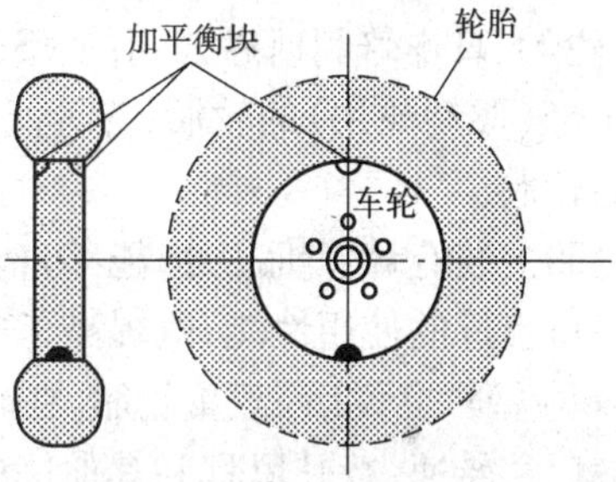

图15-23　平衡块的安装位置

（3）用车辆动平衡仪进行车辆动平衡。最常用的车轮动平衡仪要求将车轮从汽车上卸下，并将车轮总成安装到平衡仪的主轴上，如图15-24所示。平衡机带动车轮总成旋转，通过频闪灯或其他装置指示偏重部位，必须进行两次检测，一次用于检测静不平衡，另一次用于检测动不平衡。加装的一组平衡重块用于校正静不平衡，加装的另一组平衡重块用于校正动不平衡，有时，当校正静不平衡的重块处于恰当定位时也能校正动不平衡。

有多种电动的动静平衡机可以对装在汽车上的车轮及轮胎总成进行平衡检测，通过控制台上的开关可以设定进行动平衡检测或静平衡检测。进行静平衡检测时，使车轮旋转到偏重部位垂直向下就会停止转动，通过加装平衡重块使车轮达到静平衡。进行动平衡检测时，车轮总成被驱动高速旋转，观察平衡刻度盘，就可以确定需要加装的平衡块质量及其加装位置。

图15-24　车轮动平衡仪的使用

三、学 习 拓 展

(1)随着汽车工业的迅速发展,人们对轮胎的要求越来越高,为了满足人们日益增长的需要,世界主要轮胎公司相继推出各式各样的新型轮胎,现简介如下。

①绿色轮胎。

绿色轮胎一般是指滚动阻力低(节油性好),使用寿命长,翻新性好,质量轻以及噪声小和防滑等性能好的轮胎。就滚动阻力来说,绿色轮胎与普通轮胎相比降低22% ~35%,因而节油3% ~8%,这也是绿色轮胎很快得到广泛推广的重要原因。以法国米其林为例,该公司推出的第一代绿色轿车轮胎有 MXT 和 MXV3-A 两种型号。MXT 胎面有 3 条较宽的纵向花纹沟,沟边部与底部垂直,从而确保轮胎在各种条件下保持同样性能,MXV3-A 胎面也有 3 条纵向花纹沟,在干、湿面上都能展现出优良的附着性。它的主要特点是滚动阻力低(比一般子午线轮胎低 35%),因而可节油 3% ~6%,此外这种轮胎还具有附着性、加速性及行驶稳定性好,行驶里程高和噪声低等优点。

这种轮胎还有德国大陆公司的 EOT(最佳节能)轿车轮胎、美国固特异公司的 GFE(燃料用率高)轮胎、日本普利斯通公司的 FS(节油者)轮胎、倍耐力公司推出的包括 FH55(前轮用)和 TH65(驱动轮用)的轮胎,等等。

②智能轮胎。

智能轮胎内装有计算机芯片,能够自动监测轮胎行驶温度与气压,并及时予以调整,使轮胎始终保持良好的使用性能,既提高了安全系数,又节约了开支。例如美国固特异公司推出的 Unisteel 系列"会说话"载重轮胎,在轮胎胎壁里埋设一小块单片集成电路,自动测量轮胎的温度、气压、转速、行驶里程和其他一些数据,并用特定代码发送出去,由手提式解码器译成数字显示在液晶显示屏上,如图 15-25 所示。这种"会说话"轮胎,使驾驶员能及时了解轮胎状况,做好维护保养,延长使用寿命。

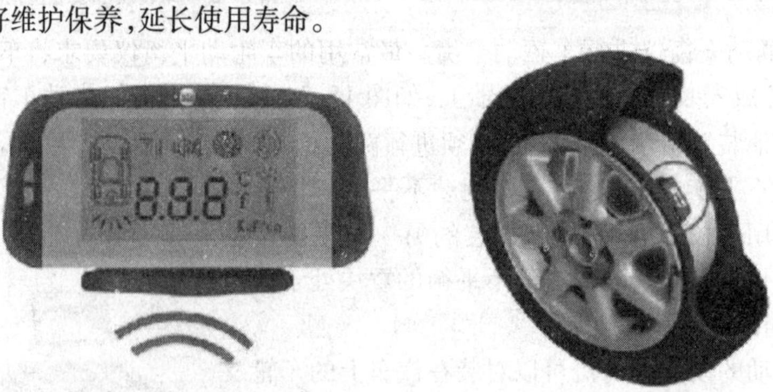

a)液晶显示屏　　b)单片集成电路

图 15-25　智能轮胎

③泄气保用轮胎。

漏气后仍能继续安全行驶一段较长路程的轮胎称泄气保用轮胎或零压轮胎。从结构上,泄气保用轮胎可分为自封式和刚性支撑式两大类。自封式是在胎腔或密封层内预先充入足量密封剂,轮胎遭外物刺穿后,密封剂自动流至穿孔处,堵塞洞孔,从而维护正常行驶状态。刚性支撑式泄气保用轮胎又分为自体支撑型、加物支撑型两种。

虽然各厂家研究开发的泄气保用轮胎不尽相同，但一般都具有如下一些共同特点：泄气后仍可继续安全行驶一段较长路程；需配备气压监控装置；胎侧有所增强；漏气后轮牢固附着于车轮上。泄气保用轮胎的主要技术指标为失压后的行驶速度和行驶距离，就目前技术水平而言，前者一般为时速 80～88km/h，后者一般为 80km/h，最高达到 320km/h。

德国大陆公司的 Gen Seal 系列属于自封式无内胎轮胎，意大利倍耐力公司 EMI（整体组合膨胀泡沫轮胎）属特制车轮 + 内支撑物型。

④超轻量轮胎。

为了减轻轮胎质量，提高轮胎使用性能，日本住友公司与杜邦公司（芳纶生产厂家）合作，1994 年研究开发出超轻量（ULW）轮胎，也称全化纤轮胎。与一般子午线轮胎相比，ULW 轮胎具有如下特点：所有骨架材料全部采用化学纤维，因而轮胎质量可减少 30%，滚动阻力下降 10%，轮胎速度可达 290km/h；在两层带束层上覆盖上一层 0°角无接头缠绕冠带层；优化胎体和气密层设计，减薄胎面，提高加工精度。

（2）轮胎压力监控预警系统（简称 TPMS）。

汽车高速行驶时，轮胎故障是所有驾驶者最为担心和最难预防的，也是突发性事故的重要原因。TPMS 能够把爆胎危害扼杀在摇篮里。大多数驾车者不经常进行轮胎气压检测，只是用肉眼观察或用脚踢轮胎来判断轮胎的压力，所以不能提前发现轮胎隐患。美国汽车工程师协会的调查统计表明，美国每年有 26 万起交通事故是由于轮胎故障引起的，而 75% 的轮胎故障是由轮胎气压不足或泄漏造成的。为了有效防止爆胎，监测车辆在高速行驶过程中胎压的变化很有必要。

①TPMS 的优点。

a. 轮胎气压过低时，TPMS 能提前告知，因此安全性得到提高。

b. 不需要定期检查轮胎气压，因此舒适性得到提高。

c. 提高了轮胎寿命。

d. 能保证车辆使用过程中具有正确的轮胎气压，降低了燃油消耗量。

②TPMS 的分类。

目前，TPMS 主要分为两种类型。一种是间接式 TPMS（图 15-26），它通过汽车 ABS 的轮速传感器来比较各轮胎之间的转速差别，以达到监测胎压的目的。缺点是无法对两个以上轮胎同时缺气的状况和速度超过 100km/h 的情况进行判断；另一种是直接式 TPMS（图 15-27），在汽车的 4 个轮胎上安装高灵敏的以锂离子电池为电源的传感器，在汽车行驶状态下实时、动态地监测轮胎压力，然后将数据通过无线电信号发射到接收器，并在接收器上以数字形式反映出气压值。任何原因（如铁钉扎入轮胎等）导致的轮胎漏气，系统都能够自动报警，使驾驶员及时发现问题，有效预防事故的发生。

③直接式 TPMS 系统的组成与结构。

直接式 TPMS 系统由 RTPM 模块和中央监视器组成。RTPM 模块即远程轮胎压力监视模块，直接安装在每个轮胎里，用于测量轮胎压力和温度，并将测量得到的信号通过高频无线电波发射出去。一个 RTPM 模块由以下几个部分组成。

a. 压力传感器，如图 15-28 所示，安装在金属气门嘴上，用于测量轮胎内部压力。

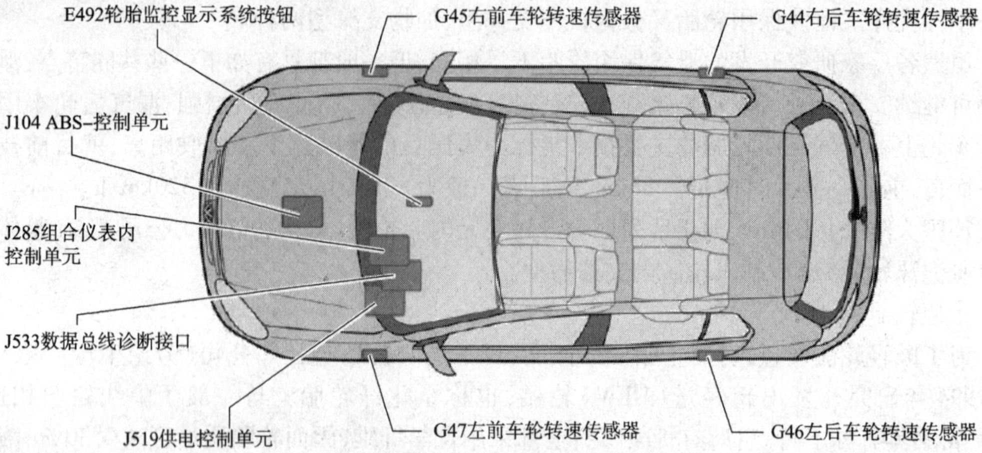

图 15-26 间接式 TPMS

图 15-27 直接式 TPMS

b. 微处理器，管理所有外围设备，进行压力、温度、加速度和电池电压的测量、补偿、校准等工作，以及 RF 发射控制和电源管理。

c. 温度传感器，测量轮胎内部温度，补偿因温度变化引起的气压波动，当温度高于一定值时，传感器停止发送信号。

d. RF 射频发射电路，将检测到的轮胎压力、温度、加速度和电池电压用 RF 射频信号发射出去。

e. 电池/电能收集器，提供所有电路需要的电能。

f. LF 低频天线，接收中央监视器发来的 LF 唤醒信号，并可实现与中央监视器的双向通信功能，安装在车轮罩内的衬板后，如图 15-29 所示。

g. 中央监视器接收 RTPM 模块发射的信号，将各个轮胎的压力和温度数据显示在屏幕上，供驾驶者参考。如果轮胎的压力或温度出现异常，中央监视器根据异常情况，发出不同的报警信号，提醒驾驶者采取必要的措施。

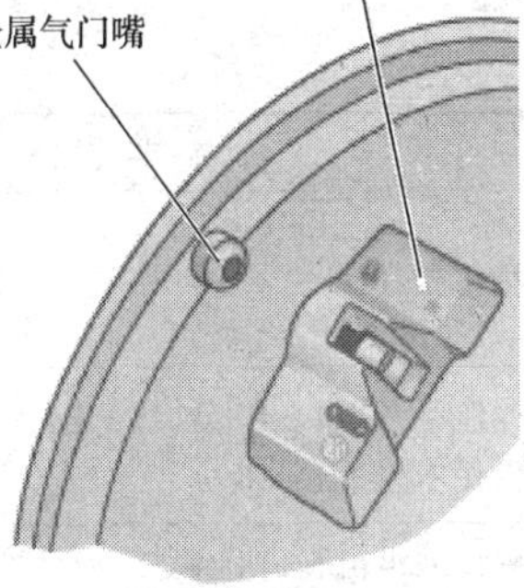

图 15-28　压力传感器

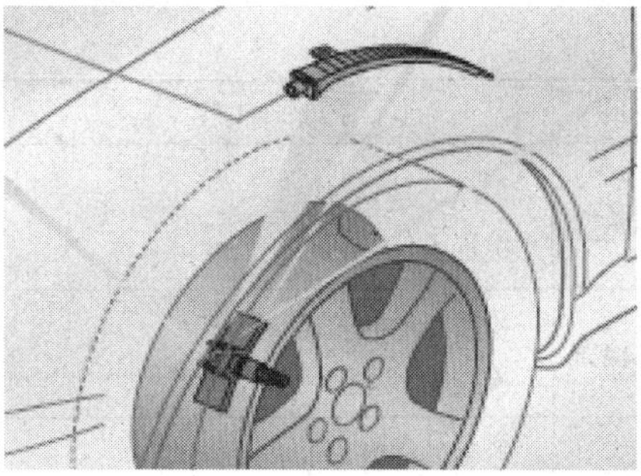

图 15-29　LF 低频天线的安装位置

四、评价与反馈

1. 自我评价与反馈

(1)你是否知道轮胎的基本组成?(　　)

A. 知道　　　　B. 不知道

(2)你是否能够完成普通轮胎的基本检查?(　　)

A. 能够完成　　　　B. 在小组协作下能够完成　　　　C. 不能完成

(3)你是否能够完成轮胎的拆卸与装配?(　　)

A. 能够完成　　　　B. 在小组协作下能够完成　　　　C. 不能完成

(4)完成了本学习任务后,你感觉困难的部分是哪些?

____

____

____

签名:________　________年________月________日

2. 小组评价与反馈

(1)你们小组在接到任务之后是否分工明确?________________

(2)你们小组每位组员都能轮换操作吗?________________

(3)遇到难题时你们分工协作吗?________________

(4)对于小组其他成员有何建议?________________

参与评价的同学签名:________　________年________月________日

3. 教师评价及回复

____

____

____

教师签名:________　________年________月________日

五、技能考核标准

序号	项目	操作内容	规定分	评分标准	得分
1	准备	清点工具、量具 清理工位	5分	酌情扣分	
2	基本检查	检查轮胎的气压 检查轮胎	10分 10分	操作不当扣1～10分 操作不当扣1～10分	
3	维修	轮胎的修理 车轮的动平衡	15分 10分	操作不当扣1～15分 操作不当扣1～10分	
4	装配	车轮的拆装 轮胎的拆装 轮胎的换位	10分 10分 10分	操作不当扣1～10分 操作不当扣1～10分 操作不当扣1～10分	
5	时间	40min	10分	超时1～10min扣1～10分 超时10 min以上扣10分	
6	安全文明	无安全隐患,无不文明操作	10分	未达标扣1～10分	
7	结束	工具、量具清洁并归位 工作场地清洁	5分 5分	漏一项扣1分,未做扣5分 清洁不彻底扣1～5分,未做扣5分	
	总分		100分		

学习任务十六　车轮定位的检测与调整

任务要求

完成本学习任务后，你应：

1. 掌握车轮定位参数的含义；
2. 掌握车轮定位仪器的使用；
3. 能独立进行四轮定位检测；
4. 掌握车轮定位的调整和维修。

建议学时：7 学时

任务描述

一辆花冠轿车转弯后，转向盘回位不良且出现跑偏现象，经初步检查，是车轮定位不准，需对该车进行车轮定位监测，按技术要求进行调整和维修。

一、理论知识准备

1. 车轮定位参数

前轮定位和后轮定位统称为车轮定位。前轮定位指的是汽车的前轮、转向节和前轴三者之间的安装具有一定的相对位置，这种具有一定相对位置的安装也叫做转向轮定位。前轮定位包括主销后倾角、车轮外倾角、主销内倾角和前轮前束四个内容。车轮定位参数在车上的位置如图 16-1 所示。

后轮定位指的是对两个后轮来说也同样存在与后轴之间安装的相对位置，后轮定位包括车轮外倾角和车轮前束。

2. 主销后倾

主销是通过悬架上球节或支柱顶端与下球节的联线，如图 16-2 所示。在双横臂悬架系统中，上下中心点分别是上下横臂球节中心，在麦弗逊悬架系统中，上中心点是上轴承支架的中心，而下中心点是下球节中心。

主销后倾是从车辆的侧面观看，主销轴线相对于垂线向前或向后的倾斜。主销轴线

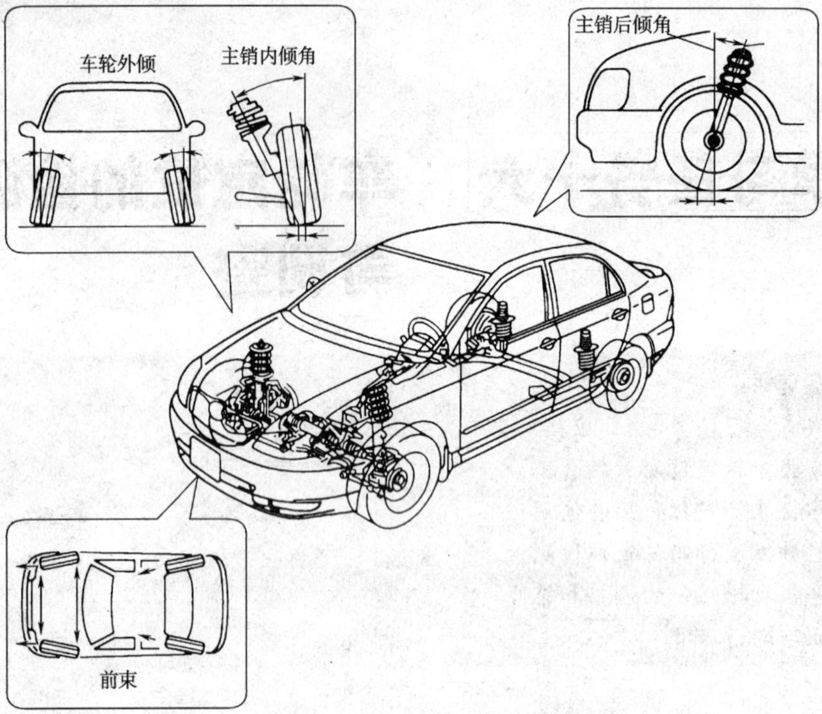

图 16-1 车轮定位参数在车上的位置

与地面垂线之间的夹角称为主销后倾角，如图 16-3 所示，其作用是保障汽车行驶的稳定性。

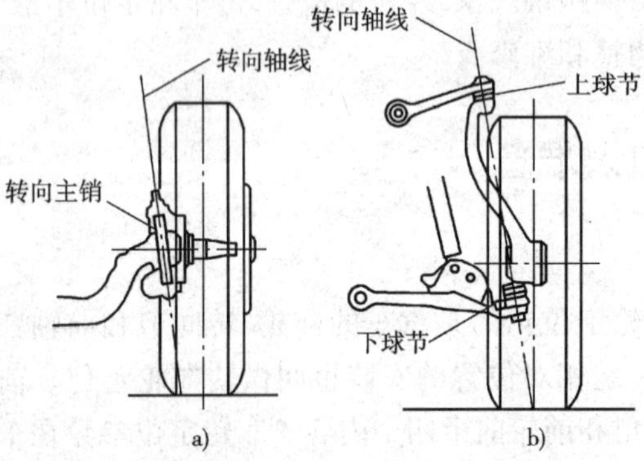

图 16-2 不同悬架的主销

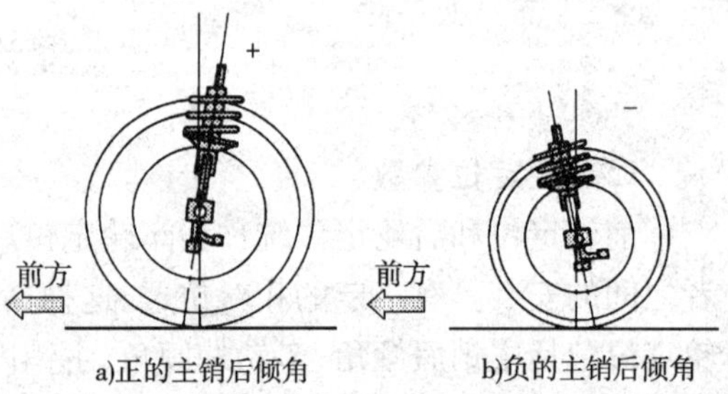

图 16-3 主销后倾角

3. 车轮外倾(图 16-4)

车轮外倾是从汽车前方看汽车前轮或后轮向内侧或向外偏离地面垂线，作用是补偿路拱、乘员质量和汽车质量。如果轮胎的顶端向内倾斜，那么车轮外倾角是负的；如果轮胎的顶端向外倾斜，那么车轮外倾角是正的。

车轮过度的正外倾角会引起擦伤和轮胎外缘磨损，如图 16-5 所示。过度的负外倾角会引起擦伤和轮胎内缘磨损。车轮外倾角不正确还可能引起车轮轴承的过度磨损。

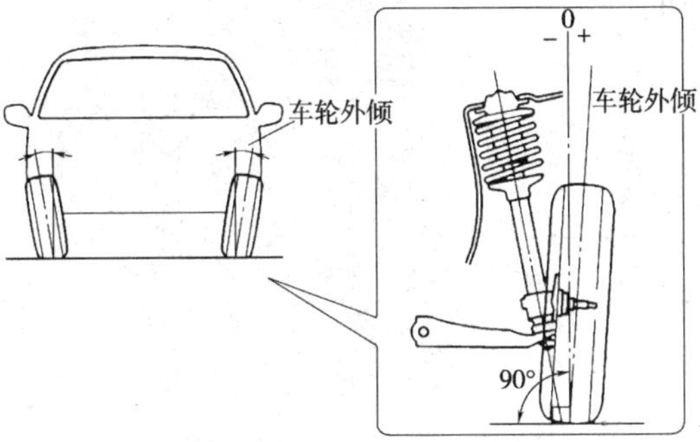

图 16-4　车轮外倾

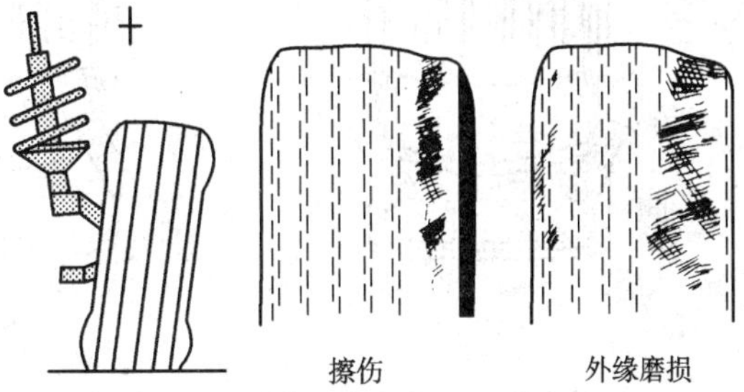

图 16-5　过度的正外倾角及其对前轮造成的磨损

4. 主销内倾

主销内倾是指从汽车前方看，主销向内偏离地面垂线，作用是保障稳定性而将汽车质量分布在路面上，有助于汽车转向回正和减小轮胎磨损。

主销无内倾与主销内倾效果的比较如图 16-6 所示。

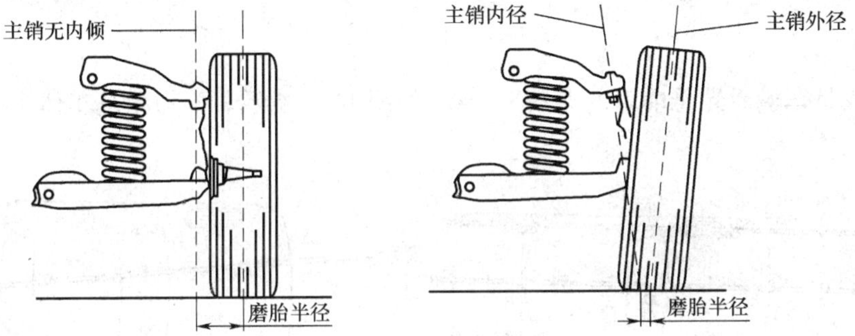

a)主销无内倾　　b)主销内倾

图 16-6　主销无内倾与主销内倾效果的比较

检查汽车的主销内倾角还有助于查找影响车轮定位的各种问题。例如，如果两侧的主销内倾角不同，可能是滑柱的上支柱发生了错位、下控制臂发生了弯曲或中间横梁发生移位。

5. 车轮前束(图 16-7)

车轮前束是车轮轮胎前端距离与后端距离之差。如果两侧车轮的前端距离小于后端距离，称为正前束；如果两侧车轮的前端距离大于后端距离，称为负前束。

车轮前束对于轮胎磨损至关重要。车轮不能保持直线行驶时，车轮为了直行就会发生滑拖。当车轮的前束(正或负)过大时，由于轮胎发生侧向滑拖，胎面边缘就会产生锯齿状磨损，如图 16-8 所示。

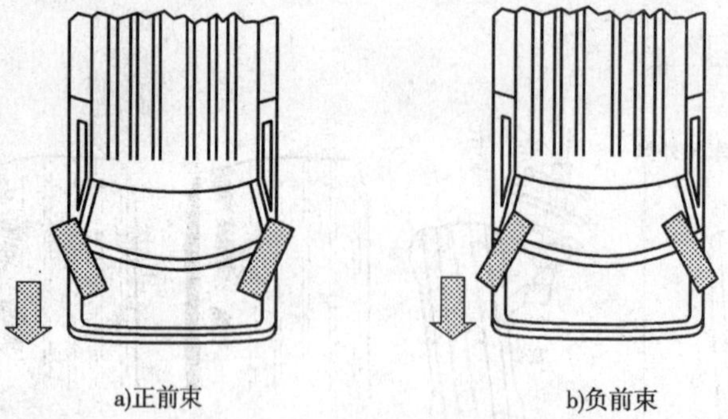

图 16-7 车轮前束

图 16-8 前束不正确引起的轮胎典型磨损

小提示

一个快速、容易的确定是否是不正确前束引起故障的方法就是，用手摩擦轮胎的表面，如果朝向车辆的中心移动比朝向外侧感觉更光滑，那么这就是过度前束的表现，反之则是后束引起的。

6. 推力角

推进线是车辆后轮总前束的夹角平分线，如图 16-9 所示。推力角是车体中心线与推进线形成的夹角。

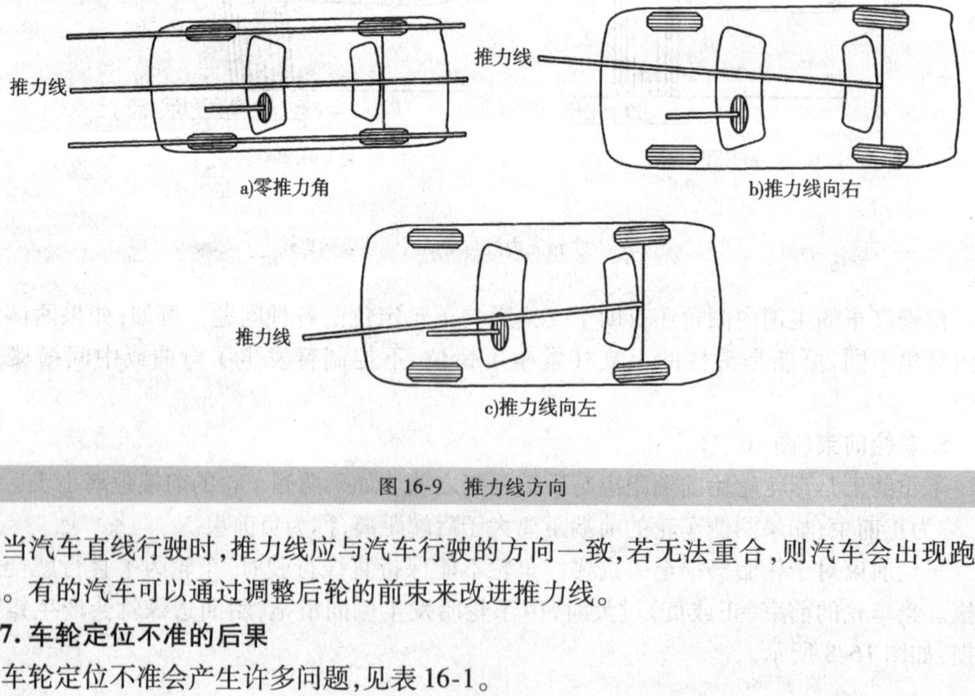

图 16-9 推力线方向

当汽车直线行驶时，推力线应与汽车行驶的方向一致，若无法重合，则汽车会出现跑偏现象。有的汽车可以通过调整后轮的前束来改进推力线。

7. 车轮定位不准的后果

车轮定位不准会产生许多问题，见表 16-1。

车轮定位不准的后果

表 16-1

序号	问　题	后　果
1	车轮外倾角不正确	轮胎磨损,球节和车轮轴承磨损,向倾角最大或最小一侧跑偏
2	主销后倾角过大	转向沉重,路面冲击力过大,车轮摇摆
3	主销前倾角过大	摇摆,蛇形,高速稳定性较差
4	车轮后倾角不相等	向倾角较大或较小一侧跑偏
5	车轮内倾角不正确	稳定性差,回正缓慢,向内倾角较小一侧跑偏,转向沉重
6	前束不正确	轮胎磨损
7	转弯半径不正确	轮胎磨损,转向产生啸叫声

二、实 践 操 作

(一)实践准备

(1)花冠轿车一辆。
(2)四轮定位仪。
(3)干净的抹布。
(4)维修手册、工单。

(二)技术要求及注意事项

一些技术人员认为:在进行正确定位之前必须安装新轮胎,过度的轮胎磨损,特别是只有一个轮胎过度磨损,能够引起车轮轻微的倾斜。其实重要的是不等的行驶高度,如果四个车轮磨损相等,那么车辆能够正确定位。

(三)车轮定位的检测与调整

1. 车轮定位前的准备工作

在检查和调整车轮定位之前,应做好以下准备工作,见表 16-2。

车轮定位前的准备工作

表 16-2

序号	项　目	记　录
1	检查所有轮胎充气压力是否正确	
2	检查车轮轴承调节是否正确	
3	检查球头销是否松动或球头销衬套是否有裂纹	
4	检查横拉杆接头是否损坏或松动	
5	检查中间拉杆或齿条衬套的间隙	
6	检查转向垂臂的运动	
7	检查车轮和轮胎的跳动	
8	检查车辆行车高度	
9	检查转向器在车架上是否松动	
10	检查减振器工作是否正常	

续上表

序号	项　目	记　录
11	检查控制臂衬套的磨损	
12	检查行李舱是否过载	

2. 使用车轮定位仪进行车轮定位参数的检测

使用车轮定位仪进行车轮定位参数的检测见表16-3。

车轮定位仪进行车轮定位参数的检测　　表16-3

项　目	图　示	步　骤	记　录
停放车辆		①将车辆驶上定位台，尽可能直。 ②将前轮放在转盘的中心位置	
准备工作		①检查和调节轮胎气压。 ②检查转向和悬架零部件	
安装定位仪		①安装四个传感器到对应车轮。 ②连接通信电缆	
车辆到位		①从转向盘上拆卸销子。 ②将车辆举升到作业位置并锁止	

续上表

项　目	图　示	步　骤	记　录
操作定位仪		打开测试主机后，进入测试程序的初始状态，按屏幕提示进行操作	

3. 车轮定位的调整

小提示

车轮定位的正确顺序是后车轮外倾角、后前束、前车轮外倾角、主销后倾角和前轮前束。

1）调整后车轮外倾角

调整后车轮外倾角之前，应先做以下检查：弹簧、扭杆是否弹性过弱或过载，后轴、纵臂或后控制臂是否弯曲，悬架支架位置或车身尺寸是否正确。

后车轮外倾角不正确的原因可能与偶然事故有关，可视车型选择调整方法，有的可用旋转偏心轮的方法（图16-10），有的可使用垫片进行调整（图16-11）。

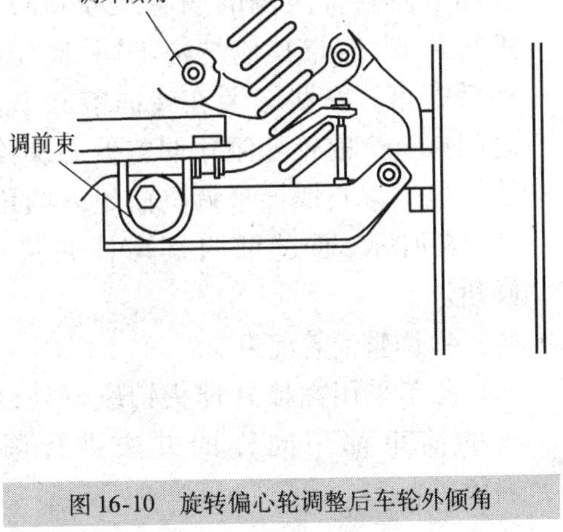

图16-10　旋转偏心轮调整后车轮外倾角

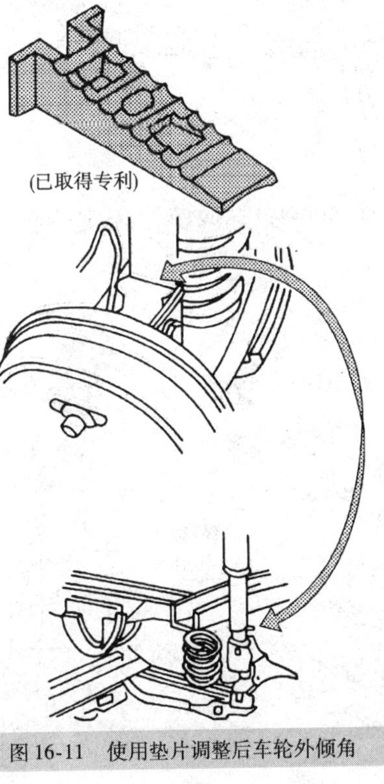

图16-11　使用垫片调整后车轮外倾角

小提示

丰田花冠轿车需更换两颗直径较小的下支座螺栓才能进行此步调整。捷达可直接调整,因为捷达减振器下支座螺栓孔是偏心结构。

2)调整后轮前束

调整后轮前束可以调节推力角,通常用可调节的横拉杆接头或下控制臂上的偏心轮来调整后轮前束,也可使用售后市场提供的垫片进行调节。图16-12为用可调节的横拉杆接头调整后轮前束。

3)前轮外倾角和主销后倾角的调整

有很多方法可以调整前轮外倾角和主销后倾角。

(1)垫片。许多汽车利用垫片来调整主销后倾角和前轮外倾角(图16-13)。可以在车架内侧和控制臂销轴之间放置调整垫片,调整主销后倾角和前轮外倾角时都需要同时拧松垫片螺栓。通过在销轴一端增、减垫片就可以调整主销后倾角,然后,在前、后螺栓增加或减少等量垫片来调整前轮外倾角,这样就不会影响调整好的主销后倾角。

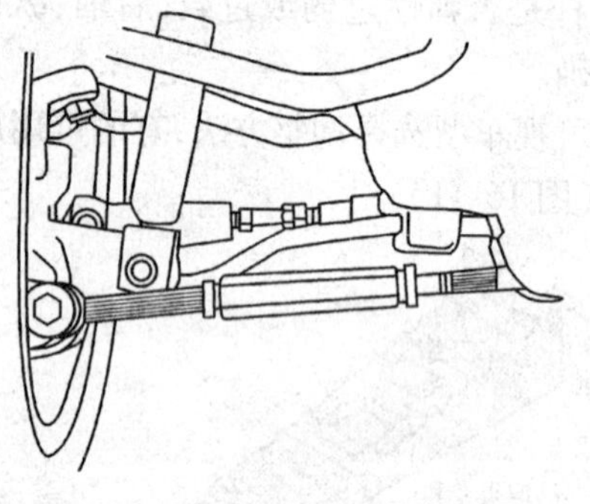

图16-12 用可调节的横拉杆接头调整后轮前束

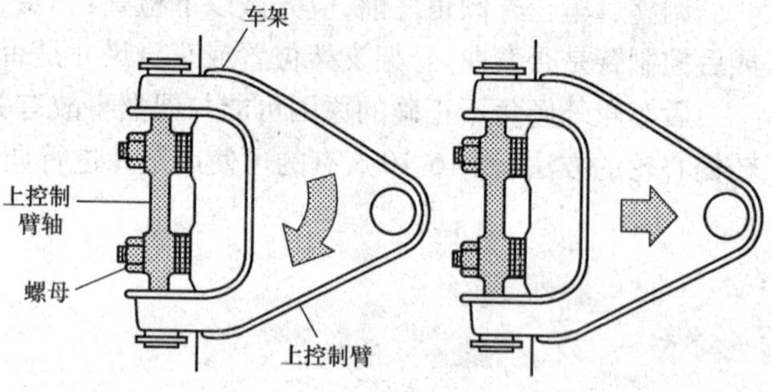

图16-13 用垫片调整前轮外倾角和主销后倾角

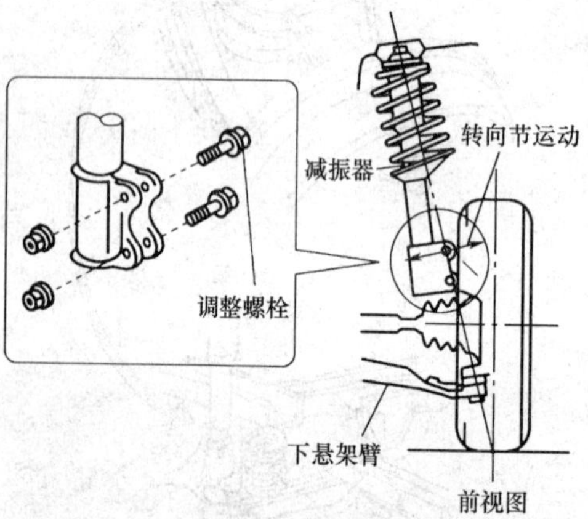

图16-14 调整前轮外倾角的凸轮

(2)偏心螺栓和凸轮。利用位于上控制臂和下控制臂内侧的偏心螺栓和凸轮也可进行调节,但与其他结构不同,应先调整主销后倾角。有些车型在转向节和上控制臂之间有一个前轮外倾角调整偏心螺栓,通过旋转这个偏心螺栓来调整前轮外倾角,如图16-14所示,通过可调整螺杆调整主销后倾角。

4)调整前轮前束

除了采用黏接式球头销座以外,各种汽车的前束都用同样的方法进行调整,见表16-4。

调整前轮前束　　表16-4

序　号	图　示	步　骤	记录
1	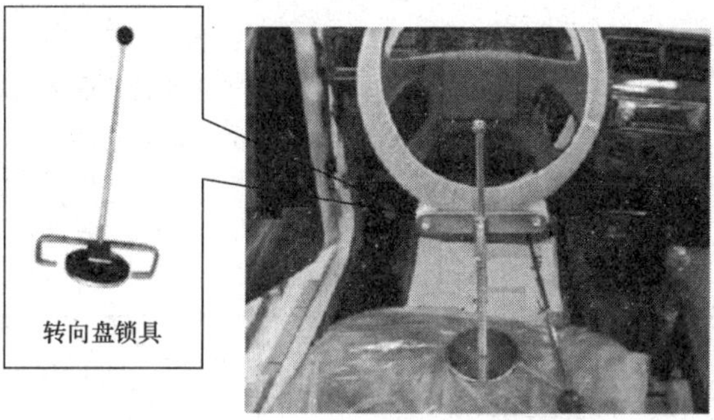	①对正转向盘。 ②用转向盘锁锁止转向盘	
2	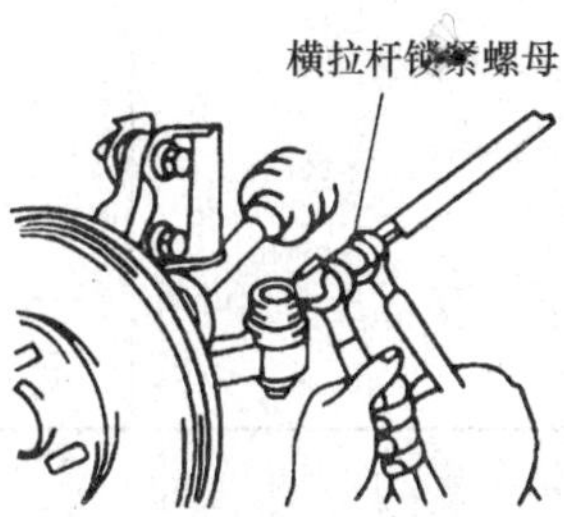	①拧松防尘套卡。 ②松开锁紧螺母	
3	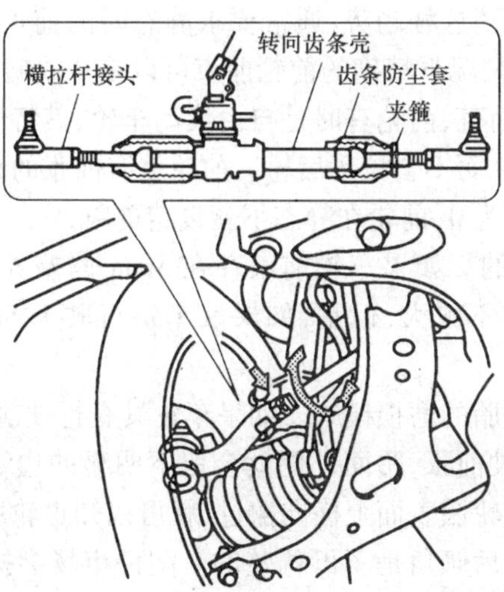	旋转横拉杆，改变横拉杆长度，调整前轮前束	

续上表

序　号	图　示	步　骤	记录
4	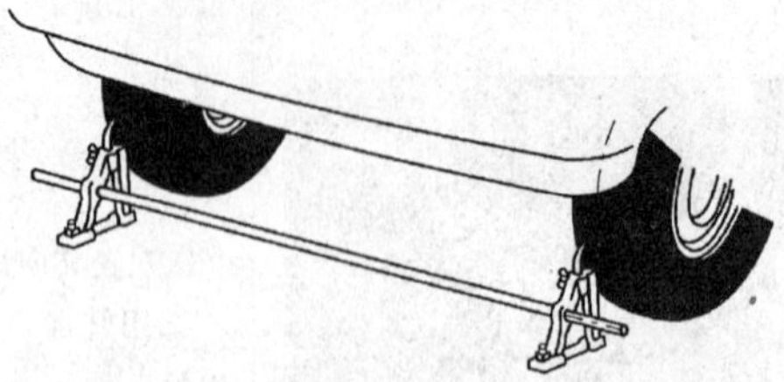	将前轮前束调到规定范围	
5	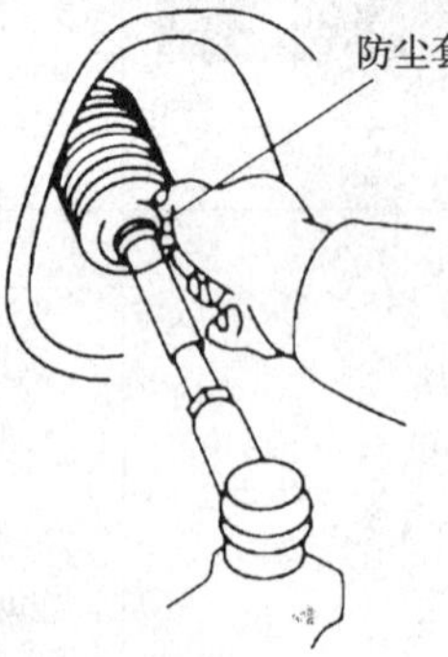	①拧紧锁紧螺母。 ②安好防尘套卡	

三、学习拓展

对于前轮驱动汽车和全时四轮驱动汽车，前轮是驱动车轮。当驱动力矩施加在前轮上时，前轮就会有前束的趋势。为了抵消这种趋势，通常要求静态时的前轮前束很小，以保证前轮的行驶前束为0。实际上，这种情况下精确的前轮前束可以是0或略有前张(1.5mm)。

对于短时四轮驱动汽车的前轮而言，前轮有时是自由滚动车轮，其特性与后轮驱动汽车的前轮相同，即前轮是被后轮推动的，而不会拉动后轮。前轮就有前张的趋势，所以，为了在两轮驱动模式下，使前轮的行驶前束为0，前轮在静态下就设定前束。

轮胎磨损与前束偏差是成比例的。如果车轮前束存在3mm偏差，汽车每行驶1.6km轮胎会横向滑移3.6m，这看起来并不太大，但是，如果汽车每行驶1.6km轮胎横向滑移3.6m，就会使轮胎寿命降低一半。

如果轮胎磨损较快，应该检查轮胎的磨损模式。如果车轮具有行驶前束，胎面内侧就会留下明显的边缘。如果车轮具有行驶前张，胎面外侧就会留下明显的边缘。通过感觉会比观察更容易确定磨损模式，将手指在轮胎表面上横向擦过，就可以知道轮胎的磨损模式。

对于大多数四轮驱动汽车，主销后倾角是不可调整的。配件市场会提供一些用于调整汽车主销后倾角的调整配件包，其中可能包括垫片或偏心凸轮和偏心螺栓。对于有些汽车，配件市场可能还提供用于调整车轮外倾角的调整配件。

对于有些四轮驱动汽车，可以通过在心轴与转向节之间加装垫片或在上球节安装偏心衬套来调整车轮外倾角。市场上也会提供各种直径和厚度的车轮外倾角调整垫片，每侧只可以加装一个垫片，绝不能把垫片叠加起来使用。

四、评价与反馈

1. 自我评价与反馈

(1)你是否知道车轮定位的内容？(　　)

A. 知道　　B. 不知道

(2)你是否能够使用四轮定位仪完成车轮定位的检查？(　　)

A. 能够完成　　B. 在小组协作下能够完成　　C. 不能完成

(3)你是否能够完成车轮定位的调整？(　　)

A. 能够完成　　B. 在小组协作下能够完成　　C. 不能完成

(4)完成了本学习任务后，你感觉困难的部分是哪些？

____

____

____

签名：________　________年________月________日

2. 小组评价与反馈

(1)你们小组在接到任务之后是否分工明确？________________

(2)你们小组每位组员都能轮换操作吗？________________

(3)遇到难题时你们分工协作吗？________________

(4)对于小组其他成员有何建议？________________

参与评价的同学签名：________　________年________月________日

3. 教师评价及回复

____

____

____

教师签名：________　________年________月________日

五、技能考核标准

序号	项目	操作内容	规定分	评分标准	得分
1	准备	清点工具、量具、回收桶 清理工位	5分	酌情扣分	
2	基本检查	车轮定位前的检查	25分	缺一项扣5分	
3	检测	车轮定位的检测	25分	缺一项扣10分	

续上表

序号	项目	操作内容	规定分	评分标准	得分
4	调整	车轮定位的调整	25分	顺序有错漏扣1～20分	
5	时间	30min	5分	超时1～10 min扣1～5分 超时10 min以上扣5分	
6	安全文明	无安全隐患,无不文明操作	5分	未达标扣1～5分	
7	结束	工具、量具清洁并归位 工作场地清洁	5分 5分	漏一项扣1分,未做扣5分 清洁不彻底扣1～5分,未做扣5分	
总分			100分		

学习任务十七　机械转向系统的检修

任务要求

完成本学习任务后，你应：

1. 掌握齿轮齿条式转向器的检修；

2. 熟悉循环球式转向器的检修；

3. 能正确地对转向摇臂、转向节臂、横、直拉杆及梯形臂进行检修；

4. 掌握转向操纵机构的检修。

建议学时:8 学时

任务描述

一辆捷达轿车，行驶时出现转向沉重、车身不稳现象，经初步检查，故障在齿轮齿条式转向系统，需检修。

一、理论知识准备

1. 概述

汽车转向系统的作用是改变和保持汽车的行驶方向。机械转向系统由转向操纵机构、转向器和转向传动机构组成，如图 17-1 所示。

2. 转向操纵机构

转向操纵机构的作用是将驾驶员操纵转向盘的力传递给转向器；同时为了驾驶员的舒适驾驶，可以进行调节，以满足不同驾驶员的需求；为了防止车辆碰撞后对驾驶员的损伤，还有一定的安全保护装置。转向操纵机构的基本结构如图 17-2 所示。

(1)转向盘的组成如图 17-3 所示，由一个坚硬的轮圈和许多连接轮圈和中心轮毂的辐条组成，中心和转向轴上端装配在一起。多数转向盘的轮毂都有内花键，与转向轴的外花键装配在一起。

(2)转向柱结构如图 17-2 所示，转向柱主要由转向轴、中间轴和万向节等组成。通过转向柱可以把转向盘的旋转运动传递给转向器。

(3)防撞机构的作用是，当汽车发生碰撞时，防撞机构能减小驾驶员因惯性的作用撞击转向盘的力，防止转向轴伤害驾驶员。分为球式、弯曲支架式、内封硅胶粉末式、啮合式和波

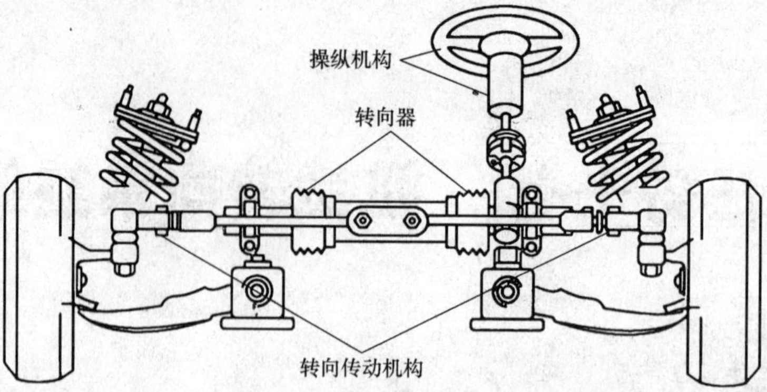

图 17-1　机械转向系统的组成

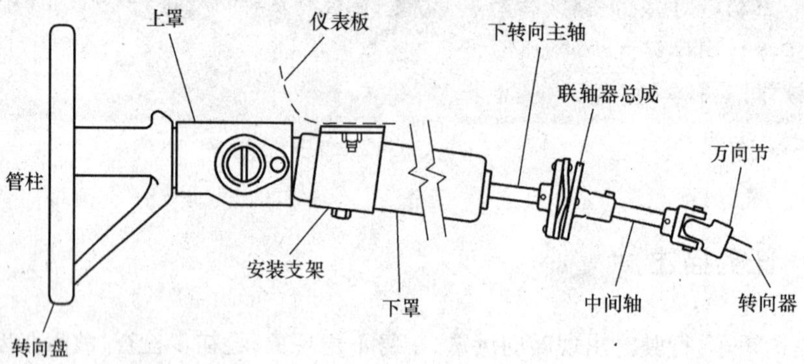

图 17-2　转向操纵机构的基本结构

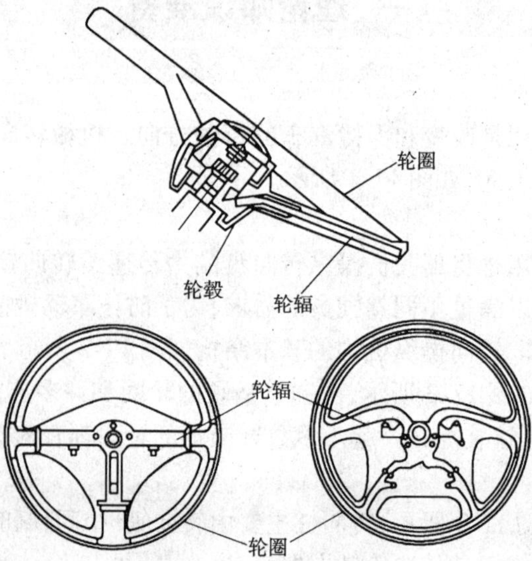

图 17-3　转向盘的组成

纹管式。转向柱防撞机构如图 17-4 所示。

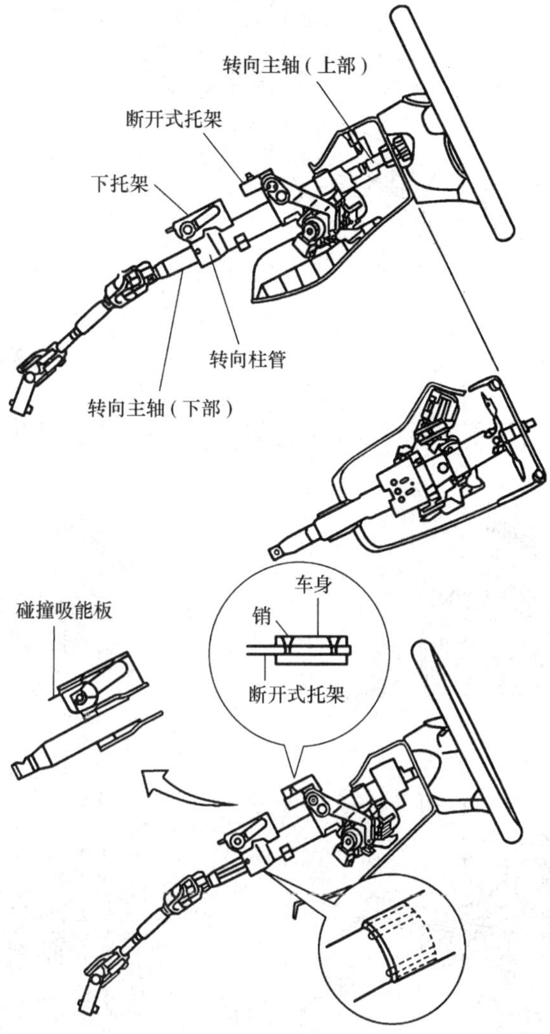

图 17-4 转向柱防撞机构

(4)许多转向轴都有倾斜角调节机构(图 17-5),它能使驾驶员调节转向盘相对于转向轴的相对角度。一些转向柱还设计成可伸缩式的,这就意味着转向轴和套管的上部能向驾驶员方向向内拉,并且能向仪表板方向往里推,然后再固定到新位置。

做一做

查一下可伸缩式转向柱的结构。

(5)锁止机构结构如图 17-6 所示,在点火开关上通常安装有机械的锁止机构,如果汽车钥匙拔开后,转向轴被锁止,汽车不能转向,起防盗作用。

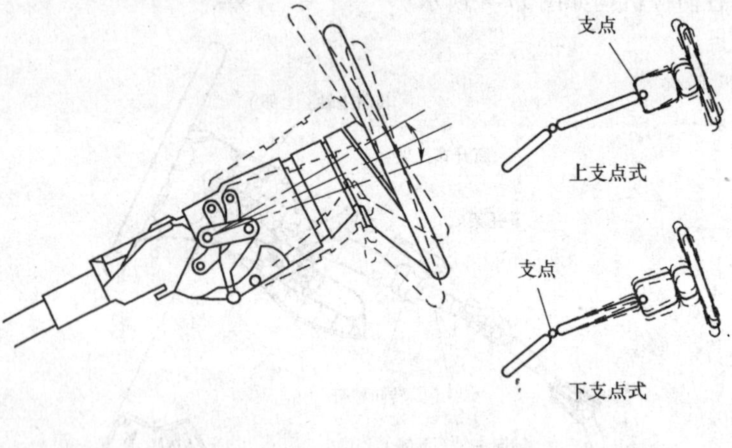

图 17-5 转向轴倾斜角调节机构

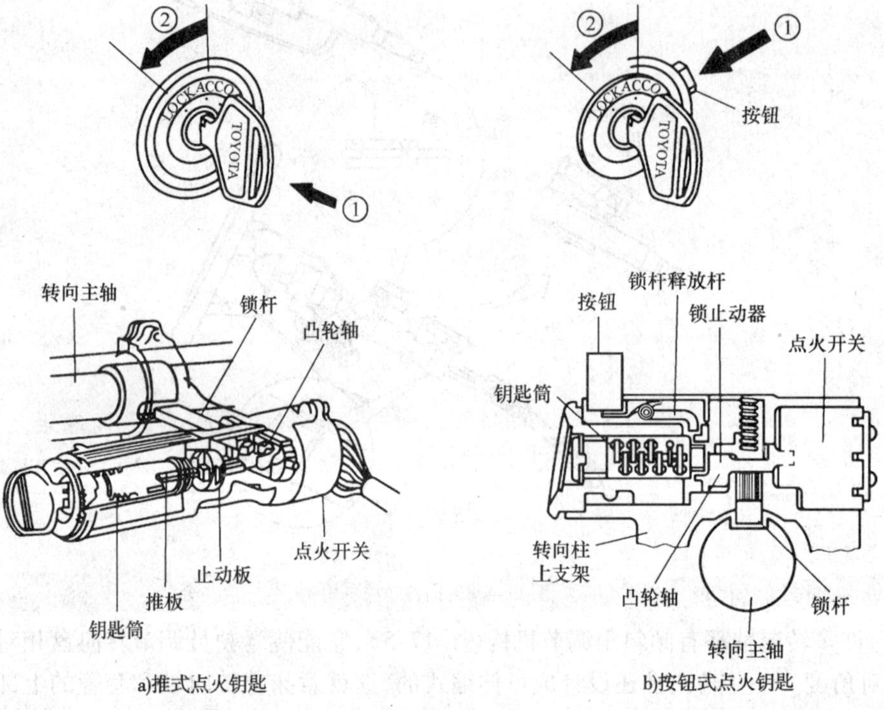

图 17-6 锁止机构结构

小提示

转向操纵机构直接关系驾驶员和乘员人身安全，在发生碰撞事故后，一定要全面检查，更换所有损坏的零件。

3. 转向器

转向器是转向系统中的减速增扭装置,并将转向盘的回转运动转换为转向传动机构的往复运动。机械式转向器分为齿轮齿条式、循环球式、曲柄双销式和蜗杆滚轮式。

(1)齿轮齿条式转向器质量轻、占用空间小而被广泛应用,其工作原理如图17-7所示。

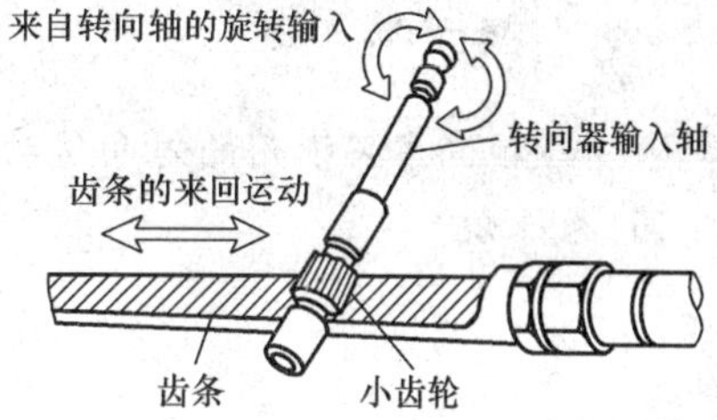

图17-7　齿轮齿条式转向器的工作原理

(2)循环球式转向器有两个传动副组成,一个传动副为螺杆、螺母,另一个传动副为齿条、扇形齿轮或曲柄销,如图17-8所示。

4. 转向传动机构

转向传动机构的作用是将转向器输出的力和运动传给转向桥两侧的转向节,使两侧转向轮偏转以实现汽车转向,传动杆件之间采用球头连接,其结构如图17-9所示。

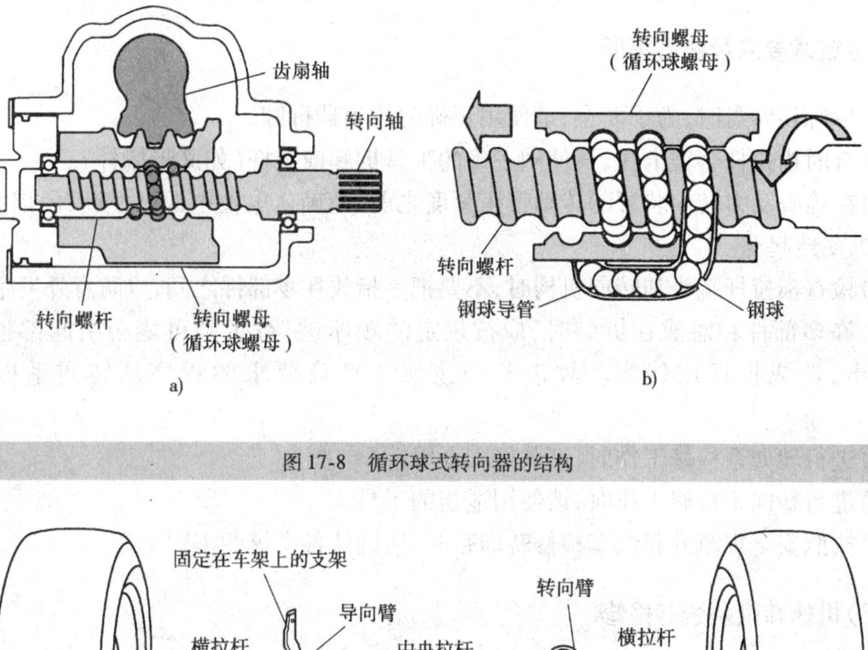

图17-8　循环球式转向器的结构

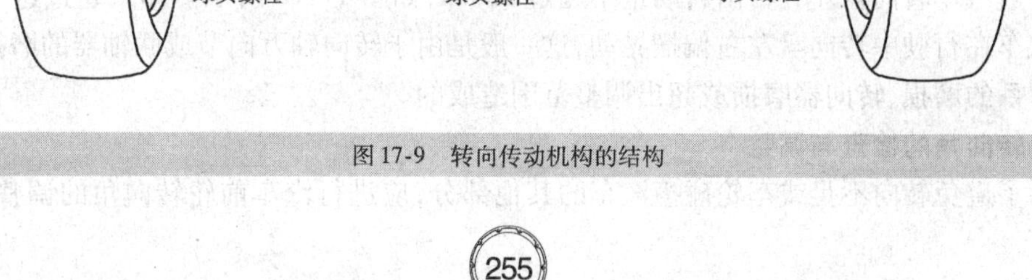

图17-9　转向传动机构的结构

想一想

与独立悬架配用的转向传动机构和与非独立悬架配用的转向传动机构有什么不同,为什么?

二、实践操作

(一)实践准备

(1)捷达轿车一辆。

(2)常用工具、常用量具。

(3)干净的抹布。

(4)维修手册、工单。

(二)技术要求及注意事项

(1)拆卸转向盘时,为了安全,请使用正确的拔出器拆卸。

(2)有时横拉杆会被卡住,请使用正确的工具拆卸横拉杆(如叉形撬杆)。

(3)在检查动力转向装置的传动带张紧度之前,请确认电池电源已经断开,以防止检查时发动机突然起动。

(4)检查横拉杆端头和转向机构时,不要把手指放在零部件之间,以防意外发生。

(5)许多部件和总成在拆装时,应按规定的顺序进行;否则可能会引起部件意外掉落或弹出,造成损坏或伤害。故请务必按照生产商要求的程序从转向系拆卸各零部件。

(6)进行转向系检修工作时,请戴好安全眼镜。

(7)进行转向系检修工作时,请使用适当的工具。

(8)按照安全规范升起汽车检修转向系时,请确认各支撑的牢固可靠。

(三)机械转向系统的检修

1.转向盘自由行程的检查

转向盘自由行程是指处于直线行驶位置的前轮不发生偏转情况下,转向盘能转过的角度。一般汽车转向盘左右自由转动量不超过30mm,如图17-10所示。如果超过这个范围,将使汽车在行驶中转向盘左右偏摆晃动,这一般是由于转向轴万向节或联轴器的磨损、转向传动杆系的磨损、转向器磨损或超出调整范围造成的。

2.转向角的检查与调整

为了避免转向不足或车轮碰撞汽车的其他部分,应进行汽车前轮转向角的调整。转向角过大,汽车转弯时,轮胎容易与翼子板和直拉杆碰擦;转向角过小,使转弯困难,影响汽车的最小转弯半径和机动性。

转向角检查,应在前束调整后进行。将前轴顶起,使转向轮处于直线行驶位置,靠轮胎边缘画出与车轮平行的直线,把转向盘转到底再画出第二条直线,然后用量角规测量转向角。左、右两边车轮检查方法一样。最大转向角的检查如图17-11所示。

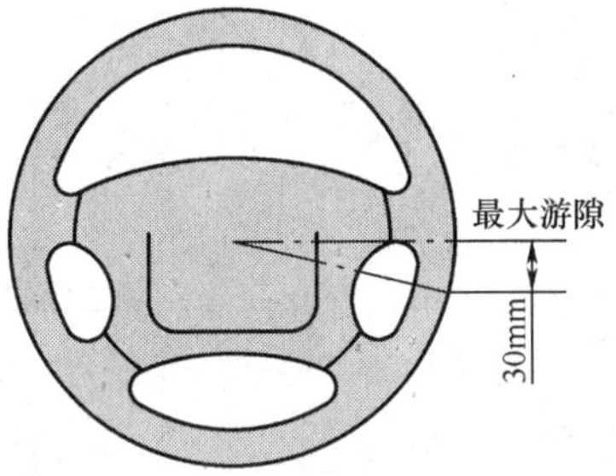

图17-10 测量转向盘自由行程

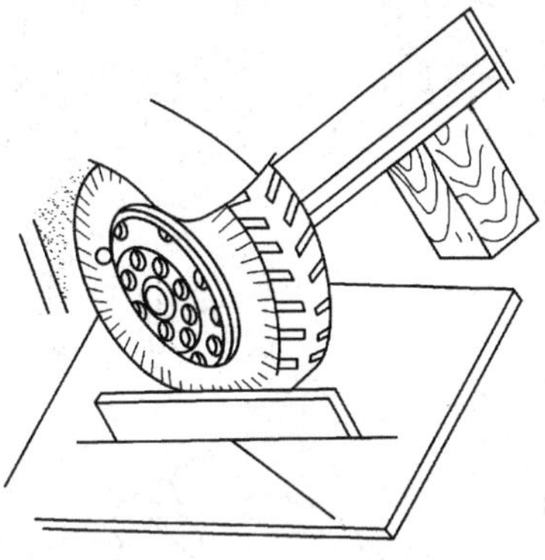

图17-11 最大转向角的检查

如果转向角过大或过小,可旋进或旋出转向节突缘上的限制螺钉予以调整。一般调至车轮偏转到极限位置时,轮胎距离最近的可能相碰物8~10mm。

3. 转向器的拆装

捷达轿车转向器的安装位置如图17-12所示。

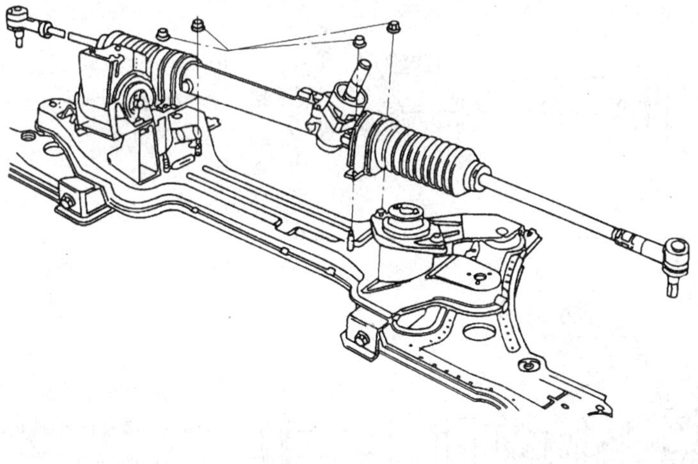

图17-12 捷达轿车转向器的安装位

转向器的拆装步骤见表17-1。

转向器的拆装步骤 表 17-1

序　号	图　示	步　骤	记　录
1	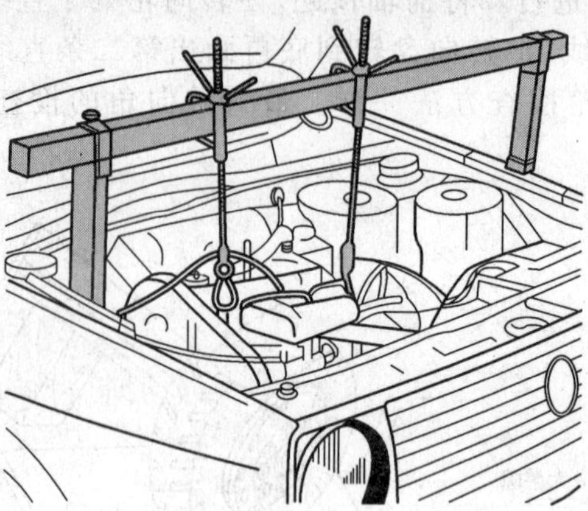	用专用工具支撑发动机与变速器总成	
2	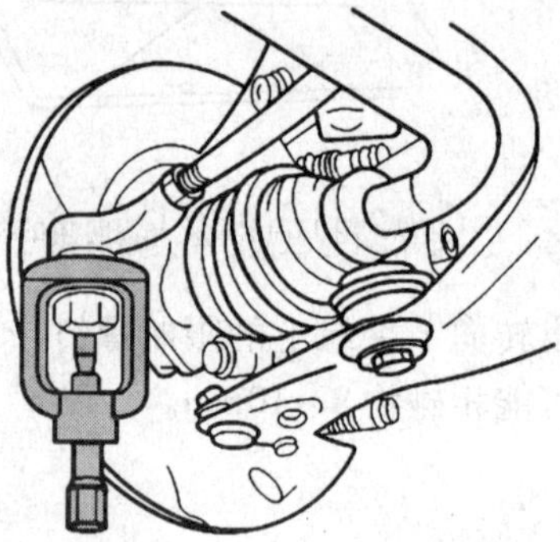	拧松紧固螺栓，拆下防尘罩；从转向臂上压出横拉杆；松开转向器螺母，从后端拆下转向器	
3	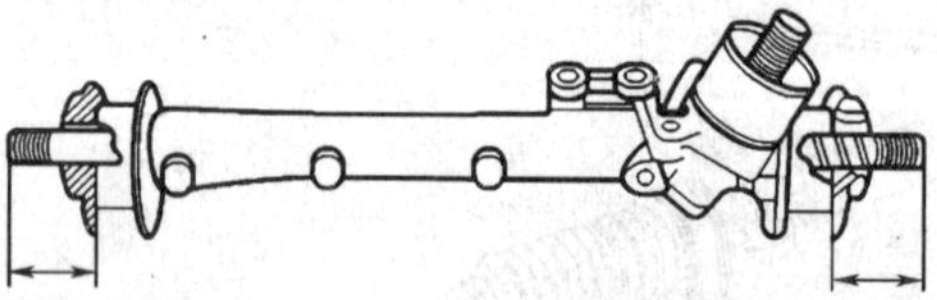	按相反顺序安装。安装转向器前，将转向器调到中间位置	
4	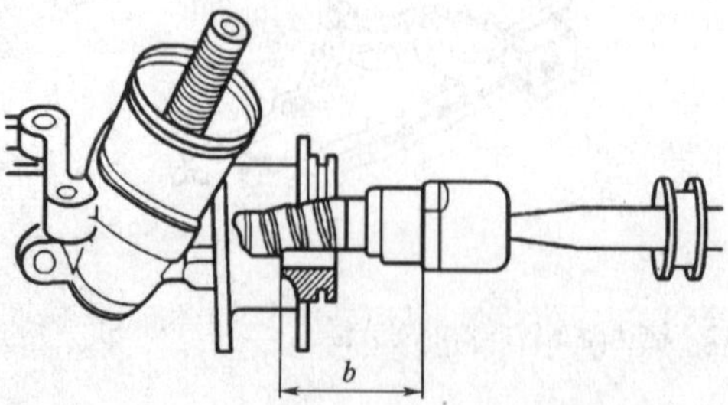	将放松螺母拧到螺杆末端；将横拉杆拧到 $b=70.5$mm 的位置	

4. 转向器的检修

(1)齿条齿轮式转向器的分解步骤见表 17-2。

齿条齿轮式转向器的分解步骤

表 17-2

序　号	图　示	步　骤	记　录
1	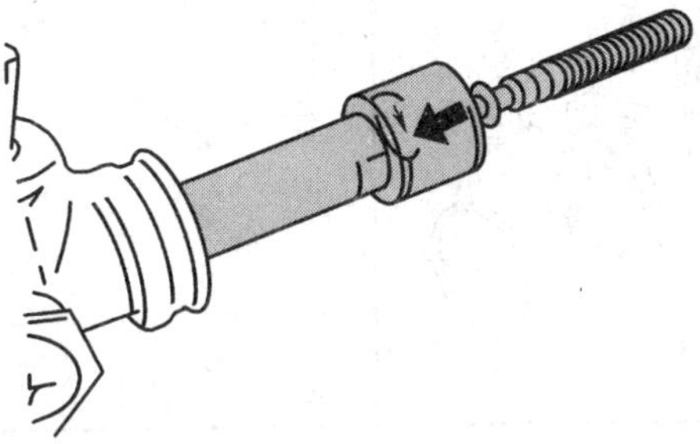	在横拉杆与锁紧螺母相邻的螺纹处做标记,以确定两者相对位置。松开锁紧螺母并将横拉杆拆下	
2	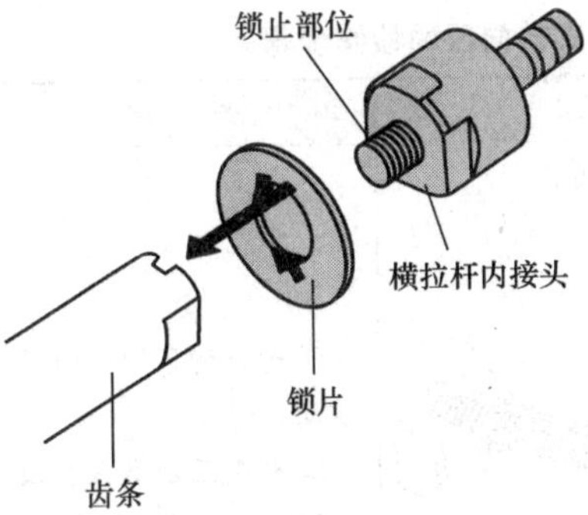	拆下内、外防尘套夹箍,将防尘套取下。将齿条用台虎钳夹住,并将钩住横拉杆端部的锁片拉直,将内横拉杆从齿条上卸下	
3	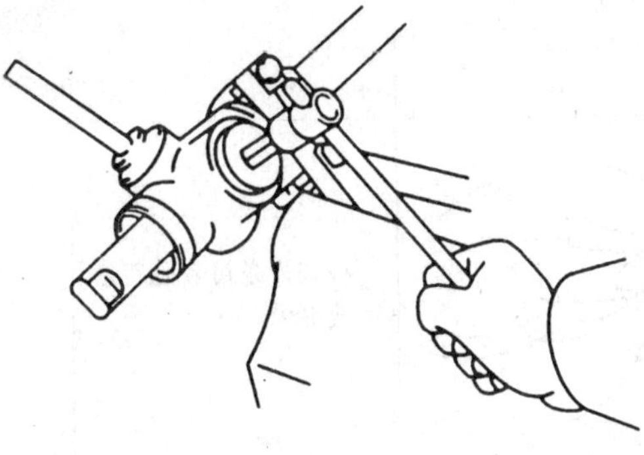	松开调整螺塞锁紧螺母,并拆下调整螺塞及弹簧	
4	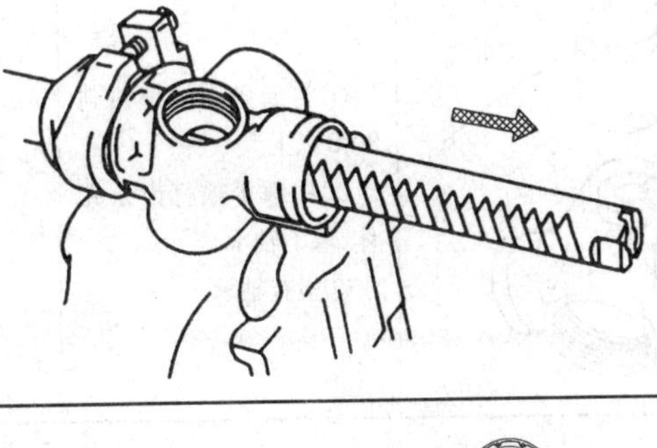	从壳体上拆下齿条	

续上表

序　号	图　示	步　骤	记　录
5	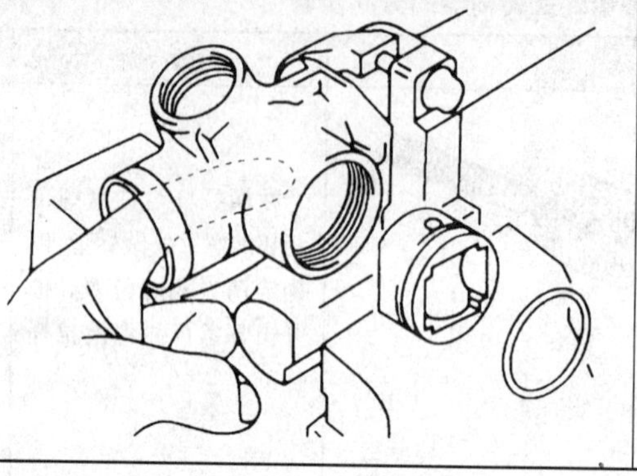	拆下齿条导管	

(2)齿条齿轮式转向器的检修步骤见表17-3。

齿条齿轮式转向器的检修步骤

表17-3

内　容	图　示	步　骤	记　录
检查齿条	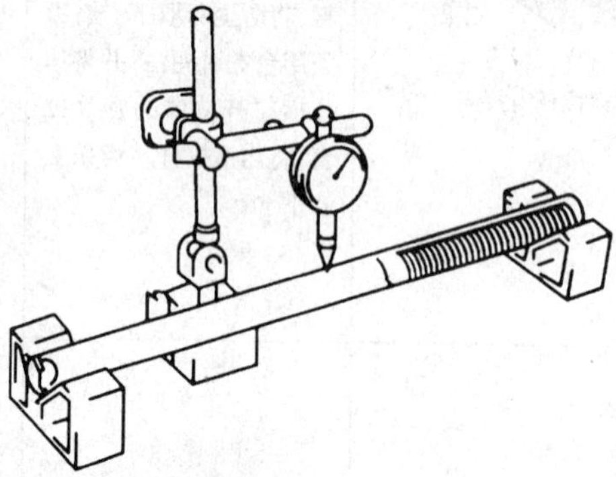	①检查齿条的径向圆跳动。 ②检查齿条是否磨损或损坏	
检查齿条衬套	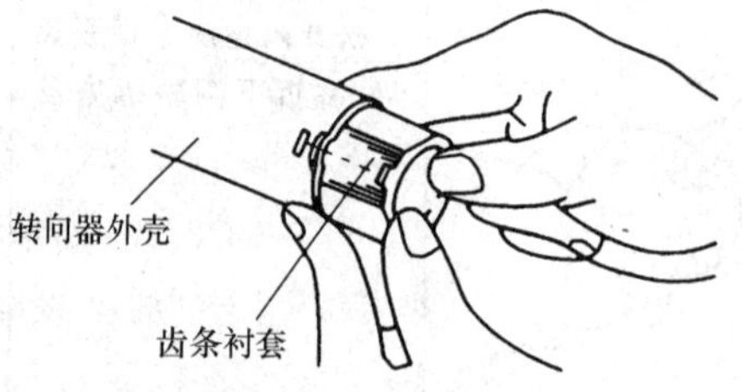	检查齿条衬套是否磨损或损坏	
检查小齿轮轴承	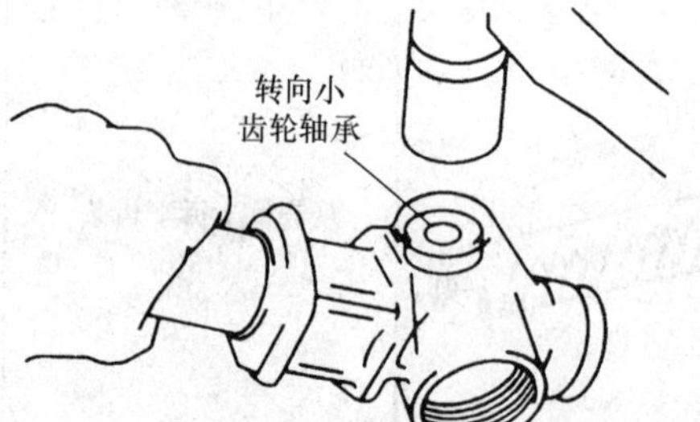	①将齿条壳体加热到80℃以上。 ②用锤子敲打齿条壳体,取下轴承。 ③检查轴承	

续上表

内　容	图　示	步　骤	记　录
更换油封	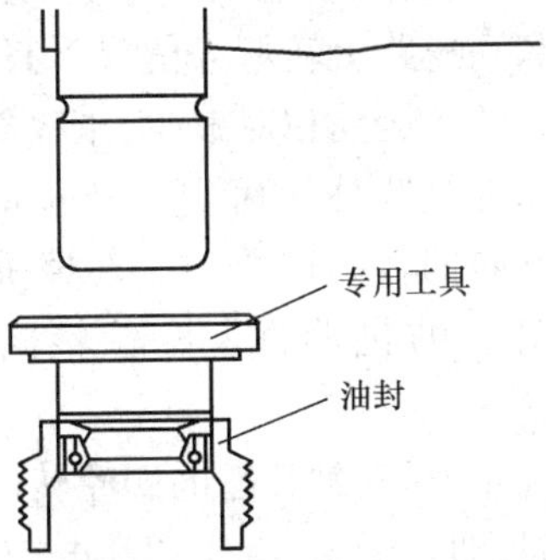	使用专用工具敲入小齿轮轴承调整螺钉的新油封	

(3)齿条齿轮式转向器的调整与装配

装配按与拆卸相反的顺序进行,要注意两个调整,即齿轮间隙的调整和小齿轮轴承预紧度的调整。

齿轮间隙的调整如图 17-13 所示,把齿条支撑盖拧入转向器壳体以减小齿轮间隙,或拧出来增加齿轮间隙。正确的调整方法是以 25N · m 力矩拧紧调整螺钉,再向松的方向回转 25°。最后将锁紧螺母拧紧。

小齿轮轴承预紧度的调整如图 17-14 所示,使用扭力扳手在 2 个方向上测量轴承的预紧扭矩,应为 0.1 ~0.2N · m,调整完之后拧紧锁紧螺母。

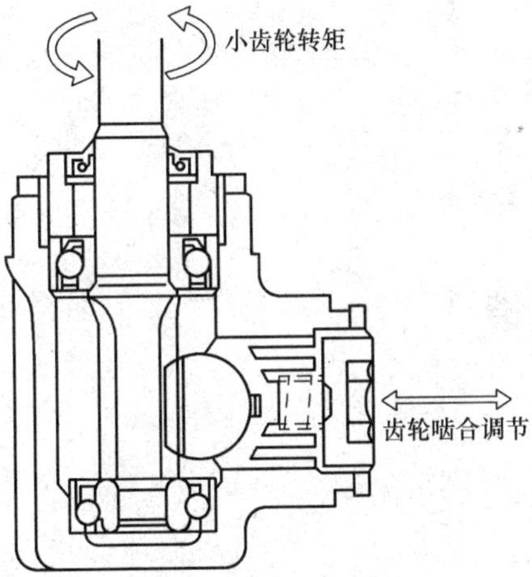

图 17-13　齿轮间隙的调整

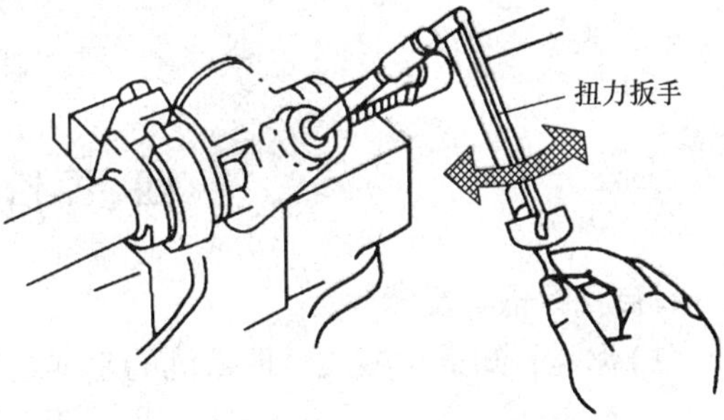

图 17-14　小齿轮轴承预紧度的调整

三、学 习 拓 展

汽车行驶时,四轮转向系统可以让汽车的前轮和后轮同时发生偏转。四轮转向系统使前轮驱动的汽车工作更可靠,由于后轮没有驱动装置,所以安装后轮转向系统也很方便。

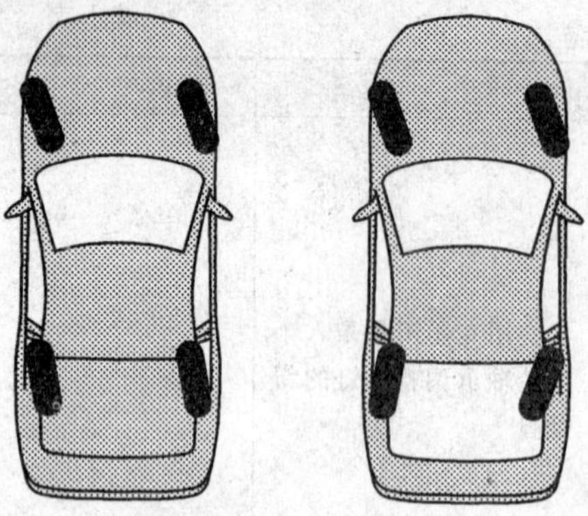

图 17-15　四轮转向系统

在车辆运行时,后轮可以向两个不同方向各偏转大约5°。超过一定行驶速度时,比如35km/h,后轮将与前轮往相同方向偏转。这可使汽车在并线行驶和高速路上转弯等情况下有很好的响应性;同时车身的角运动相对减少,乘坐舒适性提高。汽车行驶速度较低时,如低于35km/h,后轮将与前轮往相反方向偏转。这改善了在掉头行驶和停车入库等工况下的机动性。四轮转向系统如图17-15所示。

近年来,三种类型的四轮转向系统得到了较快的发展,即机械式、液压式和电控式四轮转向系统。图17-16为电控式四轮转向系统结构图。

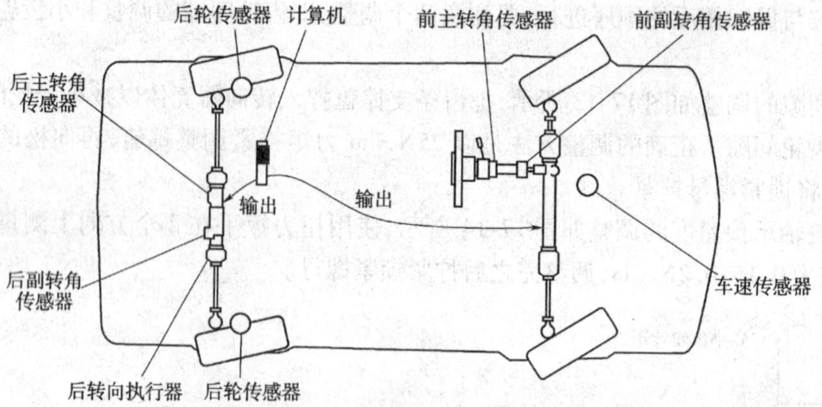

图 17-16　电控式四轮转向系统结构图

四、评价与反馈

1. 自我评价与反馈

(1)你是否知道机械式转向系统的基本组成?(　　)

A. 知道　　B. 不知道

(2)你是否能够完成机械式转向系统的基本检查?(　　)

A. 能够完成　　B. 在小组协作下能够完成　　C. 不能完成

(3)你是否能够完成转向器的拆卸与装配?(　　)

A. 能够完成　　B. 在小组协作下能够完成　　C. 不能完成

(4)完成了本学习任务后,你感觉困难的部分是哪些?

签名：________ ________年________月________日

2. 小组评价与反馈

(1)你们小组在接到任务之后是否分工明确？________________________________

(2)你们小组每位组员都能轮换操作吗？________________________________

(3)遇到难题时你们分工协作吗？________________________________

(4)对于小组其他成员有何建议？________________________________

参与评价的同学签名：________ ________年________月________日

3. 教师评价及回复

____

____

____

教师签名：________ ________年________月________日

五、技能考核标准

序号	项目	操作内容	规定分	评分标准	得分
1	准备	清点工具、量具 清理工位	5分	酌情扣分	
2	基本检查	测试最大转向角 测试转向盘自由行程	10分 10分	操作不当扣1～10分 操作不当扣1～10分	
3	检测	干燥车场试验 齿轮齿条式转向器的拆卸、检修	20分 15分	操作不当扣1～20分 操作不当扣1～15分	
4	装配	按顺序组装与调整	20分	顺序有错漏扣10分	
5	时间	40min	5分	超时1～10 min扣1～5分 超时10 min以上扣5分	
6	安全文明	无安全隐患，无不文明操作	5分	未达标扣1～5分	
7	结束	工具、量具清洁并归位 工作场地清洁	5分 5分	漏一项扣1分，未做扣5分 清洁不彻底扣1～5分，未做扣5分	
	总分		100分		

学习任务十八　助力转向系统的检修

任务要求

完成本学习任务后，你应：

1. 熟悉常流式液压助力转向器转向油泵的常见故障；
2. 掌握液压助力式转向油泵及油罐的检修；
3. 能正确地检修液压助力转向器齿轮、壳体、转向装置等零部件；
4. 了解电动式动力转向系统的检修。

建议学时：9 学时

任务描述

一辆别克君威轿车，在行驶中转向时，出现转向沉重，并伴有助力转向系统异响的现象，经初步检查，需对助力转向系统进行检修。

一、理论知识准备

1. 助力转向系统的作用

助力转向系统是以发动机输出的部分动力为能源来增大驾驶员操纵转向的力量，从而使转向操纵轻便，同时转向器的角传动比较小，故又能满足转向灵敏的要求，因此广泛应用于轿车中。

助力转向系统按传能介质的不同，可分为液压式和气压式。液压式助力转向系统结构紧凑，部件尺寸小，无噪声，能吸收冲击和振动，因此广泛应用于各类汽车。

2. 组成

液压式助力转向系统由机械转向装置和液压助力装置两部分组成，图 18-1 所示为别克凯越轿车液压式助力转向系统。

根据机械式转向器、转向助力缸和油量控制阀三者在转向装置中的布置和连接关系的不同，液压动力转向装置分为三种。

（1）整体式：即将机械式转向器、转向助力缸和油量控制阀三者设计为一体。整体式液压式助力转向系统的组成如图 18-2 所示。

（2）组合式：即把机械式转向器和油量控制阀设计为一体，转向助力缸独立。

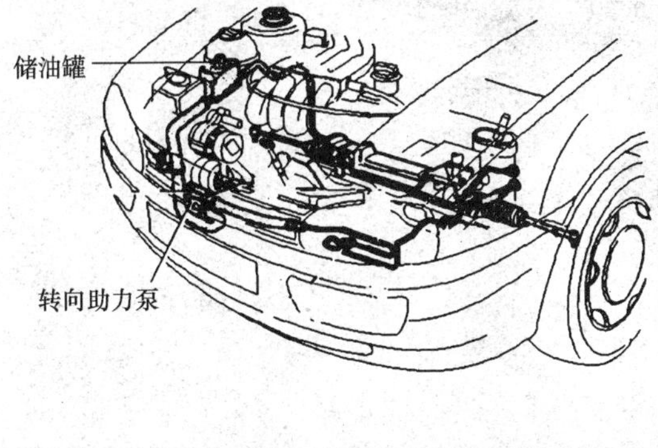

图 18-1 别克凯越轿车液压式助力转向系统

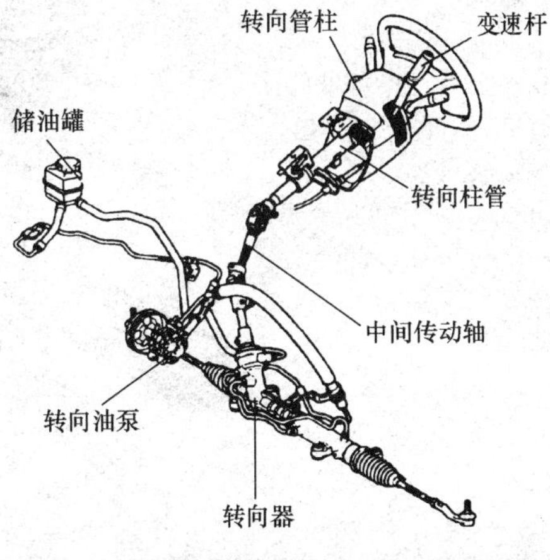

图 18-2 整体式液压式助力转向系统的组成

(3)分离式:即机械式转向器独立,把油量控制阀和转向助力缸设计为一体。

本任务只介绍整体式液压助力转向系统。

3. 工作原理

当转向盘向左转动时,在转向轴的带动下,控制阀也随之移动,将其中一条油路关闭,这时另一条油路打开,在动力缸活塞两端产生压力差,于是活塞向低压方向运动,从而产生助力,如图 18-3a)所示。同理,如图 18-3b)所示,可以分析右转时的情况。

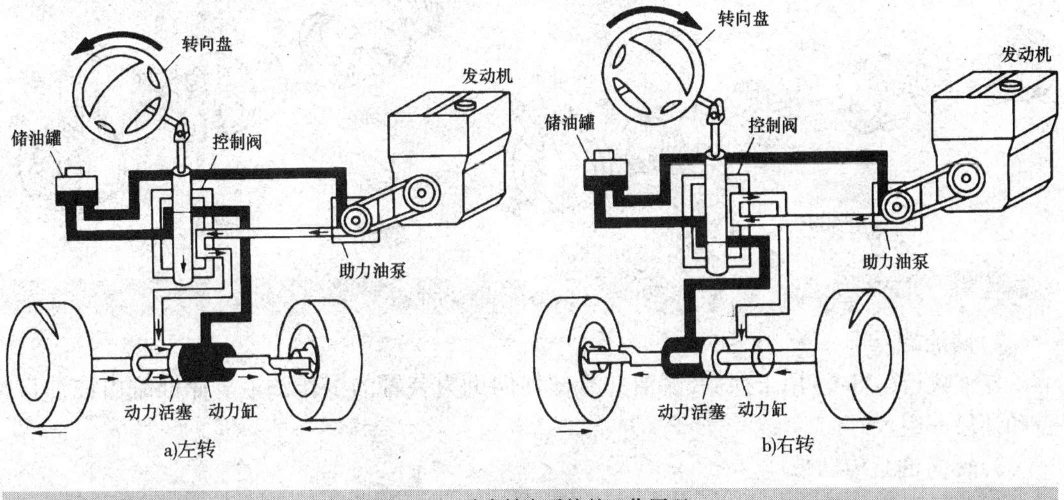

图 18-3 助力转向系统的工作原理

4. 各部件结构

1)转向油泵(图 18-4)

液压助力转向系统的动力来自转向油泵,其作用是将输入的机械能转换为液压能输出,一般安装在发动机前部,由发动机曲轴通过传动带驱动,只要发动机运转,油泵就使油液流动。

如图 18-5 所示,常见的助力转向油泵有滚柱式、叶片式、径向滑块式和齿轮式。它们的基本工作原理是相同的,其中齿轮式和叶片式应用最多。

图 18-4 转向油泵

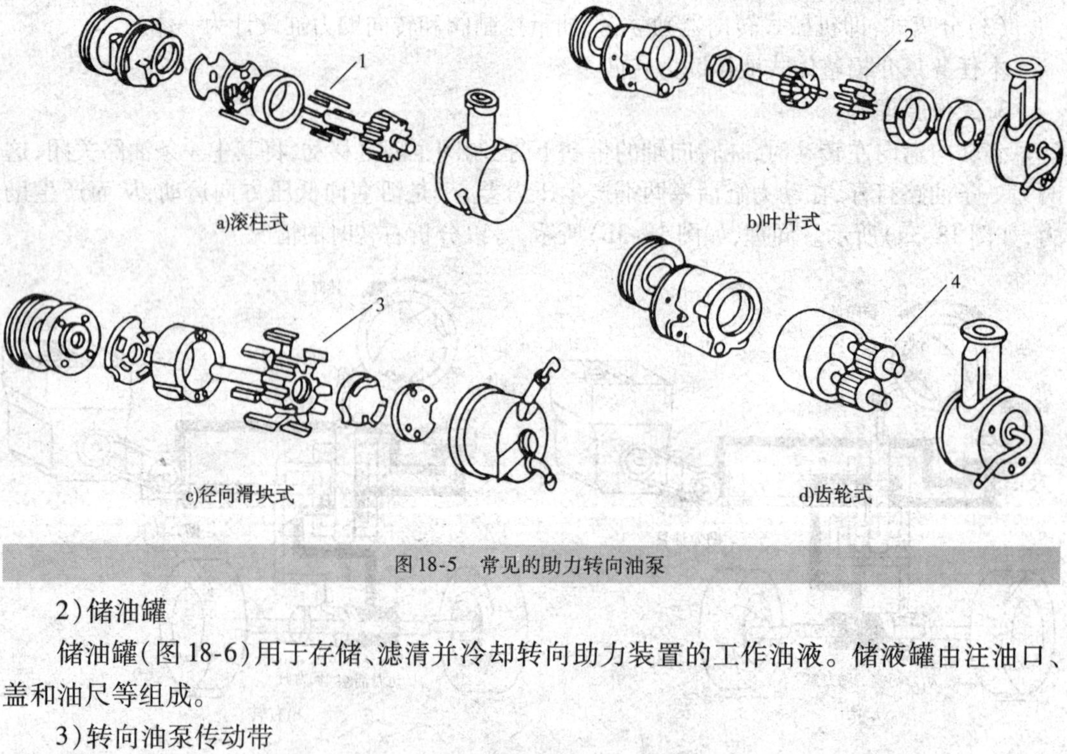

a)滚柱式 b)叶片式 c)径向滑块式 d)齿轮式

图 18-5 常见的助力转向油泵

2)储油罐

储油罐(图 18-6)用于存储、滤清并冷却转向助力装置的工作油液。储液罐由注油口、盖和油尺等组成。

3)转向油泵传动带

转向油泵带一般为三角带,绕在曲轴带轮和转向油泵带轮上,如图 18-7 所示。

小提示

如果传动带松动,就会使转向油泵压力降低,转向困难。而且松动、磨损的传动带会发出尖叫和吱吱的噪声。所以当发现传动带出现裂纹、浸油、磨损、边缘磨滑、撕裂和剥离中的任何一种状况时,应及时更换传动带。

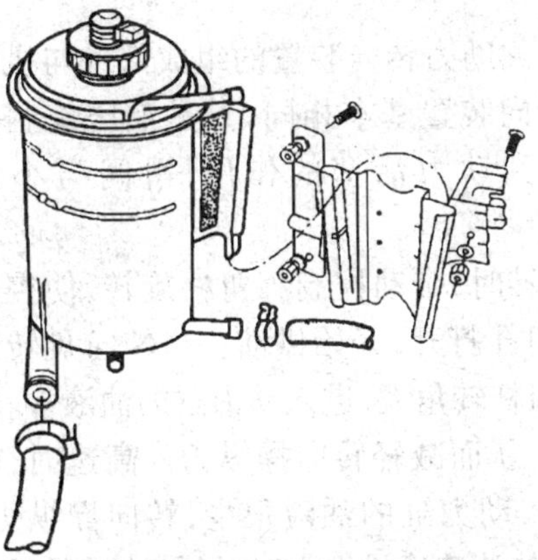

图 18-6　储油罐

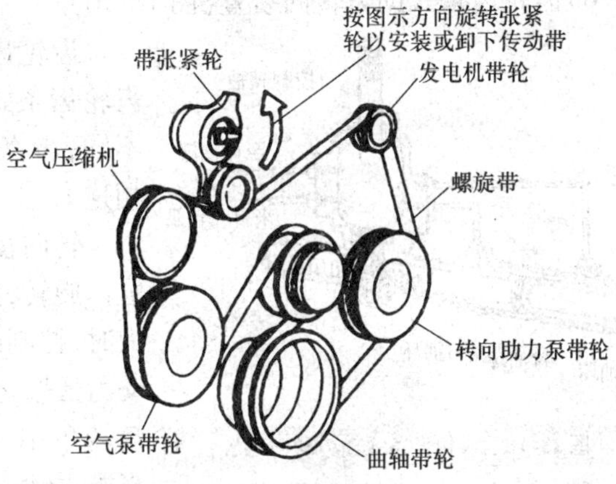

图 18-7　转向油泵传动带

4）流量控制阀

转子转速和发动机转速成正比，因此在发动机转速变化时，转子转速变化，使供油变化。流量控制阀的作用是控制供油量，使多余油液流回储油罐，保证供油量在动力转向装置正常工作的范围内变化。流量控制阀一般安装在转向油泵内部，其工作原理如图 18-8 所示。

5）转向控制阀

转向控制阀控制压力油的作用方向，当压力作用于一侧时，助力活塞推动转向齿轮的外部部件。转向控制阀有旋转滑阀式（图 18-9）和滑动式两种。

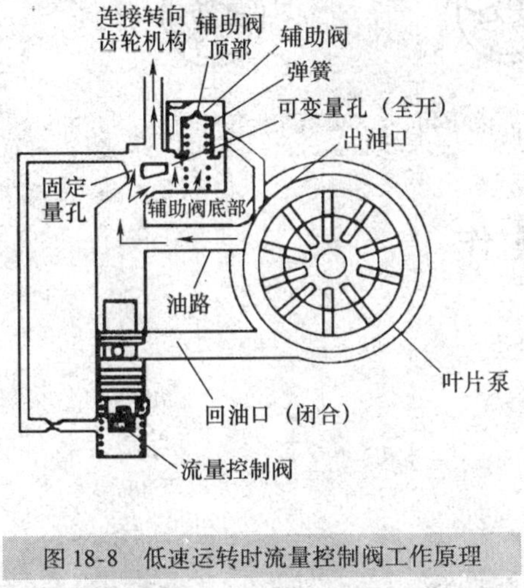

图 18-8　低速运转时流量控制阀工作原理

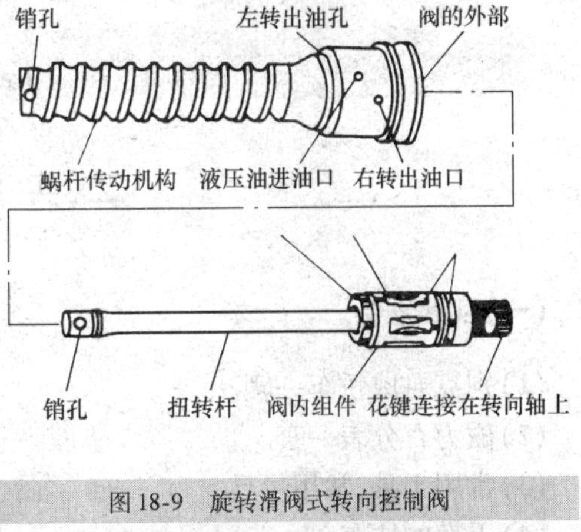

图 18-9　旋转滑阀式转向控制阀

想一想

转向控制阀怎么工作？

6)齿轮齿条式助力转向装置(图 18-10)

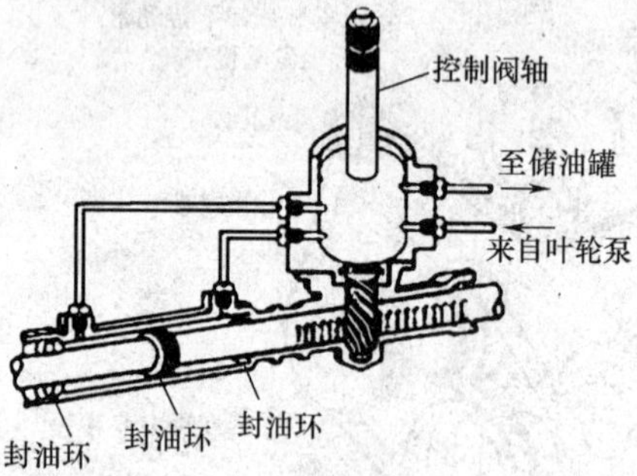

图 18-10　齿轮齿条式助力转向装置

齿轮齿条式助力转向装置的组成部件与机械式齿轮齿条式转向装置基本相同,只是液压控制壳体不同,齿条起到动力活塞的作用,滑阀与小齿轮相连。

转向盘旋转时,带动控制阀扭杆旋转,使控制阀缸体旋转,阀门孔打开,开始供油。当转向盘转角很大时,控制阀扭杆转角大,进入动力缸的油液多,推动动力活塞运动,从而减轻转向操纵力。高速时,转向盘转角小,进入动力缸的油液很少,转向操纵力大。当进入动力缸的油液流量很大时,过剩油液通过电磁阀流回储油罐。当转向盘旋转停止时,阀门孔被关闭,动力活塞两端的油压相同。齿轮齿条式助力转向装置工作原理如图 18-11 所示。

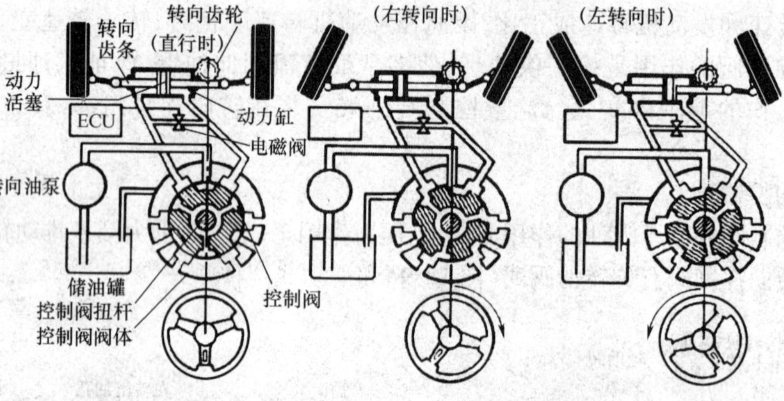

图 18-11　齿轮齿条式助力转向装置工作原理

二、实 践 操 作

(一)实践准备

(1)别克君威轿车一辆。
(2)磁力百分表一套。
(3)常用工具、常用量具。
(4)干净的抹布。
(5)维修手册、工单。

(二)技术要求及注意事项

助力转向系统常见故障现象与故障原因见表 18-1。

助力转向系统常见故障的现象与原因　　表 18-1

故障现象	故障原因
转向沉重	转向油罐内油面过低、缺油、滤清器堵塞或泄漏
	转向油泵磨损严重
	转向油泵传动带打滑
	转向控制阀发卡
转向盘发飘或跑偏	控制阀复位弹簧损坏或过软
	油液脏污
	滑阀不在中间位置
	流量控制阀卡滞
转向时有异响	转向油罐内油面过低
	油路中有空气
	滤清器堵塞
	管路接头松动或油管破裂
	油泵损坏或磨损严重

(三)汽车助力转向系统的检修

1. 转向油泵传动带张紧度的调整

动力转向油泵工作的动力来自发动机,是通过传动带传递的。若传动带过松,将会导致油泵供油量降低,驾驶转向沉重;若传动带张紧度过紧,会导致油泵泵轴及轴承受力增加,加快零件的磨损,降低机件寿命,同时也使传动带寿命缩短。因此,传动带张紧度适中,便是对传动带张紧度调整的基本要求。调整检查时,应用大拇指用力压下油泵传动带的中部,用力大约10kg,观察传动带向下被压处的幅度(传动带挠度),正常值应在 8 ~ 14mm 之间为合适。调整时,对新旧传动带要有所区别,若是刚更换的新传动带,挠度不应大于 10mm,若是旧传动带,不妨使其挠度取13 ~ 14mm。调整时,应先松开张紧轮固定螺钉,压张紧轮使传动带张紧,并同时拧紧该固定螺钉即可。转向油泵传动带张紧度的调整示意图如图 18-12 所示。

2. 储油罐液面高度的检查

如图 18-13 所示,液压油量过多或过少都可能导致液压系统不能正常工作,需要保持液压油适量,油位应位于标示的上下限之间。

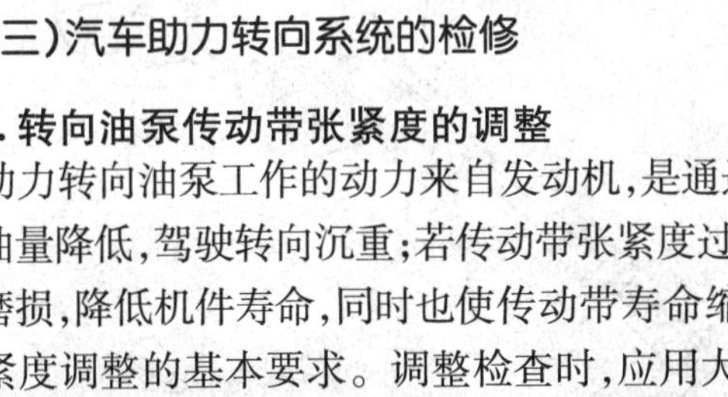

图 18-12　转向油泵传动带张紧度的调整示意图

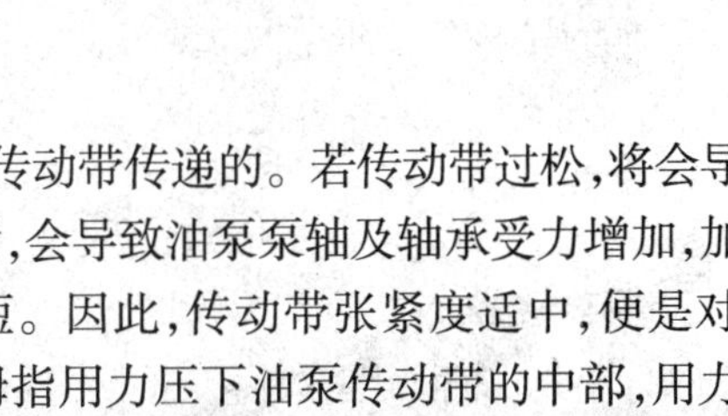

图 18-13　储油罐液面高度的检查

小提示

储油罐的油尺标有 HOT 和 COOL 标记，分别表示在热态和冷态下油量的检查位置。所谓冷态是指常温状态；热态是指助力转向油的温度在 80℃以上，一般在起动发动机后，来回转动转向盘 3min 即可。

3. 外观检查

直观检查动力转向系统的所有部件，如图 18-14 所示。检查联轴器和万向节是否磨损或松旷，如存在磨损或松旷，进行更换。万向节还可能发生卡滞，应对其仔细检查。

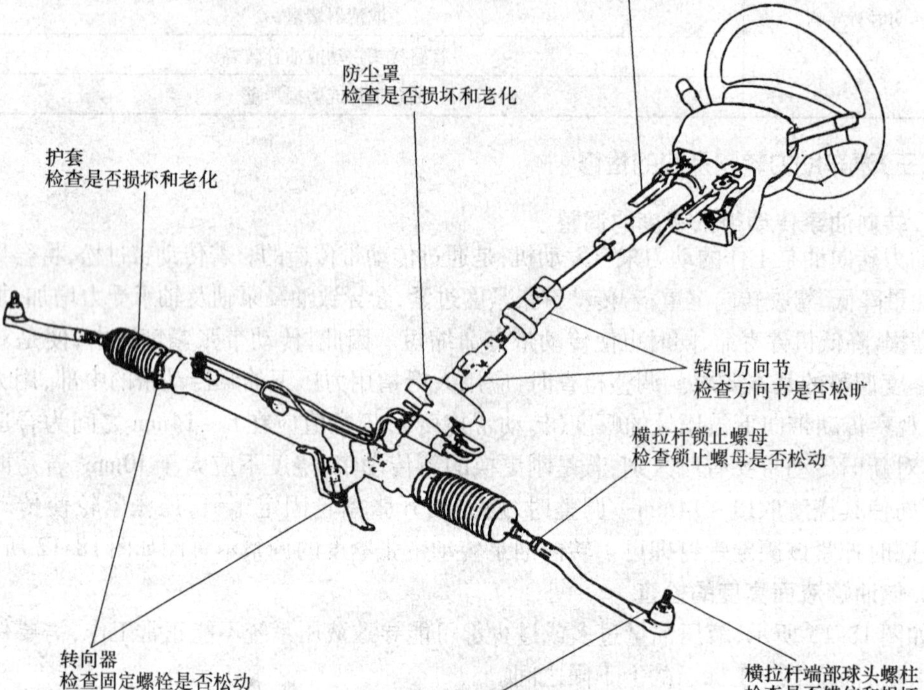

图 18-14　直观检查动力转向系统的所有部件

将发动机熄火，擦拭动力转向油泵、供油软管、回油软管、油液冷却器和转向器外部。起动发动机，将转向盘从一侧止动位置转动到另一侧止动位置数次，检查有无泄漏。图 18-15 为动力转向系统中常见的泄漏点。油液泄漏不仅会产生异响，而且可能会导致转向力不平衡和不正常。如果没有泄漏迹象，反复转动转向盘，多观察几次。应仔细检查软管有无鼓胀或破裂，更换动力转向软管时一定要使用原样软管，切勿对软管或软管接头的泄漏部位进行修补或封堵。

4. 检测助力转向油压(图 18-16)

检测助力转向油泵的压力时要用到动力转向油压表。在发动机处于停机状态时,拆开油泵上的压力软管,将油压表安装在油泵与转向器之间,并排出系统中的空气。

使发动机运转大约 2min 后熄火,如果需要,向助力转向油泵补充油液。重新起动发动机并怠速运转,观察压力表读数,读数应为 200 ~ 550kPa。如果压力读数低于该值,可能是油泵存在故障;如果读数太高,可能是软管存在阻塞。

关闭油压表的截止阀后继续进行测试,并观察压力读数,截止阀关闭时间切勿超过 5s。当截止阀关闭时,压力应该上升。如果压力太高,可能是压力释放阀存在故障;如果压力太低,可能是油泵发生损坏。

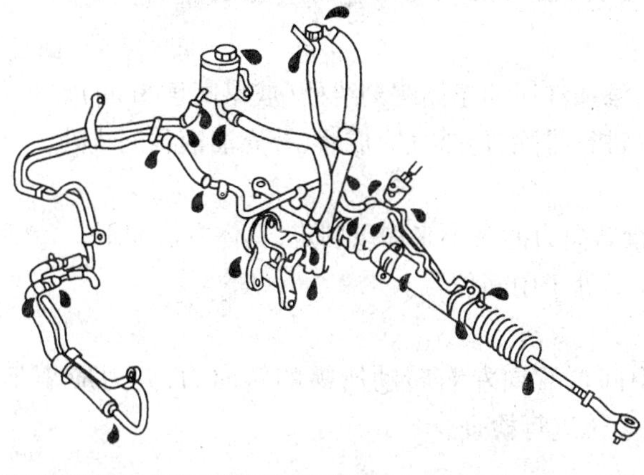

图 18-15　动力转向系统中常见的泄漏点

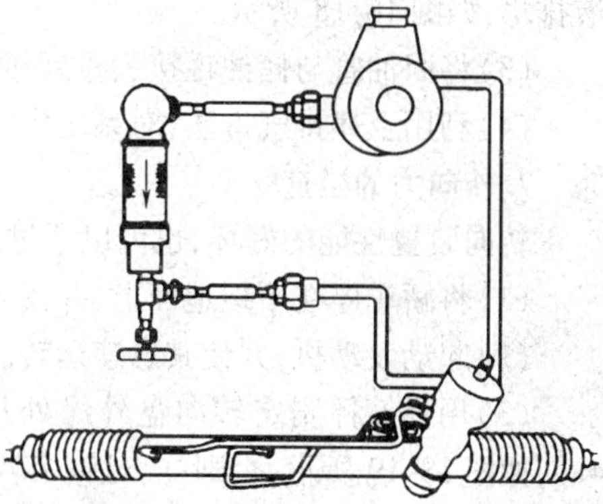

图 18-16　检测助力转向油压

5. 助力转向系统的排气

在对助力转向系统排气前,应先检查储油罐液面的高度,并根据需要添加液压油。待油液面合适后,便可按下述方法排气。

(1)将轿车前部用千斤顶或举升器顶起,并用支架支撑牢靠,如图 18-17a)所示。

(2)转动转向盘,从左极限位置转到右极限位置,来回转动 3 ~5 次。

(3)起动发动机,使之怠速运转,并重复上述转动转向盘的过程 3 ~5 次。

(4)将轿车前部放下,在发动机怠速运转的状态下,来回再转动转向盘 5 ~8 次,使油温升高。然后,将转向盘置于中间位置,检查并记录储油罐内油面高度。

(5)如图 18-17b)所示,将点火开关关闭,使发动机熄火,待其停止转动 3 ~5min 后,再查看储油罐内油液面高度,并与前一步骤的液面高度进行比较,若两次无差值或差值小于 5.0mm,而且油液中无气泡或乳化现象,说明系统内空气排净。否则,仍需重复后两个步骤,直至排净空气为止。

6. 转向液压油的更换

助力转向装置一旦出现故障,需要拆检,并更换助力转向油液,或者是发现油液变质,也需更换油液,油液更换时应选用轿车规定油液。

(1)用千斤顶或举升器将轿车前部顶起,并用支架支牢,后轮最好用垫块固定。

(2)把回油管从储油罐管接头上拆下,从储油罐中放出液压油,并转动转向盘数次使油

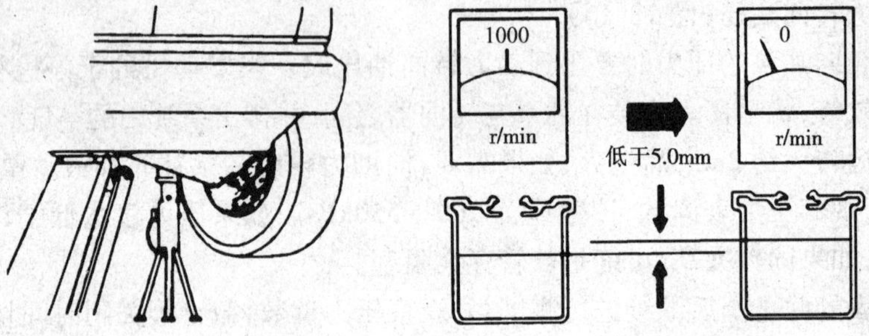

a)　　　　b)

图 18-17　助力转向系统排空气

液排尽,如图 18-18 所示。

(3)将回油管与储油罐接头重新接好,添加液压油至储罐刻线处(或略高于 5mm)。

(4)利用上述排气方法,对系统中空气进行排除,待排气完成后,补充油液到刻线处。

7. 转向力的检查

转向装置性能的好坏,也可以通过测量转向力的大小来加以判定,具体方法如下。

(1)将轿车停在平坦地面上,并使转向盘处于中间位置。

(2)起动发动机,并使其怠速运转。

(3)用弹簧秤测定转向盘外缘处从中间位置向左右转动所需的转向力,此力应小于 4kg,如图 18-19 所示,否则,应对整个转向系统进行检查。

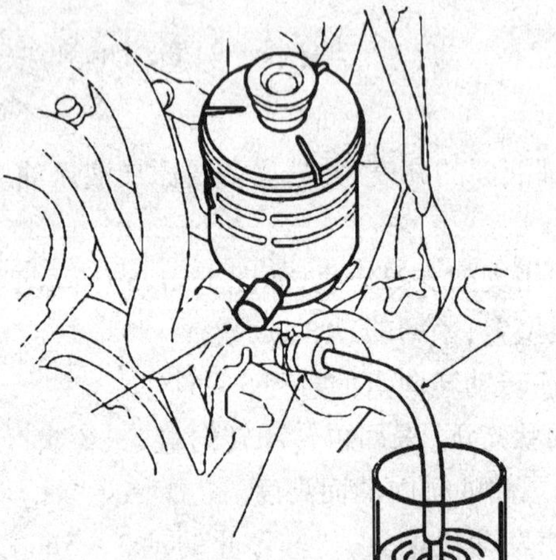

图 18-18　转向液压油的更换

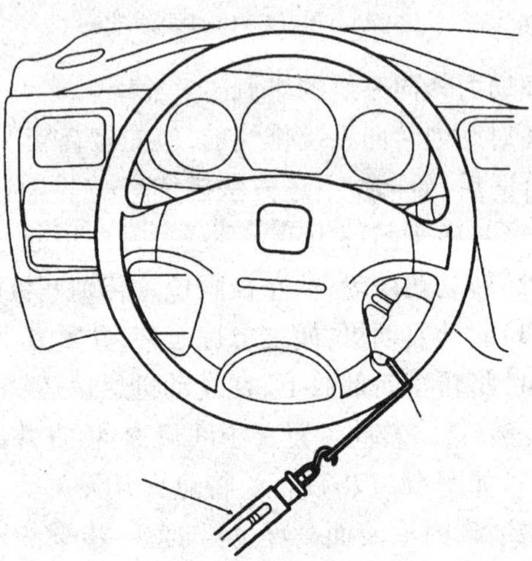

图 18-19　转向力的检查

8. 转向沉重的检修

别克君威轿车的助力转向系统如图 18-20 所示。

1)检查过程

检查部位如图 18-21 所示。

(1)将可疑的区域擦干净。

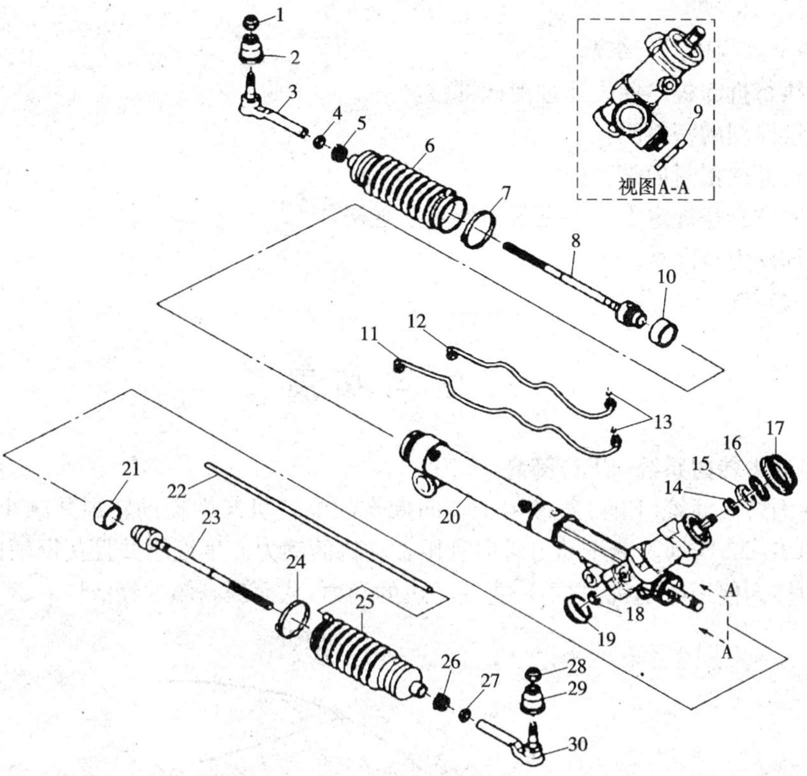

图 18-20　别克君威轿车的助力转向系统

1-扭矩常作用螺母;2-转向横拉杆密封;3-外转向横拉杆;4-六边形防松螺母;5-转向横拉杆护罩夹;6-齿条小齿轮护罩;7-壳体护罩夹;8-内转向横拉杆;9-调节塞锁母;10-缓冲环;11-泵管右;12-泵管左;13-O 形密封圈;14-轴承圈总成;15-转向节轮轴密封圈;16-固定环;17-密封适配器;18-六边形锁母;19-防尘罩;20 齿条小齿轮总成部分;21-缓冲环;22-通风管;23-内转向横拉杆;24-壳体护罩夹;25-齿条小齿轮护罩;26-转向横拉杆护罩夹;27-六边形防松螺母;28-扭矩常作用螺母;29-转向横拉杆密封;30-外转向横拉杆

(2)检查储液罐加注量是否过大。

(3)检查动力转向系统是否存在如下情况:动力转向液含空气、溢流。

(4)检查软管连接和 O 形密封圈。

(5)确定泄漏点油液滴出的部位不一定就是系统泄漏的部位,采用如下方法查找渗漏式泄漏。

①首先关闭发动机。

②将整个动力转向系统擦干。

③检查动力转向液液面。

④起动发动机。

⑤在助手帮助下将转向盘在挡块之间转动数次。

⑥执行齿条小齿轮泄漏诊断确定并维修真正

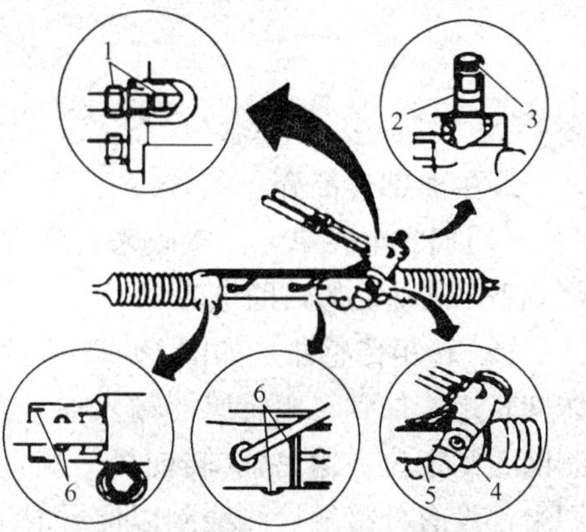

图 18-21　检查部位

泄漏的部位。

2)使用下列程序进行维修

(1)在执行拆卸程序前先清理泄漏部位。

(2)更换泄漏的密封圈。

(3)检查部件密封面是否损坏。

(4)紧固螺栓至规定力矩参见紧固件紧固规格。

(5)添加动力转向液。

(6)排放空气。

三、学习拓展

1. 电控动力转向系统(EPS)简介

电控动力转向系统(EPS)通过用于转向操作的电动机产生辅助转矩并减小转向用力,其组成如图 18-22 所示。液压动力转向利用发动机的动力产生液压并且获得辅助转矩。因为电动动力转向使用电动机,它不需要发动机的动力,从而提高燃油经济性。

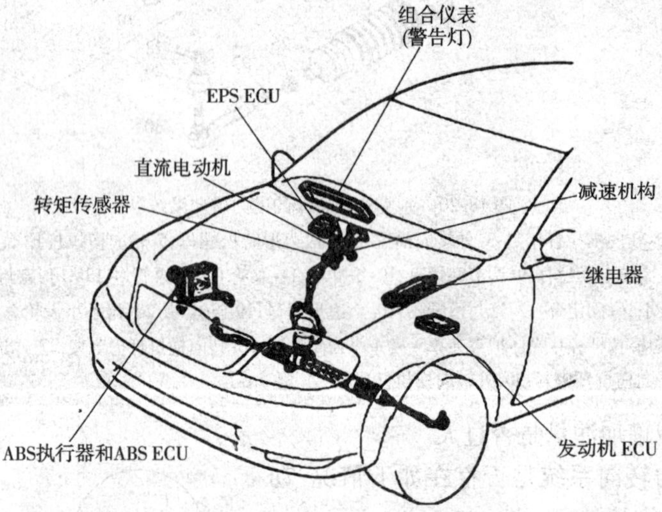

图 18-22 EPS 系统组成

2. 主要部件简介

(1)EPS 电控单元。接收来自各种传感器的信号,判断现行的车辆情况,并决定依次施加到 DC 电动机的辅助电流。

(2)转矩传感器。如图 18-23 所示,当驾驶员操作转向盘时,转向转矩通过转向主轴把转向转矩施加到转矩传感器输入轴上。检测圈 1 和 2 定位在输入轴(转向盘一侧)上而检测圈 3 则定位在输出轴(转向机一侧)上。输入轴和输出轴通过拉杆连接。同时,检测圈外周上都没有外接触检测线圈以便形成激励电路。当产生转向转矩时,扭转拉杆。在检测圈 2 和 3 之间产生一个相位差。根据这个相位差,把与输入转矩成正比的信号输出到电子控制模块。根据这个信号,电子控制模块计算出当前车速下电动机的辅助转矩并驱动电动机。

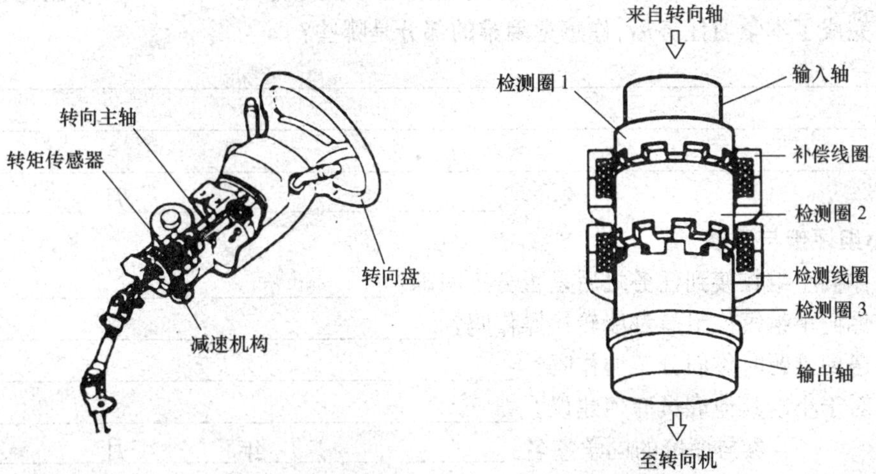

图 18-23　转矩传感器

(3)直流电动机是由转子、定子和电机轴组成,减速机构是由涡轮蜗杆装置组成的,如图18-24所示。直流电动机把由转子产生的转矩传送给减速机构。然后,减速机构把该转矩传送给转向轴。由轴承支撑的涡轮蜗杆传动装置,能够减小噪声。因此,即使直流电动机断开转向主轴的旋转和不固定减速机构,转向盘仍可以转向。

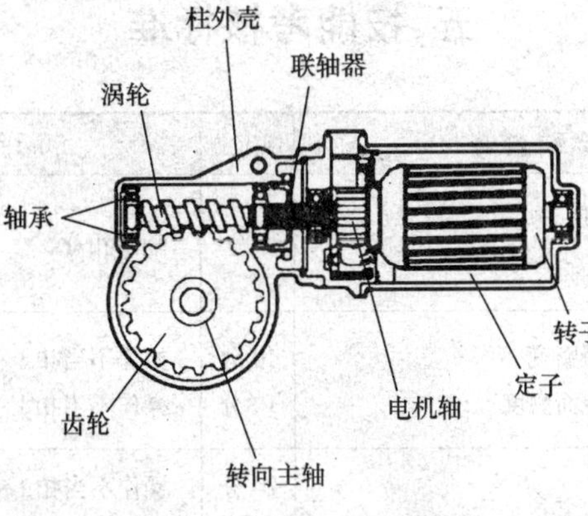

图 18-24　直流电动机和减速机构

四、评价与反馈

1. 自我评价与反馈

(1)你是否知道助力转向装置的基本组成?(　　)

A. 知道　　B. 不知道

(2)你是否能够完成助力转向装置的基本检查?(　　)

A. 能够完成　　B. 在小组协作下能够完成　　C. 不能完成

(3)你是否能够完成滑柱的拆卸与装配?(　　)

A. 能够完成　　B. 在小组协作下能够完成　　C. 不能完成

(4)完成了本学习任务后,你感觉困难的部分是哪些?

____

____

____

签名:________ ________年________月________日

2. 小组评价与反馈

(1)你们小组在接到任务之后是否分工明确?________________

(2)你们小组每位组员都能轮换操作吗?________________

(3)遇到难题时你们分工协作吗?________________

(4)对于小组其他成员有何建议?________________

参与评价的同学签名:________ ________年________月________日

3. 教师评价及回复

____

____

____

教师签名:________ ________年________月________日

五、技能考核标准

序号	项目	操作内容	规定分	评分标准	得分
1	准备	清点工具、量具 清理工位	5分	酌情扣分	
2	基本检查	检查传动带张紧度 检查转向液液面高度	10分 10分	操作不当扣1~10分 操作不当扣1~10分	
3	检测	检测油压 系统排空气 转向力的检查	10分 15分 10分	操作不当扣1~10分 操作不当扣1~15分 操作不当扣1~10分	
4	装配	按顺序装配	20分	顺序有错漏扣10分	
5	时间	30min	10分	超时1~10 min扣1~10分 超时10 min以上扣10分	
6	安全文明	无安全隐患,无不文明操作	5分	未达标扣1~5分	
7	结束	工具、量具清洁并归位 工作场地清洁	5分 5分	漏一项扣1分,未做扣5分 清洁不彻底扣1~5分,未做扣5分	
总分			100分		

学习任务十九　盘式制动器的检修

任务要求

完成本学习任务后，你应：

1. 掌握制动器的作用及分类；
2. 掌握盘式制动器的结构；
3. 掌握盘式制动器的工作原理；
4. 能够查阅维修手册，规范检修盘式制动器及制动钳；
5. 能够选择合适的工具与仪器，实施教学计划。

建议学时：8学时

任务描述

桑塔纳2000GSi型轿车以中速行驶时，踩下制动踏板，转向盘上下抖动。因为制动系统和转向系统在受到冲击时均会影响到转向盘，在诊断该故障时，先检查转向系统，然后再检查制动系统。经检查发现制动盘端面圆跳动量超过使用极限，需检修。

一、理论知识准备

（一）制动系概述

汽车制动系的作用是使行驶中的汽车按驾驶员的要求减速、停车和驻车，如图19-1所示。

汽车制动系一般包括两套独立的制动装置，即行车制动装置和驻车制动装置。制动器通过其中的固定元件对旋转元件施加制动力矩，使后者的旋转角速度降低，同时依靠车轮与地面的附着作用，产生路面对车轮的制动力，使汽车减速。

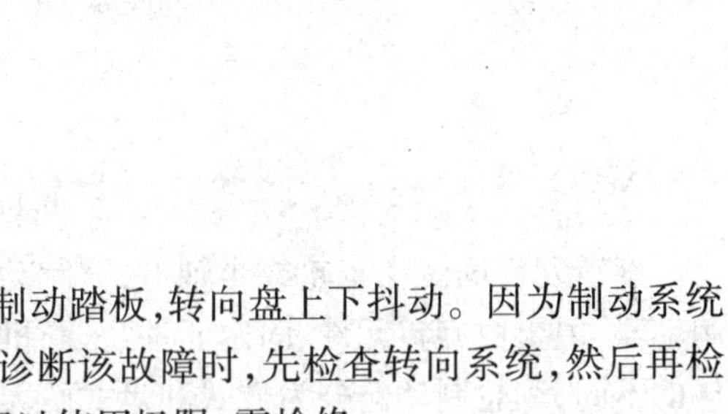

图19-1　汽车制动系的作用

制动系一般包括制动踏板、液压制动总泵、制动分泵、制动管路、车轮制动器总成等部分，如图 19-2 所示。

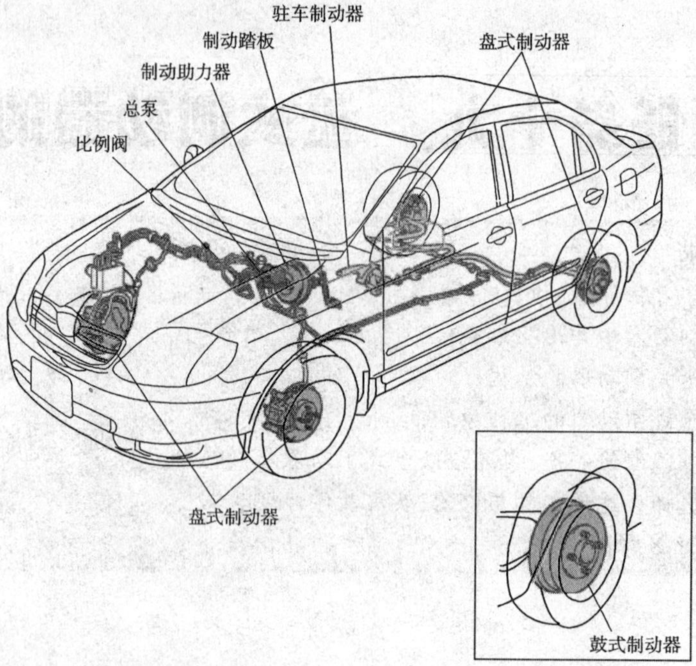

图 19-2　制动系的组成

旋转元件固装在车轮或半轴上,即制动力矩直接作用于两侧车轮上的制动器称为车轮制动器,主要由旋转元件、固定元件、张开机构和调整机构组成。根据车轮制动器中旋转元件的不同,车轮制动器分为鼓式和盘式两大类,其制动原理的示意图如图 19-3 所示。

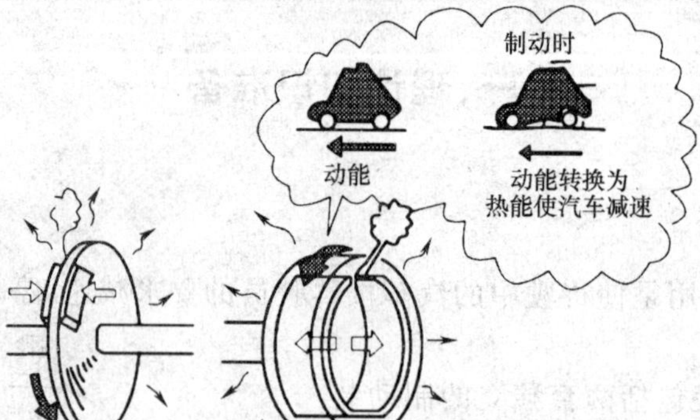

图 19-3　制动原理的示意图

(二)盘式制动器的组成及工作原理

盘式制动器是由制动片夹紧制动盘产生制动的。固定在轮毂上并同车轮一起旋转的制动盘与制动片摩擦材料,在制动系统液压或机械力的作用下产生摩擦作用,使汽车减速或停车。

盘式制动器摩擦副中的旋转元件是以端面工作的金属圆盘,即制动盘。固定元件一般是工作面积不大的摩擦块与金属背板组成的制动片,每个制动器中有 2 ~ 4 个。这些制动片及促动装置都装在横跨制动盘两侧的夹钳形支架中,称为制动钳。这种由制动盘和制动钳组成的制动器称为钳盘式制动器,如图 19-4 所示。目前,钳盘式制动器越来越多地被各级轿车和载货汽车用作车轮制动器,可分为定钳盘式和浮钳盘式两类。

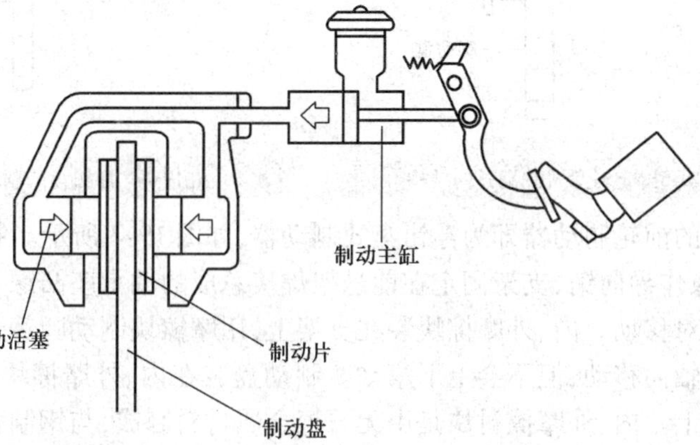

图 19-4　钳盘式制动器

1. 定钳盘式制动器

制动钳固定安装在车桥上,既不能旋转也不能轴向移动,内部的两个活塞分别位于制动盘的两侧。制动时,制动油液由制动主缸经进油口进入钳体中两个相通的液压腔中,两活塞在液压作用下移向制动盘,将两侧的制动块压向与车轮固定连接的制动盘,产生制动力。定钳盘式制动器的结构如图 19-5 所示。

油缸活塞与制动块之间通过消声片传力,可以减轻制动时产生的噪声。定钳盘式制动器的油缸较多,使制动钳既结构复杂,又尺寸过大,难以适应现代汽车的使用要求,已很少使用。

2. 浮钳盘式制动器

浮钳盘式制动器的结构如图 19-6 所示。制动钳通过导向销与车桥相连,可以相对于制动盘轴向移动。制动钳只在制动盘的内侧设置油缸,而外侧的制动块则附装在钳体上。

制动时,来自制动主缸的液压油通过进油口进入制动轮缸,推动活塞及制动块向右移动,压在制动盘上,于是制动盘给活塞一个向左的反作用力,使活塞连同制动钳整体沿销钉向左移动,直到制动盘右侧的制动块也压紧在制动盘上。此时,两侧的制动块都压在制动盘上,夹住制动盘使其制动。

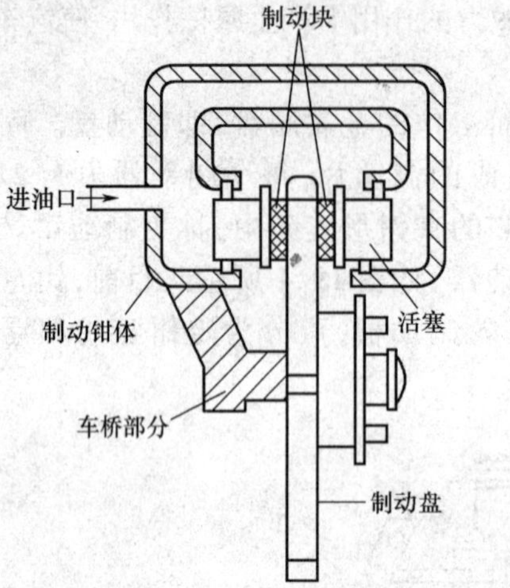

图 19-5 定钳盘式制动器的结构

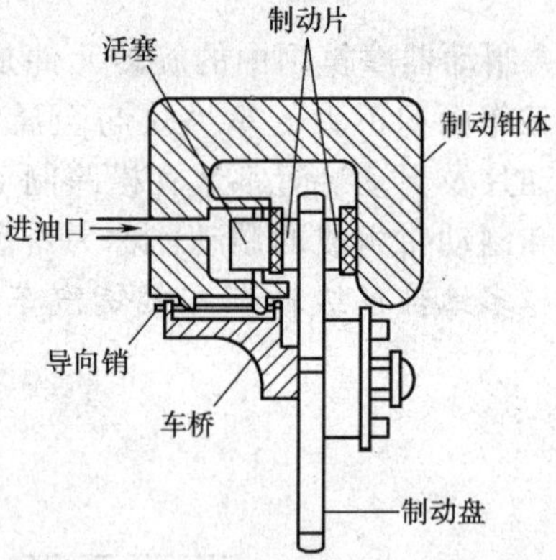

图 19-6 浮钳盘式制动器的结构

桑塔纳轿车的前轮制动器即为浮钳盘式制动器，如图 19-7 所示。制动钳用螺栓与支架相连，螺栓同时兼作导向销，支架固定在前悬架焊接总成的轴承座凸缘上。壳体可沿导向销与支架做轴向相对移动。内、外摩擦块装在支架上，用摩擦块制动弹簧卡住，使内、外摩擦块可以在支架上做轴向移动，但不会上下窜动。制动盘装在内、外摩擦块之间，并通过轮胎螺栓固定在前轮毂上。内、外摩擦衬块是由无石棉金属材料制成，与钢制背板牢牢黏合在一起组成了内、外摩擦块。

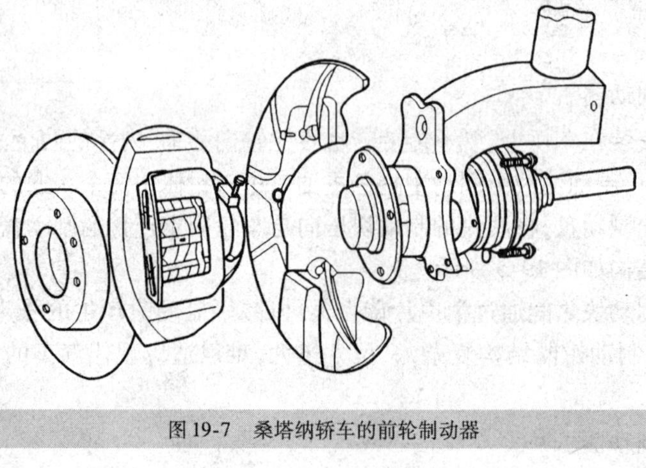

图 19-7 桑塔纳轿车的前轮制动器

二、实践操作

(一)实践准备

(1)桑塔纳 2000GSi 型轿车一辆。

(2)配套使用的制动片、游标卡尺、车轮扳手、一字螺丝刀、接杆、棘轮扳手、扭力扳手、尖嘴钳、鲤鱼钳、粗砂布、防护手套、车轮支架、棉纱。

（3）干净的抹布。

（4）维修手册、工单等。

（二）技术要求及注意事项

（1）制动片检查或更换周期的规定：检查周期为7500km，更换周期为4万～5万km。

（2）前轮制动片标准厚度值为14mm，磨损极限为2.5mm（注：包含底板厚度值）。

（3）车轮螺栓力矩为110N·m；制动钳螺栓力矩为70N·m。

（4）安装时，禁止将油液、油脂和水等黏附到制动片上。

（5）不同车型的技术要求可能不同，请查阅相应的维修手册。

（三）盘式制动器的检修

1. 制动片的检查

当过度磨损时，应更换新件，垫块厚度是衬片与制动器垫块本体的和。绝不能用砂纸抛光制动器垫块衬片，否则砂纸的硬颗粒会渗入衬片内，可能会损坏制动盘，当制动器衬片需要更换时，应使用新件。图19-8所示为测量制动器垫块的厚度。

小提示

拆卸制动器垫块时，应观察卡钳上有无制动液泄漏，如有泄漏，应修理。

2. 分泵滑销/卡钳销螺栓的检查

检查滑销是否能平滑移动，如图19-9所示。如发现有损坏，应修理或更换，给滑销和卡钳销螺栓外表面涂抹橡胶润滑脂，橡胶润滑脂的黏度在－40℃条件下基本不受影响。

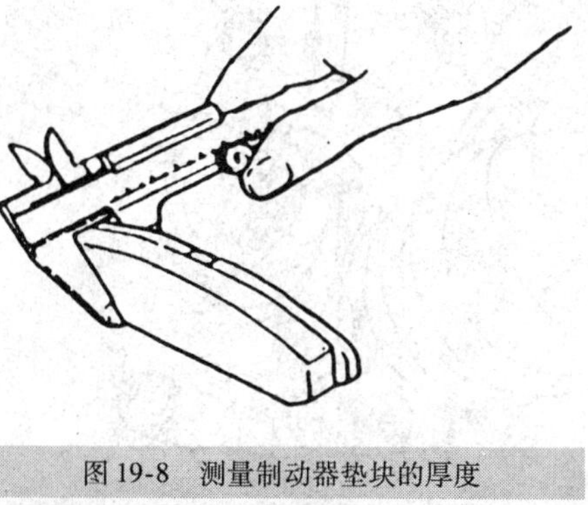

图19-8　测量制动器垫块的厚度

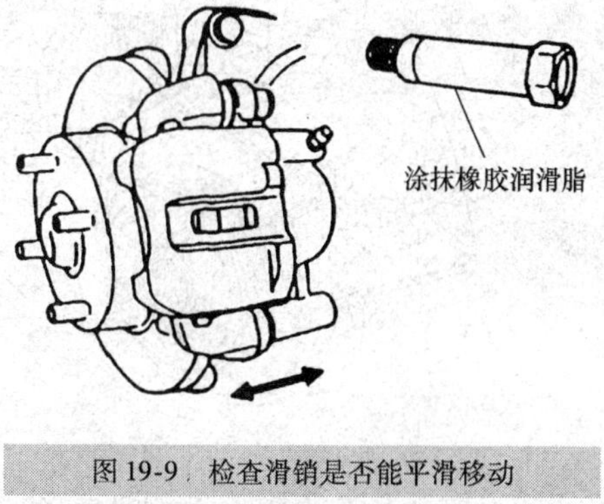

图19-9　检查滑销是否能平滑移动

3. 防尘罩和衬套的检查（图19-10）

检查防尘罩和衬套是否有裂纹和损坏，如有损坏，应更换。

4. 制动盘

检查制动盘表面与磨损件的擦痕。定期检查或更换时，应注意制动盘表面有擦痕是正常的,制动盘并没有损坏,除非擦痕十分严重。但是当制动盘表面上的擦痕过深或过高时,应更换制动盘。如只有一侧有擦痕,应抛光修理此侧。制动盘厚度的检查如图19-11所示。

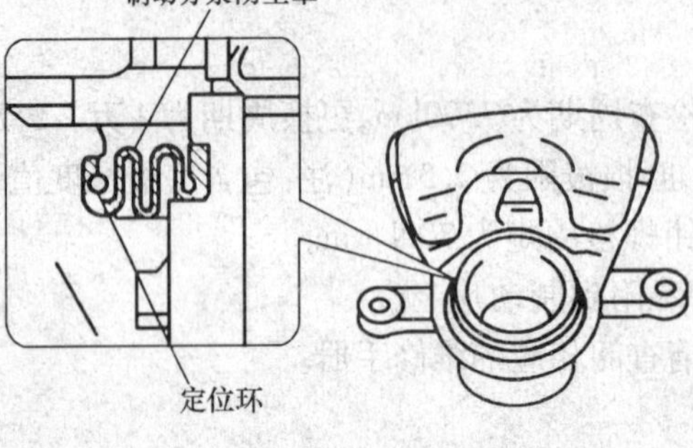

图 19-10　防尘罩的检查

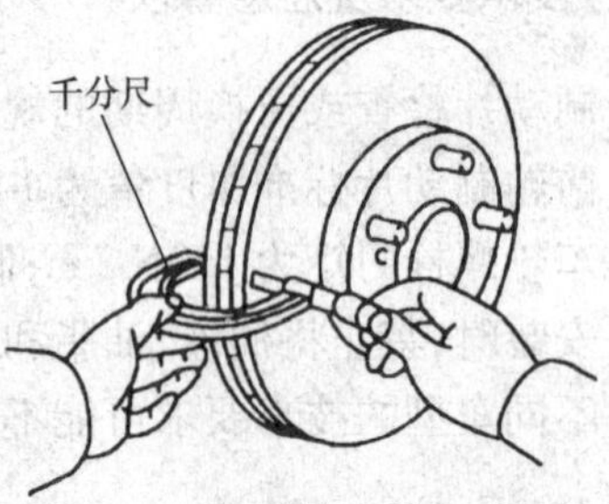

图 19-11　检查制动盘的厚度

使用车轮螺母把制动盘对着轮毂固牢,然后安装百分表测量制动盘的端面圆跳动,如图19-12 所示。制动盘偏差极限是 0.10mm。测量前,应检查前车轮轴承是否有松动。

(四)检查和更换盘式制动器的制动片

1. 检修准备

(1)小组共同清洁工位、清点工量具,保持场地、设备、工量具干净、整齐及性能良好。

(2)安装好车轮挡块、使用空挡和驻车制动。

(3)安装好前栅格布和翼子板布及护套。

2. 拆卸左前车轮,排出制动液

3. 拆下前制动轮缸

(1)从制动轮缸上拆下接头螺栓和垫圈,拆卸软管,如图 19-13 所示。

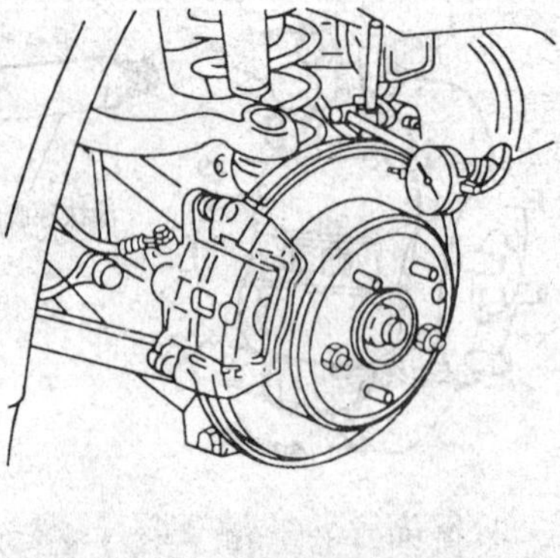

图 19-12　测量制动盘的端面圆跳动

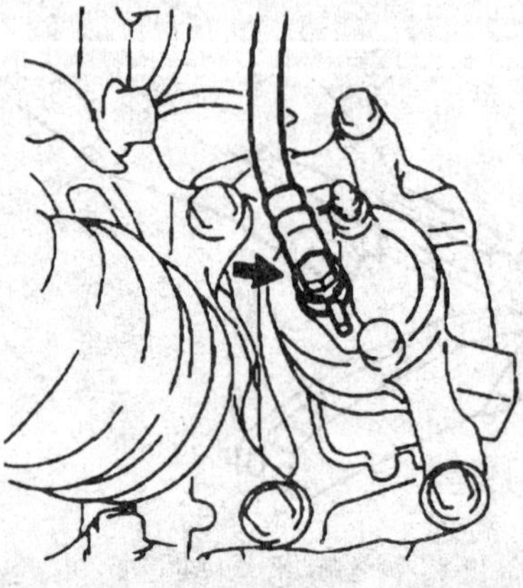

图 19-13　拆卸制动轮缸软管

(2)固定制动轮缸滑动销后,拆下紧固螺栓,如图 19-14 所示。

4. 拆下 2 块带消音垫片的制动片(图 19-15)

5. 拆卸制动轮缸的滑动销

6. 检查制动片厚度(图 19-16)

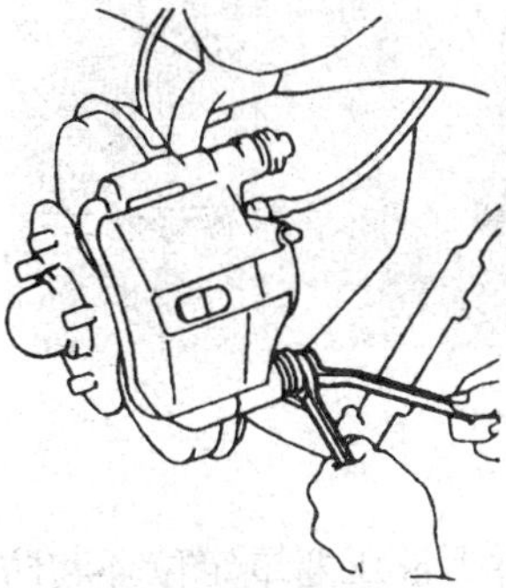

图 19-14　拆下制动钳紧固螺栓

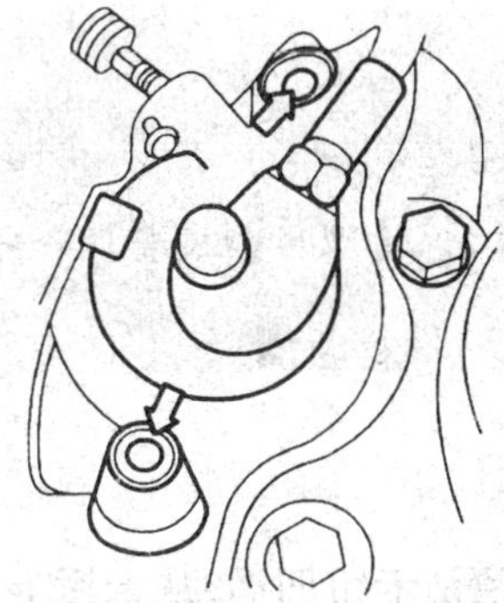

图 19-15　拆下制动片

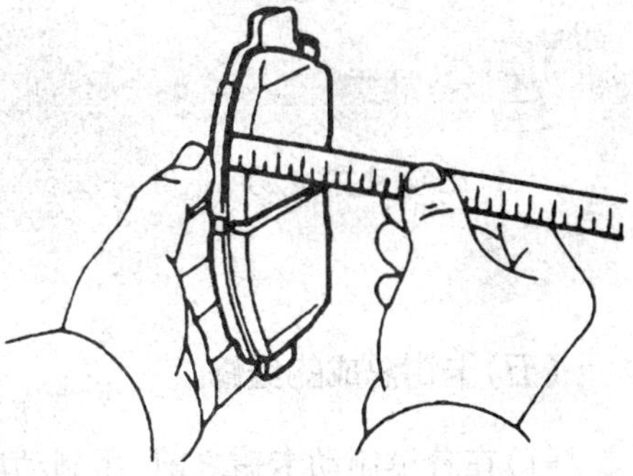

图 19-16　测量制动片的厚度

用游标卡尺,测量制动片厚度。如果接近或达到极限值,应更换新件。标准厚度为14mm,最小厚度为 2.5mm。

7. 检查制动磨损指示器钢片

钢片应有足够的弹性,无变形、破裂或磨损,并清除锈蚀、脏物或其他污染。

8. 检查制动盘厚度

使用干净棉纱将前轮制动盘的摩擦表面擦拭干净,用千分尺测量制动盘厚度,标准厚度为 20mm,最小厚度为 18mm。

9. 拆下制动盘

注意在制动盘和轮毂上做记号。

10. 安装制动盘

注意选择制动盘摆动量最下的位置进行安装,检查制动盘摆动量。

(1)临时紧固制动盘,紧固力矩为 103N · m。

(2)使用干净棉纱将前轮制动盘摩擦表面擦拭干净。

(3)将百分表表座吸附在转向节的适当位置,测量制动盘端面圆跳动量。桑塔纳 2000GSi 型轿车前轮制动器制动盘端面圆跳动量不超过 0.06mm,如果制动盘的端面圆跳动量已接近或超过允许值范围,应更换。

小提示

安装盘式制动器应注意以下几点:一是在安装前,应用与主缸储液器内相同的液体把每个元件清洗干净;二是绝不能用其他的液体或稀释剂;三是在把活塞和活塞密封件安装到泵上以前,应在活塞和活塞密封件上涂抹制动液;四是在重新组装好制动管后,应进行排气操作。

11. 按拆卸相反顺序装配左右前轮及制动器

12. 结束工作

取下驾驶室内的保护罩、翼子板上的护裙,擦拭发动机装饰罩,拆除护裙,关闭发动机罩，清理工具和仪器，清洁地面卫生。

小提示

作业项目完成后，要做好工位的清洁、清理、清扫、整理和整顿工作，培养良好的工作习惯。

（五）卡钳总成的维修

（1）在分解制动卡钳之前，用制动液清洁卡钳四周，从卡钳上拆下液压塞罩定位环和防尘罩，用平片式工具撬脱，小心不能损坏防尘罩，如图19-17所示。

（2）通过装配软管的螺栓孔将压缩空气注入泵内。在空气压力的作用下，活塞能从泵内被推出，如图19-18所示。不能施加太大压力的压缩空气，否则会导致活塞与泵脱离，应用中等程度的压缩空气，缓缓吹入拉出活塞。使用压缩空气时，不能把手指放在活塞前面。

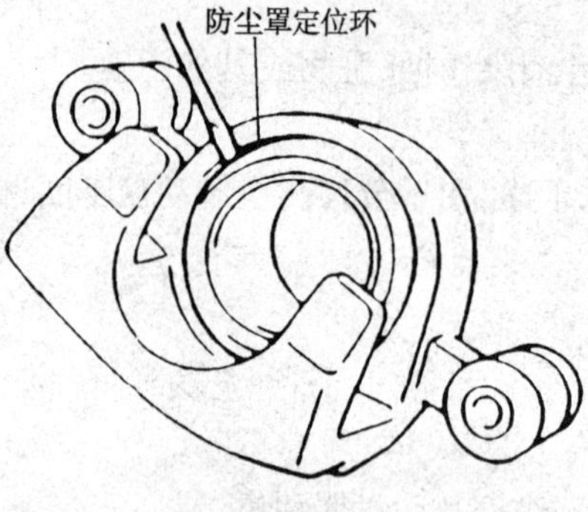

图19-17　拆下液压塞罩的定位环和防尘罩

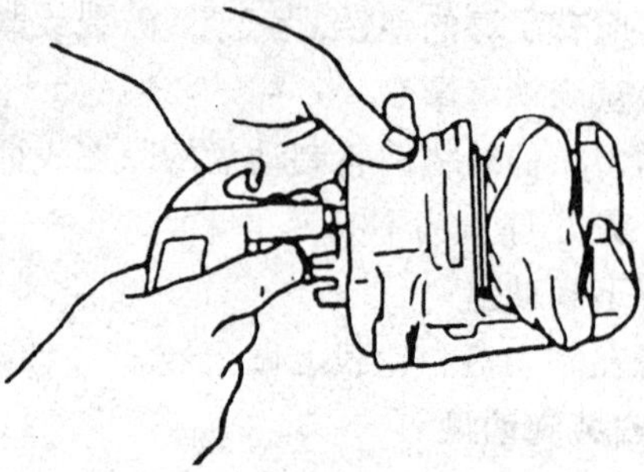

图19-18　拆卸制动活塞

（3）使用厚薄规等薄刀片工具拆下活塞密封件，如图19-19所示，小心不能损坏泵内壁（镗孔内侧）。

（4）检查分泵防尘罩是否有破裂、裂纹和损坏，如有损坏，应及时更换，如图19-20所示。

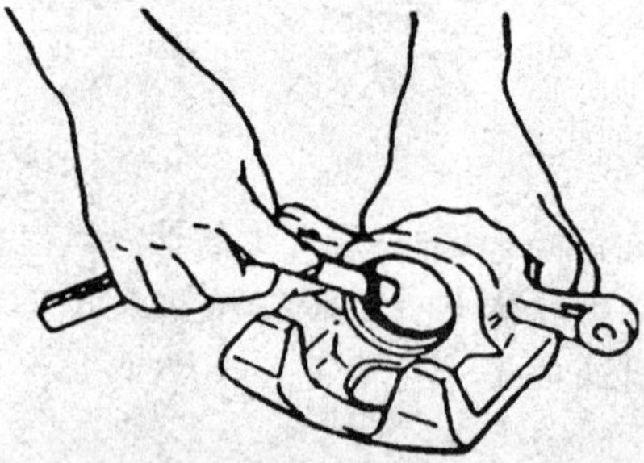

图19-19　拆下活塞密封件

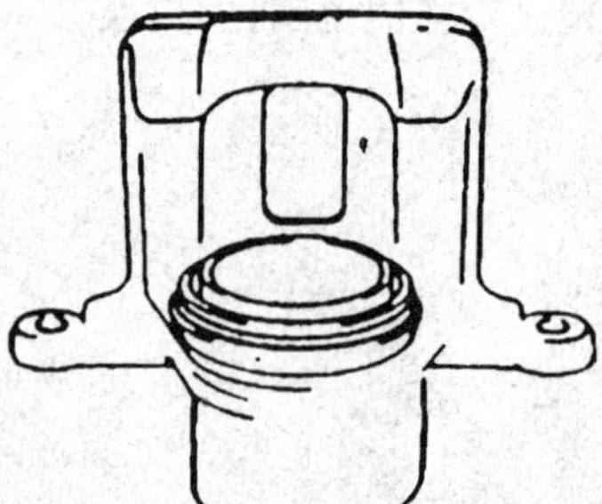

图19-20　检查分泵防尘罩

（5）检查活塞密封圈。制动垫块衬片若过度磨损或磨损不均都可能是活塞回位不平滑的原因，在这种情况下，应更换橡胶密封圈，如图19-21所示。

(6)活塞密封件的安装。活塞密封件用于密封活塞及泵,并用于调节摩擦块和制动盘之间的间隙,每次大修时,用新件更换。应把活塞密封件装入泵槽内,注意不能扭曲。

(7)活塞及防尘罩的安装。

①在把活塞插入泵内之前,把防尘罩安装到活塞上,如图 19-22 所示。

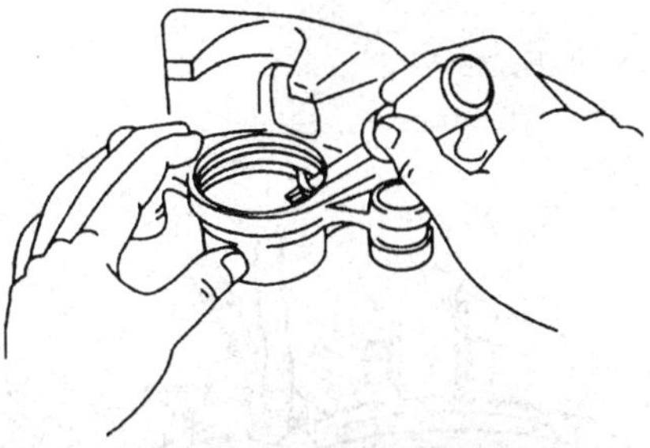

图 19-21　检查活塞橡胶密封圈

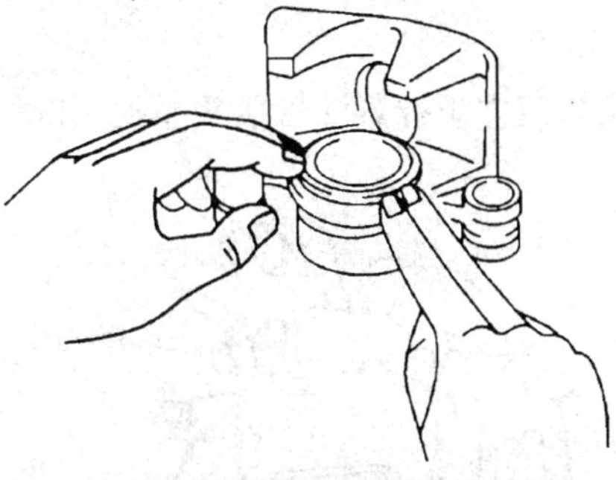

图 19-22　安装活塞防尘罩

②用手指将防尘罩按入泵槽内,如图 19-23 所示。

③用手将活塞插入泵内,把防尘罩装入活塞防尘罩槽内,如图 19-24 所示。

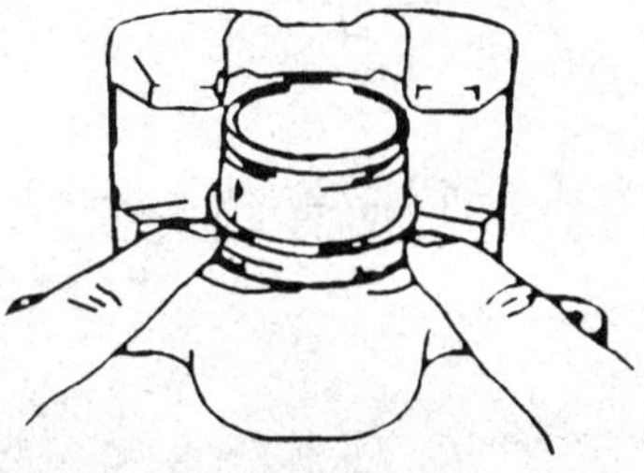

图 19-23　安装防尘罩到泵槽内

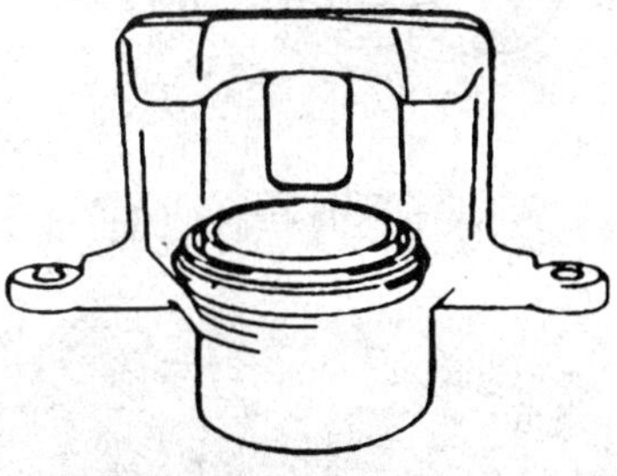

图 19-24　安装活塞

④为保证防尘罩被恰当地装入泵槽内,应把活塞从泵内拉出少许,但不能全部拉出,如图 19-25 所示。注意防尘罩的 B 面应与泵 A 面在同一高度。

⑤用手把活塞插入泵内,安装防尘罩定位环,并固牢。

(8)卡钳的安装。在把卡钳(泵体)装到托架上之前,应检查卡钳能否在插入方向内平滑移动,如图 19-26 所示。在气温低达 -30℃ 的寒冷条件下,使用橡胶润滑脂,因为它的黏度变化非常小,即使在 -40℃ 时也是如此。

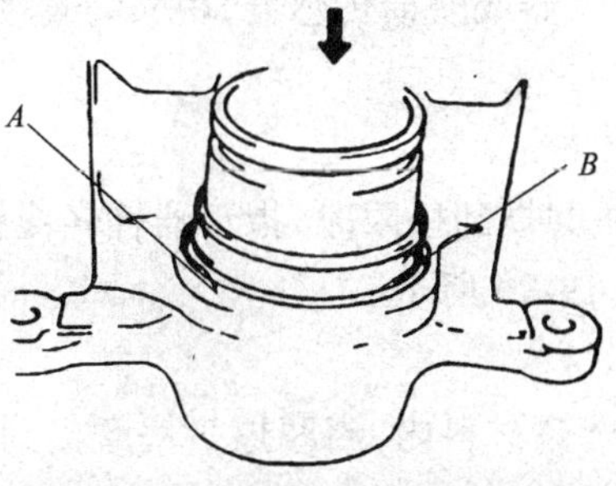

图 19-25　检查防尘罩的安装位置

图 19-26　安装卡钳

(9)卡钳总成的安装。

①把卡钳和软管连接起来。

②给卡钳销螺栓和滑动销涂抹润滑脂,然后把卡钳装到卡钳托架上。

③按规定力矩拧紧卡钳销螺栓,如图 19-27 所示,确保防尘罩牢固装入槽内,拧紧力矩为 85N·m。

④按规定力矩拧紧油管接头螺栓,如图 19-28 所示。

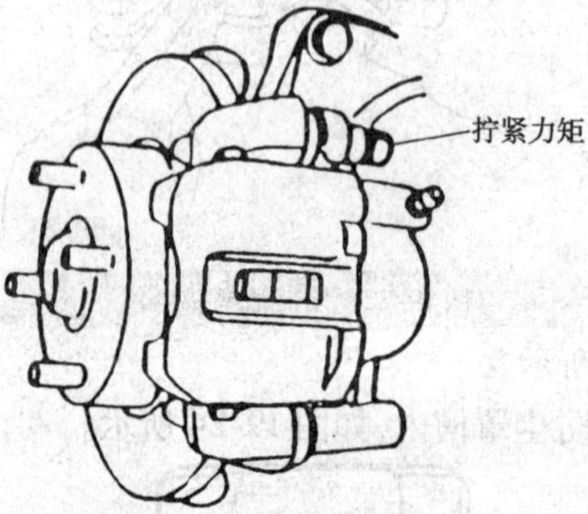

图 19-27　紧固卡钳销螺栓

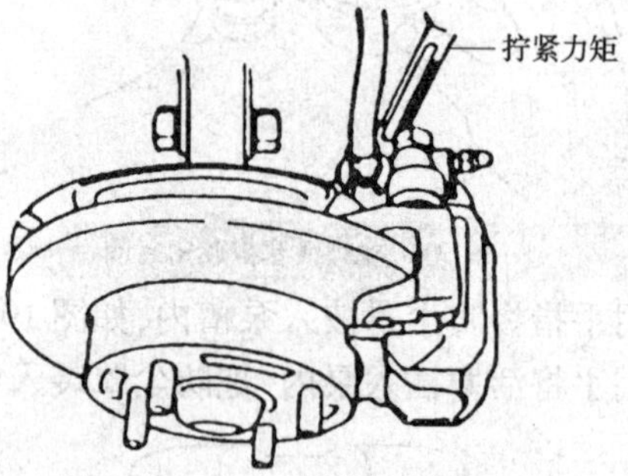

图 19-28　安装分泵油管

小提示

拧紧接头螺钉时,软管不能扭曲,否则,应重新连接。把 E 形环装入支柱固牢。拧紧力矩为 16 N·m。

(10)安装好后,将制动液加入储液器,并从制动系统内排出空气,执行制动试验并检查是否漏油。

三、学习拓展

许多现代制动系统采用摩擦衬块磨损指示器或磨损传感器,用来向驾驶员提出需要更换摩擦衬片的警告。

1. 磨损指示器

磨损指示器安装在制动摩擦块上,当衬块磨损到极限时,指示器轻轻接触制动盘,在行驶中发出响声。磨损指示器工作示意图如图 19-29 所示。

2. 磨损传感器

磨损传感器是一种触觉传感器,安装在摩擦材料内,当摩擦衬块磨损到与传感器接触时,仪表板上的警报灯点亮。图 19-30 所示为磨损传感器报警装置。

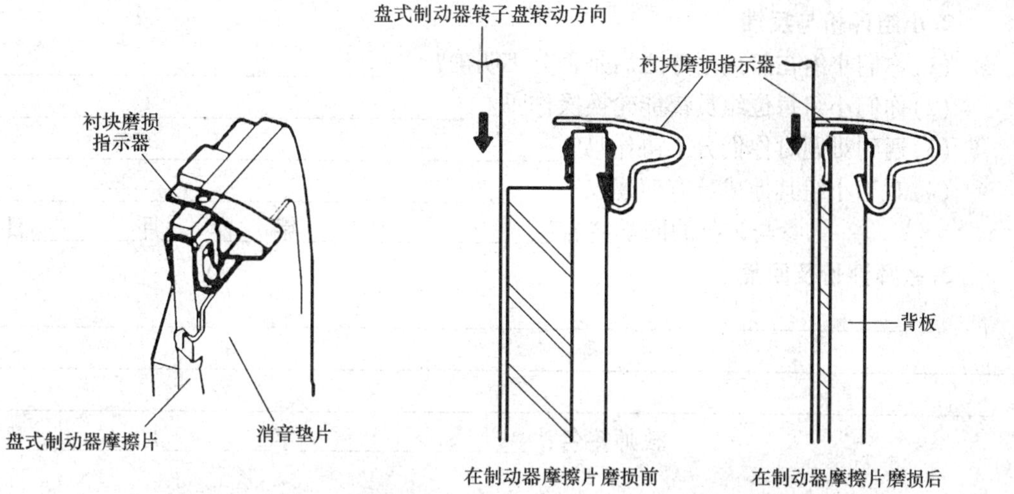

图 19-29　磨损指示器工作示意图

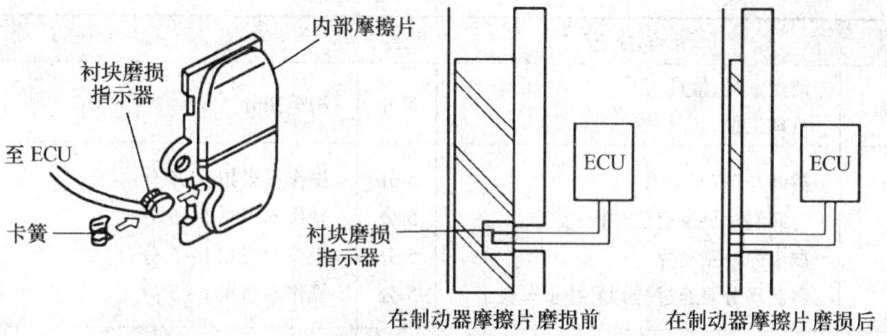

图 19-30　磨损传感器报警装置

四、评价与反馈

1. 自我评价与反馈

(1)你是否知道盘式制动器的基本组成?(　　)

A. 知道　　　　B. 不知道

(2)你是否能够完成桑塔纳前轮盘式制动器的检修?(　　)

A. 能够完成　　　　B. 在小组协作下能够完成　　　　C. 不能完成

(3)你是否能够完成桑塔纳前轮盘式制动器的拆卸与装配?(　　)

A. 能够完成　　　　B. 在小组协作下能够完成　　　　C. 不能完成

(4)完成了本学习任务后,你感觉困难的部分是哪些?

____

____

____

签名:________　________年________月________日

2. 小组评价与反馈

(1)你们小组在接到任务之后是否分工明确?______

(2)你们小组每位组员都能轮换操作吗?______

(3)遇到难题时你们分工协作吗?______

(4)对于小组其他成员有何建议?______

参与评价的同学签名:______ ______年______月______日

3. 教师评价及回复

______

______

______

教师签名:______ ______年______月______日

五、技能考核标准

序号	项目	操作内容	规定分	评分标准	得分
1	准备	清点工具、量具 清理工位	5分	酌情扣分	
2	拆卸	拆卸左/右前车轮 拆卸制动分泵定位螺栓 取出内外制动片 将制动分泵通过挂钩悬挂于车身上	5分 5分 5分 5分	操作不当扣1~5分 操作不当扣1~5分 操作不当扣1~5分 操作不当扣1~5分	
3	检测	检查制动片磨损情况 检查分泵滑销是否能平滑移动 检查防尘罩和衬套是否裂纹和损坏 检查制动盘厚度 检查制动盘端面圆跳动	5分 5分 5分 10分 10分	检查不当扣1~5分 检查不当扣1~5分 检查不当扣1~5分 操作不当扣1~10分 操作不当扣1~5分	
4	装配	安装内外制动片 安装制动分泵 安装制动分泵定位螺栓 安装左/右前车轮	5分 5分 5分 5分	操作不当扣1~5分 操作不当扣1~5分 操作不当扣1~5分 操作不当扣1~5分	
5	时间	45min	5分	超时1~10 min扣1~5分 超时10 min以上扣5分	
6	安全文明	无安全隐患,无不文明操作	5分	未达标扣1~5分	
7	结束	工具、量具清洁并归位 工作场地清洁	5分 5分	漏一项扣1分,未做扣5分 清洁不彻底扣1~5分,未做扣5分	
总分			100分		

学习任务二十　鼓式制动器的检修

任务要求

完成本学习任务后,你应:

1. 了解鼓式制动器的分类;
2. 掌握鼓式制动器的结构及其工作原理;
3. 能够查阅维修手册,规范检修鼓式制动器;
4. 能够选择合适的工具与仪器,实施教学计划。

建议学时:10 学时

任务描述

一辆桑塔纳 2000GSi 型轿车出现制动拖滞。该车在行驶途中,驾驶员发现在松开制动踏板后,后轮制动器不能迅速或完全松脱,有拖滞现象,而且越来越明显,进行检查后发现制动蹄片铆钉全部松动,需对后轮制动器进行检修。

一、理论知识准备

1. 鼓式车轮制动器的分类

按张开机构不同,鼓式车轮制动器可分为分泵式车轮制动器、凸轮式车轮制动器和楔式车轮制动器;根据制动过程中两制动蹄产生制动力矩的不同,可分为领从蹄式(图 20-1)、单向双领蹄式(图 20-2)、双向双领蹄式(图 20-3)、双从蹄式、单向自增力式(图 20-4)和双向自增力式(图 20-5)等几种形式。本任务我们主要介绍分泵式领从蹄式鼓式车轮制动器。

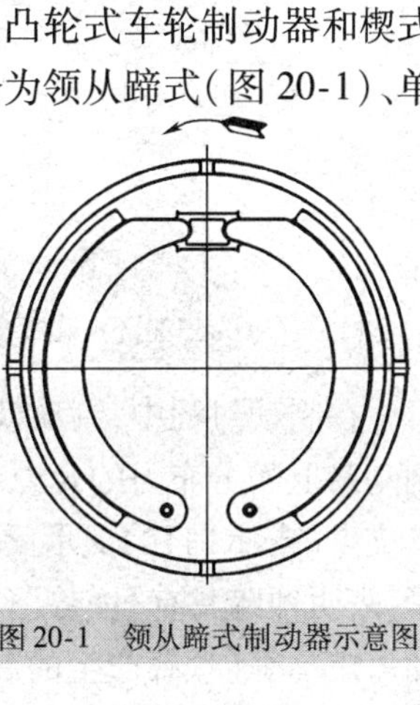

图 20-1　领从蹄式制动器示意图

2. 领从蹄式制动器的工作原理

如图 20-6 所示,汽车前进时制动鼓按图示箭头方向旋转。制动时,前后制动蹄在制动分泵活塞的推力作用下分别绕各自的支点旋转,由于前蹄的张开方向与制动鼓的旋转方向相同,称之为领蹄;反之,后蹄的张开方向与制动鼓的旋转方向相反,称之为从蹄。

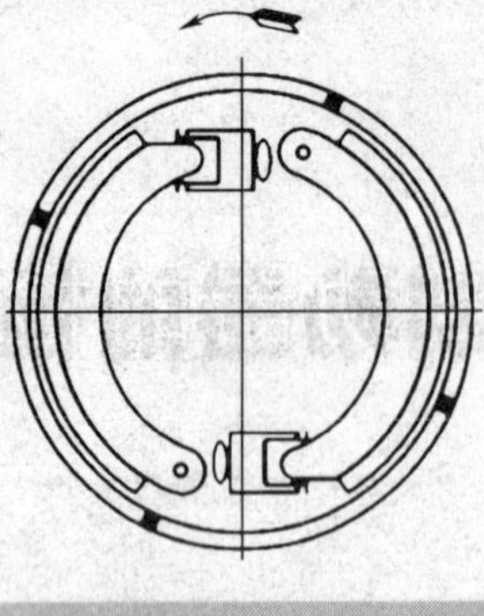

图 20-2　单向双领蹄式制动器示意图

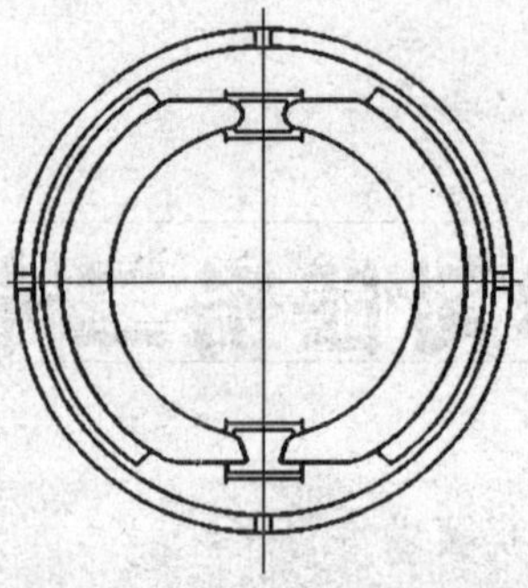

图 20-3　双向双领蹄式制动器示意图

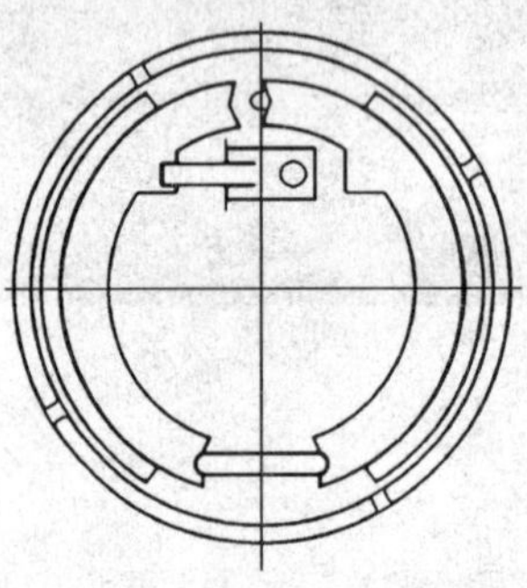

图 20-4　单向自增力式制动器示意图

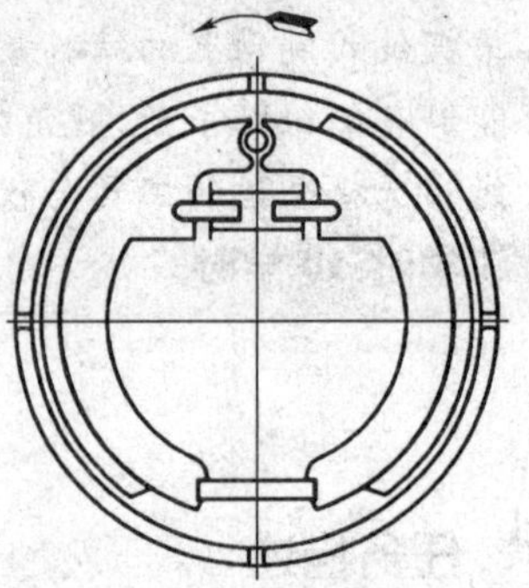

图 20-5　双向自增力式制动器示意图

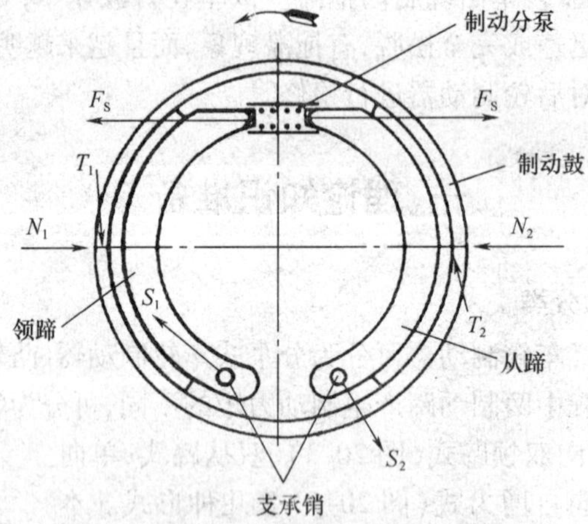

图 20-6　领从蹄式制动器

F_s-推力；N_1，N_2-法向反力；T_1，T_2-直向反力；S_1，S_2-支承反力

在制动过程中，制动鼓分别对领、从蹄作用有法向反力和切向反力，这些力均为作用在制动蹄上的分布力的合力。制动蹄所承受的由制动鼓作用的法向反力和切向反力的合力由其支点(支承销)的支承反力平衡。领蹄上切向合力作用的结果使领蹄在制动鼓上压得更紧，表明领蹄具有“增势”作用；与此相反，从蹄具有“减势”作用。因此，领、从蹄所产生的制动力矩不等(领蹄产生的制动力矩约为从蹄制动力矩的 2～2.5 倍)，相同尺寸的领、从蹄磨

损程度不同(领蹄的磨损较为严重)。此外,领从蹄式制动器的制动鼓受到的来自领、从蹄的法向反力 N_1 和 N_2 不平衡,则两蹄法向力之和只能由车轮轮毂轴承的反力来平衡,这就对轮毂轴承造成了附加径向荷载,寿命缩短。凡制动鼓所受来自两蹄的法向力不能互相平衡的制动器称为非平衡式制动器。

3. 领从蹄式制动器的结构

桑塔纳轿车后轮的鼓式制动器如图 20-7 所示。制动分泵是双活塞内张式液压分泵,制动底板由螺栓固定在后桥轴端的支承座上,制动分泵用螺钉固定在制动底板上方,支架、止挡板用铆钉紧固在底板下方,构成制动底板总成。制动蹄稳定销、稳定弹簧及弹簧座将制动蹄紧压在制动底板的带储油孔的支承平面上,防止制动蹄轴向窜动。制动蹄上固定有斜楔支承,用来支承调节间隙用的楔形块,称为带斜楔装置的制动蹄总成。制动蹄上铆有可以绕销轴自由转动的制动杆,制动杆下端做成钩形,与驻车制动钢索相连,制动蹄称为带杠杆装置的制动蹄总成。摩擦衬片用空心铆钉与制动蹄铆接在一起,铆钉头埋入摩擦片中,深度约为新摩擦片的 2/3 左右。制动蹄的两端做成圆弧形,制动蹄复位弹簧分别将两个制动蹄上端贴靠在分泵左右活塞的端面上,下端贴靠在止挡板两端面上。

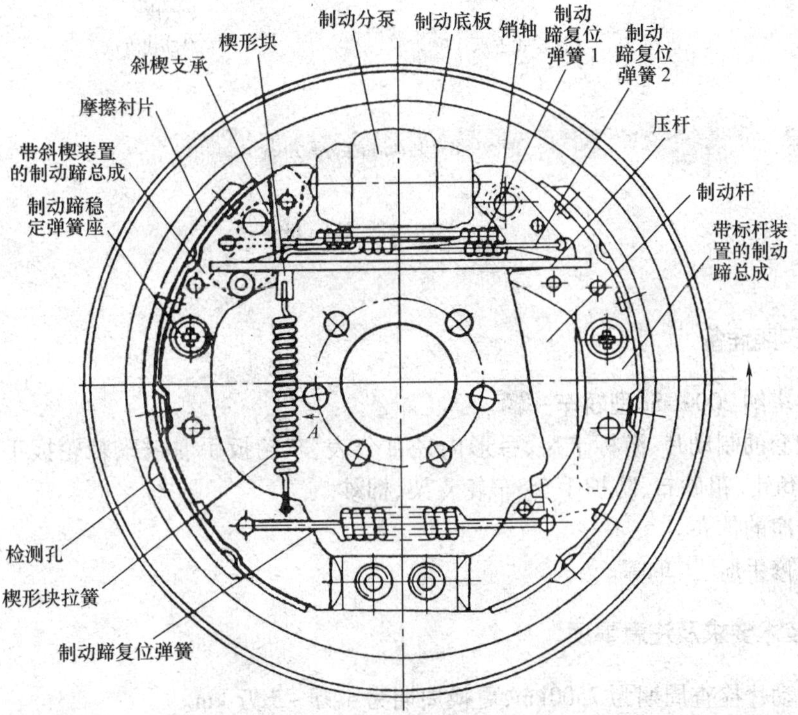

图 20-7　桑塔纳轿车后轮的鼓式制动器

制动时,分泵活塞在制动液压力的作用下推动制动蹄绕制动蹄与止挡板的接触点向外旋转,使摩擦片紧压在制动鼓上,产生制动力矩,使汽车制动。解除制动时,在复位弹簧的作用下制动蹄复位。

4. 制动蹄的支承

制动蹄的支承方式可分为固定式和浮动式两种，如图 20-8 所示。

固定式支承是把制动蹄的一端套在或顶在支承销上，只能绕支承销摆转，只有一个自由度。如果摩擦表面的几何形状加工不正确，摩擦片只能部分与制动鼓表面接触。

浮动式支承蹄的支承端呈弧形，支靠在制动底板上的支承块上，需用两个复位弹簧来拉紧定位。可使整个制动蹄向制动鼓的方向张开，又可沿支承块的支承平面（图中垂直方向）有一定量的滑移，具有两个自由度。浮动式支承蹄优点是在制动时，制动蹄与制动鼓可以自动定心，保证两者全面贴合。浮动式支承可以省掉一个调整点，调整制动蹄与制动鼓的间隙时，需踩下制动踏板使制动蹄贴合在制动鼓上，转动分泵端的调整机构使制动蹄与制动鼓能刚脱离接触即可。为了防止不制动时制动蹄片滑移，多把分泵布置在相当于时钟 3 时和 9 时的位置上。此种结构在小型汽车的制动器上广泛使用。

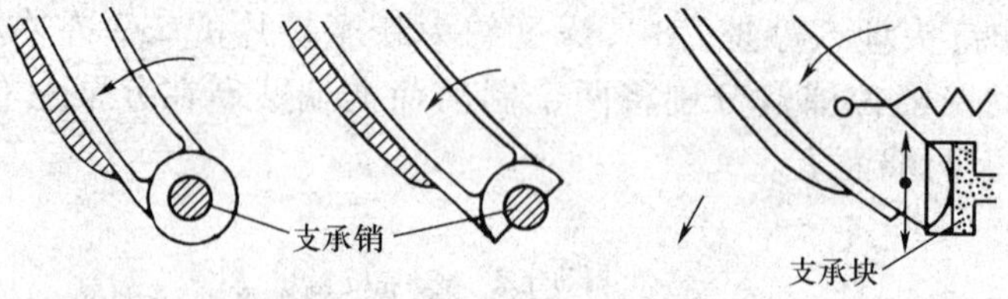

a)固定式支承　　b)浮动式支承

图 20-8　制动蹄的支承方式

二、实践操作

（一）实践准备

（1）桑塔纳 2000GSi 型轿车一辆。

（2）配套的制动片、游标卡尺、弓形内径百分表、车轮扳手、接杆、棘轮扳手、扭力扳手、尖嘴钳、鲤鱼钳、粗砂布、防护手套、车轮支架、棉纱。

（3）干净的抹布。

（4）维修手册、工单等。

（二）技术要求及注意事项

（1）制动片检查周期为 7500km，更换周期为 4 万 ~5 万 km。

（2）制动蹄标准厚度值为 5mm，磨损极限为 2.5mm（不包含底板厚度值）。

（3）制动器的制动鼓内径为 200mm，磨损极限≤1m，圆度误差≤0.10mm 。

（4）车轮螺栓力矩为 110N · m，制动钳壳力矩为 70N · m。

（5）安装时，禁止将油液、油脂和水等黏附到制动片上。

（6）不同车型的技术要求可能不同，具体数据参考对应的维修手册。

(三)鼓式制动器的检修与维护

1. 车轮制动器的维护

车辆进行二级维护时,需进行下列有关车轮制动器的作业项目。

(1)拆检各车轮制动器,检查制动鼓和制动蹄的技术状况。要求制动鼓内圆柱面的圆度误差、圆柱度误差及径向全跳动符合标准;制动鼓、制动蹄和制动蹄衬片不得有裂纹;摩擦片铆钉头的沉入量不得小于0.5mm,摩擦片表面应清洁无油污。

(2)检查和润滑制动蹄支承销,不得有发卡和锈蚀现象,制动蹄在支承销上应转动自如。

(3)凸轮式制动器,应紧固制动底板和制动凸轮轴支架,凸轮轴应转动自如不松旷。

(4)按规定对轮毂补给润滑脂。

(5)车轮制动器装复后,按规定调整制动蹄与制动鼓的间隙。气压制动系在制动状态下,制动气室推杆与调整臂应保持垂直。

2. 鼓式车轮制动器的检修

(1)制动鼓的常见损伤主要是工作表面的磨损、变形和裂纹。制动鼓不得有任何性质的裂纹,否则更换新件。按图20-9所示的方法测量制动鼓内径,内圆柱面的圆度误差不得大于0.15mm,圆柱度误差不得大于0.05mm,直径不得超过车辆规定的极限值。进口汽车制动鼓内圆柱面一般都标有允许的最大直径,超过规定应更换。桑塔纳2000GSi型轿车制动鼓直径的标准为200mm,极限直径为201mm。

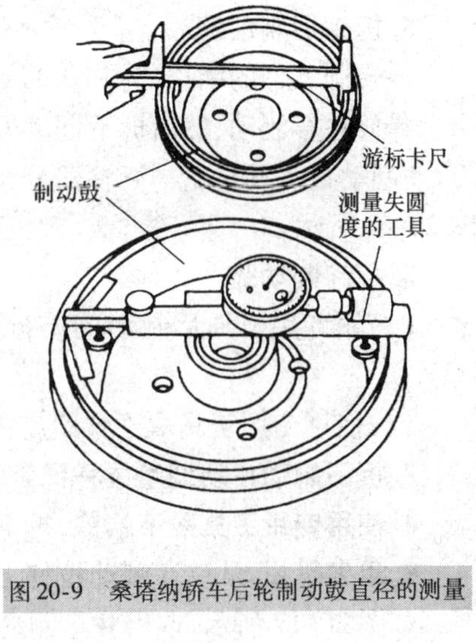

图20-9　桑塔纳轿车后轮制动鼓直径的测量

制动鼓内圆工作表面对旋转轴线的径向全跳动误差不得大于0.10mm。制动鼓圆度、圆柱度、径向全跳动误差超过规定时,应对制动鼓进行镗削,镗削后的制动鼓内径不得超过极限值,同轴两侧制动鼓的直径差应小于1mm。

制动鼓内圆表面的镗削,应在专用的制动鼓镗削机上进行。将制动鼓装在轮毂上,以轮毂内外轴承外座圈内锥面的公共轴线为基准配镗。因此,镗削前应检查两轴承内锥面的滚道有无斑点、剥落、松旷,轮毂承孔有无损伤等,若需更换轴承,应在轴承更换以后再进行镗削。

(2)制动蹄的常见损伤形式为摩擦片磨损、龟裂、制动蹄支承孔的磨损等。制动蹄不得有裂纹和变形,支承销孔与支承销的配合应符合原设计规定。制动蹄衬片的磨损不得超过规定值。当铆钉头的沉入量小于0.5mm,衬片龟裂和严重油污时,应更换衬片。衬片与制动蹄应严密贴合。不得垫入石棉垫,以免影响摩擦热的散热,局部最大缝隙不得超过0.10mm。

（四）桑塔纳2000GSi型轿车鼓式制动器的检修

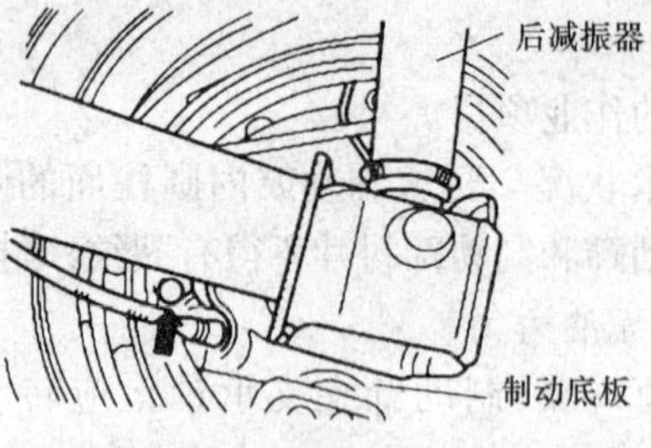

图20-10　检查制动蹄衬面厚度

1. 检修准备

（1）小组共同清洁工位、清点工量具，保持场地、设备、工量具干净、整齐及性能良好。

（2）安装好车轮挡块、使用空挡和驻车制动。

2. 检查制动蹄衬面厚度（图20-10）

拆下孔塞，通过检查孔检查制动蹄衬面厚度，如厚度小于最小值，更换制动蹄，最小厚度为1.0mm。

3. 拆卸后车轮

小提示

取下车轮及制动鼓时，要整体水平外移。如果车轮及制动鼓取下非常困难，可使用一字螺丝刀，插入制动鼓观察孔中，拨动驻车制动推杆上的楔形件，使制动蹄收缩，便可轻松取下车轮及制动鼓。

4. 排出制动液

排出制动液时，注意不要将制动液溅到油漆表面，如果溅到必须立刻清洗。

5. 拆卸后制动蹄

鼓式制动器的结构如图20-11所示。

释放驻车制动，然后拆下制动鼓。拆卸时按如下步骤操作：从检查孔中插入一平口螺丝刀，使制动自动调整轮与调整器分开，用另一把螺丝刀，转动调整轮来减少调整器的长度，如图20-12所示。

6. 拆卸制动蹄

（1）用专用工具从制动蹄上拆下张紧弹簧，分离驻车制动蹄的定位支柱，如图20-13所示。

（2）使用专用工具取下弹簧座，然后取下定位弹簧和销钉，如图20-14所示。

7. 拆下制动自动调整拉杆弹簧和自动调整拉杆（图20-15）

8. 使用专用工具撬下端盖，拆下蹄片定位弹簧和销子，取下制动蹄（图20-16）

9. 用尖嘴钳，从驻车制动拉杆上取出驻车制动器拉索

如图20-17所示，取出驻车制动器拉索时，用力拉拉索的前端，压缩压紧弹簧，然后从制动杆的卡槽中脱出拉索。

10. 使用一字螺丝刀拆卸驻车制动蹄的拉杆附件（图20-18）

11. 检查制动蹄

（1）目视检查制动蹄的摩擦片是否有裂纹、油渍、脱胶等现象。如果制动蹄的摩擦片出现裂纹、脱胶等现象，应更换制动蹄。如果制动蹄摩擦表面有油渍，应予以清洁。

（2）检查制动蹄与制动盘的接触面积和接触位置，采用划线法检查，如图20-19所示。

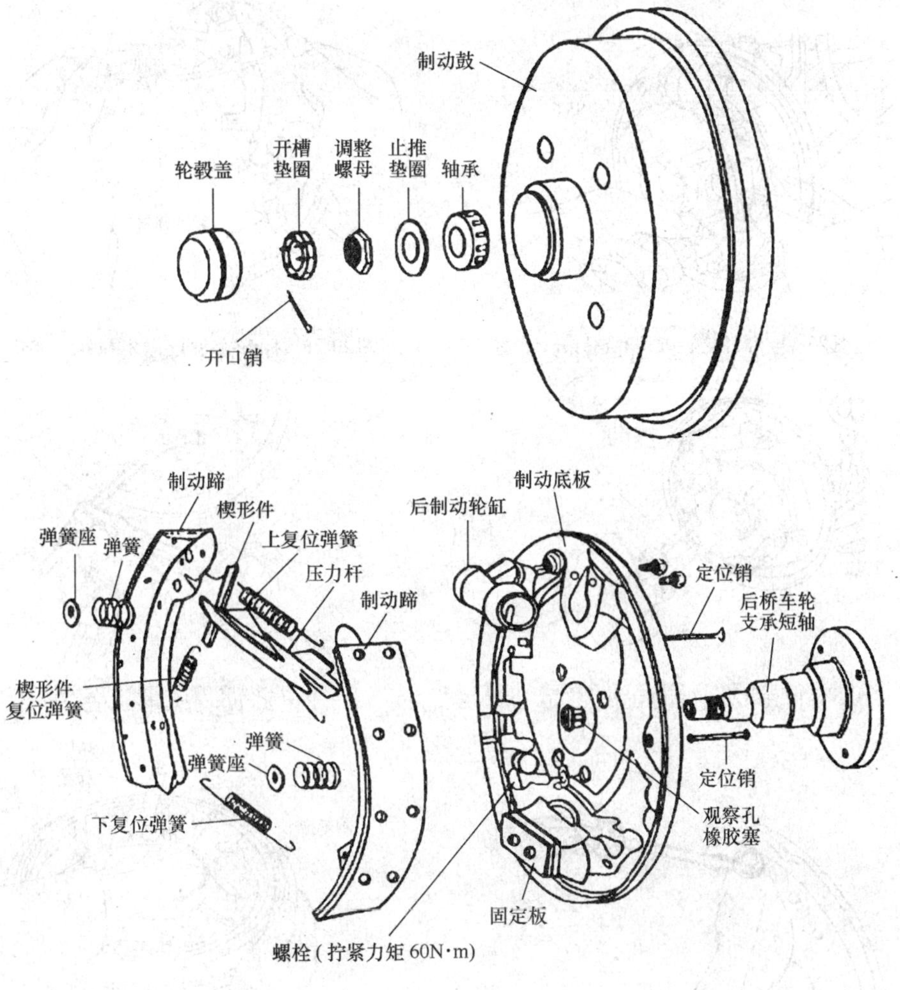

图 20-11　鼓式制动器的结构

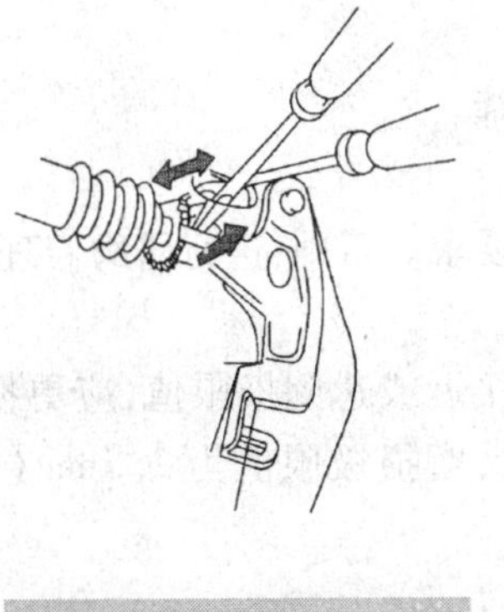

图 20-12　拆下制动鼓

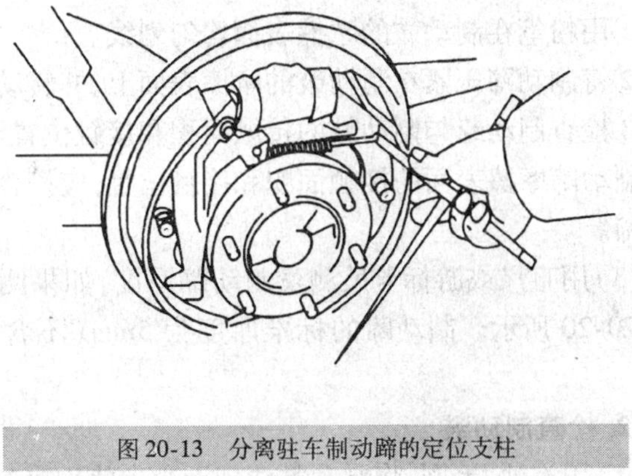

图 20-13　分离驻车制动蹄的定位支柱

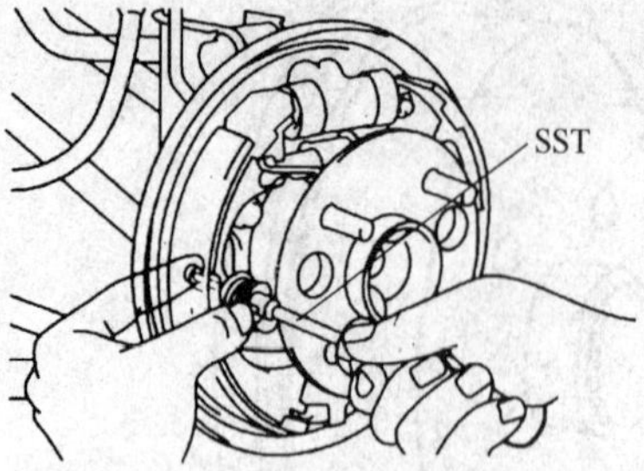

图 20-14　取下定位弹簧和销钉

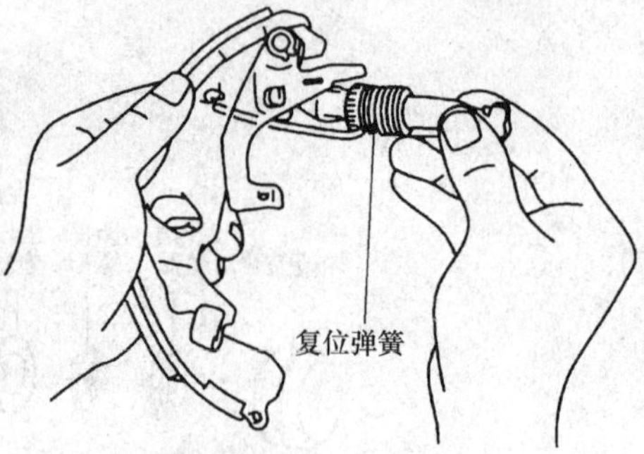

图 20-15　拆下制动自动调整拉杆及弹簧

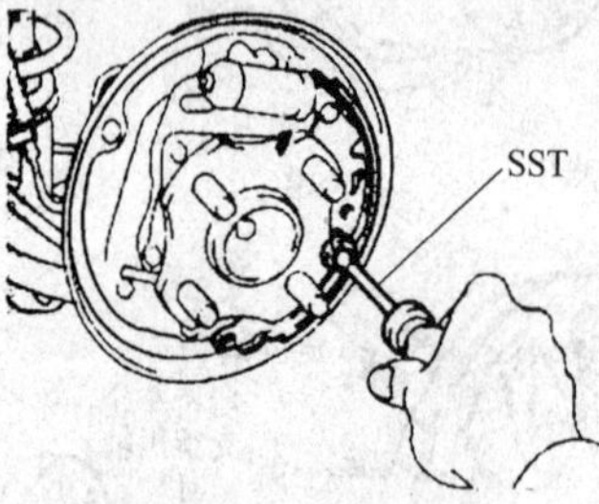

图 20-16　拆卸制动蹄

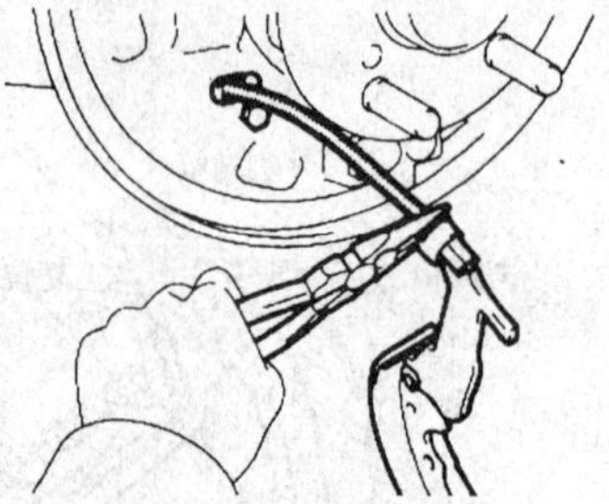
图 20-17　拆卸驻车制动器拉索

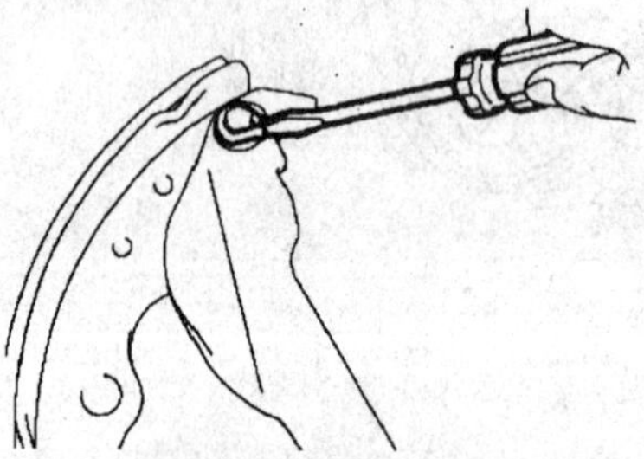
图 20-18　拆卸驻车制动蹄的拉杆附件

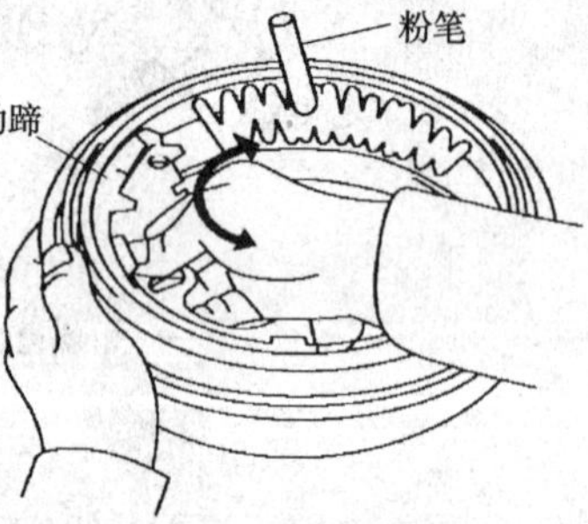

图 20-19　检查接触面积和接触位置

①用粉笔在制动鼓的摩擦表面均匀划线。

②将制动蹄压紧在制动鼓的摩擦表面上，并转动制动蹄。

③检查制动蹄与制动鼓的接触面积和接触位置。

制动蹄摩擦表面的接触面积和接触位置，应符合规定要求。否则，进行研磨修理或更换制动蹄。

(3)用直尺或游标卡尺测量制动蹄厚度，如果测量值接近或达到极限值，应更换新件，如图 20-20 所示。制动蹄的标准厚度为 5mm（不含底板），磨损极限值为 2. 5mm（不含底板）。

12. 检查制动鼓

(1)用汽油、毛刷，将制动鼓清理干净。使用汽油刷洗制动鼓时，要佩戴耐油防护手套，保护皮肤不受侵蚀，保持制动鼓洁净，还可以提高测量精度。

(2)使用制动鼓量规或游标卡尺，测量制动鼓的内径。将测量值与规定值进行比较，如果测量值接近或超过规定值的允许范围，应更换制动鼓。

(3)使用弓形内径百分表，在同一截面的不同方向上测得3～5个制动鼓内径值。然后计算出制动鼓的圆度误差。将测量值与规定值进行比较，如果测量值接近或超过规定值的允许范围，应更换制动鼓。桑塔纳2000GSi型轿车后轮制动鼓的圆度误差≤0.10mm。

13. 按照拆装的相反顺序安装后车轮及制动鼓

14. 检查制动鼓安装质量

(1)检查所有零件是否正确安装，如图20-21所示。

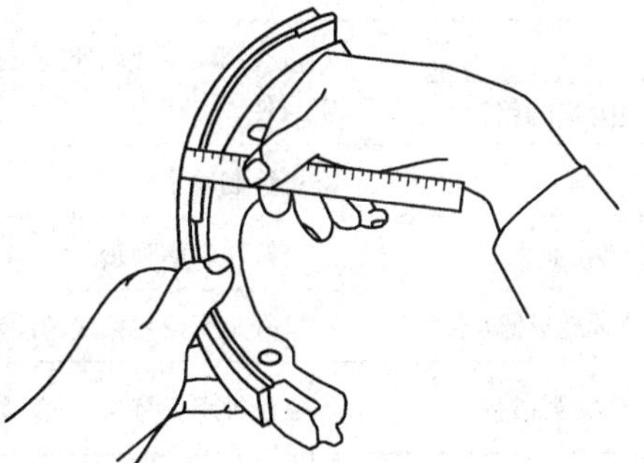

图20-20 测量制动蹄的厚度

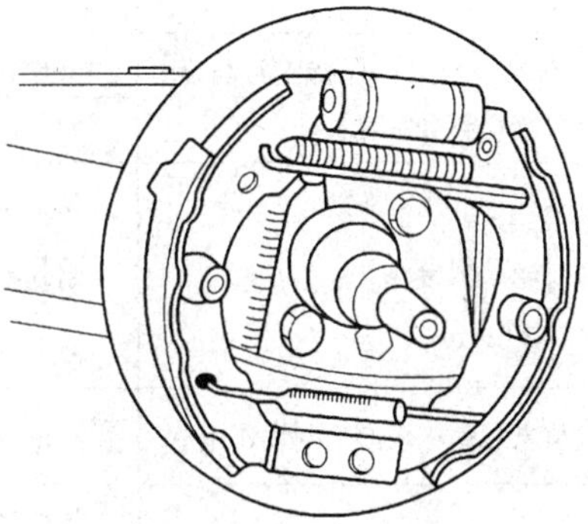

图20-21 检查所有零件的安装位置

(2)测量制动鼓内径和制动蹄的直径，检查两者之差是否符合要求，如图20-22所示。检查制动蹄衬面和制动鼓摩擦面，不能黏附有油污或润滑油。

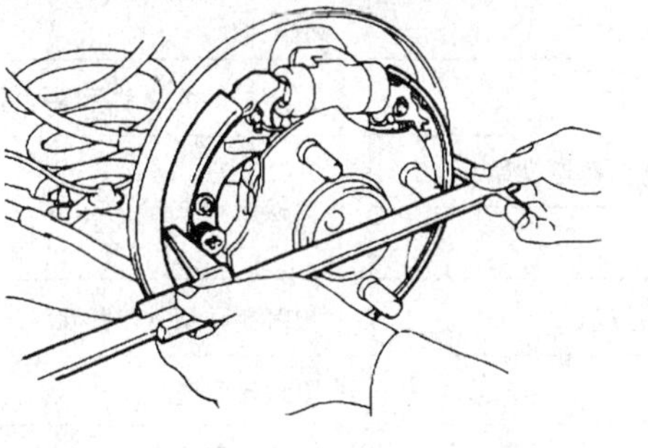

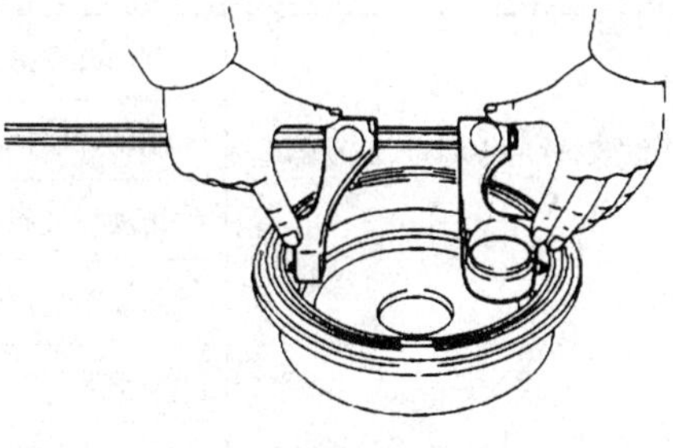

图20-22 检查制动间隙

(3)调整制动鼓蹄片之间的间隙。临时安装2颗轮毂螺母，回转调整器8个齿。

15. 安装制动鼓分总成，向储液罐加注制动液，排出总泵空气，排出制动管路空气，安装后轮

三、学 习 拓 展

鼓式制动器基本故障及排除方法见表20-1。

鼓式制动器基本故障及排除方法　　表 20-1

故障现象	故障原因	排除方法
制动踏板行程过长，踏板触及驾驶室地板	摩擦片过度磨损	检查并维修泄漏处，或更换摩擦片
	制动系泄漏	
制动踏板行程过长且踩踏板时有海绵感	制动系中有空气	排除空气或补充制动液
	制动液不足	
制动系排除空气后，踏板行程长	制动主缸活塞损坏	更换制动主缸活塞
制动踏板行程过长，但连踏数次后可以缩短	制动主缸活塞密封性不好	更换制动主缸活塞密封件
最初制动踏板可以保持正常高度，但随后可踏至驾驶室地板	制动管路泄漏	检查制动系泄漏处并更换损坏的密封件
	制动主缸或轮缸中的密封件泄漏	
行车时制动器发热	制动主缸活塞复位慢	更换制动主缸
	制动蹄弹簧由于老化而太软	更换制动蹄弹簧
	使用的制动液不当而造成橡胶件膨胀	检查是否使用标定的制动液
驾驶员未踩踏板便产生制动作用	后桥外侧球轴承保持架破损	更换轴承保持架
制动性能很差或根本没有制动作用	制动蹄摩擦片沾油或水	清除油污或水
	制动蹄摩擦片有故障	更换制动蹄摩擦片
	助力器有故障	更换助力器
	制动系泄漏	检查并维修
左右轮制动器制动不平衡	制动鼓失圆	更换制动鼓
	制动蹄摩擦片沾油污	清除油污
制动器发咬，性能不稳定，制动器趋于抱死	制动蹄摩擦片松动	固定松动的制动蹄摩擦片
	制动蹄摩擦片铆钉碰制动鼓	更换制动鼓
	制动鼓失圆	
	制动蹄复位弹簧过软	更换制动蹄复位弹簧
制动时制动器有噪声	制动鼓失圆	更换制动鼓
	摩擦片脏污	清除油污
	摩擦片铆接不牢固	固定松动的摩擦片
	金属蹄碰制动鼓	调整制动蹄位置
尽管踏板力很小，制动器仍发咬	制动器调整不当	重新调整制动器
	制动器底板松动	重新紧固制动器底板螺栓
一个或数个制动器不能解除制动	制动主缸活塞卡滞	更换制动主缸活塞
	制动蹄复位弹簧过软或断裂	更换制动蹄复位弹簧
	轮缸活塞卡滞	更换轮缸活塞

四、评价与反馈

1. 自我评价与反馈

(1)你是否知道鼓式制动器的基本组成？(　　)

A. 知道　　B. 知道部分　　C. 不知道

(2)你是否能够完成桑塔纳后轮鼓式制动器的拆装？(　　)

A. 能够完成　　B. 在小组协作下能够完成　　C. 不能完成

(3)你是否能够完成桑塔纳后轮鼓式制动器的检修？(　　)

A. 能够完成　　B. 在小组协作下能够完成　　C. 不能完成

(4)完成了本学习任务后,你感觉困难的部分是哪些？

____

____

____

签名:________　________年________月________日

2. 小组评价与反馈

(1)你们小组在接到任务之后是否分工明确？________________

(2)你们小组每位组员都能轮换操作吗？________________

(3)遇到难题时你们分工协作吗？________________

(4)对于小组其他成员有何建议？________________

参与评价的同学签名:________　________年________月________日

3. 教师评价及回复

____

____

____

教师签名:________　________年________月________日

五、技能考核标准

序号	项目	操作内容	规定分	评分标准	得分
1	准备	清点工具、量具 清理工位	5分	酌情扣分	

续上表

序号	项目	操作内容	规定分	评分标准	得分
2	拆卸	拆卸左/右后车轮 拆卸车轮外轴承 拆卸制动蹄	10分 5分 10分	操作不当扣1~10分 操作不当扣1~5分 操作不当扣1~10分	
3	检测	检查制动蹄摩擦片 检查制动蹄的接触面积和接触位置 测量制动蹄厚度 测量制动鼓的内径 检查制动鼓内径圆柱度误差	5分 5分 5分 5分 10分	检查不当扣1~5分 检查不当扣1~5分 检查不当扣1~5分 操作不当扣1~5分 操作不当扣1~10分	
4	装配	安装内外制动蹄 安装左/右后车轮	10分 10分	操作不当扣1~10分 操作不当扣1~10分	
5	时间	40min	5分	超时1~10 min扣1~5分 超时10 min以上扣5分	
6	安全文明	无安全隐患,无不文明操作	5分	未达标扣1~5分	
7	结束	工具、量具清洁并归位 工作场地清洁	5分 5分	漏一项扣1分,未做扣5分 清洁不彻底扣1~5分,未做扣5分	
总分			100分		

学习任务二十一　驻车制动器的检测与调整

任务要求

完成本学习任务后，你应：

1. 掌握驻车制动系统的作用与组成；
2. 掌握驻车制动器的工作原理；
3. 掌握驻车制动器各部件的结构；
4. 掌握驻车制动系统各部件的拆装；
5. 能够查阅各车型维修手册，并能按维修手册的要求检修驻车制动系统。

建议学时：6 学时

任务描述

一辆别克君越轿车，拉紧驻车制动杆后，车辆不能在坡道上停稳，松手后，制动会自动消除，经初步检查，是驻车制动装置故障，需检修。

一、理论知识准备

1. 驻车制动器的作用

驻车制动器的作用是在车辆停驶后防止滑溜，使车辆在坡道上能够顺利起步，行车制动系失效后临时使用或配合行车制动器进行紧急制动。

2. 驻车制动器的类型

1）按驻车制动器的位置分类

按驻车制动器的位置不同，可分为车轮制动式和中央制动式两种。大多数驻车制动装置与车轮制动器共用一个制动器总成，只是传动机构是相互独立的，称为车轮制动式或整体式，如图 21-1 所示。

驻车制动系统的制动器可能是盘式或鼓式。整体式驻车制动器操纵装置的结构如图 21-2所示。

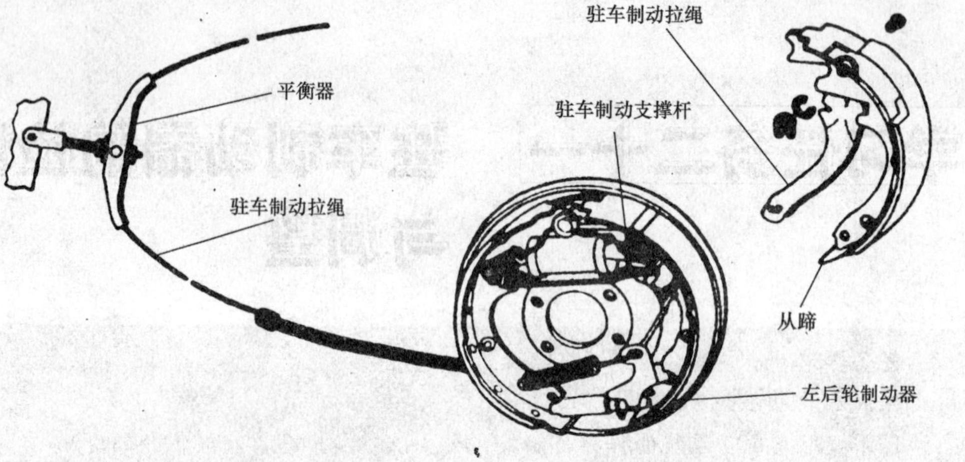

图 21-1　整体式驻车制动器

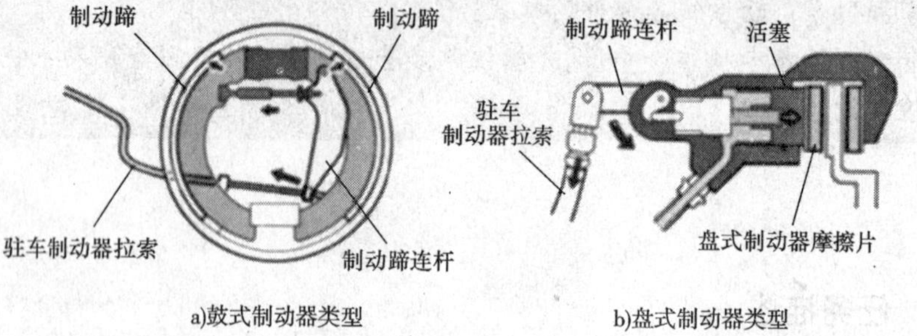

图 21-2　整体式驻车制动器操纵装置的结构

有的驻车制动器安装在变速器后面，制动力矩作用在传动轴上，称为中央制动式，如图 21-3所示。

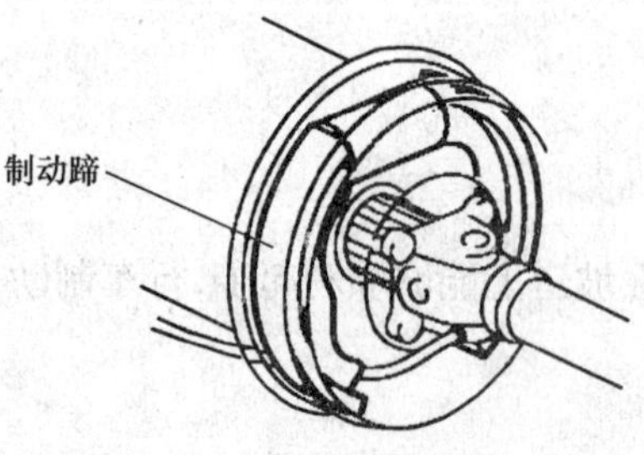

图 21-3　中央制动式驻车制动器

2）按操纵方式分类

按操纵方式的不同，驻车制动器可分为脚踩式和手柄式两种，如图 21-4 所示。两种都是利用拉索式机械操纵机构使后制动器（FF 车为前制动器）的制动蹄压紧在制动鼓上。手柄式驻车制动器通过棘轮机构实现锁止，当棘轮齿轮与锁止钩脱开时，驻车制动解除。对于脚踩式，再踩一次驻车制动踏板驻车制动解除。驻车制动器只在汽车停止后才能工作，它不能让行驶中的汽车停止。

3. 拉索

大多数驻车制动器使用拉索，它将驻车制动操纵杆或踏板与制动总成连接起来，拉索由多股高抗拉强度的钢丝紧紧扭在一起组成。

有些平衡器被连接到一些杠杆上，驻车制动时，将驾驶员施加的力放大。拉索每一端都连接到各自一侧的制动器上，如果拉锁一边的拉力大于另一边，可以通过平衡器上的导向装置滑动，平衡拉索两侧的拉力。常用的平衡器总成如图 21-5 所示。

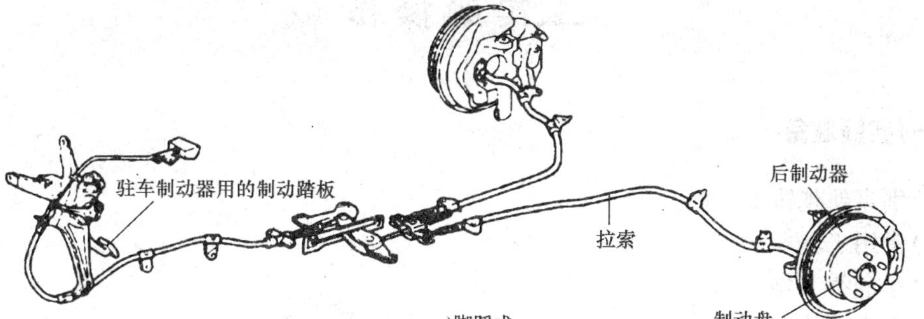

a)脚踩式

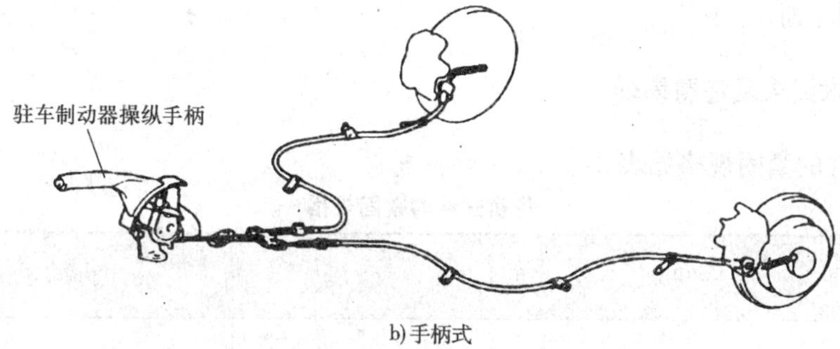

b)手柄式

图 21-4　脚踩式和手柄式驻车制动器

4. 鼓式驻车制动器总成

鼓式驻车制动器采用普通的后鼓式制动器。制动拉索穿过一个通过制动底板的金属导管，拉索端被连接到驻车制动杠杆的下端。驻车制动杠杆铰接在第二蹄腹板的顶端和通过一撑杆连接到第一蹄上。鼓式驻车制动撑杆总成如图 21-6 所示。当制动后，杠杆和撑杆移动制动蹄，离开支承销轴和轮缸，进入与制动鼓接触。当拉索上的拉力解除时，复位弹簧拉动制动蹄回到它未施力的位置。

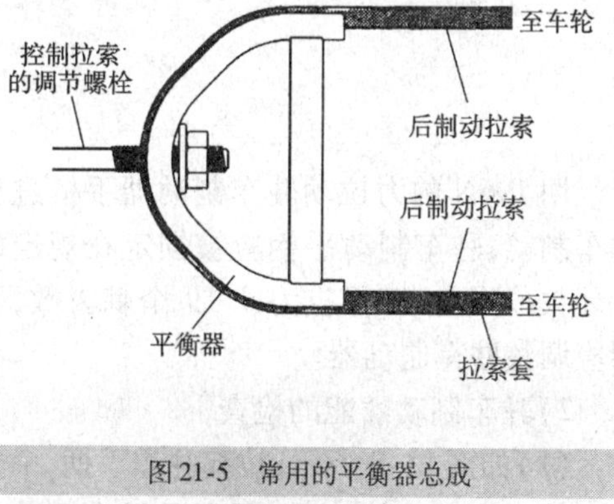

图 21-5　常用的平衡器总成

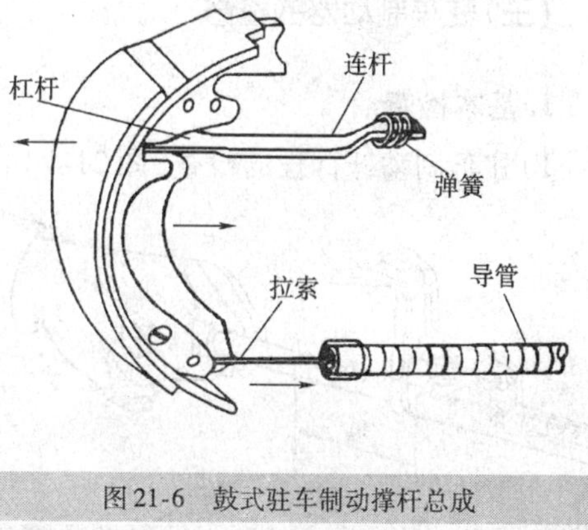

图 21-6　鼓式驻车制动撑杆总成

5. 盘式驻车制动器总成

盘式驻车制动器中，盘式制动卡钳是由机械装置驱动的，此装置把制动卡钳活塞往里推向摩擦块，继而推向制动盘。

二、实践操作

（一）实践准备

（1）别克凯越轿车一辆。
（2）常用工具。
（3）车辆举升器。
（4）干净的抹布。
（5）维修手册、工单。

（二）技术要求及注意事项

各紧固件的紧固规格见表21-1。

各紧固件的紧固规格　　表21-1

序号	名　称	力矩(N·m)
1	驻车制动拉索至车身底部支架螺栓	6
2	驻车制动手柄总成至车身底部支架螺栓	22
3	驻车制动开关至驻车制动器手柄螺栓	4
4	后制动鼓锁止螺钉	4

（三）驻车制动器的检修

1. 基本检查

1）驻车制动杆行程的检查（图21-7）

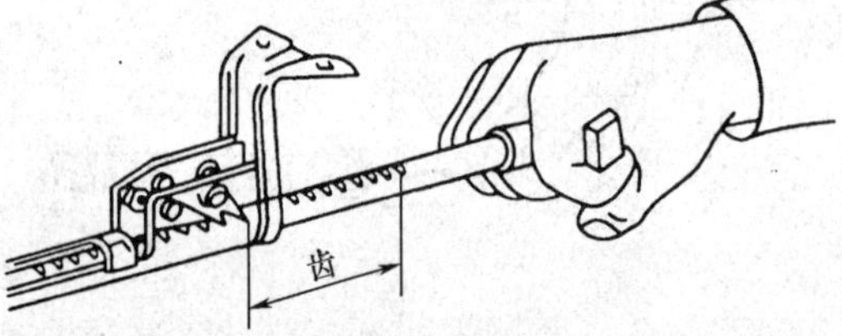

图21-7　驻车制动杆行程的检查

用196N的力拉动驻车制动器手柄进行驻车制动，驻车制动手柄应被锁定在规定的齿牙数范围内，行程应为6～9个棘齿数，否则应调整驻车制动器。

2）驻车制动效能的检查

（1）如图21-8所示，拉起驻车手柄，举升汽车并用支架支撑稳妥，用两手尽力转动车轮，正常情况下车轮转不动。

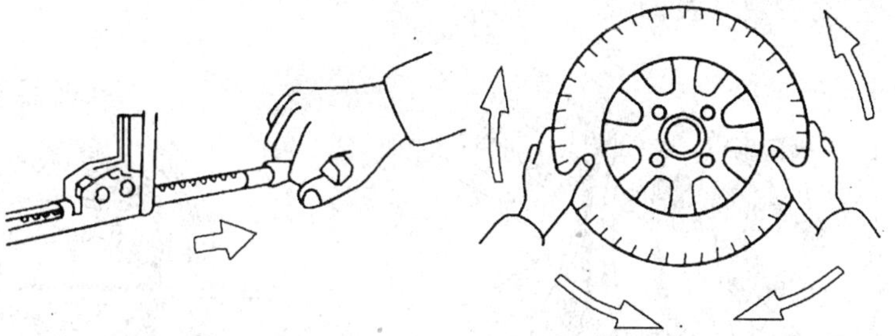

图 21-8　驻车制动时制动效能的检查

(2)如图 21-9 所示,解除驻车制动,用手转动车轮,正常情况下车轮自由转动,如听到轻微的接触声,是正常的。

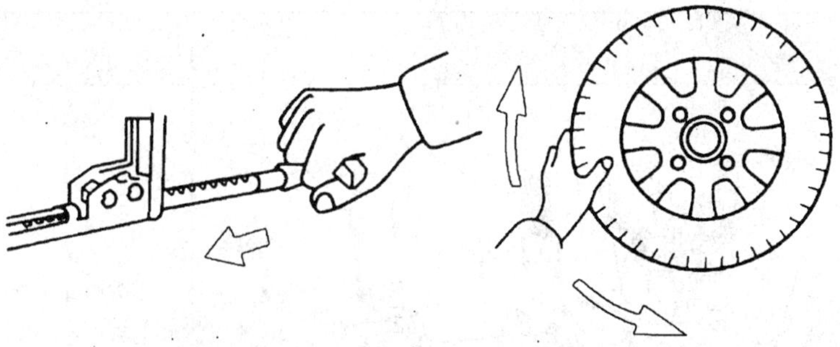

图 21-9　解除驻车制动时制动效能的检查

2. 驻车制动器的调整

(1)松开驻车制动器,举升并妥善支承车辆。

(2)拆卸后轮、制动钳和制动盘总成。

(3)从车辆的背板操纵杆上断开驻车制动拉线,如图 21-10 所示。

(4)检查并更换任何强度或质量可疑的零件,这些零件表现为热变形或应力变形。

(5)顺时针拧转调节器螺母以增大直径,使用游标卡尺,将蹄片总成调整到 167.6 ~ 167.8mm。尽可能接近衬片材料中心,测量蹄片总成直径,如图 21-11 所示。

(6)检查和安装制动盘和制动钳。

(7)将驻车制动拉线安装到车辆背板的操纵杆上。

(8)在驾驶室内,拉驻车制动器手柄,听到两声咔哒声后停止。

(9)用手转动后轮,直到车轮开始拖滞。

(10)松开驻车制动器,用手转动后轮,检查拖滞。必要时重新调整拉线。

(11)对于另一车轮,重复本程序。

(12)降下车辆。

3. 驻车制动拉索的拆装

驻车制动拉索的拆装见表21-2。

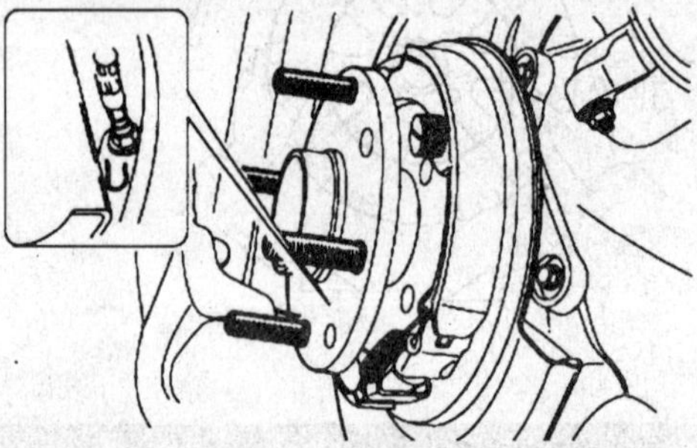

图21-10　断开驻车制动拉线

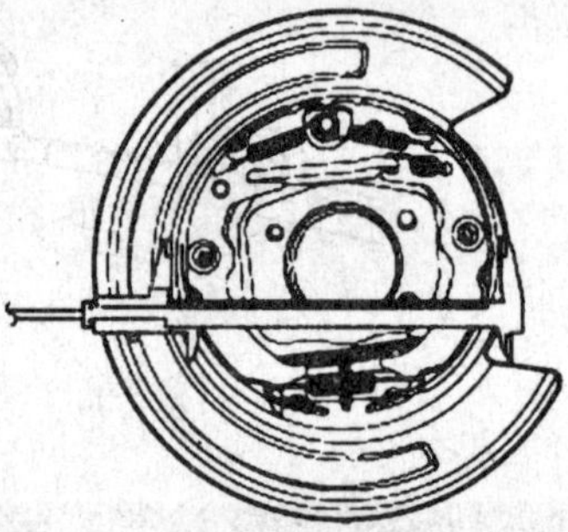

图21-11　测量蹄片总成的直径

驻车制动拉索的拆装　　表21-2

序号	图　示	步　骤	记录
1	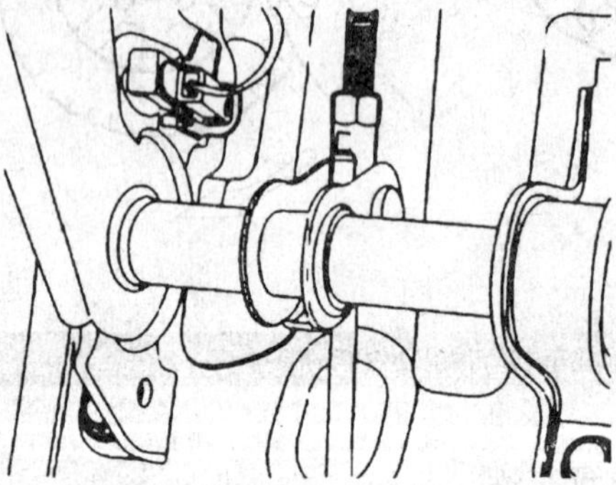	①拆卸驻车制动器/换挡控制台罩。 ②松开驻车制动杆和拉杆端头的六角螺母	
2		①从平衡器上拆卸驻车制动拉线端头。 ②举升并妥善支撑车辆。 ③拆卸后轮	

续上表

序号	图　示	步　骤	记录
3	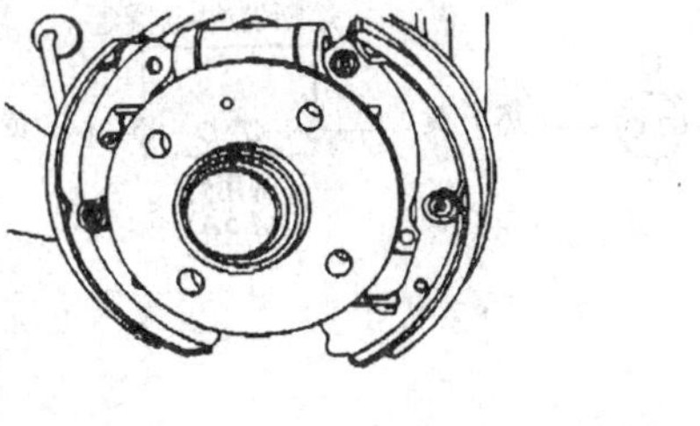	①从制动器次制动蹄片杆和背板上拆卸驻车制动拉线。 ②从次制动蹄片上拆卸驻车制动拉线	
4	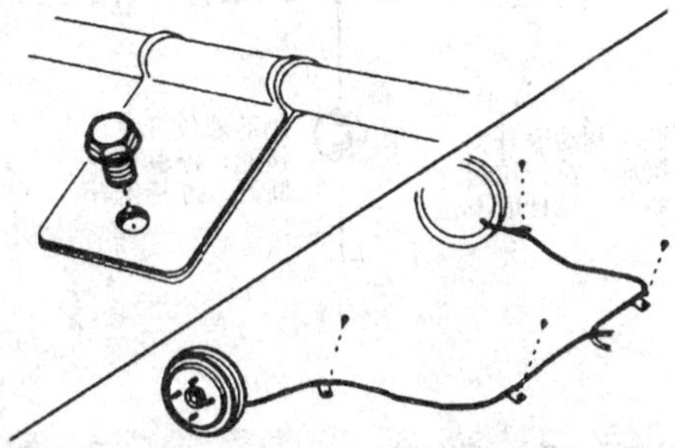	①拆卸车辆驾驶员侧和乘客侧的驻车制动拉线至车身底部卡夹螺栓。 ②从车上拆卸驻车制动拉线	
5	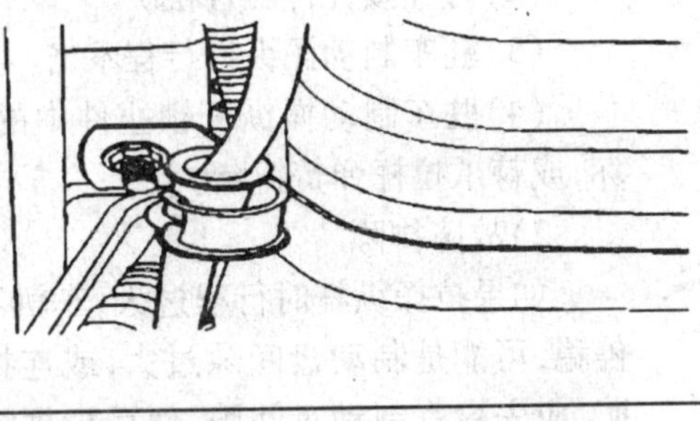	按相反顺序进行安装	

4. 驻车制动灯开关的检测

驻车制动灯开关的安装位置如图 21-12 所示。

当制动液不足、制动灯灯泡烧毁和线路故障时，指示灯点亮，及时提醒驾驶员进行维护和修理。指示灯原理图如图 21-13 所示。

检测时，首先拆下后控制台，并从驻车制动灯开关上拆下插头；然后，检查插头正极端子与车体搭铁之间的导通情况。驻车制动拉杆拉起时，应为导通；放松时，应不导通，如图 21-14 所示。

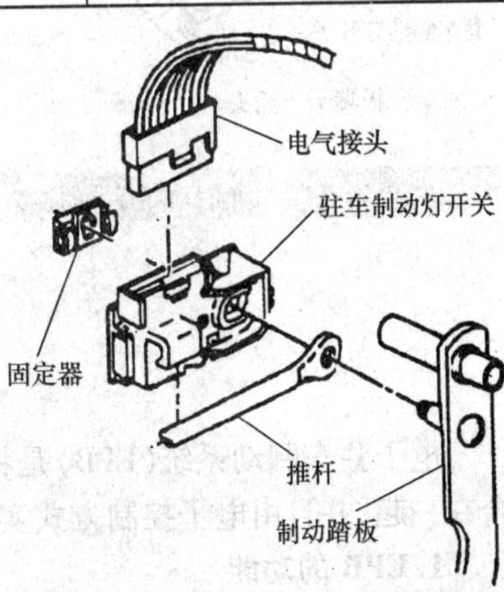

图 21-12　驻车制动灯开关的安装位置

5. 驻车制动不灵故障的排除

1）故障现象与原因

拉紧驻车制动拉杆后，车辆不能在坡道上停稳；松

手后,制动会自动消除,产生此故障的可能原因如下:

(1)摩擦片与制动盘间隙过大,或摩擦片磨损过甚、破损、变形。

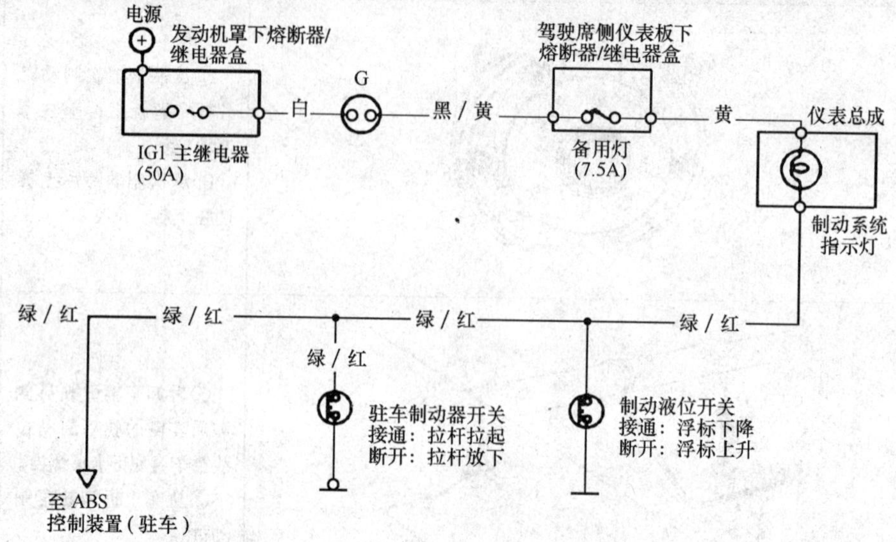

图 21-13　指示灯原理图

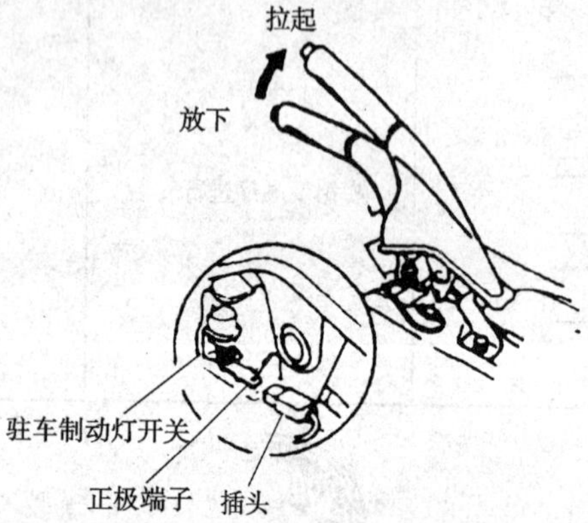

图 21-14　驻车制动灯开关的检测

(2)各连接杆件配合松旷。

(3)驻车制动操纵杆行程不当。

(4)驻车制动操纵杆锁止件中的齿板、棘爪损坏,或棘爪拉杆弹簧折断。

2)故障排除

如果拉操纵杆时行程过大,车辆不能在坡道上停稳,可能是制动盘间隙过大,或连接杆件配合松旷,应先检查制动盘间隙,然后根据需要检查各连接件的配合情况。

如果拉操纵杆时正常,松手后制动失灵,可能是锁紧件有故障,应检查齿板、棘爪和棘爪拉杆弹簧。

三、学习拓展

电子驻车制动系统(EPB)是将行车过程中的临时性制动和停车后的长时间制动功能整合在一起,并且由电子控制方式实现停车制动的系统。

1. EPB 的功能

(1)基本功能:通过按钮实现传统驻车制动的静态驻车和静态释放功能。

(2)动态功能:在行车状态,速度大于 12km/h 时,若按下 EPB 按钮,ECU 指挥电动机带动拉线实施驻车制动；当车轮要抱死，有滑移的倾向时，ECU 通过控制器局域网络（CAN）得到这个信号后，会使拉线拉力减小，使车轮不抱死；如此循环，直至停车为止。虽然 EPB 有此功能，但各汽车生产厂家并不推荐把 EPB 当作行车制动器使用，并且明确要求客户，此功能只能在行车制动器失效或不可使用制动踏板的紧急情况下才能使用。这是因为在行车中，驻车制动器工作后，就把制动力全部加在后轮，对后制动器的损害是很大的。

（3）“熄火控制”模式：当汽车拔钥匙熄火时，自动启用驻车制动功能，发动机不点火驻车制动功能不能解除。

（4）开车释放功能：当驾驶员开车时，踩加速踏板、挂挡后自动解除驻车制动功能。

（5）起动约束：点火开关关闭，不用操作制动踏板，即可释放驻车约束模式。

（6）紧急释放功能：当电子驻车装置没电需要解除驻车功能时，可用专门的释放工具释放驻车功能。

2. EPB 的优点

（1）EPB 系统可以在发动机熄火后自动施加驻车制动力，驻车方便、可靠，可防止意外的释放（比如小孩、偷盗等）。

（2）不同驾驶员的力量大小有别，施加在手动驻车制动器拉杆的驻车制动力也不同，而对于 EPB，制动力量是固定的，不会因人而异，出现偏差。

（3）可在紧急状态下配合行车制动器共同对车辆实施制动。

3. EPB 的组成

电子驻车制动系统由 ECU、后轮制动执行器、离合器位置传感器、EPB 按钮、自动驻车按钮和指示灯组成，如图 21-15 所示。

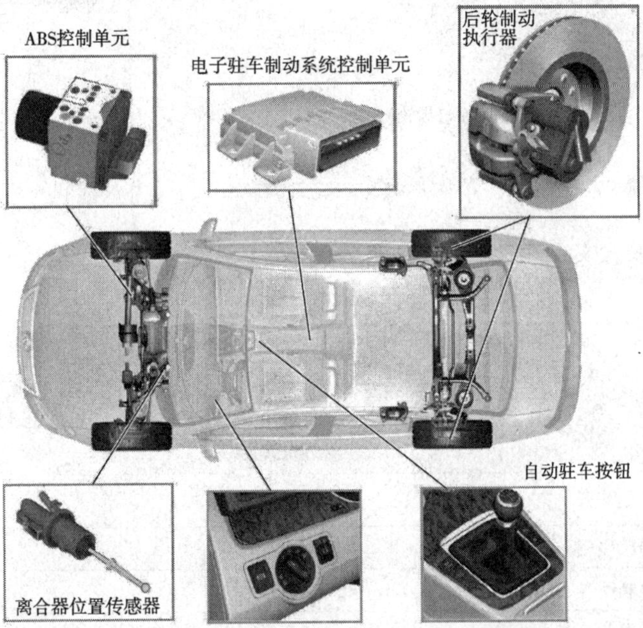

图 21-15　电子驻车制动系统的组成

后轮制动执行器由电动机、多级齿轮机构和丝杆组成，如图 21-16 所示。

4. EPB 的工作原理

通过内置在电控单元中的纵向加速度传感器测算坡度，计算出车辆在斜坡上由于重力作用而产生的沿坡道下滑力，ECU 通过电动机对后轮施加制动力来平衡下滑力，使车辆能停在斜坡上。当车辆起步时，ECU 通过离合器踏板上的位移传感器以及节气门的大小来测算需要施加的制动力，同时通过高速 CAN 与发动机 ECU 通信来获知发动机牵引力的大小。ECU 自动计算发动机牵引力的增加，相应地减少驻车制动力。当牵引力足够克服车辆坡道下滑力时，ECU 驱动电动机解除驻车制动力，从而实现车辆在坡道上的顺畅起步。

该系统可以保证车辆在 30% 的斜坡上稳定驻车。另外该系统自动实现热补偿，即如果车辆经过强制动后驻车，后制动盘会因为温度下降与摩擦片之间产生间隙，此时电动机会自动启动，驱动压紧螺母来补偿温度下降产生的间隙，保证可靠的驻车效果。

5. EPB 指示灯的含义

EPB 指示灯如图 21-17 所示。

图 21-16　后轮制动执行器

图 21-17　EPB 指示灯

EPB 指示灯的含义见表 21-3(以宝马为例)。

EPB 指示灯的含义　　表 21-3

系统功能	(P)	Auto P
驻车制动器已松开	熄灭	熄灭
驻车制动器已启用	亮红灯	熄灭
动态紧急制动	亮红灯	亮红灯
自动驻车处于准备状态	熄灭	亮绿灯
自动驻车功能已启用	亮绿灯	亮绿灯
系统故障	亮黄灯	亮黄灯

四、评价与反馈

1. 自我评价及反馈

(1)你是否知道基本调整项目和具体内容?(　　)

A. 知道　　B. 不知道

(2)你是否能够完成驻车制动器的基本检查和调整?(　　)

A. 能够完成　　B. 在小组协作下能够完成　　C. 不能完成

(3)你是否能够完成驻车制动拉杆的检查?(　　)

A. 能够完成　　B. 在小组协作下能够完成　　C. 不能完成

(4)你是否能够完成驻车制动效能的检查?(　　)

A. 能够完成　　B. 在小组协作下能够完成　　C. 不能完成

(5)完成了本学习任务后,你感觉困难的部分是哪些?

____

____

____

签名:________　________年________月________日

2. 小组评价及反馈

(1)你们小组在接到任务之后是否分工明确?________________

(2)你们小组每位组员都能轮换操作吗?________________

(3)遇到难题时你们分工协作吗?________________

(4)对于小组其他成员有何建议?________________

参与评价的同学签名:________　________年________月________日

3. 教师评价及回复

____

____

____

教师签名:________　________年________月________日

五、技能考核标准

序号	项目	操作内容	规定分	评分标准	得分
1	准备	清点工具、量具 清理工位	5分	酌情扣分	
2	性能检查	驻车制动拉杆的检查 驻车制动效能的检查	10分 10分	操作不当扣1~10分 操作不当扣1~10分	

续上表

序号	项目	操作内容	规定分	评分标准	得分
3	调整	举升车辆 调整蹄片总成 检查拖滞	10分 10分 10分	操作不当扣1~10分 操作不当扣1~10分 操作不当扣1~10分	
4	拆装	拆卸控制台罩 拆卸后轮 拆卸驻车制动拉线 安装	5分 5分 5分 10分	操作不当扣1~5分 操作不当扣1~5分 操作不当扣1~5分 操作不当扣1~10分	
5	时间	30min	5分	超时1~10 min扣1~5分 超时10 min以上扣5分	
6	安全文明	无安全隐患,无不文明操作	5分	未达标扣1~5分	
7	结束	工具、量具清洁并归位 工作场地清洁	5分 5分	漏一项扣1分,未做扣5分 清洁不彻底扣1~5分,未做扣5分	
		总分	100分		

学习任务二十二　制动主缸、轮缸的检修

任务要求

完成本学习任务后,你应:

1. 了解制动主缸的作用与组成;
2. 掌握制动主缸的工作过程;
3. 掌握液压管路的分布;
4. 掌握制动主缸的作业项目和内容;
5. 掌握手动排空气的步骤。

建议学时:7 学时

任务描述

一辆别克凯越轿车的制动距离过长,对制动系统进行检查,已确认液压装置之外的构件均正常,需对制动主缸、轮缸进行检查与维修。

一、理论知识准备

1. 液压制动概述

液压制动是利用制动液将踏板力传递给制动器,其工作原理如图 22-1 所示。

液压制动管路的布置方式有单管路和双管路两种,如图 22-2 所示。

2. 制动主缸的作用

制动主缸是汽车液压制动系统的核心,它将驾驶员作用在制动踏板上的机械力转变成液压力。制动主缸利用液压原理增加驾驶员所施加的踏板力。液压传动原理图如图 22-3 所示。

3. 制动主缸的组成

制动主缸按活塞数分为单活塞制动主缸与串联双活塞制动主缸(图 22-4),由于单活塞制动主缸对应的单管路制动系统安全性较差,现在,在双管路制动系统中常用串联双活塞制动主缸。

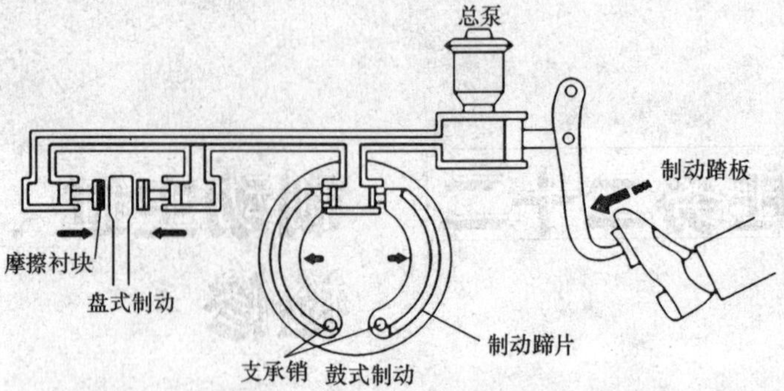

图 22-1　液压制动的工作原理

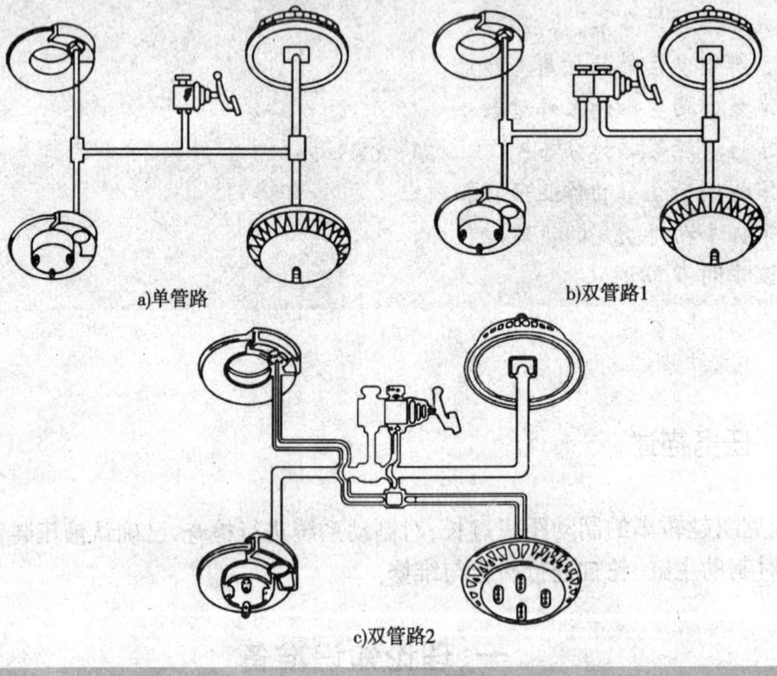

图 22-2　液压制动管路的布置方式

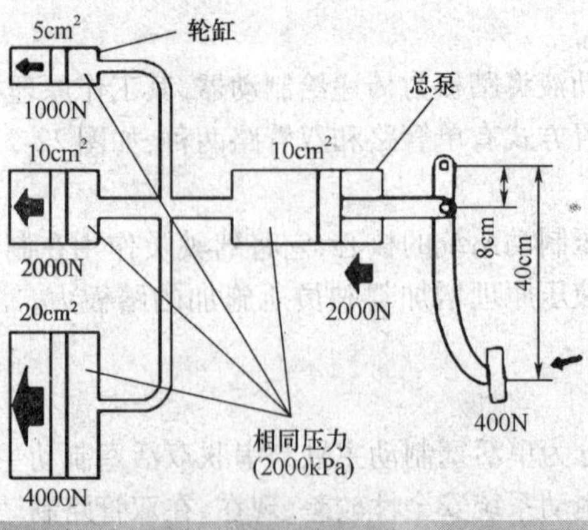

图 22-3　液压传动原理图

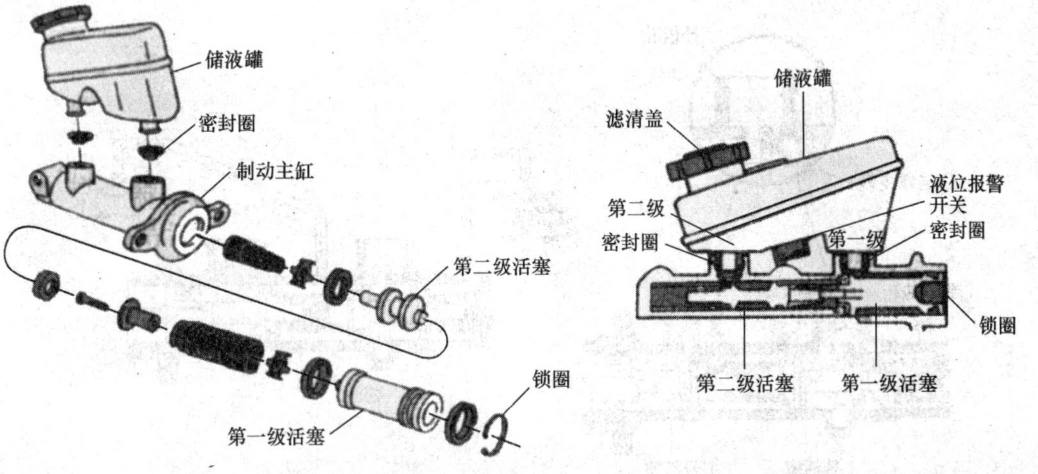

图 22-4　串联双活塞制动主缸

4. 制动主缸的工作过程

1)不制动时

如图 22-5 所示,1 号活塞和 2 号活塞的活塞皮碗定位在进油口与补偿口之间,主缸与储油箱之间形成一个通道。由 2 号复位弹簧的力把 2 号活塞推到右边,但是,用一个止动螺栓防止其继续进入。

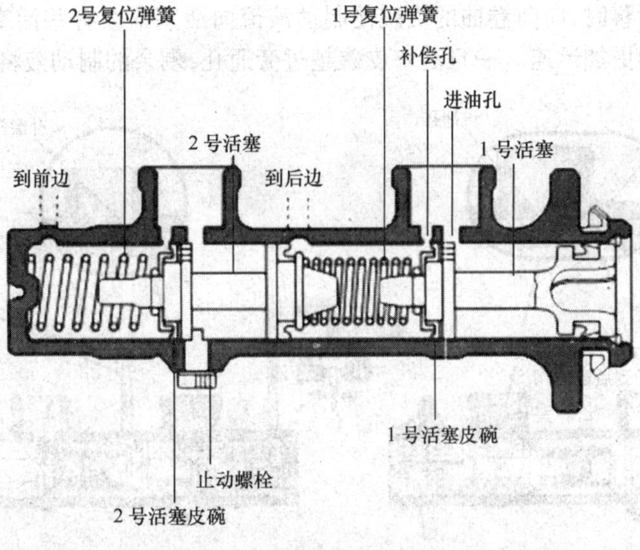

图 22-5　不制动时制动主缸的工作过程

2)踩下制动踏板时

如图 22-6 所示,活塞向前移动旁通孔被关闭,随着推杆的前移,活塞皮碗前端封闭的工作腔液压升高,活塞的后端通过补偿孔填充制动液,避免活塞的后部形成真空。2 号活塞在 1 号活塞的压力下向前移动。如果由于某种原因,如发生泄漏,1 号活塞将不能产生压力,1 号活塞前端的机械联动机构将与 2 号活塞接触,将其往前推进并产生液压,保证车辆仍然具有一半的制动能力。

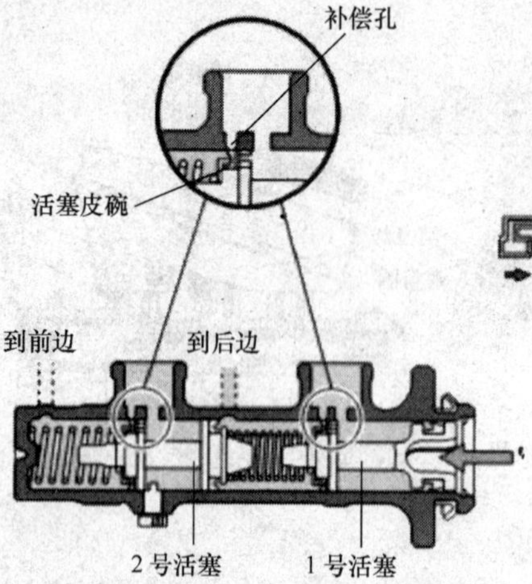

a)制动踏板受压 1

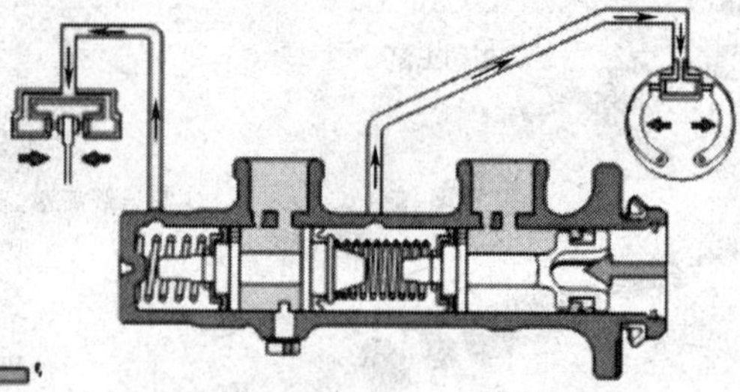

b)制动踏板受压 2

图 22-6　踩下制动踏板时制动主缸的工作过程

3)松开制动踏板时

如图 22-7 所示,推杆和制动主缸活塞上的压力解除,制动踏板联动机构上的复位弹簧使踏板回到正常的静止状态。主缸前端的弹簧张开,将活塞往后推,同时整个制动系统压力释放。在活塞向后移时,向前卷曲的皮碗使制动液流向活塞前。有些活塞上有一些小孔可以使制动液的流动更加迅速。一旦活塞皮碗越过旁通孔,剩余的制动液将流回储液罐。

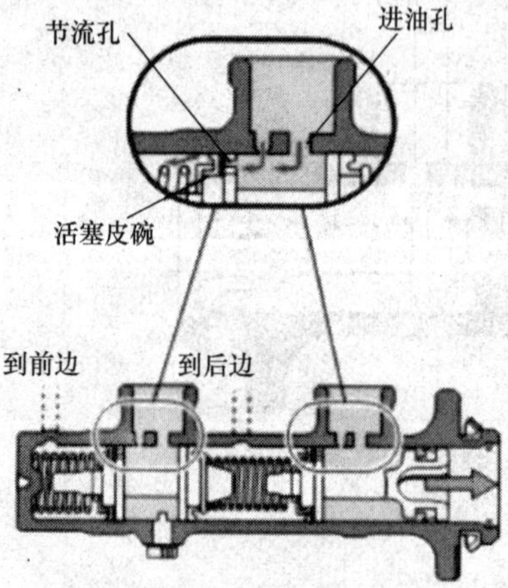

a)制动踏板释放 1

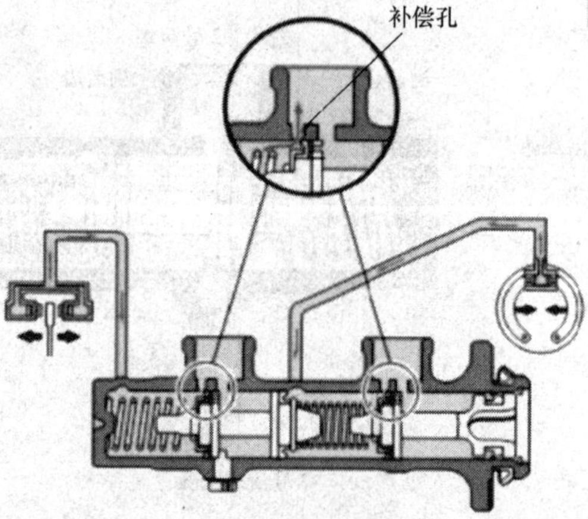

b)制动踏板释放 2

图 22-7　松开制动踏板时制动主缸的工作过程

想一想

如果其中一个系统出现泄漏,会出现什么情况?

5. 液压管路

液压管路由钢管与软管组成，用来在主缸和每个车轮制动器之间传递有压力的制动液，如图22-8所示。

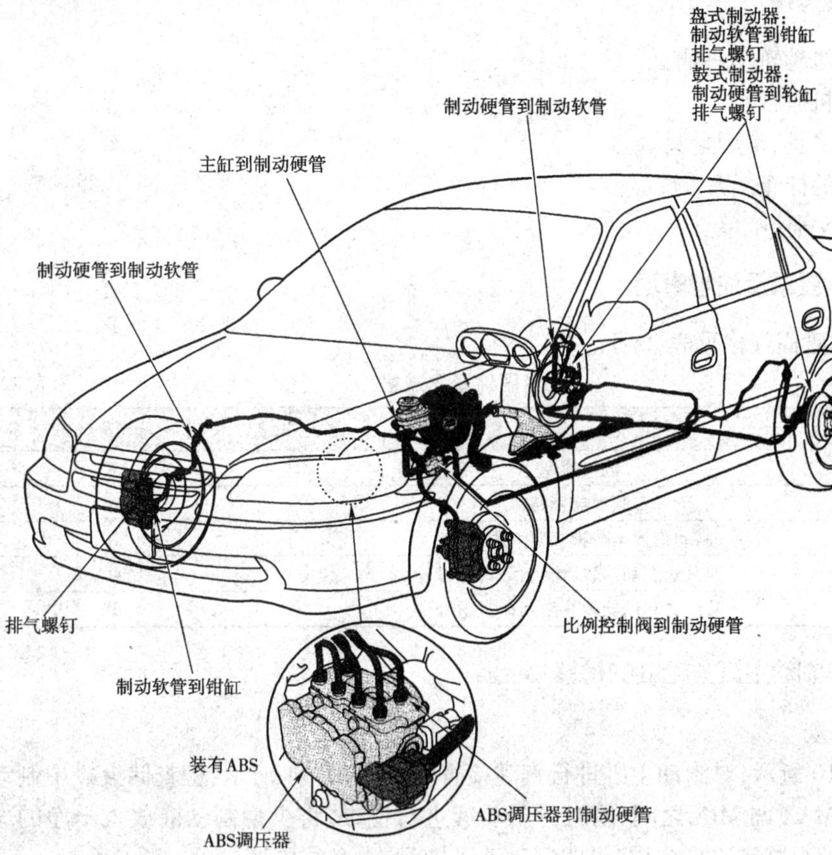

图22-8　液压管路

6. 制动轮缸

制动轮缸将来自主缸的液压转换成作用在制动器上的机械作用力，其结构如图22-9所示。

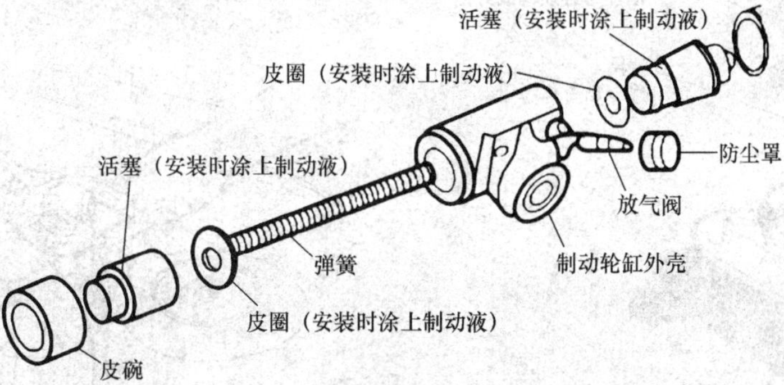

图22-9　制动轮缸

二、实践操作

（一）实践准备

（1）别克凯越轿车一辆。
（2）举升机一台。
（3）常用工具、常用量具。
（4）干净的抹布。
（5）维修手册、工单。

（二）技术要求及注意事项

各紧固件紧固规格见表22-1。

紧固件紧固规格　　表22-1

序号	名　　称	力矩（N·m）
1	放气螺塞	8
2	制动器管路	16
3	制动踏板至踏板支架六角螺母	18
4	前盘式制动器软管至制动钳螺母	40
5	后盘式制动器软管至制动钳螺母	32

（三）汽车制动主缸与轮缸的检修

1. 直观检查

如图22-10所示，对制动主缸进行直观检查。如图22-11所示，检查储液罐中制动液液面高度，应在MAX与MIN之间，同时对制动液进行检查，将少量制动液放入干净的玻璃瓶中，如果制动液很脏或出现分层，说明制动液已被污染，必须更换。

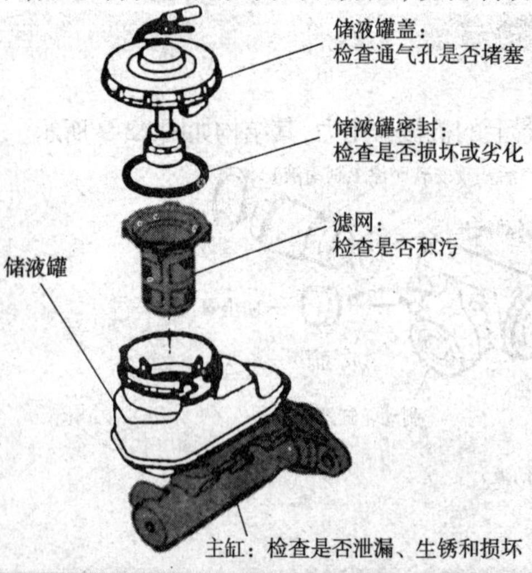

图22-10　主缸的直观检查

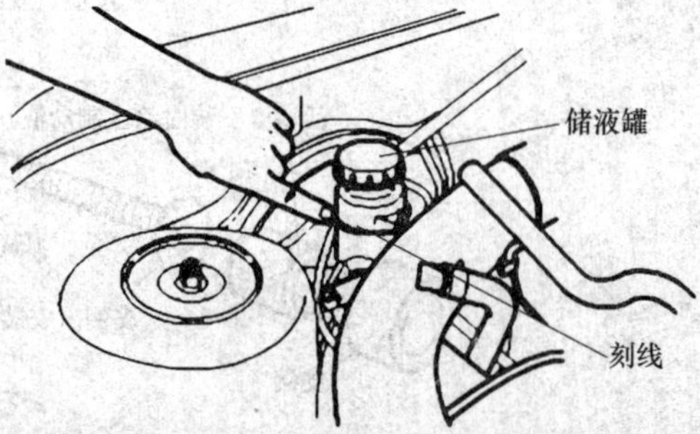

图22-11　制动液液面高度的检查

小提示

在打开储液罐盖之前，一定要将其清理干净，以免脏物掉入污染制动液。

2. 制动液泄漏的制动踏板试验

液压制动系统的泄漏分为内漏和外漏。当皮碗丧失其对活塞的密封能力时，主缸出现大量内漏。制动液内漏通过皮碗，随着使用、经久变质或制动液污染，内外橡胶件会损坏。液压系统中的水分或污物能引起腐蚀或者在缸中沉积，导致缸径或其零件的磨损。虽然内漏不会损失制动液，但能导致制动性能的丧失。制动蹄和制动块磨损时，主缸储液罐中的制动液也会滴漏，发生外漏时，系统将损失制动液。裂纹或制动器系统连接松动、密封件损坏、或制动管路泄漏等，都会引起外漏。检查制动液是否泄漏，按以下步骤：

(1)变速器空挡，怠速运转发动机。

(2)踩下制动踏板并对踏板保持恒定的压力，如图 22-12 所示。

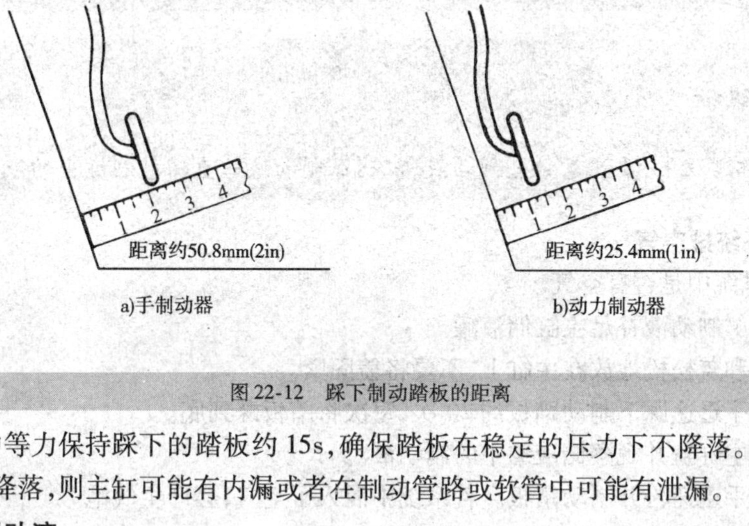

a)手制动器　　b)动力制动器

图 22-12　踩下制动踏板的距离

(3)以中等力保持踩下的踏板约 15s，确保踏板在稳定的压力下不降落。在稳定的压力下，若踏板降落，则主缸可能有内漏或者在制动管路或软管中可能有泄漏。

3. 更换制动液

制动液具有吸湿性，若制动液含水量过高，就会腐蚀制动系统，且本身的沸点也会降低，严重影响制动效果和安全性。因此，制动液必须每两年更换一次。

制动液的更换有两种方法，即人工更换和用机器更换。人工更换制动液需要两人协作完成，如图 22-13 所示。

(1)加注清洁的制动液到合适的液面。

(2)用举升机适当升起车辆。

(3)将透明软管一端连接到右后轮排气螺塞上，另一端放入装有制动液的容器。

(4)一人踩下制动踏板，另一人旋开制动轮缸排气排气螺塞，使制动液流出。

(5)反复踩下制动踏板，直到有新鲜的制动液流出。

(6)按右后—左后—右前—左前车轮的顺序，重复操作。

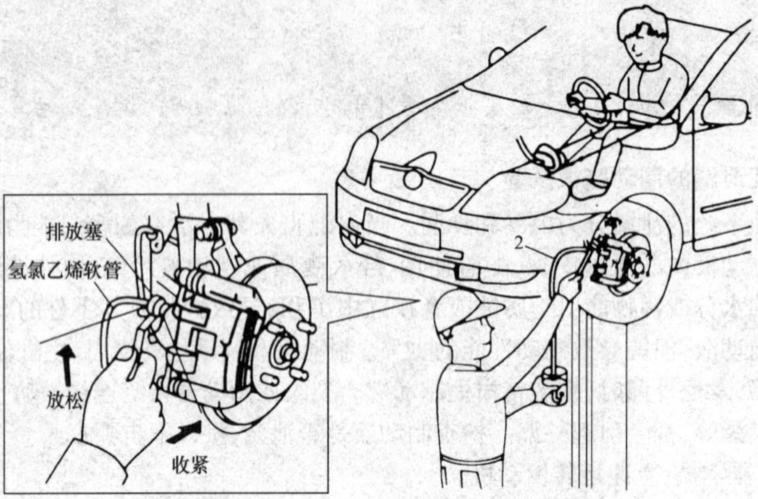

图 22-13　人工更换制动液

小提示

在操作过程中，要注意补充制动液，以确保制动液一直保持在适当的液位。

4. 液压系统排空气

1）检查系统中是否有空气

（1）将新鲜制动液补足主缸储液罐。

（2）将垫和盖松松地放在主缸上，不要将盖固紧。

（3）让助手迅速踩下制动踏板约 20 次，每次将踏板踩到底。

（4）卸下主缸盖并观察储液罐中的制动液。

（5）让助手迅速松开制动踏板。若系统中混入了空气，会产生气泡。

2）制动主缸排空气

在更换制动主缸后，必须排除制动主缸和制动管路中的空气。制动主缸排空气过程如图 22-14 所示。

（1）加注制动液到合适的位置，从制动主缸上拆下制动管。

（2）如图 22-14a）所示，慢慢踩下制动踏板，踩到底后保持住。

（3）如图 22-14b）所示，在松开制动踏板之前，先用手指堵住输出孔，再松开制动踏板。

（4）踩下踏板之后，松开手指。重复（2）、（3）两步 3 ~ 4 次，直至输出孔无空气喷出为止。

（5）将各制动管路连接到制动主缸上。

3）制动管路排空气的步骤

排空气有手工排空气与压力排空气两种方式，其中手工排空气用得较多，其步骤见

表22-2。

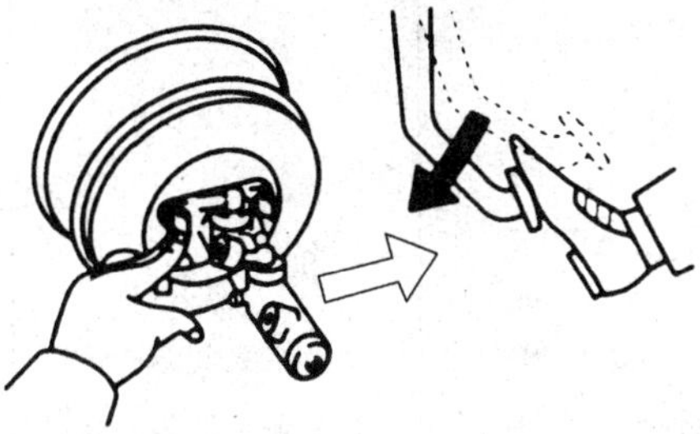

a)

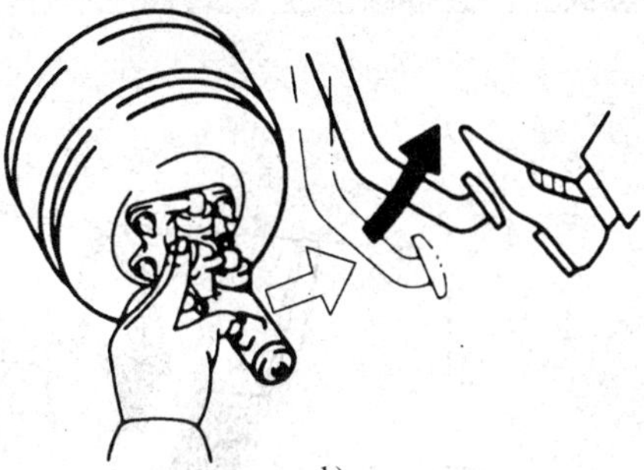

b)

图22-14 制动主缸排空气过程

制动管路手工排空气步骤 表22-2

序号	图示	步骤	记录
1	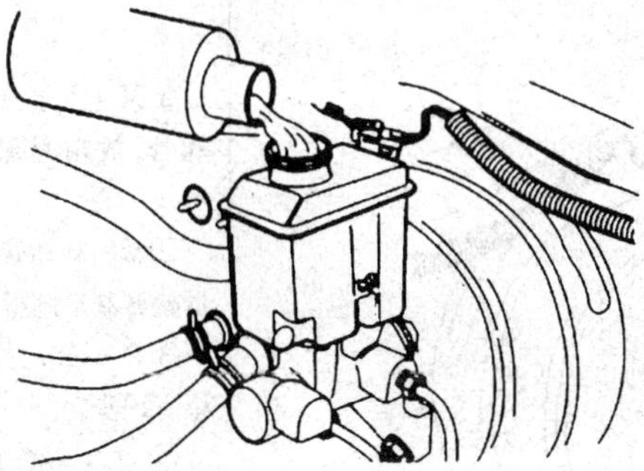	①在发动机熄火时,连踩制动踏板数次,直到完全消除助力器中的压力。 ②向主缸储液罐中加注制动液。在放气操作中,主缸液面至少达到满量的一半	
2	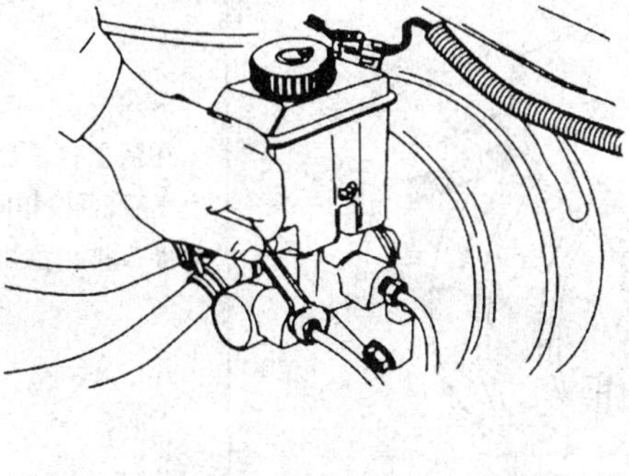	①从主缸上断开前制动管。 ②将制动液注入主缸,直到开始从前管接头端口流出。 ③将前制动管连接到主缸上	

续上表

序号	图　　示	步　　骤	记录
3	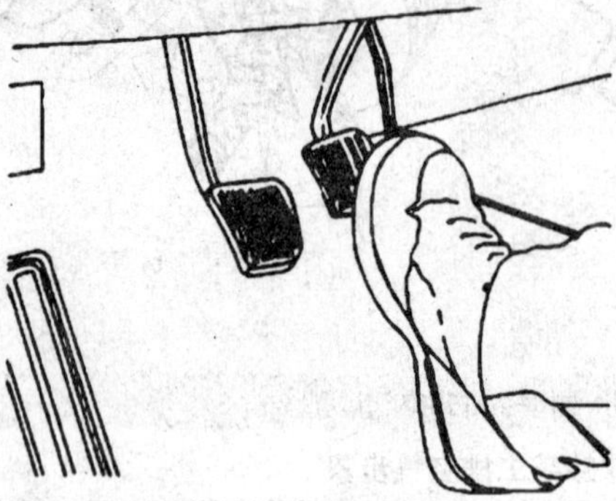	慢踩制动踏板并保持在此位置	
4	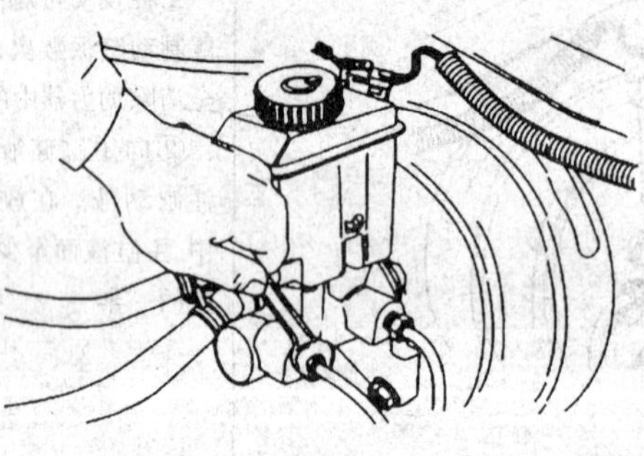	①从主缸上松开前制动管，放出总泵中的空气。 ②紧固制动管，然后缓慢松开制动踏板。 ③等候 15s，然后再继续下一步。 ④重复本程序，包括 15s 等候，直到放出主缸中的所有空气	
5	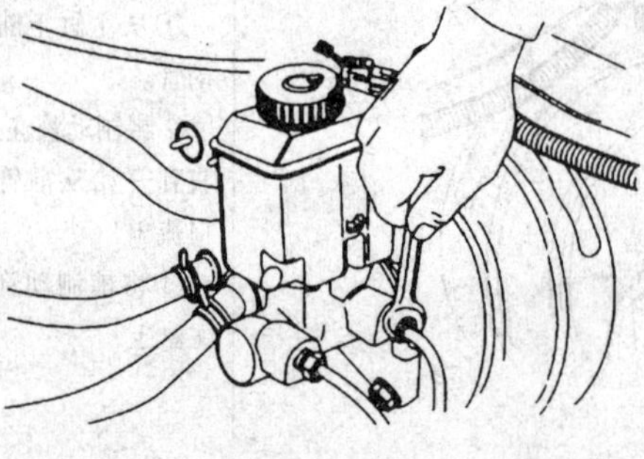	在从前接头放出所有空气后，再按相同方法从后接头排出主缸中的空气	

续上表

序号	图　示	步　骤	记录
6	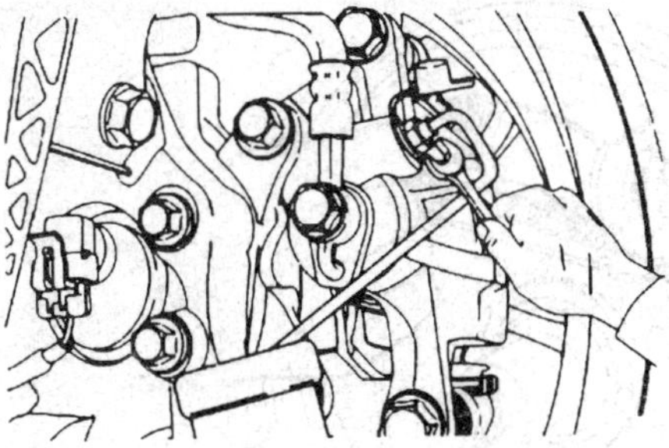	①将一根透明管连接到阀门上。使管浸入透明容器中的制动液。 ②慢踩制动踏板并保持在此位置	
7	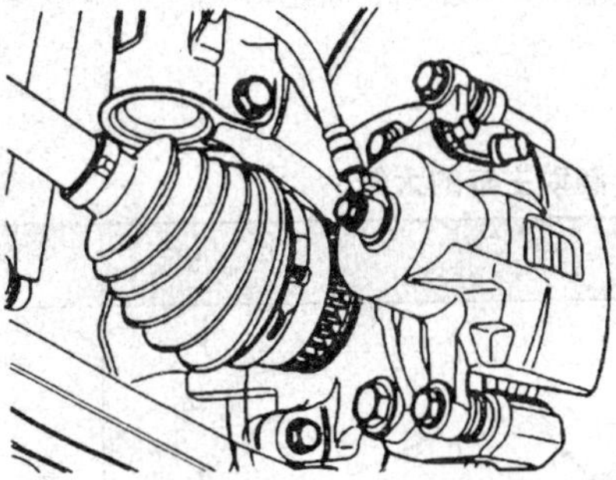	①拆卸放气门防尘帽并松开放气螺钉，以放出主缸中的空气。 ②紧固放气螺钉。 ③缓慢松开制动踏板。等候 15s，然后再继续下一步。 ④重复本程序，包括 15s 等候，直到放出总泵油缸中的所有空气。可能需要重复本程序 10 次以上，才能排出所有空气	
8	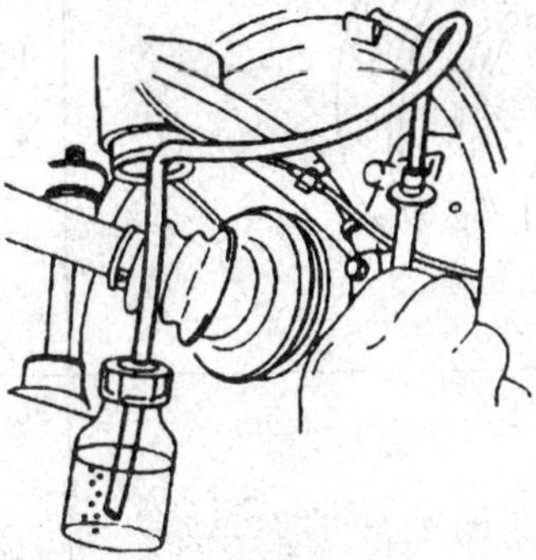	①继续按合适的顺序排放前制动器中的空气。 ②检查制动踏板是否绵软。重复整个放气程序，校正该状况	

小提示

如主缸有放气螺钉，先给主缸放气；每个轮缸的放气，从距主缸最远的开始；如一个车轮上有两个放气螺钉，先放低处的一个。

5. 制动轮缸的检修

拉开制动器轮缸防尘套，如图 22-15 所示，检查轮缸是否泄漏。若存在少量制动液是正常的，如果有大量制动液，则表明制动液通过活塞密封圈泄漏，应进行仔细检查，彻底检修或更换产生泄漏的轮缸。

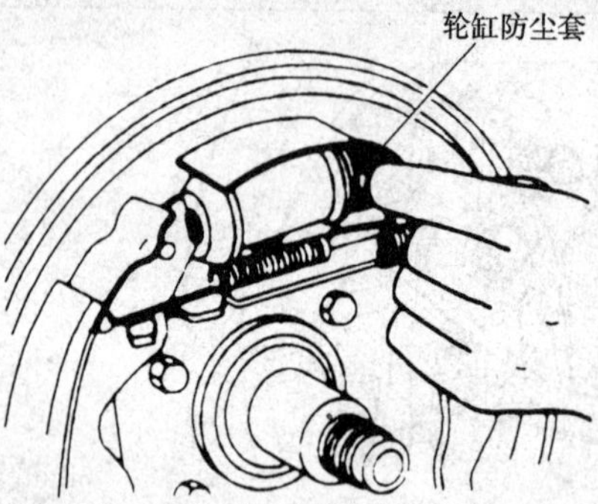

图 22-15　检查防尘套后是否有泄漏的制动液

6. 大修主缸

制动主缸的大修步骤见表 22-3。

制动主缸的大修　　表 22-3

序号	图　示	步　骤	记录
1	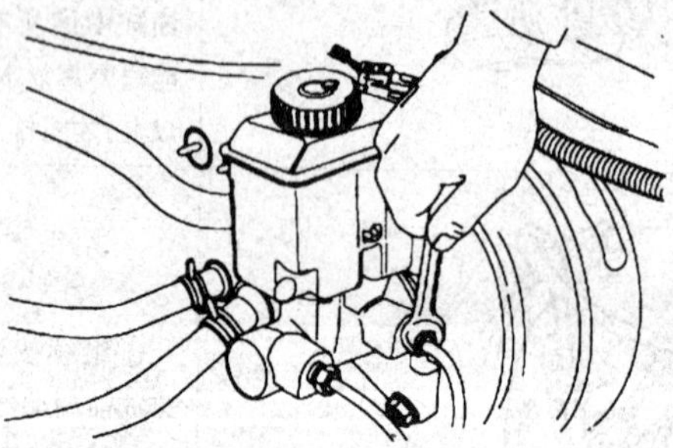	从车上拆下制动主缸	
2	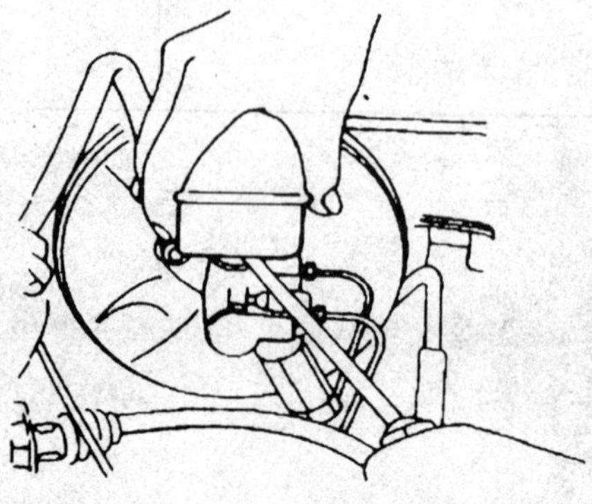	拆下储液罐	

续上表

<table>
<tr><th>序号</th><th>图　示</th><th>步　骤</th><th>记录</th></tr>
<tr><td>3</td><td>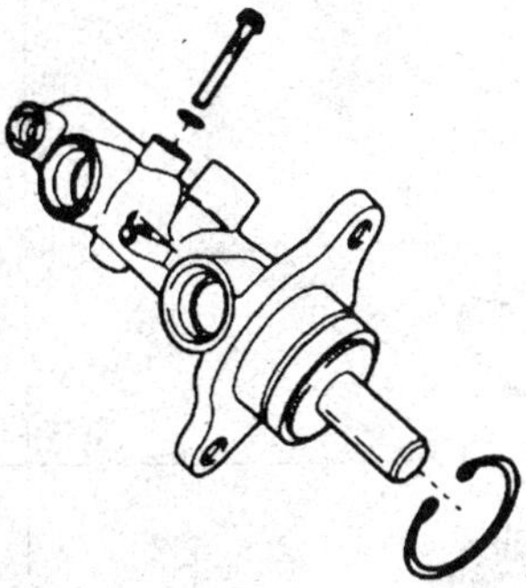</td><td>用合适的螺丝刀从总泵缸体上拆卸固定环并报废</td><td></td></tr>
<tr><td>4</td><td>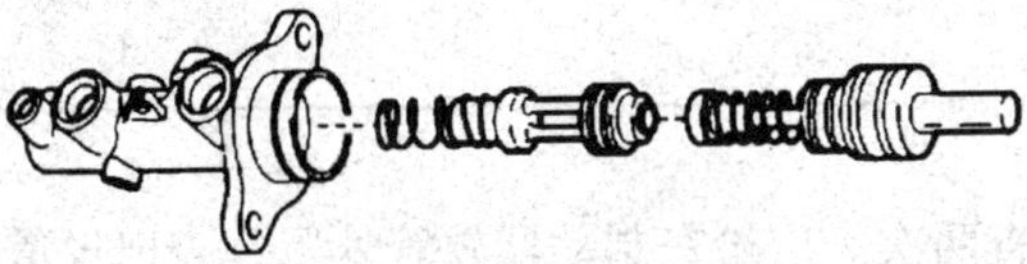</td><td>①拆卸主活塞。
②从主缸油缸中小心拆卸辅助活塞总成,包括弹簧</td><td></td></tr>
<tr><td>5</td><td>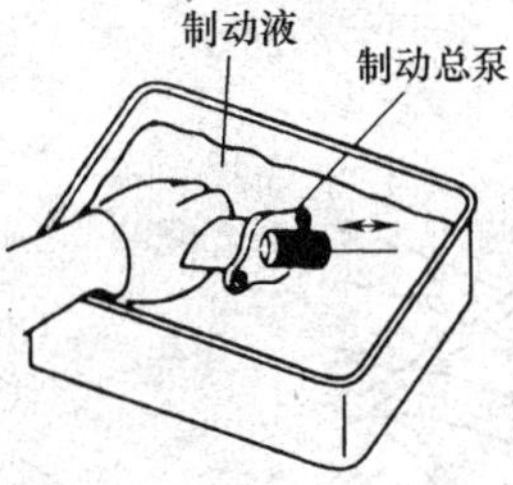</td><td>①清洗制动主缸。
②检查缸壁是否磨损。
③检查皮碗是否老化损坏。
④检查弹簧是否正常</td><td></td></tr>
<tr><td>6</td><td>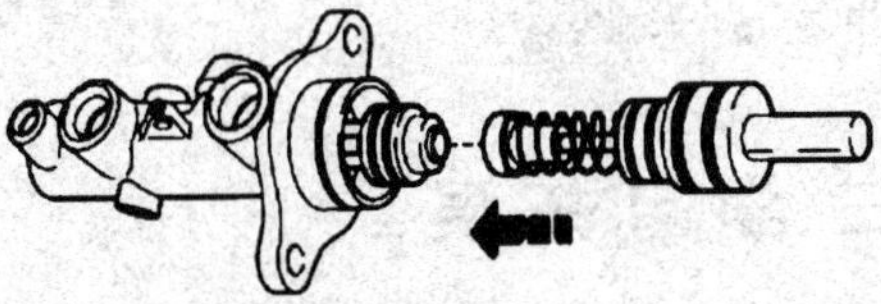</td><td>①用清洁的制动液润滑主缸缸体。
②装入活塞</td><td></td></tr>
</table>

续上表

序号	图　示	步　骤	记录
7	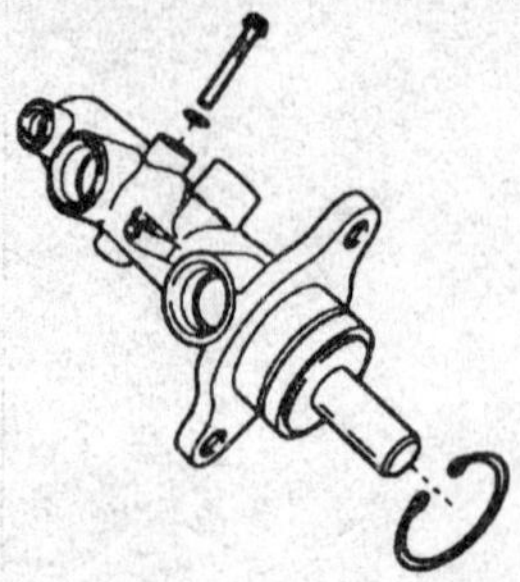	①使用木制或塑料冲子将活塞压入缸体。 ②将新固定环插入缸径槽。 ③安装后前后移动活塞，检查其是否可以自由移动	
8	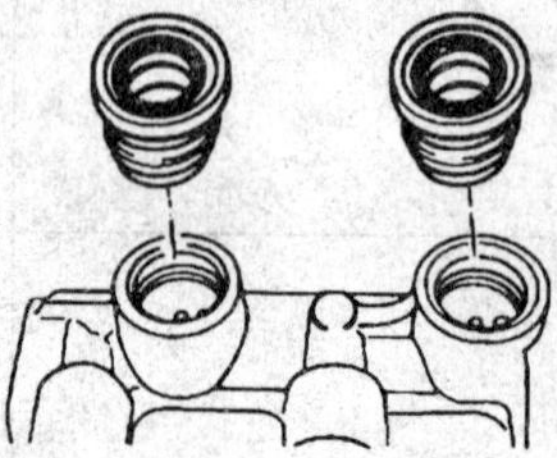	①装上储液罐。 ②将主缸装上汽车。 ③连接管路与电气线路。 ④添加制动液	

7. 检修制动软管

液压制动软管每年至少应检查两次。应检查制动器软管外罩是否出现道路损坏、开裂、磨损，是否泄漏或隆起，如图22-16所示。检查软管敷设和安装是否正确。与悬架部件摩擦的制动器软管很快就会磨损并最终失效。检查时需要一支手电筒和一个镜片。如果在制动器软管上观察到上述任何情况，必要时可调整或更换软管。

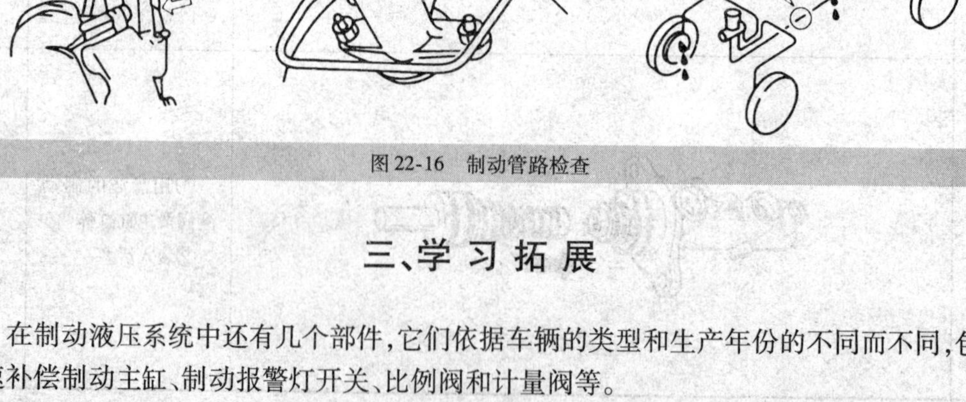

图22-16　制动管路检查

三、学习拓展

在制动液压系统中还有几个部件，它们依据车辆的类型和生产年份的不同而不同，包括快速补偿制动主缸、制动报警灯开关、比例阀和计量阀等。

1. 快速补偿制动主缸

该系统有一个带有两个不同孔径的制动主缸。它的作用是在制动踏板移动的初始阶段,为液压系统提供更多的制动液。这有助于快速补偿制动蹄复位弹簧机构形成的间隙。

2. 制动报警灯开关

在制动主缸中直接安装一个报警灯开关,这个开关能感知制动主缸中的压力,如果制动主缸有一半失效,则另一半的压力会快速上升。这个压力的变化会闭合一个电路开关和点亮制动报警灯。

3. 比例阀

比例阀的作用是按比例分配前、后轮上的制动力。它安装在制动主缸后面的制动管路中。车辆的制动效果越好,由于惯性的作用,其质量向前轮转移越多。如果四个车轮平均分配制动压力,两个后轮由于制动过程中车辆的质量转移使承重减小,这可能会使后轮先于前轮抱死,从而引起车辆失控。当增加制动踏板力时,比例阀调节前后轮上的制动力,使后轮的制动力小于前轮的制动力,这样会减小后轮打滑的可能性。

4. 计量阀

计量阀用于同时装有盘式制动器和鼓式制动器的系统。计量阀控制前轮盘式制动器在后轮鼓式制动器工作之后才开始工作。因为盘式制动器的工作比鼓式制动器开始得快,所以这个控制是有必要的。在工作时,通向前轮盘式制动器的制动液流经计量阀,计量阀就相当于节流阀,它控制流向前轮制动器的制动液,直到管路中产生一定的压力。当达到设定的压力,计量阀开启,制动系统正常工作。

四、评价与反馈

1. 自我评价与反馈

(1)你是否知道基本调整项目和具体内容?(　　)

A. 知道　　B. 不知道

(2)你是否能够完成制动主缸的基本检查和调整?(　　)

A. 能够完成　　B. 在小组协作下能够完成　　C. 不能完成

(3)你是否能够完成手动排空气的操作?(　　)

A. 能够完成　　B. 在小组协作下能够完成　　C. 不能完成

(4)你是否能够完成制动液泄漏的制动踏板试验的操作?(　　)

A. 能够完成　　B. 在小组协作下能够完成　　C. 不能完成

(5)完成了本学习任务后,你感觉困难的部分是哪些?

____

____

____

签名:________　________年________月________日

2. 小组评价及反馈

(1)你们小组在接到任务之后是否分工明确?________________

(2)你们小组每位组员都能轮换操作吗？＿＿＿＿＿＿＿＿＿＿＿＿＿＿＿＿

(3)遇到难题时你们分工协作吗？＿＿＿＿＿＿＿＿＿＿＿＿＿＿＿＿＿＿＿

(4)对于小组其他成员有何建议？＿＿＿＿＿＿＿＿＿＿＿＿＿＿＿＿＿＿＿

参与评价的同学签名：＿＿＿＿＿　＿＿＿＿＿年＿＿＿＿＿月＿＿＿＿＿日

3. 教师评价及回复

＿＿＿＿＿＿＿＿＿＿＿＿＿＿＿＿＿＿＿＿＿＿＿＿＿＿＿＿＿＿＿＿＿＿＿＿

＿＿＿＿＿＿＿＿＿＿＿＿＿＿＿＿＿＿＿＿＿＿＿＿＿＿＿＿＿＿＿＿＿＿＿＿＿＿

＿＿＿＿＿＿＿＿＿＿＿＿＿＿＿＿＿＿＿＿＿＿＿＿＿＿＿＿＿＿＿＿＿＿＿＿＿＿

教师签名：＿＿＿＿＿　＿＿＿＿＿年＿＿＿＿＿月＿＿＿＿＿日

五、技能考核标准

序号	项目	操作内容	规定分	评分标准	得分
1	准备	清点工具、量具 清理工位	5分	酌情扣分	
2	试验准备	制动液泄漏试验	10分	顺序有错漏扣10分	
3	试验操作	手动排空气	10分	错漏一项扣3分	
4	主缸大修	拆下主缸 分解主缸 清洗主缸 检查主缸 组装主缸 安装主缸	10分 10分 5分 10分 10分 10分	操作不当扣1～10分 操作不当扣1～10分 操作不当扣1～5分 操作不当扣1～10分 操作不当扣1～10分 操作不当扣1～10分	
5	时间	30min	5分	超时1～10 min扣1～5分 超时10 min以上扣5分	
6	安全文明	无安全隐患，无不文明操作	5分	未达标扣1～5分	
7	结束	工具、量具清洁并归位 工作场地清洁	5分 5分	漏一项扣1分，未做扣5分 清洁不彻底扣1～5分，未做扣5分	
总分			100分		

学习任务二十三　真空助力器的检修

任务要求

完成本学习任务后，你应：

1. 掌握真空助力器的作用与组成；
2. 掌握真空助力器的工作原理；
3. 掌握真空助力器的基本结构；
4. 掌握真空助力器的常规检查；
5. 掌握真空助力器的拆装；
6. 掌握踏板行程的检查。

建议学时：6 学时

任务描述

一辆凯越轿车，踩制动踏板时感觉踏板过硬，制动力明显不足，经初步检查，是真空助力装置失效，需要对真空助力器进行检修。

一、理论知识准备

1. 助力器的作用与类型

许多车辆都用助力制动系统减轻驾驶员用于制动的力。助力器有两种常用的形式，即真空助力装置和液压助力装置，现在轿车上一般采用真空助力装置（图 23-1）。

2. 真空制动助力器的工作原理

真空制动助力器（图 23-2）安装在制动踏板和制动主缸之间，利用发动机进气歧管真空或辅助真空泵产生的真空帮助驾驶员减轻用于制动的力。

如图 23-3 所示，当制动系统不工作时，空气阀连接在阀操纵杆上，并由空气阀复位弹簧将其向右拉动。控制阀由控制阀弹簧向左推动，这样使空气阀接触到控制阀。因此，防止通过空气滤清器滤芯的大气进入变压力室。在这种情况下，阀体的真空阀是与控制阀分开的，在通道 A 与通道 B 之间形成一个开口。由于在恒压室里始终有一个真空，所以此时在可变压力室也有一个真空，结果是膜片弹簧将活塞向右推动。

如图 23-4 所示，当制动系统工作时，踩下制动踏板，阀操纵杆推动空气阀，使它向左移动。由控制阀弹簧推动顶住空气阀的控制阀也向左移动，直至它接触到真空阀为止，这样阻塞通道 A 与通道 B 之间的开口。当空气阀向左更远移动时，它将移动离开控制阀，这样让大气通过通道 B（通过空气滤清器滤芯后）进入可变压力室。恒压室与可变压力室之间的压力差使得活塞向左移动。这样又依次使反作用盘向左移动助力器推杆并增加制动力。

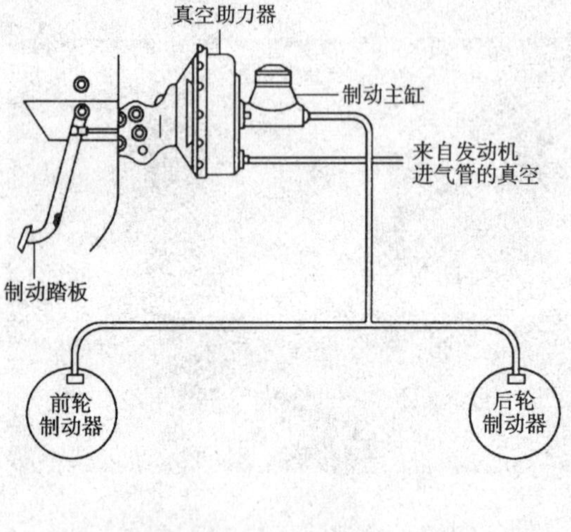

图 23-1 真空助力装置

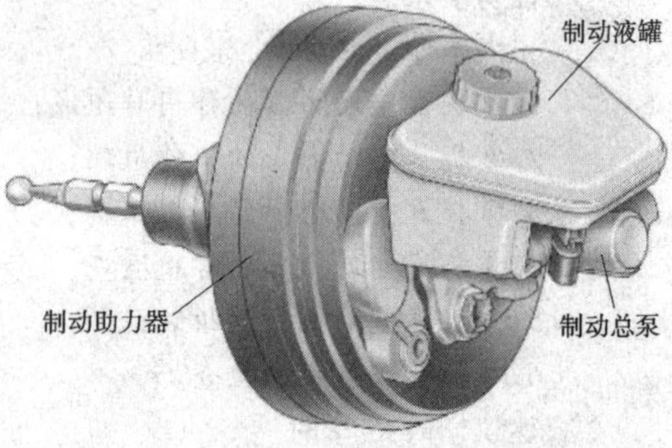

图 23-2 真空制动助力器

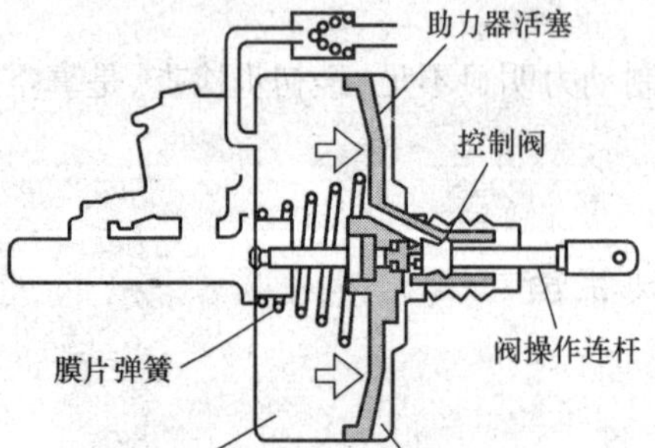

图 23-3 制动系统不工作时状态

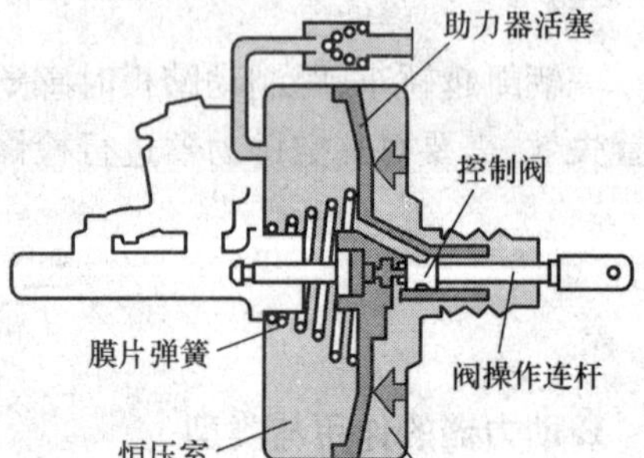

图 23-4 制动系统工作时状态

真空助力器分为单膜片（图 23-3）和双膜片（图 23-5）两种，双膜片真空助力器用两个较小的膜片进行串联，因此壳体较小。

3. 止回阀

所有真空助力装置中都装有止回阀，止回阀一般装在助力器前，真空软管连接处，即发动机进气歧管和真空助力装置之间。图 23-6 为真空助力器的止回阀，止回阀使真空到达助力装置，但不能回流。因此，发动机关闭后，真空助力器内仍能保持真空。

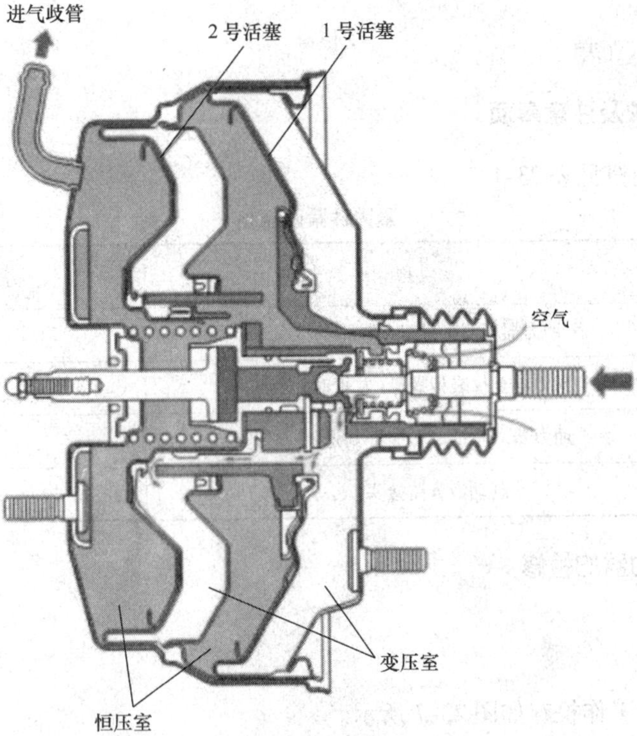

图23-5　双膜片真空助力器

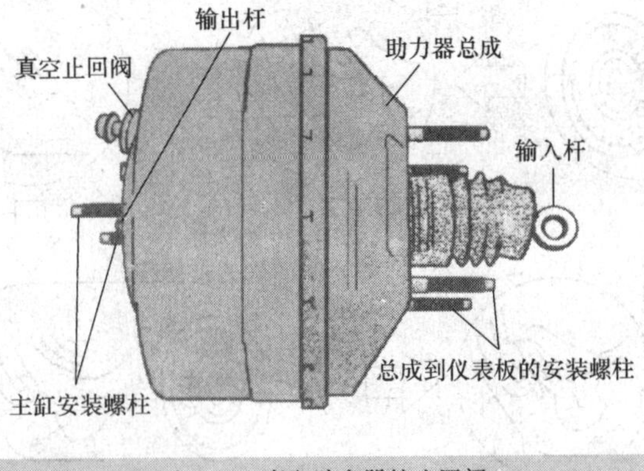

图23-6　真空助力器的止回阀

二、实践操作

(一)实践准备

(1)凯越轿车一辆。

(2)举升器一台。

(3)常用工具、量具。

(4)干净的抹布。
(5)维修手册、工单。

(二)技术要求及注意事项

紧固件紧固规格见表 23-1。

紧固件紧固规格 表 23-1

序号	名　称	力矩(N·m)
1	助力器至支架螺母(右驱动)	22
2	助力器至仪表板螺母(左驱动)	22
3	助力器六角螺母和推杆 U 形钩	18
4	制动液管路接头	16

(三)真空助力器的检修

1. 基本检查

1)工作检查

真空助力器的工作检查如图 23-7 所示。

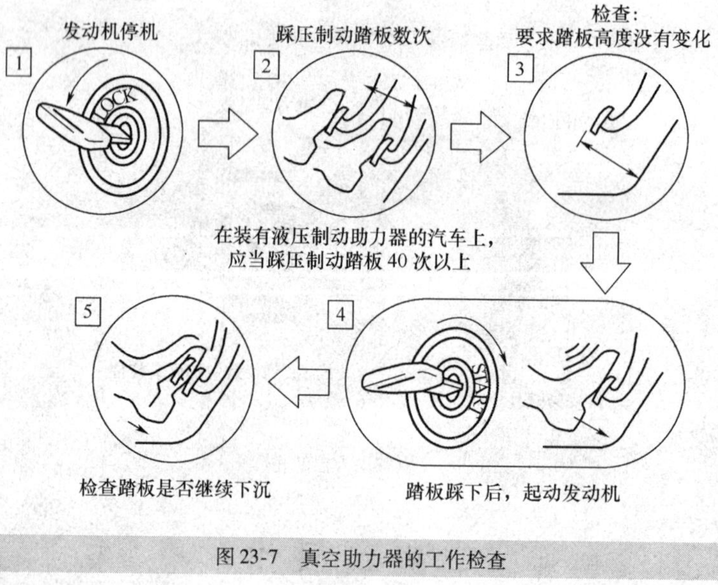

图 23-7　真空助力器的工作检查

2)气密性检查

真空助力器的气密性检查如图 23-8 所示。

3)真空检查

真空助力器的真空检查如图 23-9 所示。

2. 制动踏板的检查

(1)检查制动踏板高度。如图 23-10 所示,在松开踏板的情况下量取踏板到地板的高度。

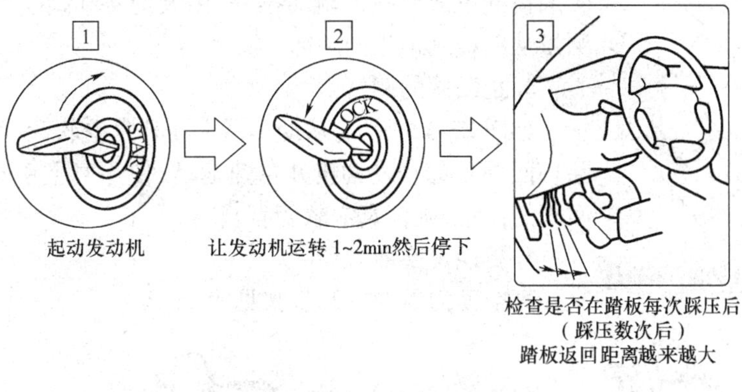

图 23-8　真空助力器的气密性检查

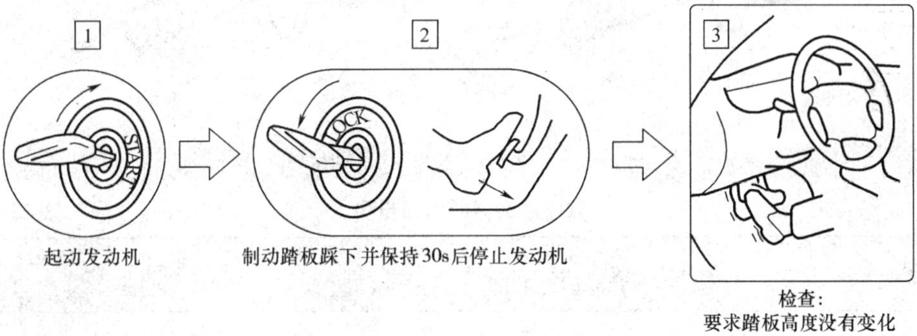

图 23-9　真空助力器的真空检查

(2)检查制动踏板自由行程。如图 23-11 所示,首先踩下制动踏板数次,以消除助力器的真空助力效果,然后轻轻而缓慢地将制动踏板压下,直至感到有阻力时为止,测量此过程中踏板所经过的行程,即为制动踏板自由行程。

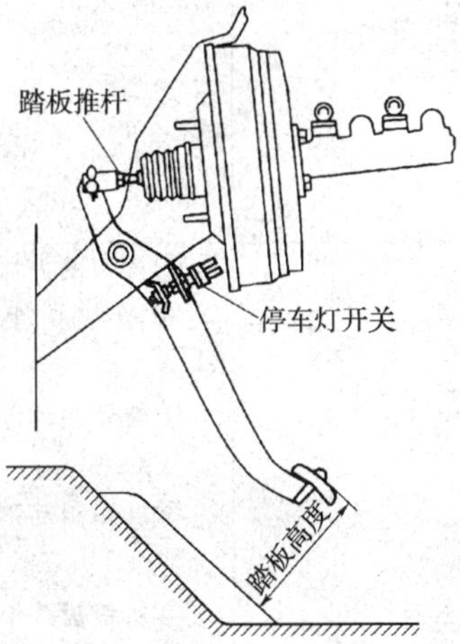

图 23-10　检查制动踏板高度

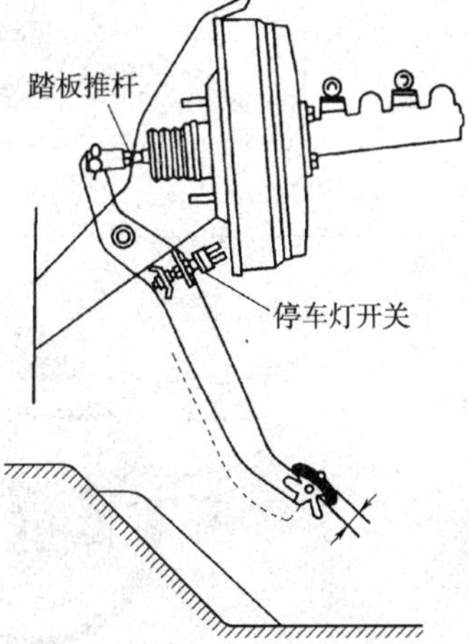

图 23-11　检查制动踏板自由行程

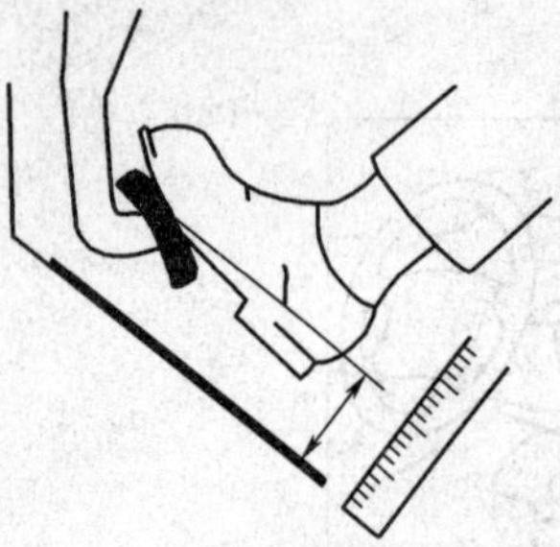
图 23-12　检查制动踏板行程余量

(3)检查制动踏板行程余量。如图 23-12 所示,在发动机运转的情况下放开驻车制动拉杆,用大约 490N 的力,踩下踏板并测量从踏板到地板的距离。

3. 止回阀的测试

如图 23-13 所示,从助力器上断开真空软管(不要从管内拆除止回阀),起动发动机并怠速运转,使用真空手动泵来检查止回阀的作用,确信真空软管有真空。

4. 更换真空助力器

真空助力器的拆卸步骤见表 23-2。

图 23-13　测试助力器的真空止回阀

真空助力器的拆卸步骤　　表 23-2

序号	图　示	步　骤	记录
1	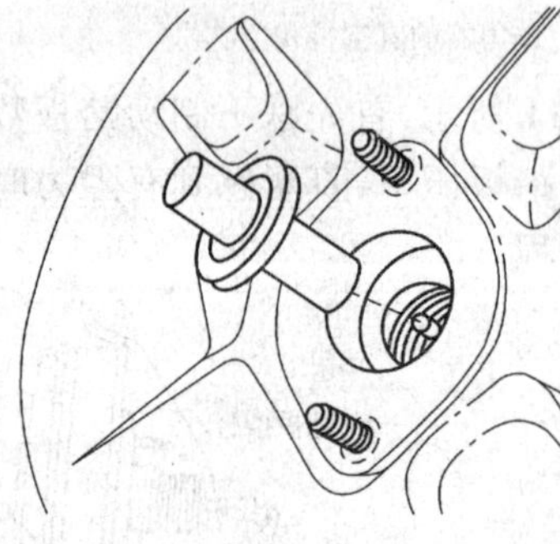	①拆卸总泵。 ②拆卸轴和橡胶 O 形圈	
2	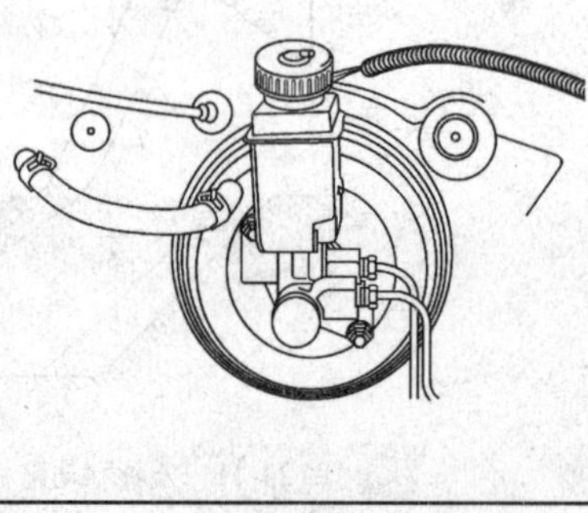	①拆卸助力器真空软管接头上的卡夹。 ②断开制动停车灯开关。 ③拆卸制动踏板弹簧。 ④从踏板托架总成上断开卡夹和推杆销	

续上表

序号	图　示	步　骤	记录
3	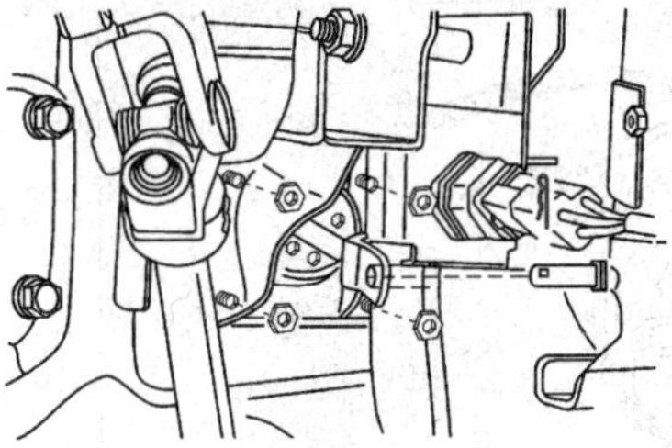	①从仪表板中伸出的双头螺栓上拆卸助力器安装螺母并拆卸助力器。 ②拆卸橡胶护套	
4	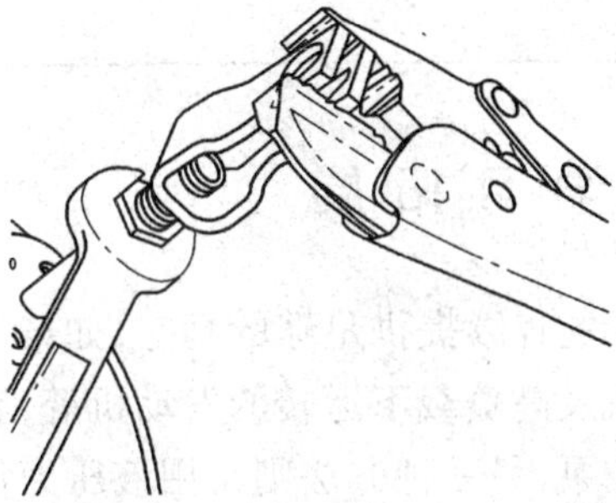	①握住六角螺母，拧动推杆 U 形钩。 ②从推杆上拆卸六角螺母	

真空助力器的安装步骤见表 23-3。

真空助力器的安装步骤　表 23-3

序号	图　示	步　骤	记录
1	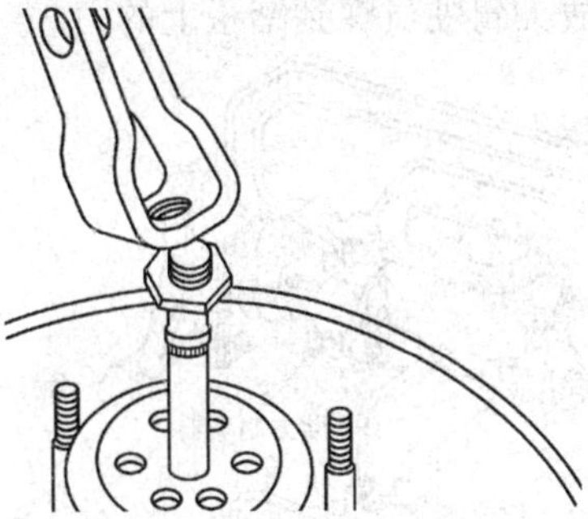	①检查推杆和推杆 U 形钩是否损坏，装配是否正确。 ②将六角螺母和推杆U形钩安装在助力器轴上	
2	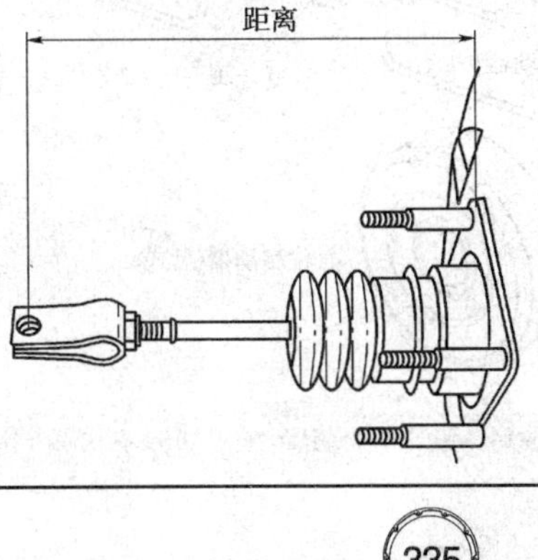	测量助力器至拨叉销孔中心的距离。该距离应为 120mm	

续上表

序号	图　示	步　骤	记录
3	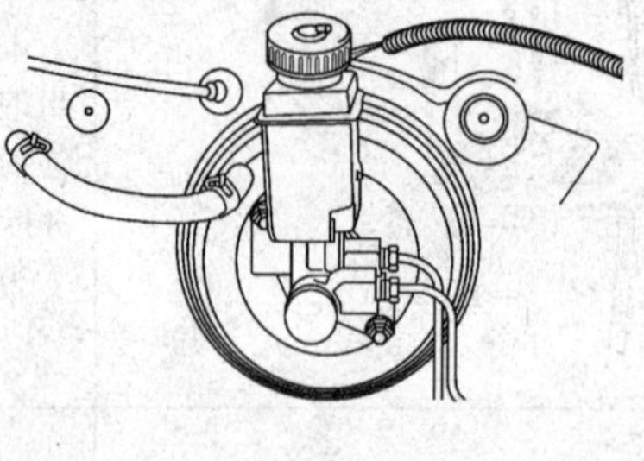	按拆卸时的相反顺序安装。注意拧紧力矩	

三、学习拓展

有些车辆发动机罩下空间较小，或不能连续提供足够的真空，如柴油发动机车辆，没有进气歧管真空做真空源，涡轮增压发动机及高负载下运转的发动机等，容易导致真空过低。为了解决这些问题，有时会增加辅助真空泵，另一种方法则是用液压力代替真空做动力源。液压助力器通常有两种形式：用助力转向泵做动力源，装在制动踏板和主缸之间，其主要组成如图 23-14 所示，一个蓄压器提供储存压力并降低泵的运转时间，称为动力助力；或采用独立的液压动力源，装在制动主缸内，操作压力来自于一个电动泵，由一个蓄压器提供储存压力并降低泵的运转时间，为液压助力。液压助力器装在与真空助力器相同的位置，位于制动踏板与主缸之间。它的作用同样也是放大驾驶员踩到踏板上的力。

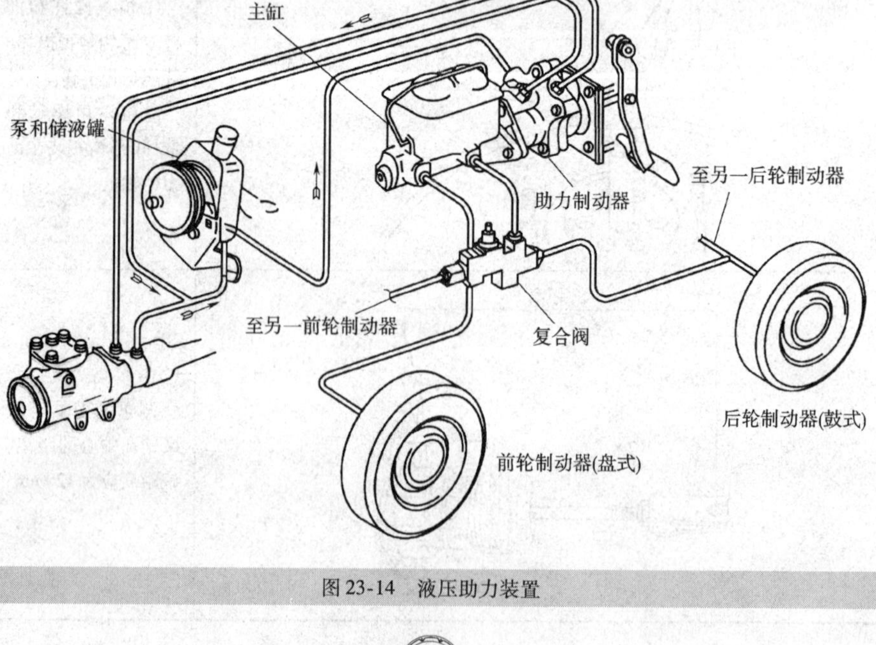

图 23-14　液压助力装置

四、评价与反馈

1. 自我评价与反馈

(1)你是否知道真空助力器的基本组成?( )

A. 知道　　B. 不知道

(2)你是否能够完成真空助力器的基本检查?( )

A. 能够完成　　B. 在小组协作下能够完成　　C. 不能完成

(3)你是否能够完成制动踏板的检查?( )

A. 能够完成　　B. 在小组协作下能够完成　　C. 不能完成

(4)完成了本学习任务后,你感觉困难的部分是哪些?

____

____

____

签名:________ ________年________月________日

2. 小组评价与反馈

(1)你们小组在接到任务之后是否分工明确?________________

(2)你们小组每位组员都能轮换操作吗?________________

(3)遇到难题时你们分工协作吗?________________

(4)对于小组其他成员有何建议?________________

参与评价的同学签名:________ ________年________月________日

3. 教师评价及回复

____

____

____

教师签名:________ ________年________月________日

五、技能考核标准

序号	项目	操作内容	规定分	评分标准	得分
1	准备	清点工具、量具 清理工位	5分	酌情扣分	
2	基本检查	工作检查 气密性检查 真空检查	10分 10分 10分	操作不当扣1～10分 操作不当扣1～10分 操作不当扣1～10分	

续上表

序号	项目	操作内容	规定分	评分标准	得分
3	检测	制动踏板高度的检查 制动踏板自由行程的检查 制动踏板行程余量的检查	10分 10分 10分	操作不当扣1~10分 操作不当扣1~10分 操作不当扣1~10分	
4	装配	真空助力器的拆装	10分	操作不当扣1~10分	
5	时间	30min	10分	超时1~10 min扣1~10分 超时10 min以上扣10分	
6	安全文明	无安全隐患,无不文明操作	5分	未达标扣1~5分	
7	结束	工具、量具清洁并归位 工作场地清洁	5分 5分	漏一项扣1分,未做扣5分 清洁不彻底扣1~5分,未做扣5分	
总分			100分		

学习任务二十四　ABS 的检修

任务要求

完成本学习任务后，你应：

1. 了解 ABS 对汽车制动的影响；
2. 熟悉 ABS 的组成与工作原理；
3. 掌握 ABS 的检修方法；
4. 能准确分析与排除 ABS 的故障。

建议学时：10 学时

任务描述

一辆别克凯越轿车在行驶中，ABS 指示灯闪亮，经维修人员初步检查和分析，需对 ABS 进行检修。

一、理论知识准备

制动防抱死装置，简称 ABS。ABS 可以在汽车制动时，自动控制车轮在旋转方向上的滑移程度，以免车轮在制动过程中抱死拖滑。

1. ABS 的作用

ABS 的作用如图 24-1 所示。

(1)缩短制动距离。

(2)使车辆操控性提高。

(3)延长轮胎使用寿命。

(4)降低驾驶员劳动强度。

2. ABS 的组成和基本原理

如图 24-2 所示，ABS 是在普通制动系统的基础上增加了传感器、ABS 执行机构和 ABS 电控单元三部分。

传感器识别车辆的运行状况，并将它转变为电信号传送给 ABS 电控单元；ABS 电控单元接收并判断由传感器送来的数据信号，决定 ABS 是否应介入制动压力调节的工作，再向 ABS 执行机构发出指令；ABS 执行机构根据这个信号，调节制动器制动压力的大小。ABS

的基本回路如图 24-3 所示。

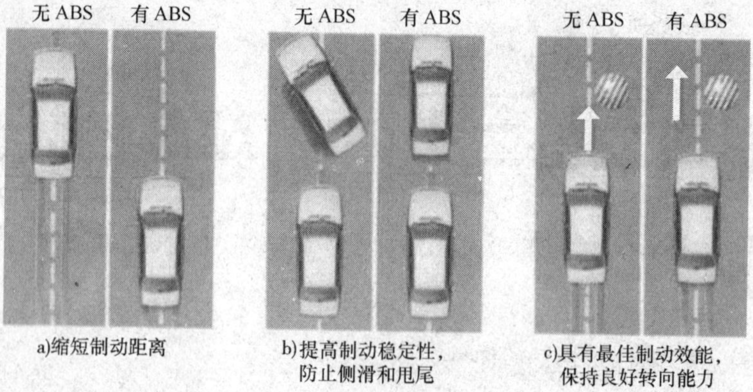

图 24-1　ABS 的作用

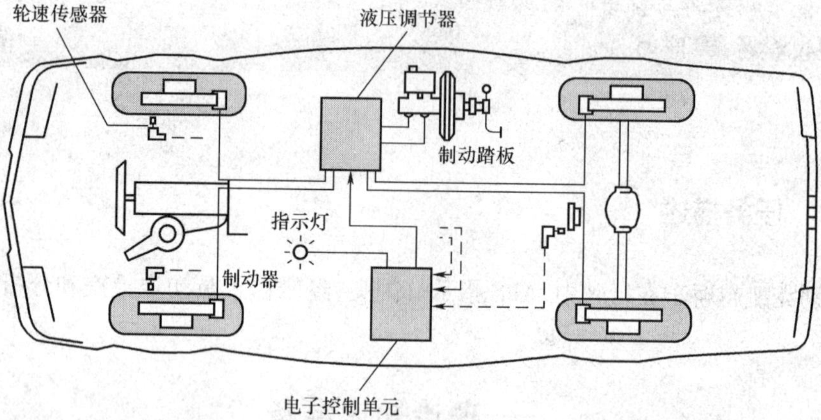

图 24-2　ABS 的组成

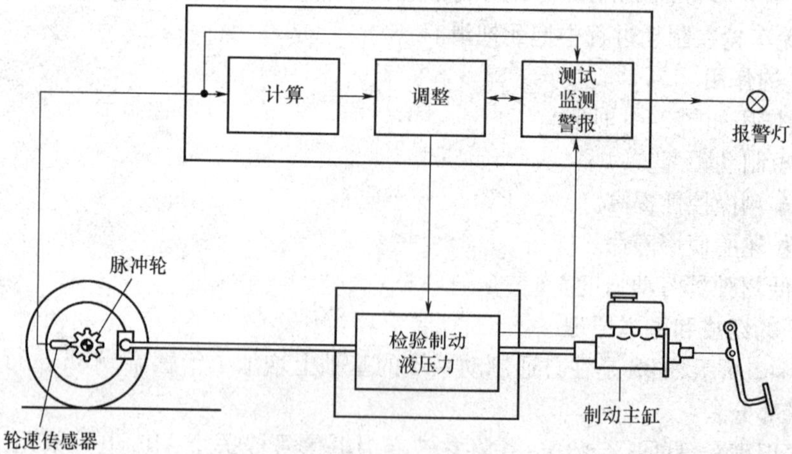

图 24-3　ABS 的基本回路

小提示

常规制动系统出现故障,ABS随之失去控制作用;ABS出现故障,ECU自动关闭ABS,同时ABS警告灯点亮并存储故障码,但常规制动系统仍可正常工作。

3. ABS系统控制回路的形式

ABS系统中,能够独立进行制动压力调节的制动管路称为控制通道。如果对某车轮的制动压力可以进行单独调节,称这种控制方式为独立控制;如果对两个(或两以上)车轮的制动压力一同进行调节,则称这种控制方式为一同控制。在对两个车轮的制动压力进行一同控制时,如果以保证附着力较大的车轮不发生制动抱死为原则进行制动压力调节,称这种控制方式为按高选原则一同控制;如果以保证附着力较小的车轮不发生制动抱死为原则进行制动压力调节,则称这种控制方式为按低选原则一同控制。按照控制通道数目的不同,ABS系统分为四通道(图24-4)、三通道、双通道和单通道四种形式,而布置形式却多种多样。

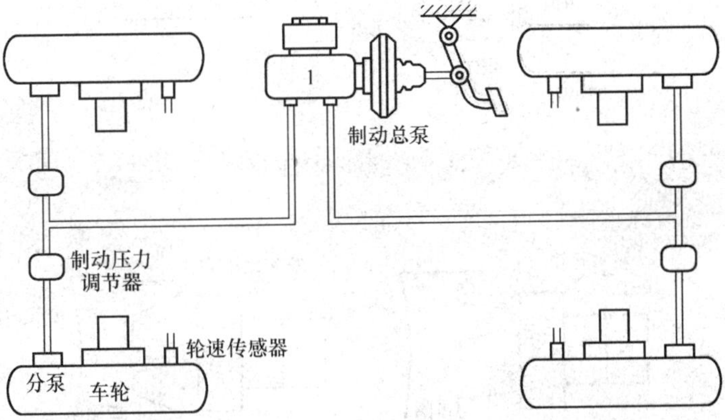

图24-4　四通道控制

4. ABS系统的传感器

1)轮速传感器

轮速传感器的作用是检测车轮转速,并传递给ABS电控单元,其安装位置如图24-5所示。目前用于ABS系统的轮速传感器主要有电磁式和霍尔式两种。

(1)电磁式轮速传感器是一种通过磁通量的变化产生感应电压的装置,主要由传感头和齿圈两部分组成。齿圈一般安装在轮毂或轴座上,对于后驱动车辆,也可安装在差速器或传动轴上。齿圈随轮毂或传动轴一起转动,传感头通过固定在车身上的支架安装在齿圈附近,传感头与齿圈间的间隙约1mm。头部结构有凿式和柱式两种,如图24-6所示。

(2)霍尔式轮速传感器也由传感头和齿圈组成,如图24-7所示。

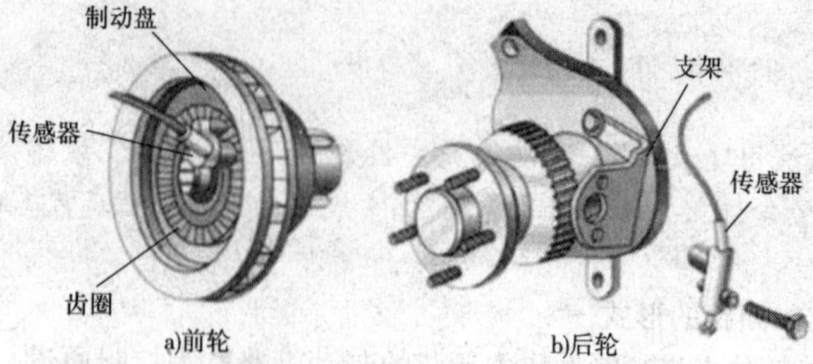

图 24-5　轮速传感器的安装位置

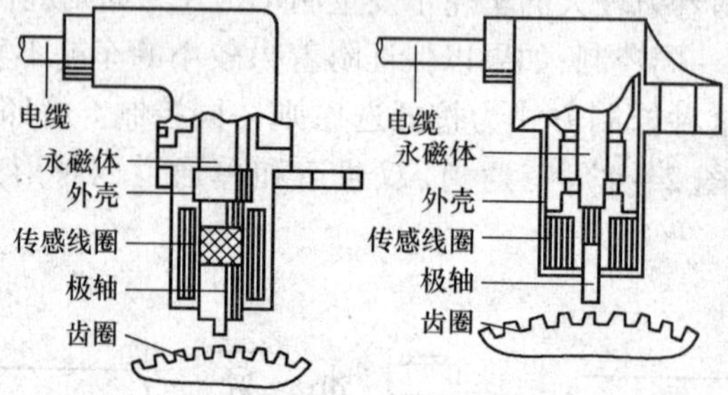

图 24-6　电磁式轮速传感器

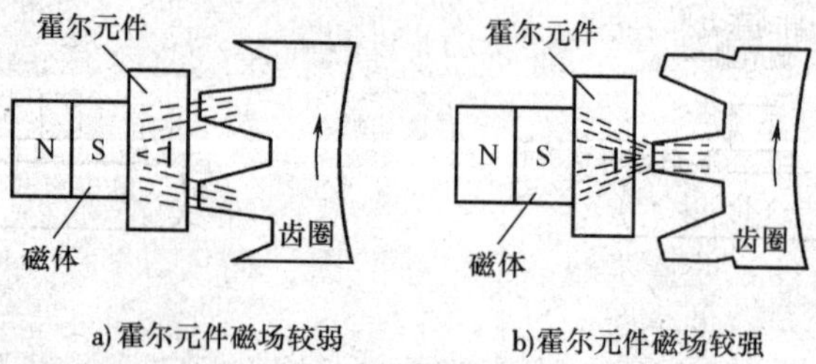

图 24-7　霍尔式轮速传感器

2)G 传感器(加速度传感器)

ABS 控制系统最重要的控制参数是车速(汽车行驶速度),以往设计的 ABS 都是根据汽车车轮的最大转速来估算车速的。随着对制动时的车速计算尽可能精确的要求提高,目前,一些新设计的 ABS 控制系统中采用了 G(加速度)传感器。汽车加速度传感器的作用是测出汽车制动时的减速度,识别是否是雪路、冰路等易滑路面。通过此传感器可以对由车轮转速计算而来的车速进行补偿,使汽车制动时的车速检测更为精确。现在只用于四轮驱动汽车。G 传感器有水银开关型、摆型和应变仪型三种,如图 24-8 所示。

5. 液压控制装置

液压控制装置按照结构的不同，可分为分置式和整体式两种，如图 24-9 所示。液压控制装置装在制动主缸与轮缸之间，主要包括泵电机总成、蓄压器、压力开关和电磁阀等相关部件。

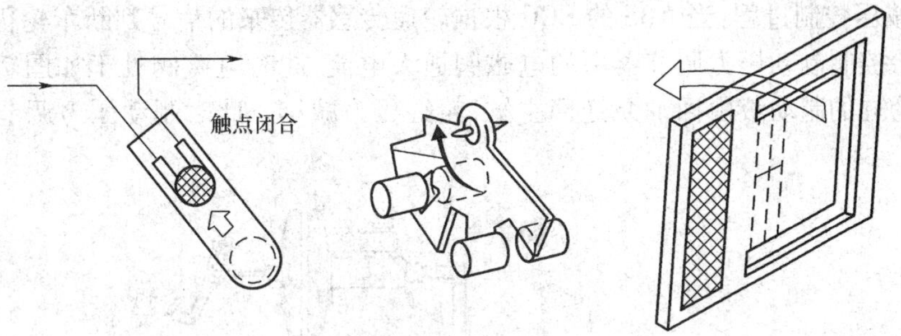

a)水银开关型　　b)摆型　　c)应变仪型

图 24-8　G 传感器类型

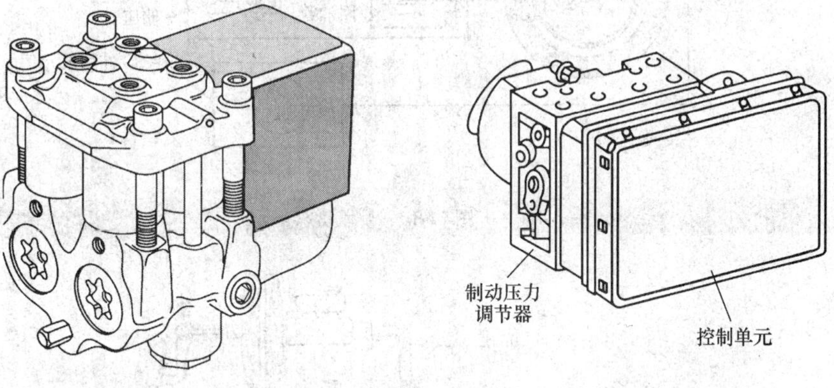

a)分置式　　b)整体式

图 24-9　液压控制装置

按照调节方式的不同，液压控制装置可分为循环式制动压力调节器和可变容积式调节器两种。

1)循环式 ABS 系统工作过程

ABS 系统通过压力调节器工作，分别实现升压状态、保压状态和减压状态。

(1)升压控制过程：当驾驶员踩下制动踏板，制动主缸的压力升高，或者当 ABS 的 ECU 根据轮速传感器传来的信号判断车轮滑移率太低时，ECU 控制制动压力调节器中的电磁阀不通电，此时电磁阀处于如图 24-10 所示位置，来自制动主缸的制动液直接进入轮缸，轮缸压力随主缸压力增加而增加。此时压力调节器的回油泵不工作。

(2)保压控制过程:当驾驶员继续踩住制动踏板,制动主缸的压力继续升高,此时 ABS 的 ECU 根据轮速传感器传来的信号判断车轮有抱死的趋势,开始控制制动压力调节器中的电磁阀通小电流,此时电磁阀处于如图 24-11 所示位置,来自制动主缸的制动液不进入轮缸,轮缸压力不变。此时压力调节器的回油泵不工作。

(3)减压控制过程:当 ABS 的 ECU 根据轮速传感器传来的信号判断车轮仍然有抱死的趋势,开始控制制动压力调节器中的电磁阀通大电流,此时电磁阀处于如图 24-12 所示位置,来自轮缸的制动液由回油泵送回主缸,轮缸压力减小。此时制动压力调节器的回油泵工作。

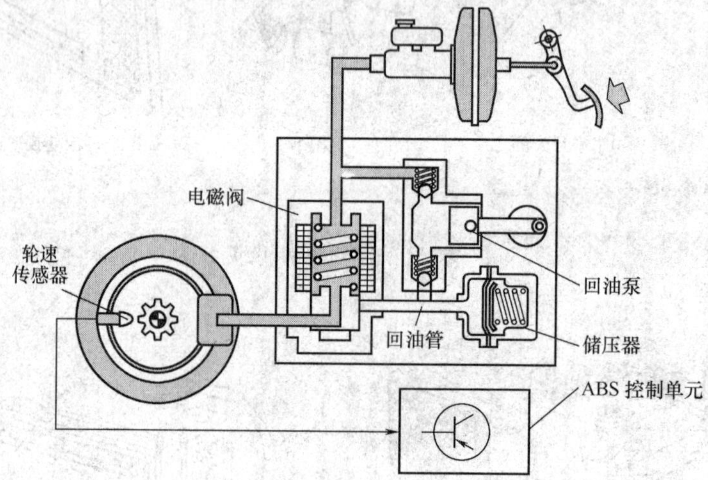

图 24-10　升压状态

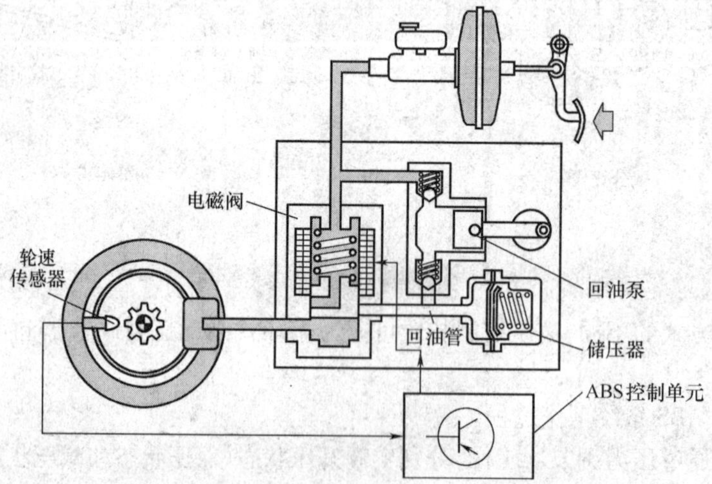

图 24-11　保压状态

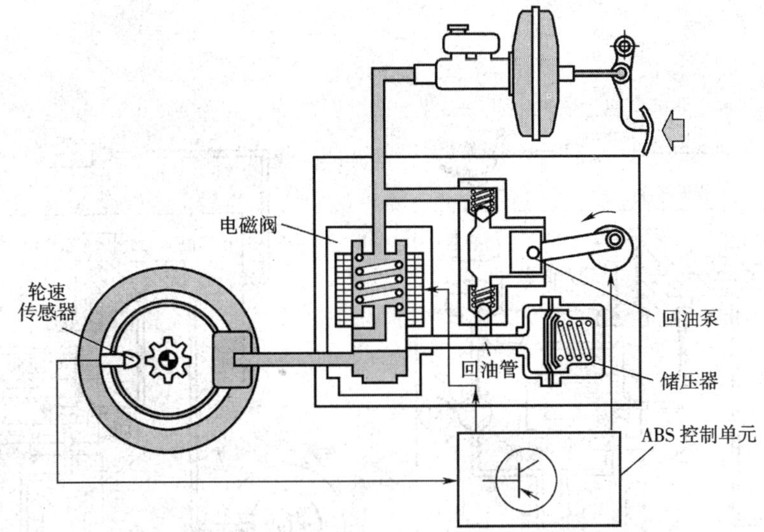

图 24-12 减压状态

2)变容积式 ABS 系统工作过程

变容积式 ABS 系统是在汽车原有的制动管路上增加一套液压装置,用它控制制动管路容积的增减,从而控制制动压力的变化,特征是有一个动力活塞,其工作过程如图 24-13 所示。

6. 蓄压器

在部分液压制动系统 ABS 中装有蓄压器,蓄压器串联在液压泵与电磁阀之间,用于储存高压制动液,以备在制动过程中增加制动压力时使用。蓄压器有两种,一种是活塞弹簧式,一种是气囊式。活塞弹簧式蓄压器实际是一个内装活塞和弹簧的液压缸,来自液压泵的制动液进入蓄压器后,推动活塞压缩弹簧使油缸容积增大以暂时储存制动液,并靠弹簧的弹力保持制动液的压力。如图 24-14 所示,在蓄压器内装有的膜片将其分为两腔,膜片后部充入高压氮气,来自液压泵的制动液进入膜片前部油腔,进一步压缩高压氮气以暂时储存制动液,制动液压力与高压氮气压力相等。

7. 指示灯(图 24-15)

指示灯位于仪表板上,以下情况 ABS 警报灯点亮:点火开关接通(系统自检,自检结束后熄灭),当 ABS 功能失效时。

8. ABS 电控单元

ABS 电控单元的功能是接收轮速传感器及其他传感器输入的信号,对这些输入的信号进行测量、比较、分析、放大和处理,通过精确计算,得出制动时车轮的滑移率、车轮的加速度和减速度,以判断车轮是否有抱死趋势,再由其输出级发出控制指令,控制制动压力调节器去执行压力调节任务;出现故障时执行失效保护功能,并点亮警告灯。ABS 的控制过程如图 24-16 所示。

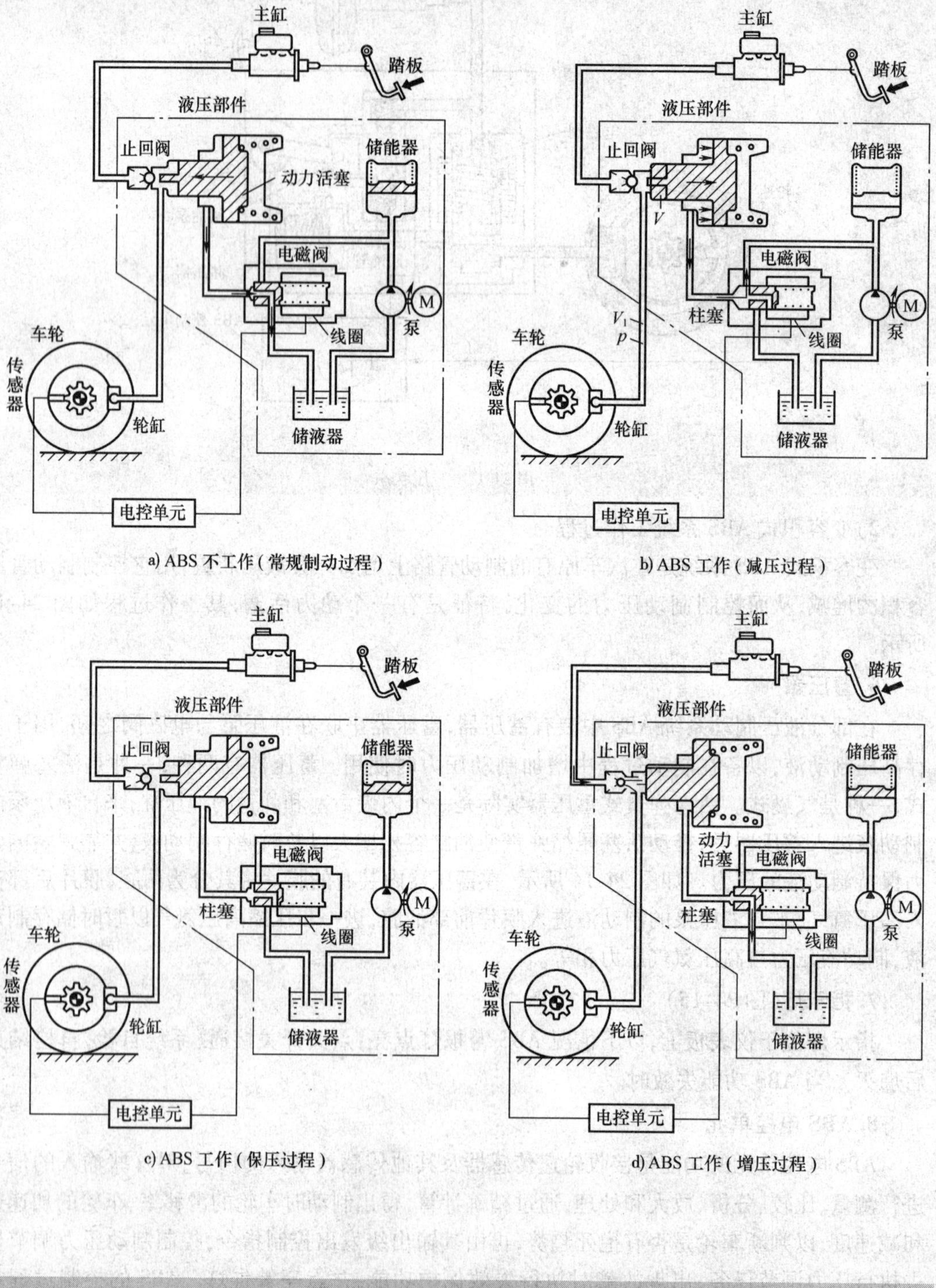

a) ABS 不工作（常规制动过程）

b) ABS 工作（减压过程）

c) ABS 工作（保压过程）

d) ABS 工作（增压过程）

图 24-13　变容积式 ABS 的工作过程

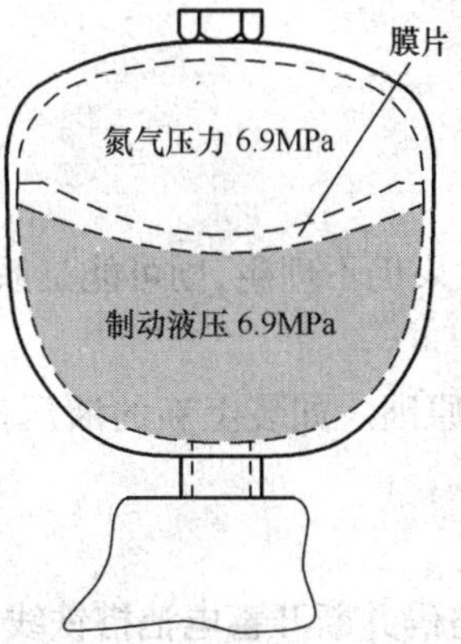

图 24-14　气囊式蓄压器

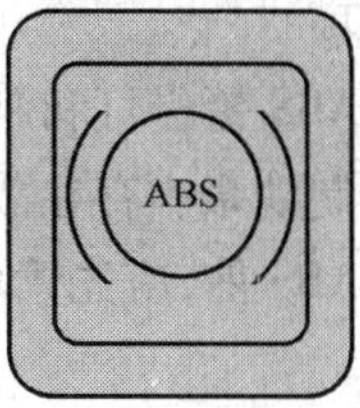

图 24-15　ABS 指示灯

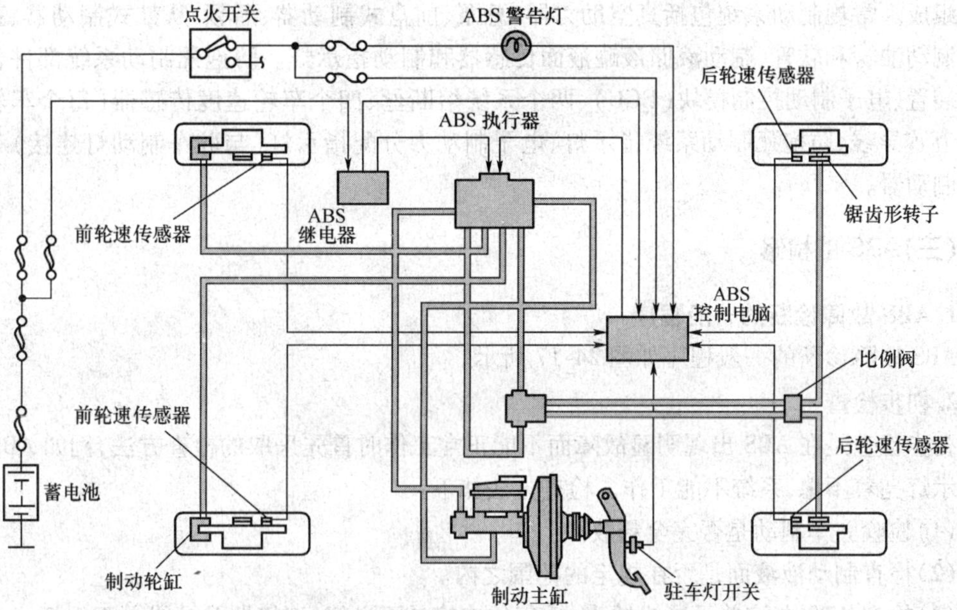

图 24-16　ABS 的控制过程

二、实践操作

(一)实践准备

(1)别克凯越轿车一辆。

(2)检测仪一套。

(3)常用工具、常用量具。

(4)干净的抹布。

(5)维修手册、工单。

(二)技术要求及注意事项

1. 注意事项

(1)如果 ABS 警告灯和制动警告灯不亮,但制动效果仍不理想,则可能是系统放气不干净或在常规的制动系中存在故障。

(2)维修 ABS 前,应先读取故障代码,以确定故障原因。如装上新的液压控制单元,应检查其编码。

(3)拔下 ABS 插头之前,必须关闭点火开关。

(4)开始修理前,应关闭点火开关,查取收录机防盗码并断开蓄电池搭铁线。

2. 别克凯越轿车 ABS 的基本情况

别克凯越轿车采用的 ABS 5.3 防抱死制动系统(ABS),由常规液压制动系统和防抱死部件组成。常规制动系统包括真空助力器、总泵、前盘式制动器、后领/从鼓式制动器、互连液压制动油管和软管、制动液储液罐液面传感器和制动指示灯。防抱死制动系统部件包括液压装置、电子制动控制模块(ECU)、两个系统熔断丝、四个车轮速度传感器(每个车轮一个)、互连导线、防抱死制动系统指示灯、电子制动力分配指示灯(与驻车制动灯连接)和后盘式制动器。

(三)ABS 的检修

1. ABS 故障诊断的一般程序

ABS 故障诊断的一般程序如图 24-17 所示。

2. 初步检查

初步检查是在 ABS 出现明显故障而不能正常工作时首先采取的检查方法,例如 ABS 故障指示灯亮着不熄,系统不能工作。检查方法如下:

(1)检验驻车制动是否完全释放。

(2)检查制动液液面是否在规定的范围之内。

(3)检查 ABS 电控单元导线插头、插座的连接是否良好,连接器及导线是否损坏。

(4)检查导线连接器(插头与插座)和导线的连接或接触是否良好。

(5)检查所有的继电器、熔断丝是否完好,插接是否牢固。

(6)检查蓄电池容量和电压是否在规定的范围内;检查蓄电池正、负极导线的连接是否牢靠,连接处是否清洁。

(7)检查 ABS 电控单元、液压控制装置等搭铁端的接触是否良好。

3. 故障码的读取与清除

(1)读取故障码可通过专用仪器进行检查(图 24-18),也可用跨接法进行检测,如图 24-19所示。

(2)当系统故障排除后,应该将故障码清除。首先跨接 T_C 与 E_1,然后打开点火开关,接着在 3s 内,将制动踏板踩到底再放开,反复 8 次以上,故障码可以清除。

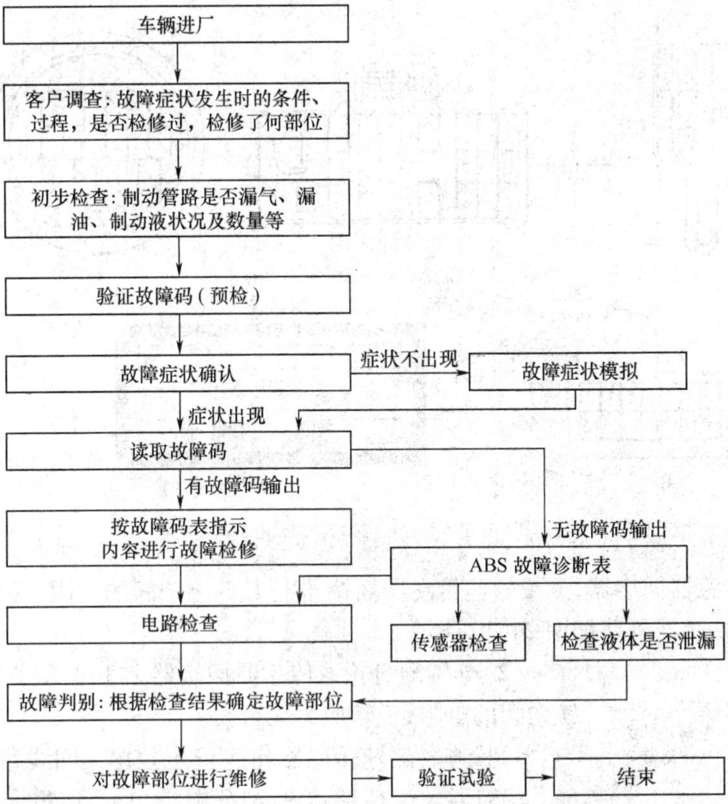

图24-17　ABS故障诊断的一般程序

4. ABS的泄压

通过ABS的检查，诊断出故障后，就可进行故障排除和修理。由于蓄压器中有很高的压力，因此只要修理防抱死制动系统中的液压部件就必须对系统泄压，以免高压油喷出伤人。

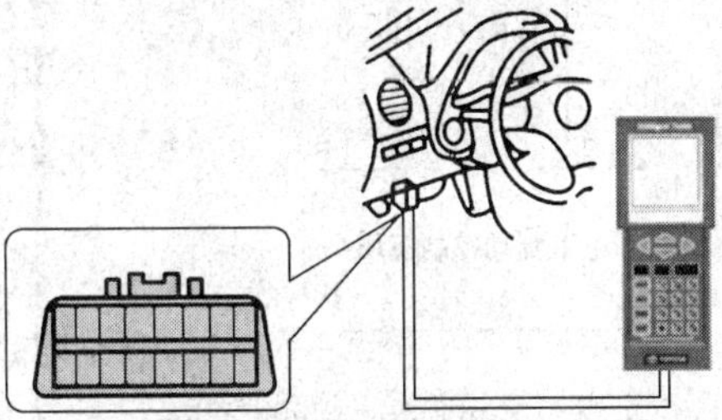

图24-18　专用仪器检查

一般ABS泄压的方法是将点火开关关闭（OFF位置），然后反复踩制动踏板，踩踏的次数至少在20次以上，当感觉到踩踏板的力明显增加，即感觉不到踩踏板的液压助力时，ABS系统泄压完成。有的ABS系统在泄压过程中需踩踏的次数较多，甚至需要40次以上。

5. 轮速传感器的检测

1）直观检查

（1）检查插头连接是否良好。

（2）拔出插接器观察是否有锈蚀松动。

（3）检查传感器外壳是否损坏。

（4）检查传感器安装是否良好。

2）检查轮速传感器

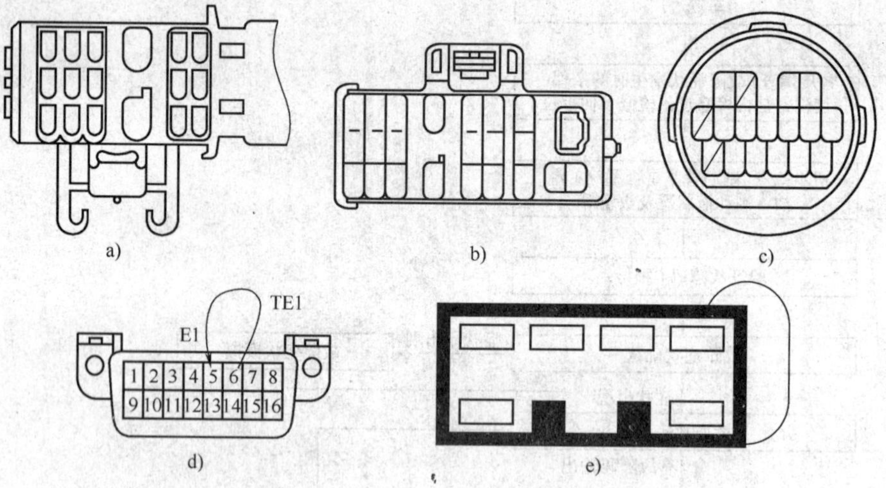

图 24-19　跨接法读取故障码(丰田)

(1)拆下轮速传感器插接器,测量轮速传感器插接器上 1、2 端子间的电阻,正常电阻为 1.4 ~1.8kΩ。轮速传感器电路如图 24-20 所示。

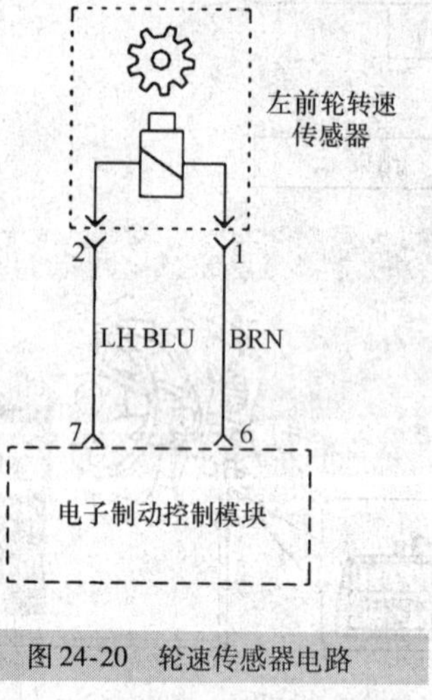

图 24-20　轮速传感器电路

(2)分别测量轮速传感器插接器上 1、2 端子与车身搭铁之间的电阻,正常应为无穷大。

3)检查各轮速传感器和 ABS 电控单元间线路

检查各轮速传感器和 ABS 电控单元间的线束和插接器是否存在断路或短路现象,若有异常,进行更换。

4)检查轮速传感器端部

拆下轮速传感器,检查传感器端部是否有划痕或异物。

6. ABS 指示灯持续点亮,未存储故障代码

1)故障现象

接通点火开关,ABS 指示灯一直亮着不熄灭,或者汽车在运行过程中 ABS 指示灯亮,且无故障代码。

2)ABS 指示灯电路如图 24-21 所示。

3)故障原因

(1)仪表组端子 A13 和电子制动控制模块端子 20 之间的电路对搭铁短路。

(2)电控单元有故障。

4)故障诊断

ABS 指示灯持续点亮。未存储故障代码的诊断步骤见表 24-1。

ABS 指示灯持续点亮,未存储故障代码的诊断步骤　　表 24-1

序　号	步　　骤	是	否
1	检查电控单元连接器连接是否正常	至步骤 3	至步骤 2
2	连接电控单元修理是否完成	系统正常	

续上表

序　号	步　　骤	是	否
3	断开电控单元连接器。 接通点火开关。 用绝缘工具使连接器中的短接棒脱离端子20。 防抱死制动系统指示灯是否熄灭	至步骤4	至步骤5
4	更换防抱死制动系统,修理是否完成	系统正常	
5	关闭点火开关。 连接电控单元连接器。 断开连接器C110。 接通点火开关。 防抱死制动系统指示灯是否启亮	至步骤7	至步骤6
6	修理连接器C110和电控单元连接器之间浅绿色(LT GRN)电路的对搭铁短路故障	系统正常	
7	修理仪表板组合仪表连接器A13与连接器C110之间浅绿色(LT GRN)电路的对搭铁短路故障	系统正常	

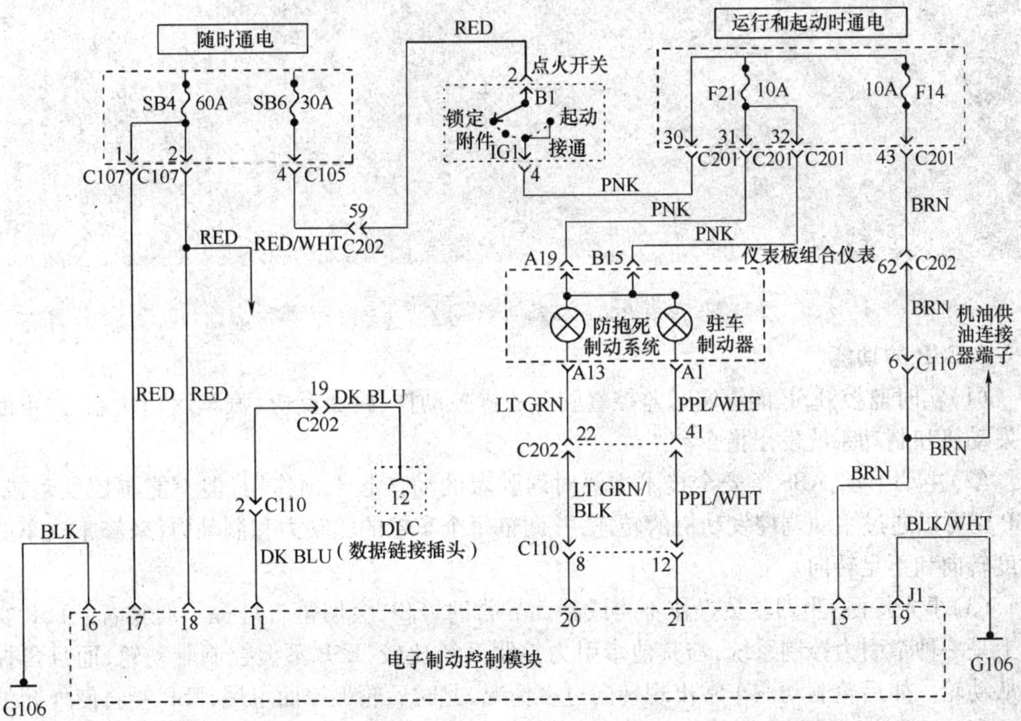

图24-21　ABS指示灯电路

三、学习拓展

汽车电子稳定程序(Electronic Stability Program,简称ESP)是车辆新型的主动安全系统,是汽车防抱死制动系统(ABS)和牵引力控制系统(ASR)功能的进一步扩展,并在此基础上,增加了车辆转向行驶时横摆率传感器、侧向加速度传感器和转向盘转角传感器,通过ECU控制前后、左右车轮的驱动力和制动力,确保车辆行驶的侧向稳定性。如图24-22所示。

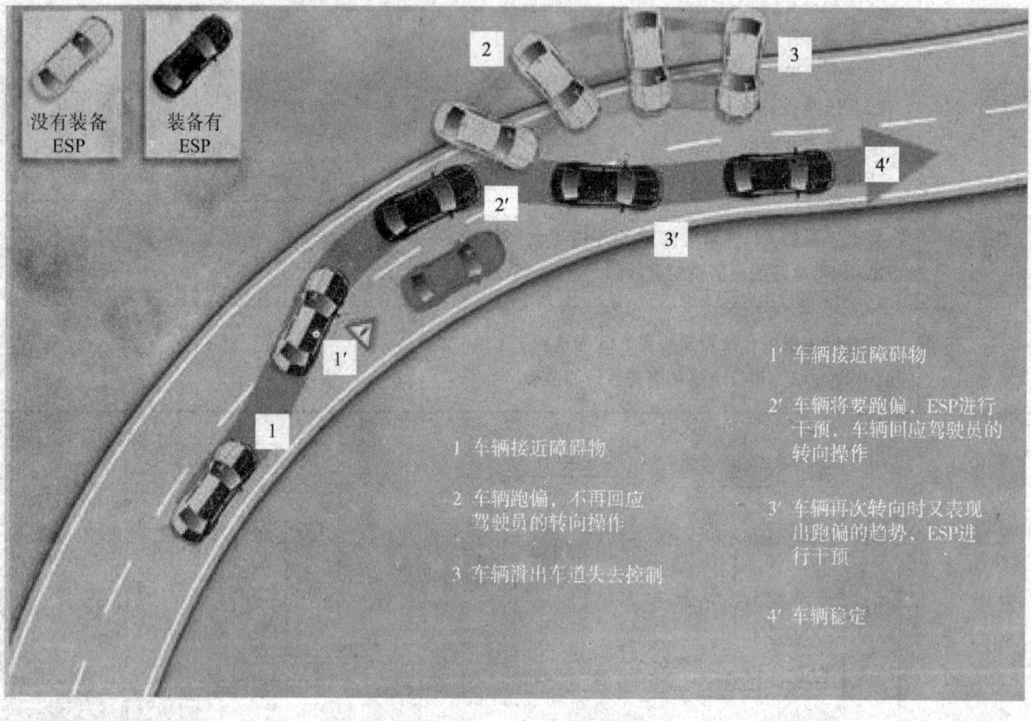

图24-22 紧急情况下,装备与未装备ESP车辆的避让情况

1. ESP的功能

(1)实时监控:ESP能够实时监控驾驶者的操控动作、路面反应、汽车运动状态,并不断向发动机和制动系统发出指令。

(2)主动干预:ABS等安全技术主要对驾驶者的动作起干预作用,但不能调控发动机。ESP则可以通过主动调控发动机的转速,并调整每个车轮的驱动力和制动力,来修正汽车的过度转向和不足转向。

(3)事先提醒:当驾驶员操作不当或路面异常时,ESP会用警告灯提示驾驶者。ESP实际上是一种牵引力控制系统,与其他牵引力控制系统比较,ESP不但控制驱动轮,而且可控制从动轮。如后轮驱动汽车常出现转向过多情况,此时后轮失控而甩尾,ESP便会使外侧的前轮制动减速,用来稳定车轴;在转向过少时,为了校正循迹方向,ESP则会使内后轮制动减速,从而校正行驶方向。

2. ESP 的组成

ESP 由传感器、电子控制单元（ECU）和执行器 3 部分组成，在 ECU 实时监控汽车运行状态的前提下，对发动机及制动系统进行干预和调控。典型的汽车 ESP 包括传统制动系统（真空助力器、管路和制动器）、传感器（4 个轮速传感器、转向盘转角传感器、侧向加速度传感器、横摆角速度传感器、制动主缸压力传感器）、液压调节器、汽车稳定性控制 ECU 和辅助系统（发动机管理系统 EMS），如图 24-23 所示。

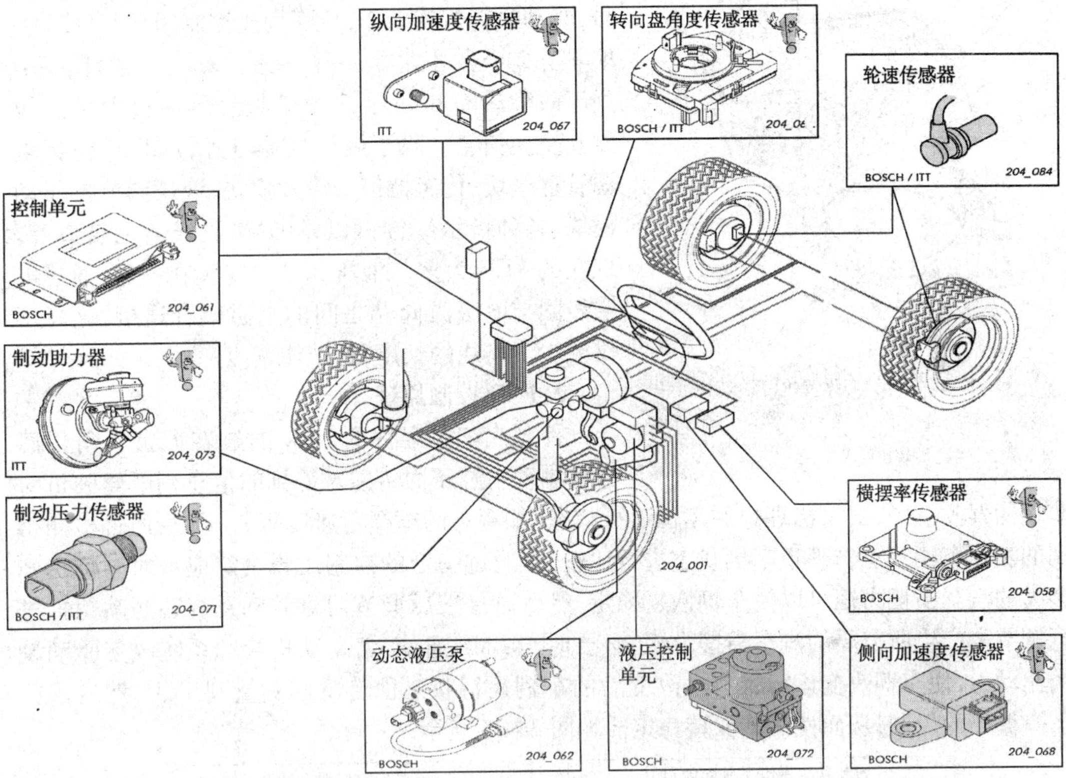

图 24-23　ESP 的组成

（1）轮速传感器用于检测轮速信号。目前采用的轮速传感器有电磁感应式和霍尔式 2 种。

（2）转向盘转角传感器用于测量转向盘的转角。转向盘转角传感器位于转向盘下面，内部结构如图 24-24 所示，转向盘转角传感器提供表示转向盘旋转角度的输出信号，由于 2 只测量齿轮的齿数不同，故产生不同相位的两个转角信号。电子控制单元利用转向盘旋转角度的输出信号计算出驾驶员所要求的行驶方向。控制单元通过转向盘转角传感器与横向偏摆率传感器信号的比较，确定车辆实际行驶轨迹与驾驶要求是否一致，从而确定控制目标。

（3）侧向加速度传感器用于测量汽车行驶时的侧向加速度。侧向加速度传感器主要有 2 种：1 种采用压电石英进行加速度的测量；1 种使用衰减弹簧质量系统进行加速度测量。

（4）横摆角速度传感器根据陀螺原理进行测量，一般采用微机械系统结构。随着以硅原料为基础的微机械测量系统的发展，近期出现了能同时测量侧向加速度和横摆角速度的高精度传感器。

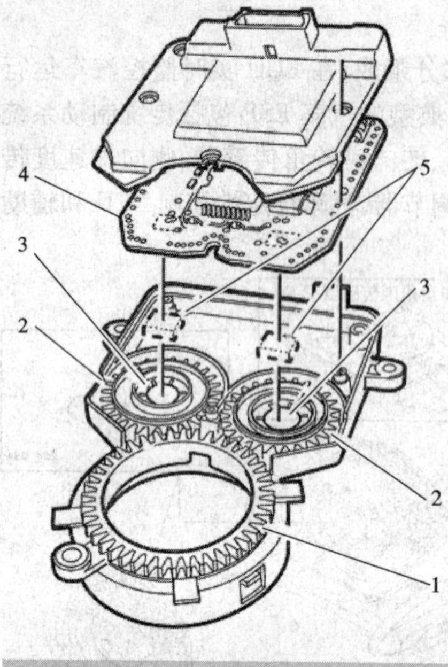

图 24-24 转向盘转角传感器
1-齿轮；2-测量齿轮；3-磁铁；4-判断电路；5-各向异性磁阻(AMR)集成电路

(5)液压调节器是汽车 ESP 控制系统的执行机构，基本结构与 ABS/ASR 液压调节器相似，只是为了提高响应速度，汽车 ESP 控制系统的液压调节器比 ABS/ASR 液压调节器多了预压泵和压力生成器。

(6)电子控制单元是汽车 ESP 控制系统的核心部件，是控制逻辑的载体，用来处理各种传感器信号，驱动执行机构动作，从而构成控制闭环。ECU 一般具有 2 个微处理器，一个用来计算控制逻辑，一个用于故障诊断和处理，2 个微处理器通过内部总线相互交换信息。除了微处理器以外，ECU 还包括电源管理模块、传感器信号输入模块、液压调节器驱动模块、各种指示灯接口以及 CAN 总线通讯接口等。现在的 ECU 大多与液压调节器安装在一起，通过电磁线圈与电磁阀阀芯之间的电磁耦合连接，这样不仅减少了连线的长度，且结构紧凑。

3. ESP 控制原理

控制汽车稳定性的 ECU 通过转向盘转角传感器和制动主缸压力传感器得到的信息判断驾驶员对车辆的驾驶意图，决策出理想的车辆运行状态(如理想的横摆角速度等)。ECU 通过检测得到的实际车辆状态与理想车辆状态进行比较，并通过一定的控制逻辑决定应该对车辆实施多大的汽车横摆力矩可以使车辆恢复稳定，然后通过液压调节器对制动系统各制动轮缸进行调节来产生所需要的汽车横摆力矩，必要时与 EMS 通信，由发动机管理系统改变驱动轮的驱动力，使车辆改变运行状态。改变后的车辆运行状态由传感器测量到 ECU，然后进行下一循环的控制，从而使汽车保持稳定。如图 24-25 所示。

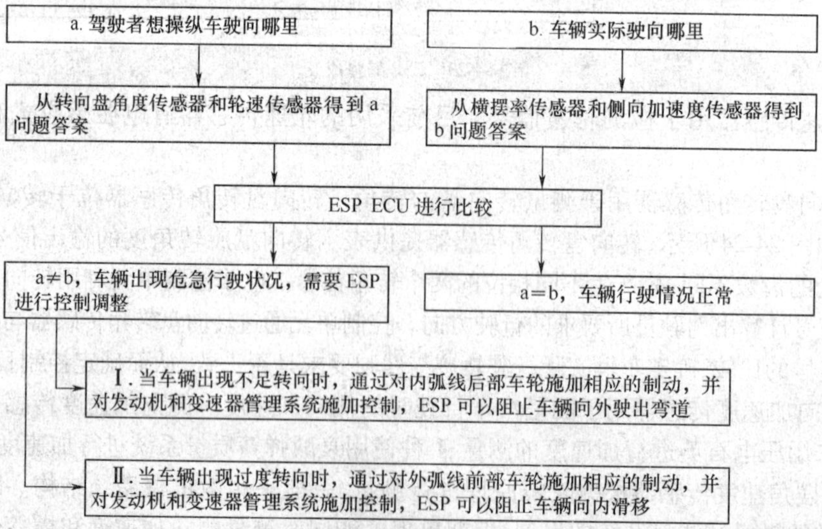

图 24-25 ESP 系统的工作原理图

四、评价与反馈

1. 自我评价与反馈

(1)你是否知道 ABS 系统的基本组成?(　　)

A. 知道　　B. 不知道

(2)你是否能够完成 ABS 系统的基本检查?(　　)

A. 能够完成　　B. 在小组协作下能够完成　　C. 不能完成

(3)你是否能够完成轮速传感器的检修?(　　)

A. 能够完成　　B. 在小组协作下能够完成　　C. 不能完成

(4)完成了本学习任务后,你感觉困难的部分是哪些?

____

____

____

签名:________ ________年________月________日

2. 小组评价与反馈

(1)你们小组在接到任务之后是否分工明确? ________________

(2)你们小组每位组员都能轮换操作吗? ________________

(3)遇到难题时你们分工协作吗? ________________

(4)对于小组其他成员有何建议? ________________

参与评价的同学签名:________ ________年________月________日

3. 教师评价及回复

____

____

____

教师签名:________ ________年________月________日

五、技能考核标准

序号	项目	操作内容	规定分	评分标准	得分
1	准备	清点工具、量具 清理工位	5 分	酌情扣分	
2	基本检查	初步检查	20 分	缺一项扣 5 分	

续上表

序号	项目	操作内容	规定分	评分标准	得分
3	检测	读取故障码 轮速传感器的检测 ABS 系统泄压	10 分 10 分 10 分	操作不当扣 1 ~ 10 分 操作不当扣 1 ~ 10 分 操作不当扣 1 ~ 10 分	
4	排除故障	ABS 指示灯持续点亮,未存储故障代码的排除	20 分	操作不当扣 1 ~ 20 分	
5	时间	30min	10 分	超时 1 ~ 10 min 扣 1 ~ 10 分 超时 10 min 以上扣 10 分	
6	安全文明	无安全隐患,无不文明操作	5 分	未达标扣 1 ~ 5 分	
7	结束	工具、量具清洁并归位 工作场地清洁	5 分 5 分	漏一项扣 1 分,未做扣 5 分 清洁不彻底扣 1 ~ 5 分,未做扣 5 分	
总分			100 分		

参考文献

[1] 全国汽车维修专项技能认证技术中心编写组. 制动系统[M]. 北京:教育科学出版社,2004.

[2] 全国汽车维修专项技能认证技术中心编写组. 手动变速器和驱动桥[M]. 北京:教育科学出版社,2004.

[3] 全国汽车维修专项技能认证技术中心编写组. 悬架和转向系统[M]. 北京:教育科学出版社,2004.

[4] 全国汽车维修专项技能认证技术中心编写组. 自动变速器[M]. 北京:教育科学出版社,2004.

[5] 庞柳军. 汽车制动系统维修工作页[M]. 北京:人民交通出版社,2008.

[6] 刘付金文. 汽车悬架与转向系统维修工作页[M]. 北京:人民交通出版社,2008.

[7] 邱志华. 汽车传动系统维修工作页[M]. 北京:人民交通出版社,2008.

[8] 巫兴宏. 汽车自动变速器维修工作页[M]. 北京:人民交通出版社,2008.

[9] A·E·斯卡沃勒尔. 汽车构造原理与维修应用[M]. 北京:机械工业出版社,2004.

[10] Tom Birch, Chuck Rockwood. 汽车手动变速器与驱动桥[M]. 北京:中国劳动社会保障出版社,2006.

[11] James D. Halderman, Chase D. Mitchell, Jr.. 汽车操纵与悬架系统[M]. 北京:中国劳动社会保障出版社,2006.

[12] Jack Erjavec. 汽车底盘及其诊断维修[M]. 北京:电子工业出版社,2006.

[13] L·埃克霍恩,D·克林恩乔克,J·厄尔贾维克. 汽车制动系统[M]. 北京:机械工业出版社,1998.

[14] 陈建宏,许炳照. 汽车底盘机械系统检修[M]. 北京:人民交通出版社,2009.

[15] J·厄尔贾维克. 汽车手动变速器和变速驱动桥[M]. 北京:机械工业出版社,1998.

[16] 舒华,姚国平. 汽车电子控制技术[M]. 北京:人民交通出版社,2007.